駿台

2025 大学入学共通テスト

実戦問題集

国語

駿台文庫編

はじめに

この問題集は、2025年の大学入学共通テストを受ける受験生のために用意されたものです。本書では、駿台予備学校の講師が**共同で練り上げたオリジナルの共通テスト対策実戦問題5回分**に加えて、**大学入学共通テスト過去問題2回分**および**2025年度より新たに追加される大問の試作問題**（大学入試センター公表）を収録しています。この**新規大問を含め、内容・形式ともに、2025年度共通テストを想定して作題された実戦問題**と実際に出題された共通テストの過去問題に取り組むことにより、効果的な演習が行えます。

また、共通テストの特徴や対策をまとめた〈共通テスト攻略のポイント〉や漢字・語句・句形の確認に役立つ〈直前チェック総整理〉なども掲載していますので、問題・解説とあわせて熟読し、学習に役立ててください。

本書を活用することで、みなさんが自信をもって共通テストにのぞまれることを願っています。

編者

■本書の特長■

1　オリジナル問題5回＋過去問題2回の計7回＋試作問題を収録

駿台オリジナルの共通テスト対策実戦問題5回分で演習を重ねるとともに、過去問題2回分および大学入試センター公表の試作問題で出題形式や難易度を確認することにより、共通テストへの準備が効率よく行えます。

2　出題傾向を徹底的に分析

〈共通テスト攻略のポイント〉では、共通テストにおける特徴や注意すべき点、最新の共通テストの分析結果などを詳細に解説しました。

3　詳細な解説

本文の読解から設問の解答方法まで、丁寧でわかりやすい解説を施しました。例えば選択肢に対しては、正解となるものだけでなく、誤答の選択肢についても解説しています。また、詳細な本文解説はテーマへの理解を深め、2次試験の準備にも効果を発揮します。

4　頻出事項の復習ができる

『解答・解説編』には過去に出題された、漢字・語句・句形などをまとめた〈直前チェック総整理〉を掲載しています。コンパクトにまとめてありますので、短時間で効率よくチェックすることができます。

■本書の利用法■

1　問題を解く

まずは実際の試験にのぞむつもりで、必ずマークシート解答用紙を用いて、制限時間を設けて問題に取り組んでください。

マークシート解答用紙の利用にあたっては、「氏名・フリガナ・受験番号・試験場コード」を必ず記入しましょう。受験番号・試験場コード欄にはクラス番号などを記入し、練習用として使用してください。

2　自己採点をする

「解答」の「自己採点欄」を用いて自己採点をしてください。その後、時間をかけて、問題を読み直し、考え直しましょう。特に、自己採点の結果、自分が正答できなかったと判明した設問については、自分が気づかなかった〈正答〉の根拠は何か、自分が選んでしまった答えのどこに間違いがあるのかについて、解説を読む前にもう一度考えてみてください。

3　解説を読む

問題文・資料についての理解を深め、解答の道筋〈特に2で考えたこと〉について確認し、今後の学習に生かすべきポイントをつかみましょう。古文・漢文では〈現代語訳〉や〈読み方〉に目を通して、きちんと解釈できていなかった箇所をあぶり出し、本文に戻って読み直しましょう。

4　復習する

時間が経ってからもう一度問題を解き直し、きちんとした筋道で解答できるかどうか、知識が身についているかどうかを確認しましょう。

この『**大学入学共通テスト実戦問題集**』に加えて、本番前の力試しとして全教科一回分をパックした『**青パック**』、そして科目別の問題集『**短期攻略 共通テストシリーズ**』を徹底的に学習することによって、共通テスト対策はより万全なものとなります。是非ご活用ください。

目　次

出典・テーマ一覧

分野	現代文（論理的文章）	現代文（文学的文章）	現代文（資料型総合問題）	古　文	漢　文
第1回	塩原良和『分断と対話の社会学』	井上靖「風」 ※井上靖「私の自己形成史」	ＩＣＴの利用状況	『宇治拾遺物語』	欧陽脩「送楊寘序」 陳直・鄒鉉『寿親養老新書』
第2回	松嶋健「ケアと共同性」 鷲田清一「臨床と言葉」	彩瀬まる「海のかけら」	格差に対する意識	『近江県物語』	楊慎『升菴集』 王有光『呉下諺聯』
第3回	酒井健『ゴシックとは何か』 ※柄谷行人『日本近代文学の起源』	森内俊雄「坂路」 ※草野心平「竹林寺幻想」	まちの再生	『今鏡』 『讃岐典侍日記』	田能村竹田『山中人饒舌』 ※劉義慶『世説新語』
第4回	小坂井敏晶『格差という虚構』 笹澤豊『〈権利〉の選択』	長谷川四郎「脱走兵」 ※長谷川四郎「逃亡兵の歌」	食料危機	『小夜衣』	『論語』 周密『斉東野語』
第5回	内藤廣『形態デザイン講義』	志水辰夫「五十回忌」	水道事業の改革	本居宣長『手枕』	司馬遷『史記』 李白「越中覧古」

※は設問中での引用出典

2025年度　大学入学共通テスト　出題教科・科目

以下は，大学入試センターが公表している大学入学共通テストの出題教科・科目等の一覧表です。

最新の情報は，大学入試センター webサイト（http://www.dnc.ac.jp）でご確認ください。

不明点について個別に確認したい場合は，下記の電話番号へ，原則として志願者本人がお問い合わせください。
●問い合わせ先　大学入試センター　TEL　03-3465-8600　（土日祝日，5月2日，12月29日～1月3日を除く　9時30分～17時）

教科	グループ	出題科目	出題方法 （出題範囲，出題科目選択の方法等） 出題範囲について特記がない場合，出題科目名に含まれる学習指導要領の科目の内容を総合した出題範囲とする。	試験時間(配点)
国語		『国　語』	・「現代の国語」及び「言語文化」を出題範囲とし，近代以降の文章及び古典（古文，漢文）を出題する。	90分（200点）（注１）
地理歴史 公民		『地理総合，地理探究』 『歴史総合，日本史探究』 『歴史総合，世界史探究』 『公共，倫理』 『公共，政治・経済』 →(b) 『地理総合／歴史総合／公共』 →(a) ※(a)：必履修科目を組み合わせた出題科目 (b)：必履修科目と選択科目を組み合わせた出題科目	・左記出題科目の６科目のうちから最大２科目を選択し，解答する。 ・(a)の『地理総合／歴史総合／公共』は，「地理総合」，「歴史総合」及び「公共」の３つを出題範囲とし，そのうち２つを選択解答する（配点は各50点）。 ・２科目を選択する場合，以下の組合せを選択することはできない。 (b)のうちから２科目を選択する場合 『公共，倫理』と『公共，政治・経済』の組合せを選択することはできない。 (b)のうちから１科目及び(a)を選択する場合 (b)については，(a)で選択解答するものと同一名称を含む科目を選択することはできない。（注２） ・受験する科目数は出願時に申し出ること。	１科目選択 60分（100点） ２科目選択 130分（注３） （うち解答時間120分） （200点）
数学	①	『数学Ⅰ，数学A』 『数学Ⅰ』	・左記出題科目の２科目のうちから１科目を選択し，解答する。 ・「数学A」については，図形の性質，場合の数と確率の２項目に対応した出題とし，全てを解答する。	70分（100点）
	②	『数学Ⅱ，数学B，数学C』	・「数学B」及び「数学C」については，数列（数学B），統計的な推測（数学B），ベクトル（数学C）及び平面上の曲線と複素数平面（数学C）の４項目に対応した出題とし，４項目のうち３項目の内容の問題を選択解答する。	70分（100点）
理科		『物理基礎／化学基礎／生物基礎／地学基礎』 『物　理』 『化　学』 『生　物』 『地　学』	・左記出題科目の５科目のうちから最大２科目を選択し，解答する。 ・『物理基礎／化学基礎／生物基礎／地学基礎』は，「物理基礎」，「化学基礎」，「生物基礎」及び「地学基礎」の４つを出題範囲とし，そのうち２つを選択解答する（配点は各50点）。 ・受験する科目数は出願時に申し出ること。	１科目選択 60分（100点） ２科目選択 130分（注３） （うち解答時間120分） （200点）
外国語		『英　語』 『ドイツ語』 『フランス語』 『中国語』 『韓国語』	・左記出題科目の５科目のうちから１科目を選択し，解答する。 ・『英語』は「英語コミュニケーションⅠ」，「英語コミュニケーションⅡ」及び「論理・表現Ⅰ」を出題範囲とし，【リーディング】及び【リスニング】を出題する。受験者は，原則としてその両方を受験する。その他の科目については，『英語』に準じる出題範囲とし，【筆記】を出題する。 ・科目選択に当たり，『ドイツ語』，『フランス語』，『中国語』及び『韓国語』の問題冊子の配付を希望する場合は，出願時に申し出ること。	『英　語』 【リーディング】 80分（100点） 【リスニング】 60分（注４） （うち解答時間30分）（100点） 『ドイツ語』『フランス語』『中国語』『韓国語』【筆記】 80分（200点）
情報		『情報Ⅰ』		60分（100点）

（備考）『　』は大学入学共通テストにおける出題科目を表し，「　」は高等学校学習指導要領上設定されている科目を表す。

また，『地理総合／歴史総合／公共』や『物理基礎／化学基礎／生物基礎／地学基礎』にある“／”は，一つの出題科目の中で複数の出題範囲を選択解答することを表す。

（注１）『国語』の分野別の大問数及び配点は，近代以降の文章が３問110点，古典が２問90点（古文・漢文各45点）とする。

（注２）地理歴史及び公民で２科目を選択する受験者が，(b)のうちから１科目及び(a)を選択する場合において，選択可能な組合せは以下のとおり。
・(b)のうちから『地理総合，地理探究』を選択する場合，(a)では「歴史総合」及び「公共」の組合せ
・(b)のうちから『歴史総合，日本史探究』又は『歴史総合，世界史探究』を選択する場合，(a)では「地理総合」及び「公共」の組合せ
・(b)のうちから『公共，倫理』又は『公共，政治・経済』を選択する場合，(a)では「地理総合」及び「歴史総合」の組合せ

［参考］地理歴史及び公民において，(b)のうちから１科目及び(a)を選択する場合に選択可能な組合せについて

○：選択可能　×：選択不可

		(a)		
		「地理総合」「歴史総合」	「地理総合」「公共」	「歴史総合」「公共」
(b)	『地理総合，地理探究』	×	×	○
	『歴史総合，日本史探究』	×	○	×
	『歴史総合，世界史探究』	×	○	×
	『公共，倫理』	○	×	×
	『公共，政治・経済』	○	×	×

（注３）地理歴史及び公民並びに理科の試験時間において２科目を選択する場合は，解答順に第１解答科目及び第２解答科目に区分し各60分間で解答を行うが，第１解答科目及び第２解答科目の間に答案回収等を行うために必要な時間を加えた時間を試験時間とする。

（注４）【リスニング】は，音声問題を用い30分間で解答を行うが，解答開始前に受験者に配付したICプレーヤーの作動確認・音量調節を受験者本人が行うために必要な時間を加えた時間を試験時間とする。

なお，『英語』以外の外国語を受験した場合，【リスニング】を受験することはできない。

2019～2024年度 共通テスト・センター試験 受験者数・平均点の推移（大学入試センター公表）

センター試験←　→共通テスト

科目名	2019年度		2020年度		2021年度第１日程		2022年度		2023年度		2024年度	
	受験者数	平均点	受験者数	平均点	受験者数	平均点	受験者数	平均点	受験者数	平均点	受験者数	平均点
英語 リーディング（筆記）	537,663	123.30	518,401	116.31	476,173	58.80	480,762	61.80	463,985	53.81	449,328	51.54
英語 リスニング	531,245	31.42	512,007	28.78	474,483	56.16	479,039	59.45	461,993	62.35	447,519	67.24
数学Ⅰ・数学Ａ	392,486	59.68	382,151	51.88	356,492	57.68	357,357	37.96	346,628	55.65	339,152	51.38
数学Ⅱ・数学Ｂ	349,405	53.21	339,925	49.03	319,696	59.93	321,691	43.06	316,728	61.48	312,255	57.74
国　語	516,858	121.55	498,200	119.33	457,304	117.51	460,966	110.26	445,358	105.74	433,173	116.50
物理基礎	20,179	30.58	20,437	33.29	19,094	37.55	19,395	30.40	17,978	28.19	17,949	28.72
化学基礎	113,801	31.22	110,955	28.20	103,073	24.65	100,461	27.73	95,515	29.42	92,894	27.31
生物基礎	141,242	30.99	137,469	32.10	127,924	29.17	125,498	23.90	119,730	24.66	115,318	31.57
地学基礎	49,745	29.62	48,758	27.03	44,319	33.52	43,943	35.47	43,070	35.03	43,372	35.56
物　理	156,568	56.94	153,140	60.68	146,041	62.36	148,585	60.72	144,914	63.39	142,525	62.97
化　学	201,332	54.67	193,476	54.79	182,359	57.59	184,028	47.63	182,224	54.01	180,779	54.77
生　物	67,614	62.89	64,623	57.56	57,878	72.64	58,676	48.81	57,895	48.46	56,596	54.82
地　学	1,936	46.34	1,684	39.51	1,356	46.65	1,350	52.72	1,659	49.85	1,792	56.62
世界史Ｂ	93,230	65.36	91,609	62.97	85,689	63.49	82,985	65.83	78,185	58.43	75,866	60.28
日本史Ｂ	169,613	63.54	160,425	65.45	143,363	64.26	147,300	52.81	137,017	59.75	131,309	56.27
地理Ｂ	146,229	62.03	143,036	66.35	138,615	60.06	141,375	58.99	139,012	60.46	136,948	65.74
現代社会	75,824	56.76	73,276	57.30	68,983	58.40	63,604	60.84	64,676	59.46	71,988	55.94
倫　理	21,585	62.25	21,202	65.37	19,954	71.96	21,843	63.29	19,878	59.02	18,199	56.44
政治・経済	52,977	56.24	50,398	53.75	45,324	57.03	45,722	56.77	44,707	50.96	39,482	44.35
倫理，政治・経済	50,886	64.22	48,341	66.51	42,948	69.26	43,831	69.73	45,578	60.59	43,839	61.26

（注１）2020年度までのセンター試験『英語』は，筆記200点満点，リスニング50点満点である。
（注２）2021年度以降の共通テスト『英語』は，リーディング及びリスニングともに100点満点である。
（注３）2021年度第１日程及び2023年度の平均点は，得点調整後のものである。

2024年度 共通テスト本試「国語」データネット（自己採点集計）による得点別人数

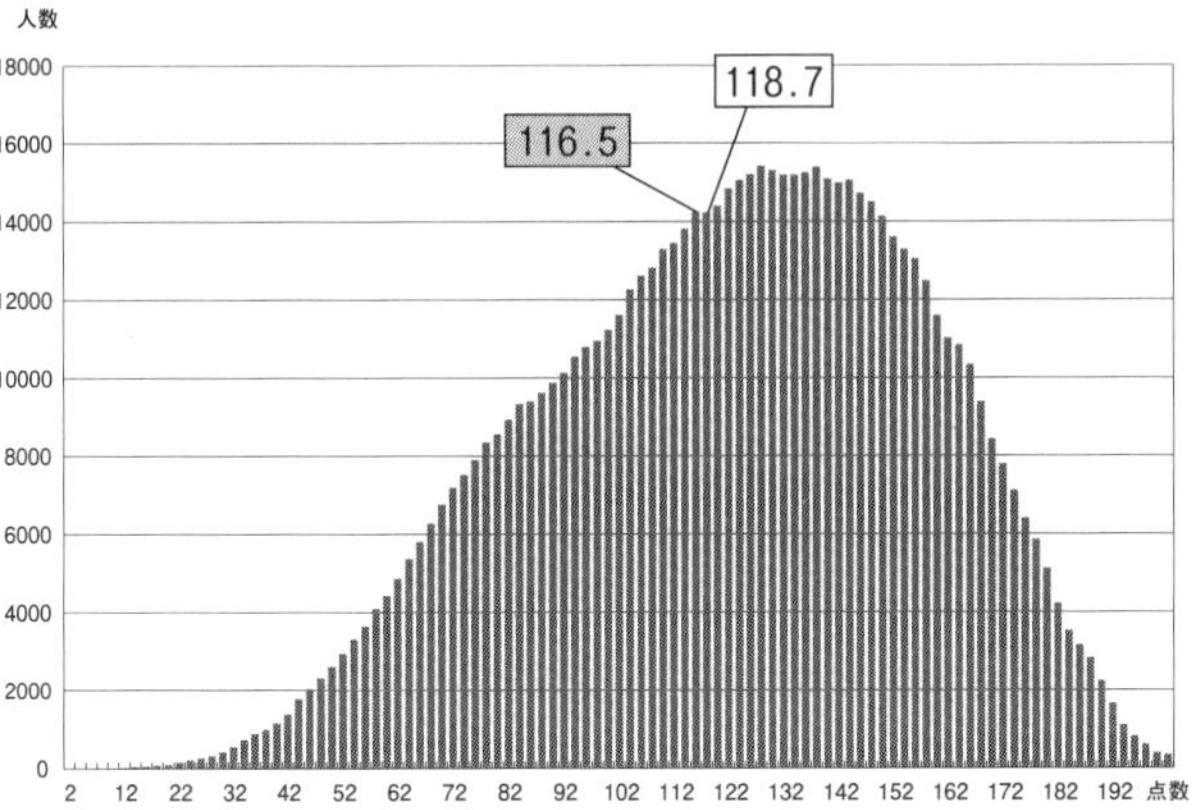

左のグラフは，2024年度大学入学共通テストデータネット（自己採点集計）に参加した，国語：364,699名の得点別人数をグラフ化したものです。

2024年度データネット集計による平均点は 118.7 ，大学入試センター公表の2024年度本試平均点は 116.5 です。

共通テスト攻略のポイント

■大学入学共通テストについて■

（二〇二四年四月時点での情報に基づくもの）

大学入学共通テストは、大学入試センター試験に代わって二〇二一年度から開始された全国共通のテストである。**オールマーク式**のテストで、国語は二〇二五年度から試験時間が10分長くなり、**90分・200点満点**で実施される。大問構成は次の通りである。

大問	出題分野	解答方法	題材	配点
第1問	現代文	マーク	論理的文章	45点
第2問	現代文	マーク	文学的文章	45点
第3問	現代文	マーク	資料型総合問題	20点
第4問	古文	マーク		45点
第5問	漢文	マーク		45点

大学入学共通テスト（以下、「共通テスト」と表記する）については、二〇二二年度〜二〇二四年度の本試験・追試験、二〇二一年度の第一日程・第二日程の問題が実施されており、また、二〇二五年度からの問題の出題例として〈試作問題〉A・Bの二題が公表されている。以下に、それらの問題および実施結果の分析や、大学入試センター等からリリースされた情報などをもとにした、共通テストの特徴をまとめておく。

■現代文■

〈全体としての特徴〉

共通テストの特徴は、**〈思考力・判断力・表現力〉**を重視した出題である点にある。具体的には、通常の現代文の出題に加えて、次のような出題がなされる。

①**複数テクストによる出題**――二つ以上の文章を組み合わせたり、文章と資料・会話などを組み合わせたりと、**複数のテクスト（書かれたもの）を見渡してそれらの関連性をとらえる力**を試す問題が出題される。

②**応用的・発展的思考力を必要とする設問の出題**――本文に直接〈書いてあること〉を把握する設問だけでなく、**応用的・発展的思考**を求める設問が出題される。例えば、**本文にない具体例を考える設問**、**本文の記述を抽象化・一般化して考える設問**、**本文の論旨をもとに論理的な推論を行う設問**、**複数のテクストの共通点・相違点を考える設問**、**本文以外の文章や資料の内容を基《もと》に本文を捉え直す**設問、**一方の文章の内容を基に他方の文章に応用して新たな考えを導く**設問などである。

③**生徒の学習場面を想定した出題**――通常の文章読解だけでなく、本文を素材とする生徒の学習場面を想定した設問が出題される。生徒の書いた**ノート・メモ・図**や、学習に際しての**参考資料**などが提示され、それを基に本文の内容を整理したり発展的に考えたりする設問や、**複数の人の会話・討論**という形の設問などである。

また、大学入試センターが公表している〈問題作成方針〉には、実用的文章（例えば、規約・新聞・パンフレットといったもの）の出題の可能性もあることが示されており、先に挙げた〈試作問題〉では、グラフ・図などの資料を読み取る問題も出題されている。

〈各大問の特徴〉

・**第1問**は、**評論文・論説文・説明文などの論理的文章**を、（ともにある程度の長さをもつ二つの文章、あるいは長い文章と短めの文章といった形で）複数組み合わせる形で出題され、各文章の**内容読解の設問**を中心に、**漢字・語彙設問、表現や構成・展開の設問、複数の文章の間の関連性を問う設問、本文を基に応用的・発展的な考えを導く設問**などが出題される。さらに、論理的文章に実用的な文章や資料を組み合わせる形で出題される可能性もある。

・いずれにせよ、**論理的文章と、関連するテクスト（他の文章や資料）という形での出題**となるので、アプローチのしかたとしては、**一つ目の文章の内容をしっかりと把握し、それとの関連で他のテクストの意味やはたらきを考えていく**、ということになる。――**ある程度の長さの二つの文章が本文として最初に提示される場合**には、一つ目の文章を（対比・同内容関係などに注意することで）論旨を整理しながら読み、その内容を頭に置きつつ、それとの関連性（共通点や相違点など）を考えながらもう一つの文章を読み進めていく。**長い文章が最初に提示され、もう一つの文章・資料は設問の中に組み込まれている場合**には、最初の文章の論旨と設問要求を頭に入れた上で、それらとの関連性を考えながらもう一つの文章・資料を読んでいく、ということになる。

・**生徒のノート・生徒の書いた文章・生徒の会話といった設定に基づいて解答する設問**では、（本文の内容に加え）**それらが設定する文脈や、思考・議論の過程**などもヒントにして解答を考える。

・**第2問**は、**小説**を中心とする**文学的文章**を題材とし、**内容読解の設問**を中心に、**語意など国語の知識に関する設問、表現や構成の設問、本文を基に応用的・発展的な考えを導く設問**などが出題される。

・また、小説と批評・エッセイ・韻文（詩歌）・テーマの上で関連する別の文章など、**何らかの形で複数の題材を組み合わせた形の出題となる**可能性が高い。

・**本文の叙述そのものの読み取り**はもちろん、**叙述を基に直接書かれていないことを推定することまで含めた作品世界の読解**、さらに、**作者の意図や表現のはたらきの考察**などが、設問で問われる内容である。したがって、アプローチのしかたとしては、**本文に書かれていることを正確に把握することを大前提とし、直接書かれていないことの推定を求める設問については、本文の内容を根拠とする妥当な推測であるか否かを判断して解答する**、ということになる。

・**設問中に他の文章・資料などが組み込まれている**場合には、**メインの文章の内容を的確に把握し**、それについての設問を解きながらさらに内容をしっかりと頭に入れた上で、**他の文章・資料がそれとどのように関連しているか**を考えつつ、**設問要求に応じて**解答を考えていく。

・**生徒のノート・生徒の書いた文章・生徒の会話といった設定に基づいて解答する設問**では、第1問同様に、（本文の内容に加え）**それらが設定する文脈や、思考・議論の過程**などもヒントにして解答を考える。

・**第3問**は、**現時点では大学入試センターが公表した〈試作問題〉A・Bを参考にする**ことになる。それによれば、**複数の文章・資料を組み合わせた問題〈資料型総合問題〉と呼ぶこととする）**であり、**複数の文章・資料の比較・統合や、文章・資料を基にした推論、生徒の作成**

した文章などの推敲といった出題がなされている。詳細については後掲の〈試作問題A・Bの分析〉に示す。

古文

共通テストは、習得した知識を単純にアウトプットする能力を見るだけではなく、**習得した知識を応用した総合的な思考力、判断力、さらにはそれらを踏まえた対話能力**などを試す試験という位置づけであり、そういう観点から、通常の解釈型、説明型などの設問に加えて**複数テクストの分析・統合・評価の設問**が出題される。新課程が導入されるのに伴い、令和7年度の共通テストがどういう形になるのかは不明だが、今年の共通テストの問題もふまえて、どういう出題が予想されるかを説明しておこう。

①従来通り**複数の素材を分析・統合・評価させる出題**がなされる可能性がある――複数の素材の組合せとしては古文＋古文、古文＋現代文の組合せが考えられ、さまざまな形の出題への対応力が試される。

②その場合、主体となるテクストに、**種々の副素材**が組み合わされる――組み合わされる副素材としては、説明文（出版されている書籍から採用されたものと、出題者が作成したものの両方が考えられる。また、**対話能力・問題解決能力**を試すために、単なる説明文ではなく、学習場面における生徒と教師の対話や学習プリントなどが副素材として採用される可能性もある）、古文で書かれた注釈書、主体となるテクストの異本、異伝、関連素材などが考えられる。なお、主体となるテクストとしては、そうした副素材を容易に見出すことができる、**有名出典やそれと関連する素材**が選ばれる可能性が高い。

③総合的な思考力を試すために、**様々なテーマ**が話題となる――話題となりそうなテーマとしては、**古典文学についてのリテラシー**（作品やジャンルの性格についての知識、作品が書かれた環境についての知識、伝本のあり方についての知識など）、**古典の注釈の歴史についての理解**、**古文の様々な表現の効果についての理解**などが考えられる。ただし、設問を解くのに必要な知識・情報は示されるので、これらのテーマについて特別な学習が必要なわけではない。

④解釈・説明・和歌の読解・内容合致など、かつてのセンター試験でも定番であった出題に加えて、**複数素材の分析・統合・評価にかかわる設問**が出題される――設問文の理解や情報の取捨選択に思考力や判断力が要求されるが、設問の性格としては、**内容合致型、表現説明型の問題**に近いと考えられる。

漢文

漢文の基礎は再読文字・使役などのいわゆる句形と、特別な読みや意味を持つ重要語の理解であるが、すでにセンター試験においても、こうした基礎的知識だけでなく、その基礎の上に立って文章全体を読解することが求められていた。共通テストにおいても、その傾向がそのまま踏襲されている。句形や重要語の知識を身に付けるのはもちろんだが、それに満足せず、意識して**文脈を読解する力を養成**する必要がある。これに加えて、共通テストでは次のような設問が出題されると考えられる。

・**複数の素材による出題**――二つ以上の漢文の文章、漢文＋現代文、漢文＋漢詩など、様々な組合せの**複数の素材を見渡してそれらの関連性をとらえる力**を試す設問が出題される。

・**漢詩の出題**――センター試験では漢詩は頻出ではなかったが、二〇一七年の共通テストの試行調査、二〇二一年度の共通テスト第一日程および二〇二二年度・二〇二四年度の本試験で出題されており、今後も積極的に出題されると考えられる。

・**日本語・日本文学と漢詩・漢文の関わりに関する出題**——漢詩・漢文に出典を持つ**故事成語や慣用句**に関する設問や、**日本で作られた漢詩・漢文**を問題文として、**日本文学史における漢詩・漢文の位置**に関する設問が出題される。

・**対話体による出題**——言語生活を意識した対話体による設問により、**対話の内容を読み取り、テクスト全体との関わりを理解**することを求める設問が出題される。

二〇二四年度共通テスト（本試験）の分析

二〇二四年一月に実施された共通テスト本試験について、大問ごとの傾向と対策を概観しまとめておく。なお、国語全体の平均点は116・50点で、昨年度本試の105・74点よりプラス10・76点となっている。

■現代文■

第1問

二〇二二・二〇二三年度本試型の〈**共通のテーマについて別の角度から論じた二つの文章**〉の組合せから、二〇二一年度第一日程・二〇二二／二〇二三年度追試型の〈**一つの長文＋（設問内に）生徒の文章**〉（二〇二一年度第一日程はさらに設問内に別の作者の文章）という形の出題となった。とはいえ、二〇二四年度追試は〈二つの文章〉型であり、二〇二五年度がどちらのタイプの出題になるかはわからない。いずれにせよ、**対比関係や同内容関係をつかんで論旨を整理しながら読み進め、各部分の論の中心点を把握しつつ、全体の構成（〈二つの文章〉型なら両文章の内容的連関）を捉える**、という読解の基本姿勢が求められていることには変わりないと言える。

分量的には〈約三九〇〇字＋問6文章〉で、二〇二三年度本試の〈二三〇〇字強＋一一〇〇字強＋問6会話文〉よりも若干増加というところ。昨年度に引き続き、文化論系統のやや硬質な評論文だが、受験レベルの評論文の読解法を身につけていればそれほど読みづらいものではなかったものと思われる（その意味で、現代文をきちんと学習しているかどうかで差が付いた問題であったのではないかと考えられる）。全体として、共通テストとしては標準的な分量・難易度であり、今年度よりも手ごわい文章が出題される可能性も念頭に置いておく必要がある。

設問は、**本文の各部分の論旨について順に問うた上で、全体の構成・展開について問い、さらに最後の設問で〈生徒の学習場面〉の形で応用的・発展的な内容を問う**、という構成であり、大きな流れとしては昨年度までと変わらないといえる。しかし、問6が（二〇二二・二〇二三年度追試型の）**〈生徒の書いた文章の推敲〉**という形式になり、**従来の本試で出題されてきた〈二つの文章の内容的連関を考える〉タイプのものというよりは、〈問6で与えられた文章の中で考える（その中で比較的完結している）〉設問**である点が目を引く。〈生徒の書いた文章などの推敲〉は、来年度以降も（この種の出題は第3問〈資料型総合問題〉に移り、第1問では出ない、ということになるかもしれないが、いずれにせよどこかの大問での）出題が予想されるタイプである。

いずれにせよ、①**本文の各部分の（あるいは二つの文章それぞれの）論の中心点を把握するオーソドックスな読解設問**　②**それらを踏まえて両文章の内容的連関を考えたり、応用的・発展的思考を展開したりする設問**という形で、二種類の力が試されているということができる。来年度以降も（②は第3問〈資料型総合問題〉が主として担うという形になる可能性はあるが）基本的な方針としてはこうした出題になるのではないかと考えられる。

具体的な設問構成としては、問1が漢字（二〇二二・二〇二三年度本試で出題された漢字の意味の設問は出題なし）、問2〜問4は傍線部説明で本文の趣旨を順に問うもの、問5は構成・展開、問6は〈生徒の書いた文章を推敲する〉学習場面設問、という形。〈漢字・語彙設問→本文の各部分の読解設問→何らかの設定（生徒の学習場面など）のもとに応用的・発展的思考を問う共通テスト特有の設問〉という流れは二〇二一年度以降の四年間に共通しており、また（二〇二三年度の問6の(i)・(ii)は実質的には表現および構成を問う設問であったので）表現・展開・構成を何らかの形で問うという出題方針もおおむね一貫しているといえる。**〈漢字・語彙／部分の読解／全体の読解／表現・構成／複数の文章の比較・統合／応用的・発展的思考〉といった〈問う内容〉は一貫させつつ、形式面においては様々な出題がなされる**のではないかと思われる。

設問の難易度は、（大学入試センター開示値による）大問平均点および各設問の正答率からすると〈昨年度よりはやや難化〉ということになるが、より正確には〈現代文をきちんと学習した受験者には昨年度より取り組みやすかったが、そうでない受験者には手強かった〉ということになるのではないかと思われる。二〇二二・二〇二三年度は〈正解と似たものがいくつもあったり、正解の表現自体が必ずしも最適の表現とはいえない＝正解の要素がつかめていたとしても選択肢でいたずらに迷わなければならない〉というものがいくつか見られたが、今年は〈誤答を〝消去〟しようとすると面倒だが、正解に必要な要素や正解にふさわしい最適の表現が先につかめていれば、それに当たるものは一つしかないので選びやすい＝きちんと実力をつけた生徒にとっては選びやすい〉ものが多かったといえる。

問1の**漢字設問**では、二年連続で出題されていた**〈文中の字義に関わる問い〉は出題されず、〈カタカナを漢字に置き換える〉オーソドックスな漢字設問×5の出題であった**。ただし、例えば二〇二二年度の追・再試験は、漢字は3問のみで、最後の設問の中に国語の知識に関する問いが出題される、という設問構成となっており、漢字・語彙などの知識設問についても、さまざまな形式が出題される可能性があると考えておいた方がよいだろう。

設問数は昨年と同じく6問（解答個数12も昨年と同）。二〇二一年度の第一日程が、最後の設問である問5で〈意味段落の構成／部分読解／異なる二つのテクストの統合〉を問い、二〇二二年度は問5で〈表現の特徴と働き〉を、問6で〈部分読解／異なる二つのテクストの統合〉を問い、二〇二三年度は最後の設問である問6で〈表現の働き（引用の意図）に関する異なる二つのテクストの比較／意味段落の構成／異なる二つのテクストの統合〉を問うたのに対し、今年度は問5で〈構成・展開〉を、問6で〈本文と異なるテクストによる発展的思考〉を問うたということになる。つまり、表面的な形式の変化に目を奪われるよりも、**〈構成・表現の把握〉〈内容読解〉〈複数テクストの比較・統合〉〈本文そのものの読解にとどま**

らない応用的・発展的思考〉といった力を試す設問を、さまざまな形式で出題する、という方針だと考えて準備するのが妥当だと思われる。

二〇二一年度第一日程・二〇二二年度本試験・二〇二四年度本試験では**〈生徒のノート・メモ〉の形をとって発展的・応用的思考を問う設問が**出題され、二〇二三年度本試験では**〈生徒の会話〉の形をとって発展的・応用的思考を問う設問**が出題された。表面的な形式は異なるが、右に見たように問われている力は同方向のものだということができる。いずれにせよ、**①それぞれの文章の的確な理解を前提に、二つの文章を比較・統合する力　②　本文の理解に加えて、〈ノート・メモ・会話〉などで出題者が設定した文脈を〈解答の条件〉とし、それらを満たすよう考えていく力**が問われる点は共通であり、こうした点に留意して練習を重ねた上で、その力を各年度ごとの出題形式に応用していく、という学習法が望ましい。

以上の分析から、第1問に関する今後の学習としては、

①まず、**オーソドックスな本文読解・設問解答の力**をつける。具体的には、**ａ　同内容関係・対比関係などに注意して、本文の論旨を整理しながら本文を読む　ｂ　傍線部・設問文から〈何を問われているのか〉を的確に把握し、それについて〈本文でどのように書かれているのか〉をおさえ、それに沿う選択肢を選ぶ　ｃ　単に〈本文に書かれてあるものは○、書かれていないものは×〉というだけでなく、書かれてあることのうちでも〈論の中心点をおさえているもの〉〈設問要求にきちんと応えているもの〉はどれか、といった観点で〈最適の解答〉を選ぶ**　といった解答作業の練習である。

②その上で、**〈応用的・発展的思考〉設問**の練習を重ねる。**〈複数のテクストを比較して共通点・相違点を把握する〉〈与えられた条件に従って必要な情報を探し、要求に応じて再構成する〉〈本文の論旨を基に、本文に直接書かれていないが妥当だと判断できる内容を論理的に導き出す（推論する）〉**といった設問である。**共通テスト型の演習問題を多くこなす**ことがもちろん必要だが、ふだんの学習の中で（通常の読解設問を解く際でも）、**単に答えを出すだけでなく〈なぜその答えになるのか〉という根拠（解答の過程）を意識化しながら解くようにすることで、〈論理的思考力〉をつちかっていく**ことも重要だろう。また、日常生活の中で、例えばインターネット上のさまざまな文章を読む際などに、リンクされている他の文章などを合わせて読み、〈どういう点で関連があるのか（同一の話題に関する対立する意見であるとか、一方の文章中のある論点をより詳しく述べたものであるとか、話題自体は違うが筆者の視点や論じ方に共通点があるとか）〉を考えてみる習慣をつけるといったことも、〈複数のテクストを比較する〉設問を考える際の練習になるだろう。さらに、**〈本文を基に、応用的・発展的な新たな考えを導き出す〉**設問に対しては、**本文と設問要求を的確におさえ、それらから導き出せる考えとして妥当性の高い〈正解〉と、本文と合致しない・方向性として本文からズレている・設問要求を満たさないといった〈誤答〉**とを見分ける判断力をつちかうことを意識したい。

第2問

昭和二〇年代の小説だった昨年度から、今年度は現代小説の出題となった。かつてのセンター試験では**様々な時代の小説が出題**されており、共通

テストでも同様の出題方針だと考えられる。内容的には、戦後の食糧難の時代の勤め人を描いた昨年度の問題文とは大きく様相を異にし、現代の高校生が主人公であるが、もう一人の主要登場人物の「おば」のあり方が、一般的・常識的な視点からはちょっと理解しがたいものであろうと思われる。今回はそこに**〈受験生の日常とは異なる〝他者〟の心理・状況について、言葉を通じて想像的に体験できるか〉**を問うという共通テスト小説問題のねらいが反映されているのではないか。――センター試験でも、受験生の年代の一般的な心理とはさまざまな意味で異質な心理を描いた作品が多く出題されており、**〈自分の心理からの類推や共感でははかりがたい〝他者〟の内面を、書かれた言葉から読み取って理解できるか〉**を試す出題は、センター・共テ小説問題の一貫した作題方針の一つだといえる。そうした心理を、**前書きや注なども含め本文の叙述をきちんと追って的確に把握する〉**練習が不可欠である。

　とはいえ今年度は、分量は約三〇〇〇字で、昨年度本試の約四一〇〇字から大幅減であり、本文自体の難易度も昨年度よりははるかに取り組みやすいものであり、問題文の難易度は昨年度に比べれば〈易化〉といえるだろう。

　設問については、設問数は昨年度と同じく7だが、合計解答個数は昨年度の8から10に（問1が昨年度は出題されなかった語意設問×3となった分）増加している。一方、追試では語意設問は（昨年度・一昨年度本試のように）出題なしであり、来年以降も出題される場合もあればされない場合もある、という形なのではないか。センター試験のように〈合計6問、問1が語意（解答個数3）、問2〜5が部分読解（解答個数各1）、問6が表現（解答個数2）〉というふうに固定した形式ではなく、**〈多様な設問形式が出題されうる〉**という心構えで練習を重ねていく必要がある。

　全体に、**〈解答の根拠となる本文中の箇所は比較的はっきりしているものの、正解は本文中の表現を裏返したり言い換えたりしたものになっている〉**というタイプの設問が多かったということができ、評論同様、現代文の学習をきちんとやってきたかどうかで得点差のつく問題であったものと思われる。とはいえ、（大学入試センター開示値による）大問平均点・各問正答率は昨年度本試よりは高めに出ており、設問の難易度としても昨年度より取り組みやすかったものと考えられる。

　問7は〈生徒の会話〉形式で、本文内容を**【資料】**（演劇に関するエッセイ）の言葉を使って捉え返すことができるか、という設問であった。**〈設問で与えられた別テクストを基に本文の内容を捉え直す〉**というタイプのものである点では昨年度・一昨年度同様の出題であり、また(i)と(ii)が連動する形の問いとなっている点でも、昨年度・一昨年度同様の出題だということができる。共通テストの出題方針の一つである**〈思考の過程〉**を**重視する**という方向性に沿うものであり、解答に当たっては、本文と資料他の与えられたテクストはもちろん、設問同士を**相互に関連づけてヒントにする**ような考え方を意識したいところである。

　第1問・第2問の最終設問を総合すると、**〈特定の場面を設定し、それに沿って考える〉〈〝思考の過程〟を重視する〉〈本文の内容と本文外の事柄との関連を考える〉〈与えられた条件・要求に応じて必要な内容を考える〉**といった特徴を見いだすことができる。これらが**〈論理的文章・文学的文章の別を問わず共通テストで試される力〉**だと考えることができるだろう。

以上のような分析から、第2問に関する今後の学習としては、

①まず、**オーソドックスな本文読解・設問解答の力**をつける。具体的には、**a 小説（やストーリー性のある随筆）の問題**について、**リード文（前書き）や注なども踏まえつつ、時と場所、主要人物の属性や性格・置かれている状況、人物間の関係性などをおさえ、また各場面での心情やその変化、時制（過去の回想の挿入や、別の時点への飛躍など）に注意して、内容を把握しながら読む　b 傍線部・設問文から〈何を問われているのか〉を的確に把握し、それについて〈本文でどのように書かれているのか〉をおさえ、解答する　c 〈問われていること〉について本文に直接書かれていない場合には、関連する複数の箇所を本文からおさえ、それらを総合して〈最も妥当性の高い解釈を選ぶ**〉といった練習である。

先にも述べたように、文学的文章の問題では、**何らかの形で〈一般的な受験生の日常性とは異なる状況・心情〉**を描いたものが出題されやすい（〈現代の受験生とは〈時代が違う〉〈世代が違う〉〈少し〝変わった性格〟だったり、特殊な状況に置かれていたり、といった人物が主人公である〉など）。したがって、〈**自分だったら**こういう気持ちになる〉といった答え方でなく、本文の叙述をきちんとたどり、〈**この人は**こういう状況にあって、こういう性格で、こういう気持ちになっているのか〉というふうに読み取っていく、という意識をもって練習を重ねたい。

②その上で、**〈発展的・応用的思考〉設問**の練習を重ねる。**〈本文以外のテクストと本文との関連性を考える〉〈与えられた条件に従って必要な情報を探し、要求に応じて再構成する〉〈本文の内容を別の視点・観点から捉え直す〉**といった設問である。また、〈ノート・メモ〉や〈複数の生徒の会話〉といった設問では、**〈思考の過程〉を踏まえ、枝問同士を連動させて考える**ような意識ももって練習したい。

入試問題である以上、**文学的文章の問題とはいえ、解答自体は本文に根拠を求めて〈～だから……だ〉というふうに〈論理的に導き出す〉**ことが前提である。したがって、問題演習に当たっては、通常の読解問題についても、**単に答えを出すだけでなく〈なぜその答えになるのか〉という根拠〈解答の過程〉を意識化しながら解く**ことを、論理的文章以上に強く意識して練習したい。そのようにしてまず**〈文学的文章についての論理的思考力〉**を鍛え、その上で、**共通テスト型の演習問題を多くこなし**、さまざまな設問形式に慣れていこう。

登場人物の心理の読解設問も、複数の人の〈会話〉の設問も、本文を〈批評〉などの〉別の視点から捉え直す設問も、端的にいえば**〈他者の視点に立って考えることができるか〉**を問われている設問だと考えることができる。現代文の問題を解く練習を重ねる中で、自分自身の考え方・気持ちの動き方とは別に〈こういう考え方・気持ちの動き方をする人もいるのか〉というふうに理解する習慣をつけることが、〈意外にも〉設問解答のための力をつける道だということができる。

二〇二五年度出題予定の〈資料型総合問題〉に関する〈試作問題〉A・Bの分析

来年度から新規に出題される問題であり、現時点では大学入試センター

が公表した〈試作問題〉A・Bを参照するほかない。以下はそれらの出題分析である。

問題全体のテーマ・話題としては、A問題は〈気候変動〉、B問題は〈役割語〉であり、B問題は従来型の〈国語〉の範疇に属するものであろうが、A問題は**一般的な〈国語〉の問題とはかなり異なる話題**だといえよう。題材となっている文章も、A問題は環境省や気象庁の報告書や「国立保健医療科学院」の機関誌に掲載された論文で、**従来の〈国語〉では取り扱われなかったタイプ**のものだといえる。

設問数はA問題が3（うち2問が枝問2つ）、B問題が4（うち解答2つのものが1）、解答個数はいずれも5個。

設問内容は、A問題が①文章と図を見比べて違いを把握する設問②図の内容や表現の特徴を把握する設問③二つの文章と図・グラフを見渡し、選択肢の内容を〈正しい／誤っている／判断できない〉に分類する設問④文章と〈生徒の作成した「レポート」の「目次」〉を見比べて対応を考える設問⑤生徒の会話の形で「レポート」の改善案を考える設問。いずれも、**〈設問文（あるいは選択肢）から〝問われていること〟を把握し→文章・資料の中からそれに対応する情報を見つけ→適否を判断する〉**という作業を求める設問である。③は**〈直接書かれてはいないが与えられた情報を組み合わせて確実に導き出せる内容〉**は**〈正しい〉**、**〈直接書かれておらず、与えられた情報のみでは導き出せない〉内容**は**〈判断できない〉**と**いう形で考える設問**、④は**〈抽象レベルの違い〉に着目して判断する設問**で（詳しくは〈試作問題・A問題〉の解答・解説を参照）、**単純な○×の判断にとどまらない出題として注目に値するもの**。

B問題は、①グラフを読み取った結果を、生徒の書いた「レポート」の文脈を踏まえて答える設問②二つの文章を要約する設問③文章を基にした具体例を考える設問④「レポート」に追加する論拠として適切なものを考える設問。A問題と比べれば比較的単純な（②③のように従来の現代文でも出題されていたタイプの）設問が多いが、④は**〈本文に直接書かれていないこと〉を本文の論旨の方向性との一致不一致で判断する推測設問**である。

各問の詳細は本書に収録したそれぞれの解答・解説を参照してほしい。

それらを基に、出題傾向を大きくまとめると次のようになる。

・**複数の資料（通常の文章・グラフや表の形式をとったデータ・何かを説明するための図・図像など）**を題材とし、**個々の資料の読み取りと、複数の資料を組み合わせて考えを導き出す総合的・応用的思考を問う問題**である。

・また、**〈学習の場面〉を想定し、資料を用いながら生徒がレポートや文章を書いたり議論をしたりする（あるいはそれらの構想メモなどを作る）といった形式での出題**となる可能性が高い。

・設問では、**〈設問要求に従い文章・資料から必要な情報を探す〉〈複数の文章・資料の情報を比較したり対応関係を考える／それらを統合して考えを導き出す〉〈文章・資料の内容を基に論理的推論や類推などの応用的・発展的思考を展開する〉〈生徒の書いた文章などの推敲を行う〉**といった力が問われる。

実際の試験では、限られた時間の中で解答するために、多くの文章・資料の中から必要な情報と不要な情報を見分け、設問要求に対する適否を判断することが求められる。こうした観点から、読解・解答の手順は次のようになるだろう。

①〈リード文（前書き）〉から、どのような〈設定〉であるかを把握した上で、まず全体を見渡し、テクスト（文章・資料）がどのような組み合わせになっているかをつかむ。
②メインの資料（多くの場合、中心的な話題について述べた何らかの文章）の内容をざっと（大筋で）つかむ。サブの資料については、〈メインの資料とどのように関係するものか〉〈話題・内容は大体どのようなものか〉をおさえておいて、後で設問を解く際に、必要な情報を取り出せるようにしておく。
③設問要求をおさえ、それに従って各テクストから必要な情報を取り出し、設問要求・条件に応じて解答を導く。さまざまな形式で多角的な問いが設定されているので、〈何が問われているのか〉〈その問いに答えるためには何をどのように考えていけばよいか〉を見定め、それに沿って考えていく。

以上はあくまでも〈試作問題〉を基に分析したものであり、実際の出題がどのようになるかは未知数である。右のようなことを意識しつつ、さまざまな問題に触れて、この種の出題に対する経験値を高めていくことが必要だといえる。

なお、**第1問の問1（漢字）や第2問の問1（語句の意味）**については、**基本的には〈知らなければできない〉**ものなので、**日頃から辞書をまめに引き、また漢字練習帳や〈語意設問で出題されやすいことばを集めた単語集〉**のようなもので、**語彙力の強化をはかる**ようにしたい。

また、来年度から90分という時間の中で古文・漢文を合わせた5題を解くのはかなり大変である。右に見たような形で基本的な力をつちかった上で、**本番同様の形式の問題を90分で解き、〈制限時間内で目標得点を獲得する〉ためのペース配分の練習を繰り返す**必要がある。

以上のように、**設問のフォーマットがほぼ固定されていたセンター試験とは違い、共通テストでは、多様な設問形式を出題しようという方向性がうかがえる**ところである（これは〈予想外の事態にも対応しうる能力〉を試そうとする意図によるものではないかと考えられる）。したがって、**表面的な設問形式にとらわれるよりは、これまで見てきたような形で〈求められる力〉の本質を理解し、それを養う本格的な学習に取り組む**ことが望ましい。

古文

本年度（二〇二四年度）は、共通テストの第四回目であった。本年度の共通テストの問題が実際どうだったのか、まずそれを分析しておこう。

出典は、主体となるテクストが近世の擬古文「車中雪」（『草庵集』所収）で、それに解説文が添えられる形になっている。解説文に古文は含まれず、複数の古文を比較するという従来の形にはなっていなかった。

本文の分量は、一一三〇字程度で、副素材を合わせると一三〇〇字程度であった昨年度と比べてやや減少し、**注、設問文、選択肢の文字数を含めた全体の分量**も、四七〇〇字程度と昨年度より二〇〇字ほど減少したが、文章の難易度などから考えて、受験生の負担は昨年度とそれほど変わらなかったと思われる。

問題の構成は、古文+現代文（出題者の作成した解説文）で、一応複数テクスト型の出題となってはいるが、複数テクスト型の問題としては昨年度に比べても本格的なものではなかった。新課程の導入に伴う改変をにらみ、どういう出題がありうるのかを模索しているという印象である。

設問の構成は、4問構成で、解釈×1問（×3）、説明×2問（要素分解型×1、部分内容合致型（和歌の内容・表現に関わる）×1）、複数テクスト×1問（空所補充×3）で、昨年度の設問構成がほぼ踏襲されている。ただ、文法の独立問題が出題されない代わりに要素分解型（語句・表現説明）の問題が定着しつつあり、また、内容合致型（部分・全体）の比重が高いこと（複数テクストに関する出題は、内容合致型に近い）はそれほど動かないと考えられる。

個々の設問について見ていこう。

①**解釈の問題**は、センター試験以来の定番で、毎年問1としてだいたい3題出題されるが、本年度の共通テストも同じ形で出題された。今後ともこの形が踏襲されていく可能性が高い。知識型と文脈型（あるいはその混合型）とが設定されているとみられるが、その点でも変化はみられない。受験生がわりと点数を落としやすいところなので、ふだんからきちんとした対策を立てておかなければならない。

②**文法の独立問題**は出題がなかった。ただ、問2の語句・表現説明の問題がかなり文法に寄った出題となっている（後述）。

③**説明の問題**は、参照箇所の長短によって、**「解釈一発型」**――参照箇所が比較的短く、正解の選択肢が傍線部とその直前の現代語訳に基づいて作られているため、きちんと解釈できていれば正解を一発で選ぶことができるタイプ――と**「部分内容合致型」**――参照箇所が比較的長く選択肢の重なり度合いが低いため、選択肢をそれぞれの該当箇所と照合し、消去法で正解を選んでいくタイプ――とに分類することができる。共通テストでは設問数や選択肢の分量を少なくする必要があり、一問でカバーしなければならない範囲が広いため、部分内容合致型が中心になると予想されるが、本年度は問3が部分内容合致型（和歌の表現・内容の理解を含む）であったほか、問4の(iii)も部分内容合致(型に近い問題であり、予想どおりの出題であった（解釈一発型の出題は見られなかった）。

問2（語句・表現説明の問題）は、傍線部を要素に分解し、それぞれの部分についての分析を選択肢化していくというタイプの出題（**「要素分解型」**と称することにする）であった。「要素分解型」には、文法・表現を絡めて出題できるというメリットがあり、共通テストではほぼ完全に定番化したといってよい。文法などの基本を読解に応用できる形で学習しておくことが必要である。

④**複数テクストの分析・統合・評価の問題**は思考力・判断力・応用力を総合的に問うことを主眼とするもので、共通テストの目玉となる設問である。本年度も、問4が複数テクストに関する出題であった。本文をある言葉に着目して説明した解説文を読み、解説文の説明に沿いながら本文の内容・表現を考え、解説文の空欄に入れるのにふさわしい説明を選ぶことが求められた。特別な知識が必要なわけではなく、結局は、本文の表現や内容がきちんと読み取れているかどうかだが、本文と解説を行き来すると目移りするので、このような複数テクスト型の問題に対する慣れはやはり必要となろう。

なお、問3、問4の(i)は和歌の表現について考えさせる出題となっており、**和歌の読解**にかかわる出題であった。共通テストでは和歌（連歌など和歌的なものも含めて）の内容・表現に関わる問題は極力出題する方向で作題してくると予想される。ふだんから注意して学習しておきたい。

漢文

二〇二四年度共通テストの問題を分析し、その傾向と対策について述べる。

素材としては、晩唐の詩人・杜牧の詩とその内容に関わる複数の資料が出題された。共通テストの漢文では、二〇二四年度追試験を除いて、すべて複数の素材の組合せによる出題が行われており、傾向が踏襲されていることがわかる。

内容的には、華清宮に滞在する楊貴妃らの元に早馬で茘枝が届けられたことを詠じた詩に対して、資料においては、茘枝の運送に民衆が苦しんだが玄宗は顧みなかったという批判、玄宗と楊貴妃が華清宮に滞在したのは冬の間で、夏に実る茘枝が届くはずはないという指摘、夏に滞在した記録もあるという反論が述べられている。

設問としては、例年通り文字や語句の意味が問われ、書き下しが問われている。文字や語句の設問では、いわゆる重要語に加えて、漢詩文に由来する慣用表現「人口に膾炙する」が問われている。漢詩文に由来する慣用表現については、共通テストの試行調査において「太公望」「朝三暮四」が問われ、二〇二三年追試験では「明鏡止水」に関わる設問が出題されており、今後も出題される可能性がある。慣用表現を修得するための現代文向けの単語帳等を使用して確認しておくとよい。書き下しについては、センター試験以来変わらない白文による出題で、重要語の読みに加えて、対句的表現を意識して正解を決定する必要があったが、これも近年のセンター試験以来の傾向で、二〇二三年度本試験でも同様の出題であった。

漢詩については、形式や韻字など、規則に関することが問われているが、これもセンター試験以来の傾向である。ただし、センター試験では漢詩の出題は少なかったが、共通テストでは二〇二一年度、二二年度にも出題されており、頻出事項となっている。

複数の素材による出題では、素材同士を関わらせた設問が作られるのが当然で、共通テストの設問の重要な傾向である。今年度は資料を利用して詩を解釈する設問と鑑賞する設問が出題され、また、資料間の関係性が問われた。

以上から、共通テストの漢文はセンター試験以来の傾向が引き継がれ、複数素材という点では共通テスト開始以来の傾向が継続していることがわかる。よってセンター試験および共通テストの過去問を解いて練習するのが最良の対策となる。練習の際には、文字や語句、書き下し、解釈などについて常に文脈を意識すること。そして共通テスト独自の傾向への対策として、複数テクストの読解の練習をすること。以上に加えて、漢詩が頻出しているので規則を確認しておこう。これらに加えて、前述したような慣用表現の知識を身に付け、また、対話形式の設問の練習をすると良いだろう。

共通テスト・センター試験 出典一覧

※は設問中での引用出典

試験		第1問（現代文）	第2問（現代文）	第3問（古文）	第4問（漢文）
試作問題（2022年公表）		第A問（現代文） テーマ：気候変動が健康に与える影響と対策		第B問（現代文） テーマ：言葉遣いへの自覚	
共通テスト 2024	本試験	渡辺裕『サウンドとメディアの文化資源学—境界線上の音楽』	牧田真有子「桟橋」	「車中雪」（江戸）	杜牧「華清宮」（唐） 蔡正孫『詩林広記』（南宋） 程大昌『考古編』（南宋）
共通テスト 2024	追試験	大塚英志『江藤淳と少女フェミニズム的戦後』 西兼志「コミュニケーションのvectorとしての〈キャラ〉—indi-visualコミュニケーション」	野呂邦暢「鳥たちの河口」	『景清』（室町） ※『出世景清』（江戸）	賀貽孫「激書」（清）
共通テスト 2023	本試験	柏木博『視覚の生命力—イメージの復権』 呉谷充利『ル・コルビュジエと近代絵画—二〇世紀モダニズムの道程』	梅崎春生「飢えの季節」	『俊頼髄脳』（平安） ※『散木奇歌集』（平安）	白居易『白氏文集』（唐）
共通テスト 2023	追試験	北川東子「歴史の必然性について—私たちは歴史の一部である」	太宰治「パンドラの匣」 ※外山滋比古『「読み」の整理学』	『石清水物語』（鎌倉） ※『伊勢物語』（平安）	安積艮斎「話聖東伝」（江戸） 范祖禹『性理大全』（宋）
共通テスト 2022	本試験	檜垣立哉『食べることの哲学』 藤原辰史『食べるとはどういうことか』	黒井千次「庭の男」	『増鏡』（南北朝） 『とはずがたり』（鎌倉）	阮元『揅経室集』（清）
共通テスト 2022	追試験	若林幹夫「メディアの中の声」	室生犀星「陶古の女人」 ※柳宗悦「『もの』と『こと』」（『工藝』）	『蜻蛉日記』（平安） ※『古今和歌集』（平安）	蘇軾『重編東坡先生外集』（宋） ※『旧唐書』（五代）
共通テスト 2021	第1日程	香川雅信『江戸の妖怪革命』 ※芥川龍之介「歯車」	加能作次郎「羽織と時計」 ※宮島新三郎「師走文壇の一瞥」（『時事新報』）	『栄花物語』（平安） ※『千載和歌集』（平安）	欧陽脩『欧陽文忠公集』（宋） 『韓非子』（戦国）
共通テスト 2021	第2日程	多木浩二「『もの』の詩学」	津村記久子「サキの忘れ物」	『山路の露』（未詳）	曾鞏「墨池記」（宋） ※『晋書』「王羲之伝」（唐）
試行調査	2018	名和小太郎『著作権2.0 ウェブ時代の文化発展をめざして』	吉原幸子「紙」「永遠の百合」	『源氏物語』（平安） ※『遍昭集』（未詳）	『荘子』（戦国） 劉基『郁離子』（明）
試行調査	2017	宇杉和夫「路地がまちの記憶をつなぐ」	光原百合「ツバメたち」	『源氏物語』（平安） 『原中最秘抄』（南北朝）	司馬遷『史記』（前漢） 佐藤一斎「太公垂釣図」（江戸）
センター試験 2020	本試験	河野哲也『境界の現象学』	原民喜「翳」	『小夜衣』（鎌倉）	謝霊運「田南樹園激流植援」（『文選』）（六朝）
センター試験 2020	追試験	細田耕『柔らかヒューマノイド』	稲葉真弓「水の中のザクロ」	『桃の園生』（江戸）	章学誠『文史通義』（清）
センター試験 2019	本試験	沼野光義「翻訳をめぐる七つの非実践的な断章」	上林暁「花の精」	『玉水物語』（室町）	杜甫『杜詩詳註』（唐）
センター試験 2019	追試験	三枝博音『西欧化日本の研究』	耕治人「一条の光」	『恨の介』（江戸）	王安石『王文公文集』（宋）
センター試験 2018	本試験	有元典文・岡部大介『デザインド・リアリティ—集合的達成の心理学』	井上荒野「キュウリいろいろ」	本居宣長『石上私淑言』（江戸）	李燾『続資治通鑑長編』（宋）
センター試験 2018	追試験	橋本努『ロスト近代—資本主義の新たな駆動因』	中野孝次「鳥屋の日々」	『鳥部山物語』（室町）	顧炎武『日知録』（清）
センター試験 2017	本試験	小林傳司「科学コミュニケーション」	野上弥生子「秋の一日」	『木草物語』（江戸）	新井白石『白石先生遺文』（江戸）
センター試験 2017	追試験	竹内啓『科学技術・地球システム・人間』	浅原六朗「青ざめた行列」	『海人の刈藻』（鎌倉）	葉廷琯『鷗陂漁話』（清）

第 1 回

実 戦 問 題

（200 点　90 分）

第1問　次の文章は、塩原良和《しおばらよしかず》『分断と対話の社会学』の一部である。これを読んで、後の問い（問1～6）に答えよ。なお、設問の都合で本文の段落に[1]～[11]の番号を付してある。（配点　45）

[1]　効率性を過度に追求すると、対等な立場での対話は困難になる。逆に時間をかければかけるほど、(ア)キソンの発想にとらわれない創造的な結論を対話的に生み出す可能性が高まる。しかし実際には、無制限に時間をかけてよい対話というものはほとんどない。ほぼすべての対話には「制限時間」が伴うため、成果を出すために、ある程度効率的に話し合いを進めざるをえない。それゆえ、時間をかけて話し合おうとしても、必ず妥協を強いられる。だからこそ、いかにして可能な限り時間をかけて議論できるようにするかという、知恵と工夫が重要になってくる。

[2]　他者との対話を時間をかけて深めることを重視する立場を「対話主義」と名づけてみよう。すなわち対話主義とは、対話をグローバリゼーションの時代における人々の共生を実現するための基本的な行動原理であると考える立場である。しかし、対話主義的な態度を貫く人々には多くの困難が待ち受けている。それに加えて、あたかもじゃんけんのグーとパーのように、対話主義者にとって相性が悪い人々がいる。それは広い意味で「原理主義者」と呼ばれる人たちである。この場合の原理主義とは、小熊英二（注1）やテッサ・モーリス＝スズキ（注2）が提起するように、特定の信念や価値観、アイデンティティを絶対視し、対話によって自分が変化することを拒絶する態度である。宗教的原理主義は、イスラム過激主義勢力だけではなく、キリスト教をはじめ多くの宗教に存在している。排外主義的ナショナリストも、ネイション（注3）の伝統や文化を原理主義的に信奉している場合があるし、新自由主義（注4）／グローバリズムは市場原理主義とも呼ばれる。私たちの日常のコミュニケーションでも、原理主義はしばしば出現する。自らの思想や世界観を絶対視し、他者との相互作用を通じた変化を頑《かたく》なに拒み続けるとき、私たちは原理主義的思考に陥っている。「中立」の立場にこだわる人々は、中立原理主義者とでも呼べるだろうか。

[3]　A原理主義者と対話主義者の議論は、かみ合わない。相手とのやりとりを通じて自分の主張を変えることを恐れない対話主義者の「強さ」は、自らの主張を変えるつもりがない原理主義者にとっては、たやすく「論破」できる「弱さ」にしか見えな

い。より良い結論を出すために話し合いに時間をかけようとする対話主義者の姿勢は、あらかじめ結論が決まっている原理主義者にとっては非効率的に映る。だから、議論に勝ち負けをつけなければならない状況では、対話主義者は原理主義者にしばしば「負ける」。あるいは、原理主義者は対話主義者に、「勝ったつもり」になる。対話主義者にとっては、あまり気分のよい経験ではない。

4 だが原理主義者は、より良い意思決定が対話によって生まれる可能性を認めないから、自分の意見や判断が間違っていてもそれを認めることができない。そればかりか、その誤った判断を行動に移すことで、状況をさらに悪くしかねない。社会のあり方が複雑化し、多様な価値観や世界観の人々が共生／共棲《きょうせい》しなければならないのが現代という時代である。そこでは原理主義的な思考による意思決定には、大きなリスクがある。だから社会問題の解決を真剣に(イ)モサクするなら、対話主義者は原理主義者を遠ざけるのではなく、かれらと対話するように試みなければならなくなる。

5 B対話主義者と原理主義者との対話は、どうしたら可能になるのか。ここで原理主義と呼ぶ態度を、心情的なものと戦略的なものに分けて考えてみる。心情的原理主義者とは自分の信心に凝り固まり、他人の意見を理解する能力がそもそも著しく低い人のことだ。この手の人々は、そういう性格なのだと割り切って接すればかえって御しやすい。つまり、なぜそのような信心を持つに至ったのかという背景を徹底的に想像することから、その人の頑なな心情を解きほぐすケアの仕方を見つけ出せるかもしれない。他人の話が聞けない人には、思いやりを持って接すべしということだ。これは、どうしたら他者との対話が可能になるのかを考えるという意味での「対話的想像力」のひとつの解釈である。

6 それに対して、実は相手の主張や心情が理解できるのに、論争（ディベート）に「勝つ」ためにあえて聞く耳を持たない人々が、戦略的原理主義者である。かれらは対話主義者の「自分の意見を変えることを厭《いと》わない」「合意に時間がかかる」という点を逆手にとって、論破しようとする。どんな人とでも話せばわかり合えるはず、というナイーブな信念だけで戦略的原理主義者に向かっていく対話主義者は、いいカモにしかならない。

7 戦略的原理主義者と対峙《たいじ》するときには、対話主義者はもっと狡猾《こうかつ》にならなければならない。すなわち、かれらが自分をどのように論破しようとしているのかを先読みし、議論の場のルール、つまり、前提となっている固定観念や価値観、時間、場所などを批判的に再考することで、戦略的原理主義者が拠《よ》って立つ「土俵」そのものをずらしていく想像力が必要になる。これもまた対話的想像力のひとつの解釈であり、それによって、勝ち負けにこだわる相手を勝ち負けではない話し合いへと引き込んでいくことが可能になる。この駆け引きはおそらく、きれいごとだけでは済まされない。対話主義者の「弱み」につけ込もうとする人々の裏をかいて、いかにして対話の場に引きずり出すかというケン(ウ)ボウ術数が必要だろう。

8 実際には、ひとりの人間に、心情的と戦略的の両方の原理主義が同居していることが多いかもしれない。それゆえ対話主義者であろうとする人には、相手に対する思いやりと、相手を対話に引きずり込むずるがしこさの、両方が必要になる。そのいずれも、他者に対する対話的想像力によって(エ)ツチカわれるものである。

9 対話的想像力によって対話が可能になるとしたら、その想像力をどのようにして得ることができるのだろうか。対人コミュニケーションとしての対話であっても、より広い意味での「他者」との対話であっても、対話的想像力を養うためには、実際に他者と出会い対話する経験を重ねていくことが必要なのだろう。しかしその場合、対話を行うためには想像力が必要だが、その想像力を養うためには、対話が必要になるというパラドクスが生じてしまう。理論的に考えれば、これは解決困難な問題かもしれない。しかし実践的には、試してみる価値のある方法がある。やや肩透かしかもしれないが、とりあえず「なりゆき」に任せてみれば、というものである。

10 なりゆきに任せることは、意外と有効で実践的な戦略である。社会学的調査方法論において、調査している事柄について適切なインタビュー協力者を見つけるやり方に「雪だるま式」「芋づる式」、難しい言い方をすれば、機縁法と呼ばれるものがある。それは、とりあえず手近な人にインタビューし、その人に、その調査目的にふさわしい次のインタビュー協力者を紹介してもらい、それをくりかえしていく方法のことである。ようするに、なりゆきに任せるやり方だと言えなくもない。一見いい加減だが、これが有効な方法でありうることは、質的調査を行う社会学者であれば経験的に(オ)ショウチしている。そこで重要なのは、得られた人のつながりをおろそかにせず、誠実に向き合いながら、そうした人々がもたらした語りや情報によって自分の問題関心や研究方針を絶えず修正していくことである。そうすることによって、なりゆきから始まった人のつながりが自分の研究を意義ある方向へと導いてくれることがある。

11 アーリ(注５)が「複雑系」のメタファーで示したように、グローバリゼーションの時代とは、自分が始めた小さな行為がきっかけとなり、それが他者とつながることで、大きな流れになることが可能な時代である。それゆえ他者との対話と想像力を推し進めていくために、とりあえず身近な誰か、あるいは何かとの真摯な対話の試みから始めて、なりゆきに任せてみるのも悪くない。その可能性を信じる勇気と楽観性を持てるかどうかが、あなたがこの見通しの悪い世界のなかで「リアル」でいられるか、現状追認や大勢順応に陥ってしまうかの、C分かれ目になる。

（注）１　小熊英二――日本の社会学者（一九六二―　）。

２　テッサ・モーリス＝スズキ――オーストラリア国籍の歴史学者（一九五一―　）。

３　ネイション――国家。国民。民族。

４　新自由主義――ここでは、社会や経済に対する国家の介入をできる限り排し、個人の自由と責任に基づく自由競争を重んじる考え方のこと。

５　アーリ――ジョン・アーリ。イギリスの社会学者（一九四六―二〇一六）。

問1 傍線部(ア)～(オ)に相当する漢字を含むものを、次の各群の①～④のうちから、それぞれ一つずつ選べ。解答番号は 1 ～ 5 。

(ア) キソン 1
① キチに富んだ会話
② 権利をホウキする
③ カイキ月食を観察する
④ キを一にする

(イ) モサク 2
① 予算をサクゲンする
② サクインから項目を探す
③ 光と闇がコウサクする
④ 陰でカクサクする

(ウ) ケンボウ 3
① シンボウ遠慮をめぐらす
② イチボウ千里の大草原
③ ボウジャク無人なふるまい
④ ジボウ自棄に陥る

(エ) ツチカわれる 4
① 利益がバイゾウする
② 薬草をサイバイする
③ 損害をバイショウする
④ 裁判のバイシン員制度

(オ) ショウチ 5
① 園遊会にショウタイされる
② 条約をショウニンする
③ 名人をシショウと仰ぐ
④ 人心をショウアクする

問２　傍線部Ａ「原理主義者と対話主義者の議論は、かみ合わない。」とあるが、それはなぜか。その説明として最も適当なものを、次の①～⑤のうちから一つ選べ。解答番号は 6 。

① 前者が、自らの信念や世界観を絶対視し話し合いを通じて自分が変わることを拒み続けるのに対し、後者は、効率的に議論を進めるためにやりとりを通じて自分の主張を変化させることも恐れず妥協点を探っていくから。

② 前者が、自らが信奉する思想や世界観に従って議論し自分の主張を一方的に押しつけてくるのに対し、後者は、自分の主張を変えることを信条にしているためその弱みにつけ込まれて議論で敗れ去ることになるから。

③ 前者が、自らの信念や価値観は絶対であり議論に時間をかけるのは無意味だと考えているのに対し、後者は、より良い意思決定にたどりつくためには可能な限り時間をかけて話し合うことが必要だと考えているから。

④ 前者が、議論の効率性を重んじてあらかじめ結論を用意して話し合いに臨んでいるのに対し、後者は、信奉する意見がないままに他者との対話に必要以上に時間をかけて相手を論破し結論を導こうとしていくから。

⑤ 前者が、特定の信念や価値観に従って効率的に話し合いを進めようとするのに対し、後者は、時間をかけて相手に自分の意見を理解させることを重視しているためどうしても話し合いが非効率的なものになってしまうから。

問3　傍線部B「対話主義者と原理主義者との対話は、どうしたら可能になるのか。」とあるが、そのことについて筆者はどう考えているか。その説明として最も適当なものを、次の①～⑤のうちから一つ選べ。解答番号は 7 。

① 心情的原理主義者は、他人の意見をそもそも理解する能力が低いのだから思いやりをもって対応すれば事足りるが、戦略的原理主義者に対しては、話せばわかり合えるという信念は通じないので、対話的想像力によってきれいごとでは済まされない議論も展開できる能力を養っていく必要がある。

② 心情的原理主義者は、自分の信心に凝り固まって他人の話が聞けない人なのだから頑なな心情を解きほぐしてあげれば十分だが、戦略的原理主義者に対しては、弱みを逆手にとって論破されないように、対話的想像力によって議論の内容を強化し批判的に再考しうる能力を養っていく必要がある。

③ 心情的原理主義者は、他人の意見を聞けない性格の人だと割り切り思いやりをもって御していけば事は済むが、戦略的原理主義者に対しては、勝ち負けにこだわるその議論において逆に相手を論破することで話し合いそのものを盛り上げていく能力を対話的想像力によって養っていく必要がある。

④ 心情的原理主義者には、その頑なな信心の背後にある心情に思いやりをもって寄り添うことができ、戦略的原理主義者に対しては、相手の出方を先読みし議論の場のあり方そのものを勝ち負けではない話し合いへと誘導する駆け引きができるように、対話的想像力を養っていく必要がある。

⑤ 心情的原理主義者には、相手の凝り固まった心情を解きほぐすケアの仕方を見つけ出し、戦略的原理主義者に対しては、批判的な考察力をもって相手がどのように論破しようとしてくるのかをいち早く見抜きそれを逆手にとって逆に論破できるように、対話的想像力を養っていく必要がある。

問４　傍線部Ｃ「分かれ目になる」とあるが、それに関する説明として最も適当なものを、次の①～⑤のうちから一つ選べ。解答番号は 8 。

① グローバリゼーションの時代にあっては小さな行為が大きな流れになることが可能であり、身近な人とのなりゆきに任せた対話が人と人のつながりを押し広げていくことにも現実味が感じられはするが、そのように現状を追認し大勢に順応するだけの楽観的な考えでいたのでは、人々の共生という問題は解決困難だということ。

② 対話を行うためには想像力が必要であり、想像力を養うためには対話が必要であるというパラドクスが存在するため、対話についていては難しく考えられがちだが、なりゆきに任せる方法が社会学の実践的戦略として成果をあげているのだから、そのやり方に倣ってまずは身近な人と話し合うことが重要になるということ。

③ 社会のあり方が複雑になり多様な価値観や世界観を持った人々が共生するグローバルな時代にあって、現状追認や大勢順応に陥っている人々をも一方的に否定することなく、なりゆきに任せる方向で対話を重ねつつ事態を見守っていくという勇気と楽観性とが時代の今後を左右するであろうということ。

④ 議論では原理主義者にはかなわないとはいえ、身近な他者との対話を通して対話的想像力を養っていくことが人と人とのつながりを押し広げていくという対話主義者の信念に従うことが、多様な価値観や世界観を保持しながら人々が共生していくときの実践的な戦略として功を奏することになるということ。

⑤ たとえ楽観的に見えようとも、身近な人と誠実に向き合い対話を試みることから始め、そこから生じるつながりの中で他者との対話を重ねていき自らの問題点を修正しつつ対話的想像力を養っていくことが、人々と共生していかなければならない現代を有意義に生きていくために必要な営みだと言いうるということ。

問5　この文章の構成・展開に関する説明として**適当でないもの**を、次の①～④のうちから一つ選べ。解答番号は 9 。

①　2段落では、1段落で提起した事柄をキーとなる概念として明確化し、対置される概念と比較対照することで、4段落にかけて論議を深めていこうとしている。

②　5段落では、2段落から4段落の内容を受けながらも、異なった角度から問題を提起することで、より具体的に議論を進めようとしている。

③　9段落では、前の部分で述べたことから生じる問題点に着目させつつ、その解決策となる案を提示する方向で、結論的な考えに結びつけていこうとしている。

④　本文は、2段落末の「～だろうか」、5段落第一文の「～なるのか」、9段落第一文の「～だろうか」という表現に基づいて、内容的に大きく四つの部分に分けることができる。

問6　Nさんは、授業で『分断と対話の社会学』を読んだ後、次のような【文章】を書いた。これについて、後の(i)〜(iii)の問いに答えよ。なお、【文章】中では『分断と対話の社会学』のことを「本文」と表記している。

【文章】

『分断と対話の社会学』を読んで、2段落の最後にある「中立原理主義者」という言葉が気になった。なぜ気になったのかと考えてみると、一般的には肯定的に評価される態度である「中立」と、この文章で批判的に論じられている「原理主義者」という言葉とが結びついているから、ということになる。一種の X 表現だということもできるだろう。そこで私は、「中立原理主義者」とはいったいどのような存在なのかを考えてみることにした。

Y 、どの立場にもかたよらない「中立」な姿勢をとることは、公正で望ましい態度のように思える。だが、それは一方で、解決しなければむしろ公正さが脅かされるような問題に対し、自らが責任を負いたくないゆえに放置することを意味してしまうおそれがある。「中立原理主義者」とは、そうした問題をはらむあり方を言ったものなのではないだろうか。身近な例で考えてみると、例えば、 Z そういう場合、必要なのはむしろ当事者との「対話」であろうし、また、どのような場合に「中立」の原則を破るべきかについての「議論」であろう。本文で取り上げられているような自己と他者の間での「対話」や「議論」だけでなく、社会的な広がりを持つ問題についても、多くの人間の間で「時間をかけて」、「対話」し「議論」を交わすことが大切なのだと思う。

（i） 空欄 X に入る最も適当なものを、次の ①～④ のうちから一つ選べ。解答番号は 10 。

① 隠喩的
② 逆説的
③ 演繹《えんえき》的
④ 象徴的

（ii） 空欄 Y に入る最も適当なものを、次の ①～④ のうちから一つ選べ。解答番号は 11 。

① むしろ
② ところで
③ とりわけ
④ たしかに

(iii)　空欄 Z に入る最も適当なものを、次の ①～④ のうちから一つ選べ。解答番号は 12 。

① 対立する二つの陣営の仲介に乗り出した人が、「中立」であろうとして双方の意見を交互に聞き、どちらももっともだと感じて聞くたびに意見が変わってしまい、最終的な結論をなかなか出せなくなるような場合が考えられる。

② ＳＮＳで明らかに差別的な発信が繰り返され、被害を受けた人たちがＳＮＳの運営母体に対し加害者の発信機能停止を求めているのに、運営母体が「中立」を保つと称して介入しようとしないような場合が考えられる。

③ 選挙の際の政見放送において、放送局に対し「中立」の立場であることを義務づける法律があるために、有権者の失笑を買ってしまうような候補者の発言や振舞いなどもそのまま流さなければならないような場合が考えられる。

④ インターネット上で飲食店の評価をするサイトが、「中立」の立場で客観的な評価を行っているかのように装いつつ、実はそのサイトに広告料を支払った店に有利な評価を掲載しているような場合が考えられる。

第2問

次の文章は、井上靖《いのうえやすし》「風」（一九七〇年発表）の一節である。「私」の父が他界してから十年が経《た》ち、小さな出版社を経営する弟の発案で、父に関する思い出を息子や娘たちがそれぞれ文章にして、小冊子を編むことになった。ところが、その後何度か兄妹が顔を合わせてその話題が出ても、作家である「私」を含め、書くと言いながら誰も文章を書いている様子はなかった。以下はそれに続く場面である。これを読んで、後の問い（**問1～5**）に答えよ。（配点　45）

結局話が初めて出た時から一年ほど経って、去年の父の忌日の前後にみなが郷里に集まった時、二人の妹たちの受持《うけもち》枚数を減らし、その分を私と弟とが引受ける(注1)ことになった。

それから今日までに更に半歳経過しているが、相変らず口では書く、書くと言っていながら誰も書いていない。書けないのは二人の妹たちばかりではなかった。最近一緒になった時、弟は弟で言った。

「A親父《おやじ》のことを書くのは難しいな。おふくろなら書けるんだが、この方は生きているからね」

そんなことを言って、

「この間、二、三日暇ができたんでペンを執《と》ったんだが、どうも難しい。何か書かなければならぬが、なかなかたいへんだな。これが恩師だとか、友達だとかということになると、らくな気持《きもち》で書けるんだが、親父となるとね。親父というものは不思議なものだな。親父が不思議なんではなくて、親父と息子の関係が不思議なんだな。息子にとって、親父というものは何だろうね」

弟は言った。

「そう、確かに不思議なものではあるんだろうね」

私は相槌《あいづち》を打ったが、その時弟が考えていることを、その漠然とした言い方を通して理解しよう筈《はず》はなかった。弟は弟で、私は私で、同じ一人の父という人間に対して別々のことを感じ、考えているに違いなかったが、それにしても同じ息子という立場に立っていたので、どこか一点で相通じているところがあった。

私は私で父親の思い出をいつかは書かなければといった思いで、半年程前に、何となく頭の中で整理したことがあったが、その時から弟の言い方で言えば**B**父親という不思議なものにぶつかっている思いであった。妹がいつか言ったように、私もまた父親のことなら幾らでも書けると思っていたのであるが、いざ自分の心に刻まれている父親のイメージを拾うとなると、そうたくさんはなかった。十や十五はあると思ったが、その半分も三分の一もなかった。きびしく拾うと二つか三つしかなかった。その二つか三つの絵の中だけにしか、父と子という一組の親子の姿は見出《みいだ》されないような思いだった。他の絵の中では父が父でなかったり、自分が父の子でなくなったりしている。

「親と子が、親と子として向い合うということは案外少ないものだね。俺が親不孝であるせいかも知れないが」

私が言うと、

「そういう言い方をすれば、息子というものはみんな親不孝だよ。苛酷な批判者だからね」

弟の言葉には、どこかにこちらを労《いたわ》っているところがあった。

「大体、俺の父親に関する思い出の中で、いいものだけを拾って行くと、殆《ほとん》ど全部が無言劇なんだ。俺も父親も話していない」

弟はうんざりしたような表情で言った。そう言われてみると、私の場合も同じだった。私も話していなければ、父親も話していなかった。

「いいじゃないか、喋《しゃべ》っていなくたって。——喋ると、忽《たちま》ちにして壊れてしまうような、そんな関係だろう、父と子というものはね」

こんどは、私の方に多少弟を労るところがあった。長い一生で兄と弟が揃《そろ》って父親に対して息子であったのは、今ぐらいのものではないか、そんな思いが、その時私の心を掠《かす》めた。

昭和六年のことである。私は当時九州の大学に籍をおいて、東京に出てぶらぶらしていたが、その年の冬から春へかけてを父の任地弘前《ひろさき》で過《すご》した。家族と一緒に暮すのは何年ぶりかのことであった。

その年の春、父は将官に昇進して、同時に退官した。父は医学専門学校出で、軍医としての栄進に限度があることは、自分自身でも知っていたが、いくらか将官への昇進の時期は予想していたより早いようであった。が、また他の言い方をすれば、それだけ退官の時期が早く来たわけでもあった。

C

その日、父は新しい肩章(注2)の付いた軍服を着て、師団の軍医部に出掛け、その帰り家族と待ち合わせて、弘前の町を歩いた。城《じょう》址《し》の桜が満開の日であった。私もまた、母と弟妹たちと一緒に、父をまん中にして、城址の雑踏の中を歩いた。風が強い日で、桜の花びらが足許《あしもと》にまで舞って来た。

父は幾らか前屈《かが》みの姿勢で歩いていた。祭日か何かの日で人出は多く、父は絶えず、行き交う将校や兵隊たちから挙手の礼を受けていた。軽く答礼することもあれば、ちょっと会釈だけして過ぎることもあった。私は学生時代を通じて、軍服姿の父には抵抗を感じていたが、この日の父は例外だった。父も新しい将官の肩章を意識していないことはなく、上機嫌でにこにこしていた。いつもならそうした父が厭《いや》に感じられるに違いなかったが、その日は少しも厭ではなかった。と言って、父が退官の方を意識して浮かない顔をして歩いていたら、私はまたそれはそれで、そうした父が厭だったに違いない。が、その日の父には今日一日栄進を悦《よろこ》び、あすはそこから身を引くといったところがあった。子供の私にも、健気《けなげ》でいさぎよいところが感じられた。

私たち家族は、わざとそうしたわけではなかったが、父より少し離れて歩いた。父は多少の眩《まぶ》しさと共に歩いていた。横から見ていると、前屈みの父の姿勢は真向《まっこう》から吹いて来る風に抵抗しているように見えたが、風のためばかりではなかった。弟はもともと父はあのような姿勢だと言い、妹はいや、そんなことはない、急に老けたのではないかと思うと言った。

私は父と一緒になったり、離れたりして歩いた。父は栄進とも退官とも同居していたが、そのようなものは微塵《みじん》も感じさせなかった。嬉《うれ》しそうではあるが、どこかに淋《さび》しげな影もあるというようなものではなかった。今日は今日、あすはあす、今日は嬉しいのだから、嬉しさだけで行きましょうといったところが感じられた。

私は父とは言葉は交《かわ》さなかった。いかなる言葉をかけても、そこには崩れてしまいそうなものがあった。父から言葉をかけられても同じことであった。お互いに黙っている限りに於《お》いて、父は私に対して父であり、私は父に対して子であった。へたに言葉でもかけ合えば、忽ちにして壊れてしまいそうな、硝子《ガラス》ででも造ってあるような脆《もろ》さを持った平穏さと、団欒《だんらん》と、幸福があった。

桜の花びらの散る中を、父を先《さ》きに立てたり、まん中にしたりしながら、私たちは歩いて行った。

時代がそろそろ暗いものを漂わせ始めた昭和十八年の秋のことである。父は退官後郷里の伊豆《いず》に隠棲《いんせい》して、半ば世を捨てた人間のように、第三者には頑《かたくな》とさえ見える生活をしていた。父は医者であったから、陸軍を引いてからも開業しようと思えば、幾らでも開業できた筈であったが、初めからそうした気持の持ち合わせはなかった。悠々自適とか、晴耕雨読といった心境とも異《ちが》っていた。父は自分は農家の生まれだから、百姓が好きなのだと、いつか母に洩《も》らしたことがあったそうだが、実際に百姓仕事というものが好きであったのかも知れない。と言って、本当の百姓仕事ができる筈のものでもなく、家の背戸《せど》(注３)の百坪ばかりの畑に、隠棲後、急に痩せの目立った体を、毎日のように運んでいた。野菜は買う必要はなかった。父は大根も作れば、菜も作り、馬鈴薯《ばれいしょ》も作った。

そうしたことをして過している父に陸軍省から地方に新設する陸軍病院の院長にならないかという話が持ち込まれて来た。軍医不足の折柄《おりから》、時局は六十代の半ばに達している父をも必要としていたのである。

それを聞いて、私は父にその話を受諾することを勧めようと思った。漸《ようや》く目立ち始めた父の暗い貧しげな生活がそのために少しでも明るくなるのではないかと思ったからである。

しかし、帰省すると、すぐ母の口から、父が既にその話を断わってしまったということを聞いた。私はそれについてはひと言も言わなかった。断わったことを知ろうと、知るまいと、私はそのことには触れなかったに違いない。玄関に出て来た父が身に着けている雰囲気は、私にそんなことを触れさせないほど、すでに社会とは無縁になりきっているものを持っていた。生まれ付き厭人癖《えんじんへき》のところはあったが、暫《しばら》く見ないうちに、それが烈《はげ》しくなっていて、訪ねて来る者は拒まないで愛想よく応接していたが、自分からは他家を訪ねるというようなことはなく、家の門口に立つのも稀《まれ》だということであった。

私は帰省の用件に就いてはついにひと言も口から出さないで、一泊して引揚げたが、縁側から野良着に着替えて庭に出て行く父の姿を見守っていて、これが自分の父親なのだなと思いを深くした。そしてまさしく自分はこの父親の子なのだと思った。

「寒い日は畑に出さない方がいい」

その日は冬の前触れの寒い日であった。私が母に注意すると、

「そんなことを諾《き》くものですか。用事がない日でも畑には出て行きますよ」

母は言った。

「なぜ出て行くのかな」

「畑以外、ほかに出て行くところがないからですよ」

母の口調には、そのくらいのことが判《わか》らないのかといった、多少こちらを非難している響きがあった。

私は父のあとから庭に出て行って、遠くから地面に屈み込んで草をむしっている父の姿を見ていた。D父の方に近付いて行って、また離れた。父は一度立ち上がって、私の方を見、何か言おうとしたらしかったが、結局は何も言わないで、物置小屋の方へ歩いて行った。私と父とが立場を替えていたら、私もまたそのようにしたであろうと思うような、その時の父であった。

父の思い出の中にはいつも風が吹いているように思うのであるが、この日は確かに風が吹いていて、庭は散り敷いている落葉《おちば》で、半ば廃園のように荒れて見えていた。

（注）1　半歳――半年のこと。

2　肩章――制服や礼服の肩につけて官職、階級などを示す章飾。

3　背戸――家の背面、後ろ。

問１　傍線部Ａ「親父のことを書くのは難しいな。」とあるが、このときの弟の心情はどのようなものだと考えられるか。その説明として最も適当なものを、次の①～⑤のうちから一つ選べ。解答番号は 13 。

① 父親との思い出を冊子にしようと言い出したものの、母や恩師、友達との思い出を書くこととは異なり、何か書かなければならないと思い焦ってはみてもよい思い出が浮かばず、今更ながら父親という存在の不思議さに気付いて、当惑している。

② 父親との思い出を冊子にしようと言い出したものの、息子である自分が父親に対して苛酷な批判者であり親不孝であったために、親と子として向かい合うことが思った以上に少なかったのだということを自覚し、父親に対し申し訳なく感じている。

③ 父親との思い出を冊子にしようと言い出したものの、息子として記憶にある父とのよい思い出は、特に会話もなく取り立てて書きようのないものばかりであるように思え、あらためて父親との関係がとらえ難いものと感じられて、困惑している。

④ 父親との思い出を冊子にしようと言い出したものの、父親に関するよい思い出が互いに話さず黙っているだけだったことに思いいたり、そのために思い出を書くことが困難であることも相まって、生前の父との会話が少なかったことを後悔している。

⑤ 父親との思い出を冊子にしようと言い出したものの、生きている母についてはらくに書くことができても、十年も前に亡くなった父との思い出は容易に思い浮かばず、息子にとってそもそも疎遠である父親について書くことの難しさを感じている。

問2　傍線部B「父親という不思議なものにぶつかっている思い」とあるが、その思いの説明として最も適当なものを、次の①～⑤のうちから一つ選べ。解答番号は 14 。

①　父親について書くにあたりあらためて思い返してみると、弟と同様、自身も父親と親しく会話を交わした記憶がなく、そのために幾らでも書けると思っていた父親との記憶が実際には思っていた以上に少ないことに気付いて、父親と息子の関係というものは非常に不思議なものだと思わされ、驚きを感じている。

②　父親について書くにあたりあらためて思い返してみると、たくさんの思い出があるようでいてその大半は父と子としての関係を示すようなものではなく、父親像が深く心に残っている思い出は非常に少ないことが意外であり、親と子という関係性について自身の父への接し方も振り返りながら思いを巡らせ、感慨を抱いている。

③　父親について書くにあたりあらためて思い返してみると、妹の言うように父親とのことなら書けることはたくさんあると思っていたにもかかわらず、実際は弟の言うように書くことが難しいと思い知らされ、娘ではなく、息子にとっての父親という存在の不思議さを突きつけられたような気がして、戸惑いを覚えている。

④　父親について書くにあたりあらためて思い返してみると、思い出されるのは面白みのない出来事ばかりで自分の心に刻まれている父親のイメージが現れているようなものは案外少なく、父親のことを書くのは難しいと言った弟の思いが十分理解できて、弟と同じ息子という立場に立って父親と息子の関係の不思議さを実感している。

⑤　父親について書くにあたりあらためて思い返してみると、心によみがえってくる記憶の多くは、父が父でなかったり、自分が父の子でなくなったりしているもののように思われたが、いくつかの思い出の中では自分たち親子が絵のように美しい一組の親子の姿として見出され、そのことに意外な新鮮さを感じている。

問３　傍線部Ｃ「その日、父は新しい肩章の付いた軍服を着て、師団の軍医部に出掛け、その帰り家族と待ち合わせて、弘前の町を歩いた。」とあるが、このときの父に対する「私」の心情の説明として最も適当なものを、次の①～⑤のうちから一つ選べ。解答番号は 15 。

① 昇進と退官を同時に迎えた父親が軍服姿で機嫌よくしていることに、ふだんと違いその日は抵抗を覚えず、退官を憂うことなく率直に今日の栄進を悦ぶ殊勝な態度が好ましく感じられ、そのような父親を素直に受けいれる幸福な気持ち。

② 昇進と退官を同時に迎えた父親に対して、昇進の時期も退官の時期も予想より早かったことへの内心を思いやると、上機嫌をよそおう軍服姿にいつものような厭悪感が生じず、健気ないさぎよさを感じて父親をいとおしく思う気持ち。

③ 昇進と退官を同時に迎えた父親が上機嫌でにこにこしていることにも、厭な気分を覚えることはなく、嬉しそうでありながらもやはりどこか淋しげな影もある様子を見て、長年軍医として勤め上げた父親をねぎらいたいと思う気持ち。

④ 昇進と退官を同時に迎えた父親に対して、例外的に抵抗感や厭な感じを抱かず、ただ栄進を悦ぶだけであることに健気さといさぎよさを感じたが、前屈みに歩く姿勢を見て父親が急に老けてしまったように思われ気がかりである気持ち。

⑤ 昇進と退官を同時に迎えた父親が終始にこやかであることに安堵《あんど》感を覚え、行き交う将校や兵隊たちから礼を受ける軍服姿をも誇らしく感じて、満開の桜の下を歩く父親を眩しい存在として少し離れたところから見守りたい気持ち。

問4　傍線部D「父の方に近付いて行って、また離れた。」とあるが、「私」がそのような行動を取った要因はどのようなことか。その説明として適当なものを、次の①～⑥のうちから二つ選べ。ただし、解答の順序は問わない。解答番号は 16 ・ 17 。

① 現在の父親の生き方を受けいれ、子として言うべきことはないと思ったこと。
② 隠棲してすっかり頑《かたく》なになった父には、何を言っても無駄だと諦めたこと。
③ 父親と自分との関係が、言葉をかけ合うことで壊れてしまうように思ったこと。
④ 父の暗い貧しげな生活を明るく変えることがかなわず、落胆していたこと。
⑤ 望み通りに百姓仕事を営む父に対する無理解を非難する母に、遠慮したこと。
⑥ 言葉を交わしたところで、今の父親を理解することはできないと思ったこと。

問５　二重傍線部「お互いに黙っている限りに於て、父は私に対して父であり、私は父に対して子であった。」について、AさんとBさんは、**【資料】**を用いつつ教師と一緒に話し合いを通して考えることにした。次に示す**【資料】**と**【話し合いの様子】**について、後の(i)・(ii)の問いに答えよ。

【資料】

世の子供たちが多かれ少なかれそうであるように、私もまた、自分の父親に対して苛酷きわまりない批判者であった。私は常に父親に完全なものを求めていた。

子供が父親に対してこうした気持を持つことは、本能的に自分が父親によって決定されていることを知っているからである。血の反撥《はんぱつ》というような言葉があるが、自分が父親のすべてのものを受け継いでおり、所詮父親の持っているものから、自分というものが脱出できないことを知っているからである。

父の死後、八カ月を経て、父の死を悲しむ心を私が持ったということは、私が批判すべき相手を失ってしまったことを、自分ではっきり認識したことを意味する。私は最早《もはや》この世において、自分と同じような考え方をする人間も、同じような感じ方をする人間も持っていないのである。そしてそうしたことから初めて、私はときどき激しい孤独を感じるのである。なにかにつけて、もし父親が生きていたら、父親だけは自分の気持がわかってくれたであろうと思うのである。一生反撥してきた父親が、こんどは自分のこの地球上におけるただ一人の理解者であったということに気付き始めるのである。

私の父は五十歳早々にして陸軍を退官すると、すぐ郷里の伊豆の山の中に引っ込み、それから昨年没するまで三十年間、ほとんど家から出ることなく生活してきた、そうした人間である。人間嫌いというか、医者でありながら、ついに郷里へはいってから一人の病人の脈もとったことがなかった。

母はまた母で、そうした父親と歩調をあわせて、父のいうままに四十半ばから田舎に埋もれてしまった。母にもまた、自分を社会の表面に押し出し、より楽しい生活を持とうという欲望は全くなかったのである。

私は父と母との生き方を敵として、ずっとそれと闘ってきたはずであった。

私は最近よく思うことがある。父と母とに反抗して私は自分に全く両親とは別の生き方を強いてきたが、それでいて、もしかしたら両親の生き方に最も強く同感し、それを理解していたのは自分ではなかったろうか、と。こうした考え方にぶつかった時ほど、私は憮然《ぶぜん》とした思いに曝《さら》されることはない。

井上靖「私の自己形成史」（『日本』一九六〇年掲載）の一部。

【話し合いの様子】

教　師――【資料】は本文（「風」）と同じ筆者井上靖が、父親を亡くして八カ月後の感懐を綴《つづ》ったエッセイです。小説作品である「風」の内容がエッセイのように実体験のままということはないと思われますが、筆者の体験を反映した作品と考えることはできますので、父親が他界して十年後に思い出を書こうとしている「風」と【資料】を比較しながら、「私」の父親に対する思いを考えてみましょう。

Aさん――【資料】はエッセイであり、父の死からまだ間もないため、より率直に父親に対する思いが書かれているように思いました。

Bさん――その思いは［Ⅰ］ととらえられるのではないでしょうか。

Aさん――そう考えると、父親と息子という関係の結びつきの強さや難しさが理解できるように思います。

教　師――【資料】で述べられている筆者の父親への思いを把握できました。では、この内容を踏まえると、お互いに黙っている「私」と「父」については、どのように考えればよいでしょうか。

Aさん――父と町を歩いた場面ですね。おそらく、このときは、［Ⅱ］ということではないでしょうか。

Ｂさん――そうですね。父親と子としての「私」の脆くとも完全な関係がここに見られるように思います。

教　師――【資料】とあわせて考えることで、文章「凪」における父親と「私」について、理解を深めることができたようです。

(i) 空欄 **Ⅰ** に入る発言として最も適当なものを、次の①～⑤のうちから一つ選べ。解答番号は **18**。

① 父親から脱出することができないための批判と孤独
② 父親にすべてを決定されてきたゆえの安心感と悲哀
③ 父親の厭世的・消極的な生き方に対する反抗と嫌悪
④ 父親だけは自分を理解してくれることの認識と同感
⑤ 父親からすべてを受け継いだことによる理解と反撥

(ii) 空欄 **Ⅱ** に入る発言として最も適当なものを、次の①～⑤のうちから一つ選べ。解答番号は **19**。

① 何も言わないことで、お互いに相手の内面には立ち入らず、それぞれの思いを尊重できた
② 互いの心が通じ合っている気がし、父と子としての絆《きずな》を感じたからこそ、あえて言葉を交わさずにいた
③ お互いに黙っているからこそ、息子としての自分が抱く父親に対する反撥を押し隠すことができた
④ 言葉をかけないようにすることで、いつかは訣別《けつべつ》の日が訪れることをせめてその時は忘れてしまえた
⑤ 父親に自分の思いを理解してもらうためには、言葉をかけるよりも黙っている方がよいと思った

第3問

まことさんは、学校の課題で、ICT（情報通信技術 Information and Communication Technology）の利用状況について調べ、レポートを書くことになった。**【資料A】【資料B】**はレポートを書くために調べ、見つけた資料の一部であり、**【下書き】**は、**【資料A】【資料B】**を踏まえて書いたレポートの下書きである。これらを読んで、後の問い（**問1〜4**）に答えよ。

（配点　20）

【資料A】

●ICT利活用は年代を超えて広がっている。2002年と2014年の年代別インターネット利用率を比較すると、全ての年代で利用率が上昇しており、特に60代以上のシニア層での上昇率が大きい。ICT利活用の普及は全年代共通の現象である。

●利用しているICT端末（過去1ヶ月以内にプライベートで利用したことがあるICT端末）を尋ねたところ、年代での利用率の違いが大きいのは、スマートフォン、フィーチャーフォン（一般に「ガラケー」と呼ばれる、スマートフォン以外の携帯電話など）、固定電話であった。これに対しテレビやPC（パーソナルコンピュータ）の利用率には年代によってそれほど大きな違いはみられない。

←○60代以上のシニア層のスマートフォン普及率は他の年代と比べて低く、2割程度にとどまる。普及が進まない理由としては、スマートフォンがシニアにとって操作しにくいことや、スマートフォンの利用料金がフィーチャーフォンに比べて高額であることが考えられる。

→○「シンプルスマホ」（画面表示や操作方法をわかりやすくしたり、誤操作を防ぐ仕組みを取り入れたりしたスマートフォン）や「格安スマホ」（通信料金を低くしてある反面、高速通信の利用範囲等に制限が設けられたスマートフォン）へのシニア層の期待は総じて高く、こうしたスマートフォンが充実すれば、シニア層のスマートフォン利用率向上に貢献する可能性がある。

●スマートフォンは若い年代ほど利用率が高くなる傾向があり、20代以下のスマートフォン利用率が約8割に達するのに対し、60代以上では約2割にとどまる。これとは反対にフィーチャーフォンは年代が上がるほど利用率が高くなる傾向があり、60代以上では約５割がフィーチャーフォンを利用している。固定電話も年代が上がるほど利用率が高くなる傾向があり、60代以上での固定電話利用率が約８割を維持しているのに対し、20代以下と30代では３割を下回っている。

●何かを自発的に調べようとする際、どのような手段を最も頻繁に利用するかを尋ねた。「仕事や研究、勉強について調べたいことがある場合」、「商品やサービスの内容や評判について調べたいことがある場合」など、具体的な場面を提示してそれぞれ尋ねたが、いずれの場面についても「インターネットの検索サイト（Google や Yahoo! 等）で検索する」との回答が圧倒的多数（約７割）を占めた。年代による大きな傾向の差はみられなかった。何かを調べる際の最も一般的な手段として、年代を問わずインターネットが広く浸透していることがわかる。

●ネットショッピングの世帯利用率は過去約10年間で全年代的に上昇した。今回のウェブアンケート調査の結果をみると、ネットショッピングの個人利用率は全年代平均で７割を超えている。年代別にみると、60代以上の利用率は30代や20代以下の利用率をやや上回っており、少なくともインターネット利用者に限定する限り、シニア層のインターネット利用者が他の年代のインターネット利用者に比べてネットショッピング利用に消極的という事実は見られない。

出典：総務省『平成27年版　情報通信白書』をもとに作成

【資料B】

図表1　子どもにICT端末を利用させる理由

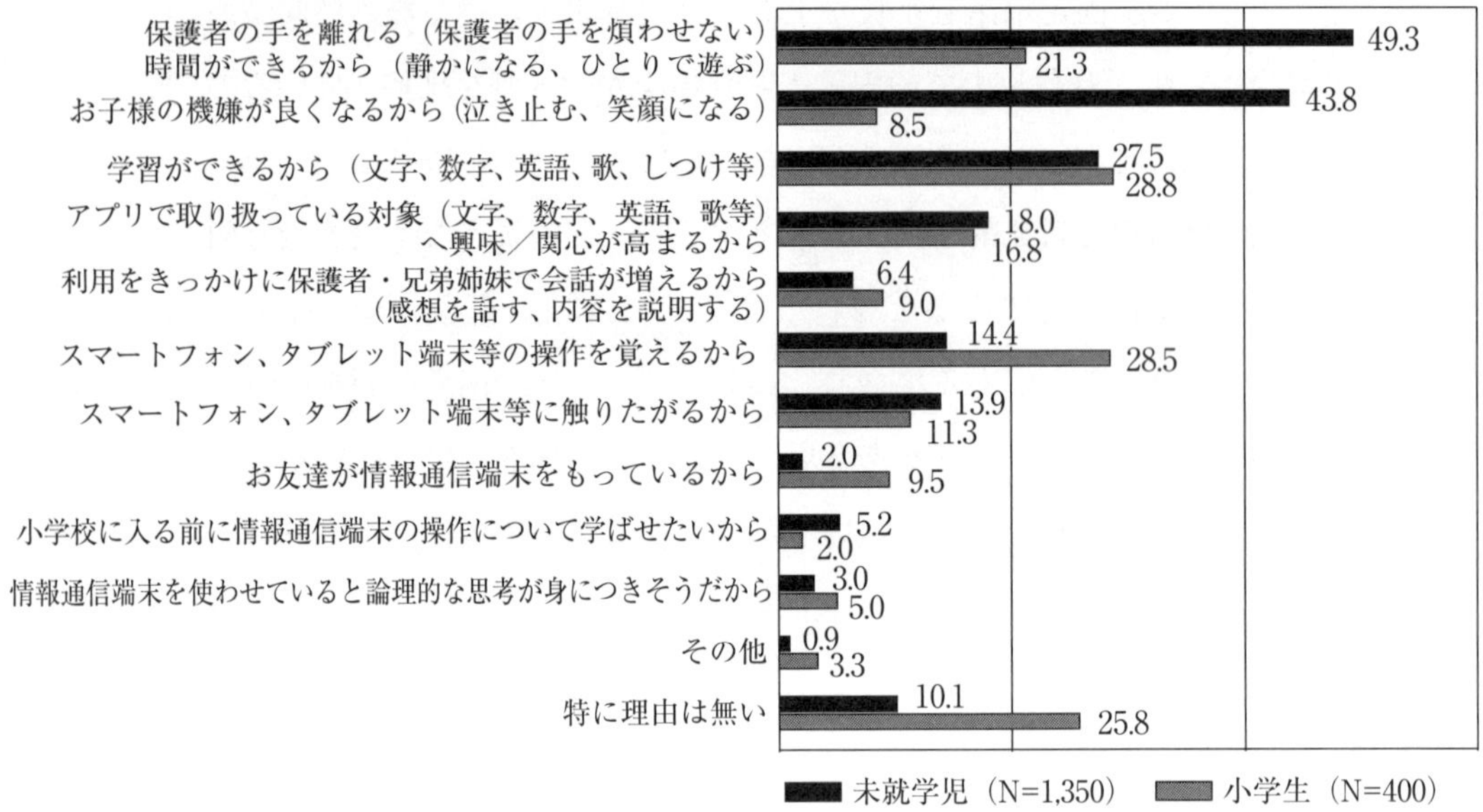

※以下、「N＝」「n＝」は回答者数を示す。

出典：総務省『平成27年版　情報通信白書』より

図表2　幼児向けスマホ依存判定項目ごとの該当率

すぐにスマートフォンを使いたがる（没入）	69.4%
やめようね、と言ってもスマートフォンをやめない（制御不能）	47.0%
スマートフォンを取り上げると機嫌が悪くなる（禁断症状）	40.6%
決めた時間以上にスマートフォンをいじっていてやめられない（時間延長）	37.0%
スマートフォンに夢中で約束をやぶったり、食事をとらなかったりすることがある（生活上のトラブル）	22.8%
時間つぶしのためにスマートフォンをいじっている（現実逃避）	53.4%
スマートフォンをしていたのに、していなかったフリをすることがある（隠蔽）	18.7%
必要もないのに、いつまでもだらだらスマートフォンをいじっている（耐性・麻痺）	30.1%

注：育児において子ども（幼児）に情報端末（ICT）を使わせている保護者を対象に実施した調査である。

出典：橋元良明「幼児のスマホ依存」より（「育児とスマートフォン」所収）

【下書き】

20代以下の若年層と60代以上のシニア層のICT活用の特徴は、たとえば、ネットショッピングの利用率については大きな年代差は見られず、また、年代に関わらずインターネットは何かを調べようとする際の最も一般的なツールとなっていることから、若年層とシニア層のICT利活用全般に差はないということである。

このような若年層とシニア層のICT利用状況の差が縮まっているという変化から見えてくることは、インターネット技術の便利さは全年代の生活にとってますます不可欠なものになっており、今後もその流れは止まらないと言えるだろう。……（※）

また、近年、育児においてのICTの利用が増えている。保護者が未就学児や小学生にICT端末を利用させる理由として挙がっていることからすると、忙しい保護者の育児において、ICTは、ますます有用なものになりつつあると言えそうだ。

このように、ICTには便利な点もあるが、**【資料A】**および**【資料B】**を踏まえると、その使用には注意しなければならない点もある。それは

X

問1 【資料A】で言及されていない図表を、次の①～⑥のうちから二つ選べ。解答番号は 20 ・ 21 。

① インターネット利用率の向上（年代別）

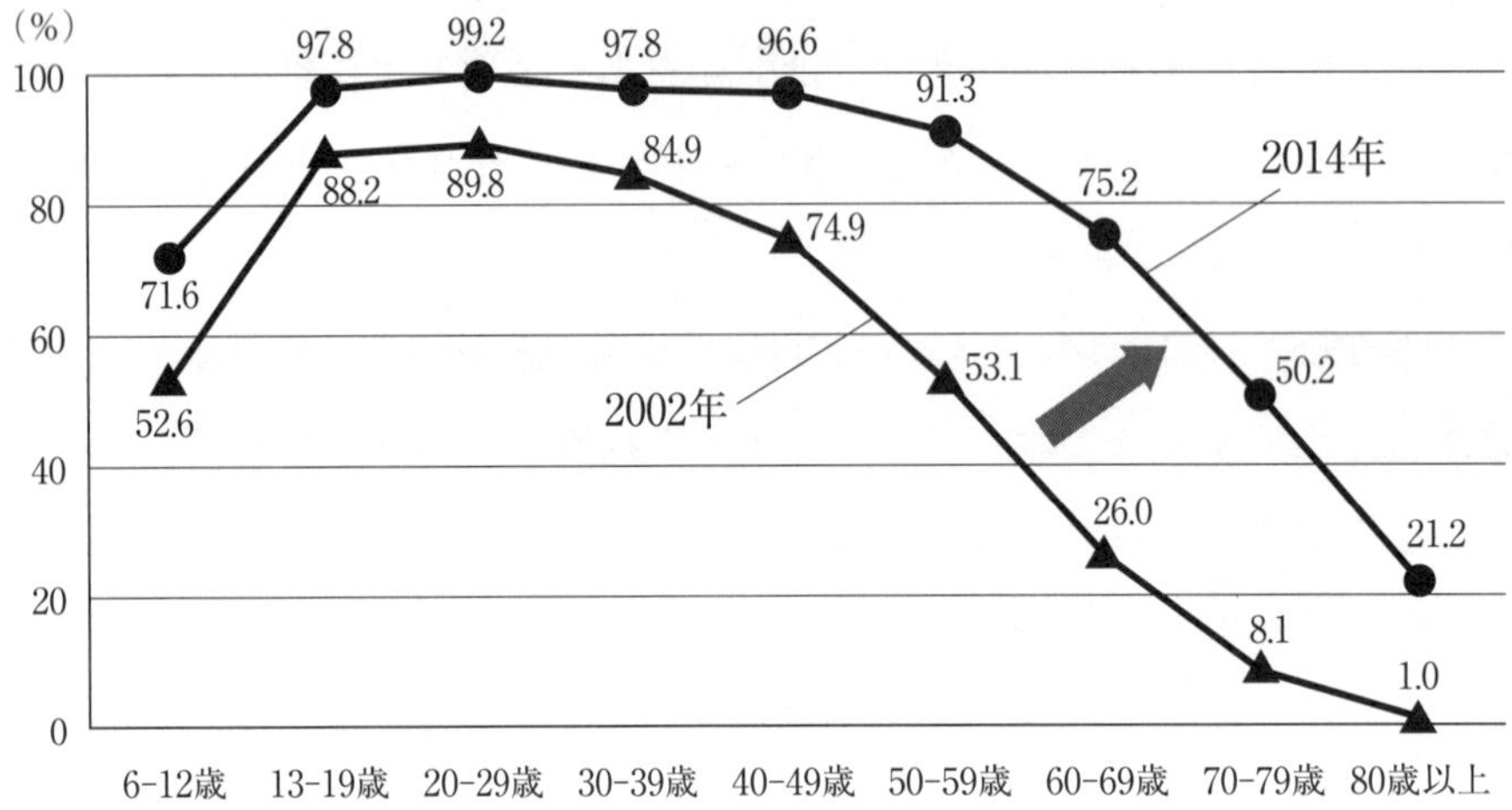

② 娯楽目的で動画を視聴する際の手段（年代別）

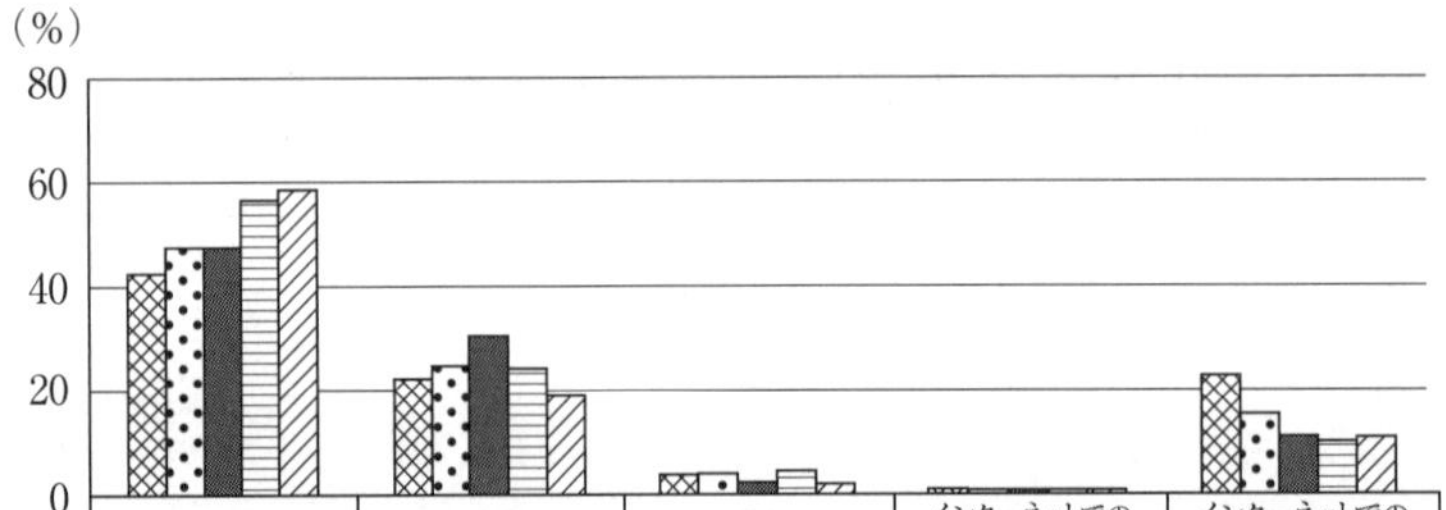

	テレビ放送（リアルタイム視聴）	テレビ放送（録画視聴）	DVD、ブルーレイ等	インターネットでの有料動画配信サービス（NHKオンデマンド、Hulu 等）	インターネットでの無料動画配信サービス（YouTube、ニコニコ動画 等）
20代以下（n=400）	42.5	22.3	3.8	1.0	22.8
30代（n=400）	47.5	24.8	4.0	0.8	15.3
40代（n=400）	47.5	30.5	2.3	0.8	11.0
50代（n=400）	56.5	24.3	4.5	0.8	10.0
60代以上（n=400）	58.5	19.0	2.0	0.8	10.8

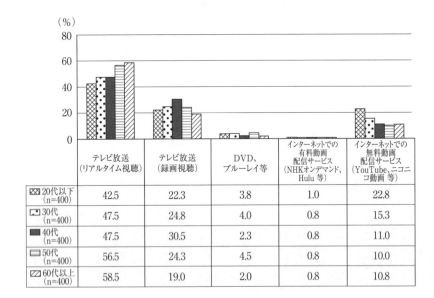

③　最も利用頻度が高いICT端末（年代別）

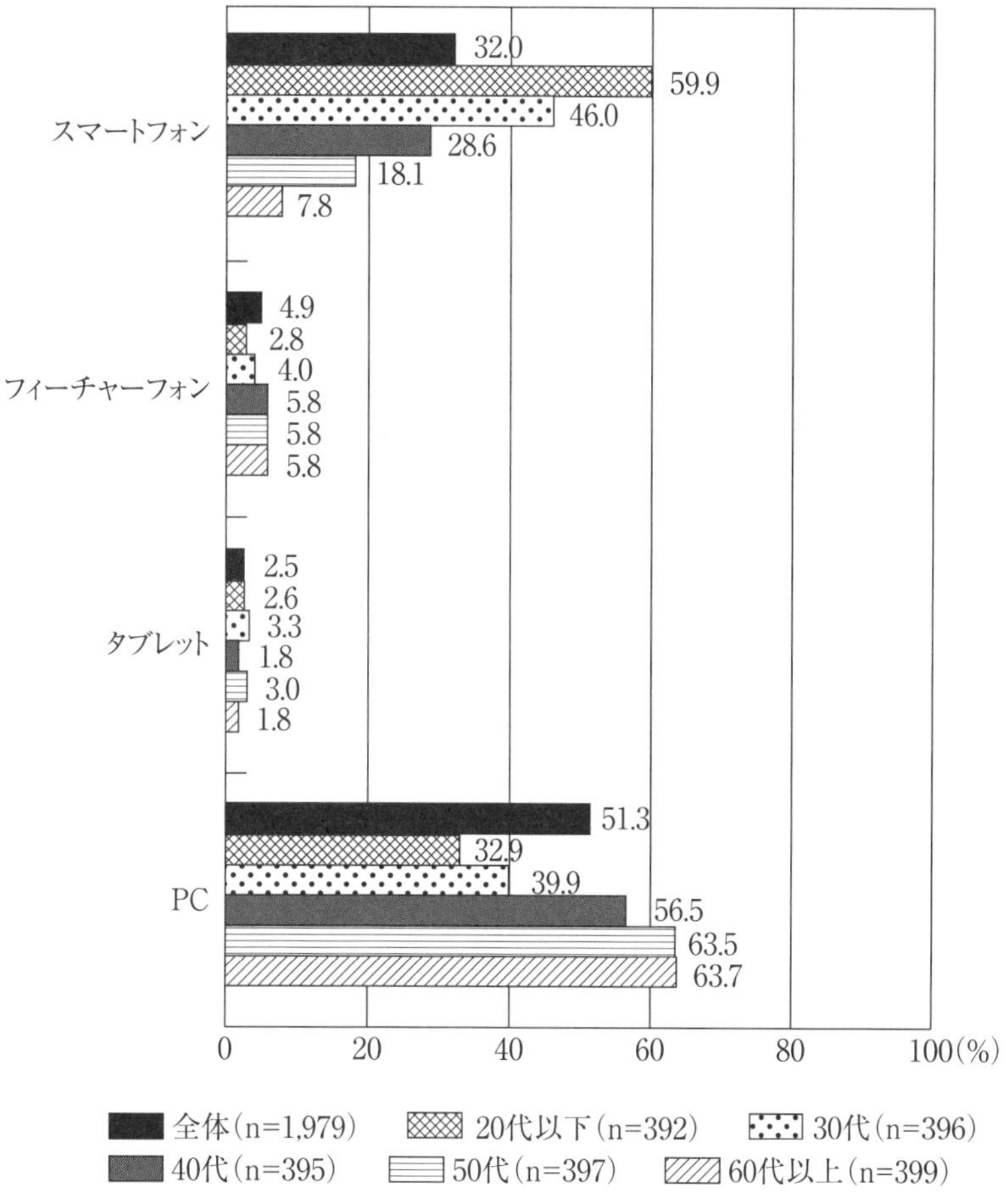

④　ネットショッピングの利用率

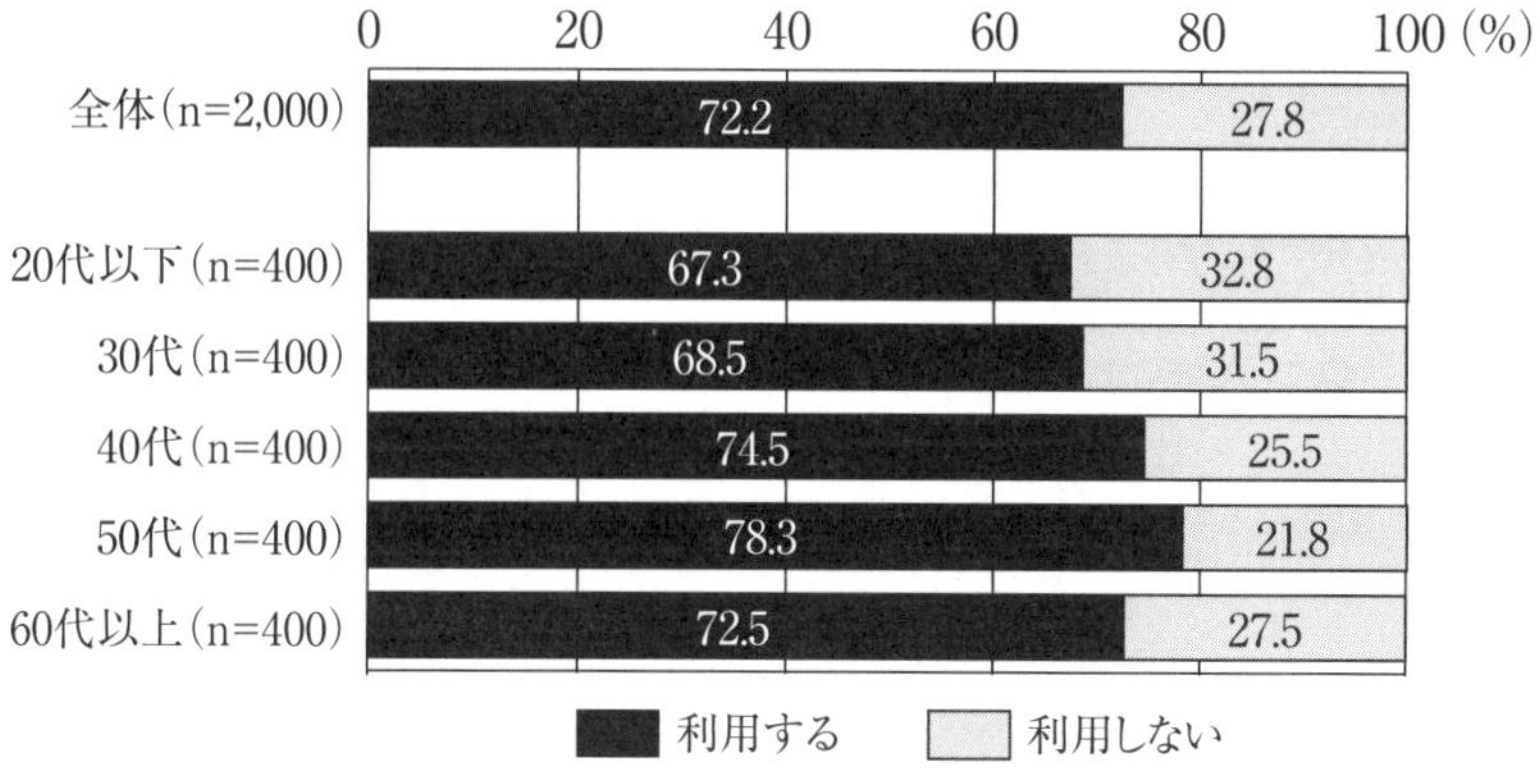

⑤ 利用しているICT端末（年代別）

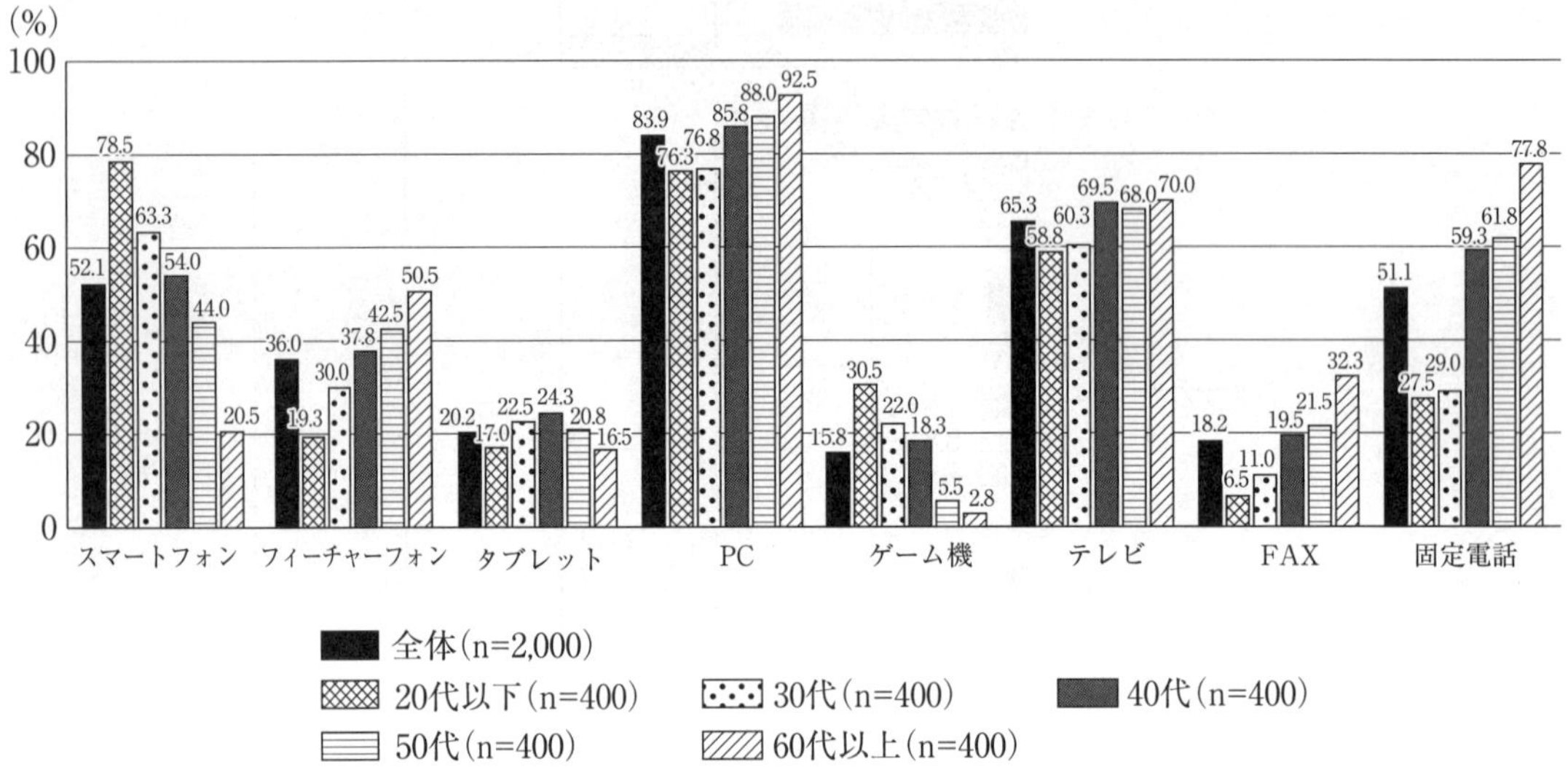

⑥　情報収集を行う際の手段（年代別）

〈仕事や研究、勉強について調べたいことがある場合〉

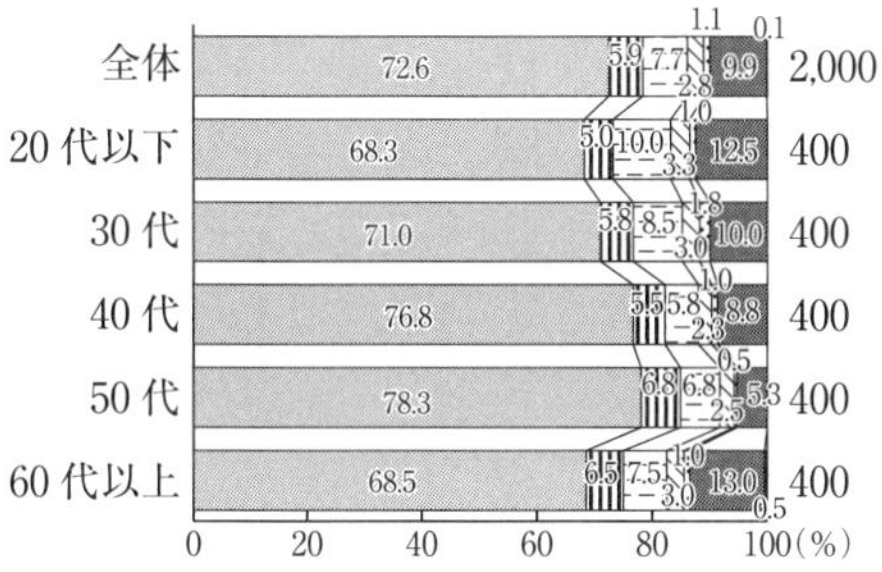

〈健康や医療について調べたいことがある場合〉

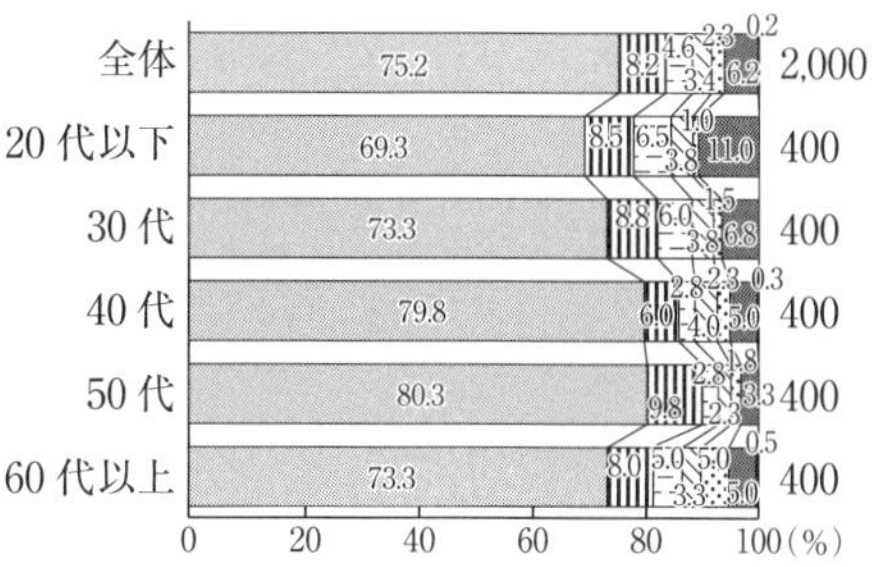

〈商品やサービスの内容や評判について調べたいことがある場合〉

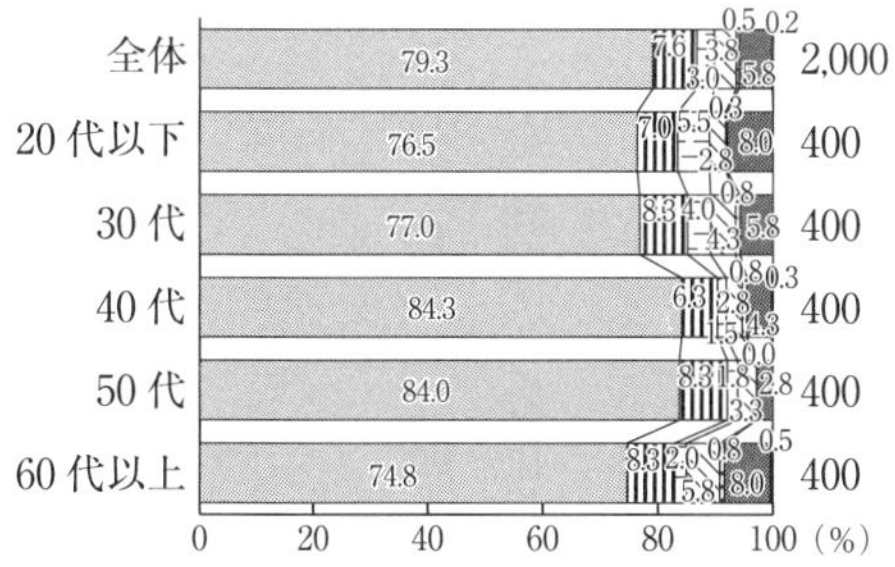

〈個人的な趣味や娯楽について調べたいことがある場合〉

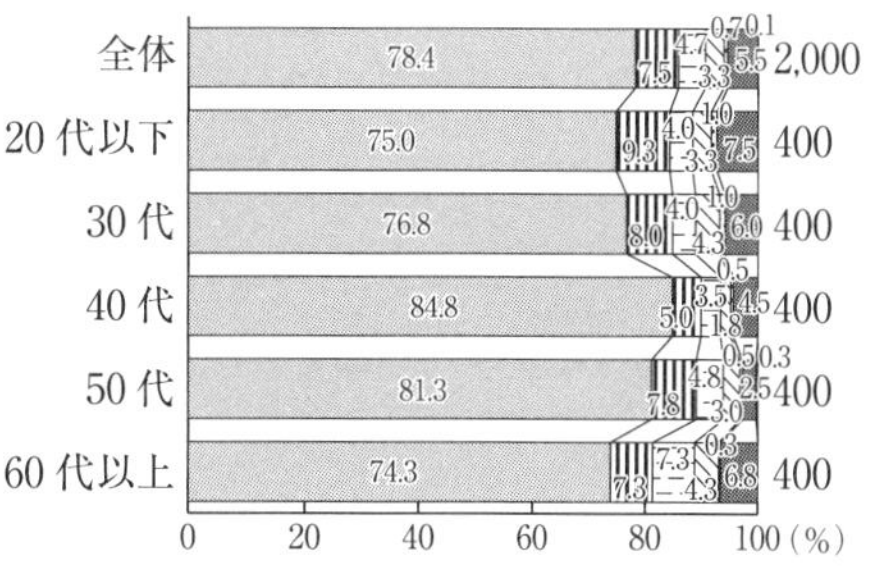

〈特に目的のない暇つぶし的な調べたいことがある場合〉

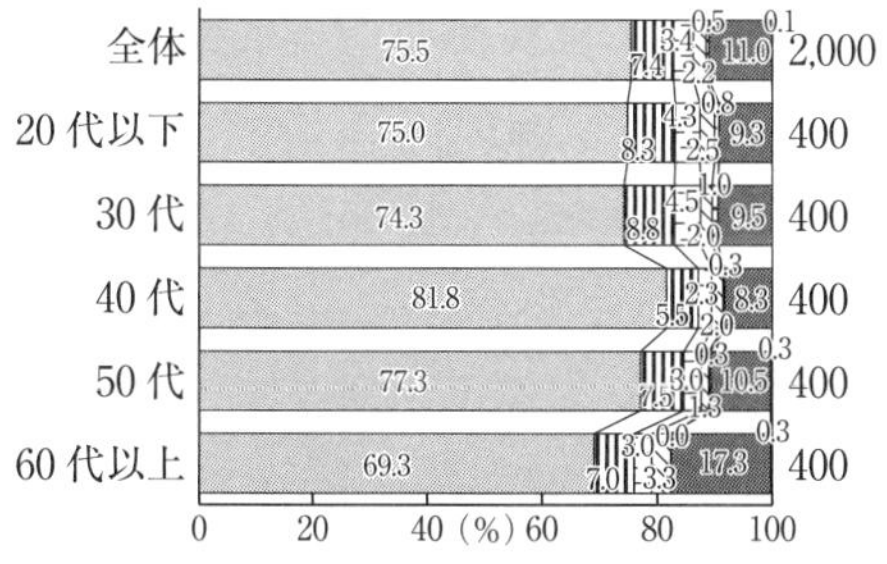

インターネットの検索サイト（Google や Yahoo! 等）で検索する（Twitter（現 X）のツイート等をする場合を含む）
インターネットの質問サイト（Yahoo! 知恵袋や LINE Q 等）で質問する
本や雑誌等で調べる
家族や知人に聞く
専門家に聞く
そうしたことについて調べる習慣がない
その他

問2 **【下書き】**を書き終え、文章を見直していたまことさんは、（※）までの部分に修正や改善が必要な点がいくつかあることに気づいた。それはどういった点だと考えられるか。その説明として**適当でないもの**を、次の①～⑤のうちから一つ選べ。解答番号は 22 。

① 第二段落の趣旨につなげるためには、第一段落に追加したほうがよい内容がある。

② 一部の調査結果にしか該当しないことを過度に一般化し、その例外を無視している。

③ 接続語の用い方に誤りがある。

④ 文法的に文がねじれている箇所がある。

⑤ この部分での主張を導くためには、他の年齢層についても言及が必要である。

問３　【下書き】の傍線部「忙しい保護者の育児において、ＩＣＴは、ますます有用なものになりつつあると言えそうだ」とあるが、これについて後の(i)・(ii)の問いに答えよ。

(i)　ここでのＩＣＴの「有用」さとはどのようなものだと考えられるか。その説明として最も適当なものを次の①～④のうちから一つ選べ。解答番号は 23 。

① 育児になかなか時間をさけない保護者のために、子どもを教育したり、子どもとコミュニケーションをとったりといった育児の営みの一部をＩＣＴが代替してくれる。

② 子どもが機嫌を損ねたときには、保護者が直接子どもの機嫌をとろうとするより、ＩＣＴ端末を用いたほうが、確実に子どもを泣き止ませたり笑顔にしたりすることができる。

③ ＩＣＴ端末には膨大かつ専門的な情報を蓄積することが可能なので、その使用により合理的かつ効率的な子どもの学習が実現され、育児の手間が軽減される。

④ 仕事や他の家事で忙しい保護者にとって、ＩＣＴは学習の教材を提供してくれるだけでなく、その学習の対象への興味や論理的思考力を子どもに身に付けさせることに役立つ。

(ii) まことさんは、傍線部のように主張するためにはもとになる資料が足りないと考えた。現在提示されている資料以外にどのような資料が必要だと考えられるか。最も適当なものを次の ①～④ のうちから一つ選べ。解答番号は 24 。

① 〈共働き世帯の数の変遷〉と〈育児にＩＣＴ端末を用いている保護者の割合の変遷〉

② 〈世帯ごとのＩＣＴ端末の所持台数の変化〉と〈ＩＣＴ端末を育児に用いたほうがよいと考える人の割合の変化〉

③ 〈世帯における子どもの数の変化〉と〈子どもが泣き止むまでの時間についての人があやす場合とＩＣＴ端末を用いた場合の比較〉

④ 〈家事の中で育児が占める時間の割合の変化〉と〈育児にＩＣＴを用いることについて抵抗を感じる人の割合〉

問4　【下書き】の空欄 X には、【資料A】・【資料B】をふまえてまことさんが考えた文章が入る。その内容として最も適当なものを、次の①～④のうちから一つ選べ。解答番号は 25 。

① 技術についてのリテラシーは先天的に身についているわけではないので、ICTについての知識を身に付けるように心がけることで、安易に技術を用いるのではなく、利用の目的や方法の適切さを吟味して用いることが大切だということである。

② ICTについての適切な理解がまだ形成されていない年齢の人が、過度にICTに触れることは、それへの依存を引き起こし、日常生活に支障をきたす恐れもあるので、自らが受けている影響を自覚するよう努め自制的な利用を心掛ける必要があるということである。

③ 新たなICTが登場し、できることが増えたとしても、その操作法の煩雑さや利用料金の高さゆえに使用できない層も一定数いるが、一方でそうした人たちのためのICT端末も充実しており、各々の目的や能力にあわせた技術の選択が必要だということである。

④ ICTが提供するコンテンツやサービスはきわめて便利なものであり、その使用はこれからも不可逆的に進むと考えられるため、その便利さを最大限に活用できるように、ICTでできることをもっと学ぶことが必要だということである。

第4問

次の文章は、『宇治拾遺物語』に収められている説話の一節である。ある女が、雲林院の菩提講《ぼだいこう》（法華経を講ずる法会《ほうえ》）に参加するための道中で、同じく雲林院に向かっていた二十歳過ぎの女房（本文一行目の「この女」）が石橋の石を踏み、そこから出てきた蛇《へび》がこの女房の後をずっとつけているのに気づいた。成り行きが気になった女は、女房の後をつけ、菩提講が果てた後、田舎《いなか》から上京した者だと偽《いつわ》って女房の住む家に宿った。以下の文章は、これに続くものである。よく読んで、後の問い（問1～4）に答えよ。（配点　45）

明けて後、いかがあらんと思ひて、惑ひ起きて見れば、この女、よきほどに寝起きて、ともかくもなげにて、家主《いへあるじ》とおぼゆる女に言ふやう、「今宵《こよひ》、夢をこそ見つれ」と言へば、「いかに見給《たま》へるぞ」と問へば、「この寝たる枕上《まくらがみ》に、人の居《ゐ》ると思ひて見れば、腰より上《かみ》は人にて下《しも》は蛇《くちなは》なる女の a清げなるが居て言ふやう、『おのれは、人を恨めしと b思ひしほどに、かく蛇の身を受けて、石橋の下に、多くの年を過ぐして、わびしと思ひゐたるほどに、昨日、おのれが重しの石を踏み返し給ひしに助けられて、石のその苦をまぬかれて、嬉《うれ》しと c思ひ給へしかば、この人のおはし着かん所を見おき奉《たてまつ》りて、よろこびも申さむと思ひて、御供に参りしほどに、菩提講の庭に参り給ひければ、その御供に参りたるによりて、あひがたき法《のり》を承《うけたまは》りたるによりて、多くの罪をさへ滅ぼして、その力にて、人に生まれ侍《はべ》るべき功徳《くどく》の近くなり侍れば、いよいよ喜びをいただきて、かくて参りたるなり。この報《むく》いには、物よくあらせ奉りて、よき男などあはせ奉るべきなり』と言ふとなん見つる」と語るに、あさましくなりて、この宿りたる女の言ふやう、「まことは、おのれは田舎より d上りたるにも侍らず、そこそこに侍る者なり。それが、昨日、菩提講に参り侍りし道（注1）に、そのほどに行きあひ給ひたりしかば、しりに立ちて歩みまかりしに、大宮（注2）の、そのほどの川の石橋を、踏み返されたりし下より、斑《まだら》なりし小蛇《こくちなは》の出《い》で来て、御供に参りしを、かくと告げ申さんと思ひしかども、告げ奉りては、わがためも悪《あ》しきことにてもやあらんずらんと恐ろしくて、(ア)え申さざりしなり。まことに、講の庭にも、e その蛇、侍りしかども、人もえ見つけざりしなり。果てて出で給ひしをり、(イ)また具し奉りたりしかば、なりはてんやうゆかしくて、思ひもかけず、今宵ここにて夜を明かし侍りつるなり。この夜中過ぐるまでは、この蛇、柱のもとに侍りつるが、明けて見侍りつれば、蛇も見え侍らざりしなり。それにあはせて、かかる夢語りをし給へば、あさましく、恐ろしくて、かくあらはし申すなり。今よりは、これをついでにて、何事も申さん」など言ひ語らひて、後はつねに行き通ひつつ、知る人になんなりにける。

さて、この女、よに物よくなりて、この頃は、何とは知らず、大殿《おほいどの》(注3)の下家司《しもけいし》の、いみじく徳あるが妻になりて、よろづ事かなひてぞありける。尋ねば、隠れあらじかしとぞ。

（注）　1　そのほどに――どこそこのあたりで。
　　　2　大宮――大宮大路。
　　　3　大殿の下家司――大臣家の家政を司る者。

問1　傍線部(ア)・(イ)の解釈として最も適当なものを、次の各群の①～⑤のうちから、それぞれ一つずつ選べ。解答番号は 26 ・ 27 。

(ア) え申さざりしなり 26

① 決して告げることがなかったのです
② まったく言ってくださらなかったのです
③ お伝えするつもりはなかったのです
④ おっしゃることがかなわなかったのです
⑤ 申し上げることができなかったのです

(イ) また具し奉りたりしかば 27

① 再び付き従い申し上げていましたので
② 二度とお連れになりませんでしたので
③ 再び姿を現していましたので
④ 二度と姿を見せませんでしたので
⑤ 再び連れ立ってお行きになりましたので

問２　波線部ａ～ｅについて、語句と表現に関する説明として最も適当なものを、次の①～⑤のうちから一つ選べ。解答番号は 28 。

① ａ「清げなるが居て」の「なる」は推定の助動詞で、夢に現れた女の容貌について、視覚に基づいて判断していることを表している。

② ｂ「思ひしほどに」の「し」は強意の副助詞で、直前の「恨めし」という思いが強いものであることを表している。

③ ｃ「思ひ給へしかば」の「給へ」は尊敬の補助動詞で、夢に現れた女から女房に対する敬意を表している。

④ ｄ「上りたるにも侍らず」の「に」は強意の助動詞で、田舎から上京した者ではないという強い否定を表している。

⑤ ｅ「その蛇、侍りしかども」の「侍り」は丁寧の本動詞で、女房と同じ家に宿った「ある女」から女房に対する敬意を表している。

問3　本文の内容に**合致しないもの**を、次の ① ～ ④ のうちから一つ選べ。解答番号は 29 。

① 「ある女」は、蛇に後をつけられていた女房がどうなったのか気になり、翌朝あわてて起きて見たが、女房は何ともなさそうな様子であった。

② 女房と同じ家に宿った「ある女」は、蛇が女房に付き従っているのは吉兆であろうと思い、ことの顚末《てんまつ》を女房に告げることにした。

③ 「ある女」が女房と同じ家に宿った日の夜中までその家にいたはずの蛇は、夜が明けると姿が見えなくなってしまっていた。

④ 女房と同じ家に宿った「ある女」が女房にこれまでの事情を告げた後、二人は互いの家を行き来する知人同士となった。

問４　次に示すのは、本文を解説した文章である。これを読んで、後の(i)～(iii)の問いに答えよ。

本文は、『宇治拾遺物語』の説話の一節である。説話は、話の筋が一定のパターン（話型）に沿って描かれる場合があり、例えば、窮地に陥った者がすぐれた和歌を詠むことによって窮地を脱し、幸福を手に入れる、といった話型を持つ説話のことを、歌徳譚《たん》という（「歌徳説話」ともいう。「譚」は「はなし・物語」の意）。本文も、一定の話型に沿って話が進んでいるが、丹念に読解していくと、複数の話型を含む、複雑な文章であることがわかる。

本文において、女房の後をついていった蛇は、女房の夢の中に「腰より上は人にて下は蛇なる女」の姿で現れて話をしている。蛇の話によると、前世は人間の女性であったが、人を恨めしく思った罪によって現世では蛇に生まれ変わり、石橋の下で長い年月苦しみを味わっていた。しかし、女房が石橋の石を踏み返したことで助けられ、女房にお礼を言おうとしてその後について行く。その結果、女房とともに菩提講を聴聞《ちようもん》することとなったのだという。このことについて、蛇は［Ⅰ］と語っている。このように、神仏や経典によってもたらされる利益《りやく》について記した話のことを霊験譚という。

この後、本文の蛇は、自分を助けてくれた女房に報いることを夢の中で約束する。そして、その通り［Ⅱ］という結末が用意される。本文全体としては、動物を助けたことによって、その人物が幸福を得るという、動物報恩譚の話型に沿って描かれているのである。また、この結末についても、女房の視点から見れば、菩提講を聴聞しようとしたことがきっかけとなって幸福を得ているという点で、霊験譚であるといえる。この本文は、［Ⅲ］となっているといえよう。

(i) 空欄 **I** に入る文章として適当なものを、次の ① ～ ④ のうちから一つ選べ。解答番号は 30 。

① 菩提講を聴聞したことがきっかけで罪障を滅し、自分は来世で人に生まれ変わることができそうである
② 自分がずっと聴聞したいと思っていた菩提講を聴聞する機会が与えられたため、前世で負った罪がなくなった
③ 菩提講を聴聞したことで女房の罪がなくなったので、女房はきっと来世で極楽に往生できるにちがいない
④ 女房とともに菩提講を聴聞した自分は、来世では人に生まれ変わり、万事不自由なく暮らせそうである

(ii) 空欄 **II** に入る文章として適当なものを、次の ① ～ ④ のうちから一つ選べ。解答番号は 31 。

① 女房は容姿の美しい男と結婚し、多くの子にも恵まれた
② 女房は裕福な男と結婚し、万事不自由がない身の上となった
③ 女房は身分の高い男と結婚し、名声を獲得することができた
④ 女房は信心深い男と結婚し、ともに仏道修行に励むことになった

(iii) 空欄 **Ⅲ** に入る文章として適当なものを、次の ① ～ ④ のうちから一つ選べ。解答番号は **32** 。

① 霊験譚の話型を含みながら、蛇を助けようとしたことが全てのきっかけになっているという動物報恩譚の話型をとることで、動物への慈愛の心が何よりも大切だと伝えるもの

② 不気味な蛇がじつは仏の使いとして人間を助けるために遣わされたものだったという内容を強調することによって、霊験譚の中に動物報恩譚を含むもの

③ わかりやすい動物報恩譚の話型をとりながら、蛇も女房も菩提講がきっかけとなって幸福を得るという霊験譚の話型を含むことによって、法華経の功徳を伝えるもの

④ 霊験譚や動物報恩譚の話型を含みながら、女房の後をつけるだけだった「ある女」には一切幸福が訪れなかったことを記し、仏を信仰しない者の罪深さをも描くもの

第5問

次の【文章Ⅰ】と【文章Ⅱ】はいずれも琴の功能について述べたものである。これを読んで、後の問い（問1〜6）に答えよ。なお、設問の都合で返り点・送り仮名を省いたところがある。（配点 45）

【文章Ⅰ】

予嘗テ有リ二幽(注1)憂之疾一。退キテ而間(注2)居スルモ、不ルレ能ハレ治スル也。(ア)既ニシテ而学ビ二琴ヲ於友人孫(注3)道滋ニ一、受ク二数(注4)引ヲ一。A久シクシテ而楽シミレ之ヲ、不ルレ知ラ三疾之在ルヲ二其ノ体ニ一也。聴クニレ之ヲ以テシレ耳ヲ、応ズルニレ之ニ以テシテレ手ヲ、取リ二其ノ和スル者ヲ一、道《みちびキ》(注5)二其ノ堙《いん》鬱《うつ》ヲ一、写サバ二其ノ憂思ヲ一、則チB感ゼシムルレ人ヲ之際、亦タ有リ二至レル者一矣。

予ガ友楊(注6)君、好ミレ学ヲ有リレ文、累《しきリニ》以テ(注7)二進士ヲ一挙ゲラルルモ、(イ)不レ得レ志。及ビテレ従フニ(注8)二蔭《いん》調《てう》ニ一、為ル(注9)二尉ト於剣浦ニ一。区(注10)区トシテ在リ二東南数千里ノ外ニ一。是其ノ心、固ヨリ有ラン二不ルレ平ラカナラ者一。且ツ少クシテ又多シレ疾。而ルニ南方ハ少ナク二医薬一、風俗飲食異ニス(注11)レ宜ヲ。以テ二多キレ疾之体ヲ一、有シ二不ルレ平ラカナラ之心ヲ一、居リ二異ニスルレ宜ヲ之俗ニ一。其レ能ク鬱鬱トシテ以テ久シカラン乎。然レドモ欲セバ下平ラカニシテ二其ノ心ヲ一以テ養㆗ハント其ノ疾ヲ㆖、C於琴亦将有得焉。故ニ予作リテ㆓琴ノ説ヲ㆒以テ贈リ㆓其ノ行ニ㆒、且ツ邀《むかへ》㆓道滋ヲ㆒、酌ミ㆑酒ヲ進メテ㆑琴ヲ以テ為ス㆑別ト。

（欧陽脩「送楊寘序」による）

【文章Ⅱ】

朱（注12）文公ノ琴ノ賛ニ（注13）云フ、「養ヒ㆓君ノ中（注14）和之正性ヲ㆒、禁ズ㆓爾《なんぢ》ノ忿《ふん》（注15）欲《よく》之邪心ヲ㆒。乾（注16）坤無ク㆑言《ものいフ》物ニ有リ㆑則（ウ）。D我独リ与㆑子鈎《さぐ》（注17）ラント㆓其ノ深キヲ㆒。」

（『寿親養老新書《じゅしんようろうしんしょ》』による）

（注）
1 幽憂之疾――気分がふさぐ病気。うつ病。
2 間居――静かな生活。
3 孫道滋――人名。
4 数引――数曲。
5 道㆓其堙鬱㆒――憂いにふさがった心を解放する。
6 楊君――筆者の若い友人・楊寘《ようし》。

7　以㆓進士㆒挙――進士科（高級官僚の登用試験である科挙の科目の名）に推薦される。

8　従㆓廕調㆒――先祖の功績によって官職を与えられる。

9　為㆓尉於剣浦㆒――剣浦（福建省の地名）で尉（警察を担当する官）になった。

10　区区――ちっぽけで取るに足らないさま。剣浦を指す。

11　異㆑宜――好みに合わない。

12　朱文公――南宋の思想家・朱熹《しゅき》（朱子）。

13　賛――功能を称える文章。

14　中和――偏ることのない調和した。

15　忿欲――怒りと欲望。

16　乾坤――天地。

17　鈎――究明する。

問１　波線部(ア)「既而」・(イ)「不レ得レ志」・(ウ)「則」のここでの意味として最も適当なものを、次の各群の①～⑤のうちから、それぞれ一つずつ選べ。解答番号は 33 ～ 35 。

(ア)「既而」 33
① まもなく
② ずっと
③ かなりたって
④ すべての後に
⑤ 以前から

(イ)「不レ得レ志」 34
① 合格するという大志を懐《いだ》いていた
② 合格しようという気がなかった
③ 合格することができなかった
④ 合格することを諦めていた
⑤ 合格したものの予想と違っていた

(ウ)「則」 35
① 善悪
② 四則
③ 精神
④ 道理
⑤ 伴侶

問2　傍線部**A**「久而楽レ之」の前後の状況の説明として最も適当なものを、次の①～⑤のうちから一つ選べ。解答番号は［36］。

① 友人に琴を習った筆者は、久しぶりに楽しみを得たことで、気分がふさぐ病気が多少は軽くなった。
② 筆者に琴を教えた友人は、長時間楽しませることで、筆者の気分がふさぐ病気を治療しようとした。
③ 筆者に琴を教えた友人は、長時間楽しんでいる筆者を見て、気分がふさぐ病気は治ったと判断した。
④ 友人に琴を習った筆者は、やがてそれを楽しむようになり、気分がふさぐ病気が治ってしまった。
⑤ 友人に琴を教えた筆者は、やがて教えることを楽しむようになり、日頃の悩みさえ忘れてしまった。

問3　傍線部**B**「感レ人之際、亦有二至者一矣」の説明として最も適当なものを、次の①～⑤のうちから一つ選べ。解答番号は［37］。

① 人が感動しそうなのに、琴の演奏に邪魔が入ってくる。
② 人に感心した時には、琴を演奏してほめたたえる。
③ 人を感動させたければ、琴を持ってきて演奏する。
④ 人は感心しても、琴の演奏にまだ至らぬものがある。
⑤ 人を感動させる上で、琴の演奏以上のものはない。

問４　傍線部Ｃ「於琴亦将有得焉」について、(i)書き下し文・(ii)その解釈として最も適当なものを、次の各群の①～⑤のうちから、それぞれ一つずつ選べ。解答番号は 38 ・ 39 。

(i)　書き下し文　38

① 琴より亦た将に得るべきこと有らんや
② 琴に於いて亦た将に得ること有るべし
③ 琴に亦た将に得ること有らんとせんや
④ 琴に亦た将に得んとすること有り
⑤ 琴に於いて亦た将に得ること有らんとす

(ii)　解釈　39

① 琴よりも心の平静を得られるものなどない。
② 琴からやがて心の平静を得ることがあるだろう。
③ 琴から心の平静を得ることがあるべきなのだ。
④ 琴よりも心の平静が得られるものがあろうとは。
⑤ 琴からもやがて心の平静を得られなくなるだろう。

問5　傍線部D「与レ子鈎二其深一」の「子」が指しているものとして最も適当なものを、次の①～⑤のうちから一つ選べ。解答番号は 40 。

①　物
②　弟子
③　琴
④　心
⑤　子孫

問6　【文章Ⅰ】と【文章Ⅱ】が述べる琴の功能とはいかなるものか。その説明として最も適当なものを、次の①～⑤のうちから一つ選べ。解答番号は 41 。

①　琴は病んだ身心を癒やすものであり、人間の卑小さと天地の広大さとを教えてくれる。
②　琴は演奏することによって身心を調和させ、人間を正しい身体感覚へと導いてくれる。
③　琴は酒とともに宴席に欠かせないもので、一人で心を修養する際にも友となってくれる。
④　琴は心の憂いを払ってくれるものであり、人間が本来持つ正しい心を養ってくれる。
⑤　琴は若い人の教養に欠かせないものであり、天地に関する深い思惟を齎《もたら》してくれる。

第 2 回

実 戦 問 題

（200 点　90 分）

第1問 次の【文章Ⅰ】【文章Ⅱ】を読んで、後の問い（問1～5）に答えよ。（配点 45）

【文章Ⅰ】 次の文章は、松嶋健《まつしまたけし》「ケアと共同性」の一部である。筆者はここより前の部分で、医療などの現場において、患者らを「顧客」とみなしその求めに応じてサービスを提供する「選択の論理」とは異なる、患者らが必要としているものを見極め提供する「ケアの論理」について論じている。

（注）デヴィッド・グレーバーは、経済的関係の基盤をなす三つの異なるモラルの原理をそれぞれ、ヒエラルキー、交換、コミュニズムと呼んでいる（『負債論――貨幣と暴力の五〇〇〇年』）。ヒエラルキーとは、優位者と劣位者のあいだの非対称な関係性が絶対的であるような場合であり、それに対して交換とは等価性にもとづく関係性で、財であれ行為であれ与えた分だけ受け取るというやりとりの過程である。三番目のコミュニズムは、「各人はその能力に応じて貢献し、各人にはその必要に応じて与えられる」という原理にもとづくすべての人間関係を指す。これは国家の政治体制とは関係がなく、タバコの火をもらうとか道を教えてもらうといった身近なかたちで世界中のあらゆる人間社会に見出《みいだ》すことができるものである。こうしたささいなことがより大きな社会関係の基盤をなしていると考えられるため、「基盤的コミュニズム」と呼ばれる。

基盤的コミュニズムの原理はいたるところにあるのだが、タバコの火やちょっとした情報をあげるような小さな親切の場合、「各人はその能力に応じて」の度合いが非常に小さいのであまり気にされない。逆に「各人の必要」がきわめて大きい場合にもこの原理はあてはまる。たとえば、災害で人びとが互いに助けを必要としているような場合など、この原理ははっきりと見えるかたちで表に出てくる。「洪水や停電、経済恐慌といった大災害の直後に人びとが同様にふるまい、まにあわせのコミュニズムに立ち返る傾向がある（中略）。たとえ短期間であっても、ヒエラルキーや市場などは、だれにも手の届かないぜいたく品になる。このような時間を生きた者はだれもが、赤の他人が姉妹兄弟になり人間社会が再生したように感じる特別な経験におもいあたるはずだ」。

そして、「各人の必要」が大きい場合というのは、誰かが助けや支援を必要としているケアの場面でも同様である。ここから

という、その社会性と共同性の根源を考えることにつながるものだということにほかならない。見えてくるのは、Aケアの論理とコミュニズムの論理は通底しており、ケアについて考えることは、人間が社会的動物であるということにほかならない。

キリスト教や仏教などの世界宗教が、そのコン(ア)カンに苦しみの経験をおき、受苦と弱さの経験の周囲に家族や氏族とは異なる共同性を形づくったことには大きな意味がある。それを原初的な「ケアの共同性」と呼んでもいいだろう。そもそもどんな動物もその生の始まりと終わりは弱い存在であるわけだが、Bその時期のあり方がとりわけ人間の社会性を考えるうえできわめて示唆に富む。

霊長類学者の松沢哲郎は、他の霊長類と比較して人間の乳児の子育てにどのような特徴があるか考察している（『想像するちから――チンパンジーが教えてくれた人間の心』）。たとえばチンパンジーの赤ちゃんは生後三か月のあいだ一日中ずっと母親にくっついているのが普通なので、寝かせても仰向《あおむ》けでじっとしていることができない。ニホンザルの場合は生後すぐでも「起き上がり反射」をしてうつ伏せになってしまう。これに対し、仰向けの状態で安定していられるのは人間の赤ちゃんの(イ)キワダった特徴なのだ。

チンパンジーの場合、メスは子どもを約五年に一度産み、一人で子育てをする。授乳は四歳頃まで続き、そのあいだは生理が止まっている。五歳になって子どもが独り立ちするとまた次の子どもを産む。対するに人間の場合、子どもが独り立ちする前に母親は次の子どもを産むことができる。その代わり子育てを一人ではなく、父親や祖父母や他の人を巻き込んで一緒にする。そのことで母親は他の子どもの世話をしたり、別のことをしたりすることが可能になる。赤ん坊は母親にずっとくっついているのではなく、母親が何かしているあいだ一人で仰向けの状態でじっとしていなくてはならないが、そのことで他の人が顔をのぞきこみ、目と目が合う余地が生まれる。哺乳類のなかでも赤ん坊が母親にしがみつくのは霊長類だけであり、さらにそのなかでも目と目が合うのは人間と大型類人猿だけである。それは親と子が離れることによってはじめて可能になった。それはまた、何かあったときに声で呼ぶ必要が生じたということでもある。夜泣きをするのは人間の赤ちゃんだけである。離れた者どうしが音声で互いを呼び確認し合う、というのが人間のことばの始まりの光景なのである。

つまり、人間の子どもは母親から離れ、いわばより脆弱《ぜいじゃく》な存在になることでかえって、母親以外の者との関係性や言語によるコミュニケーションを育んできたと考えられる。このことが人間の社会性の基盤にあるのだとすると、苦しむ者、弱き者、助けを必要としている者とともに生きるためのケアの論理は、人間が人間であることの根源を照らし出すものだと言えるかもしれない。

（注）デヴィッド・グレーバー――アメリカの人類学者、社会活動家（一九六一―二〇二〇）。

【文章Ⅱ】 次の文章は、鷲田清一《わしだきよかず》「臨床と言葉――『語り』と『声』について」の一部である。

沈黙が饒舌《じょうぜつ》よりはるかに物を言うことがあるように、何もしないことが献身的な行為よりも多くをなしとげるということがある。いや何もしないというより、してはいけないことが、結果としてはよりよいことをなしとげるということすらある。そしてこれが、現実というもののおもしろいところ、一筋縄ではいかないところだ。

十数年前、腹部の手術のために入院したことがある。術後数日間はじぶんの身体のことで精一杯だったが、麻酔が切れたあとの痛みもぼちぼち取れてきて、やっとまわりを見る(ウ)ヨユウもでてきた頃、ふと、あるひとりの新人ナースとおぼしき女性の不審な行動に気づいた。だれもが眠気に襲われる昼食後のひととき、白衣のその女性は、決まってわたしの前の、意識も半分途切れがちな高齢の男性のベッドにやってきて、付き添い用の椅子に腰かけ、カーテンをわずかに引き、眠りこけているそのおじいさんの布団に覆いかぶさって、ぐたーっと「お休み」をするのだった。

はじめはなんて横着なナース、なんてふてぶてしいナースだと、内心イライラするものがあった。ところがどうも様子がおかしい。ナースはぐっすり眠っているのだが、おじいさんがいつもと違うのだ。おじいさんは相当な高齢者で、食事のときも半分眠っているような覚束《おぼつか》ないひとだったのだが、ナースが寝入ると逆に眼を見開いて廊下のほうをじっと見やるようになった。要するに見張り、この若いナースが眠っているのを見咎《みとが》められないか、しっかり廊下を監視するようになったのだ。そして、上司のナースが通りかかると、彼女の背中をぽんと叩《たた》いて起こす。おじいさんの面持ちは、ちょっとこっちが照れるくらいに潑剌《はつらつ》としてきた。

そのおじいさんは、病室ではそれまで、何から何までナースに「してもらう」生活だった。他人のために何かをするという生活からは、たぶんほど遠い生活だった。それがだれかのためにじぶんができることを、その覚束ない意識のなかでそれでも見つけた。

これは大きなことである。じぶんの存在というものが他人のなかで何のポジティブな意味ももっていないということを思い知らされるのは、何歳になっても辛《つら》いことである。じぶんはいてもいなくてもどっちでもいい存在ということを思い知らされるのは。家庭でも、学校でも、職場でも。このおじいさんは、この子はじぶんがいないとだめになると、朧《おぼろ》げな意識のなかで感じたにちがいない。そのことがこのひとの顔をいきいきとさせた。

生きる力というものは、じぶんの存在が他人のなかで意味があると感じるところから生まれる。この若いナースにはそういう想《おも》いはなかっただろうが、それでも彼女がそこにいるというただそのことが、意とは別におじいさんに力を与えた。たとえ怠慢以外の何ものでもないにしても、彼女がただそこにいるということで、逆に、おじいさんはそこにじぶんがいることの意味を見いだした……。そんなふうにわたしは考えた。このナースには患者にたいする「全人的な理解」があったわけでもなければ、患者とのこころの交通というものが起こっていたわけでもない。が、傍らにいるという、ただそれだけのことで起こってしまう出来事があるということである。仕事がおもしろくないらしく、横着なふるまいをくりかえしてばかりだったこのナースはやがて職場を去ったかもしれない。けれどもじぶんがおじいさんの脚に頭を預け居眠りしているあいだに起こっていたことをもし知れば、そしてそのことの意味をじぶんの業務のなかにうまく内在化できたとしたら、彼女はなかなか味のあるナース、話の分かるナースになったかもしれない。

問１　傍線部(ア)～(ウ)に相当する漢字を含むものを、次の各群の①～④のうちから、それぞれ一つずつ選べ。解答番号は［1］～［3］。

(ア)　コンカン［1］
①　空気をジュンカンさせる
②　カンデンチを入れ替える
③　シンカンセンで往復する
④　バンカンの思いがこみ上げる

(イ)　キワダった［2］
①　サイキ不能な状態
②　話がサイゲンなく広がる
③　借金をカンサイする
④　ムビョウソクサイを祈る

(ウ)　ヨユウ［3］
①　宴会のヨキョウ
②　支払いをユウヨする
③　エイヨある賞
④　ショヨの条件

問２　傍線部Ａ「ケアの論理とコミュニズムの論理は通底しており」とあるが、それはどういうことだと考えられるか。その説明として最も適当なものを、次の①～⑤のうちから一つ選べ。解答番号は［４］。

①　災害等の危機に際して人間社会を再生させるために生み出されたコミュニズムの論理と同様に、誰かが助けや支援を必要としているときにそれを与えるケアの営みは、危機に瀕した個人の生活を再建するために行われるものである。

②　能力に応じて貢献し必要に応じて与えられるというかたちで人間の社会性の根源をなすコミュニズムの論理と同様に、各人の必要が大きい場合におけるケアの営みは、社会全体を視野に入れて構想されねばならないものである。

③　国家の政治体制とは無関係に世界中の社会に見出すことのできるコミュニズムの論理と同様に、人間社会の根底に潜在しているケアの営みは、ヒエラルキーや市場などが機能しない場合のまにあわせとしてのみ働くものである。

④　各人が能力に応じて貢献し必要に応じて与えられるというコミュニズムの論理と同様に、共同性の基盤をなすケアの営みは、他者や社会に貢献する能力を持たない者に対しても助けや支援が必要ならばそれを行うというものである。

⑤　能力に応じて貢献した者に対し必要に応じて与えるというコミュニズムの論理と同様に、助けや支援を求める者に貢献するケアの営みは、自らが支援を必要とする側になった際にはじめてその意義が実感されるようなものである。

問3　傍線部B「その時期のあり方がとりわけ人間の社会性を考えるうえできわめて示唆に富む」とあるが、人間の「生の始まり」の「時期」の「あり方」がどのような点で「示唆に富む」というのか。その説明として最も適当なものを、次の①～⑤のうちから一つ選べ。解答番号は 5 。

① 子どもが産まれてから次の子どもを産むまで比較的長い期間があるチンパンジーなどとは異なり、人間の母親は子どもが独り立ちする前に次の子どもを産むことができ、子育てを一人ではなく他の人たちと協力しながら行うため、子どもは社会全体で育てるものだという意識が広く共有されている点。

② 多くの霊長類の赤ん坊が寝かせてもすぐにうつ伏せになってしまうのに対し、人間の赤ん坊は仰向けの状態で安定していられるので、子育てにあまり手間がかからず、母親が一人で複数の子どもを面倒みることができ、そのぶん他の家族が社会的活動に専念できるようになっているという点。

③ 人間の赤ん坊は他の霊長類に比べ、母親不在のまま一人仰向けに寝ている無防備な状態でいる時間が長いが、そのことが親以外の人間と目が合ったり声を出して人を呼んだりといったかたちで、人間社会の土台をなすコミュニケーションの起源になっていると考えうる点。

④ 赤ん坊と母親とが密着している期間の長いチンパンジーなどとは違い、人間の赤ん坊は比較的早く親離れし、早い時期から独り立ちして母親以外の者との関係性や言語によるコミュニケーションを育んでいくことで、他の霊長類にはない社会性を身につけることができる点。

⑤ 母親が子どもから離れて何かしているときに、人間の赤ん坊はチンパンジーなどとは違い仰向けでじっとしていることしかできないが、そのため他の人が赤ん坊の顔をのぞきこんだり声をかけたりするようになり、そこから弱き者や苦しむ者とともに生きる人間特有の心性が生まれたとされている点。

問４　【文章Ⅱ】の内容に合致するものとして適当なものを、次の①～⑥のうちから二つ選べ。ただし、解答の順序は問わない。解答番号は［６］・［７］。

①　日課のように患者の傍らで居眠りをするというナースとしての務めに逆行するような行為が、かえって患者に生きる力を与えることになったというエピソードを、その場に立ち会った者として感じた新鮮な驚きとともに描いている。

②　自分の仕事におもしろさを感じられず横着なふるまいを繰り返していたナースが、ひそかに見守り続けてくれていたお年寄りの存在に気づき職業意識に目覚めていったというエピソードを、若干の皮肉を交えつつ軽妙に描いている。

③　患者に対しナースが職業的な役割を超え一人の人間として交流することで、患者がじぶんの存在は他人のなかで意味のあるものなのだと実感できるようになったというエピソードを、医療従事者への畏敬の念をこめて描いている。

④　過剰な介護や気遣いの押しつけを避けただ患者の傍らに寄り添おうとするナースの姿を通して、何もせずにいることが献身的な行為よりもより良い結果を生むことがある、という逆説的な現実が医療現場に存在することを述べている。

⑤　ナースのために役に立とうとする患者の姿を通して、他人が自分のために何かをしてくれることだけでなく自分が他人のために何かをすることによっても、人は喜びを覚え生きがいを感じることがあるということを述べている。

⑥　それぞれの意図においてはすれ違いながらも結果的には互いに力づけ合うこととなったナースと患者の姿を通して、人と人との関わり合いには偶然の要素が介在し、それが時に思いがけない成果につながるということを述べている。

問5　授業で【文章Ⅰ】と【文章Ⅱ】を読んだLさんは、それらを基に考えたことを文章にまとめ、友人に読んでもらい、その指摘をうけて適切でない部分を書き直すことにした。次に示す【下書き】は書き直す前の文章である。これについて、後の(i)〜(iii)の問いに答えよ。

【下書き】

【文章Ⅱ】の「おじいさん」は「病室ではそれまで、何から何までナースに『してもらう』生活だった」という。「意識も半分途切れがちな高齢の男性」だというのだから、それはやむを得ないことのように思えるが、X当人にとっては「辛いこと」だったようだ。【文章Ⅰ】を参照して考えれば、「交換」の原理の観点から、ただ「受け取る」だけの自分にa疑問を感じたということかもしれない。

そんな「おじいさん」が、「溌剌としてきた」のは、「この子はじぶんがいないとだめになる」と思えるような経験によってだという。自分の存在に意味があると思うことができ、生きることにb楽しさを感じるようになっていったのだろう。

Y【文章Ⅱ】に示されている、以上のような見方は、【文章Ⅰ】の「ケアの共同性」について考えるうえでも新たな示唆を与えてくれるように思う。

(i)　Ｌさんは友人から、波線部**a**「疑問」・**b**「楽しさ」をよりふさわしい表現に改めてはどうかとの指摘を受け、それぞれ書き直した。書き直した表現の組合せとして最も適当なものを、次の①～④のうちから一つ選べ。解答番号は **8** 。

① **a**　戸惑い　　**b**　執着
② **a**　やましさ　**b**　気負い
③ **a**　未練　　　**b**　手ごたえ
④ **a**　引け目　　**b**　張り合い

(ii)　Ｌさんは友人から、傍線部**X**「当人にとっては『辛いこと』(**【文章Ⅱ】**5段落)だったようだ」について、その理由は次文に書かれたこと以外にも考えられるのではないかとの指摘を受け、次文の「**【文章Ⅰ】**を参照して考えれば、」の後にそれを書き加えた。書き加えた表現として考えられる最も適当なものを、次の①～④のうちから一つ選べ。解答番号は **9** 。

① 入院生活が続き、自分が「経済的関係」から疎外されていると感じたということかもしれないし、
② ナースと患者との関係が、「ヒエラルキー」の関係のように思えたということかもしれないし、
③ 「コミュニズム」の観点から、ナースの能力に不信感を抱いたということかもしれないし、
④ 自分に対して、「ケアの論理」が十分に適用されていない気がしたということかもしれないし、

(iii) Lさんは友人と話し合い、傍線部Y「【文章Ⅱ】に示されている、以上のような見方は、【文章Ⅰ】の『ケアの共同性』について考えるうえでも新たな示唆を与えてくれるように思う。」の後に、その内容を具体的に示す文章を書き加えた。書き加えた文章として考えられる最も適当なものを、次の①～④のうちから一つ選べ。解答番号は 10 。

① 脆弱な存在としての赤ん坊を育てる営みは、新たな生命を育む喜びをもたらすと同時に、ささいな偶然や過失でそれを傷つけたり失ったりしかねないというリスクをも伴うものではないか。つまり、「人間が人間であることの根源」に、生命そのものがはらむ危うさが組み込まれているということもできるのではないか。

② 脆弱な存在としての赤ん坊を育てる営みは、弱き者がその必要に応じて庇護《ひご》を与えられると同時に、周囲の人たちがそれぞれの能力に応じて育児に貢献するというものなのではないか。つまり、「人間が人間であることの根源」に、コミュニズムの原理が組み込まれているということもできるのではないか。

③ 脆弱な存在としての赤ん坊を育てる営みは、赤ん坊の生が周囲の人たちによって支えられると同時に、その営みを通して周囲の人たちが生きる力を得ることでもあるのではないか。つまり、「人間が人間であることの根源」に、利他的な心性が組み込まれているということもできるのではないか。

④ 脆弱な存在としての赤ん坊を育てる営みは、一人の赤ん坊が成長していく過程であると同時に、周囲の人たちにとって生命が存在することの意味を知る機会にもなるのではないか。つまり、「人間が人間であることの根源」に、生命の尊厳という概念が組み込まれているということもできるのではないか。

（下書き用紙）

国語の試験問題は次に続く。

第2問 次の文章は、彩瀬《あやせ》まる「海のかけら」（二〇一九年発表）の一節である。玄也（ゲンゲン）、卓馬、青子（青さん）、茅《かや》乃《の》（かやのん）の四人は大学の同期生で合気道部に所属していたことがあり、癌の手術を受けた茅乃のリハビリに付き合って合気道道場に通い始めたという青子の声掛けで、卒業以来ほぼ十年ぶりに一緒に道場で練習することになった。以下は、練習後に居酒屋に寄った後、玄也が卓馬と二人で地下鉄の駅に向かう場面である。これを読んで、後の問い（問1～6）に答えよ。なお、設問の都合で本文の上に行数を付してある。（配点 45）

酔い覚ましがてらJRの駅まで歩くという女子たちと別れ、玄也と卓馬は地下鉄の駅へ向かった。駅構内へと続く階段を下りていく。

「青さん、泣くかと思って超びびった。あんなの見たことない」

卓馬がぼんやりと呟《つぶや》く。玄也も、なあ、と相づちを打った。湿っぽい雰囲気になったことで、道場に行く前に話していたことがふっと頭をよぎった。

「良かったな、とりあえず元気そうで。かやのんがこの先どうなるかわからない、なんて、縁起悪い心配しないで済むだろう、これで」

A 不吉なことを口にするなよ、と多少咎《とが》めたい気持ちも込めて口にする。すると卓馬は面食らった様子で目を丸くした。

「へ、なにそれ。俺そんなこと言ってないべ」

「言ったよ。この先どうなるかわからないから、呼んでもらえて良かったとか」

「えー、それはそんな暗い意味じゃなくてー……ほら、わからないって、しんどいじゃん。かやのんが快復するのか、それともまだまだ大変なのか……かやのんだけじゃなく、青さんもゲンゲンも、色々あるんだろ？ それがこの先うまく行くのかどうなのかって、わからないから、心配でしんどい」

「まあ、うん」

その「しんどい」はいつになったら社会に復帰するんだ、と問われるたびに自分が感じる真っ暗な感覚と同じだろう。そんなのわからない。わからないから、とても辛《つら》い。卓馬は玄也の目を見返し、浅く顎を引いて頷《うなず》いた。

「しんどいことだから、かやのんと青さんの二人だけじゃなく、四人で耐えた方がいいって思ったんだよ。やばいってときに機転が利くだろうし、誰かが辛くなったら交代もできる。二人じゃ周囲に目を配れなくても、四人ならなんらかのチャンスを見逃さずに済むかもしれない。そういう意味で、呼んでもらえて良かったって」

耐える、と口を動かし、玄也は奥歯を噛《か》んだ。耐える。それぞれが抱えた問題を、理不尽を、不安を、人と分け合って耐える。

そんなこと、できるわけがない。学生の頃は確かに部内で起こる問題の大半を四人で共有し、対応策を話し合っていた。しかし今は、あの頃とは違う。違う、はずだ。

B わかっているのに、口が勝手に動いていた。

「本当は、部屋に閉じこもってたんだ。この一年半。出られなくなって……元々の勤め先で、色々あったから……」

無能だったから嫌われた、と考えただけで、喉に巨大な石でも詰まったように言葉が出なくなった。わきに嫌な汗がにじむ。

すると卓馬は、不思議そうに首を傾《かし》げた。

「出てるじゃん、部屋」

「……今日は、かなり頑張ったんだよ。かやのんの話を聞いて、さすがに心配になったから」

「ゲンゲンさ、実はめちゃくちゃ真面目で優しいよな。そういうとこいいよね」

「茶化すなよー」

「茶化してないよ。……部屋、出るのいやだ？　今でも」

正面から問われ、玄也は眉をひそめた。言葉に出来ない混乱と苦痛と羞恥の渦がぐっと目の前に迫り、薄い吐き気を感じる。

「今日みたいな懐かしいメンバーで会うのはともかく、外で責任を負ってバリバリ働くとかは、正直、もう、無理なんじゃないかって思うことがある。親には、ほんとに悪いけど……」

　毎日毎日、出かける前に夕飯のメニューを聞いてくる母親には、申し訳なくて決して言えないことだった。

「か、かやのんが癌だって聞いたとき、俺がなれば良かったなーって悪いけど思った。闘病中ですってポジションになったら、別に就職しなくたって、家にこもってたって、サボってるって思われないだろう？」

「辛そうだなー。今のゲンゲンを見てサボってるなんて思う奴《やつ》がいたら、そいつにドン引きするよ、俺。……ちなみに、ゲンゲンって一人っ子だっけ」

　唐突な問いかけに、玄也はまばたきをした。

「……うん。一人」

「そっかー。実家に借金とかありそう？」

「いや、ローンは返し終わったはずだし、ないと思う」

「家どこだっけ。神奈川だよな」

「逗子《ずし》（注1）。駅からはちょっと歩くけど」

「なんだ、いいとこじゃん。都内まで電車で一本だし」

「なに、なんなの？」

「俺、（注2）税金対策だけでなく、顧客の資産運用の相談にも乗ってるんだよ。最近多いんだ。自分らが亡くなったあと、家に引きこもっている息子や娘をどうすればいいんだろう、みたいな高齢者からの相談が。そういう依頼がきたら、資産を洗い出して、土地も家もうまく使って、引きこもっている当事者が平均寿命まで困らないで過ごせるよう、一緒にプランを考えるの。いくら工夫しても金が途中で尽きちゃうなってケースもあるけどさ。そうしたら今度は、なにがなんでも正社員になってください、じゃなくて、月にこのくらいバイトで稼いでくれたらこんな風になんとかなりますって、なるべく当事者に負荷の少ない切り抜け方を提案するわけ」

「……部屋を出ないで、親の金を使って生き延びろってこと？」

「そりゃゲンゲンが外に出て、自由に楽しくお金を稼げる状態を目指すに越したことはないよ。でも、万が一出られなくたって、それですべての手札が尽きるわけじゃないんだってこと」

玄也は唖然《あぜん》とした。

あの部屋は、社会から隔絶されていると思っていた。

でも社会には、自分のような境遇の人間が抱えた問題を解決できなかったとき、自業自得だ、と見捨てるのではなく、次の生存戦略を一緒に考えようとする発想が、あったのだ。

暗い部屋にひとかけら、シーグラス(注３)に似た隙間が空いて、そこから日差しで温まった海水がどぼどぼと流れ込む。まだ海と繋《つな》がっていた。海に拒まれていなかった。

C 最後にちらりと気になったのは、我ながらずいぶん小さなことだった。

「なんか、親が死んだあとまですねをかじり続けるの、かっこ悪くない？」

拗《す》ねたように言うと、卓馬はぶはっと噴き出した。

「んなこと言ったら俺だって、今の事務所入ったの親父《おやじ》のコネだもん。景気の良かった時代も、悪かった時代もあるんだから、いちいち気にしてたらキリがないよ」

「覚えておくよ。ありがとう」

「うん、そうして。――それじゃまた来週」

地下鉄の車両に乗り込み、卓馬はホームに残る玄也へ手を振った。玄也もつられたように、来週、と呟いて振り返した。

それから玄也は日曜の午後の稽古に参加し続けた。家を出やすい日、出にくい日、人に会いたい日、会いたくない日、様々だったけれど、調子が悪い時はあまり周囲と口をきかず、タコの水槽(注４)を眺めてやり過ごした。

両親は、これでもう息子は大丈夫だと肩の荷を下ろした様子だった。しかし玄也は、そう簡単に物事が進むとは思えなかった。依然として就業を意識した時の胸苦しさと忌避感は強かったし、日曜を除く月曜から土曜はほとんど部屋を出なかった。週に一度、昔なじみと体を動かす習慣が出来ただけだ。

季節が秋に差しかかる頃、相変わらず他の会員との交流が億劫《おっくう》で水槽を眺めていた玄也は、いつも受付に入っている年配の事務員から声をかけられた。

「君いつもタコ見てるね。タコ、好きなの？」

「はあ」

タコが好き、というよりも、会話を発展させない口実としてのタコが便利で好き、なのだが、これだけ眺めているとだんだん愛着が湧きつつある。貝殻だの小石だので遊ぶ性質も、見ていて飽きない。ガラス越しに腕をくねらせ、玄也の指の動きを追いかけることもある。きっと、賢いのだろう。

「この子らは僕が海で釣ってきたんだけど、この子とこの子が、体の小さいこの子をいじめるんだ。もし良ければ、この子を連れて帰らない？」

え、と玄也は返事に詰まった。タコを、飼う？　自分が？　そんなこと、人生で一度も想像したことがなかった。

「いや、水槽とか、うちにないんで」

「飼いたかったら、安く一式を買える店を紹介するよ？」

「うーん……」

「まあ、無理にとは言わないから――ああどうも、こちらに名前の記入をお願いします」

事務員は笑って、受付カウンターにやってきた来客に対応する。

その日の夜、玄也はなかなか眠れなかった。いじめられているらしい小さなタコが、小石を丁寧に並べて遊んでいる姿が目に浮かぶ。そして、なぜかかつての職場の風景が思い出された。

新しくやってきた有能な上司。彼を取り巻く人々。そして、繰り返される自分への罵倒。気が利かず、納得される結果を出せない自分を、恥じた記憶。

ずっと、嫌われたのは自分のせいだと思っていた。周囲から無能扱いされ続けるうちに、いつしか自分でも、自分のことをそう思うようになった。あの場所で嫌われた自分は、きっとこの世界のあらゆる場所で嫌われるのだと思い、恐ろしかった。

でも、あれはもしかして、いじめだったんじゃないか。

俺の能力に関係なく、あの人は社内に自分の派閥を作るために、ちょうど良いサンドバッグとして、俺を使っていたんじゃないか。必要な会議に呼んでもらえなくなった。顧客の前で恥を掻《か》かされた。アルバイトに悪口を吹き込まれた。悔しくて悲しくてたまらなかった。

混乱と苦痛と羞恥の渦が少ししぼみ、今度はそこに怒りと悲しみが混ざる。良いのか悪いのか、わからない。ただ玄也はその夜、辛かった、と自分を宥《なだ》める心地で少し泣いた。D そして、タコを引き取ることを決めた。

二週間後、卓馬に車を出してもらって道場にタコを引き取りに行き、帰りに近くの海岸で海水を汲《く》んだ。水槽をそれで満たし、砂利を敷いて、隠れやすい小さなツボを用意し、最後にお気に入りのシーグラスをいくつか放り込む。

「一体どういう風の吹き回しでタコなの」

休日を潰して付き合ってくれた卓馬は、さっぱりわからないとばかりに首をひねる。かわいいじゃないの、と玄也は肩をすくめた。

照明を反射して淡く光るシーグラスは、よく日の当たった春の海と同じ色合いをしている。偶然という隙間をこじ開け、小さなタコは玄也の部屋にゅるりとすべり込んだ。海のかけらで、遊び始める。

（注）１　逗子——神奈川県東部にある都市。
２　「俺、税金対策だけでなく……——卓馬は税理士の仕事をしている。
３　シーグラス——海岸や湖のほとりで見つかる、波にもまれて角が丸くなったガラス片の総称。
４　タコの水槽——道場の受付の横に水槽が設置されていて、タコが飼われている。

問1　傍線部A「不吉なことを口にするなよ、と多少咎めたい気持ちも込めて口にする。すると卓馬は面食らった様子で目を丸くした。」とあるが、道場に向かう際の卓馬と玄也について説明したものとして最も適当なものを、次の①～⑤のうちから一つ選べ。解答番号は 11 。

① 卓馬は茅乃の病を思うと死のことしか頭に浮かばないので一刻も早く会いたいと考えていたが、玄也はそんな卓馬の思いを察しつつ、本当にそれほど深刻な状況なのかどうか自分の目で確認したいと考えていた。

② 卓馬は茅乃をはじめ青子や玄也の大学卒業以来の消息が知りたくて皆に会ってみようと考えていたが、玄也は茅乃の病のことが心配で今会っておかなければこの先二度と会えないかもしれないと考えていた。

③ 卓馬は茅乃の様子がわかれば何か手助けできることがあるはずだと思って現状を確かめたいと考えていたが、玄也は茅乃の病が深刻なものだと心配し、会っておかなければならないと考えていた。

④ 卓馬は茅乃の病のことだけではなく引きこもりがちな玄也の今後のことも思って仲間に会う必要があると考えていたが、玄也は自分の辛さよりも茅乃の辛さのことを思い少しでも励まそうと考えていた。

⑤ 卓馬は茅乃の闘病を同期生みんなで協力して支えたいと思いその顔合わせのために会いたいと考えていたが、玄也は同じような悩みを抱えている自分こそが力になれると思い、その気持ちを茅乃に伝えようと考えていた。

問2　傍線部B「わかっているのに、口が勝手に動いていた。」とあるが、それはなぜだと考えられるか。その理由として最も適当なものを、次の①～⑤のうちから一つ選べ。解答番号は 12 。

① 自身の感じる理不尽さや不安は他の誰にもわかってもらえるはずがないと考えていたが、卓馬の言葉に説得され、自分の問題もかつての仲間なら理解してくれるかもしれないと希望を抱いたから。

② 自分の問題は自分で解決するしかないと考えていたが、卓馬の言葉に学生時代の仲間意識が思い起こされ、今の自身の辛さを卓馬に共有してもらいたいという心の動きをおさえられなかったから。

③ 自分の抱えている辛さは自身で耐え忍んでいくしかないと思い込んでいたが、卓馬の言葉に自分の考えが間違っていることに気づかされ、もっと前向きに考えを改めるべきだと反省したから。

④ 各自の問題を皆で共有し合うような関係は失われていると思い込んでいたが、卓馬の言葉に心を揺さぶられ、彼の気持ちを確かめたくなって今の自分の悩みを思わず口にしてしまったから。

⑤ 人は各自の問題を抱え他人の悩みを共有する心のゆとりなどないはずだと思い込んでいたが、卓馬の言葉をきっかけに、問題を共有してもらうことで将来への展望が開かれるかもしれないと直感したから。

問3　傍線部C「最後にちらりと気になったのは、我ながらずいぶん小さなことだった。」とあるが、このときの玄也について説明したものとして最も適当なものを、次の①～⑤のうちから一つ選べ。解答番号は 13 。

①　将来の生活設計に関する助言に感謝する一方で、ずっと抱えてきた理不尽な思いや不安がそう簡単に解消されるはずもないと、個人的な悩みではあってもそれと長い間苦闘してきた自身の自尊心を捨てきれないでいる。

②　引きこもっていても当事者に負担の少ない生き方が社会的に保障されていることを告げられ、自分の悩みがいかに個人的で小さなものだったかと思い知らされて、思い悩んでいた自身の存在が否定されたように感じている。

③　自分の抱えてきた問題が社会の中で解決されうる悩み事でしかなかったことに驚かされつつも、自立して強く生きられないことへの自責の念から自由にはなりきれず、結局は親の力を頼りにすることに気恥ずかしさを覚えている。

④　部屋を出られなくとも無理なく生きていける方法があったことに気づかされ、今まで悩まされてきた問題が他人事のように見えてきて、些細《ささい》なことにこだわり続けていた自分を愚かしく感じ嫌悪感にとらわれている。

⑤　自分のような境遇の人間が抱える問題でも無理なく解決へと導いてくれる社会的な手段があることを知らされ、今までそのことにまったく気づくことができず、親に苦労ばかりかけてきた自身を顧みて深く反省している。

問4　傍線部**D**「そして、タコを引き取ることを決めた。」とあるが、玄也がそう決めるに至った要因はどのようなことか。その説明として適当なものを、次の①～⑤のうちから**二つ**選べ。ただし、解答の順序は問わない。解答番号は 14 ・ 15 。

① 精神的に調子の悪いときのいたたまらなさを助けられているうちに愛着が湧いていたこと。

② 周囲と会話しないための口実にされていることをわかっているかのように遊ぶ姿を見せてくれたこと。

③ 受付の事務員が自分をタコ好きと見込んで引き取ってもらえないかと声をかけてくれたこと。

④ 自分と同じように理不尽にいじめられている姿を見れば心の慰めになるのではないかと思ったこと。

⑤ かつての職場で置かれていた自分の状況を捉え直すことのきっかけになってくれたこと。

問5　本文の表現と内容について説明したものとして**適当でないもの**を、次の①～⑤のうちから一つ選べ。解答番号は 16 。

① 16行目「卓馬は玄也の目を見返し、浅く顎を引いて頷いた。」という表現には、卓馬が確信をもって自身の考えを表明しようとする姿勢が表されている。

② 23行目「あの頃とは違う。違う、はずだ。」という表現には、「違う」ということを頭では理解しようとはするものの、感情のうえではそう思いきれずにいる玄也の様子が表されている。

③ 26行目「喉に巨大な石でも詰まったように」の「巨大な石」は、33行目「言葉に出来ない混乱と苦痛と羞恥の渦」と同じ経験に根ざすものであり、玄也が心を開けない大きな要因とかかわるものである。

④ 58行目「玄也は唖然とした。」には、自分の問題に卓馬が言うような対処策があることに衝撃を受ける一方で、そのことに思い至らなかった自分にあきれる思いも表したものになっている。

⑤ 75行目「両親は、これでもう息子は大丈夫だと肩の荷を下ろした様子だった。」という表現は、それまでいかに玄也が両親に心配をかけてきたかということを示唆するものとなっている。

問６　Aさんは、本文62行目と最終部分に出てくる「シーグラス」が気になり、「海のかけら」全編を読んで、本文より前の部分に次のような箇所（**【資料】**）を見つけた。そこで、友人のBさんとCさんを誘い、意見交換をすることにした。次に示す**【資料】【写真】**と**【意見交換の様子】**について、後の(i)～(iii)の問いに答えよ。

【資料】

ジャムの瓶をつかみ、揺らした。こすれたシーグラスがちゃりちゃりと涼しい音を立てる。すべて家から自転車で十分ほど走った先にある海岸で拾ったものだ。洗い、乾かし、すごいでしょ、と得意になって親に見せた。世界のどこかからやってきた美しい断片は宝物だった。小学生の頃から二十代の半ばまで、ずっと。

【写真】

【意見交換の様子】

Aさん——この小説には、「シーグラス」が何回か出てきて、どれも印象的な場面なんだよ。だから、何か特別な意味がこめられているんじゃないかと思って、考えてみたくなったんだよね。どうかな?

Bさん——私は「シーグラス」という言葉は知らなかったんだけど、【写真】を見たら、ああ、これか、とわかったよ。私も子どもの頃に集めていたことがある。まさに題名の「海のかけら」っていう感じだよね。

Aさん——そうだね。シーグラスについて、本文62行目には「シーグラスに似た隙間が空いて……まだ海と繋がっていた」、最終部分には「よく日の当たった春の海と同じ色合いをしている」とあるけど、【資料】を合わせ読むと、主人公の玄也にとって、シーグラスというのは［Ⅰ］みたいな意味を持つものなのかもしれない。

Cさん——そう言えるね。ところが、それを会社勤めの中で奪われてしまう。本文にある描写に従えば、［Ⅱ］ようになってしまい、部屋に引きこもりがちになったということだね。

Bさん——そんな玄也に救いの手を差し伸べてくれたのが、大学時代の友人である卓馬と合気道道場のタコだった、という物語の作りになっているんだね。

Cさん——それにしても、自分ではどうにもならない「真っ暗な感覚」に閉ざされ続けるというのは辛いよね。それが卓馬とタコによって少し明るいほうへ転換していく。

Bさん——そういう意味では、救いのある物語になっていると言えるね。そこにシーグラスの描写が挿入されている。

Aさん——玄也にとっては［Ⅲ］が、次のステップに進むことのきっかけになったと言えるかもしれないね。

(i) 空欄 Ⅰ に入る発言として最も適当なものを、次の ①～④ のうちから一つ選べ。解答番号は 17 。

① 現在の苦境を打破し幸福へといざなってくれる力強い武器
② 自分が世界と結びついているという感覚や自己肯定感の象徴
③ 自然界や未知の世界と自分とのつながりを保証してくれる媒介物
④ 生きる上での価値観や美意識を表象しているたいせつな愛玩物

(ii) 空欄 Ⅱ に入る発言として最も適当なものを、次の ①～④ のうちから一つ選べ。解答番号は 18 。

① 少しばかりの過ちを新しい有能な上司に罵倒され、アルバイトからも嫌われる
② 新しくやってきた上司に自分の派閥をつくるための手段として一方的に利用される
③ 周囲から無能呼ばわりされて嫌われ続けるうちに、自分でもそんな人間だと思う
④ 職場で周囲の人たちに嫌われたことをきっかけに、家族にも嫌われていると思い込む

(iii) 空欄 Ⅲ に入る発言として最も適当なものを、次の ①～④ のうちから一つ選べ。解答番号は 19 。

① 自分のように引きこもりがちな人間は数多く存在しており、社会的な救済措置がないわけでもないと知ったこと
② 自分のような存在でも社会的に不要なわけではないと気づかされたことと、いじめに対する義憤が高まったこと
③ いじめを受けていたタコがツボにこもることなく、外で一心にシーグラスで遊んでいる様子に自分を重ね見たこと
④ 自分の置かれている状況を友人に話せたことと、自分が抱え続けている問題の原因をある程度相対化できたこと

第3問　Sさんは、人々の格差に対する意識について調べ、自分の考えを【レポート】にまとめた。【資料Ⅰ】～【資料Ⅲ】は、【レポート】に引用するために調べた資料の一部である。これらを読んで、後の問い（問1～4）に答えよ。（配点　20）

【レポート】

【資料Ⅰ】によると、格差社会とは、所得、地域、ジェンダー、年齢、民族、障害、性的指向、階級、宗教などを原因とし、アクセスや機会、結果を決定づけてしまう不平等な社会のことをいう。格差社会の現状と、このような格差の背景にある人々の意識について考えてみたい。

【資料Ⅱ】によると、近年の日本社会においては、人口構成の高齢化、単身世帯化が進む中で、緩やかに格差が拡大してきていることが分かる。ただし、社会保障制度などを通じた所得の再分配後のジニ係数はほぼ横ばいとなっており、社会保障制度などが再分配機能を発揮することで、社会の格差は縮小する傾向にあると考えられる。

ここでは、経済的な格差についての人々の意識を確認するために【資料Ⅲ】を参照したい。努力による収入の差はあるべきだと考えるのか、競争を好意的に捉えているのかは、収入面における格差の許容度の参考になると考えられるからである。

「平等」と「競争」に関する考えは図1・図2に示されている。この結果を基にすれば、近年の日本社会における一般的な考え方は（大ざっぱな傾向としてではあるが）「　X　」といったふうにまとめられることになるだろう。しかしここで、競争と平等は、同時に達成できるものなのかという問題が生じる。自身の収入を増大させるために懸命な人々がいればいるほど、経済は活性化されるが、そうした競争により結果として収入の不平等は増大するのではないか。

この問題を考えるために、図3を参照してみたい。「安心な暮らし」には（例えば外交安全保障や災害対策など）さまざまな要素が含まれそうだが、元の質問は「国民皆が安心して暮らせるよう国はもっと責任を持つべきだ」「自分のことは自分で面倒を見るよう個人がもっと責任を持つべきだ」というものなので、（特に「自分のことは自分で面倒を見る」という言い方からすると）経済面での「安心」も大きな要素となっていると考えてよいだろう。図3からは、近年の日本社会においては、そうした問題について「国」が「責任を持つべき」だとする考えが強いことが読み取れる。

Y

【資料Ⅰ】

不平等 ― 格差を埋めよう

世界は貧困の削減で顕著な前進を遂げました。過去30年間で、10億人以上が貧困から脱出しています。しかし、貧しいほうから数えて半数の人々が所得に占める割合は1990年以降、全世界の経済生産が3倍以上に伸びているにもかかわらず、この期間を通じてほとんど増えていません。不平等は経済の前進を損ない、その結果として不平等が作り出す社会格差も広がります。

所得、地域、ジェンダー、年齢、民族、障害、性的指向、階級、宗教を原因とし、アクセスや機会、結果を決定づけてしまう不平等は、国家間でも各国の内部でも、根強く残っています。世界には、a こうした格差がさらに広がっている地域もあります。その一方で、オンライン技術やモバイル技術など、新たな分野での格差も生まれてきています。

出典：「不平等 ― 格差を埋めよう」国際連合広報センター

【資料Ⅱ】

経済をめぐる現状と課題

Q　日本では格差の問題はどのようになっていますか。

A　格差の現状

格差を測る指標の一つに「ジニ係数」がある。これは、所得の分布について、完全に平等に分配されている場合と比べて、どれだけ偏っているかを、0から1までの数値で表したものである。仮に完全に平等な状態であれば、ジニ係数は0となり、1に近くなるほど不平等度が大きくなる。

近年、人口構成の高齢化、単身世帯化が進む中で、ジニ係数で見ると緩やかに格差が拡大してきている。これは、高齢者の所得には人生を通じて働いて積み重ねてきた結果が反映されるため、もともとジニ係数が大きくなるところ、高齢者の比率が高まると全体のジニ係数が高まることになるという理由と、若年層において近年正規･非正規労働の分化などが生じているために格差が広がる傾向にあることが主な理由である。

ただし、社会保障制度などを通じた再分配後のジニ係数はほぼ横ばいとなっており、社会保障制度などが再分配機能を発揮していることがわかる。

高齢化の進展を和らげる人口問題への取組、若年層の貧困問題の適切な対応、社会保障制度の持続可能性の確保など、格差の問題は、経済･社会政策の真価が問われる重要な問題である。

ジニ係数の推移

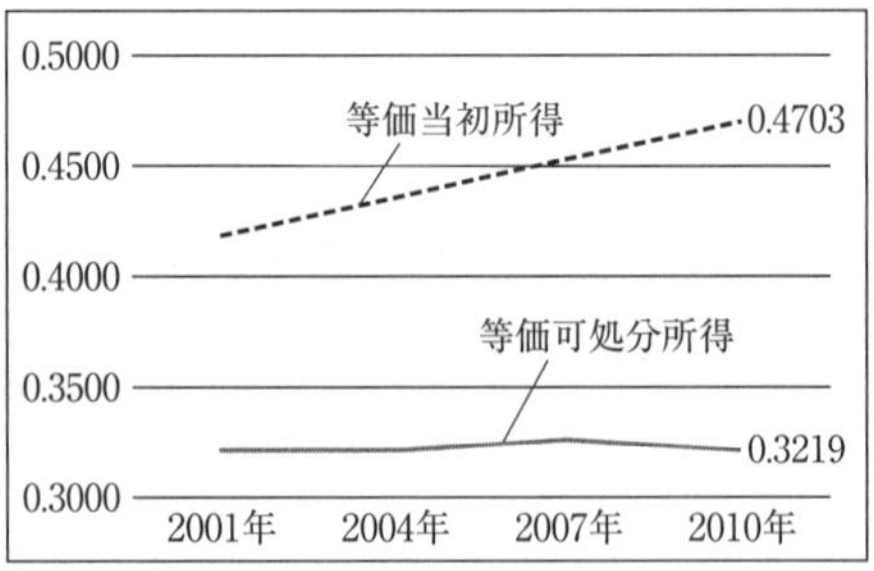

出典：厚生労働省「所得再分配調査」

年齢階層別ジニ係数の変化

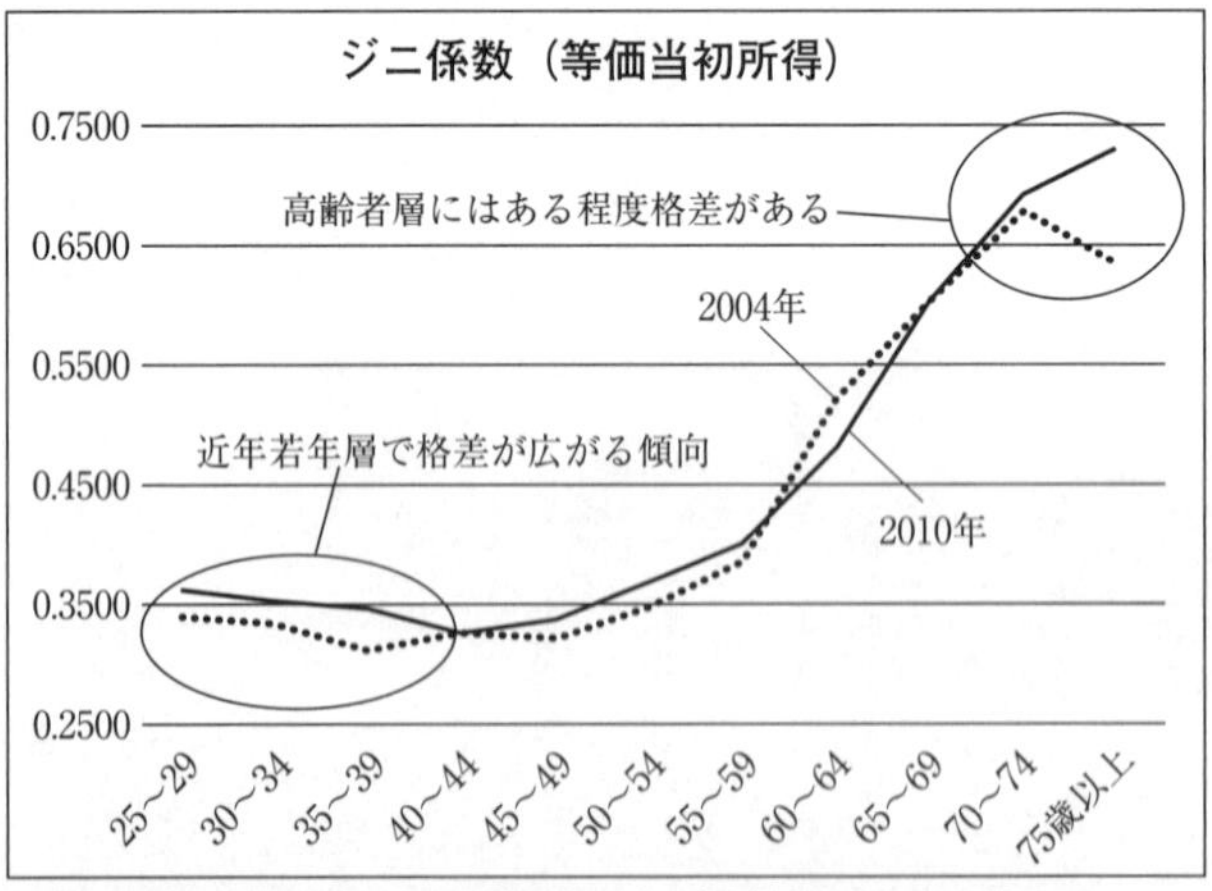

※等価可処分所得でのジニ係数を見ると、各種所得再分配の効果によって、各年齢層においてジニ係数は低下（格差が縮小）する。

出典：厚生労働省「所得再分配調査」

出典：選択する未来　第3章　人口･経済･地域社会をめぐる現状と課題（内閣府）

【資料Ⅲ】

図１「収入は平等にすべきか、開きを大きくすべきか」：日本

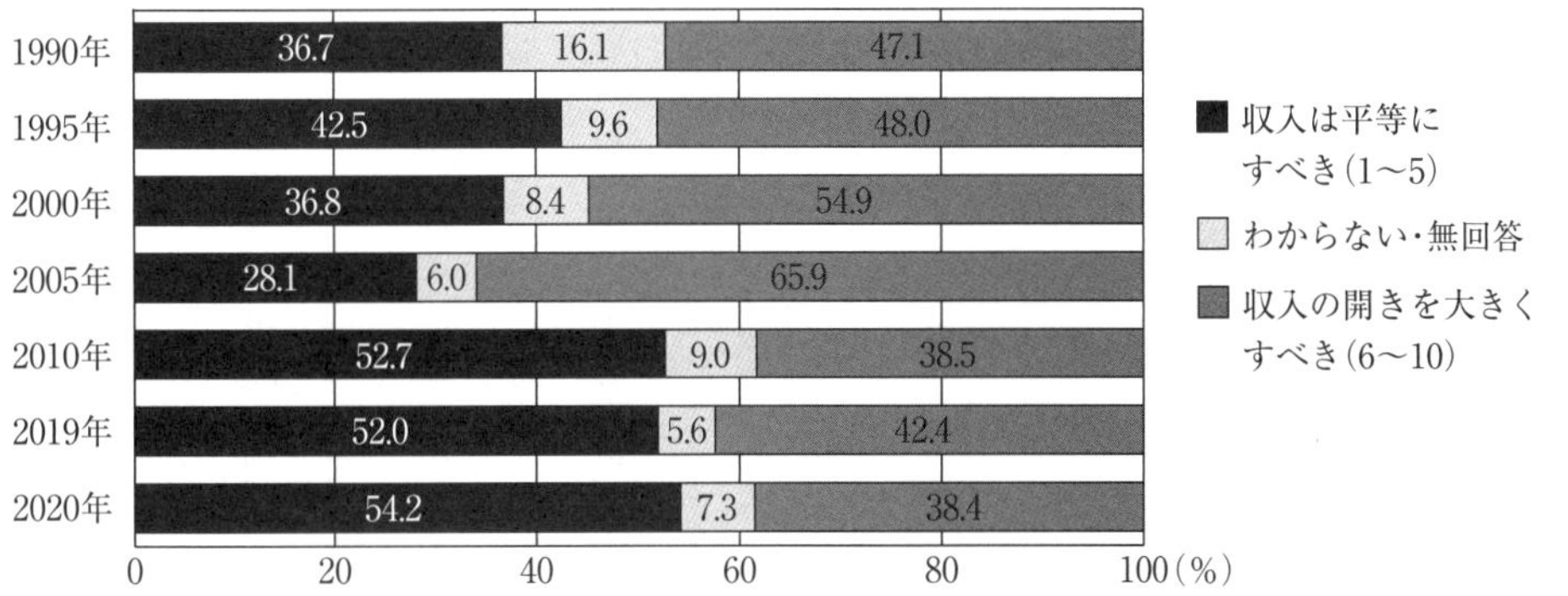

（「収入はもっと平等にすべきだ」を1、「個々人の努力を刺激するようもっと収入の開きを大きくすべきだ」を10として、1から10の間でどちらに賛成かの度合いを聞いた）

図２「競争は好ましいか、有害であるか」：日本

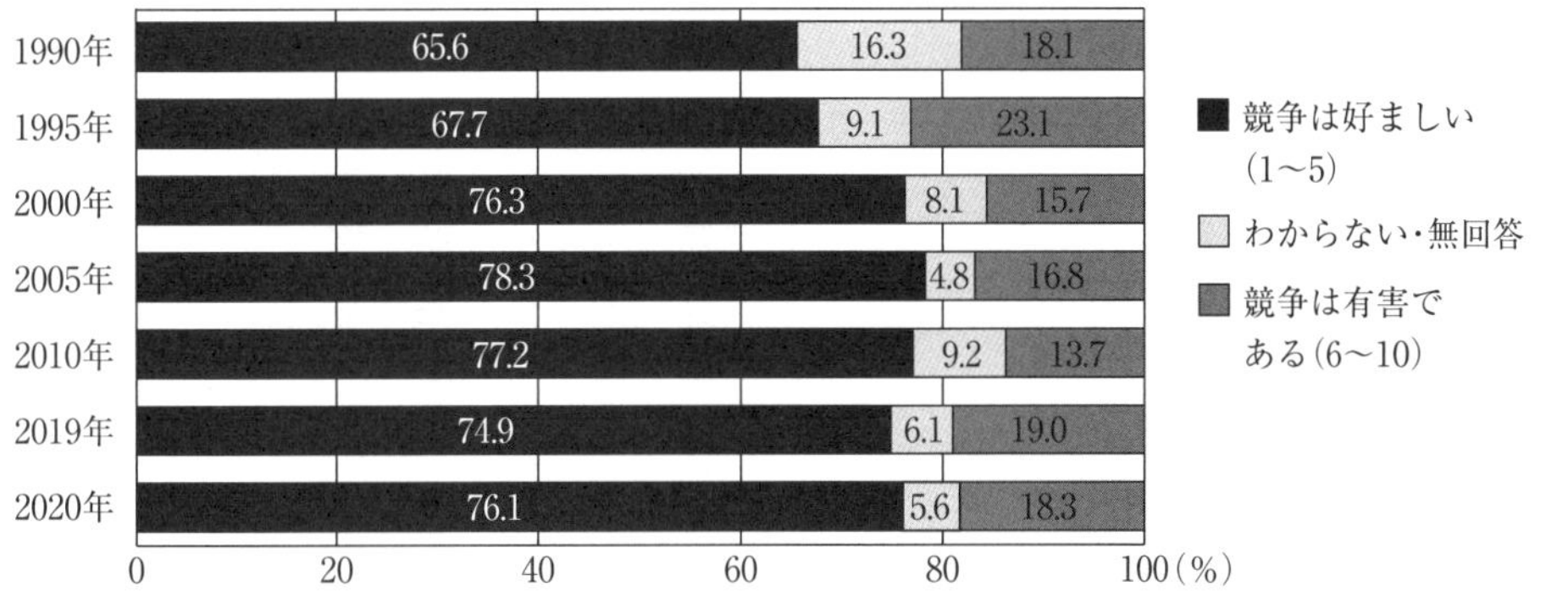

（「競争は、人に働く気を起こさせ、新しいアイデアを生み出すので、好ましい」を1、「競争は、人間の悪い面を引き起こすので、有害である」を10として、1から10の間でどちらに賛成かの度合いを聞いた）

図３「安心な暮らしに国は責任を持つべきか、個人が責任を持つべきか」：日本

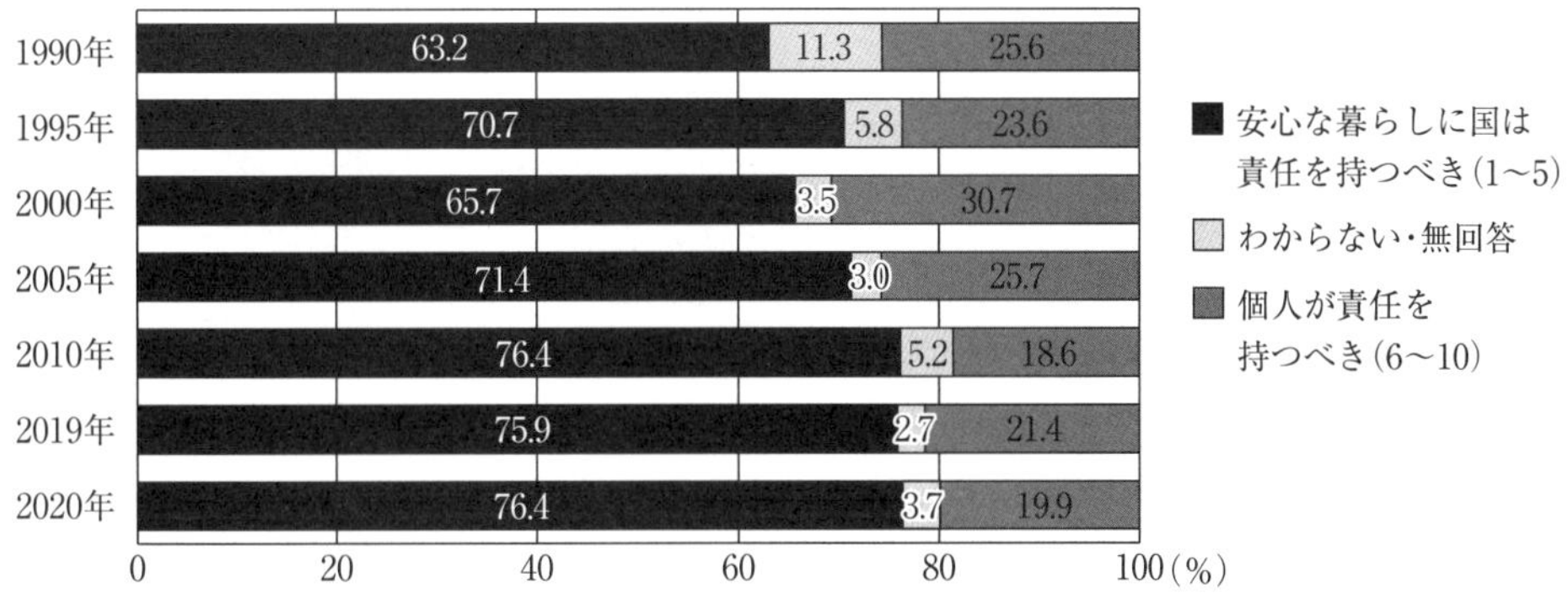

（「国民皆が安心して暮らせるよう国はもっと責任を持つべきだ」を1、「自分のことは自分で面倒を見るよう個人がもっと責任を持つべきだ」を10として、1から10の間でどちらに賛成かの度合いを聞いた）

出典：電通総研・池田謙一編『日本人の考え方　世界の人の考え方Ⅱ―第７回世界価値観調査から見えるもの』

問１　【資料Ⅰ】の傍線部ａ「こうした格差」とは、どのようなものが考えられるか。その例として**適当でないもの**を、次の①～⑥のうちから**二つ**選べ。ただし、解答の順序は問わない。解答番号は［20］・［21］。

① 生まれた家庭や地域、周囲の環境によって受けられる教育に差が生じること。
② 成人年齢が一八歳と定められているため同じ高校三年生の中で成人となる時期に差が生じること。
③ 地域間で就職や生活水準や情報に接する機会などに差が生じること。
④ 性別の違いによって就業の機会や所得、置かれる状況などに差が生じること。
⑤ 個人の努力の有無に由来する技能の優劣によって賃金に差が生じること。
⑥ 生まれた年によって年金や健康保険などの社会保障制度に伴う見返りに差が生じること。

問２　【レポート】の空欄 X に入る内容として最も適当なものを、次の①～⑤のうちから一つ選べ。解答番号は 22 。

① 競争は好ましいことであり、収入の不平等は是認すべきだ
② 収入は平等にすべきだが、それは競争のさまたげとなる
③ 競争は好ましいが、収入は平等にすべきである
④ 収入を平等にするために、競争は必要なことである
⑤ 競争の是非にかかわらず、収入の平等を達成すべきだ

問3 **【レポート】**の空欄 **Y** には、Sさんが書いた結論が入る。**【資料】**の内容と**【レポート】**の展開を踏まえると、Sさんの結論はどのようなものになると考えられるか。その内容を端的にまとめたものとして最も適当なものを、次の①～⑤のうちから一つ選べ。解答番号は **23** 。

① 国が主導して人々の競争の意欲をかきたて、経済成長を実現することで国全体としての所得の向上を目指すことが必要だ。

② 経済成長のための競争が生む格差の拡大を防ぐために、社会保障制度などを通じた再分配政策を充実させることが必要だ。

③ 競争による経済成長と収入の平等を両立させるために、国がオンライン技術やモバイル技術の活用を進めることが必要だ。

④ 高齢化の進展や若年層の貧困問題への対応として、各企業が若年層の正規雇用を増やしていくよう努力することが必要だ。

⑤ 国が責任をもって日本企業の国際競争力を高めるための政策を打ち出し、他国との経済格差を解消していくことが必要だ。

問４　Ｓさんは、**【レポート】**の主張をより理解してもらうために、内容を補足しようと考えた。その内容として**適当でないもの**を、次の①～④のうちから一つ選べ。解答番号は 24 。

① 「平等」と「競争」に関する人々の考えは、自由に競争することで社会全体が豊かになると考えるか、過剰な競争は経済的な格差の拡大をもたらすので望ましくないと考えるか、という点で対立するものであることを、**【資料Ⅲ】**をもとに考える際の前提として補足する。

② 経済的な「平等」の考え方には、競争の初期条件を平等にし結果は各人の自己責任とする方向と、各人の富や経済状況そのものを平等にしようとする方向があるが、現在の社会で前者を完全に実現することは困難である以上、すべてを自己責任に帰することはできないという内容を、「再分配」の必要性を述べる根拠として補足する。

③ 「格差」は所得だけの問題ではなくさまざまな要因が複雑に関係しあうものであり、生まれた地域や性別の違いによって本人が望む教育が受けられず希望する仕事につけないというように、ある格差が他の格差を助長・再生産してしまう社会構造があるということを補足する。

④ 「安心な暮らしに国は責任を持つべきだ」という意見は、人々が自身の収入を増大するために努力することで「国」の経済成長が促され、結果的に社会全体の所得が増えることで個人の安心感が増すという考えによるものであることを補足する。

第4問

次の文章は、石川雅望《まさもち》『近江県物語《おうみあがたものがたり》』の一節である。医師橘安世《たちばなのやすよ》の弟子梅丸《うめまろ》は、身分の低い家の出身であったが、学問・芸能に優れていたため、師匠安世の娘である薗生《そのお》の婿《むこ》になることが決まった。以下の文章は、それに続く場面である。これを読んで、後の問い（**問1～5**）に答えよ。（配点　45）

これより一年《ひととせ》ばかり先に、常人《つねんど》(注1)、薗生に心をかけゐけるが、むくつけ女一人語らひて、艶書《えんじよ》を梅の枝に付けて、贈りつかはしける。薗生心も付かで、うち開き読み見て、あさましきことに思ひて、やがて艶書をそのまま返しつかはすとて、梅に結びつけてやりける。

「中垣の隔ても分かで梅が香のなどここにしもにほひ来《き》ぬらん

うたてしや」とぞ書きたる。常人、こちなき心にも、(ア)この歌の心覚《さと》らざらんやは。うち見るより、「さは我をいとふにこそ」とて、その後は絶えて言ひ出《い》でもせざりける。

この頃、きと思ひつきて、「よしよし。(イ)すべきやうこそあれ」とて、またかのむくつけ女語らひて、「薗生が閨《ねや》に秘めある、梅丸が聘物《へいもつ》(注2)とて贈りたる袋物、盗みくれよ」と言ひける。この女、おぞきもの(注3)にて、やすくこと受けして、薗生が湯ひき(注4)をる隙《ひま》をうかがひて、かの一品を盗み出でて、懐《ふところ》に押し入れ、ひそかに常人に渡しける。常人、喜びて、中をだに開き見ず、紐《ひも》の結び目を紙縒《こよ》りして強く引き結ひて、またの日、梅丸がもとに行きて言ひけるは、「御辺《ごへん》(注5)、近きに薗生と婚姻し給《たま》ふこと、我らがよろこび、ますことなく覚え候《さうら》ふ。ただし苦々しきことの候ふを告げ参らせ候はずは、年ごろの親しみを失ふ道理なれば、うちうちひそかに告げ聞こゆるなり。その子細は、伯父なる人、御辺を婿と定めて候ふを、薗生いかなる所存にか、はなはだ恨み憤《ふつ》み候ひて、『夫婦の語らひは、親たちの御心にもまかすべきことかは。我にも語り給はで、妻となし給はんこと、あまりに心なき御はからひにこそ。たとひ父母のせめてのたまふとも、我は梅丸の妻とはならじ』とて、昼夜泣き沈みてこそ候ひしか。今朝のほど、おのれを呼び寄せて申し候ふは、『この一品は、梅丸が方よりしるしとて贈りたる物にて候ふ。見るもうたてく覚え候へば、とく返しやりたく候ふなり。確かにかれに渡して給ひね(a)』とて取り出でて渡して候ふ。Aさまざまこしらへすかして候へども、ことかなはず候へば、蘭生が言ふままに御辺に参らするなり。よくよく思慮《しりよ》し給へかし」とて、袋物におのがはちぶかれ(注6)たる歌を添へて出だしける。

梅丸手に取りて見れば、覚えある蘭生が筆にて、我が名の梅といふに添へていとひ思へるさまを述べたる歌なれば、Bしばしあきれていらへだにせざりけるが、ややためらひて言ひけるは、「この度の婚姻、それがし強ひて望みたることにては候はbねど、師なる人のさやうに(ウ)おもむけ給へることに候へば、かしこまり了承して候ふなり。しかれども、正身《さうじみ》(注7)の本意にかなはざること、余儀《よぎ》なきことにて候ふ。その由、師のもとへことわり申し候はcん」と言へば、常人、すり寄りて、「蘭生が御辺を嫌ひつる由を告げ給ひては、かれいみじき呵責《かしやく》にあひぬべし。さては心苦しく存じ候ふ。そのこととなく、なだらかにことの収まらんずるやうをはからひて給へ」と言へば、梅丸、如法温柔《によほふおんじう》(注8)の生まれつきにてあれば、「その義につきては、御心を苦しめ給ふべからず。よくはからひてん」とて、常人を帰しやりて、ひそかに心に思ひけるは、「蘭生が我を疎《うと》めるは、いやしきを嫌へるなるべし。師にこのことを申さば、我が身の恥のみならず、蘭生がためいとほしからん。さりとて、うちはへ日を過ごしなば、婚姻の期近づきぬべし。いかにせばよからdん」とさまざま思ひめぐらしつつ、四五日を過ごしけるが、「とにかくに、我この所にありては、ことのさまむづかしかりぬべし。ひとまづここを立ち退《の》きて、ことのやうをもうかがふべく」と思ひ定めて、着替への衣服など包みにつつみ、返しおこせし袋物、腰に差し、C夜に隠れて惑ひ出でにけり。

（注）1　常人——梅丸の同門の弟子。安世の甥《おい》。

2　聘物——贈り物。梅丸は、婚約に際して、父の形見の袋を蘭生に贈っていた。

3　おぞきもの——心根が恐ろしい者。

4　湯ひきをる——入浴している。

5　御辺——あなた。

6　はちぶかれたる——ここでは「求愛を断られた」の意。

7　正身——本人。

8　如法温柔——温和な性格。

問1 傍線部(ア)〜(ウ)の解釈として最も適当なものを、次の各群の①〜⑤のうちから、それぞれ一つずつ選べ。解答番号は 25 〜 27 。

(ア) この歌の心覚らざらんやは 25
① この歌の意味は理解してもらいたい
② この歌の意味は理解できないはずだ
③ この歌の意味を理解しようとした
④ この歌の意味が理解できただろうか
⑤ この歌の意味は理解できるはずだ

(イ) すべきやうこそあれ 26
① だましてしまおう
② 何とかできないか
③ たやすいことだ
④ よい考えがある
⑤ 手伝ってほしい

(ウ) おもむけ給へる 27
① お勧めになった
② お決め申し上げた
③ お喜びになった
④ お望み申し上げた
⑤ お受け申し上げた

問2　波線部a〜dの文法的説明の組合せとして正しいものを、次の①〜⑤のうちから一つ選べ。解答番号は 28 。

① a 完了の助動詞　b 打消の助動詞　c 意志の助動詞　d 推量の助動詞
② a 完了の助動詞　b 完了の助動詞　c 意志の助動詞　d 意志の助動詞
③ a 打消の助動詞　b 願望の終助詞　c 推量の助動詞　d 意志の助動詞
④ a 完了の助動詞　b 打消の助動詞　c 推量の助動詞　d 推量の助動詞
⑤ a 打消の助動詞　b 完了の助動詞　c 婉曲《えんきょく》の助動詞　d 意志の助動詞

問3　傍線部A「さまざまこしらへすかして候へども、ことかなはず候へば」とあるが、その内容として最も適当なものを、次の①〜⑤のうちから一つ選べ。解答番号は 29 。

① 薗生は梅丸ともう一度会う機会を作ってほしいと常人に懇願したが、常人は聞き入れず、二人が再び会うことはなかった。
② 薗生は盗まれた贈り物を返してほしいと常人に頼んだが、常人がとぼけたので、贈り物の所在は不明になってしまった。
③ 常人は一度梅丸と話し合うべきだと薗生を教え諭したが、かえって薗生の気持ちは梅丸から離れることになってしまった。
④ 常人は梅丸との婚約を破棄するのはよくないと薗生を説得したが、梅丸を嫌う薗生の気持ちは変わることがなかった。
⑤ 常人は薗生の気持ちを大切にするべきだと梅丸に忠告したが、梅丸は身分の低さを恥じて、薗生の前から姿を消した。

問4 傍線部**B**「しばしあきれていらへだにせざりけるが」は、梅丸が薗生の歌を見たときの反応である。次に挙げるのは、傍線部**B**に至る経緯についての教師の説明を聞いて、生徒たちが授業中に述べた感想である。生徒の発言 ①～⑥ のうちから**誤りを含まないもの**を**二つ**選べ。ただし、解答の順序は問わない。解答番号は 30・31 。

教師――「中垣の隔ても分かで梅が香のなどここにしもにほひ来ぬらん」は、もともとは薗生が常人に贈った歌だよね。常人は、この歌を悪用して、梅丸をだまそうとしたんだ。薗生が詠んだときと、常人が梅丸に渡したときとでは、歌の意味が違っている。その意味の違いについて、話し合ってみよう。

① 生徒A――薗生は常人から恋文を受け取ったとき、常人からの告白を断るためにこの歌を詠んだんじゃないかな。薗生が常人に渡した時点では、この歌に出てくる「梅が香」は梅丸を指しているんだ。だから、「中垣の隔ても分かで」は、梅丸にいつも逢いたいという気持ちを表しているんだよ。

② 生徒B――薗生が常人に対する断りの気持ちを表すためにこの歌を詠んだということはいいと思うけど、「梅が香」の指している内容は違うと思う。「梅が香」は、梅の枝に結ばれた常人の恋文を指していて、「中垣の隔ても分かで」は、薗生の気持ちを考えずに恋文を贈る常人の厚かましさを、やんわりとたしなめる表現だと思うよ。

③ 生徒C――常人は薗生にふられたから、薗生に復讐《ふくしゅう》する機会をずっと狙っていた。その後、梅丸と薗生の結婚の話を聞いて、この歌を使って薗生に恥をかかせようと考えついたんだ。常人はこの歌を梅丸に渡すことで、自分と薗生が昔付き合っていたように思わせたんだ。ふられたことをずっと忘れない常人の執念は、少し怖い感じがするよね。

④ 生徒D――常人は、薗生の父親の安世が持っていた婚約のしるしの袋を盗ませて、この袋に薗生の歌を結びつけて、梅丸に渡している。こうすることによって、安世は身分の低い梅丸のことを嫌っていると梅丸に思わせようとしたんだ。常人は、師匠の安世が自分より梅丸をかわいがっていることに嫉妬していたから、こんな卑劣なことをしたんだね。

⑤　生徒Ｅ――常人は、自分の誘いを断った薗生の歌を、うまく梅丸に対する断りの歌として使っている。「梅が香」はもともと梅の枝に結ばれた常人の恋文のことだったのに、梅の枝のことを知らないと、「梅が香」は梅丸を指していることになってしまう。本当にうまいと思うな。

⑥　生徒Ｆ――なるほど、常人にまんまと騙《だま》された梅丸は、薗生が本当に好きなのは常人なんだと信じ込んでしまって、しばらく返事もできなかったんだね。

問5　傍線部C「夜に隠れて惑ひ出でにけり」とあるが、それに至る経緯を説明したものとして最も適当なものを、次の①～⑤のうちから一つ選べ。解答番号は 32 。

① 梅丸は縁談を断ろうと考えたが、男から縁談を断れば女の薗生が恥をかくと常人に言われたので、自分が悪者となって姿を消すのがよいと考えた。

② 梅丸は縁談を断ろうと考えたが、師匠の了解は得られないだろうと常人に言われて、このままでは無理に結婚させられてしまうと不安に感じた。

③ 梅丸は縁談を断ろうと考えたが、断る理由を師匠に言えば薗生が叱責されると常人に言われて、思い悩んだ末に、しばらく様子を見ようと考えた。

④ 梅丸は縁談を断ろうと考えたが、どんなに嫌われていても薗生のことが忘れられず、自らの思いを断ち切るために、薗生の前から姿を消そうと考えた。

⑤ 梅丸は縁談を断ろうと考えたが、縁談を断ったら、隠していた自分の出自が明らかになると常人に指摘されて、秘密を隠すことは無理だと絶望した。

（下書き用紙）

国語の試験問題は次に続く。

第5問　次の【文章Ⅰ】と【文章Ⅱ】の文章は、いずれも橄欖《かんらん》（中国南方に産する樹木・カンランの果実）の「回味（食べた後に現れてくる味）」について書かれたものである。これらを読んで、後の問い（問1～6）に答えよ。なお、設問の都合で返り点・送り仮名を省いたところがある。（配点　45）

【文章Ⅰ】

東(注1)坡ノ橄欖詩ニ、

A
紛(注2)紛トシテ青(注3)子落ツ二紅(注4)塩ニ一

正(注5)味ハ森(注6)森トシテ苦ニシテ且ツ X

待チ得タリ微甘ノ回《かへ》ルヲ二歯《し》頰《けふ》ニ一

已ニ輸《しゆ》ス(注7)崖(注8)蜜ノ十分甜《てん》ナルニ(注9)

北人不レ喜バ二橄欖ヲ一。南人語リテレ之ニ曰ハク、「橄欖回味アリト。」北人咲《わら》ヒテ曰ハク、「B 待ツ二他ノ回味ヲ一時、我ガ棗《さう》(注10)児《じ》ハ已ニ甜ジ了《を》ハルコト半日ト矣。」坡ノ詩ハ(ア)蓋シ戯レニ用フ二此ノ語ヲ一。坡ノ詩ニ又タ云フ、「人生ノ所レ遇フ(イ)無レ不レ可、南北ノ嗜《し》好《かう》知ニランヤト誰カ賢ナルヲ一。」可レシ謂フ二達人之言ト一矣。

（楊慎《ようしん》『升菴集《しょうあんしゅう》』による）

（注）
1　東坡――宋の文人政治家・蘇軾《そしょく》の号。後の「坡」も同じ。
2　紛紛――ぱらぱらと。
3　青子――青い木の実。橄欖を指す。
4　落二紅塩一――紅塩は食塩の一種。橄欖を収穫する際、木の幹に傷を付け、塩をすり込むと一夜で実が落ちるという。
5　正味――本来の味。
6　森森――味が濃厚なさま。
7　輸――負けている。
8　崖蜜――蜂蜜。一説にユスラウメの実。
9　甜――甘い。
10　棗児――ナツメの実。甘味と酸味があり、食用・薬用とする。

【文章Ⅱ】

文章《ハ》最《モ》忌《ム》二一(注1)層頭《ナルヲ》一。『毛詩』(注2)《ノ》賦・興・比《ハ》、豈《ニ》一覧(ウ)可《ケンヤ》レ尽《クス》。C立説者須引人入勝(注3)。如《ク》レ食《ラフガ》二青子《ヲ》一、始《メ》而渋《ク》レ口《ニ》、継《グニ》如《クシテ》レ嚼《かムガ》レ蠟《らふヲ》、後且《ニ》レ回《サント》レ甘《キヲ》。D名《ヅケテ》レ之《ヲ》曰《フ》二諫《かん》果《くわト》一。僕註釈《シ》二諺(注4)語《ヲ》一、使《ム》三街談巷議《ヲシテ》多《ク》作《サ》二格言《ト》一。是《ヲ》為《ス》二回味甜《あまシト》一。

（王有光《おうゆうこう》『呉下諺聯《ごかげんれん》』による）

（注）1　一層頭――うわべだけを見る。

2　『毛詩』賦・興・比――『毛詩』は中国最古の詩集で五経の一つ。『詩経』とも。「賦」「興」「比」は詩の表現技法の分類。

3　勝――すぐれた境地。

4　諺語――世俗の言葉。後の「街談巷議」も同じ。**【文章Ⅱ】**の出典である筆者の著書『呉下諺聯』は、世間のことわざを採録し、それに独自の解説を加えたもの。

問１　波線部(ア)「蓋」・(イ)「無レ不レ可」・(ウ)「一覧」のここでの意味として最も適当なものを、次の各群の①～⑤のうちから、それぞれ一つずつ選べ。解答番号は 33 ～ 35 。

(ア)「蓋」 33
① かつて
② 軽率に
③ そこで
④ 思うに
⑤ とりあえず

(イ)「無レ不レ可」 34
① きっとそうではない
② すべてよろしい
③ そうでないこともある
④ よろしくはない
⑤ いつもこのようだ

(ウ)「一覧」 35
① すべてを見て
② 独りで考えて
③ 画一的に見て
④ 同一視して
⑤ ちらりと見て

問2　【文章Ⅰ】の傍線部A「正味森森苦且[X]」は、橄欖を口に入れた当初の味わいを描写している。【文章Ⅱ】に見える味の描写と合わせて、[X]に入る語として最も適当なものを、次の①～⑤のうちから一つ選べ。解答番号は[36]。

① 美―美味だ
② 清―爽やかだ
③ 厳―強烈だ
④ 痛―痛快だ
⑤ 整―端正だ

問3　傍線部B「待二他回味一時、我棗児已甜了半日矣」とはどのようなことを言っているのか。最も適当なものを、次の①～⑤のうちから一つ選べ。解答番号は 37 。

① 橄欖の「回味」はすぐなくなるが、北方のナツメの「回味」は半日も続くということ。

② 橄欖のように「回味」など待つまでもなく、北方のナツメは最初から甘いということ。

③ 橄欖のように「回味」があるものとして、北方のナツメを挙げることができるということ。

④ 南方の人は気長に「回味」を待っているが、北方の人は半日も待っていられないということ。

⑤ 南方の人が「回味」を待つように、北方の人はナツメの最初の甘さを待っているということ。

問4 傍線部C「立説者須引人入勝」について、返り点の付け方と書き下し文との組合せとして最も適当なものを、次の①～⑤のうちから一つ選べ。解答番号は 38 。

① 立二説 者一須二引レ人 入レ勝　　説く者を立つるは須らく人を引かば勝に入るべし

② 立レ説 者 須レ引二人 入レ勝　　説を立つる者は須らく人を引きて勝に入らんとす

③ 立 説 者 須レ引レ人 入レ勝　　立ちどころに説く者は須らく人を引くべきも勝に入らんや

④ 立レ説 者 須二引レ人 入レ勝　　説を立つる者は須らく人を引きて勝に入らしむべし

⑤ 立 説 者 須レ引二人 入レ勝　　立ちどころに説く者は須らく人の勝に入るを引かんとす

問５　傍線部**D**「名レ之曰二諫果一」とあるが、橄欖が「諫果」と呼ばれる理由の説明として最も適当なものを、次の①～⑤のうちから一つ選べ。解答番号は **39** 。

①　橄欖の、最初は苦みや渋みがあるが後で甘くなる味わいが、最初は耳に逆らうが、やがて自分にとっての利益となる諫《いさ》めの言葉に似ているから。

②　橄欖の、苦み・渋み・甘みを同時に兼ね備えた複雑な味わいが、細やかな人心の機微を解き明かして自分を導いてくれる諫めの言葉に似ているから。

③　橄欖の、ナツメのような酸味と甘さを兼ね備えた味わいが、酸いも甘いも噛《か》み分けた人生の達人が自分を戒めてくれる諫めの言葉に似ているから。

④　橄欖の、苦いかと思えば甘くなり、甘いかと思えば渋くなる味わいが、幸福と不幸は一体で、幸福ばかりは得られないという諫めの言葉となっているから。

⑤　橄欖の、苦みや渋みに続く蠟を噛むかのような味わいが、苦労は連続して来るもので、避けようとしてはならないという諫めの言葉となっているから。

問6　【文章Ⅰ】と【文章Ⅱ】の説明として最も適当なものを、次の①～⑤のうちから一つ選べ。解答番号は 40 。

① 【文章Ⅰ】では「回味」をめぐる南北の人の議論に基づく東坡の詩を紹介し、南方の人の嗜好に軍配をあげた東坡の見識を称《たた》えている。【文章Ⅱ】では筆者が卑俗な言葉から格言を引き出したことを「回味」にたとえている。

② 【文章Ⅰ】では「回味」をめぐる南北の人の議論に基づく東坡の詩を紹介し、南北の嗜好に優劣はないはずだと反論を加えている。【文章Ⅱ】では儒教の経典よりも卑俗な言葉に多くの格言があることを「回味」にたとえている。

③ 【文章Ⅰ】では「回味」をめぐる南北の人の議論に基づく東坡の詩を紹介し、南北の嗜好に優劣はないとした東坡の見識を称えている。【文章Ⅱ】では儒教の経典よりも卑俗な言葉の方に多くの格言があることを「回味」にたとえている。

④ 【文章Ⅰ】では「回味」をめぐる南北の人の議論に基づく東坡の詩を紹介し、北方の人の嗜好に軍配をあげた東坡の見識を称えている。【文章Ⅱ】では儒教の経典をじっくり読むことで得られる格言を「回味」にたとえている。

⑤ 【文章Ⅰ】では「回味」をめぐる南北の人の議論に基づく東坡の詩を紹介し、南北の嗜好に優劣はないとした東坡の見識を称えている。【文章Ⅱ】では筆者が卑俗な言葉から格言を引き出したことを「回味」にたとえている。

第 3 回

実 戦 問 題

（200 点　90 分）

第1問　次の文章を読んで、後の問い（問1〜5）に答えよ。（配点　45）

中世の美術になくてルネサンスの美術にはあるもの、ルネサンスの美術を第一に特徴づけているもの、それは遠近法だ。ブルネッレスキ(注1)がここでも創始者として登場する。そして遠近法の本質は、人間中心主義なのである。

遠近法は、簡単に言ってしまえば、奥行きのある三次元空間を二次元の平面上に描き出す表現方法である。これには線遠近法と空気遠近法の二種類がある。線遠近法は透視図法とも呼ばれるが、これも簡単に言ってしまうと、遠くの対象はより小さく、近くの対象はより大きく描くという方法だ。空気遠近法は例えば遠くの空や地平線はぼかして描き、近くの樹木や家は明瞭に描くという方法である。

線遠近法はしかし、(ア)ゲンミツには幾何学的原理に則《のっと》っていて、ブルネッレスキはこの原理を発見し意識的にそれを踏まえて作図したから、遠近法の創始者と言われるのである。彼にとって遠近法は「遠くの物や近くの物が人間の目に映る縮小や増大を、十分に理性的に定める科学の一種」だった。

奥へ向かうすべての線が一点で交わるように描く線遠近法を一点透視図法といい、この点を消失点と呼ぶが、ブルネッレスキは一点透視図法によく適合する空間、一点透視図法によって容易に把握しやすい空間を聖堂の内部に作ろうとした。A一つの消失点からの遠近感がはっきり感じとれる空間を築こうとした。

三次元の世界であっても、雲一つない青空などは我々の眼には二次元平面のように見えてしまう。空間として認識できないのだ。何かしらその空間に漸減感（消失点に向かって徐々に小さくなってゆく感じ）を出す物体のつらなりがあれば、つまり遠近感が感じられれば、我々はその空間を空間として認識できる。サン・ロレンツォ聖堂(注2)を建設するにあたり、ブルネッレスキは内部の空間を遠近感が明瞭に感じられる空間に構成した。

このような遠近法的構成において中心になっているのは最奥の消失点なのだろうか。十字架像の置かれたアプス(注3)の祭壇や聖人に捧《ささ》げられた礼拝堂が遠近法の主人なのだろうか。そうではない。遠近法の展望において主人は消失点ではなく、消失点を凝視している人間なのだ。人間が自分の自由意志で消失点を決定し、そこからの空間構成を(イ)キョウジュするのである。もしも消失点が祭壇と礼拝堂だけであるならば、神、そして聖人が遠近法の主人だということになるかもしれない。しかしサン・ロレンツォ聖堂では側廊(注4)の任意の一点に立ってその側廊の続き（あるいは(ウ)背後の側廊）を見やっても、また交差部中央で祭壇を背にして正面扉の方向に身廊を見やっても、遠近感は強く感じられるのである。

遠近法は、見る人が空間を空間として認識できるようにする手段である。見る人間のための手段、人間が中心になった手段である。そしてこの人間は原則として不動であらねばならない。ある一点に立って、そこを動くことなく消失点を見つめてはじめて眼前に広がる空間が認識できるのだ。たとえ動くにしても、その移動は消失点との軸線上をゆっくり歩く程度のことである。要するに、見る人間、遠近法の主人は、空間全体を幾何学的に把握する態勢を(エ)トトノえた理性的人間であるということだ。

中世の美術にはそのような不動の一点への執着はない。見る者の不動の一視点と、見る者が固定した一つの消失点との間に開かれる幾何学的漸減性の世界。B中世の美術は、このような遠近法の世界とは無縁だった。

中世の美術を特徴づけるのは、逆遠近法（仏語:la perspective inverse(注5)、独語:die umgekehrte Perspektive、英語:the inverted perspective）である。中世のステンドグラスなりフレスコ画なりを見ていて気づくのは、奥の方にいる人物が大きく手前の人物が小さい（あるいは両者ともまったく同じ大きさ）、机が奥に向かうに従って幅広くなってゆく、といった遠近法とは逆の表現法だ。しかも、机に置かれた食器や書物が、上からの眺めと横からの眺めを同時に満たして描かれている。これは、セザンヌ(注6)後期の静物画からキュビスム(注7)の絵画へ発展していった現代抽象画の描き方と似た描写法だ。

何故こうしたことが起きたのかというと、それは、画面の制作者が遠近法画家のように画面の外側にいるのではなく、画面の内側に入り込み、画面のなかの人物の視点からこちら（画面の外）を向いて机を眺めているからなのである。しかも、机やその上の食器、書物を眺める視点は斜め上から、真横からと多角的である。そしてさらに注目すべきは、この制作者は机上の一つ一つの物体に対してその近くに次々に移動して、このように多角的に眺めているのである。物が空間のなかでどのように見えるのか、空間内における見え方、その多様性がここでは追究されている。

そうして描きだされた事物は変形《デフォルメ》されていて、実際の事物とは似ていないかもしれない。しかし中世の画工が求めていたのは、実際の事物と絵画上の事物の類似ではなく、実際の空間と絵画上の空間の類似だった。我々が現実に体験している空間の内側の全体が絵画において追体験されることを、求めていたのである。

我々はふだん、何らかの(オ)情景（環境）に取り囲まれ、その情景を内側から眺めて、生きている。中世の画工たちは、このように人間が日々実際に体験している情景の内部世界を、ばらばらに分解せずそのまま全体的に画面に再現しようとした。そうするために彼らは、自ら画面の空間内に身を置き、そこを浮遊した。さらに鑑賞者をもこの空間の内部体験へ誘った。

ルネサンスの画家はまったく逆に絵画空間の外に留まり、鑑賞者をも外に釘付《くぎづ》けにする。画家（そして鑑賞者）は絵画と一対一の個の関係、主体と客体の断絶した関係を形成しながら、絵画を制作した。画家は絵画から独立した一個の個人であり続け、絵画の主人、絵画の遠近法的空間の主人であり続ける。C芸術家の誕生だ。

（酒井《さかい》健《たけし》『ゴシックとは何か　大聖堂の精神史』による）

（注）
1　ブルネッレスキ――イタリアの建築家（一三七七―一四四六）。
2　サン・ロレンツォ聖堂――イタリアのフィレンツェにある教会。
3　アプス――ここでは、聖堂の奥の壁にある半円形または多角形にくぼんだ部分。
4　側廊――身廊（祭壇手前の礼拝のための空間）の両側に存在する廊下状の部位。
5　フレスコ画――壁に直接絵を描く、絵画技法の一つ。
6　セザンヌ――フランスの画家（一八三九―一九〇六）。
7　キュビスム――二〇世紀初頭の現代美術の動向の一つ。

問1　次の(i)・(ii)の問いに答えよ。

(i)　傍線部(ア)・(イ)・(エ)に相当する漢字を含むものを、次の各群の①～④のうちから、それぞれ一つずつ選べ。解答番号は 1 ～ 3 。

(ア)　ゲンミツ　1
①　サイゲンなく語り続ける
②　基本的な要素にカンゲンする
③　教訓的なカクゲン
④　カイゲン令が敷かれる

(イ)　キョウジュ　2
①　キョウレツな印象を残す
②　キョウラクにふける
③　キョウリョクを要請する
④　新人をキョウイクする

(エ)　トトノえた　3
①　日程のチョウセイ
②　故郷にキセイする
③　法律をセイテイする
④　特許のシンセイ

(ii) 傍線部(ウ)・(オ)と同じ意味を持つものを、次の各群の①～④のうちから、それぞれ一つずつ選べ。解答番号は 4 ・ 5 。

(ウ) 背後 4

① シ背
② 背ニン
③ ウワ背
④ 背トク

(オ) 情景 5

① ジョ情
② 情ネツ
③ ドウ情
④ 情ホウ

問2　傍線部A「一つの消失点からの遠近感がはっきり感じとれる空間」とあるが、それはどういうことか。その説明として最も適当なものを、次の①～⑤のうちから一つ選べ。解答番号は 6 。

① 空間内のどこかに立つと、そこから自身の見定める消失点に向かって空間内の物体が徐々に小さくなっていくと感じられるように配置された空間設計。

② 空間を平面的に見せる遠近法に基づいて建築されているため、空間内にいる人が空間を平面としてではなくきちんと空間として認識できるように工夫が必要とされた設計。

③ 空間内のどこに立とうと、最奥部に位置する祭壇や礼拝堂に向かうにつれて空間内の柱や調度品等が徐々に小さく見えていくように配置された空間設計。

④ 空間内のどこに立ち、どこを消失点と定めるかは見る人によるため、空間内部にある物体との距離のとり方の違いや見え方の多様性が自由に追求された設計。

⑤ 空間を超越した不動の視点を確立したことで空間の理性的認識が可能となり、内奥にある祭壇や礼拝堂が中心に据えられ幾何学的に構成された空間設計。

問3　傍線部B「中世の美術は、このような遠近法の世界とは無縁だった。」とあるが、それはどういうことか。その説明として最も適当なものを、次の①～⑤のうちから一つ選べ。解答番号は 7 。

① 中世の美術では、遠近法とは異なり消失点が絵画の内側にいる人間の視点から設けられ画面の手前に想定されているため、奥にあるものが大きく描かれるのに対し、手前に近づくにしたがってものが小さく描かれるということ。

② 中世の絵画は画面の内側の視点で描かれているため、外部の視点から定められた消失点を中心とする漸減感はなく、奥のものが大きく描かれたり手前のものが小さく描かれたりもするということ。

③ 外部の視点から空間を幾何学的に把握しようとする近代遠近法の理性主義と客観主義を批判するために、中世の美術は対象の大きさを変形させ、あえて似ていないように描いているということ。

④ 絵画では空間が二次元的な平面として表象されることから、きちんと三次元的な空間として認識されるように、中世の絵画は事物間の類似よりも現実の空間と絵画上の空間の類似を強調しているということ。

⑤ 中世の美術は画面内の人物の多角的な視点を表現するという点で、セザンヌやキュビズムとも相通じるため、不動の一視点に固執するルネサンス期の美術よりもより現代的であるということ。

問4　傍線部C「芸術家の誕生だ。」とあるが、それはどういうことか。その説明として最も適当なものを、次の①～⑤のうちから一つ選べ。解答番号は 8 。

① 絵画の依頼者である教会権力から独立し、宗教的な視点にとらわれることなく自身の個人的で主観的な感性を芸術作品に自由に反映させることで、鑑賞者を釘付けにする画家が現れるようになったということ。

② ルネサンス期の画家は幾何学を重んじる合理主義者であったため、中世までは感性的な領域とされていた美術から離れ、現代の抽象絵画にも通じる新たな芸術への道を切り開いたということ。

③ 画家の不動の視点によって定められた遠近法の消失点が、中世までは絵画の中心であった祭壇や礼拝堂からその座を奪ったことから、あたかも芸術家が神に取って代わるような事態が現出したということ。

④ 画家をはじめとするルネサンス期の芸術家たちは、人間が日々実際に体験する世界を人それぞれの多様な視点から表象することによって、宗教的権威からは独立した人間中心主義的立場をとり得たということ。

⑤ 人間が日々その中で生きている自身を取り囲む世界を超越した外部からの不動の視点と、任意に設定される消失点とを基軸にして絵画の世界を創造する、特権的な個人としての画家が登場したということ。

問5　授業で本文（『ゴシックとは何か』）を読んだ生徒たちが、教師の提供した次の【参考文】をあわせて読み、話し合いを行った。以下は【参考文】と話し合いの様子である。これらを読んで、後の(i)〜(iii)の問いに答えよ。

【参考文】

いわゆる近代以前の文学を読むとき、われわれはそこに「深さ」が欠けているように感じる。しかし、たとえば、江戸時代の人々が深さを感じていなかったわけではないだろう。事実として、彼らはさまざまな恐怖、病《やま》い、飢えに日常的にさらされ、そのことを感受しながら生きていたはずである。にもかかわらず、彼らの文学に「深さ」がないとは、どういうことなのか？　われわれはそれを彼らの「現実」や「内面」に帰すべきではないし、またそこに「深さ」をむりに読みこむべきでもない。逆に、「深さ」とは何であり、何によってもたらされたのかと問うべきである。

この問題は、文学のかわりに絵画を例にとると、わかりやすい。近代以前の日本の絵画には何かしら「奥行《おくゆき》」が欠けている、いいかえれば、遠近法が欠けているようにみえる。だが、われわれがすでに慣れてしまったために〝自然〟のようにみえるこの遠近法は、もともと自然なものではない。西欧においても、近代の遠近法が確立されるまでの絵画には、「奥行」がない。この奥行は、数世紀にわたって、消失点作図法という、芸術的というよりは数学的な努力の過程で確立されたのであって、それは現実に、つまり知覚にとって存在するのではなく、もっぱら〝作図上〟存在するのである。この作図法は、「幅・奥行・高さのすべての値をまったく一定した割合に変え、そうすることによってそれぞれの対象に、その固有の大きさと眼に対するその位置とに応じた見かけの大きさを一義的に確定する」（パノフスキー(注)「象徴形式としての遠近法」木田元訳）。この遠近法的空間に慣れると、われわれはそれが〝作図上〟存在することを忘れ、まるでそれまでの絵画が〝客観的〟な現実をみていないかのように考えがちである。たとえば、江戸時代の画が「写実」的であったとしても、それはわれわれが考えるような「写実」ではない。なぜなら、彼らはそのような「現実」をもっていないからであり、逆にいえば、われわれのいう「現実」は、一つの遠近法的配置において存在するだけなのである。

同じことが文学についていえる。われわれが「深さ」を感じるのは、現実・知覚・意識によってではなく、近代の文学における一種の遠近法的な配置によるのである。われわれは、近代文学の配置が変容されていることに気づかないために、それを「生」や「内面」の深化の帰結として見ることになってしまうのだ。近代以前の文学が「深さ」を欠くということは、彼らが深さを知らないということではなく、「深さ」を感じさせてしまう配置をもっていないということでしかない。

（中略）

しばしば〝想像力〟豊かな研究者は、われわれをへだてている膜を突きぬけて、近代以前の文学に〝深く入って〟行くのだが、さしあたって重要なのは、むしろわれわれの感じる違和感にとどまることである。

そのことによって明らかになるのは、第一に、近代以前の文学に「深さ」がないように感じられるのは、たんにそれを感じさせる配置をもっていないということであり、第二に、しかし、そのような遠近法的配置は、なんら文学的価値を決定しないということである。まるで「内面的深化」とその表現が文学的価値を決するかのような考えが、「文学史」を支配している。しかし、文学は、そのようなものである「必然」をすこしももっていない。

すでにいったように、西欧の絵画における遠近法の確立には「作図」に関する数世紀の努力が必要であった。しかし、この作図法は「まったく数学的な問題であって芸術的な問題ではない」し、「それは芸術的価値にはなんらかかわりがない」と、パノフスキーはいっている。近代の遠近法が「数学的問題」としてあったということは、それが美術の上でなされたとはいえ、本来美術とは無関係な形式の問題が美術と結合されてしまったということ、のみならずそれが「芸術的価値」の問題であるかのようにとりちがえられてしまったということを意味している。

（柄谷行人《からたにこうじん》『日本近代文学の起源』による）

（注）　パノフスキー――ドイツ出身の美術史家（一八九二―一九六八）。

教　師――本文と【参考文】を読んで、みなさんはどのようなことを考えたでしょうか。話し合ってみてください。
生徒A――本文は美術史について、【参考文】は文学についての文章ですが、両方とも絵画の遠近法を取り上げていますね。
生徒B――そうですね。それから、本文にも【参考文】にも、結びの部分には「芸術」という言葉が出てきます。
生徒C――それぞれの論旨としては、［X］、というふうに言えそうですね。
生徒A――本文は、遠近法について、中世の美術と比較しながら論じていますね。どうしてこういう論じ方をしたんでしょうか。
生徒B――それは［Y］を明らかにするためだと思います。
生徒C――そう言えば、【参考文】も、前近代について言及していますね。
生徒B――そうですね。本文と【参考文】を合わせて読むと、［Z］と考えることができそうです。
教　師――二つの文章を読み比べながら話し合ったことで、考えを深めることができましたね。

(i) 空欄［X］に入る発言として最も適当なものを、次の①～④のうちから一つ選べ。解答番号は［9］。

① 本文では「芸術家」は空間全体を幾何学的に把握する理性的な人間だということが述べられ、【参考文】では非合理な人間によって数学と芸術が混同されてしまう事態が生じたと述べられている

② 本文では「芸術家」は自由意志で全てを決定する近代的個人だということが述べられ、【参考文】では近代以前の文学にも深く入っていける想像力豊かな存在が芸術家だと述べられている

③ 本文では「芸術家」は遠近法的空間を外部から創造する主人だということが述べられ、【参考文】では、元来数学的問題であった遠近法が芸術的価値の問題と取り違えられたと述べられている

④ 本文では「芸術家」は人々の生きざまを内側から捉えようとする人間中心主義者だということが述べられ、【参考文】ではそのような内面を冷徹に退ける数学的理性の持ち主が芸術家だと述べられている

(ii) 空欄 **Y** に入る発言として最も適当なものを、次の ① ～ ④ のうちから一つ選べ。解答番号は 10 。

① 画面の手前に描かれているものが自分と近しいものであり、奥の方に描かれているものが疎遠だということ

② 近さと遠さ、手前と奥、大きさと小ささといった身体感覚が強引な近代化によって疎外されたということ

③ 遠くのものを小さく描き、近くのものを大きく描くという描き方は自明のものではないということ

④ 遠くのものが小さく見え、近くのものが大きく見える、という事態は感覚の倒錯によって成立するのだということ

(iii) 空欄 **Z** に入る発言として最も適当なものを、次の ① ～ ④ のうちから一つ選べ。解答番号は 11 。

① 通常、「美」とか「芸術」とか思われているものは、おしなべて芸術的価値とは無関係な数学的問題であり、幾何学などの数学的知識なしに芸術について論じても端的に不毛でしかない

② 通常、われわれにとって「自然」に思われるものは、遠近法的な作図法の成果に他ならず、それがないところでは物の大きさや小ささ、遠さや近さに関して不自然な混乱が生じてしまう

③ 通常、「数学的」だと認識されているものは、人間の具体的な体験や内面の深さを抽象化する作用のことであり、それが未発達の場合には近代的「個人」は登場せず人間は前近代的な存在のままにとどまる

④ 通常、芸術において言われる「写実」や「深さ」といった芸術的価値は普遍的なものではなく、近代的な「視点」や「内面」なるものも、人間のあり方のみに由来するものとは限らない

第2問　次の文章は、森内俊雄《もりうちとしお》「坂路《さかみち》」の一節である。筒井は妻の麻子と娘のさとみ（十八才）をさそって、近くの公園を流れる渓流を利用して区が催すホタル狩りに出かけた。本文はそれに続く部分である。これを読んで、後の問い（問1～7）に答えよ。なお、設問の都合で本文の上に行数を付してある。（配点　45）

先のほうの十字路で赤い灯が点滅している。パトカーではなく、濃灰色のミニ・バスが停《と》まっていた。警官が三人、交通整理に立っている。そこは井坂公園を抜けて、江畠《えばた》町へくだって行く路《みち》の頂上だった。行列が出来ていて、ホタルを見る順番を待っているのだ、と分かる。やれやれと思う。時計を見ると、七時十五分だった。筒井は列につくと、伸び上がって前方を見た。浴衣《ゆかた》姿はまったく見かけない。筒井たちの前には、ベビー・カーに七、八ヵ月の男の赤ん坊を乗せた若い夫婦がいる。さとみはすぐに赤ん坊の相手になりはじめた。後ろには二人の孫を連れた老人がいて、根気よく子供たちに話を聞かせている。

ようやく陽《ひ》が暮れて、あたりが暗くなってきた。公園から路の上の空へ枝をさしのべている桜の樹《き》が、闇《やみ》をいち早く集めて黒々としている。左側の公園に沿って提灯《ちょうちん》が並び、灯が明るかった。坂の下から、子供たちが連れ立って上がってくる。ウチワを持っていたり、パンチボールを手にしている。手首にマジック・ライト・リングをかけている女の子や男の子がいる。それは青や赤、黄色の蛍光色を放って、妖《あや》しい感じがした。坂を降りきったところに神社がある。もしかすると今日はお祭りで、夜店が出ているのかも知れない、と思った。それにしても季節は早過ぎる。行列はおとなしく、少しずつ進んで行く。入園制限をしているのだと分かる。行列の後ろを振り向くと、長い列が出来ていた。街灯に虹《にじ》の輪がかかっている。眼《め》が悪くなってから、そんなふうに見えるようになった。

風はまったく動かない。筒井はひとり汗を流し続け、列の中で次第に不安を覚えはじめていた。坂は危うく傾き、踏みとどまるのがむつかしい。列の流れはひととき止まり、人々は私語もかわさずに並んでいる。麻子もさとみも前方を見つめ、黙って立ちつくしていた。列の先のほうで、どんなふうになっているのか分からない。ホタルを見るために並んでいるのだ、と思ってはいるが、今更にこれだけの人がいては、公園の渓流のほとりを飛び交うところが見えるとは考えられない。では、何を見るのだろうか。筒井の考えは、堂々めぐりをしている。列を離れて、前のほうを見に行けばよさそうなものだが、何故《なぜ》かそれが出来ないでいる。不思議に、誰《だれ》も列を離れる人がいない。五年、十年先の日をあらかじめ生きられないように、筒井は列の今立っているところに囚《とら》われていた。坂を昇ってくる人たちに尋ねるのも、(ア)はばかられた。こうしているのが、ひどく心許《こころもと》ない。さりとて、ただちに列を離れ、立ち去ることが出来なかった。筒井には、自分のこれからの日々がこのようにつながっていて、もうそんなに遠くないところで、(イ)おぼつかないホタルの光のようなものを見るのだろう、と思える。

古い記憶が甦《よみがえ》ってきた。さとみは生まれていなかった。筒井は自分の父と母を郷里から迎えて、麻子とともに、庭園で催されるホタル狩りに出かけた。何万匹も放されているホタルは、弱っているのか、光は弱々しかった。庭園の植え込みの根方には、順路案内と安全をかねた灯が点《つ》いている。足許《あしもと》の明かりで照らし出される人々の顔は、幽鬼のように見えた。筒井は気がふさいでならなかった。両親をもっとはなやいだところへ、案内するべきだった。後ろを振り返ると、実直な父もさすがに暑いと見え、背広を小脇《こわき》に抱えていたが、ネクタイもゆるめずに尾《つ》いてくる。その夜、ビールかお酒を飲んだだろうか。父は酒を好んだから、飲まずにすませることはなかっただろう。しかし、その覚えはない。帰る頃《ころ》、雨が来て土砂降りになった。玄関の車寄せでタクシーを待っていると、道路の傾斜を奔流のような雨水が流れてくる。A父は黙って、その流れを見ていた。筒井は、その頃の父とほぼ同じ年齢になっている。

筒井の耳に、ジャック＝マルタン・オトテール(注1)の組曲が聴こえていた。リコーダー、ヴィオラ・ダ・ガンバ(注2)、リュートの響きが惻々《そくそく》と胸を打つ。考えてみると、ホタルを見るのは、あの雨の日以来、三十年振りである。区役所の人が、アンケートをとりに来た。「このホタルの夕べは、初めてですか」「どちらからいらっしゃいましたか」「何人でおいでになりましたか」「この催しを、どのようにしてお知りになりましたか」と尋ねる。これに対して、麻子が答えた。列が動きはじめ、公園の正門を通り過ぎて降りて行く。正門からは、見終わった人たちが出て来る。中を覗《のぞ》くと、テントのようなものが張られていた。正門を過ぎたところに、入口があり、煌々《こうこう》と灯が点いて、ボードに子供たちが描いた父母の絵が張り出されている。

列にならんで、ここまで来るのに四十五分かかり、八時になっていた。筒井は、むっつりとして順を待っていた。暗青色の長いテントがあり、先の方に入口があって、係員が二人立っていた。B呑《の》み込みの悪い筒井にも、様子が分かってきた。筒井たちがはいろうとすると、覆いを引き分けた係員が、「気を付けてください、一段低くなっています」と注意をした。中は真暗闇である。川の流れる音がする。ホタルはテントの上部にいた。川筋にもいる。背後を見ると、そこでも光っていた。宙を飛ぶホタルもいた。視力の衰えた筒井が、もたもたしていると、さとみが手を引きに来た。さとみの手は、冷たく乾いていた。立ち停まるわけにはいかず、ホタルのトンネルは五分で通り抜けた。

トンネルを出たところに机が置かれ、琺瑯《ほうろう》引きのバット(注3)がのせられていた。中に泥のかたまりがはいっていて、係員がウチワであおいでいる。何をしているのだろう、と思って覗きに行った。泥土の中には羽化直前のホタルがいて、風があたるたびに、青く冷たい光を針先のような鋭さで明滅させていた。

「Cもう帰ろう」

と筒井が言ったときには、麻子もさとみも門を出ていた。向かいの公園は照明が明るく、町の自治会の人が、マジック・ライト・リングやパンチボール、ソース焼ソバを売っている。四阿《あずまや》(注4)では、ラムネやカキ氷が売られていた。一体、どこから集まってきたかと思うほど、子供たちが沢山いた。帰りは日本メソジスト教会のそばを通った。鐘楼に照明があたっていた。筒井は幾度も振り向きながら、歩いて行った。汗は、もう乾いていた。

夜遅くなって筒井は、エマ・カークビー(注5)の歌曲集を聴いた。修道院でのライヴ盤で、リュートは、アントニー・ルーリー(注5)である。そのCDは、ジョン・ダウランド(注6)の「彼の金髪も、時が銀色に変えてしまった」で始まっている。D筒井は冷たくした紅茶を飲みながら、ヴィブラート(注7)のかからない透明なソプラノに耳を傾けて、ホタルの光のようなものを見ていた。そして、その先には坂路が見えていた。

（注）
1　ジャック＝マルタン・オトテール ―― フランスの作曲家（一六八四頃～一七六二）。
2　ヴィオラ・ダ・ガンバ、リュート ―― それぞれチェロ、ギターの前身に当たる古楽器。
3　バット ―― 料理や写真現像などに使われる、浅い箱形の容器。
4　四阿 ―― 庭園などに設けられた、四方の柱と屋根だけの建て物。
5　エマ・カークビー、アントニー・ルーリー ―― ともに、クラシック音楽の演奏家。
6　ジョン・ダウランド ―― イギリスの作曲家（一五六二～一六二六）。
7　ヴィブラート ―― 声楽や楽器の演奏において、音を上下にわずかに揺れ動かすことによって、声や音をよく響かせること。

問1　傍線部(ア)・(イ)の語句の意味として最も適当なものを、次の各群の①～⑤のうちから、それぞれ一つずつ選べ。解答番号は 12 ・ 13 。

(ア)　はばかられた　12
① 憂慮された
② 甘受された
③ 配慮された
④ 懸念された
⑤ 遠慮された

(イ)　おぼつかない　13
① 頼りない
② 明るくない
③ 大げさでない
④ 覚えのない
⑤ 二つとない

問２　傍線部Ａ「父は黙って、その流れを見ていた。」とあるが、その時の父の様子を見ていた筒井の心情はどのようなものであったと考えられるか。その説明として最も適当なものを、次の①～⑤のうちから一つ選べ。解答番号は［14］。

①　ホタル狩りに出かけるということは、結局は都会に住む自分の好みを優先していたことに気づき、酒好きの父がもっとゆっくり酒を飲める場所に案内すべきだったと後悔する気持ち。

②　親子水入らずの楽しい夜になるはずだったのに、目当てのホタルの光が弱々しい上に土砂降りの雨まで降ってきてしまい、踏んだりけったりの夜になったとやり場のない怒りに耐える気持ち。

③　庭園のうす明かりの中に見る両親に、あらためてその老いを認めると同時に、両親が田舎から元気に出て来られるうちに少しでも親孝行が出来て満足している気持ち。

④　わざわざ田舎から都会に出てきてホタルを見るなどということは、考えてみればこの上なくばかげたことであったと、遅まきながら気づいた自分を厳しく責め立てる気持ち。

⑤　せっかく郷里から出てきた老いた両親を、明るく楽しませてあげられるような所に案内することの出来なかった自分の至らなさを、情けなく悔しく思う気持ち。

問3 傍線部**B**「呑み込みの悪い筒井にも、様子が分かってきた。」とあるが、何が分かったというのか。その説明として最も適当なものを、次の①～⑤のうちから一つ選べ。解答番号は 15 。

① ここまで来るのにむやみに時間がかかったのは、テントの入り口で係員がわずかな人数ずつしか入れないように入場制限をしているからだということ。

② ホタル狩りとは言うものの自然のままのものではなく、公園の川に沿ってテントを張り、人工的に仕組まれ管理されたものにすぎないということ。

③ 自然との共存を売り物にする役所が、ホタルの夕べなどを主催して人を集めるのは、少しでも町の住民を増やそうという人口政策の一環だったということ。

④ ホタルの夕べなどと銘打ってはいるものの、主役は入り口に掲げられた子供たちの絵であり、ホタルはあくまでそのおまけでしかないということ。

⑤ しょせん都会にホタルがいるはずもなく、ホタル狩りと言ってもテントの中は数匹のホタルに加え人工的なライトによる演出でしかないということ。

問４　傍線部Ｃ「もう帰ろう」とあるが、ここでの筒井の心情を説明した語の組み合わせとして最も適当なものを、次の①～⑤のうちから一つ選べ。解答番号は 16 。

① 憤怒《ふんぬ》・切なさ
② あきらめ・はかなさ
③ 落胆・恨めしさ
④ 興ざめ・いたたまれなさ
⑤ 憐憫《れんびん》・虚《むな》しさ

問5　Sさんは、傍線部**D**「筒井は冷たくした紅茶を飲みながら、ヴィブラートのかからない透明なソプラノに耳を傾けて、ホタルの光のようなものを見ていた。そして、その先には坂路が見えていた。」について、傍線部の表現と本文の他の箇所の表現との関連性に着目し、次のような【メモ】を作成した。後の(i)・(ii)の問いに答えよ。

【メモ】

[場面] 近くの公園での「ホタル狩り」から帰宅後、夜遅くに音楽を聴いている。

[傍線部の表現]	[本文の他の箇所の関連する表現]
・冷たくした紅茶を飲みながら ・ヴィブラートのかからない透明なソプラノに耳を傾けて	……エマ・カークビーの歌曲集　修道院でのライヴ盤 ダウランドの「彼の金髪も、時が銀色に変えてしまった」で始まる（50・51行目）
・ホタルの光のようなものを見ていた その先には坂路が見えていた	……坂は危うく傾き、踏みとどまるのがむつかしい　列の流れはひととき止まり～ 五年、十年先の日をあらかじめ生きられないように、筒井は列の今立っているところに囚われていた 自分のこれからの日々がこのようにつながっていて、もうそんなに遠くないところで、おぼつかないホタルの光のようなものを見るのだろう、と思える（13～21行目）

⇩

傍線部**D**は、文中のさまざまな[　**X**　]をうけつつ、[　**Y**　]筒井の心情を表現している。

(i) 空欄 **X** に入る最も適当なものを、次の①～④のうちから一つ選べ。解答番号は **17** 。

① 戯画的表現
② 直喩的表現
③ 象徴的表現
④ 擬人法的表現

(ii) 空欄 **Y** に入る最も適当なものを、次の①～⑤のうちから一つ選べ。解答番号は **18** 。

① もはや人生の峠を越えた自分は坂路をころげおちるように姿を消していくしかない存在なのだと絶望し、激しい孤独感にさいなまれている
② いつぞやの父の年齢に近づいてきた自分の人生をふりかえり、坂路のごとく続いていく人間の歴史の連続性のようなものを感じとっている
③ 静かに響く音楽に聴き入りながら、いくつもの坂路を越えてきた今までの人生を反省しつつも、総じて満足すべきものであったと考えている
④ 自分の人生の終わりに思いをはせるような年齢に至っているさびしさを自覚しつつも、静かにこれを受け入れようとしている
⑤ 夜になって思い出してみれば、ばかばかしいような今日の出来事も人生の坂路の一こまだとして、ほほえましく思い返している

問6　この文章の表現に関する説明として最も適当なものを、次の①～⑤のうちから一つ選べ。解答番号は 19 。

① 6・7行目「桜の樹が、闇をいち早く集めて黒々としている」という擬人法的表現は、意思をもって人間を脅かすかのように見える自然の姿を印象的に描いている。

② 14・15行目「麻子もさとみも前方を見つめ、黙って立ちつくしていた」や28行目「父は黙って、その流れを見ていた」のように、筒井以外の人物の視点からの描写を導入することで、情景や心理の描き方に客観性をもたせている。

③ 22行目「古い記憶が甦ってきた」から44行目「青く冷たい光を針先のような鋭さで明滅させていた」までは、筒井が父母とともにホタル狩りに出かけたときの回想場面となっている。

④ 40行目「さとみの手は、冷たく乾いていた」や45・46行目「『もう帰ろう』と筒井が言ったときには、麻子もさとみも門を出ていた」などの表現によって、筒井が家族の中で孤立していることが示されている。

⑤ 51行目「『彼の金髪も、時が銀色に変えてしまった』」という曲名は、結末部分で筒井の心に去来する思いと響きあいそれを印象付けるはたらきをしている。

問7　Sさんは、「ホタル（蛍《ほたる》）が描かれた文学作品」という題材でレポートを書くことにし、そうした作品を探した。次に示すのは、Sさんが見つけた作品の一つで、草野心平《くさのしんぺい》の詩「竹林寺幻想」の一部である。これを読んだうえで、後のa～dの文について、本文（森内俊雄の小説「坂路」）の「ホタル」についての説明として適当なものは①を、詩（草野心平「竹林寺幻想」）の「夏」の「螢」についての説明として適当なものは②を、それぞれ答えよ。解答番号は、**a**が 20 、**b**が 21 、**c**が 22 、**d**が 23 。

夏

ざんざんざんの土砂降りに。
波うつ竹林の大たぶさ。(注1)
稲妻天を斜めにさけば。
伽藍《がらん》を囲む全竹林はレントゲン。
むらさきの凄気濛濛《もうもう》たちのぼる。

やがて雷雨が南に去れば。
青竹のあひまをぬつて大螢《おおぼたる》が。
鬼火のやうに乱れとびかふ。
葉つぱにとまれば水サファイア。
幹にとまれば光の青い血がながれる。
蟇《ひき》(注2)の声声。
夜は更けわたる。

（注）1　大たぶさ――髪の結い方が普通より大きい髪形。竹林のようすをたとえたもの。
2　蟇――ヒキガエル。

a　人生のあり方を暗示する象徴性を帯びたものとして描かれている。
b　自然の生命がおりなす神秘的な情景のひとこまとして描かれている。
c　視覚的な比喩によって幽玄な美の世界を感じさせるように描かれている。
d　人工的な環境のなかに囲いこまれたひ弱な存在として描かれている。

第3問

次の【資料Ⅰ】は、中川寛子《なかがわひろこ》『東京格差』（二〇一八年）の一部であり、【資料Ⅱ】はその文中に挿入されていた図1・図2である。これらを読んで、後の問い（問1～4）に答えよ。なお、設問の都合で表記を一部改めている。（配点　20）

【資料Ⅰ】

まちの賑《にぎ》わいは人間の身体にたとえてみると分かりやすい。まちにとって人の動きは人間の身体で言うところの血流である。人間の身体は血流が隈《くま》なく巡っていることで健康に保たれている。ところが、どこかにその血流を止める場所ができたらどうだろう。血が流れなくなった部分はあっという間に壊死《えし》（注1）する。まちの場合には人体ほど瞬時に変わるわけではないが、人の来ないブラックボックス的な施設から先は徐々に壊死する。

（注2）世田谷《せたがや》区三軒茶屋《さんげんぢやや》にあった商店街が良い例だ。メインストリートから一本入ってすぐのところにあった、遠方からも買い物客が集まる魚屋が閉店、マンションに変わった。住んでいる人以外には不要、無縁なブラックボックスができたと言っても良い。

その通りを訪れる人は減り、マンションより先にはあまり行かなくなり、通りの店も影響を受けた。徐々に閉店する店、住宅に変わる店が出るようになり、今では以前は商店街だったんだろうなと思わせるような場所になっている。他の人にとって不要な施設＝マンションがその先の商店街を壊死させたのである。その結果、閑静な住宅街が新たに生まれたことにはなるが、地域の人たちにとってみれば住んでいる人以外には不要、無縁なブラックボックスができただけである。しかも、それは今のニーズである利便性を欠くまちである。住む人にとって幸せかどうか。疑問である。

（中略）

まちを再生させるためには住んでいる人はもちろん、それ以外の人にとっても必要あるいは気になる多様な施設、スポットをまちのあちこちに作り、まち全体に血が巡るようにすることが大事ということになる。卑近な例としては住宅街の中にわざわざ訪れたくなる隠れ家《が》的な店や空間などがあり、人が街中を出歩いているまちだろうか。そんなまちは浮かび、住む人が駅と家の往復しかしないまちは沈むというわけである。

閑静で単機能な住宅街が停滞から脱し、多様化、多機能化を考えるべき必要を示唆する研究がある（**【資料Ⅱ】**図1、図2）。それによるとニュータウン開発から二〇年目くらいまでは初期微動の段階とされ、子どもの独立が始まり、タウン内での住み替えが出始める時期だという。親の介護、相続の到来なども始まり、住宅としては設備更新などが必要にもなり、人によっては退職も視野に入ってくる。住み替えを考えたり、リフォームを考えるタイミングでもある。

入居から三〇～三五年くらいで次の段階が訪れる。同研究は希薄化現象が起きる段階としており、高齢化率が上昇、空家《あきや》率も低位安定する時期としており、長寿化により、この段階が今後はさらに続くようになるだろうとの予測も。居住者の変化としては高齢独居が増え、駐車場から車が消える。つまり、入居者が住宅内に引きこもり出すと言っても良いのかもしれない。住宅には大規模なリフォームが必要になってくる。

この時期、人気のあるニュータウンでは建替《たてか》えが始まるが、人気のない場所では住宅への追加投資が行われず、街並みが劣化していくとあり、この時期の状況がニュータウンの将来を左右すると思われる。

入居から四〇～四五年経《た》つと、過疎化現象が顕在化する。高齢化率に続き、空家率が上昇、まちの荒廃が居住者に不安を与えるほどになってくるのである。独居の高齢者単身世帯が多くなるのはもちろん、介護が必要な人も増えていく。住宅では一階の一部しか使われなくなり、日中も雨戸がしまったままというケースも目に付くように。

相続人が住む、管理するなどすれば良いが、そうでない住宅は放置され、周囲に迷惑を及ぼすようにもなる。幸い、同研究では現段階ではこの最終段階にまで至っている郊外一戸建て住宅地はないとしているが、今後は分からない。また、この研究が取り上げた事例はそれなりに規模のある地域で景観を考えた街並みが作られており、それが魅力となっている。だが、そこまでの気を使わず、ただ、住宅だけを建てた小規模な宅地開発は各地で多数行われており、そうした区画についてはさらに劣化が進んでいるであろうことは想像に難くない。

自然に人が流入、転出が行われているまちであれば、居住者は適宜入れ替わり、特定の年代だけが集住することはない。だが、分譲住宅のためだけに開発され、ある一定期間に居住者が集中したようなまちでは居住層が固定され、過疎化することは十分あり得る。それを防ぐ、つまりまちが長く生き延びるためには静けさを守るためにまちに新しいものは入れないと頑張るのではなく、なんらかの形で転出、流入が行われ、住む人の新陳代謝が図られる必要がある。

そうした新陳代謝を促進するために必要なのが多様性であり、多機能化である。住宅でいえば分譲の一戸建てだけでなく、駅周辺に若い層向けの賃貸があるような地域であればまち全体としては高齢化が多少なりとも食い止められるし、子育て世帯が入りやすいような住宅供給も考えられるところ。働く女性が増えていることを考えると、子育て支援施設も欲しい。高齢者向けの施設ができれば既居住者の役に立つことに加え、新規に入居した若い層に雇用を提供できる可能性も生まれる。当然だが、今の居住者が求める利便性、つまり商店その他、従来の閑静な住宅街に無かったものも必要だろう。自然に新陳代謝が生まれているまちであれば、わざわざそうした場を作らなくても良いかもしれないが、衰退がはじまっている場所であれば過疎化を防ぎ、新陳代謝を図るために、多様な施設を作り、そこに新たな人を呼び込むような手を打つ必要があるわけだ。

（注）1　壊死——生体の一部の組織や細胞が死ぬこと。血液が供給されなくなった部分などに生じる。
2　世田谷区三軒茶屋——東京都の地名。

【資料Ⅱ】

図１　縮退の３ステップ（仮説）／東京 50km 圏

初期微動	縮退フェーズ１／希薄化現象（代：潜伏期）	縮退フェーズ２／過疎化現象（代：顕在期）
タウン開発・入居～20年。 タウン内で住み替えが出始める。	タウン開発・入居から30～35年。 高齢化率上昇。空家率は低位安定。 長寿化により、この期間が長くなる傾向に。	タウン開発・入居から40～45年。 高齢化率に続いて、空家率が急上昇。 住宅地の荒廃が、居住不安を募らせていく。
◆居住者 ・子供の独立が始まる ・世帯主リタイヤメントがボチボチ到来 →［　イ　］。 ライフステージの変化時期が到来。 ・親の介護問題・相続到来により住み替えインパクトに突然襲われることもある。 ※リストラ、ローン破綻で売りに出されるケースも少なからずある。 ◆住宅 ・この時点では、家の外観や間取りは十分通用するので、リフォームは屋根・壁の塗りかえに留まる。 ・住宅設備機器の更新時期がボッボツ到来。奥さんの嘆きが始まる。 ・退職金でどこまでリフォーム投資をするかが悩みどころ。 ・将来のことを考えて、いっそ住み替えてもよいと思う人も。	◆居住者 ・高齢化が急伸する。 ・独居老人が出始める。 ・駐車場から車が消えていく。 ・［　ロ　］。 ・しかし、空家率はまだ高まらない。 ・縮退がジワジワ進んでいるが、世帯の縮小が進行している状況。 ・生活の便の良いところに住み替える人が出始める。 ◆住宅 ・大規模リフォーム時期到来。 やるならバリアフリー。 ※リフォーム市場の大半は高齢者。 戸建て住宅リフォームは高齢者割合がさらに高い。 ・人気のある住宅地では建て替えが始まる。 ・人気のない住宅地では、住宅の追加投資がされずに、街並みが劣化していく。 ・結果、住宅地の仲介価格の差が開いていく。	◆居住者 ・高齢化率がさらに上昇し、人口減少の進行が誰の目にも明らかに。 ［　ハ　］。 ・独居老人、タウン内介護者が一般化。 ・［　ニ　］。 日中、雨戸も閉まったまま、共助の観点から、タウン見回り隊を発足する取り組みが一般化していく。 ・タウン内居住者が被相続人に。 ◆住宅 ・人気のない住宅地は相続後放置される。 ・夏草に飲み込まれる住宅がそこかしこに。 ※上物があると、固定資産税が安いので取り壊さない。←目下、問題化 ・空家率急上昇。 ・住宅地の格差がさらに開いていく。 住み替えできる（買い手がいる）タウン、住み替えできない(限りなく価格が下降していく)タウン。
バブル経済崩壊後に開発、販売された千葉、茨城県の４住宅地が典型的な事例。	住人の高齢化率が40％に近づいているが、しかし空家はそれほどでもない事例。	東京圏の郊外戸建住宅地では該当事例がまだないと思われるが、あえていえば高齢化率と空家率が同じ 40％の大型団地が該当。

図２　Ｈニュータウンの将来人口推計

（2005-2010 コーホート変化率法）

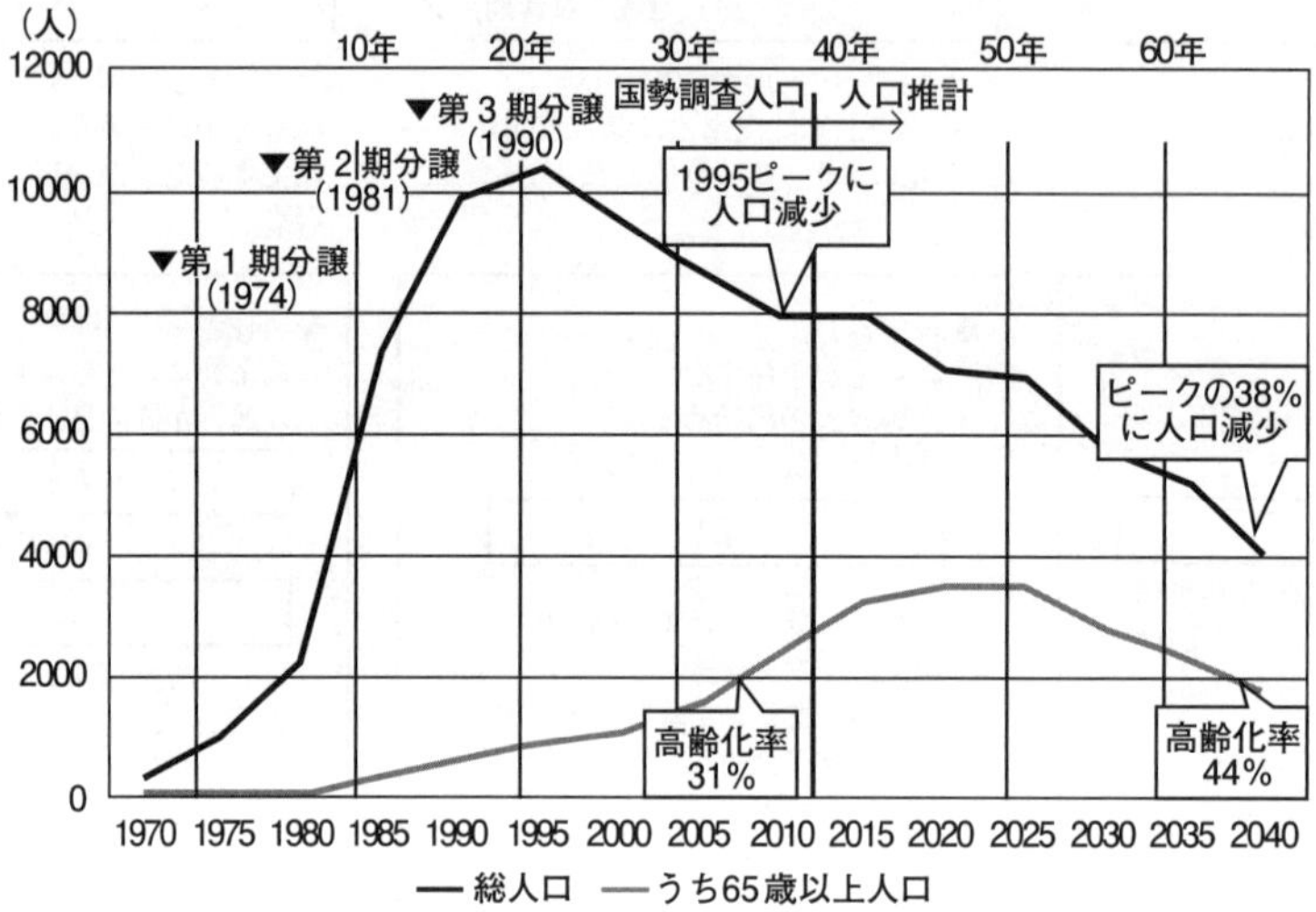

（注）コーホート変化率法――将来人口の推計法の一つ。各年齢階層（コーホート（同時期に生まれた集団））ごとに、一定期間における人口の動静から「変化率」を求め、それに基づき将来人口を推計する方法。

出典：（**図１・図２ともに**）

「研究報告 高齢化と加齢化で進む都市居住の新陳代謝 PHASE3 東京圏遠郊外、縮退格差時代の到来」（2015 年・公益財団法人ハイライフ研究所）

問1　【資料Ⅰ】の傍線部「ブラックボックス」とはここではどういうもののことを言っているのか。その説明として最も適当なものを、次の①～⑤のうちから一つ選べ。解答番号は 24 。

① 治安が悪いため人々が寄りつかなくなった得体の知れない街の一角。
② 売れ行きがふるわず人が訪れなくなってしまった昔ながらの商店街。
③ 外部の人間には関わりが持てず疎遠にならざるをえない場所。
④ 地元の住人の生活とは無縁な娯楽施設や商業施設が立ち並ぶ地区。
⑤ 閑静ではあるが人間らしいぬくもりに欠ける新しい建物ばかりの地域。

問2 **【資料Ⅱ】**の**図1**の空欄 **イ** ～ **ニ** に入るものの組合せとして最も適当なものを、次の①～⑤のうちから一つ選べ。解答番号は **25** 。

①
- **イ** ペット急増
- **ロ** 2階に電灯が灯らなくなる
- **ハ** ペットさえ見かけなくなる
- **ニ** 1階の一部屋しか電灯が灯らなくなる

②
- **イ** ペットさえ見かけなくなる
- **ロ** 1階の一部屋しか電灯が灯らなくなる
- **ハ** ペット急増
- **ニ** 2階に電灯が灯らなくなる

③
- **イ** 1階の一部屋しか電灯が灯らなくなる
- **ロ** ペットさえ見かけなくなる
- **ハ** ペット急増
- **ニ** 2階に電灯が灯らなくなる

④
- **イ** 2階に電灯が灯らなくなる
- **ロ** ペットさえ見かけなくなる
- **ハ** ペット急増
- **ニ** 1階の一部屋しか電灯が灯らなくなる

⑤
- **イ** 1階の一部屋しか電灯が灯らなくなる
- **ロ** ペット急増
- **ハ** ペットさえ見かけなくなる
- **ニ** 2階に電灯が灯らなくなる

問３　次に掲げるのは、【資料Ⅰ】を読んだ五人の生徒が、【資料Ⅱ】の図２のグラフを見ながら話し合っている場面である。【資料Ⅰ】【資料Ⅱ】に基づく発言として最も適当だと考えられるものを、次の①～⑤のうちから一つ選べ。解答番号は 26 。

① 生徒Ａ――Ｈニュータウンの人口は高度成長期にひたすら上昇を続け、そのピークはバブル経済と呼ばれた好景気の絶頂だった１９９０年だね。そのあとバブルが崩壊して人口は減少の一途をたどり、ついには高齢者ばかりのさびれた街になったんだね。

② 生徒Ｂ――第一期分譲の二〇年後ぐらいから人口が減り始めるね。これは、そこで生まれ育った子どもたちが独立したり、いろいろな事情でまちを離れる人が出てくる一方で、新たに移り住んでくる人は少なかったことの現れだよね。

③ 生徒Ｃ――そういう面もあるけど、ニュータウンができて五〇年経つ頃に高齢人口がピークを迎えるのは、出来たばかりのこのニュータウンに転居してきた頃は若者だった世代がいつまでもこの街に愛着を持って住み続けることを示唆しているんじゃないかな。

④ 生徒Ｄ――第二期、第三期分譲から二〇年経つ二〇〇〇年代には高齢人口が増加していくけど、その一五年後には減少し始めるね。これは、流入してくる若い層の文化に、高齢者がついていけなくなるからだと思う。

⑤ 生徒Ｅ――要はニュータウンの再生を考えるときには商店街などをにぎやかにするよりもまずは住宅地を中心に考えないと、その土地に根ざしたコミュニティが自然に発生せず、外部から流入する人々の思うようにされてしまうということだよね。

問4　Mさんは、**【資料Ⅰ】【資料Ⅱ】**を読んだことをきっかけに、「まちの再生」について考えるレポートを書くことにした。次に示す**【メモ】**はMさんが作成したものである。このことについて、後の(i)・(ii)の問いに答えよ。

【メモ】

【資料Ⅰ】前半	**【資料Ⅰ】**後半
まちの中に「ブラックボックス的な施設」	閑静で単機能な住宅街
↓	↓
	↓
そこより先に人が行かなくなる	まちの居住層の固定化
↓	↓
その先は「壊死」	まちの停滞、高齢化、過疎化

↘　↙

まちの再生には、［　X　］が必要

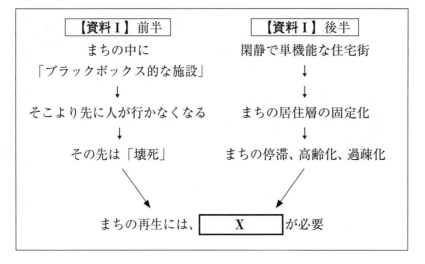

(i)　Mさんはまず、【資料Ⅰ】の内容を整理してみることにし、先の【メモ】を作成した(【メモ】中の「【資料Ⅰ】前半」「【資料Ⅰ】後半」とはそれぞれ、【資料Ⅰ】の一行空きの箇所の前と後を指す)。【メモ】の空欄 X にはどのような内容が入ると考えられるか。その内容として最も適当なものを、次の①～④のうちから一つ選べ。解答番号は 27 。

①　「治安」を強化し「まち歩き」をさかんにすること

②　「利便性」を高め「経済合理性」を追求すること

③　「流入、転出」により「新陳代謝」を促進すること

④　「多様化」をはかり「人の流れ」を活性化すること

(ii)　Mさんは、【メモ】にまとめた内容を基にしてレポートを書こうと考え、必要な資料を集めているうちに、「まちの再生」の具体例としてレポートの中で紹介したいと思う事例を見つけた。それはどのような事例だと考えられるか。最も適当なものを、次の①～④のうちから一つ選べ。解答番号は 28 。

①　高齢化した住民たちのニーズに沿ったまちづくりの一環として、住宅街の中に大きな病院を建設し手軽に利用できるようにした事例。

②　住宅街の真ん中で空き家になっていた場所に、住民たちやまちの外からの客が集まるようなオープンカフェをつくった事例。

③　住民たちがまちを離れるのを食い止めるために、老朽化した住宅を対象として資金援助を行いリフォームを進めた事例。

④　まちに隣接した地域に大規模な商業施設を誘致し、住民たちが生活するうえで必要なものはおおむねそこで手に入るよう環境をととのえた事例。

第4問

次の【文章Ⅰ】は、『今鏡』の一節で、堀河天皇の中宮である篤子《とくし》内親王（本文では「前の《さき》斎院《さいゐん》」「中宮」「四《し》の宮《みや》」「宮」）と女御である藤原苡子《いし》（本文では「鳥羽の御門《みかど》の御母の女御殿」「女御」）に関するエピソードであり、【文章Ⅱ】【文章Ⅲ】は、堀河天皇に親しく仕える讃岐典侍《さぬきのすけ》という女性が書いた『讃岐典侍日記』の一節で、どちらも死の床にある堀河天皇を中宮が見舞う場面である。これらを読んで、後の問い（問1～4）に答えよ。なお、設問の都合で【文章Ⅱ】【文章Ⅲ】の本文の上に行数を付してある。（配点　45）

【文章Ⅰ】

さて、この御時に御息所《みやすんどころ》(注1)はこれかれ定められ給《たま》へりけれども、御叔母《をば》の前の斎院ぞ女御に参り給ひて、中宮に立ち給ひし。A ことのほかの御齢《よはひ》なれど、幼くよりたぐひなく見取り奉らせ給ひて、ただ四の宮をとかや思《おぼ》せりければにや侍りけむ。参らせ給ひける夜も、いと(注2)あはぬ事にて、(ア)御車にも奉らざりければ、暁近くなるまでぞ心もとなく侍りける。

鳥羽の御門の御母の女御殿も参り給ひて、院(注3)もてなし聞こえさせ給へば、はなやかにおはしましかども、中宮は尽きせぬ御心ざしになむ聞こえさせ給ひし。女御失《う》せさせ給ひての頃、

梓弓《あづさゆみ》(注4)春の山べの霞《かすみ》こそ恋しき人のかたみなりけれ

と詠ませ給へりけるこそ、B あはれに御情けおほく聞こえ侍りしか。

【文章Ⅱ】

大殿(注5)立たせ給ひぬれば、引き被《かづ》(注6)きたる単衣《ひとへ》引き退《の》けて、うち仰ぎ参らせなどするほどに、宮の御方より、宣旨《せんじ》(注7)、仰せ書き(注8)にて、「三位(注9)などの候はるるをりこそ、こまかに御有様も聞き参らすれ、おほかたの御返りのみ聞くなん、おぼつかなき。昔の御ゆかりには、そこをなんおなじう身に思しめす。今の御有様、こまかに申させ給へ」とあり。「誰《た》が文ぞ(注10)」と問はせ給へば、「あの御かたより」と申せば、「昼つかた、上らせ給へ」と仰せ言あれば、さ書きて。

参らせ給へば、昼つかたになるほどに、道具など取り退けて、みな人々、うち休めとて下りぬ。されど、もし召すこともやと思へば、御障子《さうじ》のもとに候ふ。いかなることどもをか申させ給ふらん。いかでかは知らん。しばしばかりありて、御扇《あふぎ》打ち鳴らして召す。「それ取りて」と仰せらるべきことありければ、召して、「なほ障子立ててよ」と仰せらる。よくぞ下《お》りで候ひけると思ふ。なほ仰せらるることありと見えたり。立ち退く。御障子立てて、「御扇鳴らさせ給へ」と申させ給ひければ、御障子開くこと、無期《むご》になりぬ。

夕つかた、帰らせ給ひぬれば、誰も誰も参りあひぬ。御けしき、うちつけにや、変はりてぞ見えさせ給ふ。「今日しも、すこし夜の明けたる心地しておぼゆれ」と仰せらるる聞く心地のうれしさ、何にかは似たる。

【文章Ⅲ】

長押《なげし》(注11)のきはに四尺の御几帳《きちやう》立てられたり。御枕上《まくらがみ》に大殿油《おほとなぶら》近く参らせてあかあかとあり。それに(注12)添ひ臥《ふ》し参らせたり。(イ)はしたなき心地すれど、え退かず。

「宮、上らせ給ひたり」と案内申せば、「いづら、いづこ」など仰せらるるは、むげに御耳も聞かせ給はぬにやと思ふに、心憂くおぼゆ。「その御几帳のもとに」と申せば、「いづら」と、御几帳のつまを引き上げさせ給へば、「ここに」と申させ給ふ。ものなど申させ給はんとぞと思しめすらんと思へば、御あとのかたにすべり下りぬ。ちがひて長押の上に宮上らせ給ひ、しばしばかり、何ごとにか、申させ給ふ。殿(注13)の御声にて、「久しくこそなりぬれ。御粥《かゆ》などはや参らせんや」と仰せらるるに、宮、聞かせ給ひて、「今は、さは、帰りなん。明日の夜も」と仰せられて、帰らせ給ひぬ。

（注）

1 御息所――ここでは堀河天皇の中宮・女御を指す。

2 いとあはぬ事にて――たいそう気が進まないことだとして。中宮の入内に際しての心情を言っている。

3 院――白河院。当時、絶大な権力を持っていた。

4 梓弓春の山べの霞こそ恋しき人のかたみなりけれ――堀河天皇の歌。鎌倉時代の勅撰《ちょくせん》和歌集『続古今和歌集』に「堀河院御歌」とある。

5 大殿――関白。

6 引き被きたる単衣引き退けて、うち仰ぎ参らせなどするほどに――作者の讃岐典侍が天皇の看病をする様子を言っている。

7 宣旨――中宮に仕える女房の名。

8 仰せ書きにて――中宮のお言葉を書き記した文書をそのままお伝えするかたちで。

9 三位――堀河天皇の乳母。作者の姉。現在は体調を崩して、里に下がっている。

10 「誰が文ぞ」と問はせ給へば、「あの御かたより」と申せば――天皇が「誰からの手紙か」と尋ねたのに対して、作者が「中宮様からです」と答えている。

11 長押のきはに――敷居のそばに。長押を境にして母屋の室内となる。

12 それに添ひ臥し参らせたり――作者が天皇の側で親しく看病をする様子。

13 殿――関白。（注）5と同じ。

白河院（院）――堀河天皇――篤子内親王（前の斎院・中宮・四の宮・宮）
堀河天皇――苡子（鳥羽の御門の御母の女御殿・女御）
（堀河天皇と苡子の子）――鳥羽天皇

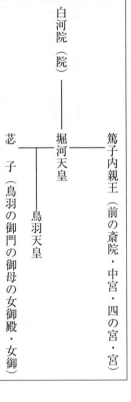

問1　傍線部(ア)・(イ)の解釈として最も適当なものを、次の各群の①～⑤のうちから、それぞれ一つずつ選べ。解答番号は 29 ・ 30 。

(ア)　御車にも奉らざりければ　29
①　御車にもお乗せにならなかったので
②　御車にもお乗りにならなかったので
③　御車にもお乗せ申し上げなかったので
④　御車にもお乗せいたしませんでしたので
⑤　御車にもお乗りしませんでしたので

(イ)　はしたなき心地すれど、え退かず　30
①　恥ずかしいけれども、退出できない
②　無作法だけれども、退出するはずがない
③　迷惑だけれども、退出することはできない
④　気まずいけれど、退出するつもりはない
⑤　失礼だけれども、退出しようがない

問2　傍線部A「ことのほかの御齢なれど、幼くよりたぐひなく見取り奉らせ給ひて、ただ四の宮をとかや思せりければにや侍りけむ」の語句や表現に関する説明として**適当でないもの**を、次の①～⑤のうちから一つ選べ。解答番号は 31 。

① 「ことのほかの御齢」は、中宮の年齢が天皇と比べて釣り合いが取れないほど高いことを表している。
② 「見取り奉らせ給ひて」の「奉ら」は、天皇の思慕の対象である中宮に対する敬意を表す謙譲語である。
③ 「見取り奉らせ給ひて」の「せ」は使役の助動詞で、天皇の求婚が人を介して行われたことを表している。
④ 「ただ四の宮をとかや思せりければ」は、天皇の中宮への思いは幼い頃から変わらなかったことを表している。
⑤ 「にや侍りけむ」の「や」は疑問の係助詞で、過去推量の助動詞「けむ」の連体形が結びとなっている。

問３　傍線部Ｂ「あはれに御情けおほく聞こえ侍りしか」とあるが、世間の人はどういうことに対して、「あはれに御情おほく」と評価したのか。最も適当なものを、次の①～⑤のうちから一つ選べ。解答番号は 32 。

① 天皇の「尽きせぬ御心ざし」が中宮に向けられていることを知りながらも、院の庇護《ひご》だけを頼りにして、変わることなく愛を捧げ続けて死んでいった女御の気の毒な境遇に対して。

② 女御の生前は、中宮の女御に対して抱いていた不満を恐れて、女御と距離を置いていたが、女御の没後、自らの冷淡な態度を反省し、女御のことを「恋しき人」と詠んだ天皇のあわれみ深い態度に対して。

③ 院の後見を頼みにしてはなやかな生活を送っていた女御に「尽きせぬ御心ざし」を抱いていた中宮の気持ちに気付き、自らの死に際して、中宮への謝罪の歌を残した女御の気配りに対して。

④ 中宮に対する一途な思いが忘れがたく、女御の没後、女御の後ろ盾となっていた院への気づかいも捨てて、「恋しき人」は中宮であるとあえて歌で表明した天皇の潔いふるまいに対して。

⑤ 院の後ろ盾ではなやかな生活を送っていた女御に対する中宮の不満に配慮しつつも、女御の没後、女御のことを「恋しき人」と歌に詠むことで、その死を心から悼む天皇の優しい心づかいに対して。

問4 次に示すのは、授業で**【文章Ⅰ】**と**【文章Ⅱ】【文章Ⅲ】**を読んだ後の、話し合いの様子である。これを読んで、後の(i)～(iii)の問いに答えよ。

教　師――まず、**【文章Ⅱ】【文章Ⅲ】**の内容を確認しておきましょう。最初の解説にあるように、**【文章Ⅱ】【文章Ⅲ】**は死の床にある堀河天皇を中宮が見舞う場面です。中宮の見舞いは、嘉承二年（一一〇七）の七月十五日（**【文章Ⅱ】**）と七月十八日（**【文章Ⅲ】**）とに行われました。天皇は、二回目の見舞いの翌日十九日の夜明けに亡くなっています。

生徒A――確かに、**【文章Ⅱ】**の場面と比べて**【文章Ⅲ】**の場面では、天皇の病気が重くなっている感じがするね。このことは、［ X ］から想像できるよね。

教　師――次に**【文章Ⅰ】**と**【文章Ⅱ】【文章Ⅲ】**の文章の特徴について考えてみましょう。**【文章Ⅰ】**は過去の人物や出来事などを後の時代の人が書いた「歴史物語」に分類されるものであるのに対して、**【文章Ⅱ】【文章Ⅲ】**は当事者の視点から書かれた「日記文学」に分類される文章です。このようなジャンルの違いに注目して、この三つの文章を読んでみますと、**【文章Ⅰ】**と**【文章Ⅱ】【文章Ⅲ】**にはそれぞれに特徴がありますね。どのような違いがあるか、みんなで考えてみましょう。

生徒B――**【文章Ⅱ】【文章Ⅲ】**のほうが、**【文章Ⅰ】**より臨場感がある印象かなあ。作者の心情や行動がいろいろ記されているところが特徴的だよね。［ Y ］。普段から天皇の側に仕えている人の目で見たことが書かれているっていう感じがするよ。

生徒C――それに比べて中宮の影は薄いよね。中宮の会話の内容がほとんど記されないから、中宮の影が薄いんだと思う。

生徒A――**【文章Ⅰ】**に書かれているように、天皇が中宮のことを大切に思っていたのだから、最後の別れで何が話されたのか知りたいよね。

生徒B――臨場感はあるけど、この点については物足りない。
生徒C――【文章Ⅱ】【文章Ⅲ】は主に天皇の病気を中心にして書いている文章なんだから、それは仕方がないと思うよ。
生徒A――書き手の意識の違いによってそれぞれの文章に違いが生じているわけだ。
生徒C――そう考えると、【文章Ⅰ】で **Z** 、とまとめられるかな。
生徒B――なるほど、あえてそういうふうに書いたのか。
教　師――こうして作品の背景を踏まえて読み比べると、面白い発見につながりますね。

(i) 空欄 **X** に入る最も適当なものを、次の①～④のうちから一つ選べ。解答番号は **33** 。

① 【文章Ⅱ】では、天皇と中宮が二人だけで話をしていたのに対して、【文章Ⅲ】では、天皇と中宮は直接会話できず、看病のために同席していた作者を介して会話をしていたこと
② 【文章Ⅱ】では、中宮の見舞いは天皇の希望で行われていたのに対して、【文章Ⅲ】では、中宮の見舞いは天皇の容体を心配した中宮の強い希望で緊急に行われたこと
③ 【文章Ⅱ】では、天皇と中宮は長い時間話をしていたのに対して、【文章Ⅲ】では、中宮がしばらく天皇に話しかけると、天皇の体調を気づかった関白によって面会が中断されたこと
④ 【文章Ⅱ】では、中宮には扇を鳴らして作者を呼ぶ余裕があったのに対して、【文章Ⅲ】では、中宮はずっと泣いていたので、用があっても作者を呼ぶことはできなかったこと

(ii) 空欄 Y に入る最も適当なものを、次の①～④のうちから一つ選べ。解答番号は 34 。

① 【文章Ⅱ】5行目「もし召すこともや」で作者の中宮に対する気配りが示され、【文章Ⅱ】7行目「よくぞ下りで候ひける」でその気配りをした自分に対する満足感が示されている

② 【文章Ⅱ】10～11行目「今日しも、すこし夜の明けたる心地しておぼゆれ」という中宮との対面をよろこぶ天皇の言葉を聞いて、作者は例えようもないほどうれしいと感じている

③ 天皇の耳がよく聞こえないことを感じとった作者は、中宮が参上したときに、几帳の端を引き上げたうえで【文章Ⅲ】4行目「『ここに』と申させ給ふ」と天皇と中宮の取り次ぎをしている

④ 【文章Ⅲ】4～5行目「ものなど申させ給はんとぞと思しめすらんと思へば、御あとのかたにすべり下りぬ」で、作者は天皇の命令に従って中宮との面会の場から退席している

(iii) 空欄 Z に入る最も適当なものを、次の ①～④ のうちから一つ選べ。解答番号は 35 。

① 背後に院の存在を暗示するかたちで女御のおごり高ぶったふるまいを叙述しているのは、事情を知らない人でも理解しやすいかたちで、宮廷内の序列を示そうとしたからだろう

② 入内前・入内の時・入内後というように、中宮と女御のエピソードを対比するかたちで並べているのは、事実を正確に伝え、後世の人の正しい評価を求めようとしたからだろう

③ 天皇の中宮への一途な愛を描きつつも、夫の病気で悩む弱々しい中宮の描写を削っているのは、中宮を理想的な人物として描いて、後宮の秩序を示そうとしたからだろう

④ 天皇の思いやりのある人柄、中宮の控え目な人柄が浮かび上がるようなエピソードを並べているのは、人物を中心とする立場から出来事を叙述していこうとしているからだろう

第5問 （配点 45）

次の文章を読んで、後の問い（問1～6）に答えよ。なお、設問の都合で返り点・送り仮名を省いたところがある。

大《たい》(注1)雅《が》池《ち》翁《をう》、書画倶ニ高キモ、不レ入ラ二時(注2)眼ニ一。至リテ二没後ニ一声名隆起シ、無ク二知ルト不ルレ知ラ、推シテ為ス二当(注3)時ノ第一手ト一矣。夫レ A山ハ蔵シテ二美玉ヲ一草木沢《うるほ》ヒ焉、水ハ蓄ヘテ二明珠ヲ一沙《さ》石《せき》光ル焉。有ルレ実者ノ不ルレ可カラレ掩《おほ》フ也《や》如シレ此ノ。(ア)豈唯画哉。池翁自ラ鐫《ほ》リテ二一印ヲ一云フ、「前(注4)身ハ相馬ノ九《きう》方《はう》皐《かう》ト」。誤リテ作ルモ二方九皐ニ一、B 每幅常ニ用ヒ、遂ニ不二改刻セ一。其ノ人胸(注5)《きよう》襟《きん》洒《しや》落《らく》ニシテ、C 不為物所介、亦可見也。

(イ)京師ノ稲《たう》(注6)子《し》恵《けい》ノ家ニ、観ル二明《みん》人ノ便(注7)面書画ヲ一。計三十余、装シテ作《なス》二屏《びやう》風《ぶ》ト一。(ウ)並ビニ名家ノ真跡ニシテ、珠玉合輝シ、照二耀ス一堂ヲ一。最後ニ更ニ出ダス二一屏ヲ一。作リ二風竹ヲ一、(注8)竿(注9)ノ大ナルコト尺余、葉モ亦タ称《かなフ》(注10)レ之。廼《すなはチ》池翁ノ筆也。狂雲倒奔、怒《ど》濤《たう》横《わう》捲《けん》、D 観ル者爽(注11)然自失ス。蓋シ此ノ翁胆力許大ニシテ、圧シ二大山ヲ一、呑《の》メバナリ二河海ヲ一。覚ユ三前之所レ観ル便面書画ハ、悉ク丘《きう》(注12)垤《てつ》行《かう》潦《らう》ニシテ、E頓《とみ》ニ減ズルヲ二神彩ヲ一矣。

（田能村竹田《たのむらちくでん》『山中人饒舌《さんちゅうじんじょうぜつ》』による）

（注）
1　大雅池翁――江戸中期の書画家、池大雅《いけのたいが》。
2　時眼――当時の人々の注目。
3　当時――当代。
4　前身相馬九方皐――「自分の前世は馬の鑑定家の九方皐だ」ということ。九方皐は、馬の鑑定の技を極めたといういにしえの人物。
5　胸襟洒落――気性がさっぱりしている。
6　稲子恵――人名。
7　便面書画――扇に描いた書画。
8　作二風竹一――風に吹かれる竹を描く。
9　竿――竹の幹。
10　称――釣り合っている。
11　爽然――茫然《ぼうぜん》。
12　丘垤行潦――丘と溝。

問1　波線部(ア)「豈唯画哉」・(イ)「京師」・(ウ)「並」のここでの意味として最も適当なものを、次の各群の①～⑤のうちから、それぞれ一つずつ選べ。解答番号は 36 ～ 38 。

(ア)「豈唯画哉」 36
① 絵画ならではのことなのだ
② ただの絵画ではないのだ
③ 絵画には珍しいことなのだ
④ たかが絵画に過ぎないのだ
⑤ 絵画のことだけではないのだ

(イ)「京師」 37
① 名士の
② 都の
③ 将軍の
④ 里の
⑤ 師匠の

(ウ)「並」 38
① 平凡な
② とりわけ
③ 大量の
④ すべて
⑤ これこそ

問2　傍線部**A**「山蔵二美玉一草木沢焉、水蓄二明珠一沙石光焉」とあるが、これはどのようなことを喩《たと》えたものか。最も適当なものを、次の①～⑤のうちから一つ選べ。解答番号は 39 。

① 山水を描写することにこそ、絵画の真髄があるのだということ。
② 優れたものを秘めていると、それが外に表れるものだということ。
③ 事物の背後に存在する真実に、常に注意を払うべきだということ。
④ 自然は変わらないが、人の評価はしばしば変わるものだということ。
⑤ 表現しないことによって、かえって美が完成するのだということ。

問3　傍線部**B**「毎幅常用、遂不二改刻一」とあるが、池大雅がそのようにしたのはなぜか。九方皐の馬の鑑定法について説明した、次の**【資料】**を踏まえたその理由の説明として最も適当なものを、後の①～⑤のうちから一つ選べ。解答番号は 40 。

【資料】

> 九方皐之相（注1）《スルヤ》レ馬《ヲ》、略《シテ》二其《ノ》玄（注2）黄《ヲ》一取《ル》二其《ノ》儁（注3）《しゆん》逸《いつ》《ヲ》一。
>
> （劉《りゆう》義慶《ぎけい》『世説新語《せせつしんご》』による）
>
> （注）1　相――鑑定する。
> 2　玄黄――黒や黄色の馬の毛色。
> 3　儁逸――優れた素質。

① 九方皐が馬の毛色を省みる暇もなく名馬を捜し続けたように、印鑑を彫り直す余裕もないほど書画を追求したから。

② 九方皐が馬の毛色のみに着目して名馬を鑑定したように、文字の誤りよりも印鑑全体としての美しさを優先したから。

③ 九方皐が馬の毛色に気付かないほど名馬の鑑定に集中したように、文字の誤りの存在自体に気付かなかったから。

④ 九方皐が馬の毛色などには目もくれずに名馬を鑑定したように、文字の誤りのような些細なことには拘《こだわ》らなかったから。

⑤ 九方皐が馬の毛色を名馬のあかしとしたように、印鑑は自分の書画であることの証拠なので改める訳にはいかなかったから。

問４　傍線部Ｃ「不為物所介、亦可見也」の返り点の付け方と書き下し文との組合せとして最も適当なものを、次の①～⑤のうちから一つ選べ。解答番号は［41］。

① 不二為レ物所一レ介、亦可レ見也　物の為《ため》に介する所ならずんば、亦た見《あらは》るべきなり
② 不レ為二物所一レ介、亦可レ見也　物の介する所と為《な》らざること、亦た見《み》るべきなり
③ 不下為二物所一介、亦可上見也　物の所なるが為に介すること、亦た見《み》るべからざるなり
④ 不レ為二物所一レ介、亦可レ見也　物の介する所と為らずんば、亦た見《あらは》るべけんや
⑤ 不二為レ物所レ介、亦可一レ見也　物の為に介する所も、亦た見《み》るべからざるなり

問５　傍線部Ｄ「観者爽然自失」とあるが、その理由の説明として最も適当なものを、次の①～⑤のうちから一つ選べ。解答番号は［42］。

① 稲子恵が自慢げに披露した絵画が、いずれも偽物に過ぎなかったから。
② 池大雅でさえ、明代の画家には及ばないことを思い知らされたから。
③ 稲子恵が所蔵する絵画の豊富さに、さすがは名家だと感じ入ったから。
④ 池大雅の絵画の筆さばきがあまりにも豪放で、完全に圧倒されたから。
⑤ 明代の絵画の輝かしさに、目もくらむような思いをさせられたから。

問6 傍線部**E**「頓減二神彩一」からうかがうことのできる筆者の感慨の説明として最も適当なものを、次の①～⑤のうちから一つ選べ。解答番号は **43** 。

① 稲子恵の絵画収集の手法はまことに大胆なものだが、収蔵品は玉石混淆《こんこう》だということ。
② 池大雅の絵画の気宇壮大さの前にあっては、明代の名画もかすんでしまうということ。
③ 池大雅の絵画は明代の山水画に比べると、華やかさに欠けている面があるということ。
④ 明代の名画を見た後では、さしもの池大雅の絵画さえ平凡なものに見えるということ。
⑤ 明代の名画が表現する精神の輝きは、池大雅の絵画には欠けている美点だということ。

第 4 回

実 戦 問 題

（200 点　90 分）

第1問　次の【文章Ⅰ】【文章Ⅱ】を読んで、後の問い（問1～5）に答えよ。（配点　45）

次の文章は、社会における機会均等について考察した文章である。なお、一部省略・改変した箇所がある。

【文章Ⅰ】

機会均等のパラドクスを示すために二つの事例に単純化して考えよう。一つは戦前のように庶民と金持ちが別々の学校に行くやり方、もう一つは戦後に施行された一律の学校制度。どちらの場合も結果はあまり変わらない。見かけは自由競争でも実は出来レースだからだ。

だが、生ずる心理は異なる。貧乏が原因で進学できず出世を断念するならば当人のせいではない。不平等な社会は変えるべきだと批判の矛先が外に向く。対して自由競争の下では違う感覚が生まれる。成功しなかったのは自分に才能がないからだ。社会が悪くなければ変革運動に関心を示さない。イギリス労働党の政治家アンソニー・クロスランド（注1）の言葉を挙げよう。今から半世紀以上前の警告だ。

機会の不公平が周知の事実であり、富や家柄の明らかなバイアスがかかっていると知っていれば、自分が失敗した原因はシステムの不公平だ、非常に不利な基準がまかり通っているからだと自らを慰められる。ところが明らかに成否が能力に基づくならば、自己防衛できなくなり、失敗から強い劣等感が生まれる。口実を見つけたり、自分に言い訳をする余地がなくなる。

米国のアファーマティブ・アクション（積極的差別是正（ア）ソチ）は人種・性別など集団間の構造的不平等を是正し、あとは各人の才能と努力で勝負させる政策だ。だからこそ A 弱肉強食のルールが正当化される。一九九八年から二〇〇一年にかけて二七カ国を対象に行われた調査において「知能と技能に応じて人々は報酬を得ている」というゲン（イ）メイを肯定する人の割合が米国で最も高く、六九％を示した。階層上昇が可能であるか、あるいは実際にはそうでなくとも上昇できると錯覚する時、格差の大きさにかかわらず社会構造自体の是非は問われない。貧富の原因が各人の能力に帰されるからだ。

ドイツの社会学者ヴェルナー・ゾンバルト（注2）は一九世紀後半の米国に社会主義が育たなかった理由として社会上昇の可能性を挙

げた。当時、米国労働者には夢と希望があった。ヨーロッパ諸国と異なり、アメリカ社会では建国当初から男子普通選挙制が布《し》かれ、機会均等の下に将来の生活向上が信じられていた。

前近代では外部の権威により地位が固定されていた。だが、この権威が挑戦を受ける時がいつか来る。神の摂理のような正統化原理が崩れれば、それに依拠する既存の支配構造も瓦解《がかい》する。中世共同体の呪縛から解放された人間は自由を勝ち取るとともに相互交換可能な存在になった。競争が公平だと信じられれば、各自の位置が入れ替わってもシステム自体は維持される。柔軟な構造のおかげで壊れにくい耐震ビルに似ている。近代社会において激しい流動性とシステムの強固さが矛盾に陥らず、相補関係をなす理由だ。

現実には環境と遺伝という外因により学力の差が必ず出る。ところが、それが才能や努力の成果だと誤解される。各人の自己責任を持ち出せば、平等原則と不平等な現実との矛盾が消える。学校制度はメリトクラシー(注３)を普及し格差を正当化する。このイデオロギー機能を通して近代個人主義社会の安定に寄与する。

出身階層という過去の桎梏《しっこく》を逃れ、自らの力で未来を切り開く可能性としてメリトクラシーは歓迎された。そのための機会均等だ。だが、それは巧妙に仕組まれた罠《わな》だった。平等な社会を実現するための方策がかえって既存の階層構造を正当化し永続させる。社会を開くはずの理念が逆に社会構造を固定し、閉じるためのイデオロギーとして働く。しかし、それは歴史の皮肉や偶然のせいではない。近代の人間像が否応《いやおう》なしに導く袋小路だ。学校教育の恩恵を庶民も受けるようになった理由は近代社会の存立構造に直接関わっている。

一九五八年出版の風刺小説『メリトクラシーの台頭』においてすでに英国の社会学者マイケル・ヤング(注４)が、メリトクラシーが実現した未来社会の恐ろしさを描いていた。

すべての可能性が試せたと今日ではどんなに卑しい身分の者も知っている。一度は上手くゆかなかったとしても、自分の能力を示す機会は二度、三度、四度とあった。それでも「劣等生」のレッテルを繰り返し貼られた。これ以上現実をごまかせない。［……］可能性を奪われていた過去においては劣等者の地位に無理やり縛りつけられていた。だが、そんな時代はもう終わった。今では実際に劣る事実が明らかになった。自尊心を守る(ウ)ボウハテイを人類史上初めて劣等者は失った。

メリトクラシーの(エ)本性は自己責任論であり、お前の不幸は自分自身が招いた結果だと負け組を突き放す思想だ。そして返す刀で勝ち組の富と地位を正当化する。社会心理学に「公正世界の信念（belief in a just world）」というメルヴィン・ラーナー(注5)の研究がある。正義がまかり通ると誰もが信じる社会でこそ、不正義が正当化されやすい論理を明らかにした。こう考えてみよう。天は理由なく賞罰を与えるはずがない。善をなせば、いつか必ず報われる。欺瞞《ぎまん》や不誠実にはしっぺ返しが待つ。因果応(オ)報の原則が世の中を律していれば、将来への不安が和らぐ。誠実に努力し続ければ必ず報われると信じたい。因果応報はありふれた信念だが、Bその論理を突き詰めると苛酷な帰結に至る。話の筋道を逆にしよう。悪いことをしなければ罰を受けないのが本当ならば、不幸な目に遭った者は悪いことをしたに違いない。不幸の原因が当人にあるはずだ。こうして正義に信頼を置く者ほど、自己責任の論理を支持し、不幸な人間を突き放す。

（小坂井《こざかい》敏晶《としあき》『格差という虚構』による）

【文章Ⅱ】 次の文章は、福沢諭吉《ふくざわゆきち》のおもに『文明論之《の》概略』を参照して、「機会の平等」と「結果の平等」について考察した文章で、文中の「権理」は「権利」の意（ともにrightの訳語）である。なお、一部省略・改変した箇所がある。

「機会の平等」か、「結果の平等」か、という問いの立て方をするなら、福沢の立場は、前者だけを認め、後者を退けるものである。『学問のすゝめ』初編の有名な冒頭部は、このような立場の表明として読むことができる。

福沢はその前半部で「権理における平等」を謳《うた》い、後半部では「有様における不平等」について言及して、この不平等をなんら躊躇《ちゅうちょ》することなく是認している。これは「権理」の思想に矛盾した見解であるように見えるが、そうではない。福沢が不平等を是認することにためらいを見せないのは、彼がこの不平等を、ルールに則《のっと》った競争の後に生じる「結果の不平等」として捉えるからである。スタートラインが同じであれば、レースの勝敗はこのレースに対処する技術次第で決まることになる。だから、よい成績をおさめようとすれば、だれもがこの技術を学ばなければならない――。福沢にとって学問とは、このような技術を教えるものでなければならず、したがってそれは「実学」でなければならなかった。

　福沢の見解の根底にあるのは、努力応報主義とでもいえる考え方である。人は技術を学ぶその努力に応じて、それに見合った成果を期待することができ、「求めても当然のこと、当然に所持する筈《はず》のこと」として獲得することができる、というのが福沢の考え方である。――こうした福沢の考え方の背景に、我々は、封建制度に対する彼の強い否定の態度を見ることができよう。封建制度とは、福沢によれば、「門閥を以《もっ》て権力の源となし、才智ある者といえども門閥によってその才を用いるにあらざれば事をなすべからず」（『文明論之概略』巻之二）といった社会を生み出す制度である。このような制度の内では、才能も、またそれを磨く努力も完全にその意義を奪われ、人間の〈自由〉は失われてしまう。〈自由〉とは、彼によれば、各人が「繋《つな》がれず縛られず」に自己の能力を存分に発揮し、それを具体的な成果へと結実させることのできる状態を意味するからである。人間の自由な活動について、彼はこう書いている。「そもそも人間の働《はたらき》には際限あるべからず。身体の働あり、精神の働あり。（……）文明の要はこの天然に稟《う》け得たる身心の働を用い尽《つく》して遺《のこ》す所なきにあるのみ」（『文明論之概略』巻之一）。

　この文章において福沢が語っているのは、あくまでも「文明の要」についてなのだ、ということを銘記する必要がある。彼が述べているのは、「自由は無制限に認められるべきだ」ということではなく、「ルールを犯さない限り、自由は無制限に認められるべきだ」ということ、つまり「無制限に認められるべきなのは文明の自由である」ということだからである。福沢のいう文明社会とは、一定のルール＝制限の下にある社会にほかならない。

　ルールに則る限り、自由の行使は無制限に認められるべきであるとすれば、その結果生じる不平等も無条件に認められねばならないことになる。――福沢がそう考えるとき、彼はこの不平等がその一方の極において悲惨な貧困の現実を生み出すことを知らなかったわけではない。むしろ彼はこの現実の存在をよく知っており、だからこそ自己の「学問のすゝめ」を、この貧困の現実の中であえぐ人々に向かって語るのである。〈貧困から脱したければ学問をせよ〉というわけである。「権理」の思想家である福沢にとっては、貧民に対して「もしもこの地獄を地獄と思わば、一日も早く無学文盲の閂《かんぬき》を破るべきものなり」（『農に告《つ》ぐるの文』）とアジる（注6）ことが唯一取りうる救貧対策であり、救貧施設を作るといったような救済ソチはとても認められないものであった。

福沢には、救貧制度の創設を退ける強い理由があった。それは、C この制度を支える原理が「権理」の思想に背馳《はいち》するということである。「権理」の思想は「貴賤《きせん》貧富の別」を問わず、だれをも同等の者として扱おうとする思想であり、したがってそれは貴人や富人を優遇しないのと同じように、貧者や弱者をも優遇しない。〈貧しい人たちに援助の手を差し伸べよう〉という発想は、福沢によれば、「権理」の思想とは相容《あいい》れない「徳義」から生じる。ところがこの「徳義」は、本来、「情愛」からなる家族関係の領域に限定されるべきものであり、「規則」からなる社会的領域にまで及ぼされてはならぬものなのである。施政者が「徳義」にもとづいて救貧策をほどこせば、それは貧民に依存心を植えつけ、貧民から「独立の気力」を奪い去ってしまう。――このような理由から、福沢は「救窮の仕組《しくみ》を盛大にするは普《あまね》く（注7）人間交際に行わるべき事柄にあらず」（『文明論之概略』巻之四）とするのである。

（笹澤豊《ささざわゆたか》『〈権利〉の選択』による）

（注）
1 アンソニー・クロスランド――イギリスの政治家（一九一八―一九七七）。
2 ヴェルナー・ゾンバルト――ドイツの社会学者、経済学者（一八六三―一九四一）。
3 メリトクラシー――能力主義。
4 マイケル・ヤング――イギリスの社会学者、社会活動家、政治家（一九一五―二〇〇二）。
5 メルヴィン・ラーナー――アメリカの社会心理学者（一九二九―）。
6 アジる――社会運動で、演説などによって人々の感情や情緒に訴え、行動を起こさせようとすること。「アジ」は「アジテーション」の略。
7 普く人間交際に行わるべき事柄にあらず――ここでは、広く社会に行えることではない、といった意味。

第４回　国語

問１　次の(i)・(ii)の問いに答えよ。

(i)　傍線部(ア)〜(ウ)に相当する漢字を含むものを、次の各群の①〜④のうちから、それぞれ一つずつ選べ。解答番号は 1 〜 3 。

(ア)　ソチ　1

① 日常のキョソ
② 環境の悪化をソシする
③ ソガイ感を抱く
④ フソ伝来の地

(イ)　ゲンメイ　2

① 人生のメイロ
② ごメイサツの通り
③ メイヨを守る
④ 正しいメイダイ

(ウ)　ボウハテイ　3

① 成果がトボしい
② 被害をフセぐ
③ 主役のカタワらに立つ
④ 仕事がイソガしい

(ii) 傍線部(エ)・(オ)とは**異なる意味**を持つものを、次の各群の①～④のうちから、それぞれ一つずつ選べ。解答番号は 4 ・ 5 。

(エ) 4 本性

① コン本
② 本ゲン
③ キャク本
④ 本モウ

(オ) 5 応報

① 報オン
② 報トク
③ 報ドウ
④ 報ショウ

問２　傍線部**Ａ**「弱肉強食のルールが正当化される」とあるが、筆者はこの前後においてどのように論を展開しているか。その説明として最も適当なものを、次の①～⑤のうちから一つ選べ。解答番号は［6］。

①　機会均等の精神によって学校制度がしかれ教育が行き渡ったことで社会変革の機運が高まり、依然として残存する弱肉強食の風潮や前近代的な格差が一掃されたという点において、近代化の成果を高く評価している。

②　機会均等によって不平等な社会がある程度は変革されたが、依然として弱肉強食のルールが正当化されているため、これまで以上に近代的な学校教育が徹底され各人の才能や努力が十全に発揮されるべきだと主張している。

③　公正な自由競争と見える機会均等の名目のもとに、結果的に生じてしまう格差の責任を、社会には問わず個人にのみ帰することで既存の階層構造を温存してしまう近代社会の欺瞞を批判している。

④　機会均等を掲げながらも、結果的には前近代的な階層社会と何ら変わらないどころかますますそれを固定させてしまう近代主義の社会を、より自由で流動性をもつ社会へと変革していくべきだと提言している。

⑤　機会均等の下、万人にとって階層上昇が可能になり弱者を救済するための社会運動が不要になったため、国家が社会主義者をあたかも弱肉強食を正当化するかのように弾圧していることを強く非難している。

問3　傍線部B「その論理を突き詰めると苛酷な帰結に至る」とあるが、それはどういうことか。その説明として最も適当なものを、次の①～⑤のうちから一つ選べ。解答番号は 7 。

① 欺瞞や不誠実を原因とする結果が必然的に生じるという前提のもと、それらに対するしっぺ返しが社会的に容認されるということ。

② 悪という原因は必ず一定の結果を生むという前提のもと、悪人とみなされた人間は世間から不幸な目に遭わされるということ。

③ ある行為には結果が伴うという前提のもと、善をなした人間と悪をなした人間の格差が双方の自己責任だとみなされるということ。

④ 不幸という結果には原因が必然的に先行するという前提のもと、不幸の原因はその個人にあるとされ自業自得とみなされるということ。

⑤ 勝ち組がいれば負け組もいるという現象を因果関係として必然的にとらえ、両者の階層を変更不可能なものとして固定させるということ。

問４　傍線部Ｃ「この制度を支える原理が『権理』の思想に背馳する」とあるが、それはどういうことか。その説明として最も適当なものを、次の ①～⑤ のうちから一つ選べ。解答番号は 8 。

① 救貧制度を支える「徳義」は、貴賤貧富を問わず誰をも同等の者として扱おうとする思想であり、自由競争による格差を是認する「権理」とは相反するものだということ。

② 救貧制度を支える「徳義」は、東洋に古くから伝わる儒教的な概念であり、近代化によって西洋から移入された新しい概念である「権理」とは相反するものだということ。

③ 救貧制度を支える「徳義」は、人々の自然な感情に根差した自由で柔軟なものであり、ルールや規則に縛られて融通のきかない「権理」とは相反するものだということ。

④ 救貧制度を支える「徳義」は、一部の人の救済のために社会全体の負担を増やし人々の不満をよびおこすものであり、貧困層の独立心を育む「権理」とは相反するものだということ。

⑤ 救貧制度を支える「徳義」は、本来家族関係においてみられる情愛に根差した相互扶助のことであり、社会における機会平等のための「権理」とは相反するものだということ。

問5　授業で【文章Ⅰ】と【文章Ⅱ】を読んだSさんは、次のような【メモ】を書いた。これについて、後の(i)・(ii)の問いに答えよ。

【メモ】

【文章Ⅰ】は、社会における機会均等とそれがもたらす帰結について書かれた文章であり、【文章Ⅱ】は、機会の平等と結果の平等に関する福沢諭吉の考えについて書かれた文章である。【文章Ⅰ】は、［X］ということを強調しており、【文章Ⅱ】は、封建制を打破し各人が能力に応じた評価を得るためには機会の平等こそが重要だと福沢は考えた、と述べている。

そこで【文章Ⅰ】と【文章Ⅱ】をあわせて考えてみると、［Y］。

(i)　空欄［X］に入るものとして最も適当なものを、次の①～④のうちから一つ選べ。解答番号は［9］。

① 「機会均等」は、前近代的な階層構造を打破することに成功した
② 「機会均等」は、各人を能力主義により勝ち組と負け組として正当に評価させる
③ 「機会均等」は、社会が自己責任論によって弱者を切り捨てる口実である
④ 「機会均等」は、独立の気力を養うために不幸な人間をあえて突き放す

(ii) 空欄 Y に入る、【文章Ⅰ】と【文章Ⅱ】の論旨を基に導かれたSさんの考えとして最も適当なものを、次の①～④のうちから一つ選べ。解答番号は 10 。

① 身分制度により各人の自由が抑圧されている社会から脱するには機会均等の思想が必要だと言える。しかし、その結果生じた格差の構造が固定化し自己責任論によって正当化されるような社会状況においては、弱者救済のあり方が多角的に探られるべきだと思う

② 機会の平等と結果の平等を両立させようとすると矛盾が生じる。しかし結果の平等を犠牲にしても機会の平等を優先させなければならないのは、封建制や中世共同体の呪縛から人類が解放されるためであり、それに比べれば結果の不平等など取るに足らないと言える

③ 前近代の社会では機会平等など初めからなく階層上昇を目指すような野心家もおらず、誰もが家族的共同体の中で身の丈に合った生活をしていた。しかし、近代以降の人間は、立身出世に血道をあげたことからかえって不幸に陥るという、逆説的な結果を招くに至ったと言える

④ 機会均等の思想により結果の平等が実現してしまったとしても、近代社会はそれを能力主義に由来する必然とみなし正当化する。しかし、本来機会均等の思想は競争を通じて個人の能力や才能を発揮させるためのものであり、自由を求める徳義を取り戻すことが重要なのだと思う

第2問

次の文章は、長谷川四郎《はせがわしろう》の小説「脱走兵」の一節である。中国で戦う日本兵である西田一等兵（「彼」）は、兵営（軍隊の居住区）が攻撃されて部隊がちりぢりになる混乱の中で、一人野山を放浪し、やがて畑の見える場所にたどりつく。以下はそれに続く場面である。これを読んで、後の問い（**問1～6**）に答えよ。（配点　45）

畑の一角には一軒の小屋が立っていた。そして、そのかなたにはまた一つの岡がゆるやかな傾斜で高まっていたが、彼はもう遠方を見もしなかった。

――いいぞ、と彼は畑の方へ岡をくだりながら考えた、――ぼくはあそこで働かしてもらおう。百姓はやったことがないが、やってやれないことはあるまい……。

彼は急に空腹を感じた、――前の晩からなんにも食べていなかったのだ。その時の彼の眼《め》には、畑は、満々と水をたたえた貯水池が、咽喉《のど》のかわききった者の眼にうつるように、豊かな作物をたたえて見えた。

だが近付いてみると、その小屋はまことに貧弱なもので、おまけに人のいる気配が感ぜられなかった。それはまるで見捨てられた家のように、ひそまり返っていた。しかし、家の周囲にめぐらした、柳の枝で編んだ垣根のそばまで来た時、彼は泥で作ったその家の煙突からかすかに煙が立ち昇っているのを見た。それは明らかに炊煙にちがいなかった。彼の鼻は野良犬のそれのようにぴくついた。それは遠くから本能的に食物の匂いを嗅ぎつけて、はるばるやって来たようだった。

垣根の門は中庭に向かって開かれていた。A彼はそこから入ろうとして、その瞬間、立ち止まった。自分が完全武装していることに気づいたからである。それは彼が兵士としてではなく、いわば猟師のように身につけているつもりだったが、銃剣を携えて、この家の中へ入ってゆくことは、なんとしても(ア)気がひけた。そこで彼は垣根のそとでみずから武装を解除したのである。先《ま》ず、背嚢《はいのう》(注1)や雑嚢をはずして、きちんと地べたに置き、その上に銃と剣を横たえた。それから、この、兵隊服を着た、突然の、見知らぬ訪問者は、中庭を横切って、家の戸口へつかつかと進んでいった。

戸の前まで来て急に怖気《おじけ》づいた彼は、遠慮がちに扉をそっと叩《たた》いてみた。しかし内部から答えるものはなかった。彼は更に力強く叩いたが、なんの答えもなかったので、扉を開いて中へ入っていった。

明るい戸外から突然入っていった彼には、薄暗い室内の様子が最初は見分けがつかなかったが、一瞬の後、それは一部屋から出来た家で、どうやら普通の農家ではなく、(注2)苦力《クーリー》たちの寝《ね》泊《とま》りする仮小屋であることがわかった。彼の眼に先ず見えて来たのは、暗い片隅のかまどの中にちらちら燃えている火と、そして小さな汚れた窓ガラスからの光の中に立ったり坐《すわ》ったりしている数人の男たちの顔だった。女は一人もいなかった。明らかにそれは農業労働者たちで、日に焼けて、深い皺《しわ》のきざまれた、陰鬱に老いたる顔をしていた。先刻、岡の上から、あの豊かな畑を眺めて彼の感じた喜びは忽《たちま》ち消えてしまった。そこには暗い惨めな気配がただよっていた。彼らは一言も発しないで、一種恐怖した表情で彼を見守っていたが、その彼らの眼の色の中に烈《はげ》しい敵意を、彼は感ぜずにおれなかった。

——私は日本の兵隊です、と彼は中国語で言った。彼は我ながら発音がうまくいったと思った、そして次に言うべき言葉を準備したのである、——(私は餓《う》えた)と。既にして彼は、ここで働かしてもらおうという計画はとうてい不可能であることを知った。そして、何らかの代価を払って、ここで飯を食わしてもらい、更に道を続けなくてはなるまいと考えた。彼はポケットに入っている大きな時計の重みに気付いた。それは不寝番用の時計だった……。その時、傍らに日本語の声が聞こえたのである。

——貴様はどこの部隊か?

戸口の傍らの暗いところで、既に一人の日本兵が土間の上にあぐらをかき、剣付きの銃を膝にのせたまま、大きな鉢から何やらむさぼり食っているところだった。食べる手を休めずに、彼の方を眼だけ見上げている平べったい蒼黒《あおぐろ》い顔、ぎろぎろする眼。彼は思わず一瞥《いちべつ》して、その相手の襟章を眺め、それが兵長であり、且つは、胸に縫いつけた印から別の部隊の者であることを知った。相手は返事を待たず、飯をほおばりながら言った、——(一等兵だな)

彼は思い出した、——不寝番、一等兵……。それは遠い過去のことのように思われたが、実は今朝まで彼は兵営にいたのだった。相手はその時、彼の軍服に縫いつけられた布の名札を読んだ、——(西田か……。)彼はまたたく間に自分が軍隊に引きもどされ、一等兵に還元されるのを感じた。（そうです）と彼は言って、それがまるで別人の声のようにひびくのを聞いた。その時、かまどのかげからそれまで見えなかった一人の少年が現れて、大きな鉢に高粱《コーリヤン》（注3）の飯と大角豆《ささげ》の煮たのを入れ、彼に持って来てくれた。彼はそれを受け取って、一瞬躊躇《ちゅうちょ》した。かまどの上の大きな鍋はもう空っぽになっていた……。

——ⓐ早く食え、まるで自分のもののように兵長がこう言った。彼はこれに対しむらむらと反抗心の起きて来るのを感じた。そして兵長の方を見向きもせず、少年に一言、お礼を言って、その場に坐り、忽ち猛烈な食欲で食べ始めた。その時、既に食べおわった兵長は、相変わらず剣付きの銃を擬したまま立ち上がり、彼の食べるのを見ていたが、突然、気がついて言った。

——貴様、銃や剣をどうしたんだ？

——外において来たんです、と(イ)ぶっきらぼうに答えて、既に兵隊の意識になっていた彼は、——（貴様、武士の魂をなんと心得るか……云々《うんぬん》）と言うような説教を、この兵長の口から期待したのだったが、相手はⓑただ胡散《うさん》くさそうに黙って彼を眺め、あらためてその銃剣をかかえ直した。その時、彼は感じた、——この兵長はおそらく銃剣をつきつけてこの家に入り込んで来て、食事中の苦力たちからその飯を横取りしたのにちがいない、と。そしてB今や彼自身もその銃剣のおかげで、こうやって飯にありついているような気がした。

彼は大急ぎで飯を食ってしまうと、立ち上がってポケットから時計を取り出して少年に与えた。それから誰の顔をも見ないで、逃げるように先に立ってその家から出て来た。そして初めて気がついたが、家の前からは一本の道路が出て、野を越えて何処《どこ》かへ通じていた。西田一等兵は素早く再武装して、その道路を歩き出した。すると後から出て来た兵長が呼びとめた。

——それはジャライノールへ行く道だ。ジャライノールにはもう敵が入っているぞ。

敵と言う言葉を聞いて、西田一等兵はぴたりと停止した。彼は敵に対しなんらの敵意も感じていなかったが、しかし、この敵は彼に対しいきなり発砲するかもしれなかった。で、一瞬躊躇したのち、彼は黙って引き返して、この偶然落ち合った兵長と一緒に、再び道路のない草原を越えて歩いていった。

午後に入った太陽は非常に暑く、この二人の背後から照りつけた。西田一等兵はその筋ばったひょろ長い脚で、少しの精力も無駄にしないように規則正しく歩を運んでいったが、兵長の歩調はみだれ、非常にのろのろとしていた。二人の距離は徐々として大きくなった。兵長がうしろから叫んだ、――ⓒ（おい、もっとゆっくり歩かんか。）

西田一等兵は停止し、草の上に腰をおろして、その追いつくのを待った。二人はこのようにして、のろのろと進んで行ったが、野原は少しずつ登りになっていて、行く手は広大な高原のような岡をなして青空に高まっており、再び草の上には投げ出された背嚢がころがっていた、――それはこの兵長の属している部隊のものにちがいなかった。

二人がようやく岡の頂上についた時、急に眼前がひらけて、そこからは決定的に地形が変わっているのを見た。もう行く手には越えるべき岡はなく、南の方にあたって、平野がひろびろとひろがっていた。そして、その平野の上に遠く一群の人々が屯《たむ》ろしているのが見えた。その人々は休息しているようにも見え、或《ある》いは少しずつ前進しているようにも見えた。個々の人間の形は見えず、全体がこの風景の中の小さな斑点のように見えた。

――友軍だ、兵長はこう言って元気を恢復《かいふく》し、そっちの方へ岡をくだりかけた。その時、西田一等兵は北の方を眺めた。そこには最後の岡々が低く起伏しており、そして、その岡々の一つの中腹に、これまた一点の斑点がみとめられた。しかし、少し近視眼の西田一等兵にはそれが何であるか、見当がつかなかった。

――なにを見ているんだ？　と兵長はふり返ってきいた。

――あれは何ですか？　西田一等兵は眼をほそめて、その一点を見つめながら、急に気をとられた、ぼんやりな口調で言った。

兵長は頭をめぐらして、そちらの方を眺め、そして断定した。

――あれは敵のトラックだ。

再び敵という言葉をきいて、西田一等兵は今度は殆《ほと》んど反射的に反問した。

――いや、友軍のトラックでしょう。

実際言うと、彼にはその斑点が漠然とトラックらしい形に見えて来たが、敵のか味方のか判《わか》らなかった。彼はただ、それが敵のものであるかどうかを確かめようという気持ちから、このように反問したらしかった。

しかし兵長はそれに答えず、もう一つの斑点の方へ岡をくだっていった。ⓓつまずいてのめりそうになりながら、斜面のおかげで、殆んど走るように、その歩みは浮き足立って見えた。

西田一等兵はこの兵長のあわてぶりを滑稽なものに眺めた。そして一方、彼はこう考えた。――あれは敵のトラックかも知れないし、味方のトラックかも知れない、この距離ではいかに眼がよくても断定できないことだ、と。この不確定は正に彼の不決断な気持ちと一致していた。何故《なぜ》なら、味方の軍隊に入ることを恐れると同時に、敵につかまることをも彼は恐れたからである。しかし、このどちらにも発見されずに、うまく(ウ)逃げおおせることは、もはや不可能ではなかったろうか？　未知のトラックは彼に賭《かけ》をうながした。裏か表か、だ。C彼は突如非常な勢いで、兵長とは反対の方向へ走り出した。うしろから彼を呼びとめる声が聞こえた。彼はかまわず走りつづけ、浅い窪地《くぼち》におり、それから低い岡を斜めに登った。振りかえると、兵長も友軍も、もう見えなかった。そこで彼は平常の歩みを取りもどして、めざす未知のトラックの方へ進んでいった。

（注）1　背嚢や雑嚢――いずれも兵隊用の布製カバンで、「背嚢」は背中に背負うもの、「雑嚢」は肩からかけるもの。
　　2　苦力――中国人の肉体労働者。
　　3　高粱――中国産のもろこしの一種。

問１　傍線部(ア)〜(ウ)の語句の意味として最も適当なものを、次の各群の①〜⑤のうちから、それぞれ一つずつ選べ。解答番号は 11 〜 13 。

(ア)　気がひけた　11
①　気が晴れなかった
②　気が進まなかった
③　気に障らなかった
④　気に入らなかった
⑤　気にならなかった

(イ)　ぶっきらぼうに　12
①　率直に
②　慎重に
③　無愛想に
④　いまいましげに
⑤　あきれたように

(ウ)　逃げおおせる　13
①　最後まで逃げ切る
②　逃げるふりをする
③　間をぬって逃げる
④　こっそりと逃げる
⑤　逃げ出して隠れる

問2　傍線部A「彼はそこから入ろうとして、その瞬間、立ち止まった。」とあるが、この場面での「彼」の心理についての説明として最も適当なものを、次の①～⑤のうちから一つ選べ。解答番号は 14 。

① 自分が武器や装備を身に着けたままであるのに気づき、軍隊を離れこの家の人々とともに働かせてもらおうと決めた以上、敵対する兵士としてではなく人間同士として顔を合わせたいと思い、自ら武装を解こうとしている。

② 自分が兵士の姿で家に入ろうとしていたのに気づき、今何よりも大事なのは食料を手に入れることであり、それには農民たちをいたずらに脅かすことなく穏やかに頼んだ方が得策だろうと考え、自ら武装を解こうとしている。

③ 自分が兵士ではなく猟師のように見えることに気づき、逃亡中の飢えた兵士であることを人々に理解させ同情を寄せてもらうためには、銃剣を持っていることがむしろ逆効果になると考え、自ら武装を解こうとしている。

④ 自分が銃剣を携えたままであることに気づき、いずれ軍隊に戻るとしてもしばらくの間はここで働くことになるのだから、同僚となる人々の印象をよくしておくに越したことはないと考え、自ら武装を解こうとしている。

⑤ 自分が完全武装の状態であることに気づき、突然の見知らぬ訪問者という立場の者が銃剣を身に携えて家に入ってゆくことは、相手をひどく警戒しているようで礼を失することになると思い、自ら武装を解こうとしている。

問３　傍線部**B**「今や彼自身もその銃剣のおかげで、こうやって飯にありついているような気がした」とあるが、ここでの「彼」の気持ちの説明として最も適当なものを、次の①～⑤のうちから一つ選べ。解答番号は 15 。

① あたかも自分が食事を恵んでやったかのように振る舞う兵長の態度を不愉快だと思いながらも、銃剣を携えた相手に歯向かうことができない悔しさから、家に入る前に自分の持っていた武器を捨ててしまったことを今さらのように後悔している。

② 自分はもはや兵士ではないつもりだったが、兵長に銃剣で脅迫された人々の烈しい敵意と憎悪が自分にも向けられているように感じ、彼らにとって結局は自分も日本兵であることに変わりなかったのだと、やりきれない思いにとらわれている。

③ 兵営が攻撃された混乱の中で一人野山を放浪し、飢えをこらえかねて地元の苦力たちの情けにすがろうとしたものの、今こうして食事を得られたのは銃剣に象徴される軍の威信のおかげなのだと思い返して、兵士としての誇りを取り戻している。

④ 軍隊を離れようやく自由になれたと思ったのもつかの間、兵長に会ったとたんに一等兵として卑屈な態度をとっている自分に気づき、やはり自分は軍隊の中で生きてゆくしかないのだろうと思って、あきらめにも似た感傷に沈んでいる。

⑤ 早まって武装を解いてしまい敵意に満ちた相手にどう対処しようかとうろたえたが、兵長のおかげで食事にありつくことができて安心するとともに、「武士の魂」たる銃剣は決して身から離してはならないという戒めを改めて心に刻んでいる。

問4 傍線部C「彼は突如非常な勢いで、兵長とは反対の方向へ走り出した。」とあるが、このときの「彼」の心理について説明したものとして明らかに**適当でないもの**を、次の ① ～ ⑥ のうちから**二つ**選べ。ただし、解答の順序は問わない。解答番号は 16 ・ 17 。

① このまま逃げ回っていたとしても、いずれは日本軍ないし敵軍のどちらかにつかまるだろう。
② 岡の下にいる友軍に合流するくらいなら、敵に出会って捕虜にされる方がましだ。
③ さっきは「敵」という言葉で躊躇したが、もうこれ以上兵長と行動をともにしたくはない。
④ 冷静さを欠いた兵長の判断は信用できず、むしろその逆を行った方が成功する確率が高い。
⑤ トラックが自分の所属していた部隊のものなら、脱走の罪には問われず軍に戻れるかもしれない。
⑥ 生きのびられるかどうかは不確かだが、軍隊の一員である状態から解放される可能性に賭けたい。

問5　この文章の叙述について、次の(i)・(ii)の問いに答えよ。

(i)　本文15ページ～17ページには、「(私は餓えた)」「(一等兵だな)」などの（　）を用いた表現が見られる。これらについての説明として最も適当なものを、次の①～④のうちから一つ選べ。解答番号は 18 。

①　それらの言葉が、「彼」の母語ではない中国語によってなされた会話の日本語訳であることを表している。

②　それらの言葉が、「彼」の心の中に浮かんだだけで実際には口に出されなかったものであることを表している。

③　それらの言葉が、「彼」の意識や存在にとって何らかの形で距離のあるものとして感じられていることを表している。

④　それらの言葉が、「彼」の志向する生き方を妨げる相手の言葉として反発や嫌悪をもたらしていることを表している。

(ii)　波線部ⓐ～ⓓの言葉や行動の描写についての説明として最も適当なものを、次の①～④のうちから一つ選べ。解答番号は 19 。

①　横柄な物言いのわりに意気地のない「兵長」の人物像を印象づけ、臆病で卑小な人物が階級や武力をたよりに威勢を張る軍隊という組織の特質を、戯画的に描き出している。

②　親しみやすいが上官としての威厳に欠ける「兵長」の人物像を印象づけ、日本軍が敗退した原因の一つが上官たちの指導力・統率力の不足にあったことを、暗示的に描き出している。

③　状況が変わるたびに右往左往する頼りない「兵長」の人物像を印象づけ、自己の主体性を持たずとかく周囲に流されがちな傾向がある日本人の特徴を、風刺的に描き出している。

④　餓えと恐怖で人間らしさを失っている「兵長」の人物像を印象づけ、善良な市民であった人々を次第に異常な精神状態へと追い込んでゆく戦争の恐ろしさを、写実的に描き出している。

問6 Mさんは、本文の作者長谷川四郎が、次に示す詩「逃亡兵の歌」を書いていることを知り、小説作品である「脱走兵」と詩作品である「逃亡兵の歌」の表現のしかたについて考えてみた。これについて説明したものとして**適当でないもの**を、後の ① ～ ⑤ のうちから一つ選べ。解答番号は **20** 。

逃亡兵の歌

お迎え（注）はやがて
くるだろう、くるだろう
だがそれがくるまえに
彼は自分から
出ていった、出ていった
彼がさきに死ぬか
残ったものがさきに死ぬか
それはわからない、わからない
もしも彼が生きのびたなら
兄弟たちに告げるだろう
この地上で自由に生きること
ほかならぬこの地上で
自由に生きる
ただこれだけが
われわれの望みだったと

（注） お迎え——人の死のこと。臨終の際に仏が人を浄土へ呼ぶために現れること。

①　両作には「脱走」「逃亡」する「彼」が登場するが、「脱走兵」は「彼」の視点に寄り添う語りによってその内面を描き、「逃亡兵の歌」は「彼」を対象化する語りによってそのあり方を普遍化する形で描いている。

②　「脱走兵」では状況や人物の姿、行動などの描写を通じて表現されている内容が、「逃亡兵の歌」では率直な言葉で直接的に述べられている。

③　「逃亡兵の歌」の「彼がさきに死ぬか／残ったものがさきに死ぬか」という表現は、「脱走兵」の最終段落の「裏か表か」と同様に、自らの生死は運命に任せるほかないとする諦念めいた思いを表すものである。

④　「脱走兵」の主人公は、地の文では「彼」「西田一等兵」の二通りの書き方で記されており、後者は、主人公が自分は軍隊の一員であると感じさせられている場面で用いられている。

⑤　「逃亡兵の歌」の「くるだろう、くるだろう」といった繰り返しの部分は、大勢で合唱する歌の一節のような印象を与えることで、「逃亡兵」の心情が多くの兵に共有されるものであることを表現しようとしている。

第3問

Nさんは、次の【資料Ⅰ】～【資料Ⅲ】を参照して、日本や世界の食料問題について考えた。これらを読んで、後の問い（問1～4）に答えよ。なお、【資料Ⅰ】～【資料Ⅲ】および設問中の「食料自給率」「カロリーベース食料自給率」は、（通常の計算方法ではなく）例えば牛肉ならば牛肉をつくるために消費（投入）された飼料のカロリーを対象に算出する、といったかたちで試算した「投入法カロリーベース食料自給率」であり、「タンパク質自給率」もそれを基に試算されたもので、農林水産省などが公表しているものとは異なる独自の方法による数値である。（配点　20）

【資料Ⅰ】

まずは食料危機を次のように定義したい。

「世界またはある国・ある地域が生命維持と社会活動に必要な２４００キロカロリーや栄養成分を含む食料を供給できていない状態（見える飢餓）、またはそれらの供給の大部分を他国・他地域に依存している状態（隠れ飢餓）」

一国の食料危機は、世界の普遍的な食料危機と同じことなのである。

また、日本語で「飢餓」や「飢え」というと、食料がなく、いまにも命を落としそうな危険な状態をイメージする人が多いだろう。しかし、この2つの言葉は、実際に餓死者が出たり、餓死寸前の状態にあることだけを指すわけではなく、日常生活に支障が出るほどのカロリー不足や栄養不足が慢性的に起きていることも指している。

その客観的な数値はというと、1人の現代人がさまざまな日常生活を営んでいくうえでカロリーは1日当たり２４００キロカロリー、タンパク質は最低50～60グラムその他さまざまなビタミン、脂質、塩分などが不可欠だとされている。だから「飢餓ではない」状態は、この最低基準を自国産の食料で満たしている状態を指すと考えるべきである。

なお、脂質、炭水化物（糖質）、各種のビタミンも同様の基準があるので重要なことに変わりないが、これらはカロリーとタンパク質を計ることで付随して見当をつけることができる。

また、カロリーや栄養素の必要量は平均値を用いており、詳細に見れば性別・年齢・健康状態・労働強度・自然環境などに応じて変動する。日本やアメリカ、その他の先進国政府はこうした属性ごとにきめ細かな基準を設けている一方、多くの途上国では明確な基準を設けていない場合もあり、実態がつかみにくい。この場合、ＦＡＯ（注１）の統計が有力な情報として参照できることを補足しておこう。

ＷＦＰ（注２）やＦＡＯの飢餓・食料不安の定義は「隠れ飢餓」については視野にも入れておらず、食料危機が起こる理由についての言及も狭くなりがちである。

途上国は国際援助によって食料不足の一部を補っているが、国内生産量が不足しているという意味では先進国の「隠れ飢餓」と同様であるともいえる。

なお、食料を自給できない理由と食料不足の理由は同じではないことが多い。自給できないのは食料生産構造に主な理由があるが、食料不足は輸入できないという国民経済の脆弱《ぜいじゃく》さから起こる問題でもある。

いずれにしろ食料自給率が低いレベルの国々は、国際市場に出回る食料が減れば、経済力や被援助力があったところで手に入る食料も減るだろう。そして、世界的な食料不足は確実に加速していく。

したがって、食料危機は一部の食料輸出国を除き、ほとんどの国にかかわる問題なのである。

にもかかわらず「隠れ飢餓」の先進国では、食料不足が隠されているがゆえに現実と実態に乖離《かいり》が生まれ、カロリーもタンパク質も十分に摂取でき、それどころか食べ過ぎからダイエットに苦労するようなことさえ起こる。

世界レベルで食料が不足するかぎり、隠れ飢餓国における満腹が他者の空腹と引き換えで成り立っている事実は、無視も軽視もできないだろう。

（高橋五郎《たかはしごろう》『食料危機の未来年表』による）

（注）１　ＦＡＯ――Food and Agriculture Organization of the United Nationsの略称。国際連合食糧農業機関。**【資料Ⅲ】**の図**表１・２**の「ＦＡＯＳＴＡＴ」は、ＦＡＯが運営する世界最大の食料・農林水産業関連のオンライン統計データベース。
２　ＷＦＰ――(United Nations) World Food Programmeの略称。国際連合世界食糧計画。食料欠乏国や天災などの被災地域に食料支援を行う国連の機関。

【資料Ⅱ】

世界各国のカロリーベース食料自給率を試算して明らかになったことは、途上国は対立する２つのタイプに分かれるということである。ここでは１人当たり年間ＧＤＰが１０００ドル（約14万円）から３０００ドル（約40万円）程度の国を途上国としているが、中にはガンビア・モザンビーク・イエメンなどのように１０００ドル未満の国もある。

２つのタイプとは、貴重な外貨を食料輸入に充てた結果と推測できる自給率が低いコンゴ共和国・イエメン・レソトなどの国、不足する食料を十分に輸入できないため自給率が高くなってしまうシエラレオネ・ルワンダ・中央アフリカ・アフガニスタン・チャドのような国である。

１人当たりＧＤＰが１０００ドル未満の国のうち、カロリーベース食料自給率が70％以上の国を数えるとマリ・マラウイ・ウガンダ・ザンビア・ブルキナファソ・エチオピア・チャド・コンゴ民主共和国など12か国、うちマリ・マラウイ・ウガンダ・ザンビアは１００％をわずかに超える、定義上は食料の輸出国なのである。これらの国は、不足する食料を輸入することをせず、そもそも不足する食料を輸出に回すことで外貨を稼ぎだそうとする典型的な飢餓輸出国である。これらの国の自給率が高い理由は食料の供給量自体が足らず、輸入を抑えることから国産が相対的に増えるからである。

（中略）

アフリカ諸国が概して自給率が高い理由の２つめは、該当国がおおむね内陸部に位置し、地理的に穀物生産国からの接岸アクセスが不便であり、さらに国内輸送上の物流アクセスが不便な二重の障害に直面しているからといえる。広いアフリカ大陸の内陸部に位置し、輸入港から距離的に不利というだけでも、海外からの食料輸入には障害として働くのである。

カロリーベース食料自給率のＵ字型分布図

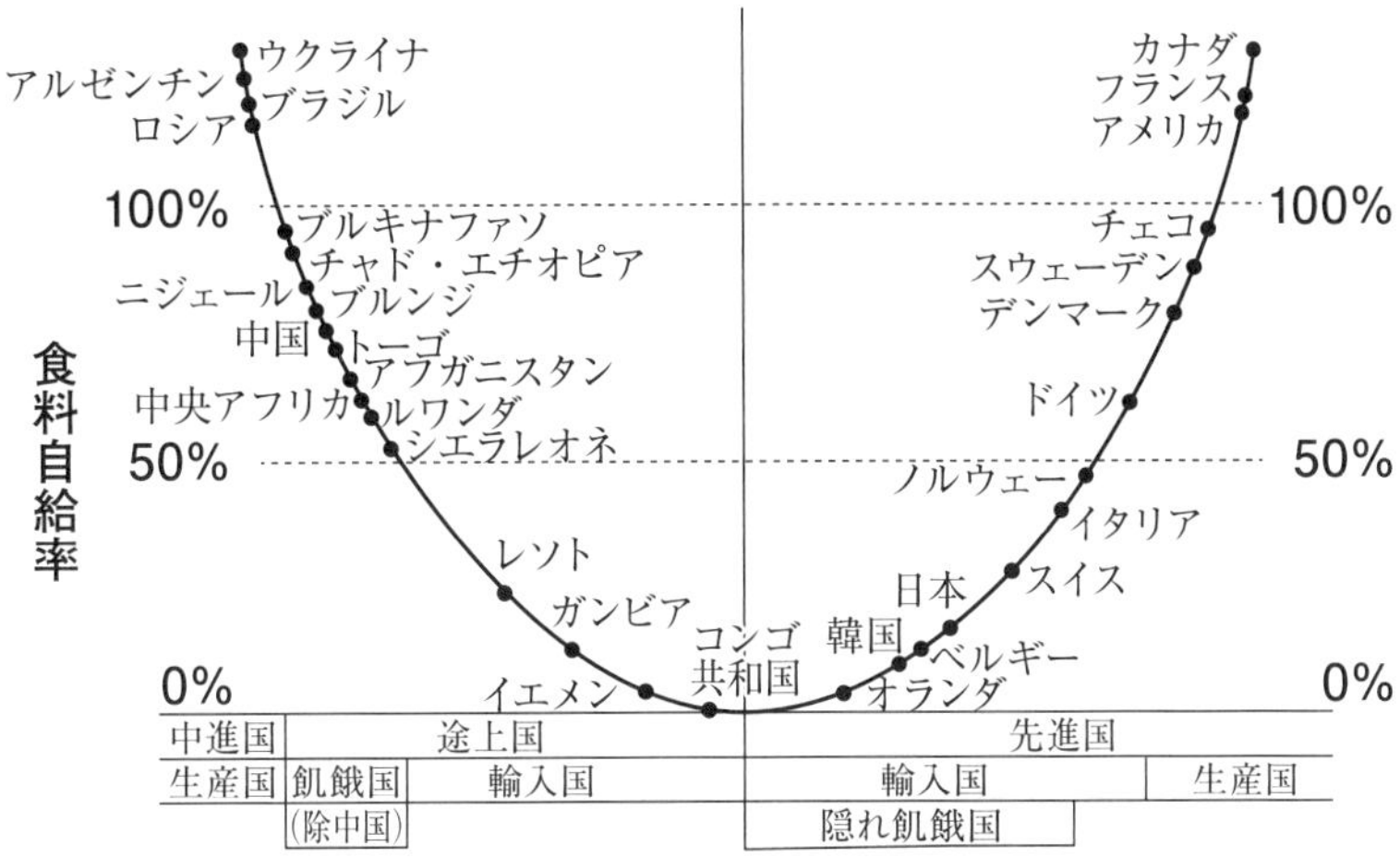

出所：本書試算の各国のデータ（**【資料Ⅲ】図表１**はその抜粋）より作成。

（高橋五郎『食料危機の未来年表』による）

図表1　各国のカロリーベース食料自給率・タンパク質自給率(2020年)上位50、下位50の抜粋

	カロリーベース自給率（%）（全穀物・全畜産物）		タンパク質自給率（%）（59品目）	
133	韓国	13.9	フィジー	41.3
134	台湾	13.7	オマーン	41.2
135	ガンビア	11.8	パナマ	40.6
136	ポルトガル	11.3	モロッコ	40.5
137	キューバ	9.6	ドミニカ共和国	40.2
138	レバノン	7.9	サモア	39.7
139	キプロス	7.8	アルメニア	38.9
140	オマーン	7.2	ガボン	38.6
141	コスタリカ	6.3	チュニジア	37.0
142	サウジアラビア	6.3	レバノン	37.0
143	ニューカレドニア	6.3	ベルギー	36.8
144	イエメン	6.2	ハイチ	35.8
145	ガボン	6.1	ボツワナ	34.4
146	リビア	5.3	エスワティニ	34.2
147	アイスランド	5.2	韓国	32.9
148	オランダ	4.7	バハマ	32.5
149	フィジー	4.3	マレーシア	31.6
150	イスラエル	4.2	アルジェリア	30.1
151	ヨルダン	3.0	レソト	29.9
152	ソロモン諸島	2.8	カーボベルデ	29.3
153	コンゴ共和国	2.4	ポリネシア	28.1
154	サントメ	2.1	コンゴ共和国	28.0
155	パプアニューギニア	2.0	日本	27.1
156	バヌアツ	1.7	グレナダ	22.8
157	モンテネグロ	1.6	キューバ	21.2
158	セントビンセント	1.3	コスタリカ	21.2
159	トリニダード・トバゴ	1.0	台湾	20.0
160	クウェート	0.8	ニューカレドニア	19.4
161	マダガスカル	0.8	イエメン	17.1
162	バハマ	0.4	ポルトガル	16.9
163	ジャマイカ	0.2	オランダ	16.8
164	アラブ首長国連邦	0.2	リビア	16.5
165	モーリシャス	0.2	ジャマイカ	16.2
166	カタール	0.1	キプロス	16.2
167	キリバス	0.0	アンティグア・バーブーダ	14.9
168	ミクロネシア	0.0	サウジアラビア	12.6
169	モルディブ	0.0	モーリシャス	10.7
170	ナウル	0.0	イスラエル	10.1
171	セントクリストファー	0.0	ヨルダン	10.1
172	ドミニカ	0.0	セントルシア	9.7
173	サモア	0.0	モンテネグロ	8.8
174	カーボベルデ	0.0	トリニダード・トバゴ	7.9
175	ポリネシア	0.0	ジブチ	7.3
176	アンティグア・バーブーダ	0.0	マルタ	6.1
177	セントルシア	0.0	バーレーン	6.0
178	ジブチ	0.0	クウェート	5.0
179	マルタ	0.0	アラブ首長国連邦	4.3
180	バーレーン	0.0	バルバドス	3.7
181	バルバドス	0.0	カタール	3.4
182	セーシェル	0.0	モンゴル	0.7

	カロリーベース自給率（%）（全穀物・全畜産物）		タンパク質自給率（%）（59品目）	
1	ウクライナ	372.2	ウルグアイ	547.7
2	ガイアナ	233.9	アイスランド	540.3
3	パラグアイ	230.7	ラトビア	371.0
4	ウルグアイ	196.7	エストニア	323.7
5	カザフスタン	192.4	ウクライナ	321.6
6	ラトビア	190.6	リトアニア	302.6
7	リトアニア	185.2	パラグアイ	244.6
8	アルゼンチン	179.0	カナダ	241.8
9	ブラジル	175.2	ブラジル	227.5
10	オーストラリア	167.8	ブルガリア	222.4
11	カナダ	166.5	コモロ	221.8
12	ブルガリア	165.5	オーストラリア	221.4
13	エストニア	152.0	カザフスタン	205.3
14	セルビア	150.6	ガイアナ	202.6
15	ロシア	143.1	ルワンダ	198.4
16	フランス	122.3	キリバス	173.1
17	アメリカ	121.6	ミクロネシア	164.0
18	ハンガリー	117.9	クロアチア	161.1
19	ルーマニア	117.8	スロバキア	157.1
20	タンザニア	114.1	デンマーク	156.6
21	ミャンマー	109.2	チェコ	151.8
22	インド	106.5	セルビア	148.7
23	マリ	104.4	アメリカ	147.7
24	モルドバ	103.8	ナミビア	147.7
25	パキスタン	103.3	アルゼンチン	146.8
26	ラオス	103.1	ロシア	146.1
27	クロアチア	103.0	ハンガリー	145.5
28	マラウイ	102.8	フランス	144.6
29	カンボジア	102.0	ポーランド	138.0
30	ウガンダ	102.0	ルーマニア	137.6
31	ポーランド	101.5	モーリタニア	127.8
32	タイ	100.3	エクアドル	120.9
33	ザンビア	100.2	コートジボワール	118.0
34	ブルキナファソ	96.2	ミャンマー	117.2
35	南アフリカ	95.8	タンザニア	115.5
36	スリランカ	94.4	ニュージーランド	114.6
37	エチオピア	93.0	スウェーデン	114.1
38	チャド	92.6	ギニアビサウ	112.5
39	シリア	89.3	スリナム	111.9
40	スロバキア	89.3	マラウイ	110.7
41	スリナム	89.2	インド	106.8
42	チェコ	88.9	モルディブ	106.8
43	ニジェール	86.7	モルドバ	104.8
44	フィンランド	86.2	ニジェール	104.6
45	トルコ	86.2	ウガンダ	104.3
46	ベトナム	85.8	南アフリカ	104.0
47	ボリビア	84.6	ノルウェー	103.8
48	ネパール	84.3	ラオス	103.4
49	トルクメニスタン	82.8	ザンビア	101.7
50	ベラルーシ	82.6	フィンランド	101.6

出典：FAOSTATに基づいて筆者試算。

図表2　国別のタンパク質摂取量(g/日・人:2017 ～ 2019年平均)

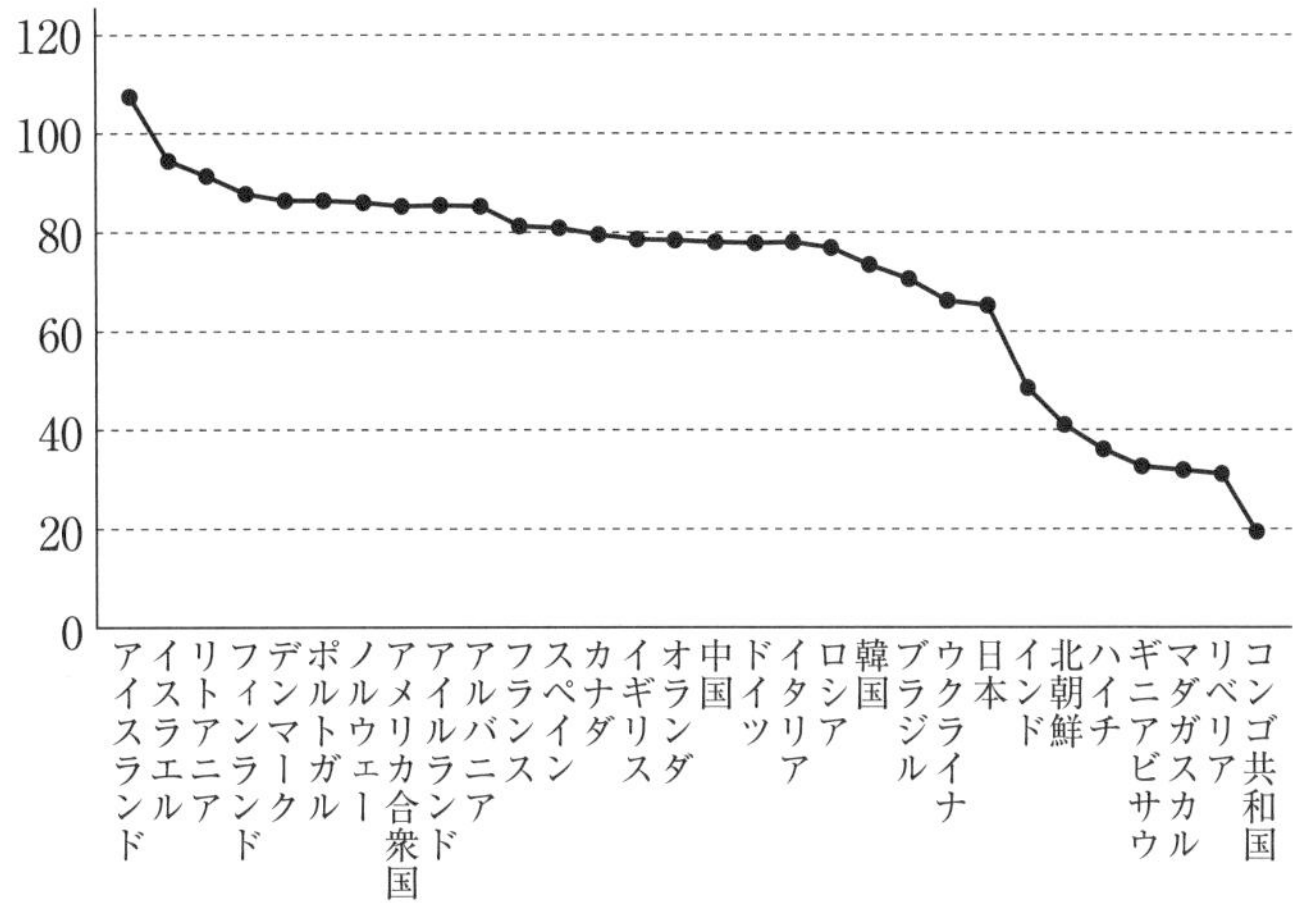

出所:FAOSTAT から筆者作成。
注:163カ国中一部の国は省略。

問1 **【資料Ⅰ】**の傍線部「『隠れ飢餓』」とはどのような状態のことか。その説明として最も適当なものを、次の①～⑤のうちから一つ選べ。解答番号は 21 。

① 生きるのに必要な栄養分を自給自足できない状態のことであり、主要な先進国のほとんどがこれに相当しており、主に近代化政策と減産政策によるものである。

② 生活に支障が出るほどのカロリー不足でありながら表立った問題とならない状態のことであり、ダイエットに効果的であることから、その危険性が理解されていないことがその理由である。

③ 一日に必要なカロリーやタンパク質等を国外への依存なしには満たせていない状態のことであり、先進国に多く、輸入に頼る食料政策に理由がある。

④ 食料自給率の低い欧米先進国において、一日に必要な栄養分を輸入によって十分に補えていない状態のことであり、主に農業政策の不備からくるものである。

⑤ 国土面積の狭い先進国において、一日に必要な栄養分を自給できていない状態のことであり、工業に偏った近代化政策と食料生産構造が主な理由である。

問2 次の**図**はもともと**【資料】**中にあったものである。**図**の斜線部の国々の食料自給率が高いのはなぜだと考えられるか。その理由の説明として最も適当なものを、後の①～⑤のうちから一つ選べ。解答番号は 22 。

図　アフリカの高自給率国家

①　国土が広大であるという条件を最大限に生かし、肥沃な大地を農地として十全に開発してきたため、豊富で潤沢な農業資源に恵まれているから。

②　一日に必要とされるカロリーを自給することはできないが、豊富なタンパク源の輸出によって得た外貨によって不足分を輸入することができるから。

③　国土が内陸部にあることから輸出入が困難である一方、世界市場の変動に左右されることなく地道に自国内の農業を育み自給自足を図ってきたから。

④　国内が飢餓状態でも、食料輸出による外貨獲得が優先され、内陸部の国が多いこともあって食料輸入が少ないため、相対的に自給率が上がっているから。

⑤　国土が石油や鉱物などの資源に恵まれているため外貨を稼ぎやすく、国民が一日に必要とする栄養分を輸入によって十分に補うことができるから。

問3　カロリーベース自給率とタンパク質自給率及びその摂取量に関し、**【資料Ⅰ】**～**【資料Ⅲ】**を踏まえた考えとして最も適当なものを、次の①～⑤のうちから一つ選べ。解答番号は 23 。

①　カナダ以外の欧米諸国は、カロリーベース自給率の上位20にもタンパク質自給率の上位20にも入っておらず、先進国の食料事情が実は危ういものであることがうかがえる。

②　日本は、タンパク質の自給率は低いが摂取量はそれほど少なくはなく、タンパク源をかなりの程度輸入食料に依存していることがうかがえる。

③　コンゴ共和国とリベリアのタンパク質摂取量が少ないのは、肉や魚といったタンパク質を多く含む食物を好まない食文化があるためだと考えられる。

④　デンマークとフランスはタンパク質の摂取量が多く、またタンパク質自給率もカロリーベース自給率もともに100パーセントを超えており、食料危機に陥る可能性は少ないと思われる。

⑤　アイスランドは、タンパク質摂取量とタンパク質自給率は極めて高いが、カロリーベース自給率は極めて低く、生活に必要なエネルギーが十分に摂取できていないと言える。

問４　Nさんは、【資料Ⅰ】〜【資料Ⅲ】を参照しつつ、自分の考えも加えて、次の【文章】を書いた。これについて、後の(i)・(ii)の問いに答えよ。

【文章】

「食料危機」という言葉は、現在の日本社会からは縁遠い言葉のように思える。もちろん、貧困のために十分な食事をとれない家庭があるといった問題に社会全体として取り組んでいく必要はあるが、日本社会全般としては、スーパーやコンビニなどに十分すぎるほどの食物があふれ、むしろ食品の大量廃棄が問題視されているような状況だからである。

しかし、［ X ］。そう考えると、日本もけっして安閑としてはいられないと思える。例えば、ロシアのウクライナ侵攻に伴って小麦などの世界的な供給不足が生じ、日本国内にも影響が懸念されたことは記憶に新しい。

たしかに、食料を国内で生産するよりも輸入した方が安上がりになる場合は多いのだろう。コストの高い国内生産を増やそうとすれば、農畜産業への政策的支援をはじめとして国民の経済的負担が増すことになるのであり、簡単に解決できる問題ではない。しかし一方で、安価な輸入食料に頼る私たちの食生活は、他者の犠牲のうえに成り立っている面を持っているのである。

以上のように考えれば、現在の日本の食料事情には多くの課題があると言えるだろう。経済合理性の観点だけではなく、安全保障や南北問題といった国際的な視野からも、問題点を洗い出し議論を進めていくことが求められていると思う。

(i) 次のa～c、d～fについて、空欄 X ・ Y に入るものの組合せとして最も適当なものを、後の①～⑨のうちから一つ選べ。解答番号は 24 。

〈X群〉

a このまま社会的な格差が拡大し続けていくことは、日本の将来にとって望ましいことではないだろう

b 食料自給率に目を向ければ、日本は「隠れ飢餓」の状態にあるということになるだろう

c 日本には先進国としての国際的責任があり、途上国などの「飢餓」を放置することは許されないだろう

〈Y群〉

d 先進国の中には、カロリーもタンパク質も十分に摂取できるがゆえに人々がダイエットに苦労している国も少なくないからである

e 食料自給率が低い国の中には、貴重な外貨を食料輸入に充てた結果としてそうした状態に陥っている国も少なくないからである

f 途上国の中には、国内で食料不足が生じているのに外貨獲得のため食料輸出国となっている国も少なくないからである

① X＝a Y＝d　② X＝a Y＝e　③ X＝a Y＝f
④ X＝b Y＝d　⑤ X＝b Y＝e　⑥ X＝b Y＝f
⑦ X＝c Y＝d　⑧ X＝c Y＝e　⑨ X＝c Y＝f

(ii) Nさんは、【文章】と【資料Ⅰ】～【資料Ⅲ】を友人に読んでもらい、意見を聞いてみた。友人が述べた改善案として最も適当なものを、次の①～④のうちから一つ選べ。解答番号は 25 。

① 【文章】第一段落の第一文と第二文のはじめは内容のうえで逆接関係にあるので、第二文冒頭の「もちろん」を「とはいえ」に改めるほうがよい。

② 【文章】第二段落の「例えば」以降が何についての例であるかがわかりにくいので、「日本は国際紛争の解決のためにもっと力を尽くすべきだ。」といった文を加えるとよい。

③ 【文章】第三段落初めの論点は、【文章】最終段落「議論を進めていく」うえでの判断材料として重要なので、これに関する資料が追加されるとよい。

④ 【文章】最終段落の「安全保障や南北問題といった」という文言は、【文章】全体の論旨とは無関係なので、削除するほうがよい。

第4問

次の文章は、『小夜衣《さよごろも》』の一節である。兵部卿《ひょうぶきょう》の宮（本文では「宮」）は、寂しい山里に暮らす姫君（本文では「山里の姫君」）のもとに人知れず通っていたが、宮の連夜の忍び歩きを心配した両親は、関白（本文では「大殿」）の姫君と宮とを結婚させてしまった。本文は、山里の姫君に対する思いを捨てきれない宮が、山里の姫君と逢《あ》えない境遇を嘆く場面から始まる。これを読んで、後の問い（**問1～5**）に答えよ。（配点　45）

何となく移りゆく月日なれば、夏もやうやう暮れはてて、秋の初めになりぬるまで、かの山里の渡りの絶えぬるを、いみじく宮は思《おぼ》し嘆きつつ、日数に添へて恋しさもせんかたなく、「いかに思し恨むらん」と思し続くるにも、寝覚めの枕には、浮き沈む心地し給ふにも、(注1)人の思《おぼ》すらんこともけしからぬ心地し給へば、心やすくうち泣き過ぐし給ひつる来《き》し方は恋しくて、「いつまでか、かくては思ふべからん」と、さすがに行方遠く思ひ続けらるれば、いとわびしくて、「年頃の本意《ほい》もとげつべきなめり」と思ひ続け給ひて、「今日今日」と、**A** 山のあなたの家ゐのみ出《い》で立ち給へども、明け暮れことことしき御祈りのしるしにや、心空ながら、長らへやり給ふままに、ただ、**B** 寄すればなびく葦《あし》の根とのみなり給へる御心地なれば、(注2)院がちにのみおはしますを、(注3)大宮は、「さしも大殿の、(ア)思しかしづくに、かかる絶え間を、いかに思すらん。など渡り給はぬ」と申し給へば、「心地のいと苦しく侍りて」など申し給ひて、ながめゐ給へり。

夕暮れの雲、そこはかとなくすごうもの悲しきに、虫の声々も、おのがこととや声立てそむる中にも、松虫のかすかにおとづるるは、御耳とどまりて、人待つ宿も同じ心にや音を立つらんなど思し続けて、

X　むなしくて過ぐる月日のつらさをも同じ心に宿や待つらん

と聞こえ給へり。

(注4)いつよりもこまかに、いたう心とどめて書き給へる筆の流れ、目も及ばぬさまなるを、めづらしう、ひき開くるより涙に昏《くら》されて、御使ひ、「更《ふ》け侍る」といそげども、書きやり給はず、

Y　数ならぬ身には待つ夜もなきものを思ひ絶えにし心ならひに

とばかり聞こえ給へり。

待ち給ふほども(イ)心もとなく、いそぎ見給ふに、いささかひきつくろひたるとも見えず、「いみじく心乱れけるさまなりけり」と、ただ筆のゆくにまかせて書きたるも、うつくしげなり。うちしほたれ書きつらん有様《ありさま》思ひやられて、つくづくと見給ふにも、なげの言の葉も、らうたげなるふしを添へて、「なにはのことにも(注5)、人の心を悩ますべき人にこそ」と、おのづから思ひまぎれつる心もかき乱れ、わりなきいなぶちの滝(注6)もさわぎまさりて、「いかでか、思ひ移り、なずらふばかりの心(注7)も出で来ん」など思し続くるにも、この文、うちも置かれず御覧じつつ、とみにも御殿籠もらねば、「待つとておはしまし(注8)、また御覧ずるほどの久しさ、いかばかり御心にしむならん」と、御前の人々は、ささめき聞こえて、憎むもあり、また、あはれなる御事に言ふもあり。

（注）
1 人の思すらんこともけしからぬ心地し給へば ―― あの方〈＝山里の姫君〉がお悩みになっているようなことも宮は申し訳ない気持ちがなさるので。
2 院がちにのみおはします ―― 宮が関白の姫君のところに通わず、自邸に引き籠もってばかりいることを指す。
3 大宮 ―― 宮の母。
4 いつよりも ―― 普段（宮が送ってくださるお手紙）よりも。
5 なにはのことにも ―― どのようなことにつけても。
6 いなぶちの滝 ―― 奈良県明日香村《ならあすか》に流れる飛鳥川《あすか》を指す。飛鳥川は激流で有名だったので、激しく動揺する気持ちの比喩となっている。
7 なずらふばかりの心 ―― 山里の姫君に対する思いと同じぐらいの気持ち。
8 待つとておはしまし ―― （お返事を）待つとおっしゃって起きていらっしゃる。

問1　傍線部(ア)・(イ)の解釈として最も適当なものを、次の各群の①～⑤のうちから、それぞれ一つずつ選べ。解答番号は 26 ・ 27 。

(ア)　思しかしづく　26
① 大切にお世話なさる
② 期待していただいている
③ 御心配申し上げる
④ 将来の計画を立てている
⑤ 嘆き悲しまれている

(イ)　心もとなく　27
① 頼りなくて
② もの悲しくて
③ 物足りなくて
④ じれったくて
⑤ 耐えがたくて

問２　二重傍線部「松虫のかすかにおとづるるは、御耳とどまりて、人待つ宿も同じ心にや音を立つらんなど思し続けて」の語句や表現に関する説明として**適当でないもの**を、次の①～⑤のうちから一つ選べ。解答番号は［28］。

①「おとづるる」は、ラ行下二段活用の動詞の連体形で、「声を立てて鳴く」という意味である。

②「同じ心」とは、「松虫」が人を待って鳴くのと同じように、「宿」の人が人を待って泣いていることを表している。

③「や」は疑問の係助詞で、「思し続く」が結びとなるはずだが、結びが流れて「思し続けて」となっている。

④「音を立つ」とは、松虫が声を立てて鳴くことと、松虫が鳴くように人が声を立てて泣くこととを言い掛けている。

⑤現在推量の助動詞「らん」によって、「音を立つ」の主体が遠い山里にいる姫君であることを暗示している。

問3　次に示すのは本文の引き歌について解説した文章である。これを踏まえて、傍線部**A**・**B**についての説明として最も適当なものを、後の①～⑤のうちから一つ選べ。解答番号は 29 。

「引き歌」とは、自らの散文や詩歌に、有名な古歌などの一部、もしくは一首全体を引用することにより、もとの和歌の雰囲気や心情を取り込んで、内容に奥行きを持たせることを狙いとする。傍線部**A**は『古今和歌集《こきんわかしゅう》』のよみ人知らずの和歌、

み吉野の山のあなたに宿もがな世の憂き時の隠れ家にせむ

による表現であり、傍線部**B**は『古今和歌六帖《こきんわかろくじょう》』の紀貫之《きのつらゆき》の和歌、

白波の寄すればなびく葦の根の憂き世の中は短《みじか》からなむ

による表現である。

① 傍線部**A**は、もとの和歌の「山のあなたに宿もがな」という表現を受けており、この引き歌によって、宮は、関白の姫君に逢うのが嫌なので、ずっと山里で姿を隠していたいという願いを持っていることを表している。

② 傍線部**A**は、もとの和歌の「世の憂き時の隠れ家」と重ね合わせられており、この引き歌によって、宮は、山里の姫君と逢えないことをつらく感じていたので、自邸を隠れ家としてずっと籠もり続けていることを表している。

③ 傍線部**A**は、もとの和歌の「世の憂き時の隠れ家」にするため「山のあなた」の「宿」に暮らしたいという内容を受けており、この引き歌によって、宮には、出家して山寺に籠もりたいという願望があることを表している。

④ 傍線部**B**は、もとの和歌の「白波」の中でもしっかりと根を下ろす「葦の根」と重ね合わせられており、この引き歌によって、どんな困難に遭っても、自分の意思を貫いて山里の姫君を妻にしたいという宮の思いを表している。

⑤　傍線部**B**は、もとの和歌の「憂き世の中は短からなむ」という表現を受けており、この引き歌によって、これ以上関白の姫君との夫婦生活を続けることはつらいだけなので、宮が関白の姫君との別離を決意したことを表している。

問4　X・Yの和歌の表現と心情の説明として最も適当なものを、次の①～⑤のうちから一つ選べ。解答番号は 30 。

① Xは山里の姫君の歌で、「むなしくて過ぐる月日」という表現によって、いくら待ち続けても宮の訪れがないことに対する不満を表している。

② Xは宮の歌で、「同じ心に宿や待つらん」という表現によって、山里の姫君は自分と同じようにつらい思いでいるのだろうか、と姫君を思いやっている。

③ Yは山里の姫君の歌で、「数ならぬ身」という表現によって、自分は関白の姫君と違って正妻となれる身分ではない、と自らを卑下している。

④ Yは山里の姫君の歌で、「思ひ絶えにし」という表現によって、関白の姫君と張り合うことを諦めざるを得ない境遇に対する悲しみを表している。

⑤ Yは宮の歌で、「心ならひ」という表現によって、自分はどんな時でも山里の姫君のことを忘れてはいない、と姫君に対して弁解している。

問５　この文章の内容に関する説明として適当なものを、次の ① ～ ⑥ のうちから二つ選べ。ただし、解答の順序は問わない。解答番号は 31 ・ 32 。

① 関白の姫君と結婚した宮は、山里の姫君のもとへ思いどおりに訪問できなくなったので、両親の取り決めを恨めしく思うようになった。

② 宮が関白の姫君のもとに通おうとしないので、大宮は、関白にどのように弁解したらよいかを思い悩んで、体調を崩してしまった。

③ 山里の姫君は、宮からの文がいつもより心を込めて書かれていることに気づき、涙で目の前が暗くなり、すぐには返事を書けなかった。

④ 山里の姫君からの返事を見た宮は、姫君が宮を気遣って、自らの不満を隠そうとしていることに気づき、そのけなげさをかわいらしく感じた。

⑤ 宮は、山里の姫君の手紙を見て再び心がかき乱されたが、自分の境遇を考えて今後姫君のことを思い出すことはやめようと自らに誓った。

⑥ 宮に仕える人々は、山里の姫君の手紙に対する宮の態度を見て、姫君に対する宮の深い思いを知り、あれこれと噂《うわさ》しあった。

第5問 次の【文章Ⅰ】は『論語』の一節で、【文章Ⅱ】は南宋《なんそう》の周密《しゅうみつ》の随筆である。【文章Ⅰ】と【文章Ⅱ】を読んで、後の問い（問1～4）に答えよ。なお、設問の都合で返り点・送り仮名を省いたところがある。（配点 45）

【文章Ⅰ】

宰《さい》予《よ》昼寝《いヌ》。子曰《ハク》、「朽木《ハ》不《ル》レ可《カラ》レ雕《ほル》也、糞土之牆《かきハ》不《ル》レ可《カラ》レ杇《ぬル》也。於《テ》レ予《ニ》与《か》何《ヲカ》誅《せメント》。」

弟子の宰予が昼寝した。孔子はおっしゃった、「朽木に彫刻はできないし、ごみ土の垣根に化粧塗りはできない。宰予に対しては何を叱ることなどあろうか（叱ってもしかたない）。」

（『論語』による）

【文章Ⅱ】

余習《ヒテ》レ懶《らんニ》(注1)成《リ》レ癖《ト》、毎《ごとニ》レ遇《フ》二暑昼《ニ》一、必《ズ》須《もとム》二偃《えん》(注2)息《そくヲ》一。然《レドモ》毎《つねニ》苦《シミ》二枕《ノ》熱《スルニ》一(注3)、展転《スル》数《コト》四《ナリ》。後《ニ》見《ルニ》二前輩《ノ》言《ヲ》一、「荊《けい》(注4)公《こう》嗜《たしなミ》レ睡《ねむリヲ》、夏月《ニ》常《ニ》用《フ》二方(注5)枕《ヲ》一。或《ヒト》問《フ》二何意(ア)一。公云《フ》、睡気蒸《シテ》レ枕《ヲ》熱《スレバ》、則《チ》転《ズ》二一方《ノ》冷処《ニ》一。」A此非真知睡味、未易語此也。(イ)雖《レ》然宰予昼寝《ヌルニ》、夫子《ニ》有《リ》二朽木糞土之語一。嘗《テ》見《ルニ》二侯《こう》(注6)白《はくノ》所《ノ》レ注《スル》論語《ヲ》一謂《フ》、「『昼《ノ》（注7）』字《ハ》当《ニ》《シ》レ作《ル》二『画《ノ》』字《ニ》一。蓋夫子悪《ム》二其《ノ》画《ゑがク》（注8）レ寝《ニ》之侈《おごリヲ》一。（ウ）是以有《リト》二朽木糞牆之語一。」然《レドモ》侯白《ハ》隋《ノ》人、善《クシ》二滑稽《ヲ》一、嘗《テ》著《ス》二啓（注9）顔録《ヲ》一。意《おもヘラク》必《ズ》戯語也《ト》。及《ビ》レ観《ルニ》二昌《しやう》（注10）黎《れいノ》論語解《ヲ》一、亦《タ》云《フ》、「『昼寝《ハ》』当《ニ》《シ》レ作《ル》二『画寝《ニ》』一。字之誤《リ》也。宰予《ハ》四（注11）科十哲、B安得《レ》有《二》昼寝之責《一》。仮《もシ》或《イハ》偃息《スルモ》、亦《タ》未《ダ》《ト》レ至《ラ》二深《ク》誅《ムルニ》一。」若《シ》然《ラバ》則《チ》吾知《ル》レ免《ルルヲ》矣。

（周密『斉東野語』による）

（注）
1　懶――ものぐさ。
2　偃息――横になって寝る。
3　展転――寝返りをうつ。
4　荊公――北宋の文人・政治家である王安石。
5　方枕――四角形の枕。
6　侯白――人名。
7　『昼』字当レ作二『画』字一――「昼」と「画」は旧字体ではそれぞれ「晝」「畫」と表記される。
8　画レ寝――寝室の壁に絵画を描いて装飾する。
9　啓顔録――書名。笑話集。
10　昌黎――唐の学者・文人である韓愈。
11　四科十哲――孔子の弟子の中でも特に優れた十人。

問1　波線部(ア)「何　意」・(イ)「雖レ然」・(ウ)「是　以」のここでの意味として最も適当なものを、次の各群の①～⑤のうちから、それぞれ一つずつ選べ。解答番号は 33 ～ 35 。

(ア)「何　意」 33
① 何気なくしたことなのか
② 何も気にすることなどない
③ どんな意味があるのか
④ なぜ意見を述べないのか
⑤ なんと意義深いことだ

(イ)「雖レ然」 34
① おかしなことには
② そうではあるが
③ 自然のなりゆきで
④ そうしたわけで
⑤ 当然のことだが

(ウ)「是　以」 35
① こうしたわけで
② このこと以来
③ 思うに
④ かねてから
⑤ なぜならば

問２　傍線部**Ａ**「此非真知睡味、未易語此也」の返り点の付け方と書き下し文との組み合わせとして最も適当なものを、次の①～⑤のうちから一つ選べ。解答番号は **36** 。

①　此非㆔真知㆓睡味㆒、未㆑易㆑語㆑此也　　此れ真に睡りの味を知るに非ずして、未だ此を語るに易《か》へざるなり

②　此非㆑真知㆓睡味㆒、未㆑易語㆑此也　　此れ真を非として睡りの味を知らば、未だ易《やす》かるべくして此を語るなり

③　此非㆔真知㆓睡味㆒、未㆑易㆑語㆑此也　　此れ真に睡りの味を知るに非ずんば、未だ此を語り易からざるなり

④　此非㆔真知㆓睡味㆒、未㆑易㆑語㆑此也　　此れ真に睡りの味を知るに非ずして、未だ此に語らざるを易しとするなり

⑤　此非㆑真知㆓睡味㆒、未㆑易語㆑此也　　此れ真を非として睡りの味を知りて、未だ易へんとして此を語るなり

問３　傍線部**Ｂ**「安得㆑有㆓昼寝之責㆒」の解釈として最も適当なものを、次の①～⑤のうちから一つ選べ。解答番号は **37** 。

①　安らかに昼寝していたことを叱られた。

②　昼寝をして叱られることなどありえない。

③　どうして昼寝をして叱られたのだろうか。

④　昼寝をしても叱られなかったので安心した。

⑤　昼寝をすれば叱られるのは当然のことだ。

問4　次に掲げるのは、授業の中で【文章Ⅰ】と【文章Ⅱ】について話し合った生徒の会話である。これを読んで、後の(i)～(iii)の問いに答えよ。

生徒A　【文章Ⅰ】では、弟子の宰予が昼寝をしたことを孔子が厳しくとがめているんだね。
生徒B　うん。でも、【文章Ⅱ】に紹介されている侯白という人の説によれば、「昼」は本当は「画」の字で、［X］。
生徒C　【文章Ⅱ】の筆者はほんの冗談の説だと思っていたけれども、有名な学者・文人である韓愈の解釈を読んだら、同じ説が出ていて……。
生徒A　その上、韓愈は［Y］と言っているよ。
生徒B　おかげで、【文章Ⅱ】の筆者は最後に、侯白や韓愈の説が本当なら［Z］と言っているね。
生徒C　自分に都合の良い説があって良かったというユーモアで結んでいるわけか。

(i)　空欄［X］に入る最も適当なものを、次の①～⑤のうちから一つ選べ。解答番号は［38］。

①　孔子は寝室に絵を描かない宰予の無精をとがめたというんだ
②　宰予は孔子が寝室に絵を描いたことを嫌悪したというんだ
③　孔子は寝室に絵を描いた宰予の贅沢をとがめたというんだ
④　孔子は絵を描いた寝室で宴会する宰予を嫌悪したというんだ
⑤　宰予は孔子の寝室に絵を描くことを拒否したというんだ

(ii) 空欄 **Y** に入る最も適当なものを、次の ①～⑤ のうちから一つ選べ。解答番号は 39 。

① たとえ昼寝をしたとしても、当人が深く反省すれば良いだけだ
② たとえ絵を描かなくても、昼寝したことに対するとがめは消えない
③ たとえ昼寝をしなくても、絵を描いたことに対するとがめは消えない
④ たとえ絵を描いたとしても、厳しくとがめるほどのことではない
⑤ たとえ昼寝をしたとしても、厳しくとがめるほどのことではない

(iii) 空欄 **Z** に入る最も適当なものを、次の ①～⑤ のうちから一つ選べ。解答番号は 40 。

① 自分も荆公からとがめられないですむ
② 自分も昼寝の習慣から逃れることができる
③ 自分も宰予の過ちをとがめることができる
④ 自分も昼寝の習慣をとがめられないですむ
⑤ 自分も宰予の過ちを許してやることができる

第 5 回

実 戦 問 題

（200 点　90 分）

第1問

次の文章は、内藤廣《ないとうひろし》『形態デザイン講義』の一部で、大学の建築科の学生に対する講義を基にしたものである。これを読んで、後の問い（**問1～5**）に答えよ。なお、設問の都合で本文の段落に 1 ～ 16 の番号を付してある。（配点　45）

1 最近、建築では「スーパーフラット」（注1）というのが流行《はやり》言葉になっています。ある建築評論家が、情報化社会が無限にフラットな社会をつくっていくというゼロ年代の主張を、建築のフィールドに当てはめて主張したものです。スーパーフラットと言って、つまりなんでもかんでも平ら。要するに横に伸びていく。それを建築に置き換えると、モダニズム（注2）の発明品の一つである「均質空間」が無限に増殖していく、というイメージが(ア)カンキされるというわけです。「均質空間」ですから、それは近代社会のテーゼである「平等」や「グローバリゼーション」というイメージともシンクロしている。これはなかなか逆らいがたい主張のように見えます。と同時に、近代社会の空恐ろしいような側面も代弁しています。そのスーパーフラットな空間は、誰が与えるのか、ということです。それは、顔の見えない為政者ではないか。ジョージ・オーウェル（注3）の『１９８４年』のような社会が思い浮かびます。

2 わが国の建築系の学生諸君のオリジナリティの無さというのは恐るべきものがあります。いや、君たちのことではないですよ。君たちはこの授業を聴きにきているわけだから、そうとうユニークです（笑）。わたしがここ二〇年見ている限りでは、たとえば学生を中心にしたコンペティション（注4）があると、ほとんどがスーパーフラットを形にしたものばかりでした。平らな屋根で、壁が透明で、平面の構成でなにか面白いことをやる。そんなタイプが九割ぐらいのときもありました。確かに面白いですね。要するに間取り合戦みたいなものです。少し辛口のことを言いましたね。でも、みなさんには頑張って欲しいからあえて言ったのです。自分ではオリジナリティがあると思っていても、それは自分が思い込んでいるだけで、しっかりスーパーフラットの中での自由だった、なんて僕だったら耐えられませんね。

3 「スーパーフラット」って言い始めたゼロ年代の評論家たち。彼らの言葉というのは、ある種非常に分かり易い。ネット社会や情報化社会を先取りしている部分もある。みなさんがインターネットでつながっているとき、そこでの感じ方、それはフラットな感覚ですね。大学の図書館の奥の奥に行かないと触れられないような資料とかデータに、みなさんはフラットにアクセスすることができる。国会図書館の奥に行かないと手に入らないようなものも、みなさんはフラットに取り入れることができる。以前は考えられなかったことです。そう考えると、なかなか魅力的な言葉でもある。

4　それを建築に引き寄せて、フラットな空間が流行になっています。建築という分野は、いかにも腰が軽い。それがいいところでもあるし、悪いところでもある。建築の外で起きている流行を素早く取り入れる。そんなに安直でいいのか、とも思います。流行を追うだけでは、けっして現実の問題を解決することはできない。むしろ、A「どこにでもある場所」と、「どこにもいないわたし」を加速度的に増殖させているだけではないか。この傾向の建築は、そのことに明らかに(イ)カタンしています。これに抗《あらが》うには、どうしたって土地の問題を論じないといけないと感じています。

5　何年か前、地鎮祭というのは何かというのを書いてくれと言われて書いたことがあります。その時に、どうせ書くなら少し調べてみようと思って調べたら、どうも正体がはっきりしないんですね。一説には、歴史をずっと辿《たど》っていくと、藤原京の時に地鎮祭が行われたという記録が微《かす》かにあるぐらいで、おそらくそれ以前からあったらしい。太古からの(ウ)フウシュウかも知れない。

6　地鎮祭というのは地面を鎮めるわけですね。ゲニウス・ロキ(注5)に対する祈りです。地面を鎮めるお祭り。どういうことをやるのかと言うと、土地があり、そこに住宅を建てるとする。あるいはビルを建てるとする。超高層を建てるときも地鎮祭をやります。建てる前に(エ)セイチした段階で、その土地の一角にある領域をつくります。これにはだいたい竹が使われます。そんなに高くない二〜三mの竹を四本、四隅に植えて、しめ縄で囲います。これで領域をつくるわけです。そしてその中に祭壇ができます。祭壇はどうなっているかというと、三段ぐらいになっていて、通常最上段には御幣(注6)と榊《さかき》があって、場合によっては鏡みたいなもの、それがご神体になっています。さらに神さまに献ずる御神酒《おみき》の小さな壺《つぼ》が二つある。二段目には両側にはお供え物がある。山から採れる物と海から採れる物、要するに海彦《うみひこ》・山彦《やまひこ》、海幸・山幸ですね。三段目は参拝者が榊を献ずる場所になっています。

7　何が言いたいかというと、この仕掛けというのは粗末なものですけど、ある種明確な領域を示しているということです。神さまをここに呼んでくるんだけど、呼んでくる以前はただの竹で囲まれた場所だし、ただの鏡でしかない。神主さんが、今から神さまを呼びますよと(オ)センゲンして、ウーとかいう唸《うな》り声を上げて神さまを呼んだ瞬間に、囲まれた領域がものすごく強力な意味を持つわけです。要するに、場が変容するわけです。

8 参列者が榊を捧げるのですが、その敷居、領域をまたぐ時は必ず一礼をしなければいけない。榊を捧げた後は、二回礼をして二回柏手《かしわで》を打つ。そういう一連の儀式があって、それが終わると今度は神主さんが、どうもありがとうございましたと言って、神さまに去ってもらう。去ってもらうとただの場所に戻る。つまり、しめ縄で囲うという非常に粗末な仕掛けなのだけれど、そこに意味を持たせ、場が変容する。こういうプロセスというのは、実は世界にありそうで、実はない。

9 なんでこれを日本の空間の原点だと僕が言っているかということに疑問を持つでしょう。みなさんは相撲を見ますか? 相撲というのは、実はあれはスポーツではなく神事です。もともとは国技館でもなんでも、屋根の下に四本の柱が土俵の隅に立っていて、あの正方形の場所というのは、土俵入りを境にきわめて特別な場所になるわけです。一つの取り組みが終わると、丁寧に箒《ほうき》で祓《はら》いますよね。あれは土俵が神聖な場である名残です。

10 それから、能。能舞台は、客席から向かって左側に橋掛《はしがか》り(注7)があります。この橋掛りは後からできたもので、佐渡の能舞台なんて後ろから出てくるものもあるらしい。大事なのは、この能舞台が接している四隅の柱、これがとても重要な意味を持っています。能管が鳴り主役であるシテ方が登場すると、柱で囲まれた場所が神聖な場所に変わります。演目によって違いますが、多くは黄泉《よみ》の国を導き寄せる場となります。場の意味が日常から非日常へと変容します。異界の出現です。これが能の面白いところです。今はそんなことはないと思いますけど、かつてはあの場所というのは女人禁制で、僕が三〇代の前半に能舞台に関《かかわ》ったときは、女性は絶対に上がってはいけないことになっていました。ある種の神聖な場所だったわけです。

11 ですから、Bもし地鎮祭をよく理解してから能を見ると、ものすごくよく理解できるようになります。大事なことは、「場が変容する」ということです。この空間の仕組みを使って、日本の建築空間というのはできているのだと僕は思っています。それは数寄屋(注8)においてもそうだし茶室においてもそうです。何の意味もないものに対して意味を与える。シンボリックな意味を与えることによって、場の意味を根底からひっくり返す。そういう空間のつくり方です。

12 わたしは学生の頃、祭りを研究の対象にして論文を書きました。その時思いついた構造があります。構造と言っても力学的な意味ではなくて、仕組みや空間構成の仕方です。領域をつくるには二つのやり方があるんじゃないかと考えていました。そこで仮説的な提示をしてみたわけです。たとえば、一つはヨーロッパ的な空間領域のつくり方。もう一つはヨーロッパ的ではない、アジアの空間領域と言ってもいいかも知れない空間のつくり方。というように考えてみたのです。事実、こう考えると分かり易くなることが多い。

13 たとえば、ヨーロッパの田舎の街に行きます。イタリアの山岳都市でもどこでもいい。かならず街の真ん中にカテドラル(注9)がありその横には広場がある。カテドラルが街の中心であり、そこが街のヒエラルキーとして一番高い場所になっている。さらにカテドラルの中にもヒエラルキー(注10)があって、教会に入ると、正面にアプス、つまり祭壇があり、そのアプスが一番ヒエラルキーとして高いという構成になっている。街の中ではカテドラルが中心、そのカテドラルの中ではアプスが中心という構成になっています。つまり、中心に近いほど価値が高いという空間構成の在り方です。それによってヨーロッパの都市、特に中世の都市というのは構成されています。見方を変えれば、ポジティブな価値が真ん中にあって、それで領域をつくっていると考えることができます。

14 一方で、アジア的な空間領域はどうか。ヨーロッパとは全く対照的な在り方です。柳田国男(注11)の『遠野物語』を読むと、山の中でであった怖い体験が物語として出てきます。のっぺらぼうに遭ったとか、鬼が住んでいるとか。つまりネガティブな神話で周辺領域を固めている。村の日常的な領域を出たら、何か怖いことがあるよと。そこに象徴される空間のつくり方というのがあるんじゃないか、そういう領域のつくり方があるんじゃないか、と思いついたわけです。ネガティブなものを周りに置くことによって、自分の領域、生活領域をつくり上げるというやり方です。

15 これはちょっと言い過ぎかも知れませんが、僕らが子どもを育てるとき、あるいは日本社会のやり方というのは、あれをやってはいけません、これをやってはいけません、他人に迷惑を掛けてはいけません、ということをよく言いませんか。君たちは、まだ子どもを育てたことがないから分からないかも知れないけど、そうやって育てられませんでしたか。だけど、ヨー

ロッパの人たちは、そうやって子どもを育てないと思うんですよ。こういうことをしたらいいですよ、と言って育てる。C こ
れは言語の差ですよね。

16 日本人はよく結論を出さないとか、曖昧だとかと言われます。外国の人とディスカッションをしたり、あるいは政治的な交渉をしたりするときに、向こうはこうしたらどうかと言う。日本人は、いやそれはできませんと言う。ネガティブに言うことによって、自分の言いたいことを何となく分かってよ、というコミュニケーションの取り方をしますね。僕らも日常的にそうしているじゃないですか。「わたしはこれだ」とは、なかなか言わない。だけど、「わたしはそれではない」と言うわけです。これは実は、僕らの持っている言語構造と空間構造というのが、重なりあっているというふうにも言えると思います。つまり、否定を積み重ねることによって自らの領域、あるいは考えを明らかにしていく。そういう構造を空間的にも言語的にも持っているとも言えるのではないか。

（注）
1 ゼロ年代——西暦二〇〇〇年代（二〇〇〇年—二〇〇九年）を指す呼称。
2 モダニズム——ここでは「近代主義」の意。
3 ジョージ・オーウェル——イギリスの作家（一九〇三—一九五〇）。『１９８４年』は、権力が個々人の内部に浸透し意識自体を支配する未来社会を描いた逆ユートピア小説で、一九四九年に書かれた。
4 コンペティション——ここでは、建築における設計競技のこと。
5 ゲニウス・ロキ——ここでは「土地霊」の意。ラテン語のゲニウス（守護霊）とロキ（場所・土地）を合わせたもの。
6 御幣と榊——「御幣」は神道の祭具の一つ。「榊」は神前に供える木。
7 橋掛り——能舞台の一部で、舞台左手奥と本舞台とをつなぐ通路に当たる箇所。
8 数寄屋——庭園の中に建てられた茶室用の棟。
9 カテドラル——キリスト教の大聖堂。
10 ヒエラルキー——ピラミッド型に序列化された秩序。階層秩序。
11 柳田国男——民俗学者（一八七五—一九六二）。『遠野物語』は、岩手県遠野町の昔話・習俗などを聞き書きしまとめたもの。

問1　傍線部(ア)〜(オ)に相当する漢字を含むものを、次の各群の①〜④のうちから、それぞれ一つずつ選べ。解答番号は 1 〜 5 。

(ア) カンキ 1
① 部品をコウカンする
② 気配をカンチする
③ 友人の訪問をカンゲイする
④ 証人カンモンを行う

(イ) カタン 2
① 吉報に顔がホコロぶ
② 体をキタえる
③ 重い責任をニナう
④ 道のハシに車を寄せる

(ウ) フウシュウ 3
① シュウトウに準備する
② 運転の技術にシュウジュクする
③ 破損した箇所のシュウフク作業
④ 事態をシュウシュウする

(エ) セイチ 4
① セイゼンと行進する
② ケイセイが逆転する
③ セイミツ検査を受ける
④ 教会でセイショの講義を受ける

(オ) センゲン 5
① センレンされた趣味
② 思索にチンセンする
③ 商品をセンデンする
④ 候補者としてスイセンする

問2　傍線部**A**「『どこにでもある場所』と、『どこにもいないわたし』を加速度的に増殖させている」とあるが、それはどういうことか。その説明として最も適当なものを、次の①～⑤のうちから一つ選べ。解答番号は 6 。

① 情報化社会が無限にフラットな世界をつくっていくというゼロ年代の評論家たちの主張は、スーパーフラットと呼ばれる横に伸びていく建築を生み出したが、それは地上を離れ天へ向かおうとする垂直的指向を放棄し、「平等」や「グローバリゼーション」という形で水平方向への拡張を求めてきた近代社会の動向を加速させるものだ、ということ。

② 当初は建築用語だったスーパーフラットという言葉は、人々がインターネットで世界中とつながっているという現代的な感覚を象徴するイメージとして広く用いられるようになったが、そうした風潮は空間から個性を失わせ平凡で退屈なものとする一方で、他のどこにもいない独自の自己という観念にとらわれた人々を増殖させている、ということ。

③ 建築界で流行しているフラットな空間への指向は、あらゆるものがインターネット上の情報としていつどこでも手軽にアクセス可能なものとなった現代社会のあり方に通ずるものだが、それは近代社会の特質である空間の均質化をいっそう推し進め、土地の固有性に根ざして生きる人間存在のあり方を解体していくことにつながる、ということ。

④ ゼロ年代の評論家たちが提唱したスーパーフラットという概念は、それまで入手困難だった情報にたやすくアクセスできるようになったネット社会の状況を先取りするものであったが、建築がその流行を安易に取り入れて物理的な空間をフラットにしていくことは、現実世界を生きる生身の肉体を軽視する風潮を促進させかねない、ということ。

⑤ インターネットで様々な情報を簡単に入手できるようになった現代社会のあり方を建築に取り入れ、フラットな空間構成によって移動や往来の効率性を高めようとする最近の風潮は、経済合理性を追うあまり都市空間からゆとりや豊かさを失わせ、テクノロジーの都合ばかりが優先される人間不在の空間を増殖させてしまっている、ということ。

問３　傍線部Ｂ「もし地鎮祭をよく理解してから能を見ると、ものすごくよく理解できるようになります」とあるが、それはなぜか。その理由の説明として最も適当なものを、次の①～⑤のうちから一つ選べ。解答番号は［７］。

① 能の舞台がしばしば黄泉の国を導き寄せる場となることは、地鎮祭によって鎮められた土地に宿る霊を呼び戻し、その力を借りて社会を活性化させたいという、人々の無意識的な願望の現れだと言えるから。

② 能の舞台は、土地の四隅を竹としめ縄で囲いその中に神を呼び寄せて土地に宿る霊を鎮める地鎮祭を行うことで、場の意味を大きく変容させ、単なる舞台であることを超えて神聖な場所となるから。

③ 能の中で場の意味が日常から非日常へと変容することは、神という非日常的な存在を儀式によってその場から去らせ、日常の空間を回復する地鎮祭の営みと、ちょうど対をなすものだと考えられるから。

④ 能における異界の出現は、物理的には何の変哲もない空間において、境界を作る仕掛けと特定の人間の行為により場の意味を大きく変容させる地鎮祭のあり方を、その原点とするものだから。

⑤ 能舞台がもつ空間の仕組みは、何の意味もないものに対して意味を与えるものである点で、数寄屋や茶室といった建築空間と同様に、地鎮祭を原点とする日本的な空間のあり方を根底からひっくり返すものだから。

問4　傍線部C「これは言語の差ですよね。」とあるが、このことについて筆者はどのように考えているか。その説明として最も適当なものを、次の①～⑤のうちから一つ選べ。解答番号は 8 。

① 言語的コミュニケーションにおいて、西欧人は肯定形を中心とし、日本人は否定形を中心とする傾向があるが、このことは、西欧の空間が中心に価値の高いものを置くことで自己の領域を構成していき、日本の空間が外部にネガティブなものを置くことで自己の領域を構成していくことと対応している。

② 社会生活を送るに当たって、西欧人は自分が何をしたいかを大切にし、日本人は他人に迷惑をかけないことを大切にする傾向があるが、このことは、西欧の言語が常に主語を明確にする構造をもち、日本の言語が必ずしも主語を必要とせず主体と客体とが明確に分離しない構造をもっていることと対応している。

③ 子どもを育てる際に、西欧人は何をなすべきかを教えることに重点を置き、日本人は何をしてはいけないかを教えることに重点を置く傾向があるが、このことは、西欧の言語がポジティブな表現による自己主張を本質としており、日本の言語がネガティブな表現による自己否定を本質としていることと対応している。

④ 他者と関係を持とうとするときに、西欧人は自分の意志を言語によって明確に伝えようとし、日本人は含みを持たせた言い方により相手との調和をはかろうとする傾向があるが、このことは、西欧人が空間的にも自他の領域の区別を明確にする志向をもち、日本人が両者の境界を曖昧にし共存していこうとする志向をもつことと対応している。

⑤ 他者とのディスカッションや交渉に際し、西欧人は実現の可能性を度外視して積極的に提案することを好み、日本人は実現可能性を考慮して消極的で慎重な言い回しを好む傾向があるが、このことは、西欧人が言語による思考と現実の空間における行為とを分けて考えており、日本人が両者を常に重ねて考えていることと対応している。

問５　この文章を授業で読んだＪさんは、内容をよりよく理解するために、次の【ノート１】〜【ノート３】を作り、本文を内容の点から大きく三つに分け、本文の内容・構成について考えたうえで、筆者の言いたいことを文にまとめた。本文の内容とＪさんの学習の過程を踏まえて、後の(i)〜(iii)の問いに答えよ。

【ノート１】本文の内容の整理

一　最近の建築の流行（1〜4）
　Ⅰ

二　日本的な空間の特質（5〜11）
　Ⅱ

三　ヨーロッパ的な空間とアジア的な空間（12〜16）
　「中心」からの領域構成と「周辺」からの領域構成

【ノート２】本文の構成についてのメモ

Ⅲ

【ノート３】筆者の言いたいことのまとめ

Ⅳ

(i) 空欄 Ⅰ ・ Ⅱ に入る語句として最も適当なものを、次の ① ～ ⑤ のうちから、それぞれ一つずつ選べ。解答番号は、Ⅰが 9 、Ⅱが 10 。

① 空間の仕組み
② 場の意味の変容
③ フラットな空間
④ 能舞台の構造
⑤ 建築のオリジナリティ

(ii) 空欄 Ⅲ に入る内容として**適当でないもの**を、次の ① ～ ⑤ のうちから一つ選べ。解答番号は 11 。

① 筆者は、一・二・三を通じて、「空間」を単なる物理的なものを超えた意味を持つものとして取り上げている。
② 筆者は、二・三で取り上げた空間に比べ、一で取り上げた空間を否定的にみている。
③ 一で取り上げられた空間と二で取り上げられた空間は対比され、三でその二つがまとめられている。
④ 二で取り上げられるさまざまな事例は、基本的には同一の論旨を述べるために挙げられている。
⑤ どこか一箇所に主張の中心があるというより、本文全体を通じて筆者の主張が見えてくるという文章である。

(iii) 空欄 **Ⅳ** に入る内容として最も適当なものを、次の ①～⑤ のうちから一つ選べ。解答番号は **12** 。

① 最近流行している「スーパーフラット」は、現代の空間感覚を象徴する言葉とされるが、それはあくまでネット上の仮想空間でしかないのだから、現実の人間が生きている物理的空間の具体性や身体性を軽んじてはならない。

② 言語により自らの考えを明らかにすることと空間的に自らの領域を明らかにすることとは構造的に重なりあっているのだから、日本人が主体的な言語使用を身につけるためには、まず日本的な空間のあり方を考え直さねばならない。

③ 空間をどのように捉え意味づけるかは、そこで生きる人々の生の様相や社会の特質と密接に関わることなのだから、空間の均質化が進む現代の傾向に抗い、各地域や個々の場所の固有性に根ざした空間のあり方を大切にすべきだ。

④ 西欧と日本との空間の違いが両者の言語や文化の違いと対応しているように、空間の構造と言語の構造は重なりあっているのだから、現代の空間のあり方が「スーパーフラット」という流行の言葉に影響されるのもやむを得ない。

⑤ 言語や社会関係、宗教的心性などは、人間の精神が生み出す観念的なものだと考えられがちだが、実はそれらが営まれる空間の構造を反映したものなのだから、建築や都市といった物理的実体が生み出す即物的なものだと言える。

第2問

次の文章は、志水辰夫《しみずたつお》「五十回忌」の一節である。姉の五十回忌のために「わたし」と妹の鈴《すず》は長兄一家の住む実家に帰省したが、鈴は仕事の都合で早々に帰ることになり、「わたし」に挨拶に来た。本文はそれに続く部分である。これを読んで、後の問い（問1～6）に答えよ。なお、設問の都合で本文の上に行数を付してある。（配点　45）

わたしたちは黙って雨を見つめた。雷が近づいてくる。ときどき稲光が光った。あのときと同じだ。あのときもこんな大雨だった。気がついたときは驟雨《しゅうう》（注1）のただなかにきょうだい三人が放りこまれていた。

溜《た》め池に鯉《こい》がいることは知らなかった。釣りあげた、という話を聞いたことがなかったからだ。池の主だから釣ってはいけないという噂《うわさ》なら聞いたことがある。しかしそういう話なら当時多かれ少なかれ、たいていの池、沼につきものだった。実体のない噂だと思っていた。

はじめはゲンゴロウ鮒《ぶな》釣りが目的だった。近くの小川でとってきた小鮒を庭の池に放していたところ、それを見た友だちのひとりに、こんなのは鮒《ふな》じゃないと冷笑された。彼の家の池にはゲンゴロウ鮒が何匹も泳いでいた。これが同じ鮒かと思うくらい大きくて姿形のいい鮒だった。それで悔しくてたまらず、なんとかしてゲンゴロウ鮒を手にいれたいと思った。例の溜め池にいる、という話を聞きつけてきてくれたのは姉だ。わたしはすぐさま偵察に行き、勇み立ったもののどうやって捕まえたらいいか、その方法を思いつかなくて途方に暮れた。溜め池は深くてひろく、たも網のようなものなど使う余地がなかったからだ。結局釣るしかなかった。

それまで釣りはしたことがなかった。道具も持っていなかった。それで兄に頼み、山から伐《き》りだしてきた矢竹で釣り竿《ざお》をつくってもらった。多少ゆがんでいたが、長さだけは四、五メートルもある立派な竿《さお》ができた。テグスと針は父が買ってくれ、浮きは兄が桐《きり》の木を切りだしてつくってくれた。わたしはみみずを掘り、鬼退治に行く桃太郎のような気分になって勇躍でかけた。お供は鈴だった。彼女は自分の胴回りよりも大きいバケツを持ってついてきた。

鮒釣りがそんなに微妙で、むずかしいものだなんて思いもよらなかった。なにしろ国民学校の一年生、いまでいえば小学校へ入ったばかりの年だったのだ。しかも釣りははじめてときている。浮きが動いたと見た瞬間竿をあげなければならないのだが、そのタイミングが早すぎてもいけないし遅すぎてもいけない。そのこつを会得するのは、十にも満たない子どもにはなんともむずかしいことだった。はじめの日は一匹も釣れなかった。そのつぎの日も。三日目に、まったくのまぐれでやっと一匹釣りあげた。体長七、八センチの小鮒だったが、それでもゲンゴロウ鮒であることに変わりはなかった。これまでの鮒とは色といい、形といい、艶といい、雲泥の差があった。わたしたちは大喜びで凱旋《がいせん》した。池に放すと、鮒は悠然と泳ぎはじめた。日が暮れるまでふたりでながめていた。ながめてすこしも飽きなかった。

それからは雨でも降らない限り毎日のようにでかけていた。かなりの時間と労力を費やし、総計五匹の大小ゲンゴロウ鮒を得た。そしてそのときは、つぎの新しい目標が芽生えていた。鮒を釣っているとき、遠くの水面で魚が跳ねるのを何回か目にしていたのだ。それは特別に大きな魚だった。

溜め池の鯉を釣るというと周囲にとめられるだろうから、人にはうっかり相談できなかった。自分で手探りしながら用意するしかない。針は買ってもらったセットのなかに大きなものが混じっていたが、テグスはなかった。それで凧揚《たこあ》げ用のいわゆる凧糸で試してみることにした。餌はぬかを米粒で煉《ね》ってだんごにしたもの。浮きは先に兄がつくってくれたものを参考に、見よう見まねで自分でつくった。

餌のだんごが大きすぎたり、軽くて沈まなかったり、はじめの日はまったく思うようにならなかった。それでつぎの日は親の目を盗んでメリケン粉を持ちだし、それを煉って餌を重くした。するとその日のうちに、夢にまで見た鯉を釣りあげることに成功したのだ。準備をはじめてからざっと二週間たっていた。釣りあげた鯉は、体長三十センチくらいとやや小ぶりだったが、それでも尾っぽを曲げなければバケツに入らないくらい大きかった。むろんゲンゴロウ鮒とは比較にならない。生まれてこの方、あのときくらいうれしかったことはなかった。Ａいまでも鯉と力くらべをしたときのあの手応えが躰《からだ》のなかにしっかりとしみこんでいる。

大喜びで帰り仕度をはじめた。天気がくずれ、夕立がきそうだったから急がなければならなかった。餌箱を取りにもどっていたときだ。突然、わたしを呼ぶ鈴の悲鳴が聞こえた。鯉が跳ねてバケツから飛びだしてしまったのだ。鈴があわてふためいて取り押さえようとしているが、小さな手には大きすぎた。一旦つかんだものの、鯉が暴れた拍子にまた落とした。鯉はなおも跳ねて斜面を転がり、駆けつけたときは田の脇を流れる水路に落ちてしまっていた。

田に水を引くための水路だから幅が三十センチくらいしかない溝といっていい小川だ。水の深さも膝下《ひざした》くらいまでしかなかった。わたしは必死になって鯉を追い、下流へ先回りした。そして退路を断つと、同じように鈴を上流に立たせてその上まで逃がさないように足踏みしろと命じた。そのうえでわたしは水のなかに入って鯉を追いはじめた。水はそのときまだ澄んでいた。しかしすぐに濁ってしまい、目で鯉を確認することはできなくなった。わたしは両手両足で水中を探りながら鯉を上流へ上流へと追いつめていった。鈴が悲鳴に近いさけび声をあげた。足に触ったというのだ。たしかに一瞬だが背びれが見えた。わたしは這《は》いつくばって手を伸ばし、手で押さえつけるようにして鯉を捕らえた。取った、とさけんで腕のなかに抱えあげようとした瞬間、鯉はまた跳躍して手からすべり落ちた。逃がすまいとして尻餅をつき、その段階でわたしは全身ずぶ濡《ぬ》れになった。

もう一回下流へ走った。水が濁ってなにも見えなくなっていた。しかしこのときは、鯉が一気に下流まで突っ走る魚でないことを見抜いていた。右往左往しながらもこの一か月の経験で、魚の習性がなんとなくわかりかけていたのだ。

「大丈夫。逃げてない。そこで足踏みして、手で水を掻《か》きまわせ。絶対捕まえるから」

わたしは脇の山に分けいり、雑木を何本か折り取ってもどってきた。それを水中に立てたり沈めたりして、鯉が下流まで逃げられないよう障害物をつくった。同じように鈴のところにも雑木を運んだ。それからふたたび生けどりにかかった。そのときは雨が猛烈な勢いで降りはじめており、さらにもっと強くなろうとしていた。そういうことがまったく目に入らなかった。あれほど苦労して釣りあげた鯉だ。絶対に逃がすものか、という一心でわれを忘れていた。

しかしなにも見えない濁った水路のなかでの手探りは、思ったほど簡単なことではなかった。しかも降った雨が流れこみはじめ、水嵩《みずかさ》が急速に増して膝を越す高さになってきた。流れも速くなってくるばかりだ。何度か魚体に手をかけたものの、そのつど逃げられた。鯉のような魚をどうつかんだらいいか、まったくわからなかったのである。

稲光が光り、雷が轟《とどろ》きはじめた。水はさらに増し、せっかくつくった障害物も押し流してしまった。今度逃がしたらもう捕まえられなくなる。それがはっきりわかった。わたしは追い詰められてしまい、最後は水路に坐《すわ》りこんで自分の躰を障害物にした。それ以外に水路をふさぐ方法を思いつかなかったのだ。そして前に向かって腰を落とし、すこしずつ、すこしずつ、いざるようにして上流へ追って行った。向かいでは鈴が、わたしと同じように水のなかへ腰を落としていた。両手で懸命に突っ張っているが、水の勢いに押されて流されそうになっている。鈴はひーひーいいながらそれに耐えていた。

もうすこしで捕まえられるところだった。今度こそ絶対に逃がさないつもりだった。逃げ場を失った鯉の背びれがすぐ目の前に見えていたのだから。あと二、三分。せめて一分。しかしそのとき、はげしく叱りつける声が上から聞こえてきた。心配した姉がわたしたちを探しに来たのだ。

「Bなにをしてるの。この、ばかたれ。早くそこからあがってきなさい」

きょうの雨が、まさにあのときの状況と同じだった。まるで姉が引き合わせてくれたみたいに、あのときと同じ土砂降りになっている。雨の壁が襞《ひだ》のようなうねりを見せながら野面《のづら》を渡っていく。そして視界が真っ白になった。あれから五十年、その後も土砂降りの雨は何度か経験しているが、きょうほど強い雨に出遭ったことはなかった。雷の音があのときと同じように近づいてきつつあった。

Cだれかの声がしたかと思うと、弥一が客間に入ってきた。車の用意ができたことを鈴に告げにきたのだった。弥一はわたしたちを見ると、瞬間ぎょっとした顔になった。ふたりが異様な雰囲気でも漂わせていたのかもしれない。

「ちょっと待ってね。この夕立をもうすこし見て行きたいから」

兄が入ってきたので弥一はあわてててて行った。

「なんだ。開け放してるのか。水しぶきが入ってくるじゃないか」

「いいじゃないの、すこしくらい。おねえちゃんを思いだしているところなんだから黙っててよ」

鈴がつよい剣幕でいったので兄は黙った。そしてわたしたちを交互に見おろした。わたしは庭を指さした。兄に意味が伝わったようには思えなかった。しかしそれ以上説明するのも面倒で、わたしは兄から目を離した。

　雷が近づいてくる。落雷の音が大気を引き裂きながら轟いてくる。

　あのときは姉に頭上を指さされるまで、雷が鳴っていることにも気がつかなかった。ふだんは雷嫌いだった鈴まで同じ、鯉のことしか眼中になかったのだ。姉は怒ったときの母そっくりの怖い声でやめなさいといった。それでも聞き入れないでいると、襟首《えりくび》をつかんで力ずくで引きずりあげられた。姉は六年生だったから、わたしより躰も大きければ力も強かった。まして抵抗していたらぶたれていたにちがいない。怒ったときの姉は怖かった。わたしも、鈴も、泣きべそをかいていた。泥だらけで、ずぶ濡れで、みじめで、歯ががちがち鳴るのをとめられないくらい寒かった。わたしは力つきて泣きだしてしまい、鯉を釣りあげたこと、逃げられたこと、あとすこしで捕まえられそうだったことを訴えたが、姉は聞きいれてくれなかった。たしかに向こうが見えなくなるほど雨が強まり、稲光が間断なく光って、落雷の音がまぢかで聞こえていたのだ。鈴も手放しで泣いていた。

　姉はわたしたちを急《せ》きたて、散らばっていた釣り道具を拾い集めた。蛇《じゃ》の目傘《めがさ》(注3)をさしていたが、傘《かさ》は一本しかなかった。姉は傘をわたしにさしだし、鈴と一緒に入るよう命じた。そして自分は釣り竿やバケツを持ち、先に立つと、ついてきなさいと走りだした。わたしは右手で傘をさし、左手で鈴を引いて、あとを追いかけた。雷雨はたけなわと思われ、顔に受ける雨粒が痛いほど大きかった。鈴の足が遅かった。わんわん泣いているため足のほうがお留守になってしまうのだ。わたしもそれを叱りつけながら一緒に泣いていた。姉はときどき振りかえり、足の遅いわたしたちを叱りつけてはまた先に立った。踏切を越え、雨宿りができるお宮まで、あと二、三百メートルというところだった。姉が肩にかついでいた釣り竿が揺れていたのをいまでもはっきりおぼえている。

　目の前で黄色い光がはじけた。躰が裂けたかと思う衝撃と音響が炸裂《さくれつ》し、つぎの瞬間、なにもわからなくなってしまった。わたしも、鈴も、地べたに叩《たた》きつけられて気を失ってしまったのだ。気がついたときは病院にいた。そして姉の持っていた釣り竿に落雷したことを知らされた。

　光った。

突然目の前が真っ白になった。空からおりてきた閃光《せんこう》が地上とつながったのをはっきり見た。雷鳴がつんざき、耳がぐゎんと鳴ると、なにも聞こえなくなった。庭の松の木の向こうに水煙が立っていた。それは白い影のようにふわっと揺れ、人の歩むほどの早さで木立のなかへ消えていった。

「おねえちゃん!」

鈴が立ちあがってさけんだ。わたしのほうに向けた顔が泣きだしそうになっていた。鈴は手をふるわせながら庭を指さした。

「見た?　見たよね。おねえちゃんが帰ってきたのよ」

わたしは首でゆっくりうなずいてみせた。

たしかになにかを見たように思った。少女の立像のような白い影。こちらを向いた。そして向こうへ歩いて行った。姉が帰ってきた。D姉はいまでも十二歳だった。

（注）1　驟雨――にわか雨。

2　弥一――兄の息子。鈴を空港まで送っていくことになっていた。

3　蛇の目傘――和紙を張った傘の一種。

問1　傍線部A「いまでも鯉と力くらべをしたときのあの手応えが躰《からだ》のなかにしっかりとしみこんでいる。」とあるが、ここに表れている「わたし」の気持ちについて説明したものとして最も適当なものを、次の①～⑤のうちから一つ選べ。解答番号は 13 。

①　初めてのゲンゴロウ鮒釣りが思ったよりうまくいったときの得意さや、苦労して大きな鯉を釣りあげたときの喜びと満足感がありありとよみがえってきて、当時の余韻に浸りながら幼かった頃の自分をいとおしんでいる。

②　家族の理解を得られたゲンゴロウ鮒釣りとは違って、反対を押しきって一人で長い時間をかけて準備して鯉を釣りあげただけに大きかった喜びとそのときの感触とがよみがえり、純粋だった当時の自分を懐かしく思っている。

③　友だちの鼻をあかすことが目的だったゲンゴロウ鮒釣りとは異なり、自分のためだけに鯉を釣りあげるという目的を達成したときの喜びや充実感をかみしめながら、そのときの感覚をひとつずつ思い起こしている。

④　家族が手伝ってくれたゲンゴロウ鮒釣りとは違って、すべて自分一人で工夫してやっとの思いで鯉という大物を釣りあげたときの感覚とともに、当時の喜びの大きさや誇らしさが自分のなかにたしかに存在することを感じている。

⑤　自分一人で手探りしながらひとつひとつ準備をして、夢にまで見た鯉を釣りあげた喜びが大きいだけに、見張りを妹の鈴にまかせきりにしたせいで鯉を逃がしてしまったことへの後悔の念を今でもぬぐいきれずにいる。

問２　傍線部**B**「なにをしてるの。この、ばかたれ。早くそこからあがってきなさい」とあるが、こうした「姉」の言動について、今の「わたし」はどう考えているか。その説明として最も適当なものを、次の①～⑤のうちから一つ選べ。解答番号は 14 。

① 激しい雷雨によってせっかくつくった障害物が流されてしまい、「わたし」は、必死で鯉を捕まえようと追いかけ、あと少しというところまできていた。そのとき姉に力ずくで止められて、何を言っても聞いてもらえず結局鯉に逃げられてしまったのだが、「わたし」が悔しく思っていることを、姉は気にもとめずにいたようだった。

② 激しい雷雨によって、夢中で鯉を捕まえようとする「わたし」とそれを手伝う鈴はますます追い詰められて、危険に全く気づかない異様な状態にあった。それを見た姉は力ずくで現実に引き戻し、「わたし」や鈴が泣きじゃくっているのにもかかわず、厳しく叱って連れ帰るという形で、姉としてふたりを守ろうとしてくれた。

③ 激しい雷雨のなかでなお、危険を顧みずひたすら鯉を捕まえることにのみ熱中する「わたし」と鈴は異様な心理状態に陥っていた。それを見た姉は危険を感じてやめさせたが、「わたし」は泣きながら抵抗するし、鈴も泣くばかりだったので、まだ幼かった姉の堪忍袋の緒が切れて、雷雨をついて無理にふたりを連れ帰ろうとした。

④ 激しい雷雨のなか、ひたすら鯉を追いかけることに熱中する「わたし」は、鈴が危険な状態にあることにすら気づいていなかった。それを見た姉は「わたし」を厳しく叱責したが、「わたし」も鈴も泣いているばかりで埒《らち》があかないので、辛抱しきれず早く家まで戻らなければならないと考えて強い態度に出た。

⑤ 激しい雷雨におびえながらも、「わたし」は危険を顧みず鈴と一緒に体を張って鯉を追い詰め、あと少しで捕まえられるというところまできた。そのとき姉に厳しく叱られ、せっかく追い詰めた鯉に逃げられてしまったが、不器用な姉は幼いわたしたちに厳しい態度をとることによって愛情を示そうとしてくれたのだった。

問3　傍線部C「だれかの声がしたかと思うと、弥一が客間に入ってきた。」とあるが、これに続く部分についての説明として最も適当なものを、次の ①～⑤ のうちから一つ選べ。解答番号は 15 。

① 姉の亡くなった日と同じような激しい雷雨に姉を思う心情が、姉の死と深くかかわった「わたし」と鈴だけにしか理解できない特別のものであることを、甥《おい》の弥一や兄とのやりとりを描くことで印象づけている。

② 鈴の心情を察して細やかに気遣う弥一と、自分の姉の亡くなった日と同じような雷雨であることにすら気づかないがさつな兄とを対比的に描くことで、弥一と兄との間にある根深い確執を浮き彫りにしている。

③ 亡くなった姉について兄に語りたいと思いながらも、自分たちの責任を感じて何も言えなくなってしまう「わたし」の気弱さを、兄に強いことばを返す気の強い鈴の態度と対照させて描くことで強調している。

④ 今日の雷雨を五十年前とあえて結び付けようとしない兄の態度を描くことで、優しい兄が「わたし」と鈴の姉の死に対する自責の念を少しでも和らげようとして心を砕いている様子を浮かびあがらせている。

⑤ 鈴が、甥の弥一に対しては優しいことばをかけているのに対して、兄のことばには強い口調で応じている様子を描くことで、鈴の二面的な性格と、兄の人情の機微を理解しない無神経さとを際立たせている。

問4　傍線部D「姉はいまでも十二歳だった。」とあるが、このときの「わたし」の心情の説明として最も適当なものを、次の①～⑤のうちから一つ選べ。解答番号は 16 。

① 当時は恨めしかった姉の言動も、五十回忌に際して同じような雷雨に遭って思い返してみると十分に納得でき、姉を懐かしんでいたそのとき「少女の立像のような白い影」を見て、当時の姉の幼さに思い到《いた》りほほえましく思っている。

② 五十年前、姉の亡くなった日と同じ激しい雨と落雷のなか、当時は怖く厳しい印象しかなかった姉が、十二歳の少女のままで現れたので、かわいらしく思うと同時に、自分たちが年を取ったとあらためて実感し、寂しく思っている。

③ 五十年前、自分たちの犠牲になって亡くなった姉にずっと負い目を感じ続けてきたが、今、やっと自分たちを許してくれたような気がしてありがたく、これからも姉が守ってくれた命を大切に生きていこうと決意をあらたにしている。

④ あんなに苦労して釣った鯉を捕まえるのを妨げた姉を恨めしく思う一方で、その死に責任を感じて生きてきたが、五十回忌にあたって、十二歳のままの清浄な姉の姿を見てわだかまりもとけ、姉への感謝で胸がいっぱいになっている。

⑤ 当時の状況や心情をすこし客観的に見つめられるようになった五十回忌に、不思議なできごとに遭遇して、姉の死への負い目は残しながらも、姉へのいとしさやかけがえのない「きょうだい」の絆《きずな》への思いがこみあげている。

問5 この文章での「時間」に関わる表現についての説明として**適当でないもの**を、次の①～⑤のうちから一つ選べ。解答番号は 17 。

① この文章では、過去の出来事を回想して語る叙述の中に現在の場面がしばしば挿入される重層的な時間構成をとることで、出来事や心理が立体的に描かれている。

② 1行目の「あのときと同じだ」は、指示内容のわからない指示語をあえて用いることで読者の注意を引き、この後の展開への興味をよびおこそうとする書き方になっている。

③ 大人になった現在から過去を振り返るという設定によって、16行目「国民学校～いまでいえば小学校」といった読者に対する説明をさりげなく加えることも可能になっている。

④ 78行目「雷が近づいてくる」によって「わたし」の意識が雷の音に向けられているのを示し、それとは対照的だった自分を思い出すところから過去の回想に戻って、その後に訪れた衝撃的な出来事の記述へとつなぐ構成になっている。

⑤ 96～99行目までの記述は、五十年前に見たものの記憶と現在目にしている情景とを交互に描くことで、過去と現在が融合したかのような「わたし」の時間体験を感覚的に表現している。

問6　本文について、Aさんのグループは授業で発表することになり、Aさんが【プリント】を用意し、前もってグループ内で話し合った。次に示す【プリント】と【話し合いの様子】を読んで、後の(i)〜(iii)の問いに答えよ。

【プリント】

● 豪雨と落雷＝子どもの頃（姉十二歳、わたし六歳〈小学校に入る年齢〉、妹〔鈴〕年齢不詳）
・周囲を顧みる余裕もなく鯉の捕獲に熱中する主人公の「わたし」と妹
・雷雨が激しくなる
・姉が来て強引に連れ戻される
・帰り道での落雷による姉の死

↓

● 豪雨と落雷＝姉の五十回忌（姉十二歳、わたし五十五歳、妹〔鈴〕当時の年齢＋四十九歳）
・五十回忌は、一般に死後四十九年目に最後の法要として行われることが多い。
・子どもの頃と同じ、激しい雷雨
・庭に落雷
・落雷による水煙の白い影に姉を見る、わたしと妹〔鈴〕

＊『万葉集』から

a　雷神《なるかみ》の少し響《とよ》みてさし曇り雨もふらぬか君を留《とど》めむ
（雷が少し響いて空が曇り雨も降らないだろうか、あなたをここに留められるだろうに）

b　雷神の少し響みて降らずとも我《わ》は留まらむ妹《いも》し留めば
（雷が少し響いて雨が降らなくてもわたしは留まりますよ、あなたが留めるのならば）

【話し合いの様子】

Aさん――本文の中心的な出来事を**【プリント】**にまとめ、『万葉集』の短歌も掲げてみました。意見を聞かせてください。

Bさん――子どもの頃って何かに熱中して周りが見えなくなるってことがありますよね。それにしても、雨がひどくなり雷が鳴っても気づかないほどの熱中ぶりなんですね。

Cさん――「わたし」と妹が帰って来ないというので、姉が連れ戻しに来る。そこからの姉の振る舞いには、［Ⅰ］ことが見てとれますね。

Dさん――しかし、釣り竿を担いでいたのが不運だった。自然現象は容赦ないですね。

Aさん――雷のことですね。でも、最後の場面ではその雷がある種の恩寵を与えてくれているようにも感じられます。「わたし」と妹はずっと罪の意識を抱いていたでしょうから、五十回忌で姉に会えたことで、［Ⅱ］のではないでしょうか。『万葉集』の短歌を思い起こしたのは、(注)『言の葉の庭』という映画の中で使われていたことが頭にあったからで、雷雨が大切な人とのつながりに関係するのかなと思ったんです。

Cさん――現代では「雷」や「雨」は科学的に説明できる自然現象なんでしょうけど、それとは別次元で大昔から人間に情緒や物語を与えるものなんですね。

Dさん――短歌では、雷や雨は想定されているだけで実際の現象としては生じていないですよね。それでも、本文と同じように［Ⅲ］として捉えられている。

Bさん――そう考えると、人間そのものは大昔からそれほど変わっていないのかもしれませんね。

(注)『言の葉の庭』――二〇一三年公開のアニメーション映画。監督は新海誠《しんかいまこと》（一九七三―）。

(i) 空欄 [Ｉ] に入る発言として最も適当なものを、次の①～④のうちから一つ選べ。解答番号は [18] 。

① 弟たちを思う強い気持ちが空回りし、かえって彼らを傷つけている
② これを機会に、弟たちに現実の厳しさを教え戒めにしたいと考えている
③ 何よりもまず、幼い弟と妹を無事に連れ帰りたいと必死になっている
④ 鯉を捕まえたい気持ちもあるが、姉としての使命感がそれに勝っている

(ii) 空欄 [Ⅱ] に入る発言として最も適当なものを、次の①～④のうちから一つ選べ。解答番号は [19] 。

① 長年抱えていた罪悪感から解放された
② 少しは救われたような思いになった
③ 姉が昔ながらの姿でいることに救われた
④ 忘れかけていた罪の意識をあらたにした

(iii) 空欄 [Ⅲ] に入る発言として最も適当なものを、次の①～④のうちから一つ選べ。解答番号は [20] 。

① 人間を恐怖におとしいれる自然界の不可思議な現象
② 思い人や大切に思う人とのつながりをもたらすもの
③ いつ生じるかもしれない人知では予兆しがたい現象
④ 人びとの信仰が集約された象徴的で犯しがたいもの

第3問

Jさんは、水道などのインフラストラクチャーの老朽化という問題について調べ、後の【資料Ⅰ】～【資料Ⅲ】をもとに、レポートに書くことの概略を記した【下書き】を書き、読み直して改善点を考えた。これらを読んで、後の問い（問1～4）に答えよ。（配点　20）

【下書き】

【資料Ⅰ】の「改正の趣旨」には、水道法の一部を改正する理由の一つとして「水道施設の老朽化」が挙げられている。たしかに、【資料Ⅱ】からは、［X］がうかがえる。

【資料Ⅰ】の「改正の概要」には、「4.官民連携の推進」とあり、【資料Ⅲ】はこれについて書かれたものである。「水道法改正」に先立つ「PFI法」の「改正」には、「PFIの一手法」である「コンセッション方式」の水道事業への「導入を促進する」面があるとし、「PFI」「コンセッション方式」の特徴を説明したうえで、改正前にも行われていた民間企業への「業務委託」と「コンセッション方式」を比較している。

水道事業に何らかの改革が求められていることは間違いのないことであり、そのための策として「官民連携」という方向性があることも確かだろう。だがその際には慎重な検討が必要ではないかと思われる。

第5回　国語

【資料Ⅰ】

水道法の一部を改正する法律（平成30年法律第92号）の概要

改正の趣旨

人口減少に伴う水の需要の減少、水道施設の老朽化、深刻化する人材不足等の水道の直面する課題に対応し、水道の基盤の強化を図るため、所要の措置を講ずる。

改正の概要

1. 関係者の責務の明確化

① 国、都道府県及び市町村は水道の基盤の強化に関する施策を策定し、推進又は実施するよう努めなければならないこととする。

② 都道府県は水道事業者等（水道事業者又は水道用水供給事業者をいう。以下同じ。）の間の広域的な連携を推進するよう努めなければならないこととする。

③ 水道事業者等はその事業の基盤の強化に努めなければならないこととする。

2. 広域連携の推進

① 国は広域連携の推進を含む水道の基盤を強化するための基本方針を定めることとする。

② 都道府県は基本方針に基づき、関係市町村及び水道事業者等の同意を得て、水道基盤強化計画を定めることができることとする。

③ 都道府県は、広域連携を推進するため、関係市町村及び水道事業者等を構成員とする協議会を設けることができることとする。

3. 適切な資産管理の推進

① 水道事業者等は、水道施設を良好な状態に保つように、維持及び修繕をしなければならないこととする。

② 水道事業者等は、水道施設を適切に管理するための水道施設台帳を作成し、保管しなければならないこととする。

③ 水道事業者等は、長期的な観点から、水道施設の計画的な更新に努めなければならないこととする。

④ 水道事業者等は、水道施設の更新に関する費用を含むその事業に係る収支の見通しを作成し、公表するよう努めなければならないこととする。

4. 官民連携の推進

地方公共団体が、水道事業者等としての位置付けを維持しつつ、厚生労働大臣の許可を受けて、水道施設に関する公共施設等運営権※を民間事業者に設定できる仕組みを導入する。

※公共施設等運営権とは、PFIの一類型で、利用料金の徴収を行う公共施設について、施設の所有権を地方公共団体が所有したまま、施設の運営権を民間事業者に設定する方式。

5. 指定給水装置工事事業者制度の改善

資質の保持や実体との乖離《かいり》の防止を図るため、指定給水装置工事事業者の指定※に更新制（5年）を導入する。

※各水道事業者は給水装置（蛇口やトイレなどの給水用具・給水管）の工事を施行する者を指定でき、条例において、給水装置工事は指定給水装置工事事業者が行う旨を規定。

施行期日

令和元年10月1日（ただし、3. ②は令和4年9月30日までは、適用しない。）

【資料Ⅱ】

図１　管路経年化率（%）

$$\frac{\text{法定耐用年数を超えた管路延長}}{\text{管路総延長}} \times 100$$

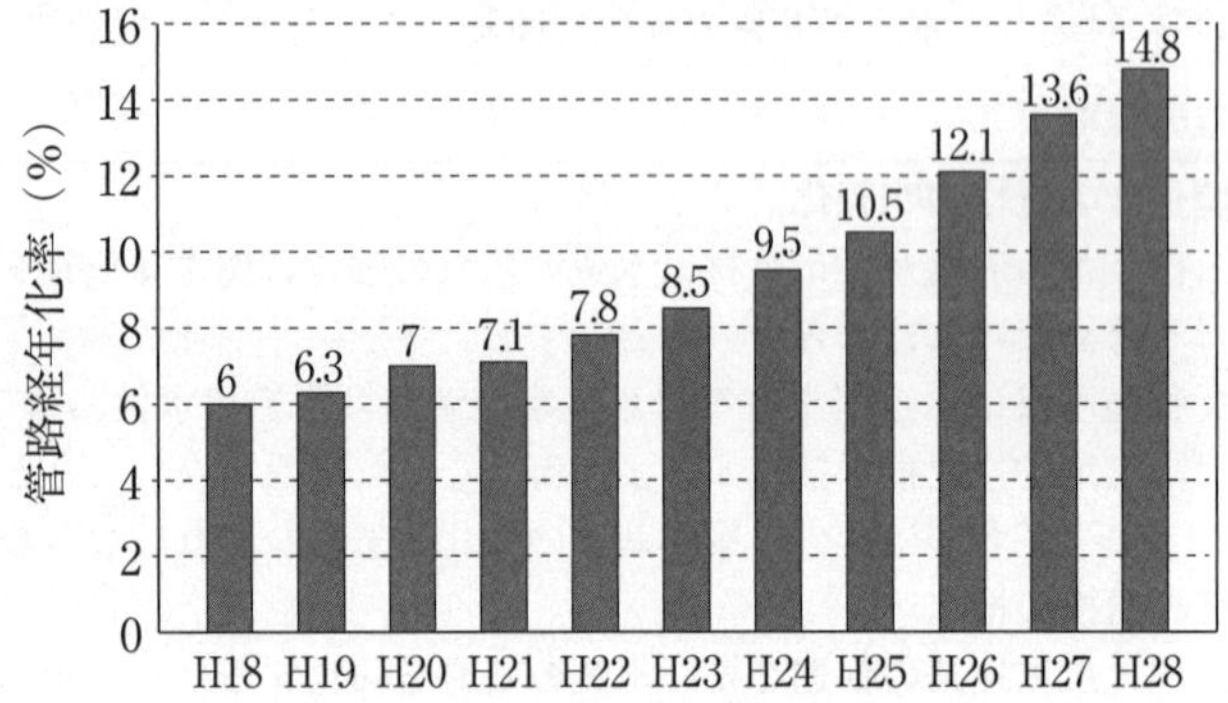

図２　管路更新率（%）

$$\frac{\text{更新された管路延長}}{\text{管路総延長}} \times 100$$

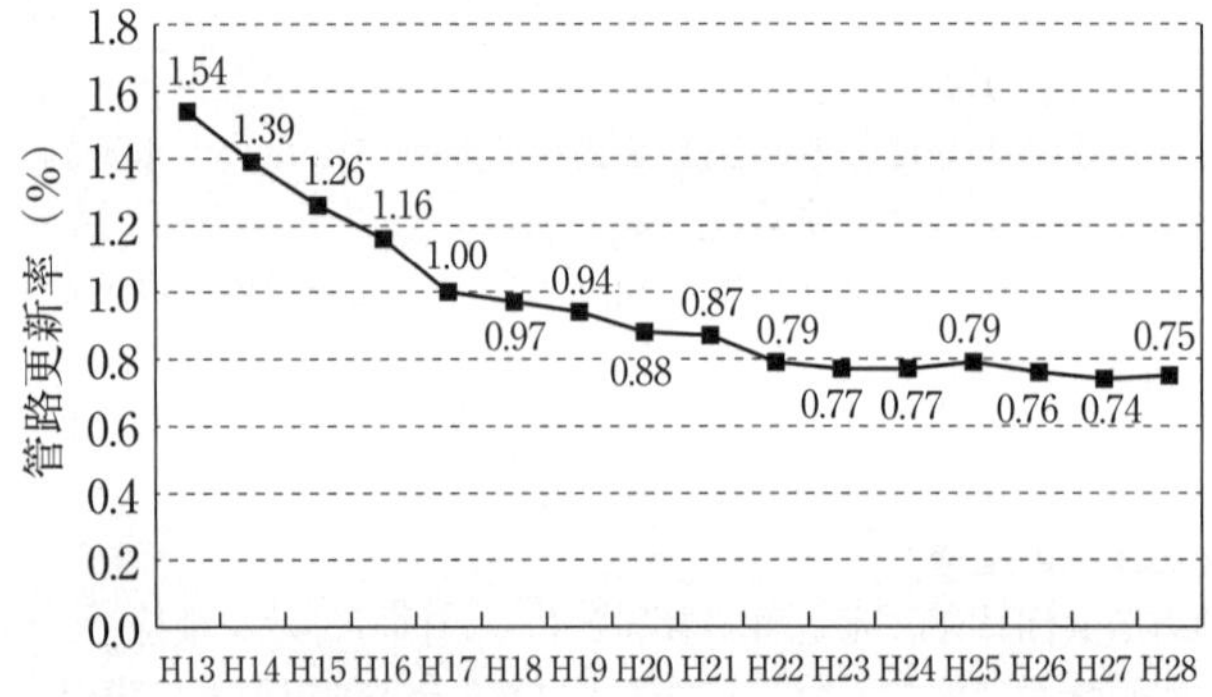

（出典）水道統計

※延長──ひとまとめにした場合の全体の長さ。

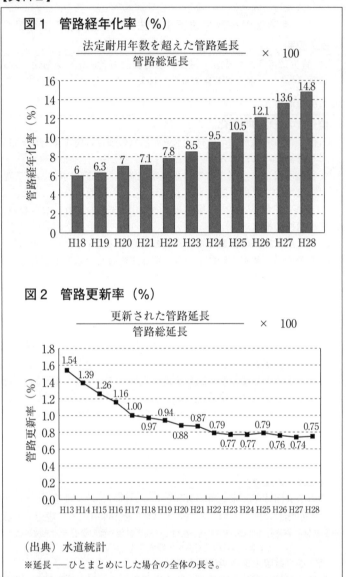

【資料Ⅲ】

　ここでは水道法改正において議論の焦点となった「コンセッション方式」について考えていきます。そのためにまず、民間の力を借り公共施設を維持する「ＰＦＩ」(Private Finance Initiative）から考えていきましょう。コンセッション方式はＰＦＩの一手法だからです。

　水道法改正の六カ月前、二〇一八年六月にＰＦＩ法（民間資金等の活用による公共施設等の設備等に関する法律）が改正されました。この改正は、コンセッション方式の導入を促進するものです。とくに上下水道事業については、導入すれば「補償金免除繰上償還」（地方公共団体が過去に借り入れた高金利（五％以上）の公的資金を補償金なしで繰上償還できる）ができます。

　そもそもＰＦＩとは、公共施設の建設、維持管理、運営を民間の資金やノウハウによって、効率化しサービス向上を図るものです。一九八〇年代、サッチャー政権による構造改革後のイギリスで導入され、その後、各国で採用されました。日本では一九九九年にＰＦＩ法が制定されています。

　官民連携にはさまざまな手法がありますが、ＰＦＩは、公共施設の建設、維持管理、運営などの業務について、民間事業者に一括して「性能発注」(注１)します。もともとは建設を伴いましたが、実際の公共サービスは既存施設を活用して行われています。そこで二〇一一年のＰＦＩ法改正で、「公共施設等運営権方式」（コンセッション方式）が導入されました。

　これによって公共が施設を保持したまま、既存の施設の運営権を民間に委譲し、民間は維持管理や運営を包括的に行えるようになりました。ここでいう「運営権」とは法律で設定された物権(注２)で、譲渡したり、担保権を設定することも可能です。

　ＰＦＩ事業を民間企業一社で行うことは一般的ではありません。複数企業が共同してＰＦＩ事業を行います。この企業のグループを「コンソーシアム」といい、ヘッドとなる特別目的会社（ＳＰＣ）をつくって公共と事業契約を結びます。特別目的会社は契約、資金調達、リスク管理などを行い、具体的な建設、維持管理、運営などはコンソーシアム参加企業に委託します。

ＰＦＩでは民間の創意工夫によって、効率性の向上やコスト・リスクの削減が期待できるといいますが、民間企業も失敗はしますし、公共においても業務改善は可能なので、客観的な判断が必要です。また、特別目的会社とコンソーシアム参加企業は利益を最大化しようとします。コンソーシアム参加企業に支払う委託費用をできるだけ高くする、あるいは委託費用を削減して特別目的会社に利益が生じた時に株主であるコンソーシアム参加企業に高い配当を支払うなどです。

通常の公共調達では、調達のたびに行われる入札などによって、このような公共と民間企業との利益相反関係を調整します。しかし、ＰＦＩではいったん事業主体が選定されると、長期の契約期間中に、このような調整が機能しません。特に総括原価方式でサービス対価や使用料金が決定される公共サービスでは注意が必要です。(注３)

さらに、長期の契約期間にわたって事業リスクを見通すことは困難です。予期しないリスク、想定以上のリスクが予測以上の規模で顕在化した場合、リスク分担の再交渉を行うことになるでしょう。この再交渉は、通常は民間事業者が負担しきれないリスクを公共に移転するもので、ＰＦＩのメリットを減殺します。

二〇一八年の法改正で可能となった水道事業のコンセッションでは、自治体が「事業認可を取得し水道法上の法的な責任を負う」ことと、民間企業が「水道料金を直接収受して水道サービスを実施する」ことが同時に可能となります。改正前の水道法でも、事業認可を受け、義務と責任を負えば、民間企業でも水道事業を行うことができました。

しかし、民間企業にとっては、水道法上の法的責任を負うこと、将来にわたる事業の遂行や災害時の対応、復旧の責任を負うことは、経営上大きなリスクでした。水道法改正によって企業は水道事業に参入しやすくなったといえます。

コンセッション方式と業務委託を比べてみると、決定的に違うのは、お金の流れと責任の所在です。業務委託の場合、運営責任は自治体にあります。水道料金は自治体に入り、自治体から委託先の企業に支払われます。それに対しコンセッション方式の場合、実質的な運営責任は民間企業に移ります。そして水道料金はそのまま企業に入ります。

自治体は管理監督責任をもつことになりますが、その責任を遂行するのは難しいでしょう。なぜなら人材の問題があるからです。

コンセッション導入から一定の年月が経過すると、自治体に水道事業に精通した職員がいなくなる可能性があります。とりわけ水道部署に専属の職員を置いていない場合、人事異動によって数年で担当者が代わってしまいます。そのような体制で管理監督責任が果たせるでしょうか。

（注４）モニタリング体制の整備には、当然相応の費用がかかります。モニタリング自体が外部委託されることもあり得るでしょう。

（橋本淳司《はしもとじゅんじ》『水道民営化で水はどうなるのか』）

（注）
1　性能発注――発注者が達成すべき要求水準や性能を規定し、受注者側が手順や方法について決定できる発注の形式。
2　物権――事物の処分を決定できる権利。所有権、占有権などがある。
3　総括原価方式――公共料金の決定方法の一つ。改正された水道法第十四条第２項第一号には「料金が、能率的な経営の下における適正な原価に照らし、健全な経営を確保することができる公正妥当なものであること。」とあり、事業者がその事業にかけたコストや、事業拡大のための資金などのすべてを利用者に料金として請求できる。
4　モニタリング体制――管理監督をするための体制。

問1　【下書き】の空欄 X に入るものとして最も適当なものを、次の①～④のうちから一つ選べ。解答番号は 21 。

① 法定耐用年数を超えながら更新されずにいる水道管の割合が、年々増えていること
② 法定耐用年数に達して更新された水道管の割合は、近年においては横ばいであること
③ 法定耐用年数に達した水道管は順次更新されており、その割合は年々増え続けていること
④ 法定耐用年数を超える水道管は年々増えているが、水道管全体の中での更新される水道管の割合は減り続けていること

問２　Jさんは、【下書き】の傍線部「『ＰＦＩの一手法』である『コンセッション方式』」について、「ＰＦＩ」「コンセッション」とはそれぞれどういうものかについての説明を【下書き】に書き加えようと考えた。「ＰＦＩ」「コンセッション」についての【資料Ⅲ】を踏まえた説明として最も適当なものを、次の各群の①～④のうちから、それぞれ一つずつ選べ。解答番号は、「ＰＦＩ」が 22 、「コンセッション」が 23 。

「ＰＦＩ」 22

① 公共機関が運営してきた公共施設を民間業者に売却して運営させること。
② 公共機関が民間の運営手法などに学び、より効率的な運営を目指す取り組み。
③ 公共施設の運営や維持を公共機関にかわり民間業者が請け負う運営方式。
④ 公共施設の一部を業者に貸し出しその利益を公共機関の収益とする仕組み。

「コンセッション」 23

① 公共施設は公共機関が所有し住民から料金を徴収するが、施設の管理・維持は民間が行い、公共機関はその業務にたいして委託料を払うという事業方式。
② 公共機関は公共施設に対して安全に関するリスクなどの最終的責任を負い、民間企業は事業を実質的に運営しながら、料金から利益を得るという事業方式。
③ 公共機関が建設してきた公共施設は公共機関が売却や譲渡などの権利を持つが、民間事業者が新たに建てた施設の譲渡等の権利は業者が所有するという事業方式。
④ 利用者は実質的な運営を民間企業に委託し、自治体は民間企業に委託料を払うことで水道事業の長期的視点にたった運営をしてもらうという事業方式。

問3 次の**図**は、もともと**【資料Ⅲ】**の文章中に入っていたものである。空欄 **甲** ・ **乙** ・ **丙** にはそれぞれどのような主体が入るか。**【資料Ⅲ】**を踏まえた組合せとして最も適当なものを、次の①～⑥のうちから一つ選べ。解答番号は **24** 。

図　水道事業への官民連携の二つのイメージ

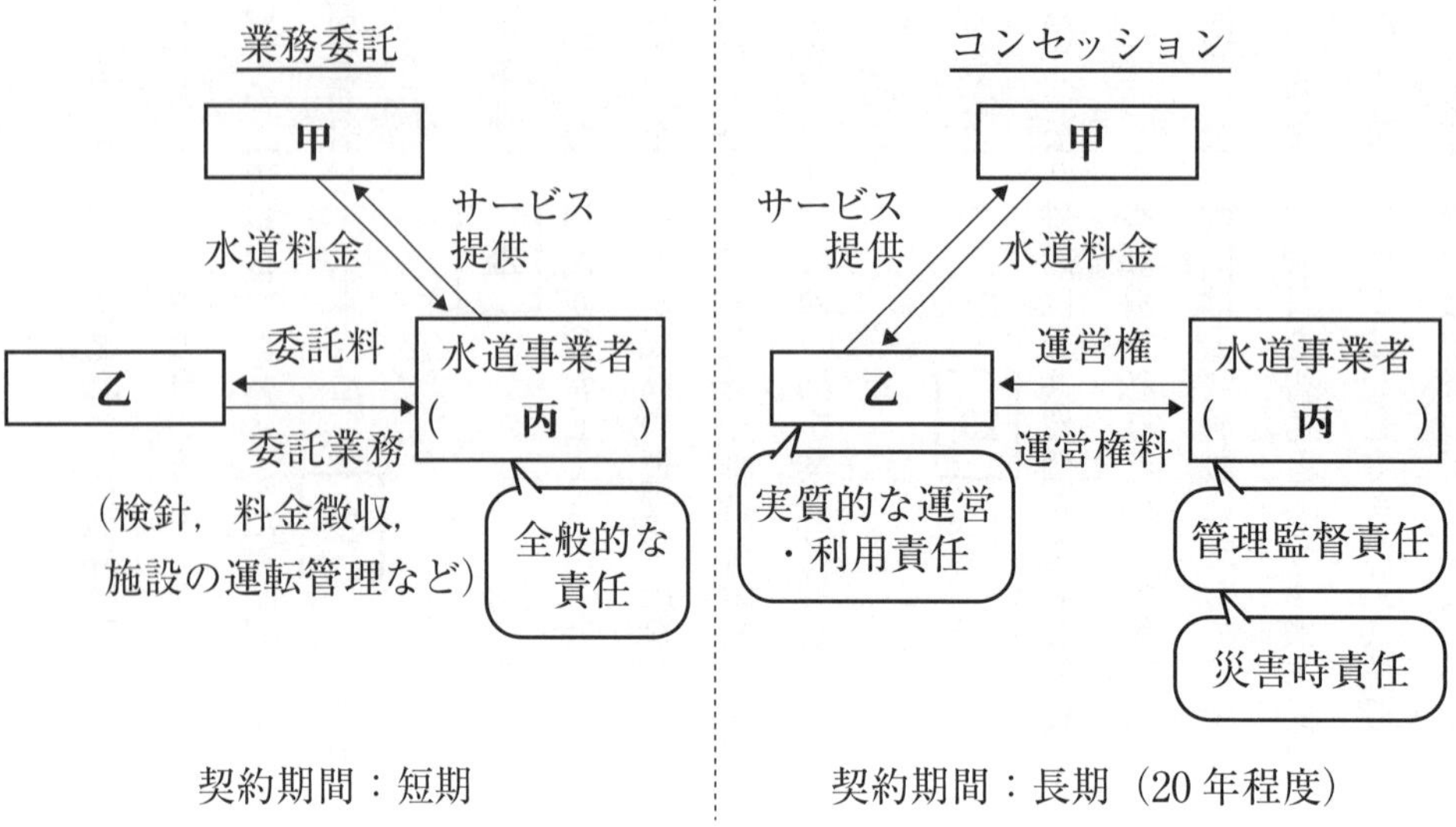

	甲	乙	丙
①	利用者	自治体	民間企業
②	利用者	民間企業	自治体
③	民間企業	自治体	利用者
④	民間企業	利用者	自治体
⑤	自治体	利用者	民間企業
⑥	自治体	民間企業	利用者

問４　Ｊさんは、【下書き】の最後の文の後に、【資料Ⅲ】を踏まえたより詳しい説明を書き加えようと考えた。その内容はどのようなものになると考えられるか。その説明として最も適当なものを、次の①～④のうちから一つ選べ。解答番号は 25 。

① コンセッション方式は、企業の責任のリスクが緩和され水道事業に参入しやすくなる点で評価できるが、業務委託と異なり企業の利益追求優先の姿勢に歯止めをかける仕組みが存在しないため、長期に及ぶ契約の間に民間企業の経営方針や事業リスクなどが変化し、自治体や利用者にとってのメリットが減殺されるおそれがあるという内容。

② コンセッション方式は、民間の創意工夫を引き出し水道事業の利益を最大化できると期待されているが、導入から一定の年月が経過すると自治体に水道事業に精通した職員がいなくなり、管理監督のためのモニタリング自体が外部委託されてしまうといった事態が生じて、人材面において自治体を弱体化させる危険性があるという内容。

③ コンセッション方式は、一定の人口規模を持ち潤沢な税収のある自治体においては有効に機能しうると考えられるが、小規模な自治体では利用することが難しく、また現在は利用可能な自治体でも今後は人口減少に伴う税収減が予想以上に進む可能性があるため、長期の契約を結ぶにはリスクがあるという内容。

④ コンセッション方式は、水道事業の効率性が向上しコスト・リスクが削減できるとされているが、事業契約が長期にわたるため競争原理が働かずサービスが低下したり、予想外の事業リスクが顕在化し自治体に負担が生じたりするおそれがあり、さらに自治体の管理監督責任が十分に果たされるかどうかにも不安があるという内容。

第4問

次の文章は江戸時代の国学者本居宣長《もとおりのりなが》の擬古文『手枕《たまくら》』の一節で、『源氏物語』の登場人物である光源氏が六条御息所《みやすどころ》（「女君」）のもとを訪問し、最初に契りを交わした場面である。これを読んで、後の問い（問1～4）に答えよ。なお、設問の都合で本文の段落に[1]～[3]の番号を付してある。（配点　45）

[1] 女君は、端近う、まだ(ア)御格子《みかうし》もまゐらで、雨雲の晴れ間の月のあはれにうち霞《かす》みて艶《えん》なる空を、ながめ出《い》だしておはするほどなりけり。とかうかかづらひ入りつつ、障子《さうじ》のもとに忍び寄り給《たま》ひて、「いとかうしめやかなる夜のさまに、思ふこともうち出でば、人（注1）もよもあはれと思《おぼ》しぬべき折かな」と思すに、立ち帰らん心地もし給はず。

「今宵《こよひ》だにあはれはかけよ明日はよも長らふべくもあらぬ玉の緒《を》

（注2）恋死なば長くや人を」とひとり言のやうにaのたまふ気配のいとけぢかきに、女君は、むくつけうなりぬれど、さすがに、よそながらも年ごろ聞こえ馴《な》れ給ひぬれば、むげに知らぬ人の入り来たらんやうに、けうとくすずろはしくなどはbあらねばにや、

「我にしもあやな（注3）かけそ絶えぬべき乱れやよそのあだの玉の緒

かごとがましや」と忍びやかに、のたまふともなきも、（注4）いかに言ひつるぞとかたはらいたくて、やをらづつ引き入り給ふ気配なれば、障子をやをらc押し開けてゐざりよりつつ、御衣《おほんぞ》の裾を引き留《とど》めて、「かたじけなけれど、御耳馴れぬる年月も重なりぬらんを、などかう疎々《うとうと》しくよそにはもて離れ給はむ。おのづから聞こし召しあはするやうもd侍《はべ》りなむ。世の常のうちつけに心浅くすきずきしき筋は、さらに思ひかけ侍らず。e御許されなからむほどは、これよりおほけなき心は、さらにさらにつかひ侍らじ。ただ、かくながらいたづらに朽《く》ちはてなむ嘆きのほどを、片端聞こえさせんとばかりになん」とて、いとのどやかに、さまよくもて静めて、ここら思ふ心の忍びがたくなりぬるさまを、いとよう聞こえ知らせ給ふ御気配の、言ひ知らず(イ)なつかしう、あてになまめかしきに、女もあはれと思し知る節々なきにしもはたあらぬを、かうあやにくなる御気色に、え心強うもてなし給はず。

[2] 風冷ややかにうち吹きて、夜いたう更《ふ》けゆくほど、御格子もさながらにて、晴れゆく月影もはしたなきやうなれば、御傍《かたは》ら

なる短き几帳《きちやう》をさし隔てて、かりそめなるやうにて添ひ臥《ふ》し給へり。人々は、かうなりけりと気色とりて、みなさし退きて、遠う臥しぬ。

3 いとかう逃れがたき宿世《すくせ》のほどを、女君はいみじう心憂く口惜しう思し染《し》みて、「ありありて今さらに若々しくにげなきことを、候《さぶら》ふ人々の思ふらんほども、死ぬばかりわりなく恥づかしう、かつは、人の物言ひも隠れなき世に、あはつけく軽々しき名や漏り出でむ」と、とかく思し乱れつつ、ただたけきこととは御涙にくれ惑ひて、うちとけぬ御気色を心苦しう見給ひて、おろかならず契り慰め給ふこと多かるべし。

（注）1　人――六条御息所。

2　恋死なば長くや人を――「あはずしてこよひ明けなば春の日の長くや人をつらしと思はむ」（古今和歌集・恋三・源《みなもとの》宗于《むねゆき》）を踏まえた表現。

3　あやなかけそ――理由もなく責任を押し付けなさらないでください。

4　いかに言ひつるぞとかたはらいたくて――「自分はなんということを言ってしまったのだ」と気がひけて。

問1　傍線部(ア)・(イ)の解釈として最も適当なものを、次の各群の①～⑤のうちから、それぞれ一つずつ選べ。解答番号は 26 ・ 27 。

(ア)　御格子もまゐらで　26
① 格子の近くにも参上しないで
② 格子も上げて差し上げないで
③ 格子に人も近づけないようになさって
④ 格子も下ろして差し上げないで
⑤ 格子の近くにもいらっしゃらないで

(イ)　なつかしう　27
① 上品で
② 思い出深く
③ 古風で
④ 若々しく
⑤ 親しみ深く

問2　波線部a〜eについて、語句と表現に関する説明として最も適当なものを、次の①〜⑤のうちから一つ選べ。解答番号は 28 。

① a 「のたまふ気配」は、「のたまふ」が尊敬語であり、六条御息所への敬意を込めた表現になっている。

② b 「あらねばにや」は、「に」が断定の助動詞「なり」の連用形で、「や」の後には「あらん」などが省略されており、「むげに知らぬ人…あらねばにや」の部分は文中に作者の想像を挟み込んだ表現になっている。

③ c 「押し開けてゐざりよりつつ」は、「ざり」が打消の助動詞「ず」の連用形であり、この部分の主語は光源氏である。

④ d 「侍りなむ」は、「なむ」が他者への願望を表す終助詞であり、光源氏の六条御息所への願望を表現している。

⑤ e 「御許されなからむほどは」は、「らむ」が現在推量の助動詞「らむ」であり、断定的に記述することを避けた表現になっている。

問3 [1]・[2]段落についての説明として最も適当なものを、次の①～⑤のうちから一つ選べ。解答番号は[29]。

① 光源氏は、六条御息所の住む邸《やしき》を訪問した際に、しんみりとした雰囲気の夜なので自分の胸中を打ち明けても御息所の心を動かすのは難しいと感じていた。

② 光源氏は、あなたを恋い慕う気持ちのあまり明日まで自分の命があるとは思えないので今夜だけでも愛情を寄せあわれみをかけてほしいと六条御息所に和歌で訴えた。

③ 六条御息所は、光源氏の和歌に対して、光源氏が誠実な愛情を持って求愛してくれるならば自分は愛を受け入れてもよいと応じた。

④ 六条御息所は、光源氏に対して好意を抱いていないわけではなかったが、身の程をわきまえない振る舞いは控えてほしいと言って拒絶しようとした。

⑤ 六条御息所に仕える女房たちは、執拗《しつよう》に迫る光源氏を警戒して、夜も六条御息所から離れないようにして寝ることにした。

問４　次に示すのは、本文を読んだ後の、授業の様子である。これを読んで、後の(i)〜(iii)の問いに答えよ。

教　師――この『手枕』に登場する光源氏や六条御息所は、『源氏物語』の登場人物ですよね。この『手枕』を書いたのは江戸時代の国学者である本居宣長で、『源氏物語』の注釈書も著している人物です。『源氏物語』の中では、六条御息所は、もともと東宮妃だった人物として登場し、気品と教養のある人物として描かれています。東宮との間には子も儲《もう》けましたが、東宮は早くに亡くなってしまいました。年下である光源氏と恋仲になり、嫉妬のあまり物《もの》の怪《け》となって現れるなど、印象に残る人物です。しかし、光源氏との馴れ初めについては、『源氏物語』にはまったく描かれていないのです。本居宣長は、この『手枕』によって、『源氏物語』では空白になっている部分を描こうとしたと言っていいでしょう。そういうこともあって『手枕』の中には、『源氏物語』を意識したのではないかと思われる表現が多く含まれています。

生徒Ａ――この本文にもあるのですか。

教　師――はい。では、『源氏物語』「明石《あかし》」の一節を読んでみましょう。光源氏が、父の桐壺院《きりつぼ》が亡くなった後、政敵の圧迫を受け、須磨《すま》・明石（いずれも現在の兵庫県）で謹慎の日々を送っていたことはおぼえていますね。

生徒Ｂ――はい。明石では、明石の上という女性と出逢《あ》いますよね。彼女の父親は明石の入道という人だったと思います。

教　師――その通りです。やがて政情が変化し、光源氏は晴れて都に戻ることになります。次の文章は、光源氏が明石の上や明石の入道と別れを惜しむ場面です。

「思ひ捨てがたき筋もあめれば。(注１)今いととく見なほし給ひてむ。(注２)ただ、この住《す》み処《か》こそ見捨てがたけれ。いかがすべき」とて、

都出でし春の嘆きに劣らめや年ふる浦をわかれぬる秋

とて、おし拭《のご》ひ給へるに、いとどものおぼえず、しほたれまさる。起居《たちゐ》もあさましうよろぼふ。

正身《さうじみ》(注3)の心地たとふべき方なくて、かうしも人に見えじと思ひしづむれど、身の憂きをもとにて、わりなきことなれど、うち捨て給へる恨みのやるかたなきに、面影《おもかげ》そひて忘れがたきに、たけきこととはただ涙に沈めり。

(注) 1 思ひ捨てがたき筋もあめれば――光源氏の発言。明石の上が光源氏の子を身籠もっていることを指す。

2 今いととく見なほし給ひてむ――「あなたは私を恨んでいらっしゃるかもしれませんが、近いうちに明石の上を都に引き取る事で、私の気持ちをわかってくださるでしょう」という主旨の発言。

3 正身の――明石の上自身の。

教　師――2行目にある「都出でし…」の和歌は、光源氏の詠んだものですが、少し難しいので内容を確認しておきましょう。

生徒C――ええと、**X**という内容だと思います。

教　師――よく理解できていますね。ところで、先に述べたように『手枕』の表現や心情の描写などは、『源氏物語』で描かれているものを意識したのではないかと思われるものが多くあります。たとえば、『手枕』の3段落の「ただたけきこととは御涙にくれ惑ひて」という表現が、『源氏物語』の最後の部分の「たけきこととはただ涙に沈めり」と似ているのも、その一例です。両者とも「できることは涙を流すことぐらいだった」という意味ですが、涙を流す理由は異なっています。

生徒B――『源氏物語』の明石の上が涙を流しているのは、**Y**だと思います。

教　師――その通りです。では、『手枕』の六条御息所はどうでしょうか。

生徒A――**Z**だと思います。

教　師――その通りです。本居宣長は、『源氏物語』と類似する表現を『手枕』で用いながら、異なる状況に置かれた女主人公の心のあり方を、『源氏物語』と共通性のあるものとして描こうとしたと考えてよいでしょう。次回の授業では、皆でさまざまな作品の共通点や相違点について討論してみましょう。

(i) 空欄 X に入る発言として最も適当なものを、次の ① ～ ④ のうちから一つ選べ。解答番号は 30 。

① 都を離れた春と明石を離れる秋では景色が異なるように、離別の嘆きも季節によって性質が異なる
② かつて都を離れた時の嘆きの深さに比べれば、今の離別の悲しさなどはものの数ではない
③ 明石を離れるのが秋であることもあって、今の離別の嘆きは都を離れた時にまさるとも劣らない
④ 明石を離れるのは悲しいものの、ふるさとである都へ戻るという願いがかなうことは嬉しい

(ii) 空欄 Y に入る発言として最も適当なものを、次の ① ～ ④ のうちから一つ選べ。解答番号は 31 。

① 自分を残して光源氏が都へ帰っていくのを恨めしく思う上に、近い将来子どもと別れなくてはならずつらいから
② 自分を残して光源氏が都へ帰っていくのを恨めしく思う上に、光源氏を待ち受ける苦難を想像するとつらいから
③ 自分を残して光源氏が都へ帰っていくのを恨めしく思う上に、光源氏の面影がちらついて忘れられずつらいから
④ 自分を残して光源氏が都へ帰っていくのを恨めしく思う上に、光源氏とは今生の別れとなるのがつらいから

(iii) 空欄 Z に入る発言として最も適当なものを、次の ① ～ ④ のうちから一つ選べ。解答番号は 32 。

① 光源氏の強引な訪れに女房たちも協力していたと知って、信頼していた者たちに裏切られたと感じているから
② 光源氏と契りを交わしたことで、無分別で軽薄だという自分の悪い噂が立つことを恐れて苦悩しているから
③ 光源氏との逢瀬が実現したことを年甲斐もなくつい喜んでしまう自分の浅はかさに嫌悪感を覚えたから
④ 契りを交わした後の光源氏の振る舞いがあまりにも薄情で、軽はずみなことをした自分が情けなくなったから

第5問 次の【文章Ⅰ】【文章Ⅱ】【詩】は、いずれも越王句践《こうせん》について書かれたものである。これらを読んで、後の問い（問1～6）に答えよ。なお、設問の都合で返り点・送り仮名を省いたところがある。（配点 45）

【文章Ⅰ】

越との戦いに敗れた呉王夫差は、越王句践のもとに使者をおくり、和睦を願い出た。

（注1）句践不シテレ忍ビ、欲スレ許サントレ之ヲ。（注2）范《はん》蠡《れい》曰ハク、「（注3）会《かい》稽《けい》之事ハ、天以テレ越ヲ賜フレ呉ニ、呉不レ取ラ。今ハ A天以呉賜越、越其可逆天乎。且ツ夫レ君王蚤《つと》ニ朝シ晏《おそ》ク罷《や》ムルハ、非ズレ為ニレ呉ノ邪。謀ルコトレ之ヲ二十二年、一旦ニシテ而弃《す》ツルハレ之ヲ、可ナラン乎や。且ツ夫レ天与ヘテ弗ざレバレ取ラ、反ツテ受クニ其ノ咎《とが》ヲ一。君忘レタル二会稽之厄ヲ一乎かト。」句践曰ハク、「吾欲スルモレ聴カントニ子ノ言ヲ一、吾不トレ忍ビ二其ノ使者ニ一。」范蠡乃チ（注4）鼓シテ進メテレ兵ヲ曰ハク、「王已ニ(ア)属シ二政ヲ於（注5）執事ニ一。使者去レ。不しからずンバ且ニレ得ントレ罪ヲ。」呉ノ使者泣キテ而去ル。句践憐レミレ之ヲ、乃チ使メテ三人ヲシテ謂ハ二呉王ニ一曰ハク、「吾置キ二王ヲ（注6）甬《よう》東《とう》ニ一、君トセント二百家ニ一。」呉王(イ)謝曰ハク、「吾老イタリ矣。不トレ能ハレ事フル二君王ニ一。」遂ニ自殺ス。

（司馬遷『史記』による）

（注）1　句践――春秋時代の越王。　2　范蠡――句践の功臣。
3　会稽之事――会稽は山名。今回とは逆に越王句践が呉王夫差に会稽山で敗れ、命乞いして許されたことをいう。
4　鼓――攻め太鼓を打ち。　5　執事――王に代わって政務を執り行う者。范蠡の自称。
6　甬東――地名。

【文章Ⅱ】

太（注1）史公曰《ハク》、「禹《う》（注2）之功《ハ》大《ナリ》矣。漸《みちびキ》㆓九（注3）川《ヲ》㆒、定《ム》㆓九（注4）州《ヲ》㆒。至《ルマデ》㆓于今《ニ》㆒、諸（注5）夏艾《がい》安《あんタリ》。

及《ビ》㆓苗《べう》（注6）裔《えい》句践《ニ》㆒、苦《シメ》㆑身《ヲ》焦《シ》㆑思《ヒヲ》、終《ニ》滅《ボシ》㆓彊《つよキ》呉《ヲ》㆒、北《シテ》（注7）観《しめシ》㆓兵《ヲ》中国《ニ》㆒、以《テ》尊《ビ》㆓周（注8）室《ヲ》㆒、

号《シテ》称《ス》㆓覇王《ト》㆒。B句践可㆑不㆑謂㆑賢哉。蓋《シ》有《ラント》㆓禹之（ウ）遺烈㆒焉。」

（司馬遷『史記』による）

（注）1　太史公――司馬遷。　2　禹――伝説上の聖王。
3　九川――禹が治水した九つの大河。　4　九州――中国全土。
5　諸夏艾安――中国全土は平安に治まっていた。　6　苗裔――遠い子孫。句践は禹王の子孫であるという。
7　北――北方（中国の中心部）に進軍する。　8　周室――周王室。当時は弱体化していた。

【詩】

越中(注1)覧古(注2)　李白

越王句践破リテレ呉ヲ帰ル

義士還ツテレ郷ニ尽ク錦衣

宮女如クレ花ノ満ツ二春殿ニ一

只今惟ダ有ルノミ二鷓《しや》(注3)鴣《こ》ノ［X］一

（注）1　越中――越の都・会稽。

2　覧古――昔を思う。

3　鷓鴣――ヤマウズラ。キジ科の野鳥。

問１　波線部(ア)「属」・(イ)「謝」・(ウ)「遺烈」のここでの意味として最も適当なものを、次の各群の①～⑤のうちから、それぞれ一つずつ選べ。解答番号は 33 ～ 35 。

(ア)「属」 33
① 命じている
② 従っている
③ 事寄せている
④ 委ねている
⑤ 集中している

(イ)「謝」 34
① 謝って
② 断って
③ 喜んで
④ 立ち去って
⑤ 聞き入れて

(ウ)「遺烈」 35
① 失った功績
② 忘れられた功績
③ 贈られた功績
④ 素晴らしい功績
⑤ 残した功績

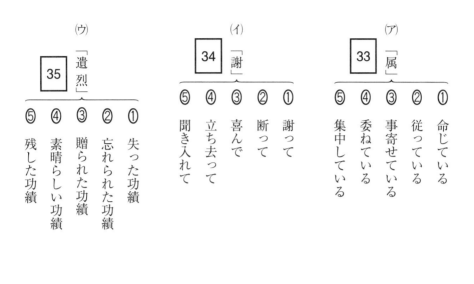

問2 傍線部**A**「天以呉賜越、越其可逆天乎」について、返り点の付け方と書き下し文との組合せとして最も適当なものを、次の①～⑤のうちから一つ選べ。解答番号は **36** 。

① 天 以レ呉 賜レ越、越 其 可レ逆 天 乎　　天呉を以て越に賜ふに、越其れ逆らふべきは天か

② 天 以二呉 賜 越一、越 其 可レ逆レ天 乎　　天呉に賜ふに越を以てするに、越其の天に逆らふべきか

③ 天 以レ呉 賜レ越、越 其 可レ逆レ天 乎　　天呉を以て越に賜ふに、越其れ天に逆らふべけんや

④ 天 以二呉 賜一レ越、越 其 可レ逆レ天 乎　　天呉の越に賜ふを以て、越其れ天に逆らふべけんや

⑤ 天 以二呉 賜一レ越、越 其 可レ逆レ天 乎　　天呉の越に賜ふを以て、越其れ天に逆らふべきかな

問3　傍線部**B**「句践可レ不レ謂レ賢哉」の解釈として最も適当なものを、次の①～⑤のうちから一つ選べ。解答番号は 37 。

① 治水に優れた功績があり中国全土を平定した句践は賢者と言わざるをえない。

② 句践のあげた功績は禹王の末裔であったからこそであり、賢者であったとは言えない。

③ 覇王となることに思い焦がれていた句践の成功は、賢者であったからこそ可能であった。

④ 周王室を後ろ盾に苦しみながらようやく呉を倒せた句践は賢者であったとは言い難い。

⑤ 苦労して呉を打ち破り、周王室を保護して覇王となった句践は賢者と言わざるをえない。

問4　空欄 X に入る漢字と【詩】に関する説明として最も適当なものを、次の①～⑤のうちから一つ選べ。解答番号は 38 。

① 「舞」が入り、「詩聖」と称される盛唐を代表する詩人・李白の七言絶句。
② 「去」が入り、「詩仙」と称される中唐を代表する詩人・李白の七言律詩。
③ 「歌」が入り、「詩聖」と称される中唐を代表する詩人・李白の七言絶句。
④ 「飛」が入り、「詩仙」と称される盛唐を代表する詩人・李白の七言絶句。
⑤ 「悲」が入り、「詩聖」と称される晩唐を代表する詩人・李白の七言律詩。

問5 【文章Ⅰ】【文章Ⅱ】をふまえた【詩】の内容についての説明として最も適当なものを、次の①～⑤のうちから一つ選べ。解答番号は 39 。

① 呉に勝利を収めたものの、呉王への同情からみずから命を絶った勾践の行為は古の聖王の末裔にふさわしいものだったが、勝利に驕《おご》る臣下たちが贅沢《ぜいたく》に耽《ふけ》って越の滅亡を招き、死後の栄光を台無しにしたことを憤っている。

② みずから身心を苦しめて呉王に勝利を収めた勾践の行動はまことに立派であったが、戦勝後に臣下たちと贅沢に耽ったことは古の聖王の末裔らしからぬ行為であり、近年越の都が衰えつつあるのももっともなことだと納得している。

③ みずから身心を苦しめて呉に勝利を収めた勾践はまことに古の聖王の末裔にふさわしい人物であり、凱旋《がいせん》した後の華やかな有様を思いやることができるが、現在はそれを偲《しの》ばせるものが何一つ残っていないことを慨嘆している。

④ 呉に勝利を収めたものの、呉王への同情からみずから命を絶った勾践だが、先祖である古の聖王の加護があったためにその死後も越の都は繁栄を続け、現在も豊かな自然を保っている古都として存続していることを賛嘆している。

⑤ みずから身心を苦しめて呉王に勝利を収め、勝利に沸く臣下たちを冷静になだめた勾践の行為は先祖である古の聖王の教えにかなったものであり、越の都が現在も古都として繁栄しているのはその教えによるのだと説明している。

問6 【文章Ⅰ】【文章Ⅱ】【詩】に記されている越王句践と呉王夫差との故事から生まれた「仇《あだ》を討とうとして、あらゆる苦心を重ねること」をいう成語として最も適当なものを、次の①～⑤のうちから一つ選べ。解答番号は 40 。

① 臥薪嘗胆
② 四面楚歌
③ 鶏口牛後
④ 背水之陣
⑤ 水魚之交

2022年度大学入試センター公表

令和７年度（2025年度）
大学入学共通テスト試作問題

（第Ａ問・第Ｂ問　各20点）

第A問　次の【資料Ⅰ】（文章、図、グラフ1～グラフ3）と【資料Ⅱ】は、気候変動が健康に与える影響について調べていたひかるさんが見つけた資料の一部である。これらを読んで、後の問い（問1～3）に答えよ。（配点　20）

【資料Ⅰ】

文章　健康分野における、気候変動の影響について

ⓐ気候変動による気温上昇は熱ストレス[注1]を増加させ、熱中症リスク[注2]や暑熱による死亡リスク、その他、呼吸器系疾患等の様々な疾患リスクを増加させる。特に、ⓑ暑熱に対して脆弱《ぜい》性が高い高齢者を中心に、暑熱による超過死亡[注3]が増加傾向にあることが報告されている。年によってばらつきはあるものの、熱中症による救急搬送人員・医療機関受診者数・熱中症死亡者数は増加傾向にある。

ⓒ気温の上昇は感染症を媒介する節足動物[注4]の分布域・個体群密度・活動時期を変化させる。感染者の移動も相まって、国内での感染連鎖が発生することが危惧される。これまで侵入・定着がされていない北海道南部でもヒトスジシマカの生息が拡大する可能性や、日本脳炎ウイルスを媒介する外来性の蚊の鹿児島県以北への分布域拡大の可能性などが新たに指摘されている。

外気温の変化は、水系・食品媒介性感染症[注5]やインフルエンザのような感染症類の流行パターンを変化させる。感染性胃腸炎やロタウイルス感染症、下痢症などの水系・食品媒介性感染症、インフルエンザや手足口病などの感染症類の発症リスク・流行パターンの変化が新たに報告されている。

猛暑や強い台風、大雨等の極端な気象現象の増加に伴いⓓ自然災害が発生すれば、被災者の暑熱リスクや感染症リスク、精神疾患リスク等が増加する可能性がある。

2030 年代までの短期的には、ⓔ温暖化に伴い光化学オキシダント・オゾン等の汚染物質の増加に伴う超過死亡者数が増加するが、それ以降は減少することが予測されている。

健康分野における、気候変動による健康面への影響の概略は、次の図に示すとおりである。

（注）1　熱ストレス……高温による健康影響の原因の総称。
2　リスク……危険が生じる可能性や度合い。
3　超過死亡……過去のデータから統計的に推定される死者数をどれだけ上回ったかを示す指標。
4　感染症を媒介する節足動物……昆虫やダニ類など。
5　水系・食品媒介性感染症……水、食品を介して発症する感染症。

図

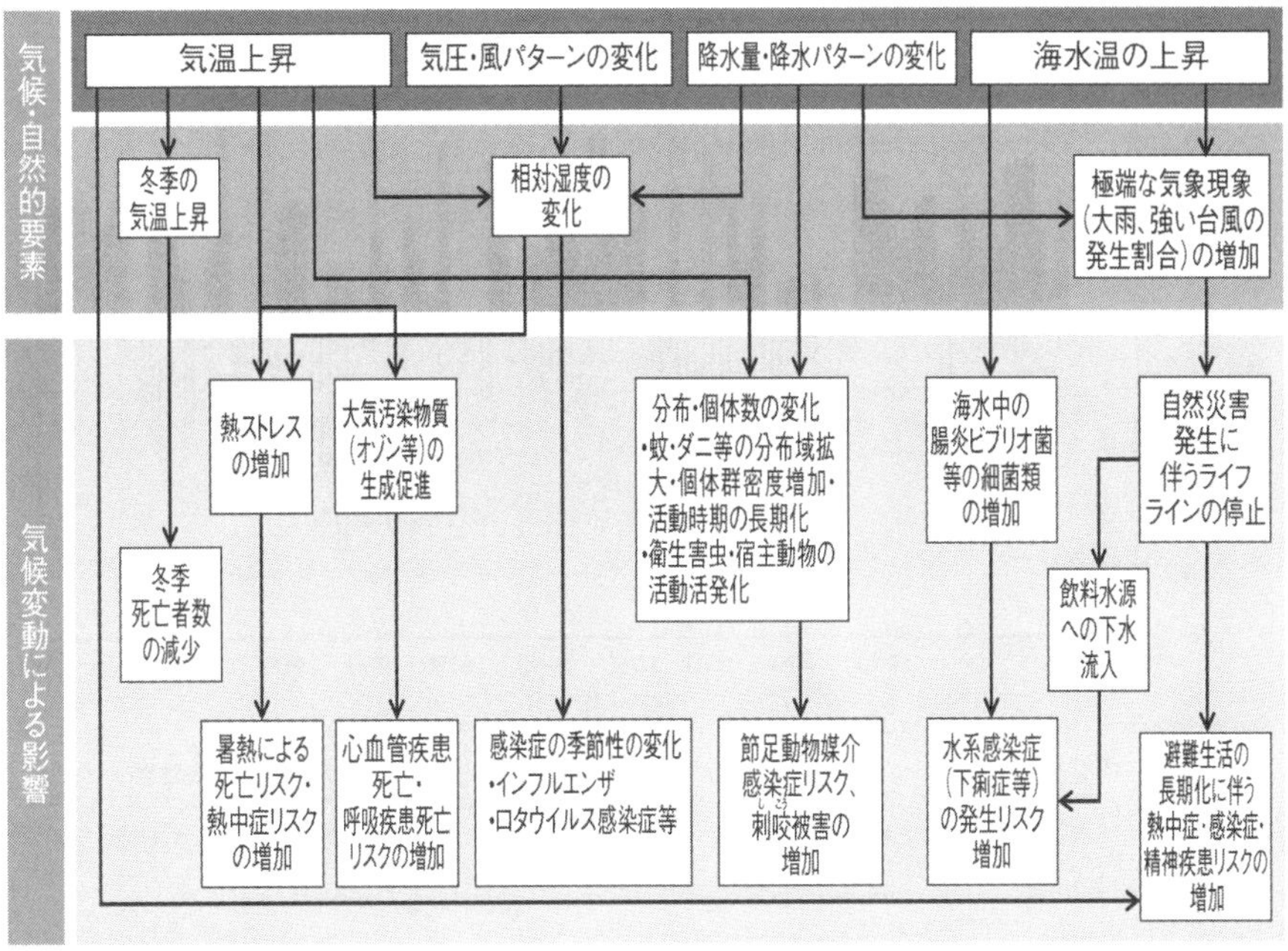

（文章と図は、環境省「気候変動影響評価報告書 詳細（令和２年12月）」をもとに作成）

グラフ1 日本の年平均気温偏差の経年変化

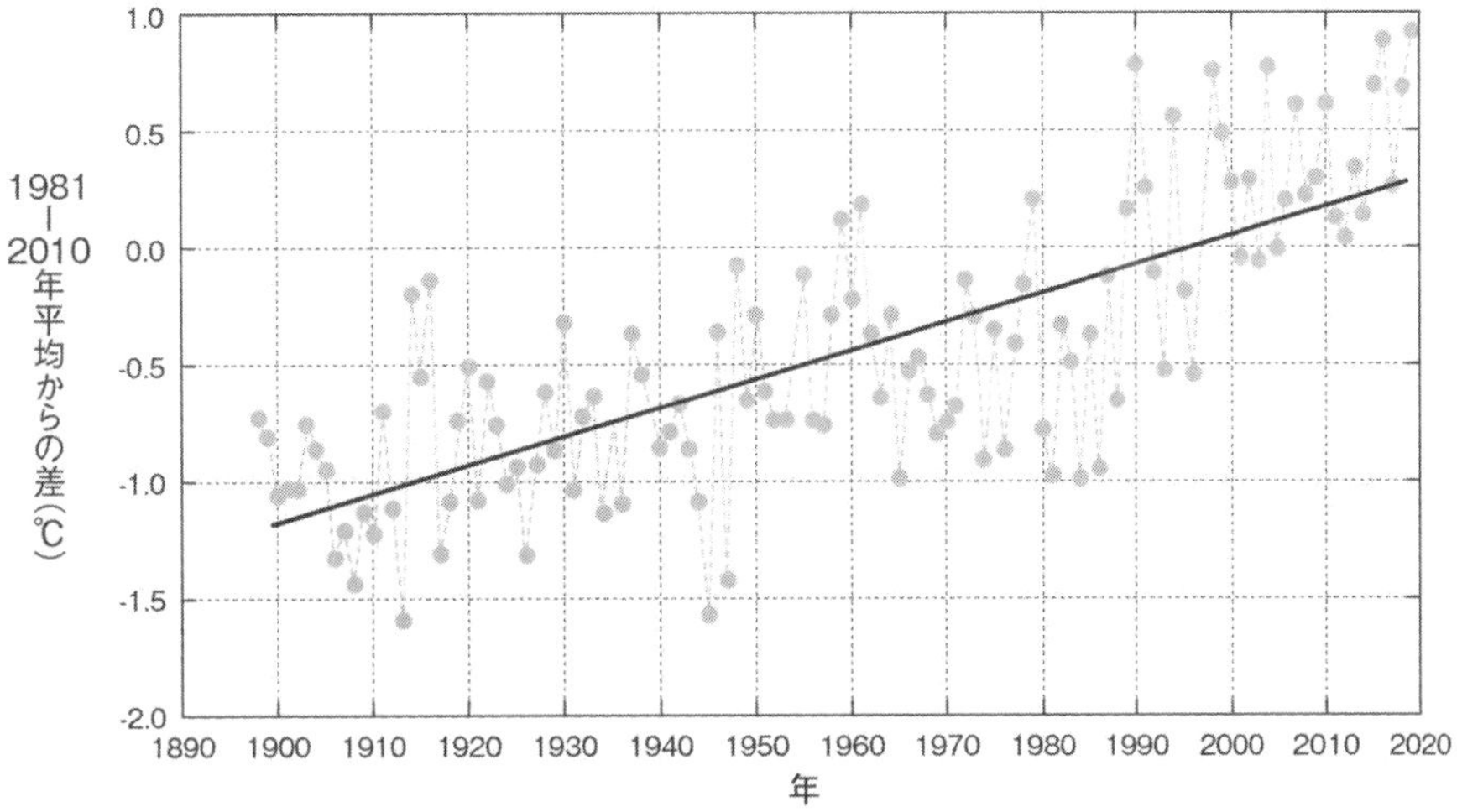

点線で結ばれた点は、国内15観測地点での年平均気温の基準値からの偏差を平均した値を示している。直線は長期変化傾向（この期間の平均的な変化傾向）を示している。基準値は1981～2010年の30年平均値。

グラフ2 日本の年降水量偏差の経年変化

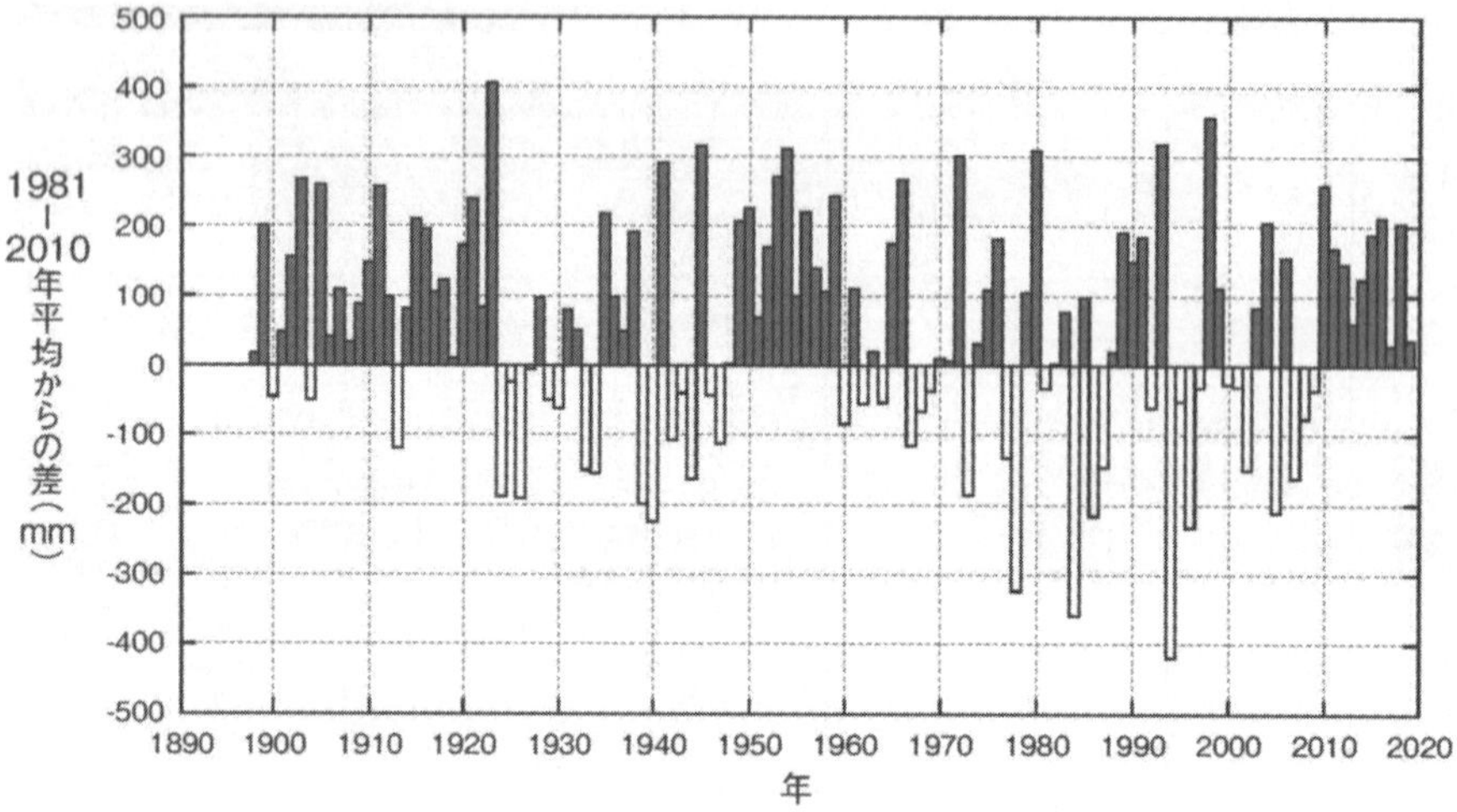

棒グラフは気象庁の観測地点のうち、国内51地点での各年の年降水量の基準値からの偏差を平均した値を示している。0を基準値とし、上側の棒グラフは基準値と比べて多いことを、下側の棒グラフは基準値と比べて少ないことを示している。基準値は1981～2010年の30年間の平均値。

グラフ3 台風の発生数及び日本への接近数

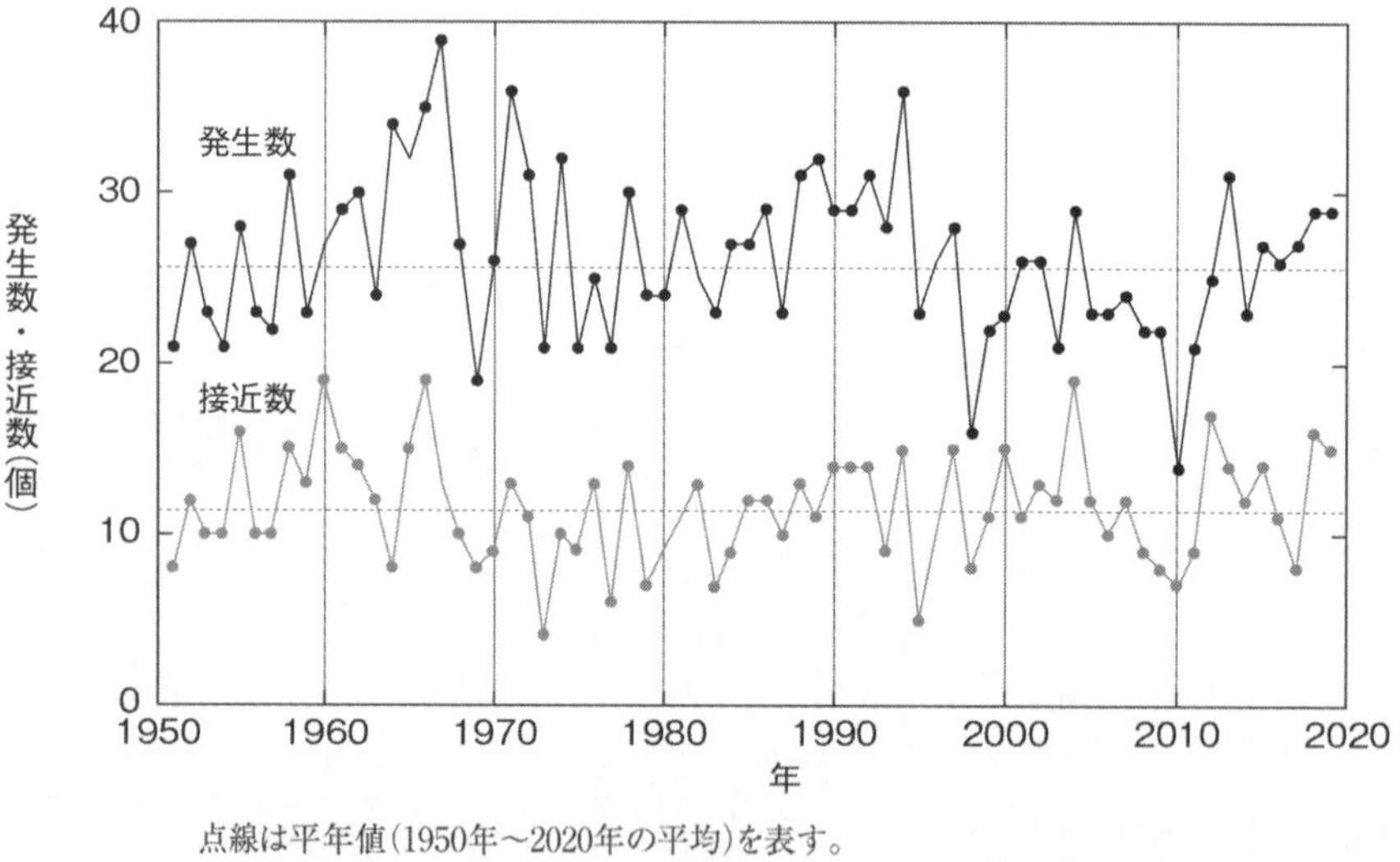

点線は平年値（1950年～2020年の平均）を表す。

（グラフ1～グラフ3は、気象庁「気候変動監視レポート 2019（令和2年7月）」をもとに作成）

【資料Ⅱ】

地球温暖化の対策は、これまで原因となる温室効果ガスの排出を削減する「緩和策」を中心に進められてきた。しかし、世界が早急に緩和策に取り組んだとしても、地球温暖化の進行を完全に制御することはできないと考えられている。温暖化の影響と考えられる事象が世界各地で起こる中、その影響を抑えるためには、私たちの生活・行動様式の変容や防災への投資といった被害を回避、軽減するための「適応策」が求められる。例えば、環境省は熱中症予防情報サイトを設けて、私たちが日々の生活や街中で熱中症を予防するための様々な工夫や取り組みを紹介したり、保健活動にかかわる人向けの保健指導マニュアル「熱中症環境保健マニュアル」を公開したりしている。これも暑熱に対する適応策である。また、健康影響が生じた場合、現状の保健医療体制で住民の医療ニーズに応え、健康水準を保持できるのか、そのために不足しているリソース[注1]があるとすれば何で、必要な施策は何かを特定することが望まれる。例えば、21 世紀半ばに熱中症搬送者数が 2 倍以上となった場合、現行の救急搬送システム（救急隊員数、救急車の数等）ですべての熱中症患者を同じ水準で搬送可能なのか、受け入れる医療機関、病床、医療従事者は足りるのか、といった評価を行い、対策を立案していくことが今後求められる。また緩和策と健康増進を同時に進めるコベネフィット[注2]を追求していくことも推奨される。例えば、自動車の代わりに自転車を使うことは、自動車から排出される温室効果ガスと大気汚染物質を減らし（緩和策）、自転車を漕《こ》ぐことで心肺機能が高まり健康増進につながる。肉食を減らし、野菜食を中心にすることは、家畜の飼育過程で糞《ふん》尿などから大量に排出されるメタンガスなどの温室効果ガスを抑制すると同時に、健康増進につながる。こうしたコベネフィットを社会全体で追求していくことは、各セクター[注3]で縦割りになりがちな適応策に横のつながりをもたらすことが期待される。

（橋爪真弘《はしづめまさひろ》「公衆衛生分野における気候変動の影響と適応策」による）

（注） 1 リソース……資源。
2 コベネフィット……一つの活動が複数の利益につながること。
3 セクター……部門、部署。

問1 **【資料Ⅰ】** **文章**と**図**との関係について、次の（ⅰ）（ⅱ）の問いに答えよ。

（ⅰ） **文章**の下線部ⓐ〜ⓔの内容には、**図**では**省略されているものが二つ**ある。その二つの組合せとして最も適当なものを、次の①〜⑤のうちから一つ選べ。
解答番号は **1** 。

① ⓑとⓔ
② ⓐとⓓ
③ ⓒとⓔ
④ ⓑとⓓ
⑤ ⓐとⓒ

（ⅱ） **図**の内容や表現の説明として**適当でないもの**を、次の①〜⑤のうちから一つ選べ。解答番号は **2** 。

① 「気候変動による影響」として環境及び健康面への影響を整理して図示し、**文章**の内容を読み手が理解しやすいように工夫している。
② 気温上昇によって降水量・降水パターンの変化や海水温の上昇が起こるという因果関係を図示することによって、**文章**の内容を補足している。
③ 「気候・自然的要素」と「気候変動による影響」に分けて整理することで、どの要素がどのような影響を与えたかがわかるように提示している。
④ 「気候・自然的要素」が及ぼす「気候変動による影響」を図示することにより、特定の現象が複数の影響を生み出し得ることを示唆している。
⑤ 気候変動によって健康分野が受ける複雑な影響を読み手にわかりやすく伝えるために、いくつかの事象に限定して因果関係を図示している。

問2 次のア～エの各文は、ひかるさんが**【資料Ⅰ】**、**【資料Ⅱ】**を根拠としてまとめたものである。**【凡例】**に基づいて各文の内容の正誤を判断したとき、その組合せとして最も適当なものを、後の①～⑤のうちから一つ選べ。解答番号は **3** 。

【凡例】

正　し　い――述べられている内容は、正しい。
誤っている――述べられている内容は、誤っている。
判断できない――述べられている内容の正誤について、**【資料Ⅰ】**、**【資料Ⅱ】**からは判断できない。

ア　気候変動による気温の上昇は、冬における死亡者数の減少につながる一方で、高齢者を中心に熱中症や呼吸器疾患など様々な健康リスクをもたらす。
イ　日本の年降水量の平均は一九〇一年から一九三〇年の三〇年間より一九八一年から二〇一〇年の三〇年間の方が多く、気候変動の一端がうかがえる。
ウ　台風の発生数が平年値よりも多い年は日本で真夏日・猛暑日となる日が多く、気温や海水温の上昇と台風の発生数は関連している可能性がある。
エ　地球温暖化に対して、温室効果ガスの排出削減を目指す緩和策だけでなく、被害を回避、軽減するための適応策や健康増進のための対策も必要である。

① ア 正しい　イ 誤っている　ウ 誤っている　エ 判断できない
② ア 誤っている　イ 判断できない　ウ 誤っている　エ 誤っている
③ ア 正しい　イ 誤っている　ウ 判断できない　エ 正しい
④ ア 誤っている　イ 正しい　ウ 判断できない　エ 正しい
⑤ ア 判断できない　イ 正しい　ウ 判断できない　エ 誤っている

問3 気候変動が健康に影響を与えることを知り、高校生として何ができるか考えたひかるさんは、**【資料Ⅰ】**と**【資料Ⅱ】**を踏まえたレポートを書くことにした。次の**【目次】**は、ひかるさんがレポートの内容と構成を考えるために作成したものである。これを読んで、後の（ⅰ）（ⅱ）の問いに答えよ。

【目次】

テーマ：気候変動が健康に与える影響と対策

はじめに：テーマ設定の理由

第１章　気候変動が私たちの健康に与える影響
- a 暑熱による死亡リスクや様々な疾患リスクの増加
- b 感染症の発生リスクの増加
- c 自然災害の発生による被災者の健康リスクの増加

第２章　データによる気候変動の実態
- a 日本の年平均気温の経年変化
- b 日本の年降水量の経年変化
- c 台風の発生数及び日本への接近数

第３章　気候変動に対して健康のために取り組むべきこと
- a 生活や行動様式を変えること
- b 防災に対して投資すること
- c ［　X　］
- d コベネフィットを追求すること

おわりに：調査をふりかえって

参考文献

（ｉ）**【資料Ⅱ】**を踏まえて、レポートの第3章の構成を考えたとき、**【目次】**の空欄 X に入る内容として最も適当なものを、次の①～⑤のうちから一つ選べ。解答番号は 4 。

① 熱中症予防情報サイトを設けて周知に努めること
② 保健活動にかかわる人向けのマニュアルを公開すること
③ 住民の医療ニーズに応えるために必要な施策を特定すること
④ 現行の救急搬送システムの改善点を明らかにすること
⑤ 縦割りになりがちな適応策に横のつながりをもたらすこと

（ⅱ）ひかるさんは、級友に**【目次】**と**【資料Ⅰ】【資料Ⅱ】**を示してレポートの内容や構成を説明し、助言をもらった。**助言の内容に誤りがあるもの**を、次の①～⑤のうちから一つ選べ。解答番号は 5 。

① Aさん　テーマに掲げている「対策」という表現は、「健康を守るための対策」なのか、「気候変動を防ぐための対策」なのかわかりにくいから、そこが明確になるように表現すべきだと思うよ。
② Bさん　第1章のbの表現は、aやcの表現とそろえたほうがいいんじゃないかな。「大気汚染物質による感染症の発生リスクの増加」とすれば、発生の原因まで明確に示すことができると思うよ。
③ Cさん　気候変動と健康というテーマで論じるなら、気候変動に関するデータだけでなく、感染症や熱中症の発生状況の推移がわかるデータも提示できると、より根拠が明確になるんじゃないかな。
④ Dさん　第1章で、気候変動が健康に与えるリスクについて述べるんだよね。でも、その前提として気候変動が起きているデータを示すべきだから、第1章と第2章は入れ替えた方が、流れがよくなると思うよ。
⑤ Eさん　第1章から第3章は、調べてわかった事実や見つけた資料の内容の紹介だけで終わっているように見えるけど、それらに基づいたひかるさんなりの考察も書いてみたらどうだろう。

第B問

ヒロミさんは、日本語の独特な言葉遣いについて調べ、「言葉遣いへの自覚」という題で自分の考えを**【レポート】**にまとめた。**【資料Ⅰ】**～**【資料Ⅲ】**は、**【レポート】**に引用するためにアンケート結果や参考文献の一部を、見出しを付けて整理したものである。これらを読んで、後の問い（**問1～4**）に答えよ。（配点　20）

【レポート】

男女間の言葉遣いの違いは、どこにあるのだろうか。**【資料Ⅰ】**によると、男女の言葉遣いは同じでないと思っている人の割合は、七割以上いる。実際、「このバスに乗ればいいのよね？」は女の子の話し方として、「このカレーライスうまいね！」は男の子の話し方として認識されている。これは、性差によって言葉遣いがはっきり分かれているという、日本語の特徴の反映ではないだろうか。

一方、［　X　］にも着目すると、男女の言葉遣いの違いを認識しているものの、女性らしいとされていた言葉遣いがあまり用いられず、逆に男性らしいとされる言葉遣いをしている女性も少なからず存在することが分かる。

ここで、**【資料Ⅱ】【資料Ⅲ】**の「役割語」を参照したい。これらの資料によれば、言葉遣いの違いは性別によるとはかぎらない、そして、［　Y　］ということである。

たしかに、マンガやアニメ、小説などのフィクションにおいて、このような役割語は、非常に発達している。役割語がなければ、「キャラクタ」を描けないようにすら感じる。とくに、文字は映像と違って、顔は見えないし声も聞こえない。役割語が効率的にキャラクタを描き分けることによって、それぞれのイメージを読者に伝えることができる。その一方で、キャラクタのイメージがワンパターンに陥ってしまうこともある。

それでは、現実の世界ではどうだろうか。私たちの身近にある例を次にいくつか挙げてみよう。

［　Z　］

以上のように、私たちの周りには多くの役割語があふれている。したがって、役割語の性質を理解したうえで、フィクションとして楽しんだり、時と場所によって用いるかどうかを判断したりするなど、自らの言葉遣いについても自覚的でありたい。

【資料Ⅰ】　性別による言葉遣いの違い

調査期間　2008/11/23～2008/12/08

調査対象　小学生～高校生 10,930 人（男子 5,787 人、女子 5,107 人、無回答 36 人）

調査方法　任意で回答

単位　全て％

質問 1

男の子（人）が使うことばと、女の子（人）が使うことばは、同じだと思いますか？

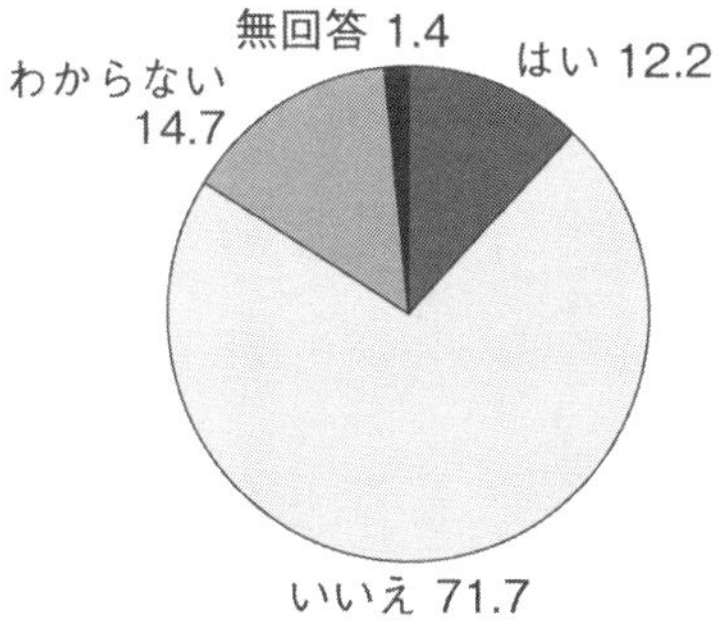

質問 2

①次の各文は、男の子、女の子、どちらの話し方だと思いますか？

「このバスに乗ればいいのよね？」

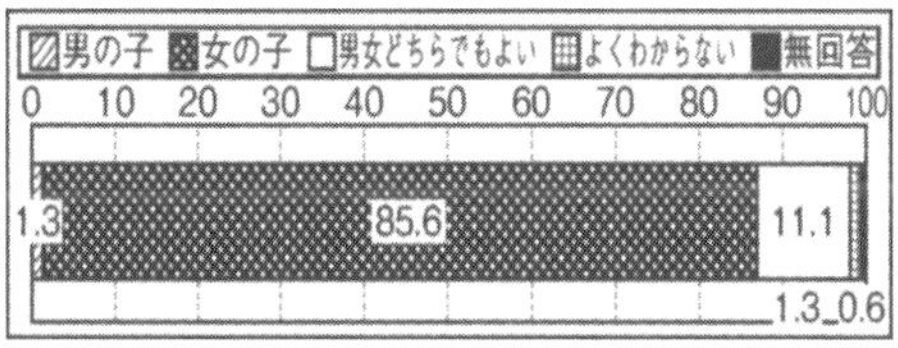

「このカレーライスうまいね！」

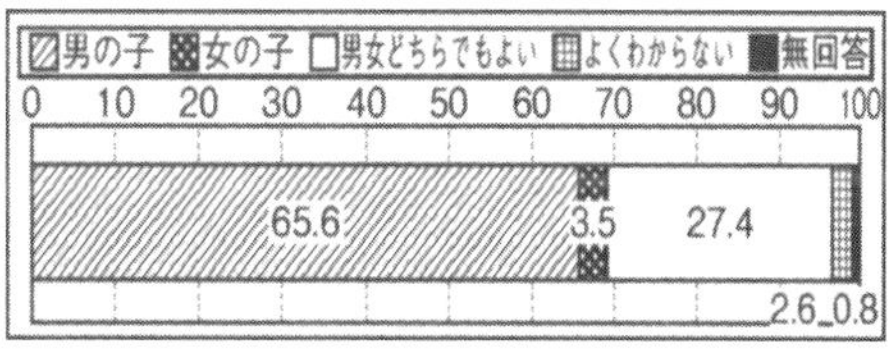

②次のようなことばづかいはしますか？

「このバスに乗ればいいのよね？」

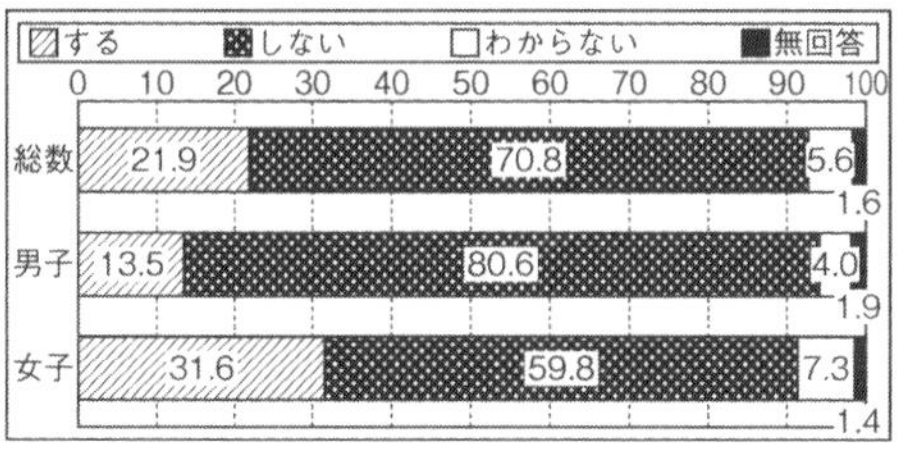

「このカレーライスうまいね！」

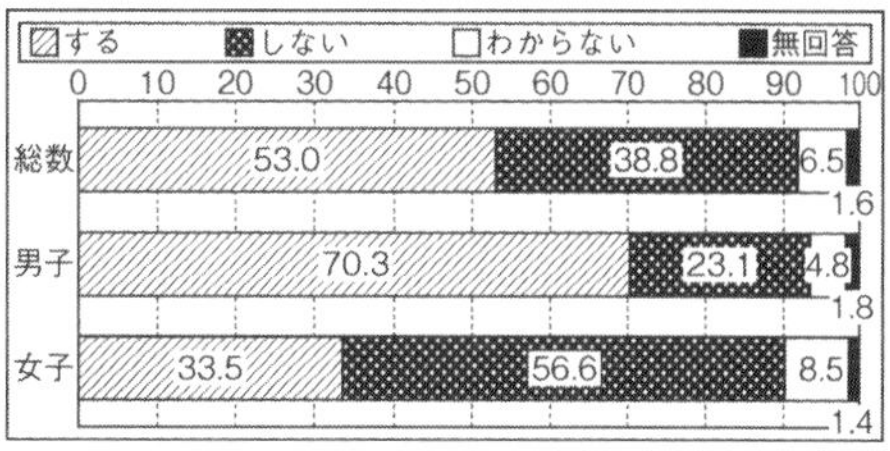

（旺文社「第 6 回ことばに関するアンケート」による）

【資料Ⅱ】　役割語の定義

役割語について、金水敏『ヴァーチャル日本語　役割語の謎』（岩波書店、二〇〇三年、二〇五頁）では次のように定義している。

ある特定の言葉遣い（語彙・語法・言い回し・イントネーション等）を聞くと特定の人物像（年齢、性別、職業、階層、時代、容姿・風貌、性格等）を思い浮かべることができるとき、あるいはある特定の人物像を提示されると、その人物がいかにも使用しそうな言葉遣いを思い浮かべることができるとき、その言葉遣いを「役割語」と呼ぶ。

すなわち、特定の話し方あるいは言葉遣いと特定の人物像（キャラクタ）との心理的な連合であり、（注）ステレオタイプの言語版であるとも言える。役割語の分かりやすい例として、次のようなものを挙げることができる。

a　おお、そうじゃ、わしが知っておるんじゃ。
b　あら、そうよ、わたくしが知っておりますわ。
c　うん、そうだよ、ぼくが知ってるよ。
d　んだ、んだ、おら知ってるだ。
e　そやそや、わしが知ってまっせー。
f　うむ、さよう、せっしゃが存じております。

上記の話し方はいずれも論理的な内容が同じであるが、想起させる話し手が異なる。例えばaは男性老人、bはお嬢様、cは男の子、dは田舎もの、eは関西人、fは武士などの話し手が当てられるであろう。

（金水敏《きんすいさとし》「役割語と日本語教育」『日本語教育』第一五〇号による）

（注）　ステレオタイプ――型にはまった画一的なイメージ。紋切り型。

【資料Ⅲ】 役割語の習得時期

多くの日本語話者は、「あら、すてきだわ」「おい、おれは行くぜ」のような言い方が女性や男性の話し方を想起させるという知識を共有している。しかし、現実の日常生活の中でこのようないかにも女性的、いかにも男性的というような表現は今日の日本ではやはりまれになっている。

日常的な音声言語に、語彙・語法的な特徴と性差に関する積極的な証拠が乏しいにもかかわらず、多くのネイティブの日本語話者は、〈男ことば〉と〈女ことば〉を正しく認識する。むろんこれは、絵本やテレビなどの作品の受容を通して知識を受け入れているのである。この点について考えるために、私が代表者を務める(注)科研費の研究グループで、幼児の役割語認識の発達に関する予備的な実験調査を紹介しよう。図1として示すのは、その実験に用いたイラストである。

この図を被実験者の幼児に示し、さらに音声刺激として次のような文の読み上げを聞かせ、絵の人物を指し示させた。

図1　役割語習得に関する実験刺激

a　おれは、この町が大好きだぜ。
b　あたしは、この町が大好きなのよ。
c　わしは、この町が大好きなんじゃ。
d　ぼくは、この町が大好きさ。
e　わたくしは、この町が大好きですわ。

その結果、三歳児では性差を含む役割語の認識が十分でなかったのに対し、五歳児ではほぼ完璧にできることが分かった(音声的な刺激を用いたので、語彙・語法的な指標と音声的な指標のどちらが効いていたかはこれからの検討課題である)。

幼児が、これらの人物像すべてに現実に出会うということはほとんど考えにくい。これに対して、幼児が日常的に触れる絵本やアニメ作品等には、役割語の例があふれている。

(金水敏「役割語と日本語教育」『日本語教育』第一五〇号による)

(注)　科研費――科学研究費補助金の略。学術研究を発展させることを目的にする競争的資金。

問1　**【レポート】**の空欄 X には、**【レポート】**の展開を踏まえた**【資料Ⅰ】**の説明が入る。その説明として最も適当なものを、次の①〜⑤のうちから一つ選べ。解答番号は 1 。

① 「このバスに乗ればいいのよね？」を使わない女子は六割近くにのぼり、「このカレーライスうまいね！」を使わない男子は二割を超えていること

② 「このバスに乗ればいいのよね？」を使う女子は三割程度にとどまり、「このカレーライスうまいね！」を使う女子は三割を超えていること

③ 「このバスに乗ればいいのよね？」を使わない女子は六割近くにのぼり、「このカレーライスうまいね！」を使わない男女は四割近くにのぼること

④ 「このバスに乗ればいいのよね？」を使わない女子は六割近くにのぼり、「このカレーライスうまいね！」を使うか分からないという女子は一割程度にとどまっていること

⑤ 「このバスに乗ればいいのよね？」を使う女子は三割程度にとどまり、「このカレーライスうまいね！」を男女どちらが使ってもいいと考える人は三割近くにのぼること

問2 **【レポート】**の空欄 Y には、**【資料Ⅱ】**及び**【資料Ⅲ】**の要約が入る。その要約として最も適当なものを、次の①～⑤のうちから一つ選べ。解答番号は **2** 。

① イラストと音声刺激を用いた発達段階に関する調査によって、役割語の認識は、五歳でほぼ獲得されることが明らかになったが、それは絵本やアニメといった幼児向けのフィクションの影響である

② 役割語とは、特定の人物像を想起させたり特定の人物がいかにも使用しそうだと感じさせたりする語彙や言い回しなどの言葉遣いのことであり、日本語の言葉遣いの特徴を端的に示した概念である

③ 年齢や職業、性格といった話し手の人物像に関する情報と結びつけられた言葉遣いを役割語と呼び、私たちはそうした言葉遣いを幼児期から絵本やアニメ等の登場人物の話し方を通して学んでいる

④ 日本語話者であれば言葉遣いだけで特定の人物のイメージを思い浮かべることができるが、こうした特定のイメージが社会で広く共有されるに至ったステレオタイプとしての言語が役割語である

⑤ 特定の人物のイメージを喚起する役割語の力が非常に強いのは、幼児期からフィクションを通して刷り込まれているためであるが、成長の過程で理性的な判断によってそのイメージは変えられる

問3　**【レポート】**の空欄［Z］には、役割語の例が入る。その例として**適当でないもの**を、次の①〜⑤のうちから一つ選べ。解答番号は［3］。

① 家族や友だちに対してはくだけた言葉遣いで話すことが多い人が、他人の目を意識して、親密な人にも敬語を用いて話し方を変える場合が見受けられる。

② アニメやマンガ、映画の登場人物を真似るなどして、一般的に男性が用いる「僕」や「俺」などの一人称代名詞を用いる女性が見受けられる。

③ ふだん共通語を話す人が話す不自然な方言よりも、周りが方言を話す環境で育てられた人が話す自然な方言の方が好まれるという傾向が見受けられる。

④ 「ツッコミキャラ」、「天然キャラ」などの類型的な人物像が浸透し、場面に応じてそれらを使い分けるというコミュニケーションが見受けられる。

⑤ スポーツニュースで外国人男性選手の言葉が、「俺は〜だぜ」、「〜さ」などと男性言葉をことさら強調して翻訳される場合が見受けられる。

問4 ヒロミさんは、**【レポート】**の主張をより理解してもらうためには論拠が不十分であることに気づき、補足しようと考えた。その内容として適当なものを、次の①〜⑥のうちから**二つ**選べ。ただし、解答の順序は問わない。解答番号は［4］・［5］。

① 「今日は学校に行くの」という表現を例にして、日本語における役割語では語彙や語法より音声的な要素が重要であるため、文末のイントネーションによって男女どちらの言葉遣いにもなることを補足する。

② 英語の「I」に対応する日本語が「わたし」、「わたくし」、「おれ」、「ぼく」など多様に存在することを例示し、一人称代名詞の使い分けだけでも具体的な人物像を想起させることができることを補足する。

③ マンガやアニメなどに登場する武士や忍者が用いるとされる「〜でござる」という文末表現が江戸時代にはすでに使われていたことを指摘し、役割語の多くが江戸時代の言葉を反映していることを補足する。

④ 役割語と性別、年齢、仕事の種類、見た目などのイメージとがつながりやすいことを踏まえ、不用意に役割語を用いることは人間関係において個性を固定化してしまう可能性があるということを補足する。

⑤ 絵本やアニメなどの幼児向けの作品を通していつの間にか認識されるという役割語の習得過程とその影響力の大きさを示し、この時期の幼児教育には子どもの語彙を豊かにする可能性があるということを補足する。

⑥ 役割語であると認識されてはいても実際の場面ではあまり用いられないという役割語使用の実情をもとに、一人称代名詞や文末表現などの役割語の数が将来減少してしまう可能性があるということを補足する。

2024年度

大学入学共通テスト
本試験

（200点　80分）

第1問 次の文章を読んで、後の問い（問1～6）に答えよ。なお、設問の都合で本文の段落に 1 ～ 10 の番号を付してある。また、表記を一部改めている。（配点 50）

1 モーツァルトの没後二〇〇年の年となった一九九一年の、まさにモーツァルトの命日に当たる一二月五日に、ウィーンの聖シュテファン大聖堂でモーツァルトの《レクイエム》(注1)の演奏が行われた（直後にLD(注2)が発売されている）。ゲオルク・ショルティ(注3)の指揮するウィーン・フィル(注4)、ウィーン国立歌劇場の合唱団などが出演し、ウィーンの音楽界の総力をあげた演奏でもあるのだが、ここで重要なのは、これがモーツァルトの没後二〇〇年を記念する追悼ミサという「宗教行事」であったということである。それゆえ、随所に聖書の朗読や祈りの言葉等、「音楽」ではない台詞《せりふ》の部分や聖体拝領(注5)などの様々な儀式的所作が割り込む形になる。まさに「音楽」でもあり「宗教行事」でもあるという典型的な例である。

2 モーツァルトの《レクイエム》という音楽作品として聴こうとする人は、これをどのように認識するのか？ あるCDショップのウェブサイトに(ア)ケイサイされているこの演奏のCDのレビュー欄には、「キリスト教徒でない並みの音楽好きには延々と続く典礼の割り込みには正直辟易《へきえき》としてくるのも事実。CDプレイヤーのプログラミング機能がカツ(イ)ヤクする」というコメントが見られる。これを「音楽」として捉えようとするこの聴き手が、音楽部分だけをつなぎ合わせてひとまとまりとして捉えるような認識の仕方をしているさまが彷彿《ほうふつ》としてくる。

3 それに対して、この(ウ)モヨオし物は「音楽」である以前に典礼であり、この聴き手のような本来のあり方を無視した聴き方は本末顚倒《てんとう》だとする立場も当然考えられる。こういうものは、典礼の全体を体験してこそその意味を正しく認識できるのであり、音楽部分だけつまみだして云々《うんぬん》するなどという聴き方は、あらゆる音楽を、コンテクストを無視してコンサートのモデルで捉える一九世紀的なアク(エ)ヘイにすぎない、一刻も早く、そういう歪《ゆが》みを取り去って、体験の本来の姿を取り戻さなければならない、そういう主張である。

4 この主張はたしかに一面の真理ではあろう。だがここでの問題は、一九世紀には音楽が典礼から自立したとか、それをまた、本来のコンテクストに戻す動きが生じているというような単純な二分法的ストーリーにおさまるものではない。もちろん、物事には見方によっていろいろな側面があるのは当然なのだから、音楽か典礼かというオールオアナッシングのような議論で話が片付かないのはあたりまえだが、何よりも重要なのは、ここでの問題が、音楽vs.典礼といった図式的な二項関係の説明にはおさまりきれない複合的な性格をもった、しかもきわめてアクチュアル(注6)な現代的問題を孕《はら》んでいるということである。

5 Aこれが典礼なのか、音楽なのかという問題は、実はかなり微妙である。たしかに、モーツァルトの命日を記念して聖シュテファン大聖堂で行われている追悼ミサであるという限りでは(オ)マギれもなく宗教行事であるには違いないが、ウィーン・フィルと国立歌劇場合唱団の大部隊が大挙してシュテファン大聖堂に乗り込んで来ているという段階で、すでにかなり異例な事態である。DVDの映像を見ても、前方の祭壇を中心に行われている司式(注7)を見る限りでは通常の「典礼」のようだが、通常の典礼にはない大規模なオーケストラと合唱団を後方に配置するために、聖堂の後ろにある通常の出入り口は閉め切られてしまっている。聖堂での通常の儀礼という範囲に到底おさまりきれないものになっているのだ。客(信徒と言うべきだろうか)もまた、典礼という限りでは、前の祭壇で行われている司式に注目するのが自然であり、実際椅子もそちら向きにセットされているのだが、背後から聞こえてくる音楽は、もはや典礼の一部をなす、というようなレベルをはるかにこえて、その音楽自体を「鑑賞」の対象にしている様子が窺《うかが》える(実際、映像を見ると、「客」が半ば後ろ向きになって、窮屈そうな様子で背後のオーケストラや合唱の方をみている様子が映し出されている)。

6 そして何といっても極めつきなのが、この典礼の映像がLD、DVDなどの形でパッケージ化されて販売され、私を含めた大多数の人々はその様子を、これらのメディアを通して体験しているという事実である。これはほとんど音楽的なメディア・イヴェントと言っても過言ではないものになっているのだが、ここで非常におもしろいのは、典礼という宗教行事よりもモーツァルトの「音楽作品」に焦点をあてるという方向性を推し進めた結果、典礼の要素が背景に退くのではなくかえって、典礼をも巻き込む形で全体が「作品化」され、「鑑賞」の対象になるような状況が生じているということである。

7 このことは、B今「芸術」全般にわたって進行しつつある状況とも対応している。それは「博物館化」、「博物館学的欲望」などの語で呼ばれる、きわめて現代的な現象である。コンサートホール同様、一九世紀にそのあり方を確立した美術館や博物館においては、様々な物品を現実のコンテクストから切り取って展示する、そのあり方が不自然だという批判が出てきた。たしかに、寺で信仰の対象として長いこと使われ、皆が頭をなでてすり減っているような仏像が、それ自体、美術的な、あるいは歴史的な価値をもつものとして、寺から持ち出されてガラスケースの中に展示され、それを遠くから鑑賞する、というような体験はとても不思議なものではある。最近ではその種の展示でも、単に「もの自体」をみせるのでなく、それが使われたコンテクスト全体をみせ、そのものが生活の中で使われている状況を可能な限りイメージさせるような工夫がなされたり、作家や作品そのものではなく、その背景になった時代全体を主題化した展覧会のようなものが増えたり、といった動きが進んできた。ところがそのことが、単に元のコンテクストに戻す、ということにとどまらない結果を生み出しているのである。

8 美術館や博物館の展示が、物そのものにとどまらず、それを取り巻くコンテクストをも取り込むようになってきていることは、別の見方をすれば、かつては「聖域」として仕切られた「作品そのもの」の外に位置していたはずの現実の時空もろとも、美術館や博物館という「聖域」の中に引きずり込まれた状況であるとみることもできる。それどころか、一九世紀以来、こうした場で育まれてきた「鑑賞」のまなざしが今や、美術館や博物館の垣根をのりこえて、町全体に流れ込むようになってきていると言ってよいかもしれない。ディズニーランドやハウステンボスは言うに及ばず、ウィーンでも京都でも、ベルリンや東京でも、いたるところに「歴史的町並み」風の場所が出現し、さながら町全体がテーマパーク化したような状況になっている。そういう場所で人々が周囲の景物に向けるまなざしは、たぶん美術館や博物館の内部で「物そのもの」に向けられていたものに近いものだろう。「博物館化」、「博物館学的欲望」といった語はまさに、そのような心性や状況を言い表そうとしているものである。これまで問題にしてきたシュテファン大聖堂での《レクイエム》のケースも、それになぞらえれば、単に音楽をコンサートから典礼のコンテクストに戻したのではなく、むしろ典礼そのものをもコンサート的なまなざしのうちに置こうとする人々の「コンサートホール的欲望」によって、コンサートの外なる場所であったはずの現実の都市の様々な空間が、どんどん「コンサートホール化」されている状況の反映と言い換えることができるように思われる。

9 「音楽」や「芸術」の概念の話に戻り、今のそういう状況に重ね合わせて考え直してみるならば、この状況は、近代的なコンサートホールの展開と相関的に形成されてきた「音楽」や「芸術」に向けるまなざしや聴き方が今や、その外側にまであふれ出てきて、かつてそのような概念の適用範囲外にあった領域にまでどんどん浸食してきている状況であると言いうるだろう。逆説的な言い方になるが、一見したところ「音楽」や「芸術」という伝統的な概念や枠組みが解体、多様化しているようにみえる状況と裏腹に、むしろコンサートホールや美術館から漏れ出したそれらの概念があらゆるものの「音楽化」や「芸術化」を促進しているように思われるのである。だがそうであるならば、「音楽」や「芸術」という概念が自明の前提であるかのように考えてスタートしてしまうような議論に対しては、Cなおさら警戒心をもって周到に臨まなければならないのではないだろうか。このような状況自体、特定の歴史的・文化的コンテクストの中で一定の価値観やイデオロギーに媒介されることによって成り立っているのだとすれば、そこでの「音楽化」や「芸術化」の動きの周辺にはたらいている力学や、そういう中で「音楽」や「芸術」の概念が形作られたり変容したりする過程やメカニズムを明確にすることこそが決定的に重要になってくるからである。

10 問題のポイントを簡単に言うなら、「音楽」や「芸術」は決して最初から「ある」わけではなく、「なる」ものであるということになろう。それにもかかわらず、「音楽」や「芸術」という概念を繰り返し使っているうちに、それがいつの間にか本質化され、最初から「ある」かのような話にすりかわってしまい(ちょうど紙幣を繰り返し使っているうちに、それ自体に価値が具《そな》わっているかのように錯覚するようになってしまうのと同じである)、その結果は、気がついてみたら、「音楽は国境を越える」、「音楽で世界は一つ」という怪しげなグローバリズムの論理に取り込まれていたということにもなりかねないのである。

(渡辺《わたなべ》 裕《ひろし》『サウンドとメディアの文化資源学 ―― 境界線上の音楽』による)

（注）

1　レクイエム――死者の魂が天国に迎え入れられるよう神に祈るための曲。

2　ＬＤ――レーザーディスク。映像・音声の記録媒体の一つ。

3　ゲオルク・ショルティ――ハンガリー出身の指揮者、ピアニスト（一九一二―一九九七）。

4　ウィーン・フィル――ウィーン・フィルハーモニー管弦楽団のこと。

5　聖体拝領――キリストの血と肉を象徴する葡萄《ぶどう》酒とパンを人々が受け取る儀式。

6　アクチュアルな――今まさに直面している。

7　司式――教会の儀式をつかさどること。ここでは儀式そのものを指す。

問1 傍線部(ア)～(オ)に相当する漢字を含むものを、次の各群の①～④のうちから、それぞれ一つずつ選べ。解答番号は 1 ～ 5 。

(ア) ケイサイ 1
① 名著にケイハツされる
② 連絡事項をケイシュツする
③ 方針転換のケイキになる
④ 一族のケイズを作る

(イ) カツヤク 2
① 神仏のごリヤクにすがる
② あの人はケンヤク家だ
③ 面目ヤクジョの働きをする
④ 重要なヤクショクに就く

(ウ) モヨオし物 3
① 議案をサイタクする
② サイミン効果のある音楽
③ カッサイを浴びた演技
④ 多額のフサイを抱える

(エ) アクヘイ 4
① 機会のコウヘイを保つ
② 心身がヒヘイする
③ 室内にユウヘイされる
④ オウヘイな態度をとる

(オ) マギれ 5
① 不満がフンシュツする
② フンベツある大人になる
③ 議論がフンキュウする
④ 決算をフンショクする

問2　傍線部**A**「これが典礼なのか、音楽なのかという問題は、実はかなり微妙である。」とあるが、筆者がそのように述べる理由として最も適当なものを、次の①～⑤のうちから一つ選べ。解答番号は［6］。

① 追悼ミサにおける《レクイエム》は、音楽として捉えることもできるが、それ以前に典礼の一部なのであり、典礼の全体を体験することによって楽曲本来のあり方を正しく認識できるようにもなっているから。

② 追悼ミサにおける《レクイエム》は、もともと典礼の一要素として理解されてはいたが、聖書の朗読や祈りの言葉等の儀式的な部分を取り去れば、独立した音楽として鑑賞できると認識されてもいるから。

③ 追悼ミサにおける《レクイエム》は、典礼の一要素として演奏されたものではあったが、参列者のために儀式と演奏の空間を分けたことによって、聖堂内でありながら音楽として典礼から自立することにもなったから。

④ 追悼ミサにおける《レクイエム》は、典礼の一部として受容されてはいたが、演奏を聴くことを目的に参列する人やCDを購入する人が増えたことで、典礼が音楽の一部と見なされるようにもなっていったから。

⑤ 追悼ミサにおける《レクイエム》は、典礼を構成する一要素であるが、その典礼から切り離し音楽として鑑賞することもでき、さらには典礼全体を一つのイヴェントとして鑑賞するような事態も起きているから。

問3　傍線部B「今『芸術』全般にわたって進行しつつある状況」とあるが、それはどのような状況か。その説明として最も適当なものを、次の①～⑤のうちから一つ選べ。解答番号は 7 。

① 展示物をその背景とともに捉えることで、美術館や博物館の内部で作品に向けられていたまなざしが周囲の事物にも向けられるようになり、現実の空間まで鑑賞の対象に組み込まれてきたという状況。

② 展示物を取り巻くコンテクストもイメージすることで、美術館や博物館内部の空間よりもその周辺に関心が移り、物そのものが置かれていた生活空間も鑑賞の対象とする考え方がもたらされてきたという状況。

③ 作品の展示空間を美術館や博物館の内部に限ったものと見なすのではなく、地域全体を展示空間と見なす新たな鑑賞のまなざしが生まれ、施設の内部と外部の境界が曖昧になってきたという状況。

④ 生活の中にあった事物が美術館や博物館の内部に展示物として取り込まれるようになったことで、作品と結びついたコンテクスト全体が鑑賞の対象として主題化されるようになってきたという状況。

⑤ 美術館や博物館内部の展示空間からその外に位置していた現実の時空にも鑑賞の対象が拡大していくにつれて、町全体をテーマパーク化し人々の関心を呼び込もうとする都市が出現してきたという状況。

問4　傍線部C「なおさら警戒心をもって周到に臨まなければならないのではないだろうか」とあるが、筆者がそのように述べる理由として最も適当なものを、次の①～⑤のうちから一つ選べ。解答番号は 8 。

① 「音楽」や「芸術」は、コンサートホールや美術館の内部で形成された「博物館学的欲望」に基づいて更新され続けてきた概念である。その過程を無視して概念を自明のものとしてしまうと、概念化を促す原動力としての人々の心性を捉え損ねてしまうから。

② 「音楽」や「芸術」は、コンサートホールや美術館における演奏や展示を通して多様に評価され変容してきた概念である。その過程を無視して概念を自明のものとしてしまうと、「音楽で世界は一つ」などというグローバリズムの論理に取り込まれてしまうから。

③ 「音楽」や「芸術」は、コンサートホールや美術館といった「聖域」が外部へと領域を広げていったことで発展してきた概念である。その過程を無視して概念を自明のものとしてしまうと、あらゆるものが「音楽化」や「芸術化」の対象になってゆく状況を説明できなくなるから。

④ 「音楽」や「芸術」は、コンサートホールや美術館の中で生まれた価値観やイデオロギーを媒介として形作られてきた概念である。その過程を無視して概念を自明のものとしてしまうと、それらの周辺にはたらいている力学の変容過程を明確にすることができなくなるから。

⑤ 「音楽」や「芸術」は、コンサートホールや美術館で育まれた「鑑賞」のまなざしと関わり合いながら成り立ってきた概念である。その過程を無視して概念を自明のものとしてしまうと、それ自体が本質化され、普遍的な価値を持つものとして機能してしまいかねないから。

問5　この文章の構成・展開に関する説明として**適当でないもの**を、次の①～④のうちから一つ選べ。解答番号は［9］。

①　［1］段落は、議論の前提となる事例をその背景や補足情報とともに提示して導入を図っており、［2］・［3］段落は、［1］段落で提示された事例について説明しながら二つの異なる立場を紹介している。

②　［4］段落は、［2］・［3］段落で紹介された立場を基に問題を提起しており、［5］・［6］段落は、［4］段落で提起された問題についてより具体的な情報を付け加えた上で議論の方向づけを行っている。

③　［7］段落は、前段落までの議論をより一般的な事例を通して検討し直すことで新たに別の問題への転換を図っており、［8］段落は、［7］段落から導き出された観点を基に筆者の見解を提示している。

④　［9］段落は、［7］・［8］段落で導き出された観点に基づいて問題点を指摘しており、［10］段落は、その問題点を簡潔に言い換えつつ［9］段落の議論から導かれた筆者の危惧を示している。

問6　授業で本文を読んだSさんは、作品鑑賞のあり方について自身の経験を基に考える課題を与えられ、次の【文章】を書いた。その後、Sさんは提出前にこの【文章】を推敲《すいこう》することにした。このことについて、後の(i)～(iii)の問いに答えよ。

【文章】

本文では現実を鑑賞の対象とすることに注意深くなるよう主張されていた。しかし、ここでは作品を現実世界とつなげて鑑賞することの有効性について自分自身の経験を基に考えてみたい。

小説や映画、漫画やアニメの中には、現実に存在する場所を舞台にした作品が多くある。そのため、私たちは作品を読み終えたり見終わったりした後に、実際に舞台となった場所を訪れることで、現実空間と作品をつなげて鑑賞することができる。

最近、近くの町がある小説の舞台になっていることを知った。私は何度もそこに行ったことがあるが、これまでは何も感じることがなかった。ところが、小説を読んでから訪れてみると、今までと別の見方ができて面白かった。（a）このように、私たちは、作品世界というフィルターを通じて現実世界をも鑑賞の対象にすることが可能である。（b）一方で、小説の舞台をめぐり歩いてみたことによって小説のイメージが変わった気もした。（c）実際の町の印象を織り込んで読んでみることで、作品が新しい姿を見せることもあるのだ。（d）作品を読んで町を歩くことで、さまざまな発見があった。

(i) Sさんは、傍線部「今までと別の見方ができて」を前後の文脈に合わせてより具体的な表現に修正することにした。修正する表現として最も適当なものを、次の ① ～ ④ のうちから一つ選べ。解答番号は 10 。

① なにげない町の風景が作品の描写を通して魅力的に見えてきて
② その町の情景を思い浮かべながら作品を新たな視点で読み解けて
③ 作品そのままの町の様子から作者の創作意図が感じられて
④ 作品の情景と実際の風景のずれから時間の経過が実感できて

(ii) Sさんは、自身が感じ取った印象に理由を加えて自らの主張につなげるため、【文章】に次の一文を加筆することにした。加筆する最も適当な箇所は(a)～(d)のどの箇所か。後の ① ～ ④ のうちから一つ選べ。解答番号は 11 。

それは、単に作品の舞台に足を運んだということだけではなく、現実の空間に身を置くことによって得たイメージで作品を自分なりに捉え直すということをしたからだろう。

① (a)
② (b)
③ (c)
④ (d)

(iii) Sさんは、この【文章】の主張をより明確にするために全体の結論を最終段落として書き加えることにした。そのための方針として最も適当なものを、次の①～④のうちから一つ選べ。解答番号は 12 。

① 作品世界をふまえることで現実世界への認識を深めることができるように、自分が生きている現実世界を知るために作品理解は欠かせない。その気づきを基に、作品世界と現実世界が不可分であることに留意して作品を鑑賞する必要があるといった結論を述べる。

② 作品世界と重ね合わせることで現実世界の見方が変わることがあり、それとは逆に、現実世界と重ね合わせることで作品の印象が変わることもある。その気づきを基に、作品と現実世界の鑑賞のあり方は相互に作用し得るといった結論を述べる。

③ 現実世界をふまえることで作品世界を別の角度から捉えることができるが、一方で、現実世界を意識せずに作品世界だけを味わうことも有効である。その気づきを基に、読者の鑑賞のあり方によって作品の意味は多様であるといった結論を述べる。

④ 現実世界と重ね合わせることで作品世界の捉え方が変わることがあり、そのことで作品に対する理解がさらに深まることになる。その気づきを基に、作品世界を鑑賞するには現実世界も鑑賞の対象にすることが欠かせないといった結論を述べる。

（下書き用紙）

国語の試験問題は次に続く。

第2問 次の文章は、牧田真有子《まきたまゆこ》「桟橋」（二〇一七年発表）の一節である。一六歳の高校生「イチナ」の家に、八歳年上の「おば」が訪れ、同居するようになる。イチナが幼少期に祖父母の家で親しく接していたおばは、中学生の頃から演劇の才能を発揮し、その後は劇団に所属しながら住居を転々としていた。これを読んで、後の問い（**問1～7**）に答えよ。なお、設問の都合で本文の上に行数を付してある。（配点 50）

イチナが幼い頃のおばの印象は、「ままごと遊びになぜか本気で付き合ってくれるおねえさん」だった。幼稚園や小学校から祖父母の家に直行するときのイチナの目当ては、おばと定まっていた。学者だった祖父の書斎のソファで昼寝をして、おばが中学校から帰ってくるのを待った。やがて路地の角を曲がってざくざくと砂利を踏む足音で目がさめ、跳ね起きて玄関へ急ぐ。

「イチナ、少しはあの子にも羽を伸ばさせてあげなさい」

背後から祖父が神経質な口調でたしなめ、おばは靴を脱がないままかばんだけどすんと置いて、「いいよ。休みに行くようなもんだから」と書斎の方角に言い放つ。イチナはおばにまとわりつくようにして一緒に家を出る。

杉の木立に囲まれた児童公園が遊び場だった。おばは一度も足をとめずすたすたと砂場へ向かう。滑り台や鉄棒で遊んでいた、年齢にばらつきのある七、八人が我先にと集ってくる。

ままごとといっても、ありふれた家庭を模したものであったためしはない。専業主婦の正体が窃盗団のカシラだとか、全面闘争よりも華やかな記憶とともに滅びていく方を選ぶ王家の一族だとか、(ア)うらぶれた男やもめ（注1）と彼を陰に陽に支えるおせっかいな商店街の面々だとか、凝っている。「我が領土ではもはや革命分子らが徒党を組んでおるのだ」「後添え（注2）をもらうんなら早いに越したこたあないぜ」等々、子どもには耳慣れないせりふが多い。おばは一人で何役もこなす。彼女からは簡単な説明があるだけなので、子どもたちは的外れなせりふを連発するが、Aおばがいる限り世界は崩れなかった。

家にいるときには決してしない足の組み方。「三行半《みくだりはん》（注3）」という言葉を口にするときだけ異様に淡くなるまなざし。寂しげな舌打ち。ここと、ここにあるはずのない場所とががらりと入れ替わっていく一つの大きな動きに、子どもたちは皆、巻き込まれたがった。全力を尽くして立ちこぎするブランコよりも、たしかに危険な匂いがした。

夕暮れの公園を斜めに突っ切っていく通行人も多い。おばの同級生が苦笑まじりに声を掛けてくる。会社帰りらしい年配の男性が立ちどまってしげしげと見ていくこともある。制服姿のおばは全然かまわずに続ける。さまざまな遊具の影は誰かが引っ張っているかのように伸びつづけて、砂の上を黒く塗っていく。

公園の砂場で三文役者（注4）を務めた幼《おさな》馴染《なじみ》たちの一人と、イチナは今も親交がある。

映画を見に行く日取りを決めるため、その年上の友人と電話していた夕方のことだ。話の切れ目にイチナは、「なんと今あのおばが居候中（注5）でね」と言った。電話口の向こうに、すばやい沈黙があった。階下の台所からは天ぷらを揚げる母親の声と手伝っているおばの声が、一箇所に重なったり離れたりして聞こえていた。二人の声質はそっくりで、わずかに小さいおばの声は、母の声の影のようだった。一拍おいて友人は「フーライボー（注6）とか、なまで見んのはじめてかも」とちぐはぐなことを言った。

「なまで見てた頃は定住してたしね。懐かしくない？　電話代わろうか」

イチナが冗談半分で勧めると、相手も「結構です」と笑って言ったが、そこには何か、拭いきれていない沈黙が交じっているようだった。

「おばさんと話すのは億劫《おっくう》？」とイチナは訊《き》いた。

「いや、これ言っていいのかな。おばさんさ、私の家にもちょっと住んでたんだよね。去年の春。いきなりだった。寝袋かついで玄関に立ってる人が誰なのか、最初ぴんと来なかったもん。あ、別にいいんだよ、じゅうぶんな生活費入れてくれてたし。私もほら、一人暮らしも二年目で飽きてたし」

空いている方の手で絨毯《じゅうたん》の上の糸屑《いとくず》を拾っていたイチナの動きがとまる。言ってしまうと友人は、**B** もう気安い声を出した。

「私まで『おばさん』呼ばわりは悪いと思いつつ。イチナのがうつっちゃって」

「昔、それとなく『おねえさん』にすり替えようとする度おじいちゃんから威嚇されてね」

イチナは狼狽《ろうばい》を引きずったまま再び手を動かし始める。彼女の祖父は言葉の正式な使用を好む。続柄の呼称についての勝手な改変は、たとえ幼い孫相手であっても許さなかった。

台所ではおばが、水で戻すわかめの引きあげが早い、と母から厳しく指摘されている。

「しかしあのおばさんてのは、全っ然、ぼろ出さないね」

友人は思い出したように言った。イチナはすかさず反論した。

「けっこうずぼらだしそそっかしいけど」

「失敗しないって意味じゃなくて、失敗してもぜったい言い訳しないとか。痛いときは存分に痛がるとか、年上だからって虚勢張らないとか。自然体の人ってのはいるけど、おばさんの場合いっそ自然の側みたいに思える時ない？　他人なのに不透明感なさすぎて。朝顔の観察日記みたいに記録をつけられそうっていうか。共同生活、悪くなかったよ。なぜかはっきり思い出せないけど」

イチナは今度は、絨毯の上の糸屑を拾う手をとめない。上手《うま》くとめられなかったのだ。電話を切ると、「終わったなら早く手伝いに来なさい」という母親からの伝言を携えておばが上がってくる。肩までの髪をざっと束ね、腕まくりした格好のおばに、イチナは先の通話相手の名を挙げる。

「もう泊めてくれるような知り合いが底をついたからってさ、私の友達のとこにまで勝手に押しかけるのやめてよ。おばさんとあの子って、ほぼ見ず知らずの人ってくらいの関係じゃん、今となっては」

「けど完全に見ず知らずの人の家ってわりと暮らしにくいものだよ」

「嘘《うそ》でしょ試したの？　ていうか、そもそもなんでまた居候？」

「たしかにする理由はない。でもしない理由もなくない？」

「迷惑がかかる。セキュリティの問題。不躾《ぶしつけ》で厚かましい。しない方の理由はひっきりなしに湧いてくるんだけど？」

「それはその人が決めることでしょう。その人のことを私が予《あらかじ》め決めるわけにはいかないでしょう」

「(イ)もっともらしい顔で言わないでよ」

イチナが物の単位を誤ったりすると、すかさず正して復唱させる祖父に、おばは目鼻立ちが似ている。しかし厳格な祖父ですら、本当のことを受け入れれば自分自身を損なうような場面では(ウ)やにわに弁解し、自分の領域を護《まも》ろうとするときがあった。友人の言うとおりなのかもしれない、とイチナは考える。普通、人にはもっと、内面の輪郭が露《あら》わになる瞬間がある。肉体とは別に、その人がそこから先へ出ることのない領域の、縁。当人には自覚しきれなくても他人の眼《め》にはふしぎとなまなましく映る。たしかにおばには、どこからどこまでがおばなのかよくわからない様子があった。氷山の一角みたいに。

居候という根本的な問題に対して母が得意の批評眼を保てなくなったのは、おば自身の工夫による成果ではない、とイチナはふむ。母だけではない、おばを住まわせた人たちは皆その、果てのなさに途中で追いつけなくなってしまうのだ。だから居候が去った後、彼らはおばとの暮らしをはっきりと思い出せない。思い出したいなら観察日記でもつけるしかない。C私はごまかされたくない、とイチナは思う。

「そうかイチナ、する方の理由これでいい?」階段を下りかけていたおばの、言葉だけが部屋に戻ってくる。「私の肉体は家だから。だから、これより外側にもう一重の、自分の家をほしいと思えない」

演じるごとに役柄に自分をあけ払うから。そういう意味だとイチナが理解したときには、おばはもう台所にいる。イチナは何してるのよ、という母親の声と、のんきそうにしてる、というおばの声が、空をよぎる鳥と路上を伝う鳥影のような一対の質感で耳に届く。

(注) 1 男やもめ――妻を失った男。
2 後添え――二度目の配偶者。
3 三行半――夫から妻に出す離縁状。
4 三文――価値の低いこと。
5 居候――他人の家に身を寄せ、養ってもらっていること。
6 フーライボー――風来坊。居どころを気まぐれに変えながら生きている人。

問1　傍線部(ア)〜(ウ)の語句の意味として最も適当なものを、次の各群の①〜⑤のうちから、それぞれ一つずつ選べ。解答番号は 13 〜 15 。

(ア)　うらぶれた　13
① 度量が小さく偏屈な
② だらしなく大雑把な
③ 不満げで投げやりな
④ みすぼらしく惨めな
⑤ 優柔不断で不誠実な

(イ)　もっともらしい　14
① 悪びれず開き直るような
② まるで他人事だと突き放すような
③ へりくだり理解を求めるような
④ いかにも正しいことを言うような
⑤ 問い詰めてやりこめるような

(ウ)　やにわに　15
① 多弁に
② 即座に
③ 強硬に
④ 半端に
⑤ 柔軟に

問2　傍線部**A**「おばがいる限り世界は崩れなかった」とあるが、どういうことか。その説明として最も適当なものを、次の①～⑤のうちから一つ選べ。解答番号は 16 。

① おばの「ままごと」は、ありきたりの内容とは異なるものだったが、子どもたちが役柄に合わない言動をしても、自在な演技をするおばに生み出された雰囲気によってその場が保たれていたということ。

② おばの「ままごと」は、もともと子ども相手のたわいのない遊戯だったが、演技に魅了されたおばの姿勢によって本格的な内容になり、そのことで参加者全員を夢中にさせるほどの完成度に達していたということ。

③ おばの「ままごと」は、その中身が非日常的で大人びたものであったが、子どもたちの取るに足りない言動にもおばが相応の意味づけをしたため、結果的に子どもたちを退屈させない劇になっていたということ。

④ おばの「ままごと」は、奇抜なふるまいを子どもたちに求めるものだったが、人目を気にしないおばが恥じることなく演じたため、子どもたちも安心して物語の設定を受け入れることができたということ。

⑤ おばの「ままごと」は、子どもたちにとって設定が複雑で難解なものであったが、おばが状況にあわせて話の筋をつくりかえることで、子どもたちが楽しんで参加できる物語になっていたということ。

問3　傍線部B「もう気安い声を出した」とあるが、友人がこのような対応をしたのはなぜか。その理由の説明として最も適当なものを、次の①～⑤のうちから一つ選べ。解答番号は 17 。

① 同居していたことをおばに口止めされていた友人は、イチナが重ねて尋ねてくるのを好機としてありのままを告げた。そのうえで、おばの生活についてイチナと語り合う良い機会だと思ってうれしくなったから。

② おばと同居していた事実を黙っていた友人は、イチナに隠し事をしている罪悪感に耐えきれず打ち明けてしまった。そのうえで、イチナとの会話を自然に続けようと考えてくつろいだ雰囲気をつくろうとしたから。

③ 同居するなかでおばと親密になった友人は、二人の仲を気にし始めたイチナに衝撃を与えないようにおばとの関係を明かした。そのうえで、現在は付き合いがないことを示してイチナを安心させようとしたから。

④ おばとの同居を伏せていた友人は、おばを煩わしく感じているとイチナに思われることを避けようとして事実を告げた。そのうえで、話さずにいた後ろめたさから解放されてイチナと気楽に会話できると考えたから。

⑤ おばと同居していたことをイチナには隠そうとしていた友人は、おばがイチナにうっかり話してしまうことを懸念して自分から打ち明けた。そのうえで、友人関係が破綻しないようにイチナをなだめようとしたから。

問4　本文33行目から47行目にかけて糸屑を拾うイチナの様子が何度か描かれているが、その描写についての説明として最も適当なものを、次の①～⑤のうちから一つ選べ。解答番号は 18 。

① 友人からおばとの関係を打ち明けられ、自分とおばの関係に他人が割り込んでくることの衝撃をなんとか押さえようとするイチナの内面が、手を止めたり止めなかったりという動作に暗示的に表現されている。

② 友人の家におばが居候していたことに驚かされ、さらに友人が自分の意識していなかったおばの一面を伝えてきたことに揺さぶられるイチナの心のありようが、糸屑を拾う手の動きを通して表現されている。

③ おばとの共同生活を悪くなかったとする友人の意外な言葉に接し、おばの居候の生活を厚かましく迷惑なものと捉えていた見方を覆されたイチナの心の動きが、手で糸屑を拾う動きになぞらえて表現されている。

④ 友人とおばとの関係が親密であったと告げられたことにうろたえ、現在とは違いおばに懐いていた頃を思い返すイチナの物寂しい思いが、糸屑を拾う手遊びという無自覚な動作に重ねられて表現されている。

⑤ おばとの共同生活を思い出せないと友人が言ったことを受けて、おばに対して同じ思いを抱いていたことにあらためて気づいたイチナの驚きが、意思と関係なく動いてしまう手の動作に象徴的に表現されている。

問5　傍線部C「私はごまかされたくない、とイチナは思う。」とあるが、このときのイチナの思いとして最も適当なものを、次の①～⑤のうちから一つ選べ。解答番号は 19 。

① おばとの生活は突然訪問された人にも悪い印象を残すものではなかったため、同居していた友人や母はおばの居候生活を強く責めてこなかったが、自分だけは迷惑なものとして追及し続けたいという思い。

② おばの自然なふるまいは同居人にも内面のありようを感じさせないため、これまでともに生活してきた者たちはおばという人のあり方を捉えられなかったが、自分だけはどうにかして見誤らずに捉えたいという思い。

③ 明確な記憶を残させないようおばがふるまっているため、これまでともに暮らしてきた者たちはおばとの生活をはっきりと思い出せないが、自分だけはおばを観察することによって記憶にとどめておきたいという思い。

④ 共同生活をしてもおばの内面が見えてこないため、同居していた友人や母ですらどこまでが演技か見抜くことができなかったが、自分だけは個々の言動からおばの本心を解き明かして理解したいという思い。

⑤ 何を質問してもおばがはぐらかすような答えしかしないため、ともに暮らした友人や母にもおばの居候生活の理由は隠し通されてきたが、自分だけは口先で丸め込まれることなく観察を通して明らかにしたいという思い。

問6 本文の表現に関する説明として**適当でないもの**を、次の ① ～ ⑤ のうちから一つ選べ。解答番号は 20 。

① 「ざくざくと砂利を踏む」（3行目）、「どすんと置いて」（5行目）、「すたすたと砂場へ向かう」（7行目）は、擬音語・擬態語が用いられることで、おばの中学校時代の様子や行動が具体的にイメージできるように表現されている。

② 「さまざまな遊具の影は誰かが引っ張っているかのように伸びつづけて、砂の上を黒く塗っていく。」（18～19行目）は、遊具の影の動きが比喩で表されることで、子どもたちの意識が徐々に変化していく様子が表現されている。

③ イチナが電話で友人と話している場面（22～47行目）では、友人の話すイチナの知らないおばの話と階下から聞こえてくる身近なおばの様子とが交互に示されることで、おばの異なる姿が並立的に表現されている。

④ イチナとおばの会話場面（50～57行目）では、情景描写が省かれそれぞれの発言だけで構成されることで、居候をめぐってイチナとおばの意見が対立しイチナが言い募っていく様子が臨場感をもって表現されている。

⑤ 「たしかにおばには、どこからどこまでがおばなのかよくわからない様子があった。氷山の一角みたいに。」（62行目）は、比喩と倒置が用いられることで、イチナから見たおばのうかがいしれなさが表現されている。

問7　「おば」は居候する理由をイチナに問われ、「私の肉体は家だから。」(67~68行目)と答えた。この言葉をイチナは「演じることに役柄に自分をあけ払うから。」(69行目)ということだと理解した。イチナによるこうしたおばの捉え方について理解を深めるために、教師から**【資料】**が配付された。以下は**【資料】**とそれに基づいた教師と生徒の対話である。このことについて後の(i)・(ii)の問いに答えよ。

【資料】

演出家・太田省吾《おおたしょうご》が演技について論じた文章「自然と工作——現在的断章」より

われわれは、日常、己《おの》れの枠をもたずに生活している。そして、枠をもつことができるのは、死の場面であると言ってもよい。死ぬとき、いや死んだときには、われわれは、〈私〉の枠をもつ、これこれの者であったと。しかし、そのときの〈私〉は存在しているとはいえぬ状態にあるとすれば、われわれは〈私〉を枠づけることのできぬ存在であるということになるのだが、〈私〉を枠づけたいという欲求は、われわれの基礎的な生の欲求である。

われわれは、なに者かでありたいのだ。なに者かである者として〈私〉を枠づけ自己実現させたいのだ。

演技の欲求を、自分でないなに者かになりたいという言い方で言うことがある。このとき、自分でないなに者かとは、自分でない者ではなく、なに者かの方が目指されているのであり、そのなに者とは、実は自分のことである。つまり、それは自分になりたい欲求を基礎とした一つの言い方である。

教　師――イチナはおばの人物像を捉えかねているようですね。人には普通「内面の輪郭」(60行目)が明らかになるときがあるのに、おばにはそれがないとされています。この問題を考えるために、**【資料】**を読んでみましょう。この**【資料】**によると、「われわれは、日常、己れの枠をもたずに生活している」ので「〈私〉を枠づけたいという欲求」を持つとのことです。「枠」を使って考えると、本文の中にもわかりやすくなるところがありませんか。

生徒M――イチナはおばのことを「 **X** 」と思っていました。それは**【資料】**の「 **Y** 」ようという様子がおばには見られないことを示しているのではないでしょうか。

生徒N――一方で、友人はおばを「ぼろ出さない」(40行目)と評しています。これは、「枠」がないようにイチナには見えるおばのあり方を、意思的なふるまいと見る言い方ではないでしょうか。はじめはこれに反論したイチナも友人の言葉に触発されているようです。

教　師――おばについて、「枠」を観点にしてそれぞれ意見が出ましたが、おばは演じる者でもありました。イチナの「演じるごとに役柄に自分をあけ払うから」という理解の仕方については、どう言えるでしょうか。

生徒N――イチナはおばのことを、日常生活で **Z** と考えています。幼い頃に体験した中学生のおばの演技の様子も考えると、役者としてもおばは様々な役になりきることで自分であることから離れている、とイチナは捉えていると思います。この理解が、「演じるごとに役柄に自分をあけ払う」という言葉につながったのではないでしょうか。

教　師――**【資料】**では、「自分でないなに者かになりたい」欲求の現れとして演技がみなされていますが、イチナの考えているおばのあり方とは隔たりがありそうですね。

(i) 空欄 X ・ Y に入るものの組合せとして最も適当なものを、次の①～④のうちから一つ選べ。解答番号は 21 。

① X ままごと遊びになぜか本気で付き合ってくれる　Y なに者かである者として〈私〉を枠づけ

② X けっこうずぼらだしそそっかしい　Y 日常、己れの枠をもたずに生活し

③ X 内面の輪郭が露わになる瞬間がある　Y 日常、己れの枠をもたずに生活し

④ X どこからどこまでがおばなのかよくわからない　Y なに者かである者として〈私〉を枠づけ

(ii) 空欄 Z に入るものとして最も適当なものを、次の①～④のうちから一つ選べ。解答番号は 22 。

① 演技を通して「枠」を隠し「実現」させたい「自己」を人に見せないよう意識している

② 「〈私〉を枠づけたいという欲求」の内容を常に更新しながらその欲求を実現している

③ 自分は「これこれの者」だという一つの「枠」にとらわれないふるまいをしている

④ 「自分になりたい」という「欲求」に基づいて多様な「己れの枠」を所有できている

（下書き用紙）

国語の試験問題は次に続く。

第3問　次の文章は、「車中雪《しゃちゅうのゆき》」という題で創作された作品の一節である（『草縁集《そうえんしゅう》』所収）。主人公が従者とともに桂《かつら》（京都市西京区の地名）にある別邸（本文では「院」）に向かう場面から始まる。これを読んで、後の問い（**問1～4**）に答えよ。なお、設問の都合で本文の上に行数を付してある。（配点　50）

桂の院つくりそへ給《たま》ふものから、(ア)あからさまにも渡り給はざりしを、友待つ雪（注1）にもよほされてなむ、ゆくりなく思《おぼ》し立た（注2）すめる。かうやうの御歩《あり》きには、源少将、藤式部をはじめて、今の世の有職《いうそく》と聞こゆる若人のかぎり、必ずしも召しまつはしたりしを、(イ)とみのことなりければ、かくとだにもほのめかし給はず、「ただ親しき家司《けいし》（注3）四人五人《よたりいつたり》して」とぞ思しおきて給ふ。やがて御車引き出でたるに、「空より花の（注4）」と **a** うち興じたりしも、めでゆくまにまにいつしかと散りうせぬるは、かくてやみぬとにやあらむ。「さるはいみじき出で消えにこそ」と、人々死に返り（注5）妬《ねた》がるを、「げにあへなく口惜し」と思せど、「さて **b** 引き返さむも人目悪《わろ》かめり。なほ法輪（注6）の八講にことよせて」と思しなりて、ひたやりに急がせ給ふほど、またもつつ闇（注7）に曇りみちて、ありしよりけに散り乱れたれば、道のほとりに御車たてさせつつ見給ふに、何がしの山、くれがしの河原も、ただ時の間に **c** 面《おも》変はりせり。

かのしぶしぶなりし人々も、いといたう笑み曲げて、「これや小倉《をぐら》（注8）の峰ならまし」「それこそ梅津（注9）の渡りならめ」と、口々に定めあへるものから、松と竹とのけぢめをだに、とりはづしては違《たが》へぬべかめり。「あはれ、世に面白しとはかかるをや言ふならむかし。なほここにて（注10）を見栄《みは》やさまし」とて、やがて下簾《したすだれ》（注11）かかげ給ひつつ、

ここもまた月の中なる里ならし雪の光もよに似ざりけり

など **d** 興ぜさせ給ふほど、(ウ)かたちをかしげなる童《わらは》の水干《すいかん》着たるが、手を吹く吹く御あと尋《と》め来て、榻《しぢ》（注12）のもとにうずくまりつつ、「これ御車に」とて差し出でたるは、源少将よりの御消息なりけり。**e** 大夫《たいふ》とりつたへて奉るを見給ふに、「いつも後《おく》らかし給はぬを、かく、

X 白雪のふり捨てられしあたりには恨みのみこそ千重に積もれれ」

とあるを、ほほ笑み給ひて、畳紙《たたうがみ》に、

Y　尋め来やとゆきにしあとをつけつつも待つとは人の知らずやありけむ

やがてそこなる松を雪ながら折らせ給ひて、その枝に結びつけてぞたまはせたる。

やうやう暮れかかるほど、さばかり天霧《あまぎ》らひ(注13)たりしも、いつしかなごりなく晴れわたりて、名に負ふ里の月影はなやかに差し出でたるに、雪の光もいとどしく映えまさりつつ、天地《あめつち》のかぎり、白銀《しろかね》うちのべたらむがごとくきらめきわたりて、あやにまばゆき夜のさまなり。

(注14)院の預かりも出で来て、「かう渡らせ給ふとも知らざりつれば、とくも迎へ奉らざりしこと」など言ひつつ、頭《かしら》ももたげで、よろづに追従するあまりに、牛の額の雪かきはらふとては、軛《くびき》に触れて烏帽子《えぼし》を落とし、御車やるべき道清むとては、あたら雪をも踏みしだきつつ、足手の色を海老《えび》(注15)になして、桂風《かつらかぜ》を引き歩く。人々、「いまはとく引き入れてむ。かしこのさまもいとゆかしきを」とて、(注16)もろそそきにそそきあへるを、「げにも」とは思すものから、ここもなほ見過ぐしがたうて。

(注)
1 友待つ雪――後から降ってくる雪を待つかのように消え残っている雪。
2 思し立たす――「す」はここでは尊敬の助動詞。
3 家司――邸《やしき》の事務を担当する者。後出の「大夫」はその一人。
4 空より花の――『古今和歌集』の「冬ながら空より花の散りくるは雲のあなたは春にやあるらむ」という和歌をふまえた表現。
5 死に返り――とても強く。
6 法輪の八講――「法輪」は京都市西京区にある法輪寺。「八講」は『法華経』全八巻を講義して讃《たた》える法会。
7 つつ闇――まっくら闇。
8 小倉の峰――京都市右京区にある小倉山。
9 梅津の渡り――京都市右京区の名所。桂川左岸に位置する。

10 ここにてを見栄やさまし――ここで見て賞美しよう。

11 下簾――牛車《ぎっしゃ》の前後の簾（下図参照）の内にかける帳《とばり》。

12 榻――牛車から牛をとり放したとき、「軛《くびき》」を支える台（下図参照）。牛車に乗り降りする際に踏み台ともする。

13 天霧らひ――「天霧らふ」は雲や霧などがかかって空が一面に曇るという意。

14 院の預かり――桂の院の管理を任された人。

15 海老になして――海老のように赤くして。

16 もろそそき――「もろ」は一斉に、「そそく」はそわそわするという意。

牛車図

問1 傍線部(ア)～(ウ)の解釈として最も適当なものを、次の各群の①～⑤のうちから、それぞれ一つずつ選べ。解答番号は 23 ～ 25 。

(ア) あからさまにも 23
① 昼のうちも
② 一人でも
③ 少しの間も
④ 完成してからも
⑤ 紅葉の季節にも

(イ) とみのこと 24
① 今までになかったこと
② にわかに思いついたこと
③ ひそかに楽しみたいこと
④ 天候に左右されること
⑤ とてもぜいたくなこと

(ウ) かたちをかしげなる 25
① 格好が場違いな
② 機転がよく利く
③ 和歌が上手な
④ 体を斜めに傾けた
⑤ 見た目が好ましい

問2　波線部a～eについて、語句と表現に関する説明として最も適当なものを、次の①～⑤のうちから一つ選べ。解答番号は 26 。

① a「うち興じたりしも」の「し」は強意の副助詞で、雪が降ることに対する主人公の喜びの大きさを表している。
② b「引き返さむも」の「む」は仮定・婉曲の助動詞で、引き返した場合の状況を主人公が考えていることを表している。
③ c「面変はりせり」の「せり」は「り」が完了の助動詞で、人々の顔色が寒さで変化してしまったことを表している。
④ d「興ぜさせ給ふ」の「させ」は使役の助動詞で、主人公が和歌を詠んで人々を楽しませたことを表している。
⑤ e「大夫とりつたへて奉るを見給ふ」の「給ふ」は尊敬の補助動詞で、作者から大夫に対する敬意を表している。

問3　和歌**X**・**Y**に関する説明として最も適当なものを、次の①～④のうちから一つ選べ。解答番号は 27 。

① 源少将は主人公の誘いを断ったことを気に病み、「白雪」が降り積もるように私への「恨み」が積もっているのでしょうね、という意味の和歌**X**を贈った。

② 源少将は和歌**X**に「捨てられ」「恨み」という恋の歌によく使われる言葉を用いて主人公への恋情を訴えたため、主人公は意外な告白に思わず頬を緩めた。

③ 主人公は和歌**Y**に「待つ」という言葉を用いたのに合わせて、「待つ」の掛詞《かけことば》としてよく使われる「松」の枝とともに、源少将が待つ桂の院に返事を届けさせた。

④ 主人公は「ゆき」に「雪」と「行き」の意を掛けて、「雪に車の跡をつけながら進み、あなたを待っていたのですよ」という和歌**Y**を詠んで源少将に贈った。

問4　次に示すのは、「桂《かつら》」という言葉に注目して本文を解説した文章である。これを読んで、後の(i)～(iii)の問いに答えよ。

本文は江戸時代に書かれた作品だが、「桂」やそれに関連する表現に注目すると、平安時代に成立した『源氏物語』や、中国の故事がふまえられていることがわかる。以下、順を追って解説していく。

まず、1行目に「桂の院」とある。「桂」は都の中心地からやや離れたところにある土地の名前で、『源氏物語』の主人公である光源氏も「桂の院」という別邸を持っている。「桂の院」という言葉がはじめに出てくることで、読者は『源氏物語』の世界を思い浮かべながら本文を読んでいくことになる。

次に、12行目の和歌に「月の中なる里」とある。実はこれも「桂」に関わる表現である。古語辞典の「桂」の項目には、「中国の伝説で、月に生えているという木。また、月のこと」という説明がある。すなわち、「月の中なる里」とは「桂の里」を指す。したがって、12行目の和歌は、「まだ桂の里に着いていないはずだが、この場所もまた『月の中なる里』だと思われる。なぜなら、［Ｉ］」と解釈できる。

「桂」が「月」を連想させる言葉だとすると、20行目で桂の里が「名に負ふ里」と表現されている意味も理解できる。すなわち、20～22行目は［Ⅱ］、という情景を描いているわけである。

最後に、25行目に「桂風を引き歩く」とある。「桂風」は「桂の木の間を吹き抜ける風」のことであるが、「桂風を引き」には「風邪を引く」という意味も掛けられている。実は『源氏物語』にも「浜風を引き歩く」という似た表現がある。光源氏の弾く琴の音が素晴らしく、それを聞いた人々が思わず浜を浮かれ歩き風邪を引くというユーモラスな場面である。『源氏物語』を意識して読むと、23～26行目では主人公がどのように描かれているかがよくわかる。すなわち、［Ⅲ］。

以上のように、本文は「桂の院」に向かう主人公たちの様子を、移り変わる雪と月の情景とともに描き、最後は院の預かりや人々と対比的に主人公を描いて終わる。作者は『源氏物語』や中国の故事をふまえつつ、「桂」という言葉が有するイメージをいかして、この作品を著したのである。

(i) 空欄 **I** に入る文章として最も適当なものを、次の①～④のうちから一つ選べ。解答番号は 28 。

① 小倉や梅津とは比較できないくらい月と雪が美しいから

② 雪がこの世のものとは思えないほど光り輝いているから

③ ひどく降る白い雪によって周囲の見分けがつかないから

④ 月の光に照らされた雪のおかげで昼のように明るいから

(ii) 空欄 Ⅱ に入る文章として最も適当なものを、次の①～④のうちから一つ選べ。解答番号は 29 。

① 空を覆っていた雲にわずかな隙間が生じ、月を想起させる名を持つ桂の里には、一筋の月の光が鮮やかに差し込んできて、明るく照らし出された雪の山が、目がくらむほど輝いている

② 空を覆っていた雲がいつの間にかなくなり、月を想起させる名を持つ桂の里にふさわしく、月の光が鮮やかに差し込み、雪明かりもますます引き立ち、あたり一面が銀色に輝いている

③ 空を覆っていた雲が少しずつ薄らぎ、月を想起させる名を持つ桂の里に、月の光が鮮やかに差し込んでいるものの、今夜降り積もった雪が、その月の光を打ち消して明るく輝いている

④ 空を覆っていた雲は跡形もなく消え去り、月を想起させる名を持つ桂の里だけに、月の光が鮮やかに差し込んできて、空にちりばめられた銀河の星が、見渡す限りまぶしく輝いている

(iii) 空欄 Ⅲ に入る文章として最も適当なものを、次の①～④のうちから一つ選べ。解答番号は 30 。

① 「足手の色」を気にして仕事が手につかない院の預かりや、邸の中に入って休息をとろうとする人々とは異なり、「ここもなほ見過ぐしがたうて」とその場に居続けようとするところに、主人公の律儀な性格が表現されている

② 風邪を引いた院の預かりを放っておいて「かしこのさまもいとゆかしきを」と邸に移ろうとする人々とは異なり、「『げにも』とは思す」ものの、院の預かりの体調を気遣うところに、主人公の温厚な人柄が表現されている

③ 軽率にふるまって「あたら雪をも踏みしだきつつ」主人を迎えようとする院の預かりや、すぐに先を急ごうとする人々とは異なり、「ここもなほ見過ぐしがたうて」と思っているところに、主人公の風雅な心が表現されている

④ 「とくも迎へ奉らざりしこと」と言い訳しながら慌てる院の預かりや、都に帰りたくて落ち着かない人々とは異なり、「『げにも』とは思す」ものの、周囲の人を気にかけないところに、主人公の悠々とした姿が表現されている

第4問

次の文章は、唐の杜牧《とぼく》（八〇三—八五二）の【詩】「華清宮《かせいきゅう》」とそれに関連する【資料】Ⅰ～Ⅳである。これを読んで、後の問い（問1～6）に答えよ。なお、設問の都合で返り点・送り仮名を省いたところがある。（配点　50）

【詩】

華（注1）清宮

長安ヨリ回望スレバ繡《しう》（注2）成ス㆑堆ヲ
山頂ノ千門次（注3）第ニ開ク
一騎紅《こう》（注4）塵《ぢん》妃（注5）子笑フ
無シ㆔人ノ知ル㆓是《こ》レ茘《れい》（注6）枝《し》ノ来タルヲ㆒

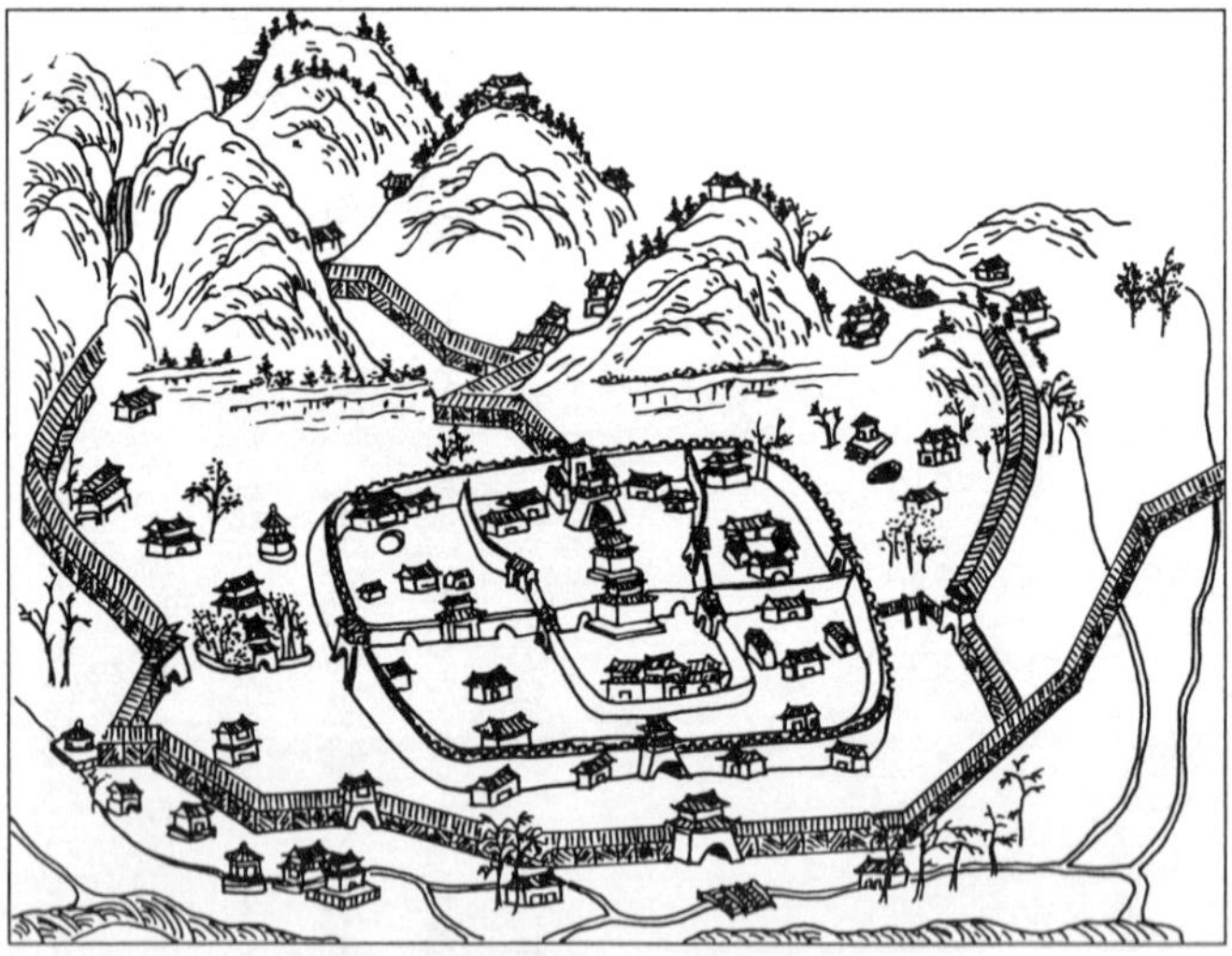

多くの門や御殿が並ぶ華清宮の全景

【資料】

Ⅰ 『天宝遺事』(注7)云《い》、「貴妃嗜《たしな》荔枝。当時涪《ふう》(注8)州《しう》致貢以馬逓(注9)、馳《ち》載《さい》七日七夜至京。人馬多斃《たふ》於路、(ア)百姓苦之。」

Ⅱ 『畳山詩話』(注10)云、「明皇(注11)致遠物以悦《よろこ》婦人。窮人力絶人命、有所不顧。」

Ⅲ 『遯《とん》(注12)斎《さい》閑《かん》覧《らん》』云、「杜牧華清宮詩尤《もつと》(イ)膾《くわい》炙《しや》人口。拠唐紀(注13)、明皇以十月幸驪山《ざん》、至春即還《かへ》宮。是未嘗六月在驪山也。然荔枝盛暑方《はじ》熟。」

(【詩】と【資料】Ⅰ～Ⅲは蔡正孫《さいせいそん》『詩林広記』による)

Ⅳ『甘(注14)沢謡』ニ曰ハク、「天宝十四年六月一日、貴妃誕《たん》(注15)辰《しん》、駕《が》(注16)幸ス二驪山ニ一。命ジテ二小(注17)部音声ニ一奏シ二楽ヲ長(注18)生殿ニ一、進メシムルモ二新曲ヲ一、未ダレ有ラレ名。会《たまたま》南(注19)海献ジ二荔枝ヲ一、(ウ)因ツテ名ヅクト二荔《れい》枝《し》香《かう》ト一。」

（【資料】Ⅳは程大昌《ていだいしょう》『考古編』による）

（注）
1 華清宮――唐の都長安の郊外にある、驪山《りざん》の温泉地に造営された離宮。
2 繡成レ堆――綾絹《あやぎぬ》を重ねたような驪山の山容の美しさをいう。
3 次第――次々と。
4 紅塵――砂煙。
5 妃子――楊貴妃《ようきひ》のこと。唐の皇帝玄宗《げんそう》（六八五―七六二）の妃《きさき》。
6 荔枝――果物のライチ。中国南方の特産物。
7 『天宝遺事』――唐の天宝年間（七四二―七五六）の逸話を集めた書。王仁裕《おうじんゆう》著。
8 涪州――中国南方の地名。
9 馬逓――早馬の中継による緊急輸送。公文書を運ぶのが本来の目的。
10 『畳山詩話』――詩の解説・批評や詩人の逸話を載せた書。謝枋得《しゃぼうとく》著。

11　明皇——玄宗を指す。
12　『邇斎閑覧』——学問的なテーマで書かれた随筆集。陳正敏《ちんせいびん》著。
13　唐紀——唐の時代についての歴史記録。
14　『甘沢謡』——唐の逸話を集めた書。袁郊《えんこう》著。
15　誕辰——誕生日。
16　駕——皇帝の乗り物。
17　小部音声——唐の宮廷の少年歌舞音楽隊。
18　長生殿——華清宮の建物の一つ。
19　南海——南海郡のこと。中国南方の地名。

問1　この【詩】の形式と押韻の説明として最も適当なものを、次の①～⑥のうちから一つ選べ。解答番号は 31 。

① 形式は七言律詩であり、「開」「来」で押韻している。
② 形式は七言律詩であり、「堆」「開」「来」で押韻している。
③ 形式は七言律詩であり、「堆」「開」「笑」「来」で押韻している。
④ 形式は七言絶句であり、「開」「来」で押韻している。
⑤ 形式は七言絶句であり、「堆」「開」「来」で押韻している。
⑥ 形式は七言絶句であり、「堆」「開」「笑」「来」で押韻している。

問2 波線部(ア)「百姓」・(イ)「膾㆓炙 人 口㆒」・(ウ)「因」のここでの意味として最も適当なものを、次の各群の①～⑤のうちから、それぞれ一つずつ選べ。解答番号は 32 ～ 34 。

(ア) 「百姓」 32
① 民衆
② 旅人
③ 皇帝
④ 商人
⑤ 罪人

(イ) 「膾㆓炙 人 口㆒」 33
① 異口同音に批判する
② 一言では到底表せない
③ 詳しく分析されている
④ 広く知れわたっている
⑤ 人々が苦痛に感じている

(ウ) 「因」 34
① そのために
② やむをえず
③ ことさら
④ とりあえず
⑤ またもや

問3　傍線部「窮　人　力　絶　人　命、有　所　不　顧。」について、返り点の付け方と書き下し文との組合せとして最も適当なものを、次の①～⑤のうちから一つ選べ。解答番号は 35 。

① 窮㆔人　力　絶㆓人　命㆒、有㆔所　不㆖㆑顧。　人力の人命を絶たんとするを窮めて、所として顧みざる有りと。

② 窮㆓人　力　絶　人　命㆒、有　所㆑不㆑顧。　人の力《つと》めて絶人の命を窮むるは、有れども顧みざる所なりと。

③ 窮　人　力　絶　人　命、有　所　不㆑顧。　窮人の力は絶人の命にして、有る所顧みざるのみと。

④ 窮㆓人　力㆒絶㆓人　命㆒、有㆑所㆑不㆑顧。　人力を窮め人命を絶つも、顧みざる所有りと。

⑤ 窮㆑人　力　絶㆑人　命、有㆑所　不㆑顧。　人を窮めて力《つと》めしめ人を絶ちて命じ、所有るも顧みずと。

問4 **【詩】**の第三句「一 騎 紅 塵 妃 子 笑」について、**【資料】Ⅰ・Ⅱ**をふまえた解釈として最も適当なものを、次の①～⑤のうちから一つ選べ。解答番号は 36 。

① 玄宗のため楊貴妃が手配した茘枝を早馬が砂煙を上げながら運んで来る。それを見て楊貴妃は笑う。
② 楊貴妃のため茘枝を手に入れようと早馬が砂煙のなか産地へと走りゆく。それを見て楊貴妃は笑う。
③ 楊貴妃の好物の茘枝を運ぶ早馬が宮殿の門の直前で倒れて砂煙を上げる。それを見て楊貴妃は笑う。
④ 玄宗の命令で楊貴妃の好物の茘枝を運ぶ早馬が砂煙を上げ疾走して来る。それを見て楊貴妃は笑う。
⑤ 玄宗に取り入りたい役人が茘枝を携えて砂煙のなか早馬を走らせて来る。それを見て楊貴妃は笑う。

問5　【資料】Ⅲ・Ⅳに関する説明として最も適当なものを、次の①〜⑤のうちから一つ選べ。解答番号は 37 。

① 【資料】Ⅲは、玄宗一行が驪山に滞在した時期と茘枝が熟す時期との一致によって、【詩】の描写が事実に符合することを指摘する。【資料】Ⅳは、玄宗一行が夏の華清宮で賞玩したのは楽曲「茘枝香」であったことを述べており、【資料】Ⅲの見解に反論する根拠となる。

② 【資料】Ⅲは、玄宗一行が驪山に滞在した時期と茘枝が熟す時期との一致によって、【詩】の描写が事実に符合することを指摘する。【資料】Ⅳは、夏の華清宮で玄宗一行に献上された茘枝が特別に「茘枝香」と名付けられたことを述べており、【資料】Ⅲの見解を補足できる。

③ 【資料】Ⅲは、玄宗一行が驪山に滞在した時期と茘枝が熟す時期との不一致によって、【詩】の描写が事実に反することを指摘する。【資料】Ⅳは、夏の華清宮で玄宗一行に献上された「茘枝香」が果物の名ではなく楽曲の名であることを述べており、【資料】Ⅲの見解を補足できる。

④ 【資料】Ⅲは、玄宗一行が驪山に滞在した時期と茘枝が熟す時期との不一致によって、【詩】の描写が事実に反することを指摘する。【資料】Ⅳは、玄宗一行が「茘枝香」という名の茘枝を賞味した場所は夏の南海郡であったことを述べており、【資料】Ⅲの見解を補足できる。

⑤ 【資料】Ⅲは、玄宗一行が驪山に滞在した時期と茘枝が熟す時期との不一致によって、【詩】の描写が事実に反することを指摘する。【資料】Ⅳは、「茘枝香」という楽曲名が夏の華清宮で玄宗一行に献上された茘枝に由来すると述べており、【資料】Ⅲの見解に反論する根拠となる。

問6 【資料】をふまえた【詩】の鑑賞として最も適当なものを、次の①～⑤のうちから一つ選べ。解答番号は 38 。

① 驪山の華清宮を舞台に、開放される宮殿の門、公文書を急送するはずの早馬、楊貴妃の笑みと、謎めいた描写が連ねられたうえで、それらが常軌を逸した茘枝の輸送によるものであったことが明かされる。事実無根の逸話をあえて描き、玄宗が政治を怠り宮殿でぜいたくに過ごしていたことへの憤慨をぶちまけている。

② 驪山の遠景から華清宮の門、駆け抜ける早馬へと焦点が絞られ、視点は楊貴妃の笑みに転じる。笑みをもたらしたのは不適切な手段で運ばれる茘枝であった。事実かどうか不明な部分があるものの、玄宗と楊貴妃の逸話を巧みに用い、玄宗が為政者の道を踏み外して楊貴妃に対する情愛に溺れたことを慨嘆している。

③ 驪山の山容や宮殿の門の配置を詳しく描き、早馬が上げる砂煙や楊貴妃の笑みなどの細部も見逃さない。早馬がもたらすであろう茘枝についても写実的に描写している。玄宗と楊貴妃に関する事実を巧みに詠み込んでおり、二人が華清宮でどのような生活を送っていたかについての歴史的知識を提供している。

④ 美しい驪山に造営された華清宮の壮麗さを背景に、一人ほほ笑む楊貴妃の艶《あで》やかさが印象的に描かれたうえで、ほほ笑みをもたらした茘枝の希少性について語られる。事実かどうかわからないことを含むものの、玄宗が天下のすべてを手に入れて君臨していたことへの感嘆を巧みに表現している。

⑤ 驪山に建つ宮殿の門は後景に退き、ほほ笑む楊貴妃の眼中には一騎の早馬しかない。早馬がもたらそうとしているのは、玄宗が楊貴妃とともに賞味する茘枝であった。事実かどうかを問題とせず、玄宗と楊貴妃の仲睦《むつ》まじさが際立つ逸話を用いることで、二人が永遠の愛を誓ったことを賛美している。

2023年度

大学入学共通テスト
本試験

（200点　80分）

第1問

次の【文章Ⅰ】は、正岡子規《まさおかしき》の書斎にあったガラス障子と建築家ル・コルビュジエの建築物における窓について考察したものである。また、【文章Ⅱ】は、ル・コルビュジエの窓について【文章Ⅰ】とは別の観点から考察したものである。どちらの文章にもル・コルビュジエ著『小さな家』からの引用が含まれている（引用文中の（中略）は原文のままである）。これらを読んで、後の問い（問1～6）に答えよ。なお、設問の都合で表記を一部改めている。（配点　50）

【文章Ⅰ】

寝返りさえ自らままならなかった子規にとっては、室内にさまざまなものを置き、それをながめることが楽しみだった。そして、ガラス障子のむこうに見える庭の植物や空を見ることが慰めだった。味覚のほかは視覚こそが子規の自身の存在を確認する感覚だった。子規は、視覚の人だったともいえる。障子の紙をガラスに入れ替えることで、**A**子規は季節や日々の移り変わりを楽しむことができた。

『墨汁一滴』（注1）の三月一二日には「不平十ケ条《じっかじょう》」として、「板ガラスの日本で出来ぬ不平」と書いている。この不平を述べている一九〇一（明治三四）年、たしかに日本では板ガラスは製造していなかったようだ。石井研堂（注2）の『増訂明治事物起原』には、「（明治三十六年、原料も総《すべ》て本邦のものにて、完全なる板硝子《いたがらす》を製出せり。大正三年、欧州大戦の影響、本邦の輸入硝子は其《その》船便を失ふ、是《ここ》に於《おい》て、旭《あさひ》硝子製造会社等の製品が、漸《ようや》く用ひらるることとなり、わが板硝子界は、大発展を遂ぐるに至れり」とある。

これによると板ガラスの製造が日本で始まったのは、一九〇三年ということになる。子規が不平を述べた二年後である。してみれば、虚子（注3）のすすめで子規の書斎（病室）に入れられた「ガラス障子」は、輸入品だったのだろう。高価なものであったと思われる。高価であってもガラス障子にすることで、子規は、庭の植物に季節の移ろいを見ることができ、青空や雨をながめることができるようになった。ほとんど寝たきりで身体を動かすことができなくなり、絶望的な気分の中で自殺することも頭によぎっていた子規。彼の書斎（病室）は、ガラス障子によって「見ることのできる装置（室内）」あるいは「見るための装置（室内）」へと変容したのである。

映画研究者のアン・フリードバーグ(注4)は、『ヴァーチャル・ウインドウ』の(ア)ボウトウで、「窓」は「フレーム」であり「スクリーン」でもあるといっている。

窓はフレームであるとともに、プロセニアム〔舞台と客席を区切る額縁状の部分〕でもある。窓の縁〔エッジ〕が、風景を切り取る。窓は外界を二次元の平面へと変える。つまり、窓はスクリーンとなる。窓と同様に、スクリーンは平面であると同時にフレーム――映像〔イメージ〕が投影される反射面であり、視界を制限するフレーム――でもある。スクリーンは建築のひとつの構成要素であり、新しいやり方で、壁の通風を演出する。

子規の書斎は、ガラス障子によるプロセニアムがつくられたのであり、それは外界を二次元に変えるスクリーンでありフレームとなったのである。B ガラス障子は「視覚装置」だといえる。子規の書斎(病室)の障子をガラス障子にすることで、その室内は「視覚装置」となったわけだが、実のところ、外界をながめることのできる「窓」は、視覚装置として、建築・住宅にもっとも重要な要素としてある。

建築家のル・コルビュジエは、いわば視覚装置としての「窓」をきわめて重視していた。そして、彼は窓の構成こそ、建築を決定しているとまで考えていた。したがって、子規の書斎(病室)とは比べものにならないほど、ル・コルビュジエは、視覚装置としての窓の多様性を、デザインつまり表象として実現していった。とはいえ、窓が視覚装置であるという点においては、子規の書斎(病室)のガラス障子といささかもかわることはない。しかし、ル・コルビュジエは、住まいを徹底した視覚装置、まるでカメラのように考えていたという点では、子規のガラス障子のようにおだやかなものではなかった。子規のガラス障子は、フレームではあっても、操作されたフレームではない。他方、C ル・コルビュジエの窓は、確信を持ってつくられたフレームであった。

ル・コルビュジエは、ブエノス・アイレスで(イ)行った講演のなかで、「建築の歴史を窓の各時代の推移で示してみよう」といい、また窓によって「建築の性格が決定されてきたのです」と述べている。そして、古代ポンペイの出窓、ロマネスクの窓、ゴシックの窓、さらに一九世紀パリの窓から現代の窓のあり方までを歴史的に検討してみせる。そして「窓は採光のためにあり、換気のためではない」とも述べている。こうしたル・コルビュジエの窓についての言説について、アン・フリードバーグは、ル・コルビュジエのいう住宅は「住むための機械」であると同時に、それはまた「見るための機械でもあった」のだと述べている。さらに、ル・コルビュジエは、窓に換気ではなく「視界と採光」を優先したのであり、それは「窓のフレームと窓の形、すなわち「アスペクト比」の変更を引き起こした」と指摘している。ル・コルビュジエは窓を、外界を切り取るフレームだと捉えており、その結果、窓の形、そして「アスペクト比」(ディスプレイの長辺と短辺の比)が変化したというのである。

実際彼は、両親のための家をレマン湖のほとりに建てている。まず、この家は、塀(壁)で囲まれているのだが、これについてル・コルビュジエは、次のように記述している。

囲い壁の存在理由は、北から東にかけて、さらに部分的に南から西にかけて視界を閉ざすためである。四方八方に蔓延《まんえん》する景色というものは圧倒的で、焦点をかき、長い間にはかえって退屈なものになってしまう。このような状況では、もはや〝私たち〟は風景を〝眺める〟ことができないのではなかろうか。景色を(ウ)望むには、むしろそれを限定しなければならない。思い切った判断によって選別しなければならないのだ。すなわち、まず壁を建てることによって視界を遮《さえ》ぎり、つぎに連《つ》らなる壁面を要所要所取り払い、そこに水平線の広がりを求めるのである。(注5)(『小さな家』)

風景を見る「視覚装置」としての窓(開口部)と壁をいかに構成するかが、ル・コルビュジエにとって課題であったことがわかる。

(柏木《かしわぎ》博《ひろし》『視覚の生命力――イメージの復権』による)

【文章Ⅱ】

一九二〇年代の最後期を飾る初期の古典的作品サヴォア邸(注6)は、見事なプロポーション(注7)をもつ「横長の窓」を示す。が一方、「横長の窓」を内側から見ると、それは壁をくりぬいた窓であり、その意味は反転する。それは四周を遮る壁体となる。「横長の窓」は、「横長の壁」となって現われる。「横長の窓」は一九二〇年代から一九三〇年代に入ると、「全面ガラスの壁面」へと移行する。スイス館(注8)がこれをよく示している。しかしながらスイス館の屋上庭園の四周は、強固な壁で囲われている。大気は壁で仕切られているのである。

かれは初期につぎのようにいう。「住宅は沈思黙考の場である」。あるいは「人間には自らを消耗する〈仕事の時間〉があり、自らをひき上げて、心の(エ)キンセンに耳を傾ける〈瞑想《めいそう》の時間〉とがある」。

これらの言葉には、いわゆる近代建築の理論においては説明しがたい一つの空間論が現わされている。一方は、いわば光の(オ)ウトんじられる世界であり、他方は光の溢《あふ》れる世界である。つまり、前者は内面的な世界に、後者は外的な世界に関わっている。

かれは『小さな家』において「風景」を語る：「ここに見られる囲い壁の存在理由は、北から東にかけて、さらに部分的に南から西にかけて視界を閉ざすためである。四方八方に蔓延する景色というものは圧倒的で、焦点をかき、長い間にはかえって退屈なものになってしまう。このような状況では、もはや〝私たち〟は風景を〝眺める〟ことができないのではなかろうか。景色を望むには、むしろそれを限定しなければならない。（中略）北側の壁と、そして東側と南側の壁とが〝囲われた庭〟を形成すること、これがここでの方針である」。

ここに語られる「風景」は動かぬ視点をもっている。かれが多くを語った「動く視点」にたた

サヴォア邸

いするこの「動かぬ視点」は風景を切り取る。視点と風景は、一つの壁によって隔てられ、そしてつながれる。風景は一点から見られ、眺められる。**D**壁がもつ意味は、風景の観照の空間的構造化である。この動かぬ視点theōria《テオリア》(注9)の存在は、かれにおいて即興的なものではない。

かれは、住宅は、沈思黙考、美に関わると述べている。初期に明言されるこの思想は、明らかに動かぬ視点をもっている。その後の展開のなかで、沈思黙考の場をうたう住宅論は、動く視点が強調されるあまり、ル・コルビュジエにおいて影をひそめた感がある。しかしながら、このテーマはル・コルビュジエが後期に手がけた(注10)「礼拝堂」や「修道院」において再度主題化され、深く追求されている。「礼拝堂」や「修道院」は、なによりも沈思黙考、瞑想の場である。つまり、後期のこうした宗教建築を問うことにおいて、動く視点にたいするル・コルビュジエの動かぬ視点の意義が明瞭になる。

(呉谷充利《くれたにみつとし》『ル・コルビュジエと近代絵画――二〇世紀モダニズムの道程』による)

(注)
1 『墨汁一滴』――正岡子規(一八六七―一九〇二)が一九〇一年に著した随筆集。
2 石井研堂――ジャーナリスト、明治文化研究家(一八六五―一九四三)。
3 虚子――高浜虚子(一八七四―一九五九)。俳人、小説家。正岡子規に師事した。
4 アン・フリードバーグ――アメリカの映像メディア研究者(一九五二―二〇〇九)。
5 『小さな家』――ル・コルビュジエ(一八八七―一九六五)が一九五四年に著した書物。自身が両親のためにレマン湖のほとりに建てた家について書かれている。
6 サヴォア邸――ル・コルビュジエの設計で、パリ郊外に建てられた住宅。
7 プロポーション――つりあい。均整。
8 スイス館――ル・コルビュジエの設計で、パリに建てられた建築物。
9 動かぬ視点theōria《テオリア》――ギリシア語で、「見ること」「眺めること」の意。
10 「礼拝堂」や「修道院」――ロンシャンの礼拝堂とラ・トゥーレット修道院を指す。

問1　次の(i)・(ii)の問いに答えよ。

(i)　傍線部(ア)・(エ)・(オ)に相当する漢字を含むものを、次の各群の①～④のうちから、それぞれ一つずつ選べ。解答番号は［1］～［3］。

(ア)　ボウトウ　［1］

①　流行性のカンボウにかかる
②　今朝はネボウしてしまった
③　過去をボウキャクする
④　経費がボウチョウする

(エ)　キンセン　［2］

①　ヒキンな例を挙げる
②　食卓をフキンで拭く
③　モッキンを演奏する
④　財政をキンシュクする

(オ)　ウトんじられる　［3］

①　裁判所にテイソする
②　地域がカソ化する
③　ソシナを進呈する
④　漢学のソヨウがある

(ii) 傍線部(イ)・(ウ)と同じ意味を持つものを、次の各群の①～④のうちから、それぞれ一つずつ選べ。解答番号は 4 ・ 5 。

(イ) 行った 4
① 行シン
② 行レツ
③ リョ行
④ リ行

(ウ) 望む 5
① ホン望
② ショク望
③ テン望
④ ジン望

問2 傍線部A「子規は季節や日々の移り変わりを楽しむことができた」とあるが、それはどういうことか。その説明として最も適当なものを、次の①～⑤のうちから一つ選べ。解答番号は 6 。

① 病気で絶望的な気分で過ごしていた子規にとって、ガラス障子越しに外の風物を眺める時間が現状を忘れるための有意義な時間になっていたということ。

② 病気で塞ぎ込み生きる希望を失いかけていた子規にとって、ガラス障子から確認できる外界の出来事が自己の救済につながっていったということ。

③ 病気で寝返りも満足に打てなかった子規にとって、ガラス障子を通して多様な景色を見ることが生を実感する契機となっていたということ。

④ 病気で身体を動かすことができなかった子規にとって、ガラス障子という装置が外の世界への想像をかき立ててくれたということ。

⑤ 病気で寝たきりのまま思索していた子規にとって、ガラス障子を取り入れて内と外が視覚的につながったことが作風に転機をもたらしたということ。

問3　傍線部B「ガラス障子は『視覚装置』だといえる。」とあるが、筆者がそのように述べる理由として最も適当なものを、次の①～⑤のうちから一つ選べ。解答番号は 7 。

① ガラス障子は、季節の移ろいをガラスに映すことで、隔てられた外界を室内に投影して見る楽しみを喚起する仕掛けだと考えられるから。

② ガラス障子は、室外に広がる風景の範囲を定めることで、外の世界を平面化されたイメージとして映し出す仕掛けだと考えられるから。

③ ガラス障子は、外の世界と室内とを切り離したり接続したりすることで、視界に入る風景を制御する仕掛けだと考えられるから。

④ ガラス障子は、視界に制約を設けて風景をフレームに収めることで、新たな風景の解釈を可能にする仕掛けだと考えられるから。

⑤ ガラス障子は、風景を額縁状に区切って絵画に見立てることで、その風景を鑑賞するための空間へと室内を変化させる仕掛けだと考えられるから。

問4　傍線部C「ル・コルビュジエの窓は、確信を持ってつくられたフレームであった」とあるが、「ル・コルビュジエの窓」の特徴と効果の説明として最も適当なものを、次の①～⑤のうちから一つ選べ。解答番号は 8 。

① ル・コルビュジエの窓は、外界に焦点を合わせるカメラの役割を果たすものであり、壁を枠として視界を制御することで風景がより美しく見えるようになる。

② ル・コルビュジエの窓は、居住性を向上させる機能を持つものであり、採光を重視することで囲い壁に遮られた空間の生活環境が快適なものになる。

③ ル・コルビュジエの窓は、アスペクト比の変更を目的としたものであり、外界を意図的に切り取ることで室外の景色が水平に広がって見えるようになる。

④ ル・コルビュジエの窓は、居住者に対する視覚的な効果に配慮したものであり、囲い壁を効率よく配置することで風景への没入が可能になる。

⑤ ル・コルビュジエの窓は、換気よりも視覚を優先したものであり、視点が定まりにくい風景に限定を施すことでかえって広がりが認識されるようになる。

問5　傍線部**D**「壁がもつ意味は、風景の観照の空間的構造化である。」とあるが、これによって住宅はどのような空間になるのか。その説明として最も適当なものを、次の①～⑤のうちから一つ選べ。解答番号は 9 。

① 三方を壁で囲われた空間を構成することによって、外光は制限されて一方向からのみ部屋の内部に取り入れられる。このように外部の光を調整する構造により、住宅は仕事を終えた人間の心を癒やす空間になる。

② 外界を壁と窓で切り取ることによって、視点は固定されてさまざまな方向から景色を眺める自由が失われる。このように壁と窓が視点を制御する構造により、住宅はおのずと人間が風景と向き合う空間になる。

③ 四周の大部分を壁で囲いながら開口部を設けることによって、固定された視点から風景を眺めることが可能になる。このように視界を制限する構造により、住宅は内部の人間が静かに思索をめぐらす空間になる。

④ 四方に広がる空間を壁で限定することによって、選別された視角から風景と向き合うことが可能になる。このように一箇所において外界と人間がつながる構造により、住宅は風景を鑑賞するための空間になる。

⑤ 周囲を囲った壁の一部を窓としてくりぬくことによって、外界に対する視野に制約が課せられる。このように壁と窓を設けて内部の人間を瞑想へと誘導する構造により、住宅は自己省察するための空間になる。

問6 次に示すのは、授業で【文章Ⅰ】【文章Ⅱ】を読んだ後の、話し合いの様子である。これを読んで、後の(i)〜(iii)の問いに答えよ。

生徒A——【文章Ⅰ】と【文章Ⅱ】は、両方ともル・コルビュジエの建築における窓について論じられていたね。

生徒B——【文章Ⅰ】にも【文章Ⅱ】にも同じル・コルビュジエからの引用文があったけれど、少し違っていたよ。

生徒C——よく読み比べると、　**X**　。

生徒B——そうか、同じ文献でもどのように引用するかによって随分印象が変わるんだね。

生徒C——【文章Ⅰ】は正岡子規の部屋にあったガラス障子をふまえて、ル・コルビュジエの話題に移っていた。

生徒B——なぜわざわざ子規のことを取り上げたのかな。

生徒A——それは、　**Y**　のだと思う。

生徒B——なるほど。でも、子規の話題は【文章Ⅱ】の内容ともつながるような気がしたんだけど。

生徒C——そうだね。【文章Ⅱ】と関連づけて【文章Ⅰ】を読むと、　**Z**　と解釈できるね。

生徒A——こうして二つの文章を読み比べながら話し合ってみると、いろいろ気づくことがあるね。

(i) 空欄 X に入る発言として最も適当なものを、次の ①～④ のうちから一つ選べ。解答番号は 10 。

① 【文章Ⅰ】の引用文は、壁による閉塞とそこから開放される視界についての内容だけど、【文章Ⅱ】の引用文では、壁の圧迫感について記された部分が省略されて、三方を囲んで形成される壁の話に接続されている

② 【文章Ⅰ】の引用文は、視界を遮る壁とその壁に設けられた窓の機能についての内容だけど、【文章Ⅱ】の引用文では、壁の機能が中心に述べられていて、その壁によってどの方角を遮るかが重要視されている

③ 【文章Ⅰ】の引用文は、壁の外に広がる圧倒的な景色とそれを限定する窓の役割についての内容だけど、【文章Ⅱ】の引用文では、主に外部を遮る壁の機能について説明されていて、窓の機能には触れられていない

④ 【文章Ⅰ】の引用文は、周囲を囲う壁とそこに開けられた窓の効果についての内容だけど、【文章Ⅱ】の引用文では、壁に窓を設けることの意図が省略されて、視界を遮って壁で囲う効果が強調されている

(ii) 空欄 **Y** に入る発言として最も適当なものを、次の①～④のうちから一つ選べ。解答番号は 11 。

① ル・コルビュジエの建築論が現代の窓の設計に大きな影響を与えたことを理解しやすくするために、子規の書斎にガラス障子がもたらした変化をまず示した

② ル・コルビュジエの設計が居住者と風景の関係を考慮したものであったことを理解しやすくするために、子規の日常においてガラス障子が果たした役割をまず示した

③ ル・コルビュジエの窓の配置が採光によって美しい空間を演出したことを理解しやすくするために、子規の芸術に対してガラス障子が及ぼした効果をまず示した

④ ル・コルビュジエの換気と採光についての考察が住み心地の追求であったことを理解しやすくするために、子規の心身にガラス障子が与えた影響をまず示した

(iii) 空欄 Z に入る発言として最も適当なものを、次の①～④のうちから一つ選べ。解答番号は 12 。

① 病で絶望的な気分の中にいた子規は、書斎にガラス障子を取り入れることで内面的な世界を獲得したと言える。そう考えると、子規の書斎もル・コルビュジエの主題化した宗教建築として機能していた

② 病で外界の眺めを失っていた子規は、書斎にガラス障子を取り入れることで光の溢れる世界を獲得したと言える。そう考えると、子規の書斎もル・コルビュジエの指摘する仕事の空間として機能していた

③ 病で自由に動くことができずにいた子規は、書斎にガラス障子を取り入れることで動かぬ視点を獲得したと言える。そう考えると、子規の書斎もル・コルビュジエの言う沈思黙考の場として機能していた

④ 病で行動が制限されていた子規は、書斎にガラス障子を取り入れることで見るための機械を獲得したと言える。そう考えると、子規の書斎もル・コルビュジエの住宅と同様の視覚装置として機能していた

（下書き用紙）

国語の試験問題は次に続く。

第2問

次の文章は、梅崎春生《うめざきはるお》「飢えの季節」（一九四八年発表）の一節である。第二次世界大戦の終結直後、食糧難の東京が舞台である。いつも空腹の状態にあった主人公の「私」は広告会社に応募して採用され、「大東京の将来」をテーマにした看板広告の構想を練るよう命じられた。本文は、「私」がまとめ上げた構想を会議に提出した場面から始まる。これを読んで、後の問い（**問1～7**）に答えよ。（配点　50）

私が無理矢理に拵《こしら》え上げた構想のなかでは、都民のひとりひとりが楽しく胸をはって生きてゆけるような、そんな風の都市をつくりあげていた。私がもっとも念願する理想の食物都市とはいささか形はちがっていたが、その精神も少《すく》なからずこの構想には加味されていた。たとえば緑地帯には柿の並木がつらなり、夕昏《ゆうぐれ》散歩する都民たちがそれをもいで食べてもいいような仕組《しくみ》になっていた。私の考えでは、そんな雰囲気のなかでこそ、都民のひとりひとりが胸を張って生きてゆける筈《はず》であった。絵柄や文章を指定したこの二十枚の下書きの中に、私のさまざまな夢がこめられていると言ってよかった。このような私の夢が飢えたる都市の人々の共感を得ない筈はなかった。町角に私の作品が並べられれば、道行く人々は皆立ちどまって、微笑《ほほえ》みながら眺めて呉《く》れるにちがいない。そう私は信じた。だから之《これ》を提出するにあたっても、私はすこしは晴れがましい気持でもあったのである。

会長も臨席した編輯《へんしゅう》（注1）会議の席上で、しかし私の下書きは散々の悪評であった。悪評であるというより、てんで問題にされなかったのである。

「これは一体どういうつもりなのかね」

私の下書きを一枚一枚見ながら、会長はがらがらした声で私に言った。

「こんなものを街頭展に出して、一体何のためになると思うんだね」

「そ、それはです」と**A**私はあわてて説明した。「只今《ただいま》は食糧事情がわるくて、皆意気が衰え、夢を失っていると思うんです。だからせめてたのしい夢を見せてやりたい、とこう考えたものですから——」

会長は不機嫌な顔をして、私の苦心の下書きを重ねて卓の上にほうりだした。

「――大東京の将来というテーマをつかんだら」しばらくして会長ははき出すように口をきった。「現在何が不足しているか。理想の東京をつくるためにはどんなものが必要か。そんなことを考えるんだ。たとえば家を建てるための材木だ」

会長は赤らんだ掌《てのひら》をくにゃくにゃ動かして材木の形をしてみせた。

「材木はどこにあるか。どの位のストックがあるか。そしてそれは何々材木会社に頼めば直《す》ぐ手に入る、とこういう具合《ぐあい》にやるんだ」

会長は再び私の下書きを手にとった。

「明るい都市？　明るくするには、電燈《でんとう》だ。電燈の生産はどうなっているか。マツダランプの工場では、どんな数量を生産し、将来どんな具合に生産が増加するか、それを書くんだ。電燈ならマツダランプという具合だ。そしてマツダランプから金を貰《もら》うんだ」

ははあ、とやっと胸におちるものが私にあった。会長は顔をしかめた。

「緑地帯に柿の木を植えるって？　そんな馬鹿な。土地会社だ。東京都市計画で緑地帯の候補地がこれこれになっているから、そこの住民たちは今のうちに他に土地を買って、移転する準備したらよい、という具合だ。そのとき土地を買うなら何々土地会社へ、だ。そしてまた金を貰う」

佐藤や長山アキ子や他の編輯員たちの、冷笑するような視線を額にかんじながら、私はあかくなってうつむいていた。飛《と》んでもない誤解をしていたことが、段々判《わか》ってきたのである。思えば戦争中情報局(注2)と手を組んでこんな仕事をやっていたというのも、憂国の至情にあふれてからの所業ではなくて、たんなる儲《もう》け仕事にすぎなかったことは、少し考えれば判る筈であった。そして戦争が終《おわ》って情報局と手が切れて、掌をかえしたように文化国家の建設の啓蒙《けいもう》をやろうというのも、私費を投じた慈善事業である筈がなかった。会長の声を受けとめながら、椅子に身体《からだ》を硬くして、頭をたれたまま、B私はだんだん腹が立ってきたのである。私の夢が侮蔑されたのが口惜しいのではない。この会社のそのような営利精神を憎むのでもない。佐藤や長山の冷笑的な視線が辛《つら》かったのでもない。ただただ私は自分の間抜けさ加減に腹を立てていたのであった。

その夕方、私は憂鬱《ゆううつ》な顔をして焼けビル(注3)を出、うすぐらい街を昌平橋《しょうへいばし》(注4)の方にあるいて行った。あれから私は構想のたてなしを命ぜられて、それを引受《ひきう》けたのであった。しかしそれならそれでよかった。給料さえ貰えれば始めから私は何でもやるつもりでいたのだから。憂鬱な顔をしているというのも、ただ腹がへっているからであった。膝をがくがくさせながら昌平橋のたもとまで来たとき、私は変な老人から呼びとめられた。共同便所の横のうすくらがりにいるせいか、その老人は人間というより一枚の影に似ていた。

「旦那」声をぜいぜいふるわせながら老人は手を出した。「昨日から、何も食っていないんです。ほんとに何も食っていないんです。たった一食でもよろしいから、めぐんでやって下さいな。旦那、おねがいです」

老人は外套《がいとう》(注5)も着ていなかった。顔はくろくよごれていて、上衣《うわぎ》の袖から出た手は、ぎょっとするほど細かった。身体が小刻みに動いていて、立っていることも精いっぱいであるらしかった。老人の骨ばった指が私の外套の袖にからんだ。私はある苦痛をしのびながらそれを振りはらった。

「ないんだよ。僕も一食ずつしか食べていないんだ。ぎりぎり計算して食っているんだ。とても分けてあげられないんだよ」

「そうでしょうが、旦那、あたしは昨日からなにも食っていないんです。何なら、この上衣を抵当(注6)に入れてもよござんす。一食だけ。ね。一食だけでいいんです」

老人の眼《め》は暗がりの中でもぎらぎら光っていて、まるで眼球が瞼《まぶた》のそとにとびだしているような具合であった。頬はげっそりしなびていて、そこから咽喉《のど》にかけてざらざらに鳥肌が立っていた。

「ねえ。旦那。お願い。お願いです」

頭をふらふらと下げる老爺《ろうや》よりもどんなに私の方が頭を下げて願いたかったことだろう。あたりに人眼がなければ私はひざまずいて、これ以上自分を苦しめて呉れるなと、老爺にむかって頭をさげていたかも知れないのだ。しかし私は、C自分でもおどろくほど邪険な口調で、老爺にこたえていた。

「駄目だよ。無いといったら無いよ。誰か他の人にでも頼みな」

暫《しばら》くの後私は食堂のかたい椅子にかけて、変な臭いのする魚の煮付と芋まじりの少量の飯をぼそぼそと噛《か》んでいた。しきりに胸を熱くして来るものがあって、食物の味もわからない位だった。私をとりまくさまざまの構図が、ひっきりなしに心を去来した。毎日白い御飯を腹いっぱいに詰め、鶏にまで白米をやる下宿のあるじ、闇売り(注7)でずいぶん儲けたくせに柿のひとつやふたつで怒っている裏の吉田さん。高価な莨《たばこ》(注8)をひっきりなしに吸って血色のいい会長。鼠《ねずみ》のような庶務課長。膝頭が蒼《あお》白く飛出《とびで》た佐藤。長山アキ子の腐った芋の弁当。国民服一着しかもたないT・I氏。お尻の破れた青いモンペ(注9)の女。電車の中で私を押して来る勤め人たち。ただ一食の物乞いに上衣を脱ごうとした老爺。それらのたくさんの構図にかこまれて、朝起きたときから食物のことばかり妄想し、こそ泥のように芋や柿をかすめている私自身の姿がそこにあるわけであった。こんな日常が連続してゆくことで、一体どんなおそろしい結末が待っているのか。**D**それを考えるだけで私は身ぶるいした。

食べている私の外套の背に、もはや寒さがもたれて来る。もう月末が近づいているのであった。かぞえてみるとこの会社につとめ出してから、もう二十日以上も経っているわけであった。

私の給料が月給でなく日給であること、そしてそれも一日三円の割であることを知ったときの私の衝動はどんなであっただろう。それを私は月末の給料日に、鼠のような風貌の庶務課長から言いわたされたのであった。庶務課長のキンキンした声の内容によると、私は(私と一緒に入社した者も)しばらくの間は見習《みならい》社員というわけで、実力次第ではこれからどんなにでも昇給させるから、力を落《おと》さずにしっかりやるように、という話であった。そして声をひそめて、

「君は朝も定刻前にちゃんとやってくるし、毎日自発的に一時間ほど残業をやっていることは、僕もよく知っている。会長も知っておられると思う。だから一所懸命にやって呉れたまえ。君にはほんとに期待しているのだ」

私はその声をききながら、私の一日の給料が一枚の外食券(注10)の闇価(注11)と同じだ、などということをぼんやり考えていたのである。

日給三円だと聞かされたときの衝動は、すぐ胸の奥で消えてしまって、その代《かわ》りに私の手足のさきまで今ゆるゆると拡《ひろ》がってき

たのは、水のように静かな怒りであった。私はそのときすでに、此処《ここ》を辞める決心をかためていたのである。課長の言葉がとぎれるのを待って、私は低い声でいった。

「私はここを辞めさせて頂きたいとおもいます」

なぜ、と課長は鼠のようにずるい視線をあげた。

「一日三円では食えないのです。E食えないことは、やはり良くないことだと思うんです」

そう言いながらも、ここを辞めたらどうなるか、という危惧がかすめるのを私は意識した。しかしそんな危惧があるとしても、それはどうにもならないことであった。私は私の道を自分で切りひらいてゆく他はなかった。ふつうのつとめをしていては満足に食べて行けないなら、私は他に新しい生き方を求めるよりなかった。そして私はあの食堂でみる人々のことを思いうかべていた。鞄《かばん》の中にいろんな物を詰めこんで、それを売ったり買ったりしている事実を。そこにも生きる途《みち》がひとつはある筈であった。そしてまた、あの惨《みじ》めな老爺にならって、外套を抵当にして食を乞う方法も残っているに相違なかった。

「君にはほんとに期待していたのだがなあ」

ほんとに期待していたのは、庶務課長よりもむしろ私なのであった。ほんとに私はどんなに人並みな暮《くら》しの出来る給料を期待していただろう。盗みもする必要がない、静かな生活を、私はどんなに希求していたことだろう。しかしそれが絶望であることがはっきり判ったこの瞬間、F私はむしろある勇気がほのぼのと胸にのぼってくるのを感じていたのである。

その日私は会計の係から働いた分だけの給料を受取《うけと》り、永久にこの焼けビルに別れをつげた。電車みちまで出てふりかえると、曇り空の下で灰色のこの焼けビルは、私の飢えの季節の象徴のようにかなしくそそり立っていたのである。

（注）
1　編輯――「編集」に同じ。
2　情報局――戦時下にマスメディア統制や情報宣伝を担った国家機関。
3　焼けビル――戦災で焼け残ったビル。「私」の勤め先がある。
4　昌平橋――現在の東京都千代田区にある、神田川にかかる橋。そのたもとに「私」の行きつけの食堂がある。
5　外套――防寒・防雨のため洋服の上に着る衣類。オーバーコート。
6　抵当――金銭などを借りて返せなくなったときに、貸し手が自由に扱える借り手側の権利や財産。
7　闇売り――公式の販路・価格によらないで内密に売ること。
8　国民服――国民が常用すべきものとして一九四〇年に制定された服装。戦時中に広く男性が着用した。
9　モンペ――作業用・防寒用として着用するズボン状の衣服。戦時中に女性の標準服として普及した。
10　外食券――戦中・戦後の統制下で、役所が発行した食券。
11　闇価――闇売りにおける価格。

問1　傍線部A「私はあわてて説明した」とあるが、このときの「私」の様子の説明として最も適当なものを、次の①～⑤のうちから一つ選べ。解答番号は 13 。

① 都民が夢をもてるような都市構想なら広く受け入れられると自信をもって提出しただけに、構想の主旨を会長から問いただされたことに戸惑い、理解を得ようとしている。

② 会長も出席する重要な会議の場で成果をあげて認められようと張り切って作った構想が、予想外の低評価を受けたことに動揺し、なんとか名誉を回復しようとしている。

③ 会長から頭ごなしの批判を受け、街頭展に出す目的を明確にイメージできていなかったことを悟り、自分の未熟さにあきれつつもどうにかその場を取り繕おうとしている。

④ 会議に臨席した人々の理解を得られなかったことで、過酷な食糧事情を抱える都民の現実を見誤っていたことに今更ながら気づき、気まずさを解消しようとしている。

⑤ 「私」の理想の食物都市の構想は都民の共感を呼べると考えていたため、会長からテーマとの関連不足を指摘されてうろたえ、急いで構想の背景を補おうとしている。

問2 傍線部**B**「私はだんだん腹が立ってきたのである」とあるが、それはなぜか。その理由として最も適当なものを、次の①～⑤のうちから一つ選べ。解答番号は 14 。

① 戦後に会社が国民を啓蒙し文化国家を建設するという理想を掲げた真意を理解せず、給料をもらって飢えをしのぎたいという自らの欲望を優先させた自分の浅ましさが次第に嘆かわしく思えてきたから。

② 戦時中には国家的慈善事業を行っていた会社が戦後に方針転換したことに思い至らず、暴利をむさぼるような経営にいつの間にか自分が加担させられていることを徐々に自覚して反発を覚えたから。

③ 戦後に営利を追求するようになった会社が社員相互の啓発による競争を重視していることに思い至らず、会長があきれるような提案しかできなかった自分の無能さがつくづく恥ずかしくなってきたから。

④ 戦後の復興を担う会社が利益を追求するだけで東京を発展させていく意図などないことを理解せず、飢えの解消を前面に打ち出す提案をした自分の安直な姿勢に自嘲の念が少しずつ湧いてきたから。

⑤ 戦時中に情報局と提携していた会社が純粋な慈善事業を行うはずもないことに思い至らず、自分の理想や夢だけを詰め込んだ構想を誇りをもって提案した自分の愚かさにようやく気づき始めたから。

問3　傍線部C「自分でもおどろくほど邪険な口調で、老爺にこたえていた」とあるが、ここに至るまでの「私」の心の動きはどのようなものか。その説明として最も適当なものを、次の①～⑤のうちから一つ選べ。解答番号は 15 。

① ぎりぎり計算して食べている自分より、老爺の飢えのほうが深刻だと痛感した「私」は、彼の懇願に対してせめて丁寧な態度で断りたいと思いはしたが、人目をはばからず無心を続ける老爺にいら立った。

② 一食を得るために上衣さえ差し出そうとする老爺の様子を見た「私」は、彼を救えないことに対し頭を下げ許しを乞いたいと思いつつ、周りの視線を気にしてそれもできない自分へのいらだちを募らせた。

③ 飢えから逃れようと必死に頭を下げる老爺の姿に自分と重なるところがあると感じた「私」は、自分も食べていないことを話し説得を試みたが、食物をねだり続ける老爺に自分にはない厚かましさも感じた。

④ 頬の肉がげっそりと落ちた老爺のやせ細り方に同情した「私」は、彼の願いに応えられないことに罪悪感を抱いていたが、後ろめたさに付け込み、どこまでも食い下がる老爺のしつこさに嫌悪感を覚えた。

⑤ かろうじて立っている様子の老爺の懇願に応じることのできない「私」は、苦痛を感じながら耐えていたが、なおもすがりつく老爺の必死の態度に接し、彼に向き合うことから逃れたい衝動に駆られた。

問4　傍線部**D**「それを考えるだけで私は身ぶるいした。」とあるが、このときの「私」の状況と心理の説明として最も適当なものを、次の①～⑤のうちから一つ選べ。解答番号は 16 。

① 貧富の差が如実に現れる周囲の人びとの姿から自らの貧しく惨めな姿も浮かび、食物への思いにとらわれていることを自覚した「私」は、農作物を盗むような生活の先にある自身の将来に思い至った。

② 定収入を得てぜいたくに暮らす人びとの存在に気づいた「私」は、芋や柿などの農作物を生活の糧にすることを想像し、そのような空想にふける自分は厳しい現実を直視できていないと認識した。

③ 経済的な格差がある社会でしたたかに生きる人びとに思いを巡らせた「私」は、一食のために上衣を手放そうとした老爺のように、その場しのぎの不器用な生き方しかできない我が身を振り返った。

④ 富める人もいれば貧しい人もいる社会の構造にやっと思い至った「私」は、会社に勤め始めて二十日以上経ってもその構造から抜け出せない自分が、さらなる貧困に落ちるしかないことに気づいた。

⑤ 自分を囲む現実を顧みたことで、周囲には貧しい人が多いなかに富める人もいることに気づいた「私」は、食糧のことで頭が一杯になり社会の動向を広く認識できていなかった自分を見つめ直した。

問5　傍線部E「食えないことは、やはり良くないことだと思うんです」とあるが、この発言の説明として最も適当なものを、次の①～⑤のうちから一つ選べ。解答番号は 17 。

① 満足に食べていくため不本意な業務も受け入れていたが、あまりにも薄給であることに承服できず、将来的な待遇改善や今までの評価が問題ではなく、現在の飢えを解消できないことが決め手となって退職することを淡々と伝えた。

② 飢えた生活から脱却できると信じて営利重視の経営方針にも目をつぶってきたが、営利主義が想定外の薄給にまで波及していると知り、口先だけ景気の良いことを言う課長の態度にも不信感を抱いたことで、つい感情的に反論した。

③ 飢えない暮らしを望んで夢を侮蔑されても会社勤めを続けてきたが、結局のところ新しい生き方を選択しないかぎり静かな生活は送れないとわかり、課長に正論を述べても仕方がないと諦めて、ぞんざいな言い方しかできなかった。

④ 静かな生活の実現に向けて何でもすると決意して自発的に残業さえしてきたが、月給ではなく日給であることに怒りを覚え、課長に何を言っても正当な評価は得られないと感じて、不当な薄給だという事実をぶっきらぼうに述べた。

⑤ 小声でほめてくる課長が本心を示していないことはわかるものの、静かな生活は自分で切り開くしかないという事実に変わりはなく、有効な議論を展開するだけの余裕もないので、負け惜しみのような主張を絞り出すしかなかった。

問6　傍線部F「私はむしろある勇気がほのぼのと胸にのぼってくるのを感じていたのである」とあるが、このときの「私」の心情の説明として最も適当なものを、次の①～⑤のうちから一つ選べ。解答番号は 18 。

① 希望していた静かな暮らしが実現できないことに失望したが、その給料では食べていけないと主張できたことにより、これからは会社の期待に添って生きるのではなく自由に生きようと徐々に思い始めている。

② これから新しい道を切り開いていくため静かな生活はかなわないと悲しんでいたが、課長に言われた言葉を思い出すことにより、自分がすべきことをイメージできるようになりにわかに自信が芽生えてきている。

③ 昇給の可能性もあるとの上司の言葉はありがたかったが、盗みをせざるを得ないほどの生活不安を解消するまでの説得力を感じられないのでそれを受け入れられず、物乞いをしてでも生きていこうと決意を固めている。

④ 人並みの暮らしができる給料を期待していたが、その願いが断たれたことで現在の会社勤めを辞める決意をし、将来の生活に対する懸念はあるものの新たな生き方を模索しようとする気力が湧き起こってきている。

⑤ 期待しているという課長の言葉とは裏腹の食べていけないほどの給料に気落ちしていたが、一方で課長が自分に期待していた事実があることに自信を得て、新しい生活を前向きに送ろうと少し気楽になっている。

問7　Wさんのクラスでは、本文の理解を深めるために教師から本文と同時代の【資料】が提示された。Wさんは、【資料】を参考に「マツダランプの広告」と本文の「焼けビル」との共通点をふまえて「私」の「飢え」を考察することにし、【構想メモ】を作り、【文章】を書いた。このことについて、後の(i)・(ii)の問いに答えよ。なお、設問の都合で広告の一部を改めている。

【資料】

●マツダランプの広告

雑誌『航空朝日』(一九四五年九月一日発行)に掲載

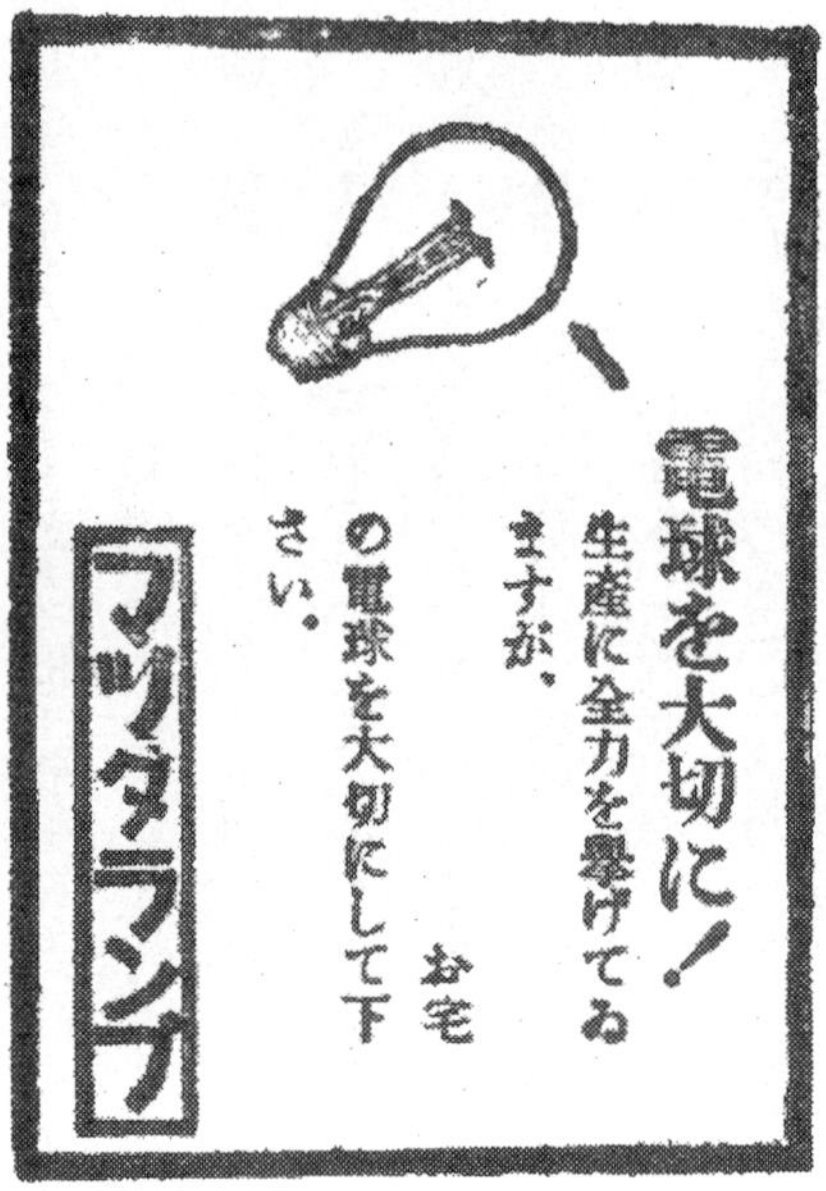

●補足

この広告は、戦時中には「生産《せいさん》に全力《ぜんりよく》を擧《あ》げてゐますが、御家庭用は尠《すく》なくなりますから、お宅の電球を大切にして下さい。」と書かれていた。戦後も物が不足していたため、右のように変えて掲載された。

【構想メモ】

(1)　【資料】からわかること
・社会状況として戦後も物資が不足していること。
・広告の一部の文言を削ることで、戦時中の広告を終戦後に再利用しているということ。

(2)　【文章】の展開

①　【資料】と本文との共通点
・マツダランプの広告
・「焼けビル」(本文末尾)

↓

②　「私」の現状や今後に関する「私」の認識について

↓

③　「私」の「飢え」についてのまとめ

【文章】

【資料】のマツダランプの広告は、戦後も物資が不足している社会状況を表している。この広告と「飢えの季節」本文の最後にある「焼けビル」とには共通点がある。［Ⅰ］この共通点は、本文の会長の仕事のやり方とも重なる。そのような会長の下で働く「私」自身はこの職にしがみついていても苦しい生活を脱する可能性がないと思い、具体的な未来像を持つこともないままに会社を辞めたのである。そこで改めて【資料】を参考に、本文の最後の一文に注目して「私」の「飢え」について考察すると、「かなしくそそり立っていた」という「焼けビル」は、［Ⅱ］と捉えることができる。

(i) 空欄［Ⅰ］に入るものとして最も適当なものを、次の①～④のうちから一つ選べ。解答番号は［19］。

① それは、戦時下の軍事的圧力の影響が、終戦後の日常生活の中においても色濃く残っているということだ。
② それは、戦時下に生じた倹約の精神が、終戦後の人びとの生活態度においても保たれているということだ。
③ それは、戦時下に存在した事物が、終戦に伴い社会が変化する中においても生き延びているということだ。
④ それは、戦時下の国家貢献を重視する方針が、終戦後の経済活動においても支持されているということだ。

(ii) 空欄［Ⅱ］に入るものとして最も適当なものを、次の①～④のうちから一つ選べ。解答番号は［20］。

① 「私」の飢えを解消するほどの給料を払えない会社の象徴
② 「私」にとって解消すべき飢えが継続していることの象徴
③ 「私」の今までの飢えた生活や不本意な仕事との決別の象徴
④ 「私」が会社を辞め飢えから脱却する勇気を得たことの象徴

第3問 次の文章は源俊頼《としより》が著した『俊頼髄脳《としよりずいのう》』の一節で、殿上人たちが、皇后寛子のために、寛子の父・藤原頼通の邸内で船遊びをしようとするところから始まる。これを読んで、後の問い（**問1～4**）に答えよ。なお、設問の都合で本文の段落に[1]～[5]の番号を付してある。（配点　50）

[1] 宮司《みやづかさ》(注1)ども集まりて、船をばいかがすべき、紅葉《もみぢ》を多くとりにやりて、船の屋形にして、船《ふな》さし(注2)は侍《さぶらひ》の**a**若からむをさしたりければ、俄《にはか》に狩袴《かりばかま》(注3)染めなどしてきらめきけり。その日になりて、人々、皆参り集まりぬ。「御船はまうけたりや」と尋ねられければ、「皆まうけて侍り」と申して、その期《ご》になりて、島(注4)がくれより漕《こ》ぎ出《い》でたるを見れば、なにとなく、ひた照《て》りなる船を二つ、装束《さうぞ》き出でたるけしき、いとをかしかりけり。

[2] 人々、皆乗り分かれて、管絃《くわんげん》の具ども、御前(注5)より申し出だして、そのことする人々、前におきて、(ア)やうやうさしまはす程に、南の普賢堂に、宇治の僧正(注6)、僧都《そうづ》の君と申しける時、御修法《みずほふ》しておはしけるに、かかることありとて、もろもろの僧たち、大人、若き、集まりて、庭にゐなみたり。童部《わらはべ》、供《とも》法師にいたるまで、繡花《しうくわ》(注7)装束きて、さし退《の》きつつ群がれゐたり。

[3] その中に、良暹《りやうぜん》といへる歌よみのありけるを、殿上人、見知りてあれば、「良暹がさぶらふか」と問ひければ、良暹、目も(注8)なく笑みて、平《ひら》がりてさぶらひければ、かたはらに若き僧の侍りけるが知り、「**b**さに侍り」と申しければ、「あれ、船に召して乗せて連歌《れんが》(注9)などせさせむは、いかがあるべき」と、いま一つの船の人々に申しあはせければ、「いかが。あるべからず。後の人や、さらでもありぬべかりけることかなとや申さむ」などありければ、さもあることとて、乗せずして、ただささながら連歌などはせさせてむなど定めて、近う漕ぎよせて、「良暹、さりぬべからむ連歌などして参らせよ」と、人々申されければ、さる者にて、もしさやうのこともやあるとて、**c**まうけたりけるにや、聞きけるままに程もなくかたはらの僧にものを言ひければ、その僧、(イ)ことごとしく歩みよりて、

「もみぢ葉のこがれて見ゆる御船《みふね》かな

と申し侍るなり」と申しかけて帰りぬ。

4 人々、これを聞きて、船々に聞かせて、付けむとしけるが遅かりければ、船を漕ぐともなくて、やうやう築島《つくじま》をめぐりて、一めぐりの程に、付けて言はむとしけるに、え付けざりければ、むなしく過ぎにけり。「いかに」「遅し」と、たがひに船々あらそひて、二《ふた》めぐりになりにけり。なほ、え付けざりければ、船を漕がで、島のかくれにて、「(ウ)かへすがへすもわろきことなり、これを d今まで付けぬは。日はみな暮れぬ。いかがせむずる」と、今は、付けむの心はなくて、付けでやみなむことを嘆く程に、何事も e覚えずなりぬ。

5 ことごとしく管絃の物の具申しおろして船に乗せたりけるも、いささか、かきならす人もなくてやみにけり。かく言ひ沙汰する程に、普賢堂の前にそこばく多かりつる人、皆立ちにけり。人々、船よりおりて、御前にて遊ばむなど思ひけれど、このことにたがひて、皆逃げておのおの失《う》せにけり。宮司、まうけしたりけれど、いたづらにてやみにけり。

(注) 1 宮司——皇后に仕える役人。
2 船さし——船を操作する人。
3 狩袴染めなどして——「狩袴」は狩衣を着用する際の袴。これを、今回の催しにふさわしいように染めたということ。
4 島がくれ——島陰。頼通邸の庭の池には島が築造されていた。そのため、島に隠れて邸《やしき》側からは見えにくいところがある。
5 御前より申し出だして——皇后寛子からお借りして。
6 宇治の僧正——頼通の子、覚円。寛子の兄。寛子のために邸内の普賢堂で祈禱《きとう》をしていた。
7 繡花——花模様の刺繡《ししゅう》。
8 目もなく笑みて——目を細めて笑って。
9 連歌——五・七・五の句と七・七の句を交互に詠んでいく形態の詩歌。前の句に続けて詠むことを、句を付けるという。

問1　傍線部(ア)～(ウ)の解釈として最も適当なものを、次の各群の①～⑤のうちから、それぞれ一つずつ選べ。解答番号は 21 ～ 23 。

(ア)　やうやうさしまはす程に　21

① さりげなく池を見回すと
② あれこれ準備するうちに
③ 徐々に船を動かすうちに
④ 次第に船の方に集まると
⑤ 段々と演奏が始まるころ

(イ)　ことごとしく歩みよりて　22

① たちまち僧侶たちの方に向かっていって
② 焦った様子で殿上人のもとに寄っていって
③ 卑屈な態度で良暹のそばに来て
④ もったいぶって船の方に近づいていって
⑤ すべてを聞いて良暹のところに行って

(ウ)　かへすがへすも　23

① 繰り返すのも
② どう考えても
③ 句を返すのも
④ 引き返すのも
⑤ 話し合うのも

問2　波線部**a**～**e**について、語句と表現に関する説明として最も適当なものを、次の①～⑤のうちから一つ選べ。解答番号は[24]。

①　**a**　「若からむ」は、「らむ」が現在推量の助動詞であり、断定的に記述することを避けた表現になっている。

②　**b**　「さに侍り」は、「侍り」が丁寧語であり、「若き僧」から読み手への敬意を込めた表現になっている。

③　**c**　「まうけたりけるにや」は、「や」が疑問の係助詞であり、文中に作者の想像を挟み込んだ表現になっている。

④　**d**　「今まで付けぬは」は、「ぬ」が強意の助動詞であり、「人々」の驚きを強調した表現になっている。

⑤　**e**　「覚えずなりぬ」は、「なり」が推定の助動詞であり、今後の成り行きを読み手に予想させる表現になっている。

問3 [1] ～ [3] 段落についての説明として最も適当なものを、次の①～⑤のうちから一つ選べ。解答番号は [25]。

① 宮司たちは、船の飾り付けに悩み、当日になってようやくもみじの葉で飾った船を準備し始めた。

② 宇治の僧正は、船遊びの時間が迫ってきたので、祈禱を中止し、供の法師たちを庭に呼び集めた。

③ 良暹は、身分が低いため船に乗ることを辞退したが、句を求められたことには喜びを感じていた。

④ 殿上人たちは、管絃や和歌の催しだけでは後で批判されるだろうと考え、連歌も行うことにした。

⑤ 良暹のそばにいた若い僧は、殿上人たちが声をかけてきた際、かしこまる良暹に代わって答えた。

問4 次に示すのは、授業で本文を読んだ後の、話し合いの様子である。これを読んで、後の(i)〜(iii)の問いに答えよ。

教　師——本文の3〜5段落の内容をより深く理解するために、次の文章を読んでみましょう。これは『散木奇歌集《さんぼくきかしゅう》』の一節で、作者は本文と同じく源俊頼《としより》です。

人々あまた八幡《やはた》(注1)の御神楽《みかぐら》に参りたりけるに、こと果てて又の日、別当《べつたう》(注2)法印光清《くわうせい》が堂の池の釣殿《つりどの》に人々ゐなみて遊びけるに、「光清、連歌作ることなむ得たることとおぼゆる。ただいま連歌付けばや」など申しゐたりけるに、かたのごとくとて申したりける、

釣殿の下には魚《いを》やすまざらむ　　俊重《とししげ》(注3)

光清しきりに案じけれども、え付けでやみにしことなど、帰りて語りしかば、試みにとて、

うつばり(注4)の影そこに見えつつ　　俊頼

(注)
1 八幡の御神楽——石清水八幡宮《いわしみずはちまんぐう》において、神をまつるために歌舞を奏する催し。
2 別当法印——「別当」はここでは石清水八幡宮の長官。「法印」は最高の僧位。
3 俊重——源俊頼の子。
4 うつばり——屋根の重みを支えるための梁《はり》。

教　師――この『散木奇歌集』の文章は、人々が集まっている場で、連歌をしたいと光清が言い出すところから始まります。その後の展開を話し合ってみましょう。

生徒A――俊重が「釣殿の」の句を詠んだけれど、光清は結局それに続く句を付けることができなかったんだね。

生徒B――そのことを聞いた父親の俊頼が俊重の句に「うつばりの」の句を付けてみせたんだ。

生徒C――そうすると、俊頼の句はどういう意味になるのかな?

生徒A――その場に合わせて詠まれた俊重の句に対して、俊頼が機転を利かせて返答をしたわけだよね。二つの句のつながりはどうなっているんだろう……。

教　師――前に授業で取り上げた「掛詞《かけことば》」に注目してみると良いですよ。

生徒B――掛詞は一つの言葉に二つ以上の意味を持たせる技法だったよね。あ、そうか、この二つの句のつながりがわかった! **X** ということじゃないかな。

生徒C――なるほど、句を付けるって簡単なことじゃないんだね。うまく付けられたら楽しそうだけど。

教　師――そうですね。それでは、ここで本文の『俊頼髄脳』の 3 段落で良暹《りょうぜん》が詠んだ「もみぢ葉の」の句について考えてみましょう。

生徒A――この句は **Y** 。でも、この句はそれだけで完結しているわけじゃなくて、別の人がこれに続く七・七を付けることが求められていたんだ。

生徒B――そうすると、 4 ・ 5 段落の状況もよくわかるよ。 **Z** ということなんだね。

教　師――良い学習ができましたね。『俊頼髄脳』のこの後の箇所では、こういうときは気負わずに句を付けるべきだ、と書かれています。ということで、次回の授業では、皆さんで連歌をしてみましょう。

(i) 空欄 **X** に入る発言として最も適当なものを、次の①～④のうちから一つ選べ。解答番号は 26 。

① 俊重が、皆が釣りすぎたせいで釣殿から魚の姿が消えてしまったと詠んだのに対して、俊頼は、「そこ」に「底」を掛けて、水底《みなそこ》にはそこかしこに釣針が落ちていて、昔の面影をとどめているよ、と付けている

② 俊重が、釣殿の下にいる魚は心を休めることもできないだろうかと詠んだのに対して、俊頼は、「うつばり」に「鬱」を掛けて、梁の影にあたるような場所だと、魚の気持ちも沈んでしまうよね、と付けている

③ 俊重が、「すむ」に「澄む」を掛けて、水は澄みきっているのに魚の姿は見えないと詠んだのに対して、俊頼は、「そこ」に「あなた」という意味を掛けて、そこにあなたの姿が見えたからだよ、と付けている

④ 俊重が、釣殿の下には魚が住んでいないのだろうかと詠んだのに対して、俊頼は、釣殿の「うつばり」に「針」の意味を掛けて、池の水底には釣殿の梁ならぬ釣針が映って見えるからね、と付けている

(ii) 空欄 **Y** に入る発言として最も適当なものを、次の ①～④ のうちから一つ選べ。解答番号は 27 。

① 船遊びの場にふさわしい句を求められて詠んだ句であり、「こがれて」には、葉が色づくという意味の「焦がれて」と船が漕がれるという意味の「漕がれて」が掛けられていて、紅葉に飾られた船が池を廻《めぐ》っていく様子を表している

② 寛子への恋心を伝えるために詠んだ句であり、「こがれて」には恋い焦がれるという意味が込められ、「御船」には出家した身でありながら、あてもなく海に漂う船のように恋の道に迷い込んでしまった良暹自身がたとえられている

③ 頼通や寛子を賛美するために詠んだ句であり、「もみぢ葉」は寛子の美しさを、敬語の用いられた「御船」は栄華を極めた頼通たち藤原氏を表し、順風満帆に船が出発するように、一族の将来も明るく希望に満ちていると讃《たた》えている

④ 祈禱を受けていた寛子のために詠んだ句であり、「もみぢ葉」「見ゆる」「御船」というマ行の音で始まる言葉を重ねることによって音の響きを柔らかなものに整え、寛子やこの催しの参加者の心を癒やしたいという思いを込めている

(iii) 空欄 Z に入る発言として最も適当なものを、次の①～④のうちから一つ選べ。解答番号は 28 。

① 誰も次の句を付けることができなかったので、良暹を指名した責任について殿上人たちの間で言い争いが始まり、それがいつまでも終わらなかったので、もはや宴《うたげ》どころではなくなった

② 次の句をなかなか付けられなかった殿上人たちは、自身の無能さを自覚させられ、これでは寛子のための催しを取り仕切ることも不可能だと悟り、準備していた宴を中止にしてしまった

③ 殿上人たちは良暹の句にその場ですぐに句を付けることができず、時間が経っても池の周りを廻るばかりで、ついにはこの催しの雰囲気をしらけさせたまま帰り、宴を台無しにしてしまった

④ 殿上人たちは念入りに船遊びの準備をしていたのに、連歌を始めたせいで予定の時間を大幅に超過し、庭で待っていた人々も帰ってしまったので、せっかくの宴も殿上人たちの反省の場となった

第4問 唐の白居易は、皇帝自らが行う官吏登用試験に備えて一年間受験勉強に取り組んだ。その際、自分で予想問題を作り、それに対する模擬答案を準備した。次の文章は、その【予想問題】と【模擬答案】の一部である。これを読んで、後の問い(問1～7)に答えよ。なお、設問の都合で本文を改め、返り点・送り仮名を省いたところがある。(配点 50)

【予想問題】

問《フ》、自《リ》㆑古《いにしへ》以来、A君《タル》者無《ク》㆑不《ルハ》㆑思《ハ》㆑求《ムルヲ》㆓其《ノ》賢《ヲ》㆒、賢《ナル》者罔《なシ》㆑不《ルハ》㆑思《ハ》㆑効《いたスヲ》㆓其《ノ》用《ヲ》㆒。然《レドモ》両《ふたツナガラ》不《ルハ》㆓相《あひ》遇《ハ》㆒、其《ノ》故《ハ》何《ゾ》哉。今欲《スルニ》㆑求《メント》㆑之《ヲ》、其《ノ》術《ハ》安《クニ》在《リヤ》。

【模擬答案】

臣(注1)聞《ク》、人君《タル》者無《ク》㆑不《ルハ》㆑思《ハ》㆑求《ムルヲ》㆓其《ノ》賢《ヲ》㆒、人臣《タル》者無《シト》㆑不《ルハ》㆑思《ハ》㆑効《スヲ》㆓其《ノ》用《ヲ》㆒。然《リ》而《シテ》君《ハ》求《メントシテ》㆑賢《ヲ》而不㆑得、臣《ハ》効《サントシテ》㆑用《ヲ》而(ア)無㆑由者、B豈不以貴賤相懸、朝(注2)野相隔、堂(注3)遠於千里、門(注4)深於九重。

臣(イ)以為、求《ムルニ》レ賢《ヲ》有《リ》レ術、(ウ)弁レ賢《ヲ》有《リ》レ方。方術者、各《おのおの》審《つまびラカニシ》二其《ノ》族類《ヲ》一、使《ムル》二之《ヲシテ》推薦《セ》一而已。近《ク》取《レバ》二諸《これヲ》喩《たとへニ》一、C其《レ》猶《ホ》《キ》二線《いとト》与《ノ》レ矢也。線《ハ》因《リテ》レ針《ニ》而入《リ》、矢《ハ》待《チテ》レ弦《ヲ》而発《ス》。雖《モ》レ有《リト》二線矢一、苟《クモ》無《クンバ》二針弦一、求《ムルモ》二自《ラ》致《スヲ》一焉、不《ル》レ可《カラ》レ得也。夫《レ》必《ズ》以《テスル》二族類《ヲ》一者、蓋《シ》賢愚有《リ》レ貫《クコト》、善悪有《リ》レ倫《ともがら》、若《シ》以《テ》レ類《ヲ》求《ムレバ》、D X 以類至。此《レ》亦《タ》猶《ホ》《ク》二水《ノ》流《レ》レ湿《ニ》、火《ノ》就《クガ》レ燥《ニ》一、E自然之理也。

(白居易『白氏文集』による)

(注)
1 臣――君主に対する臣下の自称。
2 朝野――朝廷と民間。
3 堂――君主が執務する場所。
4 門――王城の門。

問1 波線部(ア)「無レ由」、(イ)「以為」、(ウ)「弁」のここでの意味として最も適当なものを、次の各群の①～⑤のうちから、それぞれ一つずつ選べ。解答番号は 29 ～ 31 。

(ア) 「無レ由」 29
① 方法がない
② 伝承がない
③ 原因がない
④ 意味がない
⑤ 信用がない

(イ) 「以為」 30
① 考えるに
② 同情するに
③ 行うに
④ 目撃するに
⑤ 命ずるに

(ウ) 「弁」 31
① 弁償するには
② 弁護するには
③ 弁解するには
④ 弁論するには
⑤ 弁別するには

問2　傍線部**A**「君者無㆑不㆑思㆑求㆓其賢㆒、賢者罔㆑不㆑思㆑効㆓其用㆒」の解釈として最も適当なものを、次の①～⑤のうちから一つ選べ。解答番号は 32 。

① 君主は賢者の仲間を求めようと思っており、賢者は無能な臣下を退けたいと思っている。
② 君主は賢者を顧問にしようと思っており、賢者は君主の要請を辞退したいと思っている。
③ 君主は賢者を登用しようと思っており、賢者は君主の役に立ちたいと思っている。
④ 君主は賢者の意見を聞こうと思っており、賢者は自分の意見は用いられまいと思っている。
⑤ 君主は賢者の称賛を得ようと思っており、賢者は君主に信用されたいと思っている。

問3 傍線部B「豈 不 以 貴 賤 相 懸、朝 野 相 隔、堂 遠 於 千 里、門 深 於 九 重」の返り点の付け方と書き下し文との組合せとして最も適当なものを、次の①～⑤のうちから一つ選べ。解答番号は 33 。

① 豈 不レ以二貴 賤 相 懸一、朝 野 相 隔、堂 遠二於 千 里一、門 深二於 九 重一
豈に貴賤相懸《あひへだ》たるを以てならずして、朝野相隔たり、堂は千里よりも遠く、門は九重よりも深きや

② 豈 不レ以二貴 賤 相 懸、朝 野 相 隔一、堂 遠二於 千 里一、門 深二於 九 重一
豈に貴賤相懸たり、朝野相隔たるを以てならずして、堂は千里よりも遠く、門は九重よりも深きや

③ 豈 不レ以三貴 賤 相 懸、朝 野 相 隔、堂 遠二於 千 里一、門 深二於 九 重一
豈に貴賤相懸たり、朝野相隔たり、堂は千里よりも遠きを以てならずして、門は九重よりも深きや

④ 豈 不下以三貴 賤 相 懸、朝 野 相 隔、堂 遠二於 千 里一、門 深中於 九 重上
豈に貴賤相懸たり、朝野相隔たり、堂は千里よりも遠きを以て、門は九重よりも深からずや

⑤ 豈 不レ以下貴 賤 相 懸、朝 野 相 隔、堂 遠二於 千 里一、門 深中於 九 重上
豈に貴賤相懸たり、朝野相隔たり、堂は千里よりも遠く、門は九重よりも深きを以てならずや

問4　傍線部C「其 猶二線 与レ矢 也」の比喩は、「線」・「矢」のどのような点に着目して用いられているのか。最も適当なものを、次の①～⑤のうちから一つ選べ。解答番号は 34 。

① 「線」や「矢」は、単独では力を発揮しようとしても発揮できないという点。
② 「線」と「矢」は、互いに結びつけば力を発揮できるという点。
③ 「線」や「矢」は、針や弦と絡み合って力を発揮できないという点。
④ 「線」と「矢」は、助け合ったとしても力を発揮できないという点。
⑤ 「線」や「矢」は、針や弦の助けを借りなくても力を発揮できるという点。

問5　傍線部D「X以類至」について、(a)空欄Xに入る語と、(b)書き下し文との組合せとして最も適当なものを、次の①～⑤のうちから一つ選べ。解答番号は35。

① (a)　不　(b)　類を以てせずして至ればなり
② (a)　何　(b)　何ぞ類を以て至らんや
③ (a)　必　(b)　必ず類を以て至ればなり
④ (a)　誰　(b)　誰か類を以て至らんや
⑤ (a)　嘗　(b)　嘗《かつ》て類を以て至ればなり

問6　傍線部E「自然之理也」はどういう意味を表しているのか。その説明として最も適当なものを、次の①～⑤のうちから一つ選べ。解答番号は 36 。

① 水と火の性質は反対だがそれぞれ有用であるように、相反する性質のものであってもおのおの有効に作用するのが自然であるということ。

② 水の湿り気と火の乾燥とが互いに打ち消し合うように、性質の違う二つのものは相互に干渉してしまうのが自然であるということ。

③ 川の流れが湿地を作り山火事で土地が乾燥するように、性質の似通ったものはそれぞれに大きな作用を生み出すのが自然であるということ。

④ 水は湿ったところに流れ、火は乾燥したところへと広がるように、性質を同じくするものは互いに求め合うのが自然であるということ。

⑤ 水の潤いや火による乾燥が恵みにも害にもなるように、どのような性質のものにもそれぞれ長所と短所があるのが自然であるということ。

問7　【予想問題】に対して、作者が【模擬答案】で述べた答えはどのような内容であったのか。その説明として最も適当なものを、次の①～⑤のうちから一つ選べ。解答番号は 37 。

① 君主が賢者と出会わないのは、君主が賢者を採用する機会が少ないためであり、賢者を求めるには採用試験をより多く実施することによって人材を多く確保し、その中から賢者を探し出すべきである。

② 君主が賢者と出会わないのは、君主と賢者の心が離れているためであり、賢者を求めるにはまず君主の考えを広く伝えて、賢者との心理的距離を縮めたうえで人材を採用するべきである。

③ 君主が賢者と出会わないのは、君主が人材を見分けられないためであり、賢者を求めるにはその賢者が党派に加わらず、自分の信念を貫いているかどうかを見分けるべきである。

④ 君主が賢者と出会わないのは、君主が賢者を見つけ出すことができないためであり、賢者を求めるには賢者のグループを見極めたうえで、その中から人材を推挙してもらうべきである。

⑤ 君主が賢者と出会わないのは、君主が賢者を受け入れないためであり、賢者を求めるには幾重にも重なっている王城の門を開放して、やって来る人々を広く受け入れるべきである。

2025 ― 駿台《すんだい》　大学入試《だいがくにゅうし》完全対策《かんぜんたいさく》シリーズ
大学入学共通《だいがくにゅうがくきょうつう》テスト実戦問題集《じっせんもんだいしゅう》　国語《こくご》

2024年7月11日　2025年版発行

編　者　駿台文庫
発行者　山﨑良子
印刷・製本　日経印刷株式会社

発行所　駿台文庫株式会社
〒101-0062 東京都千代田区神田駿河台 1-7-4
小畑ビル内
TEL. 編集 03 (5259) 3302
販売 03 (5259) 3301
《共通テスト実戦・国語① 632pp.》

落丁・乱丁がございましたら，送料小社負担にてお取り替えいたします。

ISBN978-4-7961-6467-2　Printed in Japan

駿台文庫 Web サイト
https://www.sundaibunko.jp

国　語　解　答　用　紙

マーク例

良い例	悪い例
●	⊙ ⊗ ◐ ○

受験番号を記入し，その下のマーク欄にマークしなさい。

受験番号欄

千位	百位	十位	一位	英字	
−	⓪	⓪	⓪	Ⓐ	A
①	①	①	①	Ⓑ	B
②	②	②	②	Ⓒ	C
③	③	③	③	Ⓗ	H
④	④	④	④	Ⓚ	K
⑤	⑤	⑤	⑤	Ⓜ	M
⑥	⑥	⑥	⑥	Ⓡ	R
⑦	⑦	⑦	⑦	Ⓤ	U
⑧	⑧	⑧	⑧	Ⓧ	X
⑨	⑨	⑨	⑨	Ⓨ	Y
−	−	−	−	Ⓩ	Z

氏名・フリガナ，試験場コードを記入しなさい。

フリガナ						
氏　名						
試験場コード	十万位	万位	千位	百位	十位	一位

注意事項
1　訂正は，消しゴムできれいに消し，消しくずを残してはいけません。
2　所定欄以外にはマークしたり，記入したりしてはいけません。
3　汚したり，折りまげたりしてはいけません。

解答番号	解答欄 1	2	3	4	5	6	7	8	9
1	①	②	③	④	⑤	⑥	⑦	⑧	⑨
2	①	②	③	④	⑤	⑥	⑦	⑧	⑨
3	①	②	③	④	⑤	⑥	⑦	⑧	⑨
4	①	②	③	④	⑤	⑥	⑦	⑧	⑨
5	①	②	③	④	⑤	⑥	⑦	⑧	⑨
6	①	②	③	④	⑤	⑥	⑦	⑧	⑨
7	①	②	③	④	⑤	⑥	⑦	⑧	⑨
8	①	②	③	④	⑤	⑥	⑦	⑧	⑨
9	①	②	③	④	⑤	⑥	⑦	⑧	⑨
10	①	②	③	④	⑤	⑥	⑦	⑧	⑨
11	①	②	③	④	⑤	⑥	⑦	⑧	⑨
12	①	②	③	④	⑤	⑥	⑦	⑧	⑨
13	①	②	③	④	⑤	⑥	⑦	⑧	⑨

解答番号	解答欄 1	2	3	4	5	6	7	8	9
14	①	②	③	④	⑤	⑥	⑦	⑧	⑨
15	①	②	③	④	⑤	⑥	⑦	⑧	⑨
16	①	②	③	④	⑤	⑥	⑦	⑧	⑨
17	①	②	③	④	⑤	⑥	⑦	⑧	⑨
18	①	②	③	④	⑤	⑥	⑦	⑧	⑨
19	①	②	③	④	⑤	⑥	⑦	⑧	⑨
20	①	②	③	④	⑤	⑥	⑦	⑧	⑨
21	①	②	③	④	⑤	⑥	⑦	⑧	⑨
22	①	②	③	④	⑤	⑥	⑦	⑧	⑨
23	①	②	③	④	⑤	⑥	⑦	⑧	⑨
24	①	②	③	④	⑤	⑥	⑦	⑧	⑨
25	①	②	③	④	⑤	⑥	⑦	⑧	⑨
26	①	②	③	④	⑤	⑥	⑦	⑧	⑨

解答番号	解答欄 1	2	3	4	5	6	7	8	9
27	①	②	③	④	⑤	⑥	⑦	⑧	⑨
28	①	②	③	④	⑤	⑥	⑦	⑧	⑨
29	①	②	③	④	⑤	⑥	⑦	⑧	⑨
30	①	②	③	④	⑤	⑥	⑦	⑧	⑨
31	①	②	③	④	⑤	⑥	⑦	⑧	⑨
32	①	②	③	④	⑤	⑥	⑦	⑧	⑨
33	①	②	③	④	⑤	⑥	⑦	⑧	⑨
34	①	②	③	④	⑤	⑥	⑦	⑧	⑨
35	①	②	③	④	⑤	⑥	⑦	⑧	⑨
36	①	②	③	④	⑤	⑥	⑦	⑧	⑨
37	①	②	③	④	⑤	⑥	⑦	⑧	⑨
38	①	②	③	④	⑤	⑥	⑦	⑧	⑨
39	①	②	③	④	⑤	⑥	⑦	⑧	⑨

解答番号	解答欄 1	2	3	4	5	6	7	8	9
40	①	②	③	④	⑤	⑥	⑦	⑧	⑨
41	①	②	③	④	⑤	⑥	⑦	⑧	⑨
42	①	②	③	④	⑤	⑥	⑦	⑧	⑨
43	①	②	③	④	⑤	⑥	⑦	⑧	⑨
44	①	②	③	④	⑤	⑥	⑦	⑧	⑨
45	①	②	③	④	⑤	⑥	⑦	⑧	⑨
46	①	②	③	④	⑤	⑥	⑦	⑧	⑨
47	①	②	③	④	⑤	⑥	⑦	⑧	⑨
48	①	②	③	④	⑤	⑥	⑦	⑧	⑨
49	①	②	③	④	⑤	⑥	⑦	⑧	⑨
50	①	②	③	④	⑤	⑥	⑦	⑧	⑨
51	①	②	③	④	⑤	⑥	⑦	⑧	⑨
52	①	②	③	④	⑤	⑥	⑦	⑧	⑨

駿　台　文　庫

国　語　解　答　用　紙

マーク例

良い例	悪い例
●	⊙ ⊗ ◕ ○

受験番号を記入し，その下のマーク欄にマークしなさい。

千位	百位	十位	一位	英字	
−	⓪	⓪	⓪	Ⓐ	A
①	①	①	①	Ⓑ	B
②	②	②	②	Ⓒ	C
③	③	③	③	Ⓗ	H
④	④	④	④	Ⓚ	K
⑤	⑤	⑤	⑤	Ⓜ	M
⑥	⑥	⑥	⑥	Ⓡ	R
⑦	⑦	⑦	⑦	Ⓤ	U
⑧	⑧	⑧	⑧	Ⓧ	X
⑨	⑨	⑨	⑨	Ⓨ	Y
−	−	−	−	Ⓩ	Z

受験番号欄

氏名・フリガナ，試験場コードを記入しなさい。

フリガナ						
氏　名						
試験場コード	十万位	万位	千位	百位	十位	一位

注意事項

1　訂正は，消しゴムできれいに消し，消しくずを残してはいけません。

2　所定欄以外にはマークしたり，記入したりしてはいけません。

3　汚したり，折りまげたりしてはいけません。

解答番号	解答欄 1	2	3	4	5	6	7	8	9	解答番号	解答欄 1	2	3	4	5	6	7	8	9	解答番号	解答欄 1	2	3	4	5	6	7	8	9	解答番号	解答欄 1	2	3	4	5	6	7	8	9
1	①	②	③	④	⑤	⑥	⑦	⑧	⑨	14	①	②	③	④	⑤	⑥	⑦	⑧	⑨	27	①	②	③	④	⑤	⑥	⑦	⑧	⑨	40	①	②	③	④	⑤	⑥	⑦	⑧	⑨
2	①	②	③	④	⑤	⑥	⑦	⑧	⑨	15	①	②	③	④	⑤	⑥	⑦	⑧	⑨	28	①	②	③	④	⑤	⑥	⑦	⑧	⑨	41	①	②	③	④	⑤	⑥	⑦	⑧	⑨
3	①	②	③	④	⑤	⑥	⑦	⑧	⑨	16	①	②	③	④	⑤	⑥	⑦	⑧	⑨	29	①	②	③	④	⑤	⑥	⑦	⑧	⑨	42	①	②	③	④	⑤	⑥	⑦	⑧	⑨
4	①	②	③	④	⑤	⑥	⑦	⑧	⑨	17	①	②	③	④	⑤	⑥	⑦	⑧	⑨	30	①	②	③	④	⑤	⑥	⑦	⑧	⑨	43	①	②	③	④	⑤	⑥	⑦	⑧	⑨
5	①	②	③	④	⑤	⑥	⑦	⑧	⑨	18	①	②	③	④	⑤	⑥	⑦	⑧	⑨	31	①	②	③	④	⑤	⑥	⑦	⑧	⑨	44	①	②	③	④	⑤	⑥	⑦	⑧	⑨
6	①	②	③	④	⑤	⑥	⑦	⑧	⑨	19	①	②	③	④	⑤	⑥	⑦	⑧	⑨	32	①	②	③	④	⑤	⑥	⑦	⑧	⑨	45	①	②	③	④	⑤	⑥	⑦	⑧	⑨
7	①	②	③	④	⑤	⑥	⑦	⑧	⑨	20	①	②	③	④	⑤	⑥	⑦	⑧	⑨	33	①	②	③	④	⑤	⑥	⑦	⑧	⑨	46	①	②	③	④	⑤	⑥	⑦	⑧	⑨
8	①	②	③	④	⑤	⑥	⑦	⑧	⑨	21	①	②	③	④	⑤	⑥	⑦	⑧	⑨	34	①	②	③	④	⑤	⑥	⑦	⑧	⑨	47	①	②	③	④	⑤	⑥	⑦	⑧	⑨
9	①	②	③	④	⑤	⑥	⑦	⑧	⑨	22	①	②	③	④	⑤	⑥	⑦	⑧	⑨	35	①	②	③	④	⑤	⑥	⑦	⑧	⑨	48	①	②	③	④	⑤	⑥	⑦	⑧	⑨
10	①	②	③	④	⑤	⑥	⑦	⑧	⑨	23	①	②	③	④	⑤	⑥	⑦	⑧	⑨	36	①	②	③	④	⑤	⑥	⑦	⑧	⑨	49	①	②	③	④	⑤	⑥	⑦	⑧	⑨
11	①	②	③	④	⑤	⑥	⑦	⑧	⑨	24	①	②	③	④	⑤	⑥	⑦	⑧	⑨	37	①	②	③	④	⑤	⑥	⑦	⑧	⑨	50	①	②	③	④	⑤	⑥	⑦	⑧	⑨
12	①	②	③	④	⑤	⑥	⑦	⑧	⑨	25	①	②	③	④	⑤	⑥	⑦	⑧	⑨	38	①	②	③	④	⑤	⑥	⑦	⑧	⑨	51	①	②	③	④	⑤	⑥	⑦	⑧	⑨
13	①	②	③	④	⑤	⑥	⑦	⑧	⑨	26	①	②	③	④	⑤	⑥	⑦	⑧	⑨	39	①	②	③	④	⑤	⑥	⑦	⑧	⑨	52	①	②	③	④	⑤	⑥	⑦	⑧	⑨

駿　台　文　庫

マーク例

良い例	悪い例
●	⊙ ⊗ ◓ ○

受験番号を記入し，その下のマーク欄にマークしなさい。

受験番号欄				
千位	百位	十位	一位	英字
−	⓪	⓪	⓪	Ⓐ A
①	①	①	①	Ⓑ B
②	②	②	②	Ⓒ C
③	③	③	③	Ⓗ H
④	④	④	④	Ⓚ K
⑤	⑤	⑤	⑤	Ⓜ M
⑥	⑥	⑥	⑥	Ⓡ R
⑦	⑦	⑦	⑦	Ⓤ U
⑧	⑧	⑧	⑧	Ⓧ X
⑨	⑨	⑨	⑨	Ⓨ Y
−	−	−	−	Ⓩ Z

氏名・フリガナ，試験場コードを記入しなさい。

フリガナ						
氏　名						
試験場コード	十万位	万位	千位	百位	十位	一位

駿　台　文　庫

国　語　解　答　用　紙

注意事項
1　訂正は，消しゴムできれいに消し，消しくずを残してはいけません。
2　所定欄以外にはマークしたり，記入したりしてはいけません。
3　汚したり，折りまげたりしてはいけません。

解答番号	解答欄 1	2	3	4	5	6	7	8	9
1	①	②	③	④	⑤	⑥	⑦	⑧	⑨
2	①	②	③	④	⑤	⑥	⑦	⑧	⑨
3	①	②	③	④	⑤	⑥	⑦	⑧	⑨
4	①	②	③	④	⑤	⑥	⑦	⑧	⑨
5	①	②	③	④	⑤	⑥	⑦	⑧	⑨
6	①	②	③	④	⑤	⑥	⑦	⑧	⑨
7	①	②	③	④	⑤	⑥	⑦	⑧	⑨
8	①	②	③	④	⑤	⑥	⑦	⑧	⑨
9	①	②	③	④	⑤	⑥	⑦	⑧	⑨
10	①	②	③	④	⑤	⑥	⑦	⑧	⑨
11	①	②	③	④	⑤	⑥	⑦	⑧	⑨
12	①	②	③	④	⑤	⑥	⑦	⑧	⑨
13	①	②	③	④	⑤	⑥	⑦	⑧	⑨

解答番号	解答欄 1	2	3	4	5	6	7	8	9
14	①	②	③	④	⑤	⑥	⑦	⑧	⑨
15	①	②	③	④	⑤	⑥	⑦	⑧	⑨
16	①	②	③	④	⑤	⑥	⑦	⑧	⑨
17	①	②	③	④	⑤	⑥	⑦	⑧	⑨
18	①	②	③	④	⑤	⑥	⑦	⑧	⑨
19	①	②	③	④	⑤	⑥	⑦	⑧	⑨
20	①	②	③	④	⑤	⑥	⑦	⑧	⑨
21	①	②	③	④	⑤	⑥	⑦	⑧	⑨
22	①	②	③	④	⑤	⑥	⑦	⑧	⑨
23	①	②	③	④	⑤	⑥	⑦	⑧	⑨
24	①	②	③	④	⑤	⑥	⑦	⑧	⑨
25	①	②	③	④	⑤	⑥	⑦	⑧	⑨
26	①	②	③	④	⑤	⑥	⑦	⑧	⑨

解答番号	解答欄 1	2	3	4	5	6	7	8	9
27	①	②	③	④	⑤	⑥	⑦	⑧	⑨
28	①	②	③	④	⑤	⑥	⑦	⑧	⑨
29	①	②	③	④	⑤	⑥	⑦	⑧	⑨
30	①	②	③	④	⑤	⑥	⑦	⑧	⑨
31	①	②	③	④	⑤	⑥	⑦	⑧	⑨
32	①	②	③	④	⑤	⑥	⑦	⑧	⑨
33	①	②	③	④	⑤	⑥	⑦	⑧	⑨
34	①	②	③	④	⑤	⑥	⑦	⑧	⑨
35	①	②	③	④	⑤	⑥	⑦	⑧	⑨
36	①	②	③	④	⑤	⑥	⑦	⑧	⑨
37	①	②	③	④	⑤	⑥	⑦	⑧	⑨
38	①	②	③	④	⑤	⑥	⑦	⑧	⑨
39	①	②	③	④	⑤	⑥	⑦	⑧	⑨

解答番号	解答欄 1	2	3	4	5	6	7	8	9
40	①	②	③	④	⑤	⑥	⑦	⑧	⑨
41	①	②	③	④	⑤	⑥	⑦	⑧	⑨
42	①	②	③	④	⑤	⑥	⑦	⑧	⑨
43	①	②	③	④	⑤	⑥	⑦	⑧	⑨
44	①	②	③	④	⑤	⑥	⑦	⑧	⑨
45	①	②	③	④	⑤	⑥	⑦	⑧	⑨
46	①	②	③	④	⑤	⑥	⑦	⑧	⑨
47	①	②	③	④	⑤	⑥	⑦	⑧	⑨
48	①	②	③	④	⑤	⑥	⑦	⑧	⑨
49	①	②	③	④	⑤	⑥	⑦	⑧	⑨
50	①	②	③	④	⑤	⑥	⑦	⑧	⑨
51	①	②	③	④	⑤	⑥	⑦	⑧	⑨
52	①	②	③	④	⑤	⑥	⑦	⑧	⑨

マーク例

良い例	悪い例
●	⊙ ⊗ ◕ ○

受験番号を記入し，その下のマーク欄にマークしなさい。

受験番号欄					
千位	百位	十位	一位	英字	
—	⓪	⓪	⓪	Ⓐ	A
①	①	①	①	Ⓑ	B
②	②	②	②	Ⓒ	C
③	③	③	③	Ⓗ	H
④	④	④	④	Ⓚ	K
⑤	⑤	⑤	⑤	Ⓜ	M
⑥	⑥	⑥	⑥	Ⓡ	R
⑦	⑦	⑦	⑦	Ⓤ	U
⑧	⑧	⑧	⑧	Ⓧ	X
⑨	⑨	⑨	⑨	Ⓨ	Y
—	—	—	—	Ⓩ	Z

氏名・フリガナ，試験場コードを記入しなさい。

フリガナ						
氏　名						
試験場コード	十万位	万位	千位	百位	十位	一位

駿　台　文　庫

国　語　解　答　用　紙

注意事項
1　訂正は，消しゴムできれいに消し，消しくずを残してはいけません。
2　所定欄以外にはマークしたり，記入したりしてはいけません。
3　汚したり，折りまげたりしてはいけません。

解答番号	解答欄 1	2	3	4	5	6	7	8	9	解答番号	解答欄 1	2	3	4	5	6	7	8	9	解答番号	解答欄 1	2	3	4	5	6	7	8	9	解答番号	解答欄 1	2	3	4	5	6	7	8	9
1	①	②	③	④	⑤	⑥	⑦	⑧	⑨	14	①	②	③	④	⑤	⑥	⑦	⑧	⑨	27	①	②	③	④	⑤	⑥	⑦	⑧	⑨	40	①	②	③	④	⑤	⑥	⑦	⑧	⑨
2	①	②	③	④	⑤	⑥	⑦	⑧	⑨	15	①	②	③	④	⑤	⑥	⑦	⑧	⑨	28	①	②	③	④	⑤	⑥	⑦	⑧	⑨	41	①	②	③	④	⑤	⑥	⑦	⑧	⑨
3	①	②	③	④	⑤	⑥	⑦	⑧	⑨	16	①	②	③	④	⑤	⑥	⑦	⑧	⑨	29	①	②	③	④	⑤	⑥	⑦	⑧	⑨	42	①	②	③	④	⑤	⑥	⑦	⑧	⑨
4	①	②	③	④	⑤	⑥	⑦	⑧	⑨	17	①	②	③	④	⑤	⑥	⑦	⑧	⑨	30	①	②	③	④	⑤	⑥	⑦	⑧	⑨	43	①	②	③	④	⑤	⑥	⑦	⑧	⑨
5	①	②	③	④	⑤	⑥	⑦	⑧	⑨	18	①	②	③	④	⑤	⑥	⑦	⑧	⑨	31	①	②	③	④	⑤	⑥	⑦	⑧	⑨	44	①	②	③	④	⑤	⑥	⑦	⑧	⑨
6	①	②	③	④	⑤	⑥	⑦	⑧	⑨	19	①	②	③	④	⑤	⑥	⑦	⑧	⑨	32	①	②	③	④	⑤	⑥	⑦	⑧	⑨	45	①	②	③	④	⑤	⑥	⑦	⑧	⑨
7	①	②	③	④	⑤	⑥	⑦	⑧	⑨	20	①	②	③	④	⑤	⑥	⑦	⑧	⑨	33	①	②	③	④	⑤	⑥	⑦	⑧	⑨	46	①	②	③	④	⑤	⑥	⑦	⑧	⑨
8	①	②	③	④	⑤	⑥	⑦	⑧	⑨	21	①	②	③	④	⑤	⑥	⑦	⑧	⑨	34	①	②	③	④	⑤	⑥	⑦	⑧	⑨	47	①	②	③	④	⑤	⑥	⑦	⑧	⑨
9	①	②	③	④	⑤	⑥	⑦	⑧	⑨	22	①	②	③	④	⑤	⑥	⑦	⑧	⑨	35	①	②	③	④	⑤	⑥	⑦	⑧	⑨	48	①	②	③	④	⑤	⑥	⑦	⑧	⑨
10	①	②	③	④	⑤	⑥	⑦	⑧	⑨	23	①	②	③	④	⑤	⑥	⑦	⑧	⑨	36	①	②	③	④	⑤	⑥	⑦	⑧	⑨	49	①	②	③	④	⑤	⑥	⑦	⑧	⑨
11	①	②	③	④	⑤	⑥	⑦	⑧	⑨	24	①	②	③	④	⑤	⑥	⑦	⑧	⑨	37	①	②	③	④	⑤	⑥	⑦	⑧	⑨	50	①	②	③	④	⑤	⑥	⑦	⑧	⑨
12	①	②	③	④	⑤	⑥	⑦	⑧	⑨	25	①	②	③	④	⑤	⑥	⑦	⑧	⑨	38	①	②	③	④	⑤	⑥	⑦	⑧	⑨	51	①	②	③	④	⑤	⑥	⑦	⑧	⑨
13	①	②	③	④	⑤	⑥	⑦	⑧	⑨	26	①	②	③	④	⑤	⑥	⑦	⑧	⑨	39	①	②	③	④	⑤	⑥	⑦	⑧	⑨	52	①	②	③	④	⑤	⑥	⑦	⑧	⑨

国語解答用紙

マーク例

良い例	悪い例
●	⊙ ⊗ ◕ 〇

受験番号を記入し，その下のマーク欄にマークしなさい。

受験番号欄

千位	百位	十位	一位	英字	
—	⓪	⓪	⓪	Ⓐ	A
①	①	①	①	Ⓑ	B
②	②	②	②	Ⓒ	C
③	③	③	③	Ⓗ	H
④	④	④	④	Ⓚ	K
⑤	⑤	⑤	⑤	Ⓜ	M
⑥	⑥	⑥	⑥	Ⓡ	R
⑦	⑦	⑦	⑦	Ⓤ	U
⑧	⑧	⑧	⑧	Ⓧ	X
⑨	⑨	⑨	⑨	Ⓨ	Y
—	—	—	—	Ⓩ	Z

氏名・フリガナ，試験場コードを記入しなさい。

フリガナ						
氏　名						
試験場コード	十万位	万位	千位	百位	十位	一位

注意事項

1　訂正は，消しゴムできれいに消し，消しくずを残してはいけません。
2　所定欄以外にはマークしたり，記入したりしてはいけません。
3　汚したり，折りまげたりしてはいけません。

解答番号	解答欄 1	2	3	4	5	6	7	8	9	解答番号	解答欄 1	2	3	4	5	6	7	8	9	解答番号	解答欄 1	2	3	4	5	6	7	8	9	解答番号	解答欄 1	2	3	4	5	6	7	8	9
1	①	②	③	④	⑤	⑥	⑦	⑧	⑨	14	①	②	③	④	⑤	⑥	⑦	⑧	⑨	27	①	②	③	④	⑤	⑥	⑦	⑧	⑨	40	①	②	③	④	⑤	⑥	⑦	⑧	⑨
2	①	②	③	④	⑤	⑥	⑦	⑧	⑨	15	①	②	③	④	⑤	⑥	⑦	⑧	⑨	28	①	②	③	④	⑤	⑥	⑦	⑧	⑨	41	①	②	③	④	⑤	⑥	⑦	⑧	⑨
3	①	②	③	④	⑤	⑥	⑦	⑧	⑨	16	①	②	③	④	⑤	⑥	⑦	⑧	⑨	29	①	②	③	④	⑤	⑥	⑦	⑧	⑨	42	①	②	③	④	⑤	⑥	⑦	⑧	⑨
4	①	②	③	④	⑤	⑥	⑦	⑧	⑨	17	①	②	③	④	⑤	⑥	⑦	⑧	⑨	30	①	②	③	④	⑤	⑥	⑦	⑧	⑨	43	①	②	③	④	⑤	⑥	⑦	⑧	⑨
5	①	②	③	④	⑤	⑥	⑦	⑧	⑨	18	①	②	③	④	⑤	⑥	⑦	⑧	⑨	31	①	②	③	④	⑤	⑥	⑦	⑧	⑨	44	①	②	③	④	⑤	⑥	⑦	⑧	⑨
6	①	②	③	④	⑤	⑥	⑦	⑧	⑨	19	①	②	③	④	⑤	⑥	⑦	⑧	⑨	32	①	②	③	④	⑤	⑥	⑦	⑧	⑨	45	①	②	③	④	⑤	⑥	⑦	⑧	⑨
7	①	②	③	④	⑤	⑥	⑦	⑧	⑨	20	①	②	③	④	⑤	⑥	⑦	⑧	⑨	33	①	②	③	④	⑤	⑥	⑦	⑧	⑨	46	①	②	③	④	⑤	⑥	⑦	⑧	⑨
8	①	②	③	④	⑤	⑥	⑦	⑧	⑨	21	①	②	③	④	⑤	⑥	⑦	⑧	⑨	34	①	②	③	④	⑤	⑥	⑦	⑧	⑨	47	①	②	③	④	⑤	⑥	⑦	⑧	⑨
9	①	②	③	④	⑤	⑥	⑦	⑧	⑨	22	①	②	③	④	⑤	⑥	⑦	⑧	⑨	35	①	②	③	④	⑤	⑥	⑦	⑧	⑨	48	①	②	③	④	⑤	⑥	⑦	⑧	⑨
10	①	②	③	④	⑤	⑥	⑦	⑧	⑨	23	①	②	③	④	⑤	⑥	⑦	⑧	⑨	36	①	②	③	④	⑤	⑥	⑦	⑧	⑨	49	①	②	③	④	⑤	⑥	⑦	⑧	⑨
11	①	②	③	④	⑤	⑥	⑦	⑧	⑨	24	①	②	③	④	⑤	⑥	⑦	⑧	⑨	37	①	②	③	④	⑤	⑥	⑦	⑧	⑨	50	①	②	③	④	⑤	⑥	⑦	⑧	⑨
12	①	②	③	④	⑤	⑥	⑦	⑧	⑨	25	①	②	③	④	⑤	⑥	⑦	⑧	⑨	38	①	②	③	④	⑤	⑥	⑦	⑧	⑨	51	①	②	③	④	⑤	⑥	⑦	⑧	⑨
13	①	②	③	④	⑤	⑥	⑦	⑧	⑨	26	①	②	③	④	⑤	⑥	⑦	⑧	⑨	39	①	②	③	④	⑤	⑥	⑦	⑧	⑨	52	①	②	③	④	⑤	⑥	⑦	⑧	⑨

駿 台 文 庫

国　語　解　答　用　紙

マーク例

良い例	悪い例
●	⊙ ⊗ ◕ ○

受験番号を記入し，その下のマーク欄にマークしなさい。

受験番号欄

千位	百位	十位	一位	英字	
—	⓪	⓪	⓪	Ⓐ	A
①	①	①	①	Ⓑ	B
②	②	②	②	Ⓒ	C
③	③	③	③	Ⓗ	H
④	④	④	④	Ⓚ	K
⑤	⑤	⑤	⑤	Ⓜ	M
⑥	⑥	⑥	⑥	Ⓡ	R
⑦	⑦	⑦	⑦	Ⓤ	U
⑧	⑧	⑧	⑧	Ⓧ	X
⑨	⑨	⑨	⑨	Ⓨ	Y
—	—	—	—	Ⓩ	Z

氏名・フリガナ，試験場コードを記入しなさい。

フリガナ						
氏　名						
試験場コード	十万位	万位	千位	百位	十位	一位

注意事項

1　訂正は，消しゴムできれいに消し，消しくずを残してはいけません。

2　所定欄以外にはマークしたり，記入したりしてはいけません。

3　汚したり，折りまげたりしてはいけません。

解答番号	解			答			欄			解答番号	解			答			欄			解答番号	解			答			欄			解答番号	解			答			欄		
	1	2	3	4	5	6	7	8	9		1	2	3	4	5	6	7	8	9		1	2	3	4	5	6	7	8	9		1	2	3	4	5	6	7	8	9
1	①	②	③	④	⑤	⑥	⑦	⑧	⑨	14	①	②	③	④	⑤	⑥	⑦	⑧	⑨	27	①	②	③	④	⑤	⑥	⑦	⑧	⑨	40	①	②	③	④	⑤	⑥	⑦	⑧	⑨
2	①	②	③	④	⑤	⑥	⑦	⑧	⑨	15	①	②	③	④	⑤	⑥	⑦	⑧	⑨	28	①	②	③	④	⑤	⑥	⑦	⑧	⑨	41	①	②	③	④	⑤	⑥	⑦	⑧	⑨
3	①	②	③	④	⑤	⑥	⑦	⑧	⑨	16	①	②	③	④	⑤	⑥	⑦	⑧	⑨	29	①	②	③	④	⑤	⑥	⑦	⑧	⑨	42	①	②	③	④	⑤	⑥	⑦	⑧	⑨
4	①	②	③	④	⑤	⑥	⑦	⑧	⑨	17	①	②	③	④	⑤	⑥	⑦	⑧	⑨	30	①	②	③	④	⑤	⑥	⑦	⑧	⑨	43	①	②	③	④	⑤	⑥	⑦	⑧	⑨
5	①	②	③	④	⑤	⑥	⑦	⑧	⑨	18	①	②	③	④	⑤	⑥	⑦	⑧	⑨	31	①	②	③	④	⑤	⑥	⑦	⑧	⑨	44	①	②	③	④	⑤	⑥	⑦	⑧	⑨
6	①	②	③	④	⑤	⑥	⑦	⑧	⑨	19	①	②	③	④	⑤	⑥	⑦	⑧	⑨	32	①	②	③	④	⑤	⑥	⑦	⑧	⑨	45	①	②	③	④	⑤	⑥	⑦	⑧	⑨
7	①	②	③	④	⑤	⑥	⑦	⑧	⑨	20	①	②	③	④	⑤	⑥	⑦	⑧	⑨	33	①	②	③	④	⑤	⑥	⑦	⑧	⑨	46	①	②	③	④	⑤	⑥	⑦	⑧	⑨
8	①	②	③	④	⑤	⑥	⑦	⑧	⑨	21	①	②	③	④	⑤	⑥	⑦	⑧	⑨	34	①	②	③	④	⑤	⑥	⑦	⑧	⑨	47	①	②	③	④	⑤	⑥	⑦	⑧	⑨
9	①	②	③	④	⑤	⑥	⑦	⑧	⑨	22	①	②	③	④	⑤	⑥	⑦	⑧	⑨	35	①	②	③	④	⑤	⑥	⑦	⑧	⑨	48	①	②	③	④	⑤	⑥	⑦	⑧	⑨
10	①	②	③	④	⑤	⑥	⑦	⑧	⑨	23	①	②	③	④	⑤	⑥	⑦	⑧	⑨	36	①	②	③	④	⑤	⑥	⑦	⑧	⑨	49	①	②	③	④	⑤	⑥	⑦	⑧	⑨
11	①	②	③	④	⑤	⑥	⑦	⑧	⑨	24	①	②	③	④	⑤	⑥	⑦	⑧	⑨	37	①	②	③	④	⑤	⑥	⑦	⑧	⑨	50	①	②	③	④	⑤	⑥	⑦	⑧	⑨
12	①	②	③	④	⑤	⑥	⑦	⑧	⑨	25	①	②	③	④	⑤	⑥	⑦	⑧	⑨	38	①	②	③	④	⑤	⑥	⑦	⑧	⑨	51	①	②	③	④	⑤	⑥	⑦	⑧	⑨
13	①	②	③	④	⑤	⑥	⑦	⑧	⑨	26	①	②	③	④	⑤	⑥	⑦	⑧	⑨	39	①	②	③	④	⑤	⑥	⑦	⑧	⑨	52	①	②	③	④	⑤	⑥	⑦	⑧	⑨

駿　台　文　庫

国　語　解　答　用　紙

マーク例

良い例	悪い例
●	⊙ ⊗ ◕ ○

受験番号を記入し，その下のマーク欄にマークしなさい。

受験番号欄					
千位	百位	十位	一位	英字	
—	⓪	⓪	⓪	Ⓐ	A
①	①	①	①	Ⓑ	B
②	②	②	②	Ⓒ	C
③	③	③	③	Ⓗ	H
④	④	④	④	Ⓚ	K
⑤	⑤	⑤	⑤	Ⓜ	M
⑥	⑥	⑥	⑥	Ⓡ	R
⑦	⑦	⑦	⑦	Ⓤ	U
⑧	⑧	⑧	⑧	Ⓧ	X
⑨	⑨	⑨	⑨	Ⓨ	Y
—	—	—	—	Ⓩ	Z

氏名・フリガナ，試験場コードを記入しなさい。

フリガナ						
氏　名						
試験場コード	十万位	万位	千位	百位	十位	一位

注意事項

1　訂正は，消しゴムできれいに消し，消しくずを残してはいけません。
2　所定欄以外にはマークしたり，記入したりしてはいけません。
3　汚したり，折りまげたりしてはいけません。

解答番号	1	2	3	4	5	6	7	8	9	解答番号	1	2	3	4	5	6	7	8	9	解答番号	1	2	3	4	5	6	7	8	9	解答番号	1	2	3	4	5	6	7	8	9
1	①	②	③	④	⑤	⑥	⑦	⑧	⑨	14	①	②	③	④	⑤	⑥	⑦	⑧	⑨	27	①	②	③	④	⑤	⑥	⑦	⑧	⑨	40	①	②	③	④	⑤	⑥	⑦	⑧	⑨
2	①	②	③	④	⑤	⑥	⑦	⑧	⑨	15	①	②	③	④	⑤	⑥	⑦	⑧	⑨	28	①	②	③	④	⑤	⑥	⑦	⑧	⑨	41	①	②	③	④	⑤	⑥	⑦	⑧	⑨
3	①	②	③	④	⑤	⑥	⑦	⑧	⑨	16	①	②	③	④	⑤	⑥	⑦	⑧	⑨	29	①	②	③	④	⑤	⑥	⑦	⑧	⑨	42	①	②	③	④	⑤	⑥	⑦	⑧	⑨
4	①	②	③	④	⑤	⑥	⑦	⑧	⑨	17	①	②	③	④	⑤	⑥	⑦	⑧	⑨	30	①	②	③	④	⑤	⑥	⑦	⑧	⑨	43	①	②	③	④	⑤	⑥	⑦	⑧	⑨
5	①	②	③	④	⑤	⑥	⑦	⑧	⑨	18	①	②	③	④	⑤	⑥	⑦	⑧	⑨	31	①	②	③	④	⑤	⑥	⑦	⑧	⑨	44	①	②	③	④	⑤	⑥	⑦	⑧	⑨
6	①	②	③	④	⑤	⑥	⑦	⑧	⑨	19	①	②	③	④	⑤	⑥	⑦	⑧	⑨	32	①	②	③	④	⑤	⑥	⑦	⑧	⑨	45	①	②	③	④	⑤	⑥	⑦	⑧	⑨
7	①	②	③	④	⑤	⑥	⑦	⑧	⑨	20	①	②	③	④	⑤	⑥	⑦	⑧	⑨	33	①	②	③	④	⑤	⑥	⑦	⑧	⑨	46	①	②	③	④	⑤	⑥	⑦	⑧	⑨
8	①	②	③	④	⑤	⑥	⑦	⑧	⑨	21	①	②	③	④	⑤	⑥	⑦	⑧	⑨	34	①	②	③	④	⑤	⑥	⑦	⑧	⑨	47	①	②	③	④	⑤	⑥	⑦	⑧	⑨
9	①	②	③	④	⑤	⑥	⑦	⑧	⑨	22	①	②	③	④	⑤	⑥	⑦	⑧	⑨	35	①	②	③	④	⑤	⑥	⑦	⑧	⑨	48	①	②	③	④	⑤	⑥	⑦	⑧	⑨
10	①	②	③	④	⑤	⑥	⑦	⑧	⑨	23	①	②	③	④	⑤	⑥	⑦	⑧	⑨	36	①	②	③	④	⑤	⑥	⑦	⑧	⑨	49	①	②	③	④	⑤	⑥	⑦	⑧	⑨
11	①	②	③	④	⑤	⑥	⑦	⑧	⑨	24	①	②	③	④	⑤	⑥	⑦	⑧	⑨	37	①	②	③	④	⑤	⑥	⑦	⑧	⑨	50	①	②	③	④	⑤	⑥	⑦	⑧	⑨
12	①	②	③	④	⑤	⑥	⑦	⑧	⑨	25	①	②	③	④	⑤	⑥	⑦	⑧	⑨	38	①	②	③	④	⑤	⑥	⑦	⑧	⑨	51	①	②	③	④	⑤	⑥	⑦	⑧	⑨
13	①	②	③	④	⑤	⑥	⑦	⑧	⑨	26	①	②	③	④	⑤	⑥	⑦	⑧	⑨	39	①	②	③	④	⑤	⑥	⑦	⑧	⑨	52	①	②	③	④	⑤	⑥	⑦	⑧	⑨

駿　台　文　庫

国 語 解 答 用 紙

マーク例

良い例	悪い例
●	⊙ ⊗ ◕ ○

受験番号を記入し，その下のマーク欄にマークしなさい。

受験番号欄					
千位	百位	十位	一位	英字	
–	⓪	⓪	⓪	Ⓐ	A
①	①	①	①	Ⓑ	B
②	②	②	②	Ⓒ	C
③	③	③	③	Ⓗ	H
④	④	④	④	Ⓚ	K
⑤	⑤	⑤	⑤	Ⓜ	M
⑥	⑥	⑥	⑥	Ⓡ	R
⑦	⑦	⑦	⑦	Ⓤ	U
⑧	⑧	⑧	⑧	Ⓧ	X
⑨	⑨	⑨	⑨	Ⓨ	Y
–	–	–	–	Ⓩ	Z

氏名・フリガナ，試験場コードを記入しなさい。

フリガナ						
氏　名						
試験場コード	十万位	万位	千位	百位	十位	一位

注意事項

1　訂正は，消しゴムできれいに消し，消しくずを残してはいけません。
2　所定欄以外にはマークしたり，記入したりしてはいけません。
3　汚したり，折りまげたりしてはいけません。

解答番号	解			答			欄		
	1	2	3	4	5	6	7	8	9
1	①	②	③	④	⑤	⑥	⑦	⑧	⑨
2	①	②	③	④	⑤	⑥	⑦	⑧	⑨
3	①	②	③	④	⑤	⑥	⑦	⑧	⑨
4	①	②	③	④	⑤	⑥	⑦	⑧	⑨
5	①	②	③	④	⑤	⑥	⑦	⑧	⑨
6	①	②	③	④	⑤	⑥	⑦	⑧	⑨
7	①	②	③	④	⑤	⑥	⑦	⑧	⑨
8	①	②	③	④	⑤	⑥	⑦	⑧	⑨
9	①	②	③	④	⑤	⑥	⑦	⑧	⑨
10	①	②	③	④	⑤	⑥	⑦	⑧	⑨
11	①	②	③	④	⑤	⑥	⑦	⑧	⑨
12	①	②	③	④	⑤	⑥	⑦	⑧	⑨
13	①	②	③	④	⑤	⑥	⑦	⑧	⑨

解答番号	解			答			欄		
	1	2	3	4	5	6	7	8	9
14	①	②	③	④	⑤	⑥	⑦	⑧	⑨
15	①	②	③	④	⑤	⑥	⑦	⑧	⑨
16	①	②	③	④	⑤	⑥	⑦	⑧	⑨
17	①	②	③	④	⑤	⑥	⑦	⑧	⑨
18	①	②	③	④	⑤	⑥	⑦	⑧	⑨
19	①	②	③	④	⑤	⑥	⑦	⑧	⑨
20	①	②	③	④	⑤	⑥	⑦	⑧	⑨
21	①	②	③	④	⑤	⑥	⑦	⑧	⑨
22	①	②	③	④	⑤	⑥	⑦	⑧	⑨
23	①	②	③	④	⑤	⑥	⑦	⑧	⑨
24	①	②	③	④	⑤	⑥	⑦	⑧	⑨
25	①	②	③	④	⑤	⑥	⑦	⑧	⑨
26	①	②	③	④	⑤	⑥	⑦	⑧	⑨

解答番号	解			答			欄		
	1	2	3	4	5	6	7	8	9
27	①	②	③	④	⑤	⑥	⑦	⑧	⑨
28	①	②	③	④	⑤	⑥	⑦	⑧	⑨
29	①	②	③	④	⑤	⑥	⑦	⑧	⑨
30	①	②	③	④	⑤	⑥	⑦	⑧	⑨
31	①	②	③	④	⑤	⑥	⑦	⑧	⑨
32	①	②	③	④	⑤	⑥	⑦	⑧	⑨
33	①	②	③	④	⑤	⑥	⑦	⑧	⑨
34	①	②	③	④	⑤	⑥	⑦	⑧	⑨
35	①	②	③	④	⑤	⑥	⑦	⑧	⑨
36	①	②	③	④	⑤	⑥	⑦	⑧	⑨
37	①	②	③	④	⑤	⑥	⑦	⑧	⑨
38	①	②	③	④	⑤	⑥	⑦	⑧	⑨
39	①	②	③	④	⑤	⑥	⑦	⑧	⑨

解答番号	解			答			欄		
	1	2	3	4	5	6	7	8	9
40	①	②	③	④	⑤	⑥	⑦	⑧	⑨
41	①	②	③	④	⑤	⑥	⑦	⑧	⑨
42	①	②	③	④	⑤	⑥	⑦	⑧	⑨
43	①	②	③	④	⑤	⑥	⑦	⑧	⑨
44	①	②	③	④	⑤	⑥	⑦	⑧	⑨
45	①	②	③	④	⑤	⑥	⑦	⑧	⑨
46	①	②	③	④	⑤	⑥	⑦	⑧	⑨
47	①	②	③	④	⑤	⑥	⑦	⑧	⑨
48	①	②	③	④	⑤	⑥	⑦	⑧	⑨
49	①	②	③	④	⑤	⑥	⑦	⑧	⑨
50	①	②	③	④	⑤	⑥	⑦	⑧	⑨
51	①	②	③	④	⑤	⑥	⑦	⑧	⑨
52	①	②	③	④	⑤	⑥	⑦	⑧	⑨

国　語　解　答　用　紙

マーク例

良い例	悪い例
●	⊙ ⊗ ◓ ○

受験番号を記入し，その下のマーク欄にマークしなさい。

受験番号欄					
千位	百位	十位	一位	英字	
–	⓪	⓪	⓪	Ⓐ	A
①	①	①	①	Ⓑ	B
②	②	②	②	Ⓒ	C
③	③	③	③	Ⓗ	H
④	④	④	④	Ⓚ	K
⑤	⑤	⑤	⑤	Ⓜ	M
⑥	⑥	⑥	⑥	Ⓡ	R
⑦	⑦	⑦	⑦	Ⓤ	U
⑧	⑧	⑧	⑧	Ⓧ	X
⑨	⑨	⑨	⑨	Ⓨ	Y
–	–	–	–	Ⓩ	Z

氏名・フリガナ，試験場コードを記入しなさい。

フリガナ						
氏　名						
試験場コード	十万位	万位	千位	百位	十位	一位

注意事項

1　訂正は，消しゴムできれいに消し，消しくずを残してはいけません。
2　所定欄以外にはマークしたり，記入したりしてはいけません。
3　汚したり，折りまげたりしてはいけません。

解答番号	解答欄 1	2	3	4	5	6	7	8	9
1	①	②	③	④	⑤	⑥	⑦	⑧	⑨
2	①	②	③	④	⑤	⑥	⑦	⑧	⑨
3	①	②	③	④	⑤	⑥	⑦	⑧	⑨
4	①	②	③	④	⑤	⑥	⑦	⑧	⑨
5	①	②	③	④	⑤	⑥	⑦	⑧	⑨
6	①	②	③	④	⑤	⑥	⑦	⑧	⑨
7	①	②	③	④	⑤	⑥	⑦	⑧	⑨
8	①	②	③	④	⑤	⑥	⑦	⑧	⑨
9	①	②	③	④	⑤	⑥	⑦	⑧	⑨
10	①	②	③	④	⑤	⑥	⑦	⑧	⑨
11	①	②	③	④	⑤	⑥	⑦	⑧	⑨
12	①	②	③	④	⑤	⑥	⑦	⑧	⑨
13	①	②	③	④	⑤	⑥	⑦	⑧	⑨

解答番号	解答欄 1	2	3	4	5	6	7	8	9
14	①	②	③	④	⑤	⑥	⑦	⑧	⑨
15	①	②	③	④	⑤	⑥	⑦	⑧	⑨
16	①	②	③	④	⑤	⑥	⑦	⑧	⑨
17	①	②	③	④	⑤	⑥	⑦	⑧	⑨
18	①	②	③	④	⑤	⑥	⑦	⑧	⑨
19	①	②	③	④	⑤	⑥	⑦	⑧	⑨
20	①	②	③	④	⑤	⑥	⑦	⑧	⑨
21	①	②	③	④	⑤	⑥	⑦	⑧	⑨
22	①	②	③	④	⑤	⑥	⑦	⑧	⑨
23	①	②	③	④	⑤	⑥	⑦	⑧	⑨
24	①	②	③	④	⑤	⑥	⑦	⑧	⑨
25	①	②	③	④	⑤	⑥	⑦	⑧	⑨
26	①	②	③	④	⑤	⑥	⑦	⑧	⑨

解答番号	解答欄 1	2	3	4	5	6	7	8	9
27	①	②	③	④	⑤	⑥	⑦	⑧	⑨
28	①	②	③	④	⑤	⑥	⑦	⑧	⑨
29	①	②	③	④	⑤	⑥	⑦	⑧	⑨
30	①	②	③	④	⑤	⑥	⑦	⑧	⑨
31	①	②	③	④	⑤	⑥	⑦	⑧	⑨
32	①	②	③	④	⑤	⑥	⑦	⑧	⑨
33	①	②	③	④	⑤	⑥	⑦	⑧	⑨
34	①	②	③	④	⑤	⑥	⑦	⑧	⑨
35	①	②	③	④	⑤	⑥	⑦	⑧	⑨
36	①	②	③	④	⑤	⑥	⑦	⑧	⑨
37	①	②	③	④	⑤	⑥	⑦	⑧	⑨
38	①	②	③	④	⑤	⑥	⑦	⑧	⑨
39	①	②	③	④	⑤	⑥	⑦	⑧	⑨

解答番号	解答欄 1	2	3	4	5	6	7	8	9
40	①	②	③	④	⑤	⑥	⑦	⑧	⑨
41	①	②	③	④	⑤	⑥	⑦	⑧	⑨
42	①	②	③	④	⑤	⑥	⑦	⑧	⑨
43	①	②	③	④	⑤	⑥	⑦	⑧	⑨
44	①	②	③	④	⑤	⑥	⑦	⑧	⑨
45	①	②	③	④	⑤	⑥	⑦	⑧	⑨
46	①	②	③	④	⑤	⑥	⑦	⑧	⑨
47	①	②	③	④	⑤	⑥	⑦	⑧	⑨
48	①	②	③	④	⑤	⑥	⑦	⑧	⑨
49	①	②	③	④	⑤	⑥	⑦	⑧	⑨
50	①	②	③	④	⑤	⑥	⑦	⑧	⑨
51	①	②	③	④	⑤	⑥	⑦	⑧	⑨
52	①	②	③	④	⑤	⑥	⑦	⑧	⑨

国　語　解　答　用　紙

マーク例

良い例	悪い例
●	⊙ ⊗ ◐ ○

受験番号を記入し，その下のマーク欄にマークしなさい。

受験番号欄				
千位	百位	十位	一位	英字
－	⓪	⓪	⓪	Ⓐ A
①	①	①	①	Ⓑ B
②	②	②	②	Ⓒ C
③	③	③	③	Ⓗ H
④	④	④	④	Ⓚ K
⑤	⑤	⑤	⑤	Ⓜ M
⑥	⑥	⑥	⑥	Ⓡ R
⑦	⑦	⑦	⑦	Ⓤ U
⑧	⑧	⑧	⑧	Ⓧ X
⑨	⑨	⑨	⑨	Ⓨ Y
－	－	－	－	Ⓩ Z

氏名・フリガナ，試験場コードを記入しなさい。

フリガナ						
氏　名						
試験場コード	十万位	万位	千位	百位	十位	一位

注意事項

1　訂正は，消しゴムできれいに消し，消しくずを残してはいけません。

2　所定欄以外にはマークしたり，記入したりしてはいけません。

3　汚したり，折りまげたりしてはいけません。

解答番号	解答欄 1	2	3	4	5	6	7	8	9	解答番号	解答欄 1	2	3	4	5	6	7	8	9	解答番号	解答欄 1	2	3	4	5	6	7	8	9	解答番号	解答欄 1	2	3	4	5	6	7	8	9
1	①	②	③	④	⑤	⑥	⑦	⑧	⑨	14	①	②	③	④	⑤	⑥	⑦	⑧	⑨	27	①	②	③	④	⑤	⑥	⑦	⑧	⑨	40	①	②	③	④	⑤	⑥	⑦	⑧	⑨
2	①	②	③	④	⑤	⑥	⑦	⑧	⑨	15	①	②	③	④	⑤	⑥	⑦	⑧	⑨	28	①	②	③	④	⑤	⑥	⑦	⑧	⑨	41	①	②	③	④	⑤	⑥	⑦	⑧	⑨
3	①	②	③	④	⑤	⑥	⑦	⑧	⑨	16	①	②	③	④	⑤	⑥	⑦	⑧	⑨	29	①	②	③	④	⑤	⑥	⑦	⑧	⑨	42	①	②	③	④	⑤	⑥	⑦	⑧	⑨
4	①	②	③	④	⑤	⑥	⑦	⑧	⑨	17	①	②	③	④	⑤	⑥	⑦	⑧	⑨	30	①	②	③	④	⑤	⑥	⑦	⑧	⑨	43	①	②	③	④	⑤	⑥	⑦	⑧	⑨
5	①	②	③	④	⑤	⑥	⑦	⑧	⑨	18	①	②	③	④	⑤	⑥	⑦	⑧	⑨	31	①	②	③	④	⑤	⑥	⑦	⑧	⑨	44	①	②	③	④	⑤	⑥	⑦	⑧	⑨
6	①	②	③	④	⑤	⑥	⑦	⑧	⑨	19	①	②	③	④	⑤	⑥	⑦	⑧	⑨	32	①	②	③	④	⑤	⑥	⑦	⑧	⑨	45	①	②	③	④	⑤	⑥	⑦	⑧	⑨
7	①	②	③	④	⑤	⑥	⑦	⑧	⑨	20	①	②	③	④	⑤	⑥	⑦	⑧	⑨	33	①	②	③	④	⑤	⑥	⑦	⑧	⑨	46	①	②	③	④	⑤	⑥	⑦	⑧	⑨
8	①	②	③	④	⑤	⑥	⑦	⑧	⑨	21	①	②	③	④	⑤	⑥	⑦	⑧	⑨	34	①	②	③	④	⑤	⑥	⑦	⑧	⑨	47	①	②	③	④	⑤	⑥	⑦	⑧	⑨
9	①	②	③	④	⑤	⑥	⑦	⑧	⑨	22	①	②	③	④	⑤	⑥	⑦	⑧	⑨	35	①	②	③	④	⑤	⑥	⑦	⑧	⑨	48	①	②	③	④	⑤	⑥	⑦	⑧	⑨
10	①	②	③	④	⑤	⑥	⑦	⑧	⑨	23	①	②	③	④	⑤	⑥	⑦	⑧	⑨	36	①	②	③	④	⑤	⑥	⑦	⑧	⑨	49	①	②	③	④	⑤	⑥	⑦	⑧	⑨
11	①	②	③	④	⑤	⑥	⑦	⑧	⑨	24	①	②	③	④	⑤	⑥	⑦	⑧	⑨	37	①	②	③	④	⑤	⑥	⑦	⑧	⑨	50	①	②	③	④	⑤	⑥	⑦	⑧	⑨
12	①	②	③	④	⑤	⑥	⑦	⑧	⑨	25	①	②	③	④	⑤	⑥	⑦	⑧	⑨	38	①	②	③	④	⑤	⑥	⑦	⑧	⑨	51	①	②	③	④	⑤	⑥	⑦	⑧	⑨
13	①	②	③	④	⑤	⑥	⑦	⑧	⑨	26	①	②	③	④	⑤	⑥	⑦	⑧	⑨	39	①	②	③	④	⑤	⑥	⑦	⑧	⑨	52	①	②	③	④	⑤	⑥	⑦	⑧	⑨

国　語　解　答　用　紙

マーク例

良い例	悪い例
●	⊙ ⊗ ◕ ○

受験番号を記入し，その下のマーク欄にマークしなさい。

受験番号欄

千位	百位	十位	一位	英字	
–	⓪	⓪	⓪	Ⓐ	A
①	①	①	①	Ⓑ	B
②	②	②	②	Ⓒ	C
③	③	③	③	Ⓗ	H
④	④	④	④	Ⓚ	K
⑤	⑤	⑤	⑤	Ⓜ	M
⑥	⑥	⑥	⑥	Ⓡ	R
⑦	⑦	⑦	⑦	Ⓤ	U
⑧	⑧	⑧	⑧	Ⓧ	X
⑨	⑨	⑨	⑨	Ⓨ	Y
–	–	–	–	Ⓩ	Z

氏名・フリガナ，試験場コードを記入しなさい。

フリガナ						
氏　名						
試験場コード	十万位	万位	千位	百位	十位	一位

駿　台　文　庫

注意事項
1　訂正は，消しゴムできれいに消し，消しくずを残してはいけません。
2　所定欄以外にはマークしたり，記入したりしてはいけません。
3　汚したり，折りまげたりしてはいけません。

解答番号	解答欄 1	2	3	4	5	6	7	8	9
1	①	②	③	④	⑤	⑥	⑦	⑧	⑨
2	①	②	③	④	⑤	⑥	⑦	⑧	⑨
3	①	②	③	④	⑤	⑥	⑦	⑧	⑨
4	①	②	③	④	⑤	⑥	⑦	⑧	⑨
5	①	②	③	④	⑤	⑥	⑦	⑧	⑨
6	①	②	③	④	⑤	⑥	⑦	⑧	⑨
7	①	②	③	④	⑤	⑥	⑦	⑧	⑨
8	①	②	③	④	⑤	⑥	⑦	⑧	⑨
9	①	②	③	④	⑤	⑥	⑦	⑧	⑨
10	①	②	③	④	⑤	⑥	⑦	⑧	⑨
11	①	②	③	④	⑤	⑥	⑦	⑧	⑨
12	①	②	③	④	⑤	⑥	⑦	⑧	⑨
13	①	②	③	④	⑤	⑥	⑦	⑧	⑨

解答番号	解答欄 1	2	3	4	5	6	7	8	9
14	①	②	③	④	⑤	⑥	⑦	⑧	⑨
15	①	②	③	④	⑤	⑥	⑦	⑧	⑨
16	①	②	③	④	⑤	⑥	⑦	⑧	⑨
17	①	②	③	④	⑤	⑥	⑦	⑧	⑨
18	①	②	③	④	⑤	⑥	⑦	⑧	⑨
19	①	②	③	④	⑤	⑥	⑦	⑧	⑨
20	①	②	③	④	⑤	⑥	⑦	⑧	⑨
21	①	②	③	④	⑤	⑥	⑦	⑧	⑨
22	①	②	③	④	⑤	⑥	⑦	⑧	⑨
23	①	②	③	④	⑤	⑥	⑦	⑧	⑨
24	①	②	③	④	⑤	⑥	⑦	⑧	⑨
25	①	②	③	④	⑤	⑥	⑦	⑧	⑨
26	①	②	③	④	⑤	⑥	⑦	⑧	⑨

解答番号	解答欄 1	2	3	4	5	6	7	8	9
27	①	②	③	④	⑤	⑥	⑦	⑧	⑨
28	①	②	③	④	⑤	⑥	⑦	⑧	⑨
29	①	②	③	④	⑤	⑥	⑦	⑧	⑨
30	①	②	③	④	⑤	⑥	⑦	⑧	⑨
31	①	②	③	④	⑤	⑥	⑦	⑧	⑨
32	①	②	③	④	⑤	⑥	⑦	⑧	⑨
33	①	②	③	④	⑤	⑥	⑦	⑧	⑨
34	①	②	③	④	⑤	⑥	⑦	⑧	⑨
35	①	②	③	④	⑤	⑥	⑦	⑧	⑨
36	①	②	③	④	⑤	⑥	⑦	⑧	⑨
37	①	②	③	④	⑤	⑥	⑦	⑧	⑨
38	①	②	③	④	⑤	⑥	⑦	⑧	⑨
39	①	②	③	④	⑤	⑥	⑦	⑧	⑨

解答番号	解答欄 1	2	3	4	5	6	7	8	9
40	①	②	③	④	⑤	⑥	⑦	⑧	⑨
41	①	②	③	④	⑤	⑥	⑦	⑧	⑨
42	①	②	③	④	⑤	⑥	⑦	⑧	⑨
43	①	②	③	④	⑤	⑥	⑦	⑧	⑨
44	①	②	③	④	⑤	⑥	⑦	⑧	⑨
45	①	②	③	④	⑤	⑥	⑦	⑧	⑨
46	①	②	③	④	⑤	⑥	⑦	⑧	⑨
47	①	②	③	④	⑤	⑥	⑦	⑧	⑨
48	①	②	③	④	⑤	⑥	⑦	⑧	⑨
49	①	②	③	④	⑤	⑥	⑦	⑧	⑨
50	①	②	③	④	⑤	⑥	⑦	⑧	⑨
51	①	②	③	④	⑤	⑥	⑦	⑧	⑨
52	①	②	③	④	⑤	⑥	⑦	⑧	⑨

マーク例

良い例	悪い例
●	⊙ ⊗ ◑ ○

受験番号を記入し，その下のマーク欄にマークしなさい。

受験番号欄					
千位	百位	十位	一位	英字	
ー	⓪	⓪	⓪	Ⓐ	A
①	①	①	①	Ⓑ	B
②	②	②	②	Ⓒ	C
③	③	③	③	Ⓗ	H
④	④	④	④	Ⓚ	K
⑤	⑤	⑤	⑤	Ⓜ	M
⑥	⑥	⑥	⑥	Ⓡ	R
⑦	⑦	⑦	⑦	Ⓤ	U
⑧	⑧	⑧	⑧	Ⓧ	X
⑨	⑨	⑨	⑨	Ⓨ	Y
ー	ー	ー	ー	Ⓩ	Z

氏名・フリガナ，試験場コードを記入しなさい。

フリガナ					
氏　名					
試験場コード	十万位	万位	千位	百位	十位	一位

駿台文庫

国　語　解　答　用　紙

注意事項

1　訂正は，消しゴムできれいに消し，消しくずを残してはいけません。

2　所定欄以外にはマークしたり，記入したりしてはいけません。

3　汚したり，折りまげたりしてはいけません。

解答番号	解答欄									解答番号	解答欄									解答番号	解答欄									解答番号	解答欄								
	1	2	3	4	5	6	7	8	9		1	2	3	4	5	6	7	8	9		1	2	3	4	5	6	7	8	9		1	2	3	4	5	6	7	8	9
1	①	②	③	④	⑤	⑥	⑦	⑧	⑨	14	①	②	③	④	⑤	⑥	⑦	⑧	⑨	27	①	②	③	④	⑤	⑥	⑦	⑧	⑨	40	①	②	③	④	⑤	⑥	⑦	⑧	⑨
2	①	②	③	④	⑤	⑥	⑦	⑧	⑨	15	①	②	③	④	⑤	⑥	⑦	⑧	⑨	28	①	②	③	④	⑤	⑥	⑦	⑧	⑨	41	①	②	③	④	⑤	⑥	⑦	⑧	⑨
3	①	②	③	④	⑤	⑥	⑦	⑧	⑨	16	①	②	③	④	⑤	⑥	⑦	⑧	⑨	29	①	②	③	④	⑤	⑥	⑦	⑧	⑨	42	①	②	③	④	⑤	⑥	⑦	⑧	⑨
4	①	②	③	④	⑤	⑥	⑦	⑧	⑨	17	①	②	③	④	⑤	⑥	⑦	⑧	⑨	30	①	②	③	④	⑤	⑥	⑦	⑧	⑨	43	①	②	③	④	⑤	⑥	⑦	⑧	⑨
5	①	②	③	④	⑤	⑥	⑦	⑧	⑨	18	①	②	③	④	⑤	⑥	⑦	⑧	⑨	31	①	②	③	④	⑤	⑥	⑦	⑧	⑨	44	①	②	③	④	⑤	⑥	⑦	⑧	⑨
6	①	②	③	④	⑤	⑥	⑦	⑧	⑨	19	①	②	③	④	⑤	⑥	⑦	⑧	⑨	32	①	②	③	④	⑤	⑥	⑦	⑧	⑨	45	①	②	③	④	⑤	⑥	⑦	⑧	⑨
7	①	②	③	④	⑤	⑥	⑦	⑧	⑨	20	①	②	③	④	⑤	⑥	⑦	⑧	⑨	33	①	②	③	④	⑤	⑥	⑦	⑧	⑨	46	①	②	③	④	⑤	⑥	⑦	⑧	⑨
8	①	②	③	④	⑤	⑥	⑦	⑧	⑨	21	①	②	③	④	⑤	⑥	⑦	⑧	⑨	34	①	②	③	④	⑤	⑥	⑦	⑧	⑨	47	①	②	③	④	⑤	⑥	⑦	⑧	⑨
9	①	②	③	④	⑤	⑥	⑦	⑧	⑨	22	①	②	③	④	⑤	⑥	⑦	⑧	⑨	35	①	②	③	④	⑤	⑥	⑦	⑧	⑨	48	①	②	③	④	⑤	⑥	⑦	⑧	⑨
10	①	②	③	④	⑤	⑥	⑦	⑧	⑨	23	①	②	③	④	⑤	⑥	⑦	⑧	⑨	36	①	②	③	④	⑤	⑥	⑦	⑧	⑨	49	①	②	③	④	⑤	⑥	⑦	⑧	⑨
11	①	②	③	④	⑤	⑥	⑦	⑧	⑨	24	①	②	③	④	⑤	⑥	⑦	⑧	⑨	37	①	②	③	④	⑤	⑥	⑦	⑧	⑨	50	①	②	③	④	⑤	⑥	⑦	⑧	⑨
12	①	②	③	④	⑤	⑥	⑦	⑧	⑨	25	①	②	③	④	⑤	⑥	⑦	⑧	⑨	38	①	②	③	④	⑤	⑥	⑦	⑧	⑨	51	①	②	③	④	⑤	⑥	⑦	⑧	⑨
13	①	②	③	④	⑤	⑥	⑦	⑧	⑨	26	①	②	③	④	⑤	⑥	⑦	⑧	⑨	39	①	②	③	④	⑤	⑥	⑦	⑧	⑨	52	①	②	③	④	⑤	⑥	⑦	⑧	⑨

国 語 解 答 用 紙

マーク例

良い例	悪い例
●	⊙ ⓧ ◐ ○

受験番号を記入し，その下のマーク欄にマークしなさい。

注意事項

1　訂正は，消しゴムできれいに消し，消しくずを残してはいけません。
2　所定欄以外にはマークしたり，記入したりしてはいけません。
3　汚したり，折りまげたりしてはいけません。

受験番号欄

千位	百位	十位	一位	英字	
−	⓪	⓪	⓪	Ⓐ	A
①	①	①	①	Ⓑ	B
②	②	②	②	Ⓒ	C
③	③	③	③	Ⓗ	H
④	④	④	④	Ⓚ	K
⑤	⑤	⑤	⑤	Ⓜ	M
⑥	⑥	⑥	⑥	Ⓡ	R
⑦	⑦	⑦	⑦	Ⓤ	U
⑧	⑧	⑧	⑧	Ⓧ	X
⑨	⑨	⑨	⑨	Ⓨ	Y
−	−	−	−	Ⓩ	Z

氏名・フリガナ，試験場コードを記入しなさい。

フリガナ	
氏　名	

試験場コード	十万位	万位	千位	百位	十位	一位

解答番号	解答欄 1	2	3	4	5	6	7	8	9	解答番号	解答欄 1	2	3	4	5	6	7	8	9	解答番号	解答欄 1	2	3	4	5	6	7	8	9	解答番号	解答欄 1	2	3	4	5	6	7	8	9
1	①	②	③	④	⑤	⑥	⑦	⑧	⑨	14	①	②	③	④	⑤	⑥	⑦	⑧	⑨	27	①	②	③	④	⑤	⑥	⑦	⑧	⑨	40	①	②	③	④	⑤	⑥	⑦	⑧	⑨
2	①	②	③	④	⑤	⑥	⑦	⑧	⑨	15	①	②	③	④	⑤	⑥	⑦	⑧	⑨	28	①	②	③	④	⑤	⑥	⑦	⑧	⑨	41	①	②	③	④	⑤	⑥	⑦	⑧	⑨
3	①	②	③	④	⑤	⑥	⑦	⑧	⑨	16	①	②	③	④	⑤	⑥	⑦	⑧	⑨	29	①	②	③	④	⑤	⑥	⑦	⑧	⑨	42	①	②	③	④	⑤	⑥	⑦	⑧	⑨
4	①	②	③	④	⑤	⑥	⑦	⑧	⑨	17	①	②	③	④	⑤	⑥	⑦	⑧	⑨	30	①	②	③	④	⑤	⑥	⑦	⑧	⑨	43	①	②	③	④	⑤	⑥	⑦	⑧	⑨
5	①	②	③	④	⑤	⑥	⑦	⑧	⑨	18	①	②	③	④	⑤	⑥	⑦	⑧	⑨	31	①	②	③	④	⑤	⑥	⑦	⑧	⑨	44	①	②	③	④	⑤	⑥	⑦	⑧	⑨
6	①	②	③	④	⑤	⑥	⑦	⑧	⑨	19	①	②	③	④	⑤	⑥	⑦	⑧	⑨	32	①	②	③	④	⑤	⑥	⑦	⑧	⑨	45	①	②	③	④	⑤	⑥	⑦	⑧	⑨
7	①	②	③	④	⑤	⑥	⑦	⑧	⑨	20	①	②	③	④	⑤	⑥	⑦	⑧	⑨	33	①	②	③	④	⑤	⑥	⑦	⑧	⑨	46	①	②	③	④	⑤	⑥	⑦	⑧	⑨
8	①	②	③	④	⑤	⑥	⑦	⑧	⑨	21	①	②	③	④	⑤	⑥	⑦	⑧	⑨	34	①	②	③	④	⑤	⑥	⑦	⑧	⑨	47	①	②	③	④	⑤	⑥	⑦	⑧	⑨
9	①	②	③	④	⑤	⑥	⑦	⑧	⑨	22	①	②	③	④	⑤	⑥	⑦	⑧	⑨	35	①	②	③	④	⑤	⑥	⑦	⑧	⑨	48	①	②	③	④	⑤	⑥	⑦	⑧	⑨
10	①	②	③	④	⑤	⑥	⑦	⑧	⑨	23	①	②	③	④	⑤	⑥	⑦	⑧	⑨	36	①	②	③	④	⑤	⑥	⑦	⑧	⑨	49	①	②	③	④	⑤	⑥	⑦	⑧	⑨
11	①	②	③	④	⑤	⑥	⑦	⑧	⑨	24	①	②	③	④	⑤	⑥	⑦	⑧	⑨	37	①	②	③	④	⑤	⑥	⑦	⑧	⑨	50	①	②	③	④	⑤	⑥	⑦	⑧	⑨
12	①	②	③	④	⑤	⑥	⑦	⑧	⑨	25	①	②	③	④	⑤	⑥	⑦	⑧	⑨	38	①	②	③	④	⑤	⑥	⑦	⑧	⑨	51	①	②	③	④	⑤	⑥	⑦	⑧	⑨
13	①	②	③	④	⑤	⑥	⑦	⑧	⑨	26	①	②	③	④	⑤	⑥	⑦	⑧	⑨	39	①	②	③	④	⑤	⑥	⑦	⑧	⑨	52	①	②	③	④	⑤	⑥	⑦	⑧	⑨

駿 台 文 庫

マーク例

良い例	悪い例
●	⊙ ⊗ ◓ ○

受験番号を記入し，その下のマーク欄にマークしなさい。

受験番号欄					
千位	百位	十位	一位	英字	
–	⓪	⓪	⓪	Ⓐ	A
①	①	①	①	Ⓑ	B
②	②	②	②	Ⓒ	C
③	③	③	③	Ⓗ	H
④	④	④	④	Ⓚ	K
⑤	⑤	⑤	⑤	Ⓜ	M
⑥	⑥	⑥	⑥	Ⓡ	R
⑦	⑦	⑦	⑦	Ⓤ	U
⑧	⑧	⑧	⑧	Ⓧ	X
⑨	⑨	⑨	⑨	Ⓨ	Y
–	–	–	–	Ⓩ	Z

氏名・フリガナ，試験場コードを記入しなさい。

フリガナ						
氏　名						
試験場コード	十万位	万位	千位	百位	十位	一位

駿　台　文　庫

国　語　解　答　用　紙

注意事項

1　訂正は，消しゴムできれいに消し，消しくずを残してはいけません。

2　所定欄以外にはマークしたり，記入したりしてはいけません。

3　汚したり，折りまげたりしてはいけません。

解答番号	解答欄 1	2	3	4	5	6	7	8	9	解答番号	解答欄 1	2	3	4	5	6	7	8	9	解答番号	解答欄 1	2	3	4	5	6	7	8	9	解答番号	解答欄 1	2	3	4	5	6	7	8	9
1	①	②	③	④	⑤	⑥	⑦	⑧	⑨	14	①	②	③	④	⑤	⑥	⑦	⑧	⑨	27	①	②	③	④	⑤	⑥	⑦	⑧	⑨	40	①	②	③	④	⑤	⑥	⑦	⑧	⑨
2	①	②	③	④	⑤	⑥	⑦	⑧	⑨	15	①	②	③	④	⑤	⑥	⑦	⑧	⑨	28	①	②	③	④	⑤	⑥	⑦	⑧	⑨	41	①	②	③	④	⑤	⑥	⑦	⑧	⑨
3	①	②	③	④	⑤	⑥	⑦	⑧	⑨	16	①	②	③	④	⑤	⑥	⑦	⑧	⑨	29	①	②	③	④	⑤	⑥	⑦	⑧	⑨	42	①	②	③	④	⑤	⑥	⑦	⑧	⑨
4	①	②	③	④	⑤	⑥	⑦	⑧	⑨	17	①	②	③	④	⑤	⑥	⑦	⑧	⑨	30	①	②	③	④	⑤	⑥	⑦	⑧	⑨	43	①	②	③	④	⑤	⑥	⑦	⑧	⑨
5	①	②	③	④	⑤	⑥	⑦	⑧	⑨	18	①	②	③	④	⑤	⑥	⑦	⑧	⑨	31	①	②	③	④	⑤	⑥	⑦	⑧	⑨	44	①	②	③	④	⑤	⑥	⑦	⑧	⑨
6	①	②	③	④	⑤	⑥	⑦	⑧	⑨	19	①	②	③	④	⑤	⑥	⑦	⑧	⑨	32	①	②	③	④	⑤	⑥	⑦	⑧	⑨	45	①	②	③	④	⑤	⑥	⑦	⑧	⑨
7	①	②	③	④	⑤	⑥	⑦	⑧	⑨	20	①	②	③	④	⑤	⑥	⑦	⑧	⑨	33	①	②	③	④	⑤	⑥	⑦	⑧	⑨	46	①	②	③	④	⑤	⑥	⑦	⑧	⑨
8	①	②	③	④	⑤	⑥	⑦	⑧	⑨	21	①	②	③	④	⑤	⑥	⑦	⑧	⑨	34	①	②	③	④	⑤	⑥	⑦	⑧	⑨	47	①	②	③	④	⑤	⑥	⑦	⑧	⑨
9	①	②	③	④	⑤	⑥	⑦	⑧	⑨	22	①	②	③	④	⑤	⑥	⑦	⑧	⑨	35	①	②	③	④	⑤	⑥	⑦	⑧	⑨	48	①	②	③	④	⑤	⑥	⑦	⑧	⑨
10	①	②	③	④	⑤	⑥	⑦	⑧	⑨	23	①	②	③	④	⑤	⑥	⑦	⑧	⑨	36	①	②	③	④	⑤	⑥	⑦	⑧	⑨	49	①	②	③	④	⑤	⑥	⑦	⑧	⑨
11	①	②	③	④	⑤	⑥	⑦	⑧	⑨	24	①	②	③	④	⑤	⑥	⑦	⑧	⑨	37	①	②	③	④	⑤	⑥	⑦	⑧	⑨	50	①	②	③	④	⑤	⑥	⑦	⑧	⑨
12	①	②	③	④	⑤	⑥	⑦	⑧	⑨	25	①	②	③	④	⑤	⑥	⑦	⑧	⑨	38	①	②	③	④	⑤	⑥	⑦	⑧	⑨	51	①	②	③	④	⑤	⑥	⑦	⑧	⑨
13	①	②	③	④	⑤	⑥	⑦	⑧	⑨	26	①	②	③	④	⑤	⑥	⑦	⑧	⑨	39	①	②	③	④	⑤	⑥	⑦	⑧	⑨	52	①	②	③	④	⑤	⑥	⑦	⑧	⑨

マーク例

良い例	悪い例
●	⊙ ⊗ ◓ ○

受験番号を記入し，その下のマーク欄にマークしなさい。

受験番号欄					
千位	百位	十位	一位	英字	
−	⓪	⓪	⓪	Ⓐ	A
①	①	①	①	Ⓑ	B
②	②	②	②	Ⓒ	C
③	③	③	③	Ⓗ	H
④	④	④	④	Ⓚ	K
⑤	⑤	⑤	⑤	Ⓜ	M
⑥	⑥	⑥	⑥	Ⓡ	R
⑦	⑦	⑦	⑦	Ⓤ	U
⑧	⑧	⑧	⑧	Ⓧ	X
⑨	⑨	⑨	⑨	Ⓨ	Y
−	−	−	−	Ⓩ	Z

氏名・フリガナ，試験場コードを記入しなさい。

フリガナ						
氏　名						
試験場コード	十万位	万位	千位	百位	十位	一位

駿　台　文　庫

国　語　解　答　用　紙

注意事項

1　訂正は，消しゴムできれいに消し，消しくずを残してはいけません。

2　所定欄以外にはマークしたり，記入したりしてはいけません。

3　汚したり，折りまげたりしてはいけません。

解答番号	解答欄									解答番号	解答欄									解答番号	解答欄									解答番号	解答欄								
	1	2	3	4	5	6	7	8	9		1	2	3	4	5	6	7	8	9		1	2	3	4	5	6	7	8	9		1	2	3	4	5	6	7	8	9
1	①	②	③	④	⑤	⑥	⑦	⑧	⑨	14	①	②	③	④	⑤	⑥	⑦	⑧	⑨	27	①	②	③	④	⑤	⑥	⑦	⑧	⑨	40	①	②	③	④	⑤	⑥	⑦	⑧	⑨
2	①	②	③	④	⑤	⑥	⑦	⑧	⑨	15	①	②	③	④	⑤	⑥	⑦	⑧	⑨	28	①	②	③	④	⑤	⑥	⑦	⑧	⑨	41	①	②	③	④	⑤	⑥	⑦	⑧	⑨
3	①	②	③	④	⑤	⑥	⑦	⑧	⑨	16	①	②	③	④	⑤	⑥	⑦	⑧	⑨	29	①	②	③	④	⑤	⑥	⑦	⑧	⑨	42	①	②	③	④	⑤	⑥	⑦	⑧	⑨
4	①	②	③	④	⑤	⑥	⑦	⑧	⑨	17	①	②	③	④	⑤	⑥	⑦	⑧	⑨	30	①	②	③	④	⑤	⑥	⑦	⑧	⑨	43	①	②	③	④	⑤	⑥	⑦	⑧	⑨
5	①	②	③	④	⑤	⑥	⑦	⑧	⑨	18	①	②	③	④	⑤	⑥	⑦	⑧	⑨	31	①	②	③	④	⑤	⑥	⑦	⑧	⑨	44	①	②	③	④	⑤	⑥	⑦	⑧	⑨
6	①	②	③	④	⑤	⑥	⑦	⑧	⑨	19	①	②	③	④	⑤	⑥	⑦	⑧	⑨	32	①	②	③	④	⑤	⑥	⑦	⑧	⑨	45	①	②	③	④	⑤	⑥	⑦	⑧	⑨
7	①	②	③	④	⑤	⑥	⑦	⑧	⑨	20	①	②	③	④	⑤	⑥	⑦	⑧	⑨	33	①	②	③	④	⑤	⑥	⑦	⑧	⑨	46	①	②	③	④	⑤	⑥	⑦	⑧	⑨
8	①	②	③	④	⑤	⑥	⑦	⑧	⑨	21	①	②	③	④	⑤	⑥	⑦	⑧	⑨	34	①	②	③	④	⑤	⑥	⑦	⑧	⑨	47	①	②	③	④	⑤	⑥	⑦	⑧	⑨
9	①	②	③	④	⑤	⑥	⑦	⑧	⑨	22	①	②	③	④	⑤	⑥	⑦	⑧	⑨	35	①	②	③	④	⑤	⑥	⑦	⑧	⑨	48	①	②	③	④	⑤	⑥	⑦	⑧	⑨
10	①	②	③	④	⑤	⑥	⑦	⑧	⑨	23	①	②	③	④	⑤	⑥	⑦	⑧	⑨	36	①	②	③	④	⑤	⑥	⑦	⑧	⑨	49	①	②	③	④	⑤	⑥	⑦	⑧	⑨
11	①	②	③	④	⑤	⑥	⑦	⑧	⑨	24	①	②	③	④	⑤	⑥	⑦	⑧	⑨	37	①	②	③	④	⑤	⑥	⑦	⑧	⑨	50	①	②	③	④	⑤	⑥	⑦	⑧	⑨
12	①	②	③	④	⑤	⑥	⑦	⑧	⑨	25	①	②	③	④	⑤	⑥	⑦	⑧	⑨	38	①	②	③	④	⑤	⑥	⑦	⑧	⑨	51	①	②	③	④	⑤	⑥	⑦	⑧	⑨
13	①	②	③	④	⑤	⑥	⑦	⑧	⑨	26	①	②	③	④	⑤	⑥	⑦	⑧	⑨	39	①	②	③	④	⑤	⑥	⑦	⑧	⑨	52	①	②	③	④	⑤	⑥	⑦	⑧	⑨

国　語　解　答　用　紙

マーク例

良い例	悪い例
●	⊙ ⊗ ◓ ○

受験番号を記入し，その下のマーク欄にマークしなさい。

受験番号欄					
千位	百位	十位	一位	英字	
−	⓪	⓪	⓪	Ⓐ	A
①	①	①	①	Ⓑ	B
②	②	②	②	Ⓒ	C
③	③	③	③	Ⓗ	H
④	④	④	④	Ⓚ	K
⑤	⑤	⑤	⑤	Ⓜ	M
⑥	⑥	⑥	⑥	Ⓡ	R
⑦	⑦	⑦	⑦	Ⓤ	U
⑧	⑧	⑧	⑧	Ⓧ	X
⑨	⑨	⑨	⑨	Ⓨ	Y
−	−	−	−	Ⓩ	Z

氏名・フリガナ，試験場コードを記入しなさい。

フリガナ						
氏　名						
試験場コード	十万位	万位	千位	百位	十位	一位

注意事項

1　訂正は，消しゴムできれいに消し，消しくずを残してはいけません。
2　所定欄以外にはマークしたり，記入したりしてはいけません。
3　汚したり，折りまげたりしてはいけません。

解答番号	解答欄 1 2 3 4 5 6 7 8 9	解答番号	解答欄 1 2 3 4 5 6 7 8 9	解答番号	解答欄 1 2 3 4 5 6 7 8 9	解答番号	解答欄 1 2 3 4 5 6 7 8 9
1	①②③④⑤⑥⑦⑧⑨	14	①②③④⑤⑥⑦⑧⑨	27	①②③④⑤⑥⑦⑧⑨	40	①②③④⑤⑥⑦⑧⑨
2	①②③④⑤⑥⑦⑧⑨	15	①②③④⑤⑥⑦⑧⑨	28	①②③④⑤⑥⑦⑧⑨	41	①②③④⑤⑥⑦⑧⑨
3	①②③④⑤⑥⑦⑧⑨	16	①②③④⑤⑥⑦⑧⑨	29	①②③④⑤⑥⑦⑧⑨	42	①②③④⑤⑥⑦⑧⑨
4	①②③④⑤⑥⑦⑧⑨	17	①②③④⑤⑥⑦⑧⑨	30	①②③④⑤⑥⑦⑧⑨	43	①②③④⑤⑥⑦⑧⑨
5	①②③④⑤⑥⑦⑧⑨	18	①②③④⑤⑥⑦⑧⑨	31	①②③④⑤⑥⑦⑧⑨	44	①②③④⑤⑥⑦⑧⑨
6	①②③④⑤⑥⑦⑧⑨	19	①②③④⑤⑥⑦⑧⑨	32	①②③④⑤⑥⑦⑧⑨	45	①②③④⑤⑥⑦⑧⑨
7	①②③④⑤⑥⑦⑧⑨	20	①②③④⑤⑥⑦⑧⑨	33	①②③④⑤⑥⑦⑧⑨	46	①②③④⑤⑥⑦⑧⑨
8	①②③④⑤⑥⑦⑧⑨	21	①②③④⑤⑥⑦⑧⑨	34	①②③④⑤⑥⑦⑧⑨	47	①②③④⑤⑥⑦⑧⑨
9	①②③④⑤⑥⑦⑧⑨	22	①②③④⑤⑥⑦⑧⑨	35	①②③④⑤⑥⑦⑧⑨	48	①②③④⑤⑥⑦⑧⑨
10	①②③④⑤⑥⑦⑧⑨	23	①②③④⑤⑥⑦⑧⑨	36	①②③④⑤⑥⑦⑧⑨	49	①②③④⑤⑥⑦⑧⑨
11	①②③④⑤⑥⑦⑧⑨	24	①②③④⑤⑥⑦⑧⑨	37	①②③④⑤⑥⑦⑧⑨	50	①②③④⑤⑥⑦⑧⑨
12	①②③④⑤⑥⑦⑧⑨	25	①②③④⑤⑥⑦⑧⑨	38	①②③④⑤⑥⑦⑧⑨	51	①②③④⑤⑥⑦⑧⑨
13	①②③④⑤⑥⑦⑧⑨	26	①②③④⑤⑥⑦⑧⑨	39	①②③④⑤⑥⑦⑧⑨	52	①②③④⑤⑥⑦⑧⑨

駿　台　文　庫

駿台

2025

大学入学共通テスト

実戦問題集

国語

【解答・解説編】

駿台文庫編

直前チェック総整理

■現代文■

◇共通テスト・センター試験 既出漢字問題（解答⇩p.5）

(i) 傍線部に相当する漢字を選択

〈二〇二四年 共通テスト本試〉

□**ケイ**サイ（①名著にケイハツされる ②連絡事項をケイシュツする ③方針転換のケイキになる ④一族のケイズを作る）

□カツ**ヤク**（①神仏のごリヤクにすがる ②あの人はケンヤク家だ ③面目ヤクジョの働きをする ④重要なヤクショクに就く）

□**モヨオ**し物（①議案をサイタクする ②サイミン効果のある音楽 ③カッサイを浴びた演技 ④多額のフサイを抱える）

□アク**ヘイ**（①機会のコウヘイを保つ ②心身がヒヘイする ③室内にユウヘイされる ④オウヘイな態度をとる）

□**マギ**れ（①不満がフンシュツする ②フンベツある大人になる ③議論がフンキュウする ④決算をフンショクする）

〈二〇二四年 共通テスト追試〉

□ジュン**スイ**（①栄枯セイスイを描いた小説 ②過去の事例からスイソクする ③技術のスイを尽くす ④スイチョク跳びの記録）

□**コウ**ソク（①審判の判定にコウギする ②出演のコウショウをする ③ささいなことにコウデイする ④コウミョウな駆け引きをする）

□**リュウ**セイ（①地面がリュウキする ②ジリュウに乗る ③寺院をコンリュウする ④健康にリュウイする）

□テイ**ショウ**（①鉄道ハッショウの地 ②ガッショウ団に入る ③ムショウで引き受ける ④アンショウ番号を設定する）

□**ハク**メイ（①あの人はハクシキな人だ ②勢いにハクシャをかける ③ハクシンの演技に息を飲む ④根拠がハクジャクだ）

〈二〇二三年 共通テスト本試〉

□**ボウ**トウ（①流行性のカンボウにかかる ②今朝はネボウしてしまった ③過去をボウキャクする ④経費がボウチョウする）

□**キン**セン（①ヒキンな例を挙げる ②食卓をフキンで拭く ③モッキンを演奏する ④財政をキンシュクする）

□**ウト**んじられる（①裁判所にテイソする ②地域がカソ化する ③ソシナを進呈する ④漢字のソヨウがある）

〈二〇二三年 共通テスト追試〉

□**ホン**ロウ（①ホンカイを遂げる ②君主へのムホンを企てる ③説得されてホンイする ④資金集めにホンソウする）

□タイ**ダ**（①ダサクと評価される ②ダセイで動く ③泣く泣くダキョウする ④客がチョウダの列をなす）

□テッ**テイ**（①コンテイからくつがえす ②タンテイに調査を依頼する ③テイサイを整える ④今後の方針をサクテイする）

〈二〇二二年 共通テスト本試〉

□カ**ジョウ**（①ジョウチョウな文章 ②予算のジョウヨ金 ③汚れをジョウカする ④ジョウキを逸する）

□**キズ**ついた（①入会をカンショウする ②音楽をカンショウする ③カンショウ的な気分になる ④箱にカンショウ材を詰める）

□**ト**げる（①過去の事例からルイスイする ②キッスイの江戸っ子 ③マスイをかける ④計画をカンスイする）

〈二〇二二年 共通テスト追試〉

□ソウ**ショク**（①調査をイショクする ②キョショクに満ちた生活 ③ゴショクを発見する ④フッショクできない不安）

□**カン**ゲン（①首位をダッカンする ②主張のコンカンを問う ③カンシュウに倣う ④カンサンとした町）

□**ソ**セン（①クウソな議論 ②ヘイソの努力 ③禅宗のカイソ ④原告のハイソ）

〈二〇二一年 共通テスト第1日程〉

□ミン**ゾク**（①楽団にショゾクする ②カイゾク版を根絶する ③公序リョウゾクに反する ④事業をケイゾクする）

□**カン**キ（①証人としてショウカンされる ②優勝旗をヘンカンする ③勝利のエイカンに輝く ④意見をコウカンする）

□**エン**ヨウ（①鉄道のエンセンに住む ②キュウエン活動を行う ③雨で試合がジュンエンする ④エンジュクした技を披露する）

□**ヘダ**てる（①敵をイカクする ②施設のカクジュウをはかる ③外界とカクゼツする ④海底のチカクが変動する）

□トウエイ（①意気トウゴウする　②トウチ法を用いる　③電気ケイトウが故障する　④強敵を相手にフントウする）

〈二〇二一年 共通テスト第2日程〉

□イダかせ（①複数の意味をホウガンする　②卒業後のホウフ　③港にホウダイを築く　④交通量がホウワ状態になる）

□センイ（①現状をイジする　②アンイな道を選ぶ　③キョウイ的な回復力　④条約にイキョする）

□コジ（①偉人のカイコ録　②液体のギョウコ　③コチョウした表現　④ココウの詩人）

□ミオトり（①商品を棚にチンレツする　②モウレツに勉強する　③風船がハレツする　④ヒレツな策を用いる）

□ケイフ（①フゴウしない証言　②フメン通りの演奏　③フリョの事故　④家族をフヨウする）

〈二〇一八年 共通テスト試行調査〉

□ガッチ（①チメイ的な失敗　②火災ホウチ器　③チセツな表現　④チミツな頭脳　⑤再考のヨチがある）

□テキゴウする（①プロにヒッテキする実力　②テキドに運動する　③窓にスイテキがつく　④ケイテキを鳴らす　⑤脱税をテキハツする）

□リョウタン（①タンセイして育てる　②負傷者をタンカで運ぶ　③経営がハタンする　④ラクタンする　⑤タンテキに示す）

□エツラン（①橋のランカンにもたれる　②シュツランの誉れ　③ランセの英雄　④イチランに供する　⑤事態はルイランの危うきにある）

□カジョウ（①ジョウヨ金　②ジョウチョウな文章　③米からジョウゾウする製法　④金庫のセジョウ　⑤家庭のジョウビ薬）

〈二〇一七年 共通テスト試行調査〉

□ギョウギョウしく（①会社のギョウセキを掲載する　②クギョウに耐える　③思いをギョウシュクした言葉　④イギョウの鬼　⑤ギョウテンするニュース）

□トウライ（①孤軍フントウ　②本末テントウ　③トウイ即妙　④用意シュウトウ　⑤不偏フトウ）

□ショタイを持つ（①アクタイをつく　②新たな勢力のタイトウ　③タイマンなプレー　④家庭のアンタイを願う　⑤秘書をタイドウする）

〈二〇二〇年 センター本試〉

□ソクシン（①組織のケッソクを固める　②距離のモクソクを誤る　③消費の動向をホソクする　④自給ジソクの生活を送る　⑤返事をサイソクする）

□ケンコウ（①ショウコウ状態を保つ　②賞のコウホに挙げられる　③大臣をコウテツする　④コウオツつけがたい　⑤ギコウを凝らした細工）

□ケンゲン（①マラソンを途中でキケンする　②ケンゴな意志を持つ　③ケンギを晴らす　④実験の結果をケンショウする　⑤セイリョクケンを広げる）

□カタヨって（①雑誌をヘンシュウする　②世界の国々をヘンレキする　③図書をヘンキャクする　④国語のヘンサチが上がった　⑤体にヘンチョウをきたす）

□ガンケン（①タイガンまで泳ぐ　②環境保全にシュガンを置く　③ドリルでガンバンを掘る　④勝利をキガンする　⑤ガンキョウに主張する）

〈二〇二〇年 センター追試〉

□マカせて（①海外にフニンする　②ニンタイの限界に達する　③第一子をニンシンする　④占いでニンソウを見る　⑤資格をニンテイする）

□カクド（①教育制度をカイカクする　②トウカクを現す　③農作物をシュウカクする　④カクギで政策を決定する　⑤製品のキカクを統一する）

□フウボウ（①ムボウな計画を立てる　②将棋の王座をボウエイする　③都市の景観がヘンボウする　④裁判をボウチョウする　⑤資源がケツボウする）

□ケンチョ（①国民の期待をソウケンに担う　②ケンギョウ農家が増える　③鉄棒でケンスイをする　④自己ケンジ欲が強い　⑤ケンキョに反省する）

□モクヒョウ（①道路ヒョウシキを設置する　②シャツをヒョウハクする　③転んだヒョウシにけがをする　④サービスにテイヒョウがある　⑤ジヒョウを提出する）

〈二〇一九年 センター本試〉

□タンネン（①イッタン休止する　②タンレンを積む　③タンセイを込める　④タンカで運ぶ　⑤計画がハタンする）

□バクゼン（①バクガからビールが作られる　②サバクの景色を見る　③ジュバクから解き放たれる　④観客がバクショウする　⑤バクマツの歴史を学ぶ）

□ヒビく（①物資をキョウキュウする　②ギャッキョウに耐える　③他国とキョウテイを結ぶ　④エイキョウを受ける　⑤ホドウキョウを渡る）

□ヒンシュツ（①ヒンシツを管理する　②カイヒン公園で水遊びをする　③ヒンパンに訪れる　④ライヒンを迎える　⑤根拠がヒンジャクである）

□アッ**トウ**（①現実からトウヒする　②ジャズ音楽にケイトウする　③トウトツな発言をする　④シュウトウに準備する　⑤食事のトウブンを抑える）

〈二〇一九年 センター追試〉

□セイ**ケツ**（①シンケツを注ぐ　②ケッサクを発表する　③車両をレンケツする　④身のケッパクを主張する　⑤飛行機がケッコウする）

□タイ**テイ**（①ホウテイで証言する　②空気テイコウを減らす　③誤りをテイセイする　④食堂でテイショクを食べる　⑤花束をゾウテイする）

□**ショウ**ジン（①事態をセイカンする　②日程をチョウセイする　③セイミツな機械を作る　④選手センセイをする　⑤セイエンを送る）

□**リョウ**チ（①リョウヨウ生活を送る　②ドウリョウと話し合う　③仕事をヨウリョウよくこなす　④自動車をリョウサンする　⑤今月のキュウリョウを受け取る）

□ハイ**ケイ**（①業務をテイケイする　②伝統をケイショウする　③神社にサンケイする　④踊りのケイコをする　⑤日本のケイキが上向く）

〈二〇一八年 センター本試〉

□イ**ショウ**（①コウショウな趣味を持つ　②演劇界のキョショウに会う　③出演料のコウショウをする　④課長にショウカクする　⑤戸籍ショウホンを取り寄せる）

□**フ**み（①株価がキュウトウする　②役所で不動産をトウキする　③前例をトウシュウする　④ろくろでトウキをつくる　⑤飛行機にトウジョウする）

□**カワ**いた（①渋滞をカンワする　②新入生をカンゲイする　③難題にカカンに挑む　④浅瀬をカンタクする　⑤カンデンチを買う）

□**セツ**リ（①電線をセツダンする　②予算のセッショウをする　③セットウの罪に問われる　④セツジョクをはたす　⑤栄養をセッシュする）

□**セン**レン（①センリツにのせて歌う　②センジョウして汚れを落とす　③利益をドクセンする　④言葉のヘンセンを調べる　⑤センスイカンに乗る）

〈二〇一八年 センター追試〉

□**フン**シュツ（①ギフンにかられる　②国境でフンソウが起きる　③消毒液をフンムする　④コウフンして眠れない　⑤フンショク決算を指摘する）

□**キョウ**ジュ（①歯並びをキョウセイする　②国王にキョウジュンの意を示す　③キョウイ的な記録を残す　④キョウラク的な人生を送る　⑤敵のキョウイにさらされる）

□ショウ**チョウ**（①助走をつけてチョウヤクする　②税金をチョウシュウする　③時代をチョウエツする　④チョウカイ処分を受ける　⑤美術館でチョウコクを見る）

□**コウ**ニュウ（①雑誌を定期コウドクする　②売り上げにコウケンする　③コウキを粛正する　④ゲンコウ用紙を配る　⑤コウカを鋳造する）

□**カセ**ぐ（①責任をテンカする　②カクウの話をする　③機械がカドウする　④もめごとのカチュウに入る　⑤競争がカレツを極める）

〈二〇一七年 センター本試〉

□**バイ**ゾウ（①細菌バイヨウの実験　②印刷バイタイ　③裁判におけるバイシン制　④事故のバイショウ問題　⑤旧にバイしたご愛顧）

□ヨウ**イン**（①観客をドウインする　②ゴウインな勧誘に困惑する　③コンイン関係を結ぶ　④インボウに巻き込まれる　⑤不注意にキインした事故を防ぐ）

□**ヤッ**カイ（①ごリヤクがある　②ツウヤクの資格を取得する　③ヤクドシを乗り切る　④ヤッキになって反対する　⑤ヤッコウがある野草を探す）

□セン**コク**（①上級裁判所へのジョウコク　②コクメイな描写　③コクビャクのつけにくい議論　④コクソウ地帯　⑤筆跡がコクジした署名）

□**イ**やされる（①物資をクウユする　②ヒユを頻用する　③ユエツの心地を味わう　④ユチャクを断ち切る　⑤キョウユとして着任する）

〈二〇一七年 センター追試〉

□**サク**シュ（①牧場でサクニュウを手伝う　②実験でサクサンの溶液を用いる　③期待と不安がコウサクする　④クッサクの作業が終了する　⑤観光情報をケンサクする）

□**オチイ**る（①ケッカンを指摘する　②カンタン相照らす　③カンゲンにつられる　④カンドコロをおさえる　⑤問題点をカンカする）

□**セイ**ゴウセイ（①セイコウウドクの生活　②シセイの人びと　③メールのイッセイ送信　④運動会に向けたセイレツの練習　⑤一服のセイリョウザイ）

□**キン**イツセイ（①キンセンに触れる言葉　②勝負にキンサで競り勝つ　③小学校時代のカイキン賞　④キョウキンをひらいて語る　⑤試合のキンコウを破る得点）

□ヨウ**セイ**（①自然のイキオいに任せる　②花ザカりを迎える　③将来をチカい合う　④道路工事をウけおう　⑤我が身をカエリみる）

〈二〇一六年 センター本試〉

□**ツクロ**う（①収益のゼンゾウを期待する ②事件のゼンヨウを解明する ③建物のエイゼン係を任命する ④学生ゼンとしたよそおい ⑤ゼン問答のようなやりとり）

□シュウ**ソク**（①度重なるハンソクによる退場 ②健康をソクシンする環境整備 ③ヘイソクした空気の打破 ④両者イッショクソクハツの状態 ⑤ソクバクから逃れる手段）

□**カエリ**みても（①コイか過失かという争点 ②コシキゆかしき伝統行事 ③一同をコブする言葉 ④コドクで華麗な生涯 ⑤コリョの末の優しい言葉）

□**カイ**ヒ（①海外のタイカイに出場する ②タイカイに飛び込み泳ぐ ③方針を一八〇度テンカイする ④天使がゲカイに舞い降りる ⑤個人の考えをカイチンする）

□**シュク**ゲン（①前途をシュクして乾杯する ②シュクシュクと仕事を進めた ③シュクテキを倒す日が来た ④紳士シュクジョが集う ⑤キンシュク財政を守る）

〈二〇一六年 センター追試〉

□**ダ**トウ（①ダサンが働く ②ダキョウを排する ③チョウダの列に並ぶ ④ダガシをねだる ⑤ダミンをむさぼる）

□**コウ**ザイ（①暗闇でコウミョウを見いだす ②コウミョウな演出に感動した ③怪我《けが》のコウミョウとなった ④全員がコウゴに係を分担する ⑤コウゴと文語とを区別する）

□ドウ**ヨウ**（①木枯らしが木の葉をユらす ②卵をといてご飯にかける ③能の台本を声に出してウタう ④白身魚を油でアげる ⑤喜びに胸をオドらせて帰宅する）

□レイ**テツ**（①大臣をコウテツして刷新をはかる ②テッペキの守りで勝利を手にする ③廊下の荷物がテッキョされる ④テツヤを続けて課題を完成させる ⑤テツガクを学んで政治家を志す）

□**ショウ**ライ（①夜道をテラす月明かり ②天にもノボる心地だ ③それはマサしく本物だ ④この場にマネかれた光栄 ⑤親切でクワしい案内状）

〈二〇一五年 センター本試〉

□**タ**れる（①ベートーヴェンにシンスイする ②寝不足でスイマにおそわれる ③ブスイなふるまいに閉口する ④親元を離れてジスイする ⑤鉄棒でケンスイをする）

□タイ**ガイ**（①ガイハクな知識を持つ ②不正を行った者をダンガイする ③制度がケイガイと化す ④故郷を思いカンガイにふける ⑤会議のガイヨウをまとめる）

□**ジュン**タク（①水をジュンカンさせる装置 ②温暖でシツジュンな気候 ③ジュンキョウシャの碑 ④夜間にジュンカイする警備員 ⑤ジュンドの高い金属）

□**タン**テキ（①タンセイして育てた盆栽 ②コタンの境地を描いた小説 ③ダイタンな意見の表明 ④一連の事件のホッタン ⑤真相のあくなきタンキュウ）

□**カナ**で（①事件のソウサが続く ②ソウガンキョウで鳥を観察する ③在庫をイッソウする ④国王に意見をソウジョウする ⑤工場がソウギョウを再開する）

〈二〇一五年 センター追試〉

□セツ**ダン**（①サイダンに花を供える ②カンダンなく雨が降る ③パーティーでカンダンする ④ダイダンエンを迎える ⑤カンダンの差が大きくなる）

□**ツラヌ**く（①注意をカンキする ②ハダカイッカンから再出発する ③集中することがカンジンである ④まことにイカンに思う ⑤ジャッカンの変更を行う）

□**ビ**ショウ（①ビカンをそこねる看板 ②品評会でハクビと言われた器 ③シュビよく進んだ交渉 ④人情のキビをとらえた文章 ⑤ケイビが厳重な空港）

□**シッ**ソウ（①繊細な細工が施されたシッキ ②卒業論文のシッピツ ③豊かな才能に対するシット ④重い症状を伴うシッカン ⑤親の厳しいシッセキ）

□**ナメ**らか（①イッカツして処理する ②国が事業をカンカツする ③登山者のカツラクを防ぐ ④領土をカツジョウする ⑤自由をカツボウする）

(ii) **傍線部とは異なる意味を持つものを選択**

〈二〇二二年 共通テスト本試〉

□**襲い**（①ヤ襲 ②セ襲 ③キ襲 ④ライ襲）

□**与える**（①キョウ与 ②ゾウ与 ③カン与 ④ジュ与）

(iii) **傍線部と同じ意味を持つものを選択**

〈二〇二三年 共通テスト本試〉

□**行った**（①行シン ②行レツ ③リョ行 ④リ行）

□望む（①ホン望　②ショク望　③テン望　④ジン望）

〈二〇二三年 共通テスト追試〉

□挙げて（①挙シキ　②カイ挙　③レッ挙　④挙ドウ）

□関わる（①ナン関　②関チ　③関モン　④ゼイ関）

◇共通テスト・センター試験 既出漢字問題 解答

(i)
〈二〇二四年 共テ本試〉②③②②③　〈二〇二三年 共テ追試〉③③①②④
〈二〇二三年 共テ本試〉①③②　〈二〇二三年 共テ追試〉③②①
〈二〇二二年 共テ本試〉②③④　〈二〇二二年 共テ追試〉②①③
〈二〇二一年 共テ第1日程〉③①②③①　〈二〇二一年 共テ第2日程〉②①③④②
〈二〇一八年 共テ試行調査〉①②⑤④①　〈二〇一七年 共テ試行調査〉⑤④⑤
〈二〇二〇年 センター本試〉⑤①①④⑤　〈二〇二〇年 センター追試〉①②③④①
〈二〇一九年 センター本試〉③②④③②　〈二〇一九年 センター追試〉④②③③⑤
〈二〇一八年 センター本試〉②③⑤⑤②　〈二〇一八年 センター追試〉③④②①③
〈二〇一七年 センター本試〉⑤⑤③①④　〈二〇一七年 センター追試〉①①④⑤④
〈二〇一六年 センター本試〉③⑤⑤③⑤　〈二〇一六年 センター追試〉②③③④④
〈二〇一五年 センター本試〉⑤⑤②④④　〈二〇一五年 センター追試〉②②④④③

(ii)
〈二〇二二年 共テ本試〉②③

(iii)
〈二〇二三年 共テ本試〉④③　〈二〇二三年 共テ追試〉③②

◇共通テスト・センター試験 既出語句問題（解答⇩p.7）

〈二〇二四年 共通テスト本試〉

□うらぶれた（①度量が小さく偏屈な　②だらしなく大雑把な　③不満げで投げやりな　④みすぼらしく惨めな　⑤優柔不断で不誠実な）

□もっともらしい（①悪びれず開き直るような　②まるで他人事だと突き放すような　③へりくだり理解を求めるような　④いかにも正しいことを言うような　⑤問い詰めてやりこめるような）

□やにわに（①多弁に　②即座に　③強硬に　④半端に　⑤柔軟に）

〈二〇二三年 共通テスト追試〉

□てんで（①元来　②所詮　③依然　④全然　⑤格別）

□あからさまに（①故意に　②平易に　③露骨に　④端的に　⑤厳密に）

□いたずらに（①絶対に　②過剰に　③軽々に　④当然に　⑤無益に）

〈二〇二一年 共通テスト第1日程〉

□術もなかった（①理由もなかった　②手立てもなかった　③義理もなかった　④気持ちもなかった　⑤はずもなかった）

□言いはぐれて（①言う必要を感じないで　②言う機会を逃して　③言うのを忘れて　④言う気になれなくて　⑤言うべきでないと思って）

□足が遠くなった（①訪れることがなくなった　②時間がかかるようになった　③会う理由がなくなった　④行き来が不便になった　⑤思い出さなくなった）

〈二〇二一年 共通テスト第2日程〉

□居心地の悪さを感じた（①所在ない感じがした　②あじけない感じがした　③やるせない感じがした　④落ち着かない感じがした　⑤心細い感じがした）

□危惧した（①疑いを持った　②慎重になった　③気後れがした　④心配になった　⑤恐れをなした）

□むしのいい（①都合がよい　②手際がよい　③威勢がよい　④要領がよい　⑤気分がよい）

〈二〇一八年 共通テスト試行調査〉

□いぶかる（①うるさく感じる　②誇らしく感じる　③冷静に考える　④気の毒に思う　⑤疑わしく思う）

□手すさび（①思いがけず出てしまう無意識の癖　②多くの労力を必要とする創作　③いつ役に立つとも知れない訓練　④必要に迫られたものではない遊び　⑤犠牲に見合うとは思えない見返り）

□いじらしさ（①不満を覚えず自足する様子　②自ら蔑み萎縮している様子　③けなげで同情を誘う様子　④配慮を忘れない周到な様子　⑤見るに堪えない悲痛な様子）

〈二〇二〇年 センター本試〉

□興じ合っている（①互いに面白がっている　②負けまいと競っている　③それぞれが興奮している　④わけもなくふざけている　⑤相手とともに練習している）

□重宝がられる（①頼みやすく思われ使われる　②親しみを込めて扱われる　③一目置かれて尊ばれる　④思いのままに利用される　⑤価値が低いと見なされる）

□**晴れがましく**（①何の疑いもなく　②人目を気にしつつ　③心の底から喜んで　④誇らしく堂々と　⑤すがすがしい表情で）

〈二〇二〇年センター追試〉

□**首をかしげる気分**（①話の詳細がわからずとまどう気持ち　②その行為に共感しにくいという気持ち　③本当かどうか疑わしいと思う気持ち　④嘘に違いないと否定する気持ち　⑤自慢気な話を不快に感じる気持ち）

□**のっぴきならない**（①放っておくとどうにもならない　②どうしても避けることのできない　③煩わしく思えてならない　④本人の思うとおりにならない　⑤人並みの生活を維持できない）

□**とりとめもなく**（①昼も夜もとどまることなく　②他人にはわからない理由で　③目的や方向性が定まらないまま　④自分の気持ちを抑えることなく　⑤平常心を失って見苦しく）

〈二〇一九年センター本試〉

□**お手のもので**（①見通しをつけていて　②腕がよくて　③得意としていて　④ぬかりがなくて　⑤容易にできそうで）

□**肚《はら》を決めた**（①気持ちを固めた　②段取りを整えた　③勇気を出した　④覚悟を示した　⑤気力をふりしぼった）

□**目を見張っていた**（①間違いではないかと見つめていた　②感動して目を見開いていた　③動揺しつつも見入っていた　④集中して目を凝らしていた　⑤まわりを見わたしていた）

〈二〇一九年センター追試〉

□**呑《の》みこめた**（①予見できた　②歓迎できた　③共感できた　④理解できた　⑤容認できた）

□**醒《さ》めた**（①状況を冷静に判断できる　②状況を正確に把握できる　③状況を正常に認識できる　④状況を冷淡に観察できる　⑤状況を平静に傍観できる）

□**雲を摑《つか》むような**（①不明瞭で、とらえどころのない　②不安定で、頼りにならない　③非常識で、気恥ずかしい　④非現実的で、ありそうにない　⑤非合理的で、ばかばかしい）

〈二〇一八年センター本試〉

□**腹に据えかねた**（①本心を隠しきれなかった　②我慢ができなかった　③合点がいかなかった　④気配りが足りなかった　⑤気持ちが静まらなかった）

□**戦《おのの》きながら**（①勇んで奮い立ちながら　②驚いてうろたえながら　③慌てて取り繕いながら　④あきれて戸惑いながら　⑤ひるんでおびえながら）

□**枷《かせ》が外れる**（①問題が解決する　②苦しみが消える　③困難を乗り越える　④いらだちが収まる　⑤制約がなくなる）

〈二〇一八年センター追試〉

□**すげなく**（①冷淡に　②なすすべなく　③一方的に　④思いがけなく　⑤嫌味っぽく）

□**うちひしがれた**（①不満が収まらず恨むような　②疲れ切ってしょぼくれた　③気が動転してうろたえた　④気力を失ってうつろな　⑤しょげ返って涙にうるんだ）

□**やみくもに**（①不意をついて　②敵意をあらわに　③やむにやまれず　④前後の見境なく　⑤目標を見据えて）

〈二〇一七年センター本試〉

□**呆《あ》っけに取られた**（①驚いて目を奪われたような　②意外さにとまどったような　③真剣に意識を集中させたような　④急に眠気を覚まされたような　⑤突然のことにうれしそうな）

□**生《き》一本**（①短気　②純粋　③勝手　④活発　⑤強情）

□**あてつけがましい**（①いかにも皮肉を感じさせるような　②遠回しに敵意をほのめかすような　③暗にふざけてからかうような　④あたかも増悪をにじませるような　⑤かえって失礼で慎みがないような）

〈二〇一七年センター追試〉

□**凝然と**（①ぐったりと横たわって　②ひっそりと音もせず　③じっと動きもなく　④こんもりと生い茂り　⑤ぼんやりとおぼろげに）

□**霊性**（①精神の崇高さ　②気性の激しさ　③存在の不気味さ　④感覚の鋭敏さ　⑤心の清らかさ）

□**つつましく**（①本音を隠して丁寧に　②心ひかれてひたむきに　③気を引きしめて真剣に　④敬意をもって控えめに　⑤慈しみを込めて穏やかに）

〈二〇一六年センター本試〉

□**目くばせした**（①目つきですごんだ　②目つきで制した　③目つきで頼み込んだ　④目つきで気遣った　⑤目つきで合図した）

□**無造作に**（①先の見通しを持たずに　②いらだたしげに荒っぽく　③慎重にやらず投げやりに　④先を越されないように素早く　⑤周囲の人たちを見下して）

□**見栄《みえ》もなく**（①相手に対して偉ぶることもなく　②自分を飾って見せようともせず　③はっきりした態度も取らず　④人前での礼儀も欠いて　⑤気後れすることもなく）

〈二〇一六年 センター追試〉

□**狼狽《ろうばい》**（①とまどい慌てること　②うるさく騒ぎ立てること　③驚き疑うこと　④圧倒されて気弱になること　⑤恐れてふるえること）

□**甘悲しい感情**（①喪失感　②望郷の念　③悔恨の情　④懐かしい思い　⑤感傷的な気持ち）

□**きまり悪げな顔**（①不満そうな顔　②困惑したような顔　③不愉快そうな顔　④納得できないような顔　⑤腹立たしそうな顔）

〈二〇一五年 センター本試〉

□**透明な**（①ぬくもりのない　②悪意のない　③まじり気のない　④形のない　⑤暗さのない）

□**とくとくと**（①意欲満々で　②充分満足して　③利害を考えながら　④始めから順番どおりに　⑤いかにも得意そうに）

□**追い討ちをかけて**（①無理に付きまとって　②強く責め立てて　③しつこく働きかけて　④時間の見境なく　⑤わざわざ調べて）

〈二〇一五年 センター追試〉

□**まつわられ**（①しきりに泣きつかれ　②勝手気ままに振る舞われ　③ひどくわがままを言われ　④うるさく付きまとわれ　⑤激しく動きまわられ）

□**余念がなく**（①ほかに気を配ることなく熱中し　②真剣さが感じられずいいかげんで　③細かいところまで丁寧に　④疑いを持たずに思い切って　⑤余裕がなくあわただしい様子で）

□**おずおずと**（①悲しみをこらえながら淡々と　②顔色をうかがいながら思い切って　③言葉を選びながら丁寧に　④うれしさを押し隠しながらそっと　⑤ためらいながら遠慮がちに）

〈二〇一四年 センター本試〉

□**刻々に**（①突然に　②あっという間に　③順番通りに　④ときどきに　⑤次第次第に）

□**腰を折られて**（①下手《したて》に出られて　②思わぬことに驚いて　③やる気を失って　④途中で妨げられて　⑤屈辱を感じて）

□**われ知らず**（①自分では意識しないで　②あれこれと迷うことなく　③人には気づかれないように　④本当の思いとは逆に　⑤他人の視線を意識して）

〈二〇一四年 センター追試〉

□**悦に入って**（①思い通りにいき得意になって　②我を忘れるくらい夢中になって　③我慢ができないほどおかしくて　④本心を見透かされ照れて　⑤感情を押し隠し素知らぬふりをして）

□**相好を崩していた**（①なれなれしく振る舞っていた　②緊張がほぐれ安心していた　③好ましい態度をとれずにいた　④顔をほころばせ喜んでいた　⑤親しみを感じくつろいでいた）

□**すげなさ**（①動揺し恥ずかしがる様子　②改まりかしこまった様子　③判断に迷い戸惑う様子　④物おじせず堂々とした様子　⑤関心がなくひややかな様子）

◇共通テスト・センター試験 既出語句問題 解答

〈二〇二四年 共テ本試〉	④④②		
〈二〇二三年 共テ追試〉	④③⑤		
〈二〇二一年 共テ第1日程〉	②②①	〈二〇二一年 共テ第2日程〉	④④①
〈二〇一八年 共テ試行調査〉	⑤④③		
〈二〇二〇年 センター本試〉	①①④	〈二〇二〇年 センター追試〉	③①③
〈二〇一九年 センター本試〉	③①②	〈二〇一九年 センター追試〉	④①①
〈二〇一八年 センター本試〉	②⑤⑤	〈二〇一八年 センター追試〉	①④④
〈二〇一七年 センター本試〉	①②①	〈二〇一七年 センター追試〉	③①④
〈二〇一六年 センター本試〉	⑤③②	〈二〇一六年 センター追試〉	①⑤②
〈二〇一五年 センター本試〉	③⑤③	〈二〇一五年 センター追試〉	④①⑤
〈二〇一四年 センター本試〉	⑤④①	〈二〇一四年 センター追試〉	①④⑤

古文

◇共通テスト・センター試験 既出語意問題

〈二〇二四年 共通テスト本試〉

□あからさまにも…少しの間も

□とみのこと…にわかに思いついたこと

□かたちをかしげなる…見た目が好ましい

〈二〇二四年 共通テスト追試〉

□所知を賜べ…報酬をお与え下さい

□あらいたはしや…ああ気の毒なことだなあ

□ゆゆしくおはせしが…立派でいらっしゃったけれど

〈二〇二三年 共通テスト本試〉

□やうやうさしまはす程に…徐々に船を動かすうちに

□ことごとしく歩みよりて…もったいぶって船の方に近づいていって

□かへすがへすも…どう考えても

〈二〇二三年 共通テスト追試〉

□さらぬほどの所…たいして重要でない場所

□いつしかゆかしう…早く目にしたいと

□おくれたるところなく…未熟なところがなく

〈二〇二二年 共通テスト本試〉

□まどろまれ給はず…お眠りになることができない

□ねびととのひたる…成熟した

□おほかたなるやうに…ありふれた挨拶で

〈二〇二二年 共通テスト追試〉

□みなしはてつ…すべて済ませた

□さらにものおぼえず…全く何もわからないくらい

〈二〇二一年 共通テスト第1日程〉

□えまねびやらず…表現しつくすことはできない

□めやすくおはせしものを…感じのよい人でいらっしゃったのになあ

□里に出でなば…自邸に戻ったときには

〈二〇二一年 共通テスト第2日程〉

□かつはあやしく…一方では不思議で

□はかなくしなしたる…形ばかりしつらえてある

〈二〇一八年 共通テスト試行調査〉

□聞こし召せ…お食べなさい

□こちなし…気が利かない

□さかしら人…口出しする人

〈二〇二〇年 センター本試〉

□ゆかしくおぼしめして…知りたくお思いになって

□やをら…静かに

□重なれるあはひ…重なっている色合い

〈二〇二〇年 センター追試〉

□いとどうたく……いっそういとおしく

□あやなくおぼめき給ひけりな……理不尽にもとぼけなさったよ

□所置くやうもありなん……きっと遠慮することもあるだろう

〈二〇一九年 センター本試〉

□しづ心なく思ひ奉りけるこそあさましけれ……気持ちが静まらずお慕いしたのは驚きあきれたことだ

□いかにして……なんとかして

□この人の御おぼえのほど……この人の受けるご寵愛《ちょうあい》の深さ

〈二〇一九年 センター追試〉

□この心を聞きければ……言葉に託された真意を尋ねたところ

□やがてこしらへて……すぐに支度をして

□心に節な置かれそ……遠慮しないでください

〈二〇一八年 センター本試〉

□あながちにわりなく……ひたむきで抑えがたく

□いかにもあれ……どのようであっても

□さらになつかしからず……全く心ひかれない

〈二〇一八年 センター追試〉

□しるく言ひ出づることのかなはで……はっきり言い出すことができないで

□いとど心やましきに……いっそう気をもんでいるところに

□いかばかりかあへなしと思ひ給はむ……どんなにかあっけないとお思いでしょう

〈二〇一七年 センター本試〉

□にげなきまで……不釣り合いなほど

□聞こえまほしき……申し上げたい
□あやしう……不思議なことに
〈二〇一七年 センター追試〉
□あらまほしけれど……このままでいたいが
□さてあるべきかは……そのままにしておいてよいわけがない
〈二〇一六年 センター本試〉
□見え奉りても……お目にかかっても仕方がない
□念じて……我慢して
□いかでかこの迫《はさま》よりは入《い》らむ……この隙間からは入《はい》れないだろう
□いかにと言ふ人あへてなし……見とがめる人は誰もいない
〈二〇一六年 センター追試〉
□こよなく静まりて……格段に落ち着いて
□すこしも心のある折……少しでも意識がはっきりしている時に
□見知り顔に……事情をわかったような様子で
〈二〇一五年 センター本試〉
□あぢきなき嘆き……（女君への）どうにもならない（恋の）苦悩
□あきらめてしがな……真実をはっきりさせたい
□御こころざしのになきさまになりまさる……帝のご愛情がこの上なく深くなっていく
〈二〇一五年 センター追試〉
□夕さりならではよも行かじ……今宵以外はよもや行く気にならないだろう
□さてあるべき事ならねば……このまま一緒にいられるわけではないので
□跡を暗くして失せばや……行方をくらまして身を隠したい

◇まぎらわしい語の識別（名詞や活用語の一部であることが明確にわかるケースは除いてある）

1	し	①過去の助動詞「き」の連体形 ②過去の助動詞「き」の已然形「しか」の一部 ③副助詞「し」 ④サ変動詞の連用形 ⑤サ行四段動詞の連用形語尾 ⑥形容詞の終止形語尾 ⑦シク活用形容詞の活用語尾の一部
2	して	①格助詞「して」 ②接続助詞「して」 ③サ変動詞の連用形（語尾）「し」＋接続助詞「て」 ④サ変動詞の連用形（語尾）「し」＋完了の助動詞「つ」の未然形・連用形「て」
3	なむ	①完了の助動詞「ぬ」の未然形「な」＋推量の助動詞「む」 ②係助詞「なむ」 ③終助詞「なむ」 ④ナ変動詞「死ぬ・往ぬ」の未然形語尾「な」＋推量の助動詞「む」
4	なり（なら・なる・なれ）	①断定の助動詞「なり」 ②伝聞・推定の助動詞「なり」 ③推量の助動詞「べらなり」の一部 ④ラ行四段動詞「なる（成る）」 ⑤ナリ活用形容動詞の活用語尾
5	に	①完了の助動詞「ぬ」の連用形 ②断定の助動詞「なり」の連用形 ③格助詞「に」 ④接続助詞「に」 ⑤ナ変動詞「死ぬ・往ぬ」の連用形語尾 ⑥ナリ活用形容動詞の連用形語尾 ⑦副詞の一部の「に」（いかに・かたみに・げに・さらに・つひに・よに ナド）

6	にて	①断定の助動詞「なり」の連用形「に」＋接続助詞「て」 ②格助詞「にて」 ③ナリ活用形容動詞の連用形語尾「に」＋接続助詞「て」 ④ナ変動詞「死ぬ・往ぬ」の連用形語尾「に」＋接続助詞「て」
7	ぬ	①完了の助動詞「ぬ」の終止形 ②打消の助動詞「ず」の連体形 ③ナ変動詞「死ぬ・往ぬ」の活用語尾およびその一部
8	ね	①完了の助動詞「ぬ」の命令形 ②打消の助動詞「ず」の已然形 ③ナ変動詞「死ぬ・往ぬ」の命令形語尾
9	らむ	①現在推量の助動詞「らむ」 ②完了の助動詞「り」の未然形「ら」＋推量の助動詞「む」 ③連語「やらむ」の一部など
10	る	①自発・可能・受身・尊敬の助動詞「る」の終止形 ②自発・可能・受身・尊敬の助動詞「る」の連体形・已然形の一部 ③完了の助動詞「り」の連体形 ※右の他に、他の語の一部として多出するが、識別は難しくない。①と③に注意すること。
11	れ	①自発・可能・受身・尊敬の助動詞「る」の未然形・連用形 ②自発・可能・受身・尊敬の助動詞「る」の已然形・命令形の一部 ③完了の助動詞「り」の已然形・命令形 ※右の他に、他の語の一部として多出するが、識別は難しくない。①と③に注意すること。

■ 漢文 ■

◇句形の複合形式 31のチェックポイント

反語の副詞「安〜」（いづくんぞ〜んや）や、可能の助動詞「能〜」（よく〜）は、それぞれ単独でも使いますが、それと同時に「安能〜」という組み合わせた形でもしばしば使われます。このように組み合わせて使うものは案外多く、こうしたものは複合形式として暗記した方が得です。ここでは、否定の複合形式（二重否定はその典型的なものです）と、反語の複合形式の主なものを過去問から集めました。なお、「累加」はそれ自体独立した句形ですが、「限定」の「否定」（ただ〜だけ・ではない）と考えれば、複合形式と考えることもできるので、これも幾つか挙げておきます。

また、稀にではありますが「豈〜耶。抑〜耶」（いったい〜なのか。それとも〜なのか）のような選択疑問の句形を含む文章が出題されることもありますので、最後にその例文を挙げることにします。

複合形式は、否定や可能・反語といった漢文では特に重要な基本表現が組み合わさったものです。ですから、こうした複合形式がすらすらと言えるようなら、漢文の基礎は十分に固まっていると言ってよいでしょう。

【否定】の複合形式

□未嘗〜　いまだかつて〜ず／これまで〜したことはない

未二嘗称一レ名。（未だ嘗て名を称せず。／これまで（一度も）自分の名前を言ったことがない。）〈一九八八年 試行〉

未二嘗忽一焉。（未だ嘗て忽《ゆるが》せにせず。／これまでおろそかにしたことはない。）〈一九九八年 本試〉

□未必〜　いまだかならずしも〜ず／〜とは限らない

未三必非二聖人之所一レ不レ能。（未だ必ずしも聖人の能くせざる所に非ずんばあらず。／聖人のできることであるとは限らない。）〈一九九三年 本試〉

□無不〜（莫不〜）　〜ざる〔は〕なし／〜しないものはない

無レ不レ死。（死せざる〔は〕無し。／死なないものはない。）〈一九九六年 本試〉

莫レ不二悚動一。（悚動《しょうどう》せざる〔は〕莫し。／恐れてみな震えあがった。）

世莫レ不二貴取賤棄一也。（世に貴は取られ賤は棄てられざる〔は〕莫し。／〈二〇〇一年 本試〉

世の中に貴重で取られないものはなく、卑賤で捨てられないものはない。「不」は「貴取」と「賤棄」の双方に掛かっている。）〈二〇一四年 本試〉

□非不～　～ざるにあらず／～でないのではない

富貴非レ不レ愛。（富貴は愛せざるに非ず。／富貴を愛さないというのではないのです。）〈一九八〇年 本試〉

人非レ不レ霊二於鼠一、（人鼠よりも霊ならざるに非ざるも、／人間は鼠よりも賢くすぐれているのだが…）〈二〇〇六年 本試〉

□不可不～　～ざるべからず／～しなければいけない

不レ可レ不レ読レ書。（書を読まざるべからず。／是非、本を読まねばならぬ。）〈一九八二年 追試〉

□不得不～　～ざるをえず／～せざるをえない

不レ得レ不レ求二佳境一。（佳境を求めざるを得ず。／よい境地を求めざるをえない。）〈一九七九年 本試〉

□不敢不～　あへて～ずんばあらず／～しないわけにはいかない

不二敢不一レ受。（敢へて受けずんばあらず。／受け取らぬわけにもまいりますまい。）〈一九八三年 本試〉

□未嘗不～　いまだかつて～ずんばあらず／これまで～しなかったことはない

未二嘗不一レ同。（未だ嘗て同じからずんばあらず。／これまで（一度も）違っていたためしがない。）〈一九八六年 本試〉

□不復～　また～ず／二度と～しない

不二復省一レ花。（復《ま》た花を省みず。／それきり〈海棠《かいどう》の〉花を見ることがなかった。）〈二〇一三年 本試〉

□不肯～　あへて～ず／～しようとは思わない

不二肯呼レ之使一レ醒。（肯へて之を呼びて醒《さ》めしめず。／声をかけて目覚めさせてやろうという気にならなかった。）〈二〇〇七年 本試〉

不二肯一過一レ目。（肯へて一たびも目を過《とほ》さず。／一度でも目を通そうという気にならない。）〈二〇一〇年 本試〉

□不必～　かならずしも～ず／～とは限らない・～する必要はない

不下必塑二謫仙一而画中少陵上也。（必ずしも謫仙《たくせん》を塑《そ》して少陵を画《ゑが》かざるなり。／李白を模倣して造型し、杜甫を模倣して描写する必要はない。）〈二〇一三年 追試〉

【反語】の複合形式

□安能～　いづくんぞよく～んや／～できはしない

安能愛レ君。（安くんぞ能く君を愛せんや。／自分の主君を愛せるわけがない。）〈韓非子〉

□安可～（寧可～）　いづくんぞ～べけんや／～できはしない

安可二復得一。（安くんぞ復《ま》た得《う》べけんや。／再度捕まえることなどできるはずがない。）〈一九八九年 本試〉

寧可レ有レ此。（寧くんぞ此《こ》れ有るべけんや。／そんな事があろうはずもございません。）〈一九八六年 追試〉

□安得～　いづくんぞ～をえんや（反語）／～できはしない

安得レ議乎。（安くんぞ議《ぎ》するを得んや。／とやかく言うことなどできはしない。）〈一九八〇年 追試〉

城中安得レ有二此獣一。（城中安くんぞ此の獣有るを得んや。／まちにそんな獣〈＝虎〉がいるはずがないではないか。）〈二〇〇四年 本試〉

□何能～　なんぞよく～ん(や)／～できはしない・なにをかよく～ん(や)／何も～できない

何能及レ君也。（何ぞ能く君に及ばんや。／お殿様にかなうわけがありません。）〈戦国策〉

何能為。（何をか能く為さん。／何もできはしない。）〈二〇〇九年 本試〉

□何可～　なんぞ～べけんや／～できはしない

何可レ得哉。（何ぞ得《う》べけんや。／できるわけがない。）〈一九七九年 追試〉

□何敢～　なんぞあへて～んや／～しようとは思わない

何敢与レ君友也。（何ぞ敢て君と友たらんや。／身分も弁《わきま》えず君主と友達付き合いするようななれなれしいまねはしない。）〈孟子〉

□何不～　なんぞ～ざらんや／～でないことなどない

曷嘗不レ貴二於敏一乎。（曷ぞ嘗て敏を貴ばざらんや。／「敏」を貴ばなかったなどありはしなかった。「曷」は「何」と同じ。）〈二〇一一年 本試〉

何不～は「なんぞ～ざる」と読んだ場合は「どうして～しないのか、～しなさいよ」の意を表す。

何不下縄懸二此物一、以レ銃発二鉛丸一撃上レ之（何ぞ縄もて此の物を懸け、銃を以て鉛丸を発して之を撃たざる／どうしてこれを縄でつるし、銃弾でうたないのか、撃ちなさいよ）〈二〇〇三年 本試〉

□何必～　なんぞかならずしも～んや／～する必要はない

人子何必親生（人子何ぞ必ずしも親ら生まんや／子供は自分で生む必要はない）〈二〇一五年 本試〉

□**豈能～** あによく～んや／～できはしない

豈能独楽哉。（豈に能く独り楽しまんや。／自分ひとりだけ楽しんでいられるはずがない。）〈孟子〉

豈区区片瓦所二能禦一。（豈に区区たる片瓦の能く禦《ふせ》ぐ所ならんや。／ちっぽけな焼き物のかけらで（鉄砲玉を）防ぐことなどできはしない。）〈二〇〇三年 本試〉

□**豈可～** あに～べけんや／～できはしない

顧可レ棄レ之哉。（顧に之を棄《あ》つべけんや。／それを捨てるわけにはいかない。「顧」は「豈」と同じ。）〈一九九八年 追試〉

豈可レ造二此悪業之端一。（豈に此の悪業《あくごふ》の端を造《な》すべけんや。／このような悪業を開くきっかけを作ってよいはずがない。）〈二〇〇二年 追試〉

□**豈得～（乎）** あに～をえんや／～できはしない

豈得レ非レ悪乎。（豈に悪に非ざるを得んや。／悪いしわざと言わざるを得ない。）〈二〇〇七年 追試〉

□**豈非～** あに～にあらずや／～ではないだろうか

豈非二隠者一邪。（あに隠者にあらずや。／隠者なのでしょうね。）〈一九九七年 本試〉

□**豈不～** あに～ざらんや／～でないわけではない（反語）

豈不レ知二以レ少撃レ衆為レ利哉。（豈に少を以て衆を撃つの利為《た》るを知らざらんや。／少ない兵力で敵の大軍を撃破することができれば得であることが分からなかったはずはない。）〈一九九八年 本試〉

豈不レ能下用二黄金一装二肩輿一、乗以出入上。（豈に黄金を用ひて肩輿《けんよ》を装ひ、乗りて以て出入する能はざらんや。／黄金作りのおかごに乗って、宮中に出入りなさることもできぬはずはありますまい。）〈二〇〇二年 追試〉

豈真不レ敏者乎。（豈に真に敏ならざる者ならんや。／本当に「敏」でない者だったはずはない。）〈二〇一一年 本試〉

【**詠嘆**】**の複合形式**

□**豈不～（哉）** あに～ずや／なんと～なことだ（詠嘆）・～ではなかろうか（推量）

豈不レ難哉。（豈に難《かた》からずや。／なんと難しいことだ。）〈呂氏春秋〉

豈不レ惑乎。（豈に惑《まど》ひならずや。／なんとひどい迷いだ。）〈二〇一七年 本試〉

豈不レ以下貴賤相懸、朝野相隔、堂遠二於千里一、門深中於九重上。（豈に貴賤相懸《へだ》たり、朝野相隔たり、堂は千里よりも遠く、門は九重よりも深きを以てならずや／貴賤が互いにへだたり、朝廷と在野とが互いにへだたり、朝廷の建物は千里の彼方より遠く、朝廷の門は九重よりも深いからではなかろうか。）〈二〇二三年本試〉

□**何其～（也）** なんぞそれ～や／なんと～なことだ

何其少也。（何ぞ其れ少なきや。／なんと少ないことだ。）〈二〇一九年追試〉

□**不亦～乎** また～ずや／まったく～ではないか

不二亦宜一乎。（亦た宜《むべ》ならずや。／実にそのとおりではないか。）〈一九九三年 追試〉

【**累加**】

□**不惟～（不但～・不啻～）** ただに～のみならず／～だけではない

不二惟収レ怨、（惟に怨《うら》みを収《をさ》むるのみならず、／ただ単に人の怨みを買うことになるだけでなく…）〈一九八四年 本試〉

不丁啻如二常人之愛レ宝、唯恐丙其埋没及傷乙損之甲、（啻だに常人の宝を愛するが如く、唯だ其の埋没及び之を傷損するを恐るるのみならず、／ただ一般人が宝物を愛するように、〈素質に恵まれた子弟が〉その才能が埋没したり、あるいはその才能を傷つけたりしているのではないかと恐れるだけでなく…）〈二〇〇二年 本試〉

叔不二惟薦レ仲、（叔惟だに仲を薦《すす》むるのみならず、／鮑叔は管仲を宰相に推薦しただけでなく…）〈二〇〇五年 本試〉

□**非唯～（非特～）** ただに～のみにあらず／～だけではない

非二特求レ過二於人一、（特に人に過ぐるを求むるのみに非ず、／普通の人より一段高い所に行こうとするだけでなく…）〈一九八五年 本試〉

□**非独～** ひとり～のみにあらず／～だけではない

非二独見レ病、（独り病しめ《くる》らるるのみに非ず、／ただ私が苦しめられるだけでなく…）〈一九八五年 追試〉

非下独如中孟子増二益其所レ不レ能之説上、（独り孟子の其の能はざる所を増益するの説の如きのみに非ずして、／単に孟子が言っているような当人の統治能力を増進させるためだけではなくて…）〈二〇〇五年 追試〉

□**何唯～（何啻～）** なんぞただに～のみならんや／～だけではない

何啻反レ掌之易。（何ぞ啻に掌《たなごころ》を反《かへ》すの易《やす》きのみならんや。／てのひらを裏返すことよりもっと簡単だ。）〈一九八六年 本試〉

□**豈徒～（豈特～）**　あにただに～のみならんや／～だけではない

豈特形貌而已哉。（豈に特に形貌《けいばう》のみならんや。／ただ顔かたちだけではない。）

〈一九八五年 本試〉

【選択疑問】

□**豈～耶。抑…耶**　あに～か。そもそも…か／～だろうか、それとも…だろうか

豈此騾宿世有レ所レ負二於余一、而使三之償二宿逋一耶。抑其性貞烈、不レ肯レ易レ主而自斃耶。（豈に此の騾《ら》宿世《すくせ》余に負ふ所有りて、之をして宿逋《ほ》を償はしむるか。抑《そもそも》其の性貞烈にして、主を易《か》ふるを肯《がへん》ぜずして自ら斃《たふ》るるか。／いったいこのラバは前世で何か私に借りがあって、その償いをさせられていたのだろうか。それとも根があるじ思いのため、飼い主を替える気になれないで、自死したのだろうか。）

〈二〇〇四年 追試〉

第 1 回
実戦問題

解答・解説

第１回　解答・配点

（200点満点）

問題番号（配点）	設問	（配点）	解答番号	正解	自己採点欄
第１問（45）	1	（2）	1	③	
		（2）	2	②	
		（2）	3	①	
		（2）	4	②	
		（2）	5	②	
	2	（6）	6	③	
	3	（6）	7	④	
	4	（7）	8	⑤	
	5	（4）	9	④	
	6	（3）	10	②	
		（3）	11	④	
		（6）	12	②	
小　計					
第２問（45）	1	（7）	13	③	
	2	（8）	14	②	
	3	（8）	15	①	
	4	（各5）	16 － 17	① － ③	
	5	（6）	18	⑤	
		（6）	19	②	
小　計					
第３問（20）	1	（各3）	20 － 21	② － ③	
	2	（4）	22	③	
	3	（3）	23	①	
		（3）	24	①	
	4	（4）	25	①	
小　計					

問題番号（配点）	設問	（配点）	解答番号	正解	自己採点欄
第４問（45）	1	（5）	26	⑤	
		（5）	27	①	
	2	（7）	28	⑤	
	3	（7）	29	②	
	4	（7）	30	①	
		（7）	31	②	
		（7）	32	③	
小　計					
第５問（45）	1	（4）	33	①	
		（4）	34	③	
		（4）	35	④	
	2	（6）	36	④	
	3	（6）	37	⑤	
	4	（4）	38	⑤	
		（4）	39	②	
	5	（6）	40	③	
	6	（7）	41	④	
小　計					
合　計					

（注）－（ハイフン）でつながれた正解は，順序を問わない。

第1問

〈出典〉 塩原良和（しおばら　よしかず）『分断と対話の社会学――グローバル社会を生きるための想像力』〈おわりに　対話主義者たちへの覚書〉の一節。出題に際し、やむを得ない事情により省略した箇所がある。

塩原良和は、一九七三年埼玉県生まれ。慶應義塾大学法学部政治学科卒業。慶應義塾大学大学院社会学研究科後期博士課程単位取得退学。社会学博士。慶應義塾大学法学部教授。専攻は、社会学、国際社会学。著書に、『変革する多文化主義へ――オーストラリアからの展望』『社会学入門』（共編）『共に生きる――多民族・多文化社会における対話』『社会的分断を越境する――他者と出会いなおす想像力』（共編著）などがある。

〈問題文の解説〉

グローバル化する社会の中で人々が共生していくためには、「対話」および「対話的想像力」が要求されるということについて述べた文章。

本文は、次のように四つの意味段落から成り立っていると考えることができる。

Ⅰ（提起）　**対話において知恵と工夫が重要になるということ**（[1]）
Ⅱ（展開Ⅰ）　**対話主義者と原理主義者との違い**（[2]～[4]）
Ⅲ（展開Ⅱ）　**対話主義者と原理主義者との対話の可能性**（[5]～[8]）
Ⅳ（結論）　**対話的想像力を得るための実践的な戦略**（[9]～[11]）

以下、右の意味段落のまとまりに従ってその内容を確認しておく。

Ⅰ（提起）対話において知恵と工夫が重要になるということ（[1]）

・筆者はまず、「効率性を過度に追求すると、対等な立場での対話は困難になる。逆に**時間をかければかけるほど、既存の発想にとらわれない創造的な結論を対話的に生み出す可能性が高まる**」という考えを提示している。時間的な効率や議論の効率性ばかりを重視すると論議が尽くされないままに結論を急ぐことになり（場における発言者の力関係なども作用するので）対等な対話がなされにくくなる。逆に、時間をかければ様々な論議が尽くされることになり、「**既存の発想にとらわれない創造的な結論**」が対話によって導き出される可能性が出てくるというのである。

・しかし現実的には、議論には時間的な制約があり無制限に対話できるわけではないので、ある程度効率的に話し合いを進めざるをえない。それゆえ、妥協を強いられることにもなる。そこで、「**いかにして可能な限り時間をかけて議論できるようにするかという、知恵と工夫が重要になってくる**」のだという。

ポイント1

筆者が、時間をかけてでも対話を通して「**既存の発想にとらわれない創造的な結論を対話的に生み出す可能性**」を追求すべきだと考えていることを、まずは押さえよう。しかし、現実的には時間的な制約があるので「**知恵と工夫が重要になってくる**」というのである。本文は、この問題提起を受け、筆者の問題意識に即しつつその「**知恵と工夫**」について具体的に述べていくという展開になっている。

Ⅱ（展開Ⅰ）対話主義者と原理主義者との違い（[2]～[4]）

・前段での「知恵と工夫」を述べるに先立って、筆者は「**他者との対話を時間をかけて深める**ことを重視する立場を『**対話主義**』と名づけてみよう」と、キーとなる概念を提出し、「対話主義とは、**対話をグローバリゼーションの時代における人々の共生を実現するための基本的な行動原理であると考える立場**」だとしている（**時間をかけて**対話を深めようとする対話主義を重視する背景に、「**グローバリゼーションの時代における人々の共生を実現するため**」という考え方があることを押さえておこう）。そして、後続する部分で、そうした「対話主義」と相性の悪い人々として「原理主義者」を取り上げている。

・宗教的原理主義から「中立原理主義」まで様々なタイプの原理主義が指摘されているが、共通して言えることは「特定の信念や価値観、アイデンティティを**絶対視**し、対話によって**自分が変化することを拒絶する**」、「自らの思想や世界観を**絶対視**し、他者との相互作用を通じた**変化を頑なに拒**

み続ける」ということである（以上②）。
・したがって、「原理主義者と対話主義者の議論は、かみ合わない」。対話主義者の「やりとりを通じて**自分の主張を変えることを恐れない**」態度は、「**自らの主張を変えるつもりがない**」原理主義者にとっては「弱さ」にしか見えないし、「**より良い結論を出すために話し合いに時間をかけようとする**」対話主義者の姿勢は、（自らの信念や価値観、思想や世界観を絶対視して）「**あらかじめ結論が決まっている**」原理主義者にとっては（時間ばかりかかって）「**非効率的**」にしか映らないからである。だから、勝ち負けをつけなければならない議論では対話主義者は原理主義者にしばしば「負け」、原理主義者は「勝ったつもり」になるのだという（③）。
・④では前段での対比を受け、原理主義者の抱える問題点が指摘されている。原理主義者は「**より良い意思決定が対話によって生まれる可能性を認めない**」から、「自分の意見や判断が間違っていてもそれを認めること」ができず、誤った判断を行動に移すことで状況をさらに悪くしかねない。「**社会のあり方が複雑化し、多様な価値観や世界観の人々が共生／共棲しなければならない……現代**という時代」にあって、原理主義的な思考には大きなリスクがあるというのである。だから、対話主義者は原理主義者を遠ざけるのではなく、対話するように試みなければならないのだという。

ポイント2

対話主義者にとって想定される敵対者としての原理主義者について言及し、その違いを指摘している。中心となる違いは次の通りである。

▽対話主義者
人々が共生／共棲しなければならない時代（グローバル社会）にあって
より良い結論、意思決定を生み出すべく**対話に時間をかけようとする**
その**対話を通じて自分の主張を変えることを恐れない**

▼原理主義者
自らの信念や価値観、思想や世界観を**絶対視**し
あらかじめ結論が決まっているので、対話に**時間をかけるのは非効率的**だと考える
対話によって**自分が変化することを拒絶**し、**主張を変えるつもりがない**

この両者の違いをしっかりと押さえよう。そして筆者は、人々が共生しなければならない時代だからこそ、対話主義者は原理主義者との対話を試みていかなければならないというのである。

Ⅲ（展開Ⅱ）対話主義者と原理主義者との対話の可能性（⑤～⑧）

・ではどうしたら、対話主義者と原理主義者との対話は可能になるのか。そのことがこの部分で述べられる。筆者は、原理主義者を心情的原理主義者と戦略的原理主義者とに分けて話を進めていく。
・心情的原理主義者は自分の信心に凝り固まり、他人の意見を理解する能力が著しく低い人なので、なぜそのような信心を持つに至ったのか、その背景を徹底的に想像し、頑なな心情を解きほぐしていくことが大切になる。要は「思いやり」を持って接すること、これが、「どうしたら他者との対話が可能になるのかを考える」という意味での「**対話的想像力**」の、ひとつの解釈なのだという（⑤）。
・対して戦略的原理主義者とは、相手の主張や心情が理解できるのに、論争に「勝つ」ために話に耳を傾けようとしない人々のことである。かれらは対話主義者の「自分の意見を変えることを厭わない」「合意に時間がかかる」というやり方（Ⅱで述べられている対話主義者の根本的な態度である）を逆手にとって、論破しようとしてくる（⑥）。
・だから、対話主義者は狡猾に（ずるがしこく）ならなければならない。どのように自分を論破しようとしているのかを先読みし、議論の場のルールを批判的に再考することで、戦略的原理主義者が拠って立つ「土俵」（議論が行われる場）そのものをずらしていく想像力が必要になるというのである。そして、これも「**対話的想像力**」のひとつの解釈なのだという。「勝ち負けにこだわる相手を勝ち負けではない（③「より良い結論を出す」ことを目的とする）話し合いへと引き込んでいくこと」（「土俵」そのものをずらしていくこと）が重要であり、いかにして対話の場に引きずり出すかという権謀術数が必要になるというわけである（⑦）。
・しかし、現実的にはひとりの人間に心情的と戦略的の両方の原理主義が同

居している場合が多いので、対話主義者には「相手に対する**思いやり**と、**相手を対話に引きずり込むずるがしこさ**」の両方が必要になり、そのいずれもが、他者に対する「**対話的想像力**」によって培われるのだという（[8]）。

ポイント3

原理主義者を心情的原理主義者と戦略的原理主義者とに分けて論じているが、[8]で指摘しているように、両者はひとりの人間の内に見られるものでもあるので、対話主義者は「相手に対する**思いやり**と、相手を**対話に引きずり込むずるがしこさ**」の両方を「**対話的想像力**」として使いこなせなければならないということが述べられている。

これは、[1]にあった、対話における「**知恵と工夫**」を具体的に述べたものだと、論旨の展開上受け取ることができる。では、その「対話的想像力」はどのようにしたら養われるのか。次の段ではそのことが述べられる。

Ⅳ（結論）対話的想像力を得るための実践的な戦略（[9]～[11]）

・対話的想像力を養うためには、実際に他者と出会い対話する経験を重ねていくことが必要だが、対話を行うためには想像力が必要でありその想像力を養うためには対話が必要になるというパラドクス（逆説）が生じてしまい、理論的に考えると困難な問題となる。だが、実践的には試してみる価値のある方法として、「**なりゆき**」に任せてみるというものがある（[9]）のだと筆者は述べ、意外と有効で実践的な戦略なのだと話を進めている。そして、社会学的調査における「雪だるま式」「芋づる式」＝機縁法という方法論を紹介する。手近な人からインタビューして協力者を紹介してもらい、それをくりかえし、得られた人のつながりをおろそかにせず、誠実に向き合い、語りや情報によって自分の問題関心や研究方針を絶えず修正していく。そうすることで、なりゆきから始まった人のつながりが自分の研究を意義のある方向へと導いてくれることがあるというのである（[10]）。

・そして[11]で、アーリが「複雑系」で示したように、グローバリゼーションの時代とは小さな行為がきっかけとなりそれが他者とつながって大きな流れになることが可能な時代なのだから、「他者との対話と想像力を推し進めていくために、とりあえず身近な誰か、あるいは何かとの真摯な対話の試みから始めて、なりゆきに任せてみるのも悪くない」と述べる（そうやって対話的想像力を働かせながら他者に触れる経験を重ねるうちに、いつしか思いがけないほど〈異質な他者〉との出会いへと導かれていくことがありうるだろう）。その「可能性を信じる勇気と楽観性を持てるかどうか」、それが、見通しの悪い世界のなかで（対話主義者として人々との共生を求めつつ）「リアル」でいられるか、現状追認や大勢順応に陥ってしまうかの、分かれ目になるのだとしている。

ポイント4

「他者との対話と想像力を推し進めていくために、とりあえず身近な誰か、あるいは何かとの真摯な対話の試みから始めて、なりゆきに任せてみる」というやり方が、「**グローバリゼーションの時代における人々の共生を実現するための基本的な行動原理**」（[2]）として提唱されていることを論旨展開から読み取ろう。人々と共生していくために、まずは手近な他者との対話と想像力を推し進めていくとは、迂遠《うえん》といえば迂遠な話、楽観論といえば楽観論だとも言える。それだけに筆者は、その「可能性を信じる勇気と楽観性を持てるかどうか」が大切になると述べているわけである。

〈設問解説〉

二〇二四年までの共通テストを参照し、漢字設問＋読解設問＋構成設問＋共通テスト型応用設問という設問の流れとした。なお、漢字設問を3つにし、最後の設問（問6）で〈生徒の書いた文章〉という設定を用いて、そこで国語の知識に関する設問と応用的思考力の設問を出題する形式は、二〇二一年の共通テスト追試験に準じる形で作問した。

問1　漢字、語彙力を問う設問。

漢字の音だけではなく、訓に関しても問われるので、普段の学習においてもそのことを意識して、言葉を身につけていくようにしよう。

(ア)「既存」で、〈既に存在している〉という意味。正解は、③の「皆既」。「皆既月食」は〈月の全面が地球のかげになっている状態〉のこと。他は、①「機知」②「放棄」④「軌」。

(イ)「模(摸)索」。正解は、②の「索引」。他は、①「削減」③「交錯」④「画策」。

(ウ)「権謀」。「権謀術数」で〈人を巧みにだますはかりごとや駆け引き〉の意。正解は、①の「深謀」(「深謀遠慮」で〈遠い先のことまで深く考えて周到に計画すること〉の意)。他は、②「一望」(「一望千里」で〈一目で千里を見渡せるほど、見晴らしがよい〉の意)。③「傍若」④「自暴」。

(エ)「培(われる)」。正解は、②「栽培」。他は、①「倍増」③「賠償」④「陪審」。

(オ)「承知」。正解は、②「承認」。他は、①「招待」③「師匠」④「掌握」。

問2 第二意味段落の趣旨を問う設問。

〈問題文の解説〉の項、Ⅱおよび**ポイント2**を参照。

「原理主義者と対話主義者の議論は、かみ合わない」というのだから、どうして「かみ合わない」のか、両者の違いに着目する。**ポイント2**に記したことを再掲すれば、

▽対話主義者

人々が共生/共棲しなければならない時代(グローバル社会)にあってより良い結論、意思決定を生み出すべく**対話に時間をかけようとする**

その**対話を通じて自分の主張を変えることを恐れない**

▼原理主義者

自らの信念や価値観、思想や世界観を**絶対視**し

あらかじめ結論が決まっているので、対話に**時間をかけるのは非効率的だ**と考える

対話によって**自分が変化することを拒絶**し、**主張を変えるつもりがない**

という違いがあるために、そもそもの根本において話が「かみ合わない」のである。正解は、これらの違いを踏まえて説明している③「前者が、自らの信念や価値観は絶対であり議論に時間をかけるのは無意味だと考えているのに対し、後者は、より良い意思決定にたどりつくためには可能な限り時間をかけて話し合うことが必要だと考えているから」となる。

①は、「前者」に関しては間違いはないが、「後者」に関して「効率的に議論を進めるために」というのでは、本文の論理とは逆になる。

②も「前者」に関しては間違ってはいないが、「後者」に関して「自分の主張を変えることを信条にしている」が言い過ぎている。対話の中で相手が正しいと思ったら自分の主張を変えることを厭わないということであって、最初から「変えることを信条」として持っているわけではない。また、「弱みにつけ込まれて議論で敗れ去ることになる」こと自体が、「かみ合わない」ことの理由だということでもない。

④は、「前者」が「議論の効率性を重んじてあらかじめ結論を用意して」いるとしている点が、「効率性」が最大の目的であるかのようになっており、核心を捉えていない。原理主義者が重視するのは第一に「自らの信念や価値観」であり、それを「絶対視」しているために、効率性を考えて、議論しても無駄だと考えるのである。また、「後者」に関しても、「信奉する意見がないままに他者との対話に必要以上に時間をかけ」が、本文からは読み取れない。さらに、「相手を論破し」という姿勢も対話主義者のものではない。

⑤は「前者」に関しては問題はないが、「後者」に関して「相手に自分の意見を理解させることを重視」が、対話主義者の態度とは言えない。また、「話し合いが非効率的なものになってしまう」が、原理主義者からの判断に偏った説明になっている。

問3 第三意味段落の趣旨を問う設問。

〈問題文の解説〉の項、Ⅲおよび**ポイント3**を参照。

傍線部は、Ⅱでの対話主義者と原理主義者の対比を踏まえて、「対話主義者と原理主義者との対話は、どうしたら可能になるのか。」と提起したものである。Ⅱを視野に入れつつ、提起文である傍線部の後に続く説明を読み取ろう。筆者はまず、原理主義者を心情的原理主義者と戦略的原理主義者とに分け、心情的原理主義者に対しては、なぜそのような信心を持つに至ったのか、その背景を徹底的に想像しうる思いやりが重要だとして、それを「**対話的想像力**」のひとつの解釈だとしている。さらに、戦略的原理主義者に対しては、彼らは論争に「勝つ」ために話に耳を傾けようとせ

ず、対話主義者の「自分の意見を変えることを厭わない」「合意に時間がかかる」やり方を逆手にとって論破しようとしてくるから、対話主義者は狡猾にならなければならないのだと述べている。具体的には、どのように論破しようとしているのかを先読みして、議論の場のルールを批判的に再考し、戦略的原理主義者が拠って立つ「土俵」そのものをずらしていく、つまり「勝ち負けにこだわる相手を勝ち負けではない話し合いへと引き込んでいく」想像力が必要になるのだと説明されている。そして、これも「**対話的想像力**」のひとつの解釈だとしている。

しかし、最終的には、現実問題とすれば、ひとりの人間の中に心情的と戦略的の両方の原理主義が同居している場合が多いとして、したがって対話主義者には「相手に対する**思いやり**と、相手を**対話に引きずり込むずるがしこさ**」の両方が必要とされ、いずれもが他者に対する「**対話的想像力**」に関わるのだと述べている。正解は、これらの事情を踏まえている④「心情的原理主義者には、その頑なな信心の背後にある心情に思いやりをもって寄り添うことができ、戦略的原理主義者に対しては、相手の出方を先読みし議論の場のあり方そのものを勝ち負けではない話し合いへと誘導する駆け引きができるように、対話的想像力を養っていく必要がある」。

①は「心情的原理主義者は……思いやりをもって対応すれば事足りるが、戦略的原理主義者に対しては……対話的想像力によってきれいごとでは済まされない議論も展開できる能力を養っていく」が、「対話的想像力」が「戦略的原理主義者」への対応のみに必要なものであるかのような書き方になっていて、おかしい。正解④のように、「思いやり」も「駆け引き」も共に「対話的想像力」であることを示す形での説明でなければならない。また、「きれいごとでは済まされない議論」というだけでは説明を尽くしていない。勝ち負けではない議論にもって行くということに核心がある。

②も、「対話的想像力」に関して①同様の問題がある。また、「戦略的原理主義者に対しては……論破されないように、対話的想像力によって議論の内容を強化し」というのではない。これでは対話主義者が〈負けない〉ことにこだわっていることになってしまう。そうではなく、議論の仕方そのものを勝ち負けからずらしていくのである。

③にも、①・②同様の問題がある。また、「戦略的原理主義者に対しては……逆に相手を論破することで話し合いそのものを盛り上げていく」が間違い。対話主義者は「論破」という角度から対話をするわけではないし、話を「盛り上げていく」ということでもない。

⑤は「戦略的原理主義者に対しては……論破しようとしてくるのかをいち早く見抜きそれを逆手にとって逆に論破できるように」が間違い。「土俵」そのものをずらすのであって、「逆に論破」できるかどうかということではない。

問4　全文の論旨展開を視野に第四意味段落の趣旨を問う設問。

〈問題文の解説〉の項、**Ⅳ**および **ポイント4** を参照。

傍線部の「分かれ目」とは、「『リアル』でいられるか、現状追認や大勢順応に陥ってしまうか」の「分かれ目」のこと。前者でいるためには、「その可能性を信じる勇気と楽観性を持てるかどうか」だとされている。「その可能性を信じる」とは、「他者との対話と想像力を推し進めていくために、とりあえず身近な誰か、あるいは何かとの真摯な対話の試みから始めて、なりゆきに任せて」みて、それが「大きな流れになる」ことの可能性を信じて実践していくことである。では、なぜ筆者はそうした対話のあり方を強調したいと考えているのか。そこまでを視野に入れて考えたい。[2]段落に「**グローバリゼーションの時代における人々の共生を実現するため**」、[4]段落に「**社会のあり方が複雑化し、多様な価値観や世界観の人々が共生／共棲しなければならないのが現代**という時代」とあることにも着目しよう。また、「相手とのやりとりを通じて自分の主張を変えることを恐れない」([3])のが対話主義者であるということも押さえたい。正解は、⑤「たとえ楽観的に見えようとも、身近な人と誠実に向き合い対話を試みることから始め、そこから生じるつながりの中で他者との対話を重ねていき自らの問題点を修正しつつ対話的想像力を養っていくことが、人々と共生していかなければならない現代を有意義に生きていくために必要な営みだと言いうるということ」となる。「身近な人と……対話を試みることから始め、そこから生じるつながりの中で……」が、10の記述を踏まえた「なりゆきに任せる」の説明となっている。

①は「そのように現状を追認し大勢に順応するだけの楽観的な考えでいたのでは、人々の共生という問題は解決困難」が、「楽観」の中身を取り違えていて間違い。本文では、楽観的かとも思えるがそれを信じて対話していくことが大事だ、とされており、「大勢に順応」はその逆の態度とされている。

②は「パラドクスが存在するため」が、既成事実としてとらえすぎている。理論的に考えるとパラドクスが生じてしまうということであって、あらかじめ存在しているわけではない。また、「社会学の実践的戦略として成果をあげているのだから、そのやり方に倣って」ということでもない。参考例として紹介はしているが、それが「成果をあげているのだから」皆もそうすべきだ、というような強い論拠となるものとして取り上げているのではない。さらに、「身近な人と話し合うことが重要になる」というだけでは、「分かれ目」として、『リアル』でいられる」ことの説明が⑤に比べて不十分である。

③は、「現状追認や大勢順応に陥っている人々をも一方的に否定することなく」とは本文で述べられていない。また、「事態を見守っていくという勇気と楽観性」が、ずれる。対話主義を信じて実践していく「勇気と楽観性」ということである。

④は「議論では原理主義者にはかなわないとはいえ」が、「勝ち負け」を前提とした表現になっており、「勝ち負けではない話し合い」のための「駆け引き」を重視する筆者の考え方と食い違っている。また、「身近な他者との……押し広げていくという対話主義者の信念に従う」とあるが、「身近な他者との……押し広げていく」は筆者の提案であって、「対話主義者」全般の「信念」ということではない。

問5 文章の構成・展開について問う設問。

〈問題文の解説〉の項、参照。「適当でないもの」を答えることに注意。

① 1段落で対話における「知恵と工夫」が重要だとし、2段落で「対話主義」というキーとなる概念を提出し、原理主義者と「対置」することで、4段落で対話主義者の負わされる課題へと論議を深めていっている。本文と合致しており、正解とはならない。

② 5段落は、2段落から4段落での対話主義者と原理主義者との対比を受けつつ、対話の可能性という異なった角度から問題を提起し、以降で（「原理主義」を二つに分けて）より具体的に議論を進めている。合致しているので、正解とはならない。

③ 9段落で、前の部分で述べた「対話的想像力」に関わるパラドクスに着目させつつ、その解決策となる案を9段落末から10段落で提示し、11段落の結論的な考えに結びつけている。合致しているので、正解とはならない。

④ 5段落第一文の「～なるのか」、9段落第一文の「～だろうか」という表現によって、意味段落に分けることは可能だが、2段落末の「～だろうか」によって内容的に分けることには無理がある。したがって、選択肢で言うように、ここで「分けること」はできない。本文は**〈問題文の解説〉**の項に示したような形で四つの部分から成り立っている（1段落と2段落の間で分かれ、2段落と3段落はむしろひと続きである）。「適当でないもの」として、これが正解。

問6 〈本文を読んだ生徒の書いた文章〉という設定で、国語の知識と応用的・発展的思考力を問う設問。

【文章】は、本文の2末尾の「中立原理主義者」に着目し、それが〈通常肯定的にみられているものを否定的評価の言葉と結びつける〉一見奇異な表現であることを指摘した上で、その意味するところと危険性とを述べ、「身近な例」を挙げて考察を加えたものである。設問の中核は「身近な例」を考える空欄**Z**にあり、本文の内容と別テクスト（ここでは〈生徒の書いた文章〉）とを統合的に理解する〈複数テクスト設問〉と、本文の内容を具体例に置き換えて考える〈応用的・発展的思考力の設問〉という二点で、共通テストの特徴を踏まえた設問として作題している。

(i)〈生徒の書いた文章〉の中の空欄に入る〈……的〉という語を答える設問。

空欄**X**は「一般的には肯定的に評価される態度である『中立』と、この文章で批判的に論じられている『原理主義者』という言葉が結びついている」「一種の［**X**］表現」という箇所である。相反するものが「結びつい」た表現、つまり〈一見矛盾するような表現〉なのだから、②「逆説的」が正解。比喩的表現になっているところではないから、①「隠喩」（〈……ような〉などの比喩であることを示す表現を用いない比喩）ではない。③「演繹」は〈一般的な原理や法則を個々の対象にあてはめて考えること〉〈ある前提から（経験的事実に頼らず）論理的推論のみによって結論を導き出すこと〉であるが、そうした箇所ではない。④「象徴」は〈抽象的なことがらを、それをイメージさせる具体的な何かで表すこと〉だが、そうした箇所でもない。――以上のように、この設問は実質的には、選択肢のそれぞれの語の意味を知っているかどうかを問う語彙力設問である。二〇二一年度の追試験がそうであったように、今後はこうした形で、読解力・思考力設問の中に語彙力設問が組み込まれるケースもあると考えられるので、それを想定して作問した。

(ii)〈生徒の書いた文章〉の中の空欄に入る副詞・接続詞を考える設問。

空欄**Y**は、前段落で「中立原理主義者」という言葉について〈通常肯定的な意味合いで用いられる「中立」と、本文で批判的に論じられている「原理主義者」とが結びついている〉ことが「気になった」とし、「『中立原理主義者』とはいったいどのような存在なのか」と問うた上で、「［**Y**］、どの立場にもかたよらない『中立』な姿勢をとることは、公正で望ましい（＝肯定的に評価される）態度のように思える。だが、それは一方で、解決しなければむしろ公正さが脅かされるような問題に対し、自らが責任を負いたくないゆえに放置することを意味してしまう（＝否定的に評価されるものになってしまう）おそれがある」と述べ、最終的に「『中立原理主義者』とは……問題をはらむあり方を言ったものなのではないか」と、否定的側面に焦点を当てる見方を提示している箇所である。〈……のように思える。だが〜〉という形から、〈……〉の箇所で述べたことを「だが」以下でひっくりかえして筆者が強調したい主旨（ここでは、前段落の「『中立原理主義者』とは」という問いかけに対する答え）を述べる流れであるとわかるだろう。したがって、例えば〈たしかに一見正しいことのように思える。だが、実は間違いだ〉のように、〈逆接語とセットになって、逆接の後でひっくり返される〝前置き的な部分〟を導く〉はたらきをする④「たしかに」が入ることになる。

①「むしろ」は〈A（よりも）むしろB〉という形で、〈ABを比較してBを選択する〉〈AをよりふさわしいBという言い方に言い換える〉ような場合に用いる語である。空欄**Y**の前の「『中立原理主義者』とは……どのような存在なのかを考えてみることにした」と、空欄**Y**の後「……公正で望ましい（＝肯定的に評価される）態度のように思える」は、先のABのような関係ではないので、ここに①「むしろ」を用いるのはおかしい。②「ところで」は〈話題を転換する〉語だが、空欄**Y**の前後は「話題」自体はどちらも「中立」「原理主義者」についてであり、〈転換〉はしていない。③「とりわけ」は〈特に〉というふうに前の内容の中で特に取り立てていうものを後で挙げる場合に用いる語だが、空欄**Y**の前後はそういう関係になっていない。

(iii)〈生徒の書いた文章〉の中の空欄に入る具体例を考える設問。

空欄**Z**の前は、「どの立場にもかたよらない『中立』な姿勢をとること」が「解決しなければむしろ公正さが脅かされるような問題に対し、自らが責任を負いたくないゆえに放置することを意味してしまう」（a）ような、「問題をはらむあり方」（b）が「中立原理主義者」なのではないか、と述べている。その「身近な例」として「例えば」に続くのが空欄**Z**である。また、空欄**Z**の後ろは、**Z**に入る内容を「そういう場合」と指示語でうけて、「必要なのはむしろ当事者との『対話』であろう（c）し、また、どのような場合に『中立』の原則を破るべきかについての『議論』であろう（d）」と述べている。空欄前後のこうした内容と、「原理主義者」についての本文の説明（[2]「特定の信念や価値観、アイデンティティを絶対視し、対話によって自分が変化することを拒絶する態度」「自らの思想や世界観を絶対視し、他者との相互作用を通じた変化を頑なに拒み続ける」

（e））をおさえておいて、選択肢を見ていこう。

①は「……どちらももっともだと感じて聞くたびに意見が変わってしまい、最終的な結論をなかなか出せなくなる」が、（e）に合致しない。「原理主義」である以上は、「対話によって自分が変化する」ことはなく、「他者との相互作用を通じた変化を頑なに拒み続ける」のでなければおかしい。また、①では「対話」はなされているのだから、（c）にもつながらない。

②は「SNSで明らかに差別的な発信が繰り返され、被害を受けた人たちがSNSの運営母体に対し加害者の発信機能停止を求めている」が、（a）の「解決しなければむしろ公正さが脅かされるような問題」に当たり（差別を行うことにためらいのない人間によって被害者が一方的に傷つけられることになるという意味で、社会の「公正さが脅かされる」のである）、②「運営母体が『中立』を保つと称して」問題の解決に努力しないのだから、（a）（b）の「自らが責任を負いたくないゆえに放置する」「問題をはらむあり方」にも該当している。「加害者」と「被害を受けた人たち」との間の問題を解決するために（c）「必要なのはむしろ〈運営母体と〉当事者との『対話』であろう」とするのも無理のないつながりだし、「SNSの運営母体」が一方に対し「発信機能停止」という〈処分〉を下すという話だから、今後それが濫用されないように（d）「どのような場合に『中立』の原則を破るべきかについての『議論』」が「必要」だというのも妥当なつながりである。さらに、②「被害を受けた人たち」の訴えにもかかわらず「中立」をかたくなに守って「介入しようとしない」のだから、（e）「特定の信念や価値観……を絶対視し……自分が変化することを拒絶する態度」と言える。正解は②である。

③は、「中立」を守ることによる「問題」ではあるから（b）に当たり、（c）にも一応つながりはするし、（e）にも該当するだろう。だが、②と比べると、③「有権者の失笑を買ってしまうような候補者の発言や振舞い」は（a）の「解決しなければむしろ公正さが脅かされるような問題」とまではいえない（そうした発言や振舞いが選挙を争う上で〈不利になる〉ということはもちろんあろうが、それは〈〝すべてを平等に放送する〟という「公正」なルール自体は守られている中で、本人が自ら〝不利〟になるような発言や振舞いをした〉ということなのだから、そのことで「公正さが脅かされ」ているということにはならない）。したがって、③の問題をもって（d）のような「議論」が「必要」になるとも言えない。

④はそもそも「中立」を「装」っているだけで実際にはそうではないのだから、そもそも「中立原理主義」ではない。

この種の〈複数のテクストを統合する設問〉では、右のように、両方のテクスト（ここでは本文と【文章】）から設問要求に関連することを〈正解の条件〉として把握し、それらを満たすかどうか、という観点で選択肢を見ていくことになる。意識して練習を重ねてほしい。

第2問

〈出典〉

本文は、井上靖（いのうえ　やすし）「風」（『文藝春秋』一九七〇年一月発表、『井上靖短篇集　第六巻』（一九九九年　岩波書店）所収）の一節。なお、本文中には現在では使用されない表現も見られるが、発表当時の時代背景を反映したものとして原文のままとした。また、作問の都合でやむをえず文章を省略した箇所、出題に際しルビを追加した箇所がある。

【資料】は、井上靖「私の自己形成史」（『日本』一九六〇年五月〜一一月発表、『幼き日のこと・青春放浪』（一九七六年　新潮文庫）所収）の一節。なお作問の都合でやむをえず文章を省略した箇所がある。

井上靖は一九〇七年北海道生まれ。三歳で伊豆に住む祖母に預けられ、祖母の死後、十三歳で浜松の両親のもとに移ったが、翌年には軍医である父は満州に転勤になり、その翌年に自身も中学を転校し沼津に寄宿することとなった。その後、九州帝国大学英文科に入学するがのちに中退、京都帝国大学哲学科に入学し、在学中から詩や小説を執筆し、懸賞小説で次々と入選している。大学卒業後、大阪毎日新聞社に入社し記者として約十五年勤務した後、「闘牛」を発表し芥川賞を受賞、本格的に執筆活動に入り、翌年に新聞社を退社している。「私の自己形成史」は芥川賞受賞後、作家生活に入って十年目に書かれたエッセイであり、「風」はそのさらに十年後に、自身の体験に基づいて書かれた短篇小説である。小説の代表作としては『淀《よど》どの日記』（野間文芸賞）『天平《てんぴょう》の甍《いらか》』（芸術選奨文部大臣賞）『敦煌《とんこう》』『楼蘭《ろうらん》』（毎日芸術大賞）『風濤《ふうとう》』（読売文学賞）『おろしや国酔《こくすい》夢《む》譚《たん》』（日本文学大賞）『孔子』（野間文芸賞）などがあり、他にも多数の作品が出版されている。

〈問題文の解説〉

本文前の説明文（リード文）にもある通り、小説「風」は、「私」の父が亡くなって十年後に「私」を含めた息子や娘たちが、父との思い出をそれぞれ文章にして小冊子を作ろうと計画することから始まる。ところが、みなが賛同し、小冊子の作成を進めるはずが、誰も書いている様子がない。そのような状況に続く本文は、空行をはさんで三つの部分に分けて構成されている。第一の部分では父との思い出が書けない現在が、第二と第三の部分では「私」の父との思い出が、それぞれ描かれ、文章全体から「私」と父との、父親と息子としての関係が浮かびあがってくる。本文前に説明文が付いている場合、その説明文は本文読解、および解答選択に重要な役割を果たすので、必ず先に目を通すようにしよう。また、本文全体において何がテーマとなりどのようなことを伝えようとしているのかをまず把握することが重要なので、本文を読み終わる前に設問を解きはじめるようなことはしないようにしたい。

では、それぞれの部分について詳解していく。なお、解説中では本文の表現は適宜、補足・変更している。

第一の部分

「私」も弟も、父の息子として父との思い出を書けないことが、二人の会話を通して描かれている。「私」は、弟の漠然とした発言から彼の考えたことを理解したわけではないし、二人の考えていることは別々ではあるが、父親に対する息子という立場において相通ずるところがあり、お互いに労わる気持ちがあることも共通している。

弟
- 親父のことを書くのは難しい　**問1**
- 恩師だとか友達だとか……らくな気持で書けるんだが、親父となるとね
- 親父が不思議なんではなくて、親父と息子の関係が不思議なんだ
- 息子にとって、親父というものは何だろう
- 息子というものはみんな親不孝だ……苛酷な批判者だから

→（「私」を）労わっている

「私」
- 父親に関する思い出の中で、いいものだけを拾って行くと、殆ど全部が無言劇……俺も父親も話していない……うんざりしたような表情
- 父親の思い出を……半年程前に、何となく頭の中で整理した……父親という不思議なものにぶつかっている思いであった　**問2**
- 父親のことなら幾らでも書けると思っていたのであるが、いざ自分

の心に刻まれている父親のイメージを拾うとなると、そうたくさんはなかった
・二つか三つの絵の中だけにしか、父と子という一組の親子の姿は見出されないような思い……他の絵の中では父が父でなかったり、自分が父の子でなくなったりしている
・親と子が、親と子として向い合うということは案外少ない……俺が親不孝であるせいかも知れないが
・(弟に)言われてみると、私の場合も同じ……私も話していなければ、父親も話していなかった
・いいじゃないか、喋っていなくたって。――喋ると、忽ちにして壊れてしまうような、そんな関係だろう、父と子というものは
　→多少弟を労わる

第二の部分　問3

「私」が大学生の時、父が予想よりも早く昇進とともに退官を迎え、満開の桜の花びらが舞う中を家族で歩いた思い出である。第一の部分でも述べられていた通り「私」と父との間に会話はないが、言葉をかけないことで、父と「私」は親と子としてあり、言葉をかければ崩れてしまいそうな脆さをもった平穏と団欒と幸福があったと回想されている。

父の様子

・幾らか前屈みの姿勢で歩いていた
　→風に抵抗している……風のためばかりではなかった
　弟はもともと父はあのような姿勢だと言い
　妹は……急に老けたのではないかと思うと言った
・絶えず、行き交う将校や兵隊たちから挙手の礼を受けていた
・新しい将官の肩章を意識していないことはなく、上機嫌でにこにこしていた
・今日一日栄進を悦び、あすはそこから身を引くといったところがあった
・栄進とも退官とも同居していたが、そのようなものは微塵も感じさせなかった
・嬉しそうではあるが、どこかに淋しげな影もあるというようなものではなかった

「私」の受け止め方

・軍服姿の父には抵抗を感じていたが、この日の父は例外だった
・いつもなら(上機嫌でにこにこしている)父が厭に感じられるに違いなかったが、その日は少しも厭ではなかった
・父が退官の方を意識して浮かない顔をして歩いていたら……それはそれで……厭だったに違いない
・子供の私にも、(今日一日栄進を悦び、あすはそこから身を引くといった父に)健気でいさぎよいところが感じられた
・今日は今日、あすはあす、今日は嬉しいのだから、嬉しさだけで行きましょうといったところが感じられた

第三の部分

退官後、郷里で隠棲している父に病院長に就任する話が持ち込まれ、それを受諾することを勧めるために「私」が帰省した時の思い出である。帰省後すぐ、「私」は父が既にその話を断ってしまったことを母から聞いたが、父に社会とは無縁になりきった雰囲気を感じて、その話には一切触れずに帰った。この時も「私」と父が言葉を交わすことはなかったが、野良着を着て庭に出る父を見た「私」は、父が自分の父親であり、自分は父の子であるという深い思いを抱いた。

父の様子

・半ば世を捨てた人間のように、第三者には頑とさえ見える生活をしていた
・初めからそうした(医者として開業しようと思う)気持の持ち合わせはなかった
・悠々自適とか、晴耕雨読といった心境とも異っていた
・畑に、隠棲後、急に痩せの目立った体を、毎日のように運んでいた
・自分からは他家を訪ねるというようなことはなく、家の門口に立つのも稀だ

・畑以外、ほかに出て行くところがないから……用事がない日でも畑には出て行きます（母の発言）
・父は一度立ち上がって（父に近付いて行った）私の方を見、何か言おうとしたらしかったが、結局は何も言わないで、物置小屋の方へ歩いて行った

「私」の受け止め方　問4

・（父は）実際に百姓仕事というものが好きであったのかも知れない
・漸く目立ち始めた父の暗い貧しげな生活がそのために（病院長になることで）少しでも明るくなるのではないかと思った
・（病院長就任を）断ったことを知ろうと、知るまいと、私はそのことには触れなかったに違いない
・（父は）生まれ付き厭人癖のところはあったが、暫く見ないうちに、それが烈しくなっていた
・縁側から野良着に着替えて庭に出て行く父の姿を見守っていて、これが自分の父親なのだなと思いを深くした
・まさしく自分はこの父親の子なのだと思った
・寒い日は（父を）畑に出さない方がいい……なぜ出て行くのかな（「私」から母への発言）
・私と父とが立場を替えていたら、私もまたそのようにした（近付いて行った私に何も言わなかった）であろうと思う
・父の思い出の中にはいつも風が吹いているように思う……この日は確かに風が吹いていていて、庭は散り敷いている落葉で、半ば廃園のように荒れて見えていた

〈設問解説〉

問1　心情を説明する設問。

大学入試センター試験から継続的に出題されているオーソドックスな心情説明設問である。ただし、主人公の「私」ではなく、弟の心情の説明なので、弟の発言に注目し、正確な心情把握を心掛けたい。

まず傍線部を含む弟の発言では「おふくろ」と比較する形で「親父のことを書く」ことについて「難しい」と述べていて、これはそのまま弟の思いととらえてよいだろう。続けて弟は「どうも難しい」「何か書かなければならぬが、なかなかたいへんだ」と重ね、「恩師」「友達」と比較して「らくな気持」で書けないこと、また「親父が不思議」なのではなく、「親父と息子の関係」が不思議なのだということを述べて、「息子にとって、親父というものは何だろうね」という疑問を口にしている。息子として父との親子関係を改めて考えていることに注意しよう。さらに、その後弟は「父親に関する思い出の中で、いいものだけを拾って行くと、殆ど全部が無言劇なんだ。俺も父親も話していない」と「うんざりしたような表情」で言っている。このことから、いい思い出はあっても、そこで父と自分との間に会話はなく、黙っていることがほとんどだった、ということも「親父のことを書く」ことが「難しい」という心情の一環であるとわかる。心に残る会話、といった具合にそのまま言葉になるものがないので、思い出話らしい書き方ができるものとは思えず、「難しい」のである。以上から、正解は③である。リード文にもあるように、弟は父との思い出を小冊子にすることの発案者であるが、いざ実際に書くとなって案外困難であったために、「困惑」を感じていると考えられる。

誤答について、①は「よい思い出が浮かばず」が不適当。「父親に関する思い出の中で、いいものだけを拾って行くと……」とあるように、「よい思い出」自体が浮かばないのではない。また、「父親という存在の不思議さ」も不適当。「親父が不思議」なのではなく、「親父と息子の関係」が不思議なのである。②は「親と子として向かい合うことが思った以上に少なかった」は「私」の発言であって、弟の心情ではない。また、「父親に対し申し訳なく感じ」も本文に根拠がない。④は「生前の父との会話が少なかったことを後悔している」が本文に根拠がなく不適当。⑤は、「十年も前に亡くなった父」と「生きている母」とを対比し、それに基づいて「父との思い出は……思い浮かばず」としていることがおかしく（これでは単に、昔のことだから思い出せない、ということのようになってしまう）、「思い出」自体が浮かばないような言い方であることも①同様に誤りであり、また「息子にとってそもそも疎遠である父親」も不適当である。

問2　心情を説明する設問。

問1に引き続き、オーソドックスな心情説明設問であり、主人公「私」の心情を解答する。

まず、傍線部を含む一文から、ここでの「思い」は、「半年程前」に父親の思い出を何となく頭の中で整理した時から、「父親という不思議なものにぶつかっている」という心情で、「弟の言い方で言えば」とあるので、問1で見たように、「親父と息子の関係」が不思議だという「思い」である。

次に、その「思い」について、傍線部の後で「父親のことなら幾らでも書けると思っていたのであるが……自分の心に刻まれている父親のイメージを……きびしく拾うと二つか三つしかなかった」「その二つか三つの絵の中だけにしか、父と子という一組の親子の姿は見出されないような思いだった」「他の絵の中では父が父でなかったり、自分が父の子でなくなったりしている」と書かれている。ここでの「絵」は比喩的表現で、思い出のワン・シーンといった意味であろう。さらに、「私」はその「思い」を「親と子が、親と子として向い合うということは案外少ないものだね。俺が親不孝であるせいかも知れないが」と弟に語っている。ということは、「私」が、子として親を慕い、大切にするように接していなかったせいで、父親に「親と子として向い合う」ことが案外少なかった、という「思い」であることになる。以上から、正解は②である。「たくさんの思い出があるようでいて」は本文の「幾らでも書けると思っていたのであるが」に該当し、「父親像が深く心に残っている」は本文の「自分の心に刻まれている父親のイメージを……」に当たる。

誤答について、①は「弟と同様、自身も父親と親しく会話を交わした記憶がなく、そのため……」が、傍線部の「思い」の説明として不適当である。「そう言われてみると、私の場合も同じだった。私も話していなければ……」とあるのは問1で見たように〈いい思い出は無言劇だ〉ということであって①の内容とはズレているし、そのことに気付いたのは弟に言われた後であり、半年程前からもつ傍線部の「思い」ではない。傍線部の心情がいつのものなのかに注意しよう。③は「妹」との対比で「娘ではなく、息子にとっての父親という存在の不思議さ」が不適当。妹も結局は「書けない」でいる（第二段落）のだから、③のような対比は本文に即したものとは言えない。④は「面白みのない出来事ばかり」が本文の内容からずれており、「弟の思いが十分理解できて」も、「弟が考えていることを……理解しよう筈はなかった」とある本文に反する。⑤は「絵のように美しい一組の親子の姿として見出され……」が「絵」の比喩表現の理解として不適当である。

問3　心情を説明する設問。

傍線部を含む本文の第二の部分における主人公「私」の心情を説明する、比較的解答範囲の広い設問である。

ここでの父の様子と「私」の受け止め方は、**《問題文の解説》**の箇所で述べたが、もう一度整理してみると以下のようになる。

事実関係：父は将官に昇進して、同時に退官した（①・②・③・④・⑤）

父の様子：新しい将官の肩章を意識し……上機嫌でにこにこしていた（①・③・④・⑤）
　今日一日栄進を悦び、あすはそこから身を引くといったところがあった（①・④）

「私」の心情：軍服姿の父には抵抗を感じていたが、この日の父は例外だった→抵抗を感じない（①・②）
　いつもならそうした（上機嫌でにこにこしている）父が厭に感じられるに違いなかったが、その日は少しも厭ではなかった（①・③・④）
　その日の父には……健気でいさぎよいところが感じられた（①・②・④）
　今日は今日、あすはあす、今日は嬉しいのだから、嬉しさだけで行きましょうといったところが感じられた（①・④）

以上に加え、本文の第二の部分の終わりにあたる二重傍線部の後に「脆さを持った平穏さと、団欒と、幸福があった」と書かれていることも踏まえて、その日の特殊な均衡の上に成り立った穏やかな幸せを喜ぶ心情を説明している①が正解となる。①「殊勝な」はここでは〈健気な〉の意である。

誤答について、②は「予想より早かったことへの内心を思いやると……厭悪感が生じず」「上機嫌をよそおう」が不適当。これではつらさや淋しさの方に重点があることになってしまう。③は「やはりどこか淋しげな影もある様子」が、④は「父親が急に老けてしまったように思われ気がかり」が、それぞれ不適当である。⑤は「誇らしく感じて」が本文に根拠がなく、「少し離れたところから見守りたい」が、「わざとそうしたわけではなかったが、父より少し離れて歩いた」と反する。また、本文には「父は多少の眩しさと共に歩いていた」と書かれているが、「共に」とあるように、満開の桜の花びらの舞う情景や、昇進の晴れがましさといった全体の雰囲気を「眩しさ」と表現していると考えられ、「眩しい」を「父親」の存在だけに限定することはできない。

問4 内面を説明する設問。

傍線部の「私」の行動の要因となる内面を説明する設問。傍線箇所は本文の第三の部分にあるが、第一の部分、第二の部分に描かれている「私」と父との関係も踏まえて解答しなければならない。また、適当なものを「二つ」選ぶことにも注意してほしい。

ここでは、「私」が父に近付いて行ったにもかかわらず、何も言葉を掛けることなくまた父から離れたことがポイントである。第三の部分前半でも、「私」は父に進言するためにわざわざ帰省しているのに、それについてひと言も言わずに帰ってしまっている。そして傍線部の後では、そうした「私」に父もまた、何か言おうとして結局何も言わずに離れて行き、その父の行動について「私と父とが立場を替えていたら、私もまたそのようにしたであろうと思う」と述べている。つまり、本文の第一の部分の最後で「喋ると、忽ちにして壊れてしまうような、そんな関係だろう、父と子というものは」と「私」が話している親子の関係が、第二の部分でも第三の部分でも描かれており、傍線部は「私」が自分と父をまさにそのような関係と感じている箇所であろう。

また、傍線部直前の母とのやりとりの前には「野良着に着替えて庭に出て行く父の姿を見守っていて、これが自分の父親なのだなと思いを深くした。そしてまさしく自分はこの父親の子なのだと思った」とある。また、第二の部分の二重傍線部を含む箇所でも「いかなる言葉をかけても、そこには崩れてしまいそうなものがあった。父から言葉をかけられても同じことであった。お互いに黙っている限りに於て、父は私に対して父であり、私は父に対して子であった」と書かれている。以上から、正解は①と③である。

誤答について、②は「何を言っても無駄だと諦めた」が不適当である。「すでに社会とは無縁になりきっている」雰囲気を持つ父を、まさに「これが自分の父親なのだな」と深く思い、受けいれているのである。④は、同じ意味で「明るく変えることがかなわず、落胆していた」が不適当。⑤は「母に、遠慮した」が無根拠であり、⑥は「父親を理解することはできないと思った」が不適当である。

問5 【資料】を踏まえて傍線部の内容を説明する設問。

共通テスト第2問の最終設問では、本文とは別の文章等を踏まえて解答する設問が多く出題されている。このような本文以外の文も踏まえて解答する発展的な設問は、今後も出題されると考えてよいだろう。したがって、ここでは本文と同じ筆者によるエッセイを【資料】とし、それを踏まえて解答する設問を出題した。このような設問は本番に備えて十分に練習しておこう。また、会話形式の空欄補充という設問形式にも慣れておきたい。

まずは【資料】の内容を整理してみよう。その後の会話文にもあるように、【資料】が書かれたのは父親が亡くなって八カ月後であり、当時の筆者の率直な気持ちが自己分析的に書かれている。

父の生前の筆者について

・筆者は常に父親に完全なものを求めていた

・世の子供たち同様、筆者は自分の父親に対して苛酷きわまりない批判者だった

←

・子供は自分が父親によって決定されていることを本能的に知っているから

・自分が父親のすべてのものを受け継いでおり、所詮父親の持っているものから脱出できないことを知っているから↓血の反撥

・父と母との生き方を敵として、ずっとそれと闘ってきたはずであった

父の死後八カ月の筆者について

・父の死を悲しむ心を私が持った

・批判すべき相手を失ってしまったことを、自分ではっきり認識した

・最早この世において、自分と同じような考え方、感じ方をする人間を持っていない↓ときどき激しい孤独を感じる

・一生反撥してきた父親が、自分のこの地球上におけるただ一人の理解者であったと気付き始める

・父と母とに反抗して自分に全く両親とは別の生き方を強いてきたが、両親の生き方に最も強く同感し、それを理解していたのは自分ではなかったろうか

←

・こうした考え方にぶつかった時ほど、憮然とした思いに曝されることはない

筆者は、父の生前は父に反撥し、きわめて苛酷に父を批判してその生き方とは違う生き方をしようとしていたが、父の死後は批判すべき相手を失い、父の死を悲しんでいる。そして、父への反撥も自分が父の血を受け継いでいて、そこから脱出できないことに由来していたように、自分と父が同じ考え方、感じ方であるからこそ、自分を理解してくれるのも父親ただ一人であり、自分も両親の生き方に最も強く同感し、それを理解していたのだと自覚している。

だが、筆者の父への思いが、父の生前と死後で単に反撥から共感へと転換したのだとも言い切れない。エッセイの最後では、「両親の生き方に最も強く同感し、それを理解していた」という考えにぶつかったとき筆者は、「憮然とした思いに曝される」と述べている。「……時ほど……曝されることはない」という強い表現であることにも注意してほしい。「憮然」は〈失望、落胆してどうすることもできないでいるさま〉または〈意外なことに驚いて茫然《ぼうぜん》とするさま〉という意味なので、いずれにしても筆者は自分が両親に同感し、両親を理解していることに対してかなりがっかりし、心外に思ってもいるのである。したがって父の死後八カ月経った筆者の思いには、両親への同感・理解を認識した一方で、父親の生前と同様、自分は両親と違っていたい、父親から受け継いだものに反撥しそこから脱出したいという思いも、依然として残っていると理解するべきだろう。

(i)　以上の内容理解に基づいて(i)の空欄補充問題を解答する。空欄［Ⅰ］は「その思いは」に続くもので、「その」の指示内容は直前のAさんの発言中の、【資料】に書かれている「私」の「父親に対する思い」である。また、空欄［Ⅰ］の後の教師の発言にも「【資料】で述べられている筆者の父親への思いを把握できました」とある。このように、会話文形式の設問では発言のやりとりに注目し、それに基づいて解答する必要がある。この「思い」は先ほど述べた通り二面的な思いでなければならないので、正解は⑤である。

誤答について、①は「脱出することができないための……孤独」が不適当。【資料】中での「孤独」は、父を失ったことで感じられたものである。②は「安心感と悲哀」が【資料】で述べられていないことで、不適当である。③は「反抗と嫌悪」というネガティブな思いしかない点が、逆に④は「認識と同感」だけで依然として残っている「反撥」に類する思いが欠けている点が、ともに適当とは言えない。

(ii)　次に、以上の理解を踏まえて(ii)を考える。空欄［Ⅱ］は、直前の教師の問いかけ「この内容を踏まえると、お互いに黙っている『私』と『父』についてはどのように考えればよいでしょうか」を受けたAさんの発言である。また、空欄［Ⅱ］の後でBさんは「そうですね。父親と子としての『私』の脆くとも完全な関係がここに見られるように思います」と述

べている。このことを手がかりにした上で、二重傍線部は本文の第二の部分の終わり近くにあるので、問3、問4も参照して考えるとよいだろう。すなわち、「私」は父の血を受け継いだものとして、父と同じような考え方、感じ方をし、父への同感・理解をもつのと同様に、父もまた「私」の唯一の理解者であると思われること、さらに父と町を歩いた場面は、「いいじゃないか、喋っていなくたって。――喋ると、忽ちにして壊れてしまうような、そんな関係だろう、父と子というものは」と「私」が思うような記憶の中の一場面であることから、正解は②である。「私」が父と自分とが互いを理解していたと強く感じはじめたのは父の死後であるが、父の生前にもそうしたひとときが幾度かあったということが、傍線部Bの後に示されている。「父は私に対して父であり、私は父に対して子であった」とあり、「平穏さと、団欒と、幸福があった」と続く二重傍線部は、まさにそうしたひとときだったのである。一方で、ふだんは(i)で見た「反撥」が主であるような関係であるから、そのひとときの「脆さ」もわかっており、ゆえに②「あえて言葉を交わさずにいた」ということになる。

誤答について、①「相手の内面には立ち入らず、それぞれの思いを尊重できた」が不適当。これでは「団欒」にたとえられるものとは言えまい。③は「反撥(を押し隠す)」がここことは逆方向。④は「いつかは訣別の日が訪れることを……」以下がここことは無関係。⑤は「父親に自分の思いを理解してもらうためには……黙っている方がよい」が、自分から父への方向性しかなく、「父であり……子であった」にも「団欒」にも届いていない。

第3問

〈出典〉

【資料A】、【資料B】図表1、問1選択肢①～⑥は『平成27年版 情報通信白書』(総務省)をもとに作成。

【資料B】図表2は「育児とスマートフォン」(橋元良明 久保隅綾 大野志郎)をもとに作成。

『情報通信白書』とは、総務省が毎年発表している情報と通信についての報告書であり、「情報通信の現況及び情報通信政策の動向について国民の理解を得ること」を目的としている。平成27年版においては、ICTの過去・現在・未来をテーマに考察している。

「育児とスマートフォン」は、乳幼児における情報機器の利用の実態や、影響、育児との関係についての株式会社KDDI総合研究所と東京大学大学院情報学環の共同研究の報告である。

〈問題文・資料の解説〉

二〇二五年大学入学共通テストより導入される、この第3問型の問題は、大学入試センターより公表されている〈試作問題〉を踏まえると、単に与えられた文章の論旨を把握することが求められているだけでなく、①(生徒の学習の場面などの)具体的な場面において、ある目的のもとで、②複数の(文章だけでなく、**図表(グラフ)**を含んだ)テクストを見比べ、③必要な情報を素早く抽出し、④(レポートを書いたり議論をしたりといった)テクスト外への応用的思考を展開することが求められていると言える。

このような問題に対処するためには、目的意識や方針のないままただ漫然と与えられたテクストを読むのではなく、リード文や設問文に示される、場面や設定を把握したうえで、どのような目的でそのテクストが活用されるのかを正確に押さえて分析する必要がある。各々の資料は、タイトルや小見出しといった階層の高い情報なども参考にしてまずは概略をつかんでおいてから、必要に応じて(=設問の要求に即して)仔細を吟味していくことになるだろう。

本問には、リード文が付されているので、場面や設定を理解するために、しっかりと読んで理解しよう。以下のようなところに注目できていればよいだろうと思われる。

①「ICTの利用状況について調べ、レポートを書く」：ICTの利用状況が全体を通してのテーマである。

②「【資料A】【資料B】はレポートを書くために調べ、見つけたものの一部であり」：【資料A】【資料B】を統合・解釈し、そこから読み取れることや考えたことがレポートとしてまとめられる、という設定である。

③「【下書き】は……」：（レポートの清書ではなく、）下書きであるのだから、修正すべき点、不十分な点があるかもしれない。

【資料A】

現実に目にするテクストから私たちが情報を読み取るときのことを思い起こしてほしい。文字情報からのみ情報を把握しているわけではなく、レイアウトなどの視覚的なものからも情報を得ていることがわかるだろう。今回の【資料A】についても、文字情報以外にも視覚的なものから情報を得ることができるので、留意しておくとよいだろう。五つの「●」に注目すれば、情報が五つ箇条書き的に示されている（以下[1]～[5]）だろうと推測できる。つぎに二つめの「●」の箇所には一段下がって「○」が二つ併記（以下①②）されていることから、二つ目の項目には階層が一段下がった情報が二つあることがわかる。さらに①の項目には「←」、②の項目には「→」とあり、内容も踏まえて考えると、①は、[2]の項目の背景、②は[2]の項目から読み取れることなのではないかと見当がつく。

以上を踏まえたうえで、まずはこの資料の概略を摑《つか》もう。

[1]（60代が顕著であるが）「ICT利活用の普及は全年代共通の現象だ。

[2] ICT利用における年代差として大きいのはスマートフォン、フィーチャーフォン、固定電話、逆に小さいのは、テレビ、PCだ。

←（①）シニア層でスマートフォン普及が進まない理由は、操作の困難さと利用料金の高さである。

→（②）「シンプルスマホ」「格安スマホ」の普及によってシニア層のスマートフォン利用率が向上する可能性がある。＝操作の困難さと利用料金の高さの問題が解決すれば、シニア層におけるスマートフォン利用率が向上する可能性がある。

[3] スマートフォンは若い世代ほど利用率が上がり、フィーチャーフォンや固定電話は逆に年代が上がるほど利用率が高くなる。

[4] 何かを調べる際のもっとも一般的な手段として、年代を問わずインターネットが浸透している。

[5] ネットショッピングの世帯利用率は過去約10年間で（シニア層も含め）全年代的に上昇し、全年代でネットショッピングに積極的である。

【資料B】

【資料B】は、二つの図表（グラフ）から構成されているものであるが、このような図表（グラフ）も、まずは概略を押さえることが大切である。そのためには、図表（グラフ）のタイトルやキャプション（説明書き）を参照したり、グラフの概形などの大きな特徴を捉えたりすることが効果的である。細かい内容の精査は設問等の要求に応じて行えばよい。これを踏まえ、**図表1・図表2**を捉えよう。

図表1＝［タイトル］子どもにICT端末を利用させる理由

［大きな特徴］（未就学児と小学生で違いのある項目もあるが、）「保護者の手を離れる時間ができる」、子どもの「機嫌が良くなる」、教育の道具となる（「学習ができる」「スマートフォン、タブレット端末等の操作を覚える」）といった理由がICT端末が育児に使われる主な理由である

図表2＝［タイトル］幼児向けスマホ依存判定項目ごとの該当率＝幼児がどのようなスマホ依存にどの程度陥っているか

［大きな特徴］育児にスマホを用いている保護者の子どもが何らかの形でスマホ依存になる危険性は低いとは言えない

【下書き】

【資料A】や**【資料B】**との関係も捉えながら、概略を把握しよう。

〈第一段落〉ネットショッピング（**【資料A】**[5]）や情報収集（**【資料A】**[4]）において、インターネットの利用率は若年層とシニア層の間で大差はない、ということから、「若年層とシニア層のICT利活用全般に差はない」という考えをまことさんは導いている。

〈第二段落〉第一段落の内容を「このような若年層とシニア層のICT利用状況の差が縮まっているという変化」と受け、そこから、インターネット技術の便利さは全世代にとって不可欠なものであり、その技術の普及は不可逆だという主張をまことさんは導いている。

〈第三段落〉ICTの育児への利用が増加していると指摘したうえで、保護者が未就学児や小学生にICT端末を利用させる理由（**【資料B】図表1**）から「忙しい保護者の育児において、ICTは、ますます有用なものになりつつあると言えそうだ」という結論をまことさんは導いている。

〈第四段落〉第一段落から第三段落までの内容を踏まえ、ICTには便利な点もあると指摘するが、**【資料A】**[2]（①）**【資料B】**（**図表2**）を踏まえるとその使用には注意しなければならないこともあるとしていて、その内容が空欄 **X** に入る。

〈設問解説〉

問1 **【資料A】**で言及されていない**図表**を選ぶ問題。

設問の要求は、**【資料A】**で言及されていない**図表**（グラフ）を選ぶことであるが、（**【資料B】**の解説でも述べたように）**図表**（グラフ）の把握においては、タイトルや**グラフ**の概形などから概略をつかむことが大切である。順にみていこう。

①タイトルは「インターネット利用率の向上（年代別）」であり、これは、**【資料A】**[1]の主旨、〈全年代におけるICTの普及〉に合致している。（実際、「2002年と2014年の年代別インターネット利用率を比較すると、全ての年代で利用率が上昇しており、特に60代以上のシニア層での上昇率が大きい」という**【資料A】**の記述も**グラフ**から読み取れるデータに合致している。）したがって、正解ではない。

②タイトルは「娯楽目的で動画を視聴する際の手段（年代別）」であるが、これは**【資料A】**のいずれの項目にも述べられていない内容である。**【資料A】**[2]の項目は、確かに利用端末についての話題であるが、「娯楽目的」での「動画」視聴のための端末に限定されている訳ではない。したがってこれが一つ目の正解。

③タイトルは「最も利用頻度が高いICT端末（年代別）」であるが、これも**【資料A】**のいずれの項目にも述べられていない内容である。**【資料A】**[2]の「利用率」はICT端末の〈利用の有無〉についてであり、頻度とは無関係である。[4]の項目は、確かに〈最も頻繁に利用する手段〉についての内容だが、ここでは「何かを自発的に調べようとする際」というように場面が限定されているため、場面を限定していない（何かを調べるといったときに限らず、娯楽目的なども含めて）〈最も利用頻度が高いICT端末はなにか〉についての調査がこれに合致しているとは言えない。したがって、これが二つ目の正解。

④タイトルは「ネットショッピングの利用率」であり、**グラフ**の概形から全年代においてネットショッピング利用の割合は高くなっている。これは**【資料A】**の[5]の項目の主旨、〈全年代でネットショッピングに積極的である〉に合致している。したがってこれは正解ではない。（「ネットショッピングの個人利用率は全年代平均で7割を超えている。年代別にみると、60代以上の利用率は30代や20代以下の利用率をやや上回って」いるという**【資料A】**での言及も④から読み取れるデータと合致している。）

⑤タイトルは「利用しているICT端末（年代別）」であり、**グラフ**の概形から、〈スマートフォンやゲーム機は年代が上がるにつれ利用率が大きく低下する〉〈フィーチャーフォンやFAX、固定電話は年代が上がるにつれ利用率が大きく上昇する〉〈PCやテレビ利用率は全年代にわたって高い〉といった内容が読み取れる。これは、**【資料A】**[2]および[3]の項目の主旨、〈ICT利用における年代差として大きいのはスマートフォン、フィーチャーフォンである〉、〈スマートフォンは若い年代ほど利用率が上がり、フィーチャーフォンや固定電話は逆に年代が上がるほど利用率が高

くなる〉〈ＩＣＴ利用における年代差として小さいのは、テレビ、ＰＣだ〉に合致する。したがって正解ではない。（実際、**【資料Ａ】**3の項目で示される「20代以下のスマートフォン利用率が約8割に達するのに対し、60代以上では約2割にとどまる」、「60代以上では約5割がフィーチャーフォンを利用している」「60代以上での固定電話利用率が約8割を維持しているのに対し、20代以下と30代では3割を下回っている」という内容も⑤から読み取れるデータと合致する。）

⑥タイトルは「情報収集を行う際の手段（年代別）」であり、**グラフ**の概形から〈全年代で情報収集全般においてインターネットを利用している〉ことがわかる。これは**【資料Ａ】**4の項目の主旨、〈何かを調べる際のもっとも一般的な手段として、年代を問わずインターネットが浸透している〉に合致する。したがって正解ではない。（実際、**グラフ**でも、4で言及されているように「『仕事や研究、勉強について調べたいことがある場合』、『商品やサービスの内容や評判について調べたいことがある場合』など、具体的な場面を提示して」いるし、「いずれの場面についても『インターネットの検索サイト（Google や Yahoo! 等）で検索する』との回答が圧倒的多数（約7割）を占めた。年代による大きな傾向の差はみられなかった。」も**グラフ**から読み取れる内容として適当である。）

問２　**【下書き】**を推敲し、修正すべき箇所を見抜く問題。

このような問題においては、内容上の整合性だけでなく、前提（論拠）・結論（帰結）のつながりの正当性や、日本語表現の妥当性も考慮に入れる必要がある。一つ一つ選択肢を確認しよう。

①第一段落と第二段落の関係を把握してみよう。第二段落冒頭に指示語「このような」があるので、第一段落の内容を受けて「若年層とシニア層のＩＣＴ利用状況の差が縮まっているという変化」と言っているはずである。しかしながら、第一段落では、確かに〈若年層とシニア層のＩＣＴ活用に差はない〉とは述べているものの、〈かつては差があったが、今は差が縮まっている〉というような変化は書かれていない。したがって、第二段落冒頭にスムーズに接続するためには、第一段落に、ＩＣＴ利用の年代間における差の変化といった内容を付け加えるべきである。したがって、これは修正すべき内容であるから、正解ではない。

②第一段落を見てみると、ネットショッピングの利用率、情報収集におけるインターネットの利用率を根拠に「若年層とシニア層のＩＣＴ利活用全般に差はない」と結論付けていることがわかる。たしかに、この二つに関しては、年代間の差は大きくはないのだが、たとえばスマートフォンの利用率に関しては年代間で大きく差がある（**【資料Ａ】**3、問1選択肢⑤参照）こと、〈シニア層の利用率は向上しているとはいえ〉インターネット利用率にも年代間の差がないとはいいがたい（問1選択肢①参照）ことなどから、「若年層とシニア層のＩＣＴ利活用全般に差はない」とは言えない。つまり、年代間の差がない資料だけを用いて、それを過度に抽象化して結論を導いているのである。したがってこれは修正すべき内容であるから、正解ではない。

③該当箇所に、接続語は（1）「たとえば」と（2）「また」がある。おのおのみてみよう。

（1）20代以下の若年層と60代以上のシニア層のＩＣＴ活用の特徴を考察するうえで、ネットショッピングや情報収集の事例を挙げている点で、「たとえば」の用法は正しい。（2）20代以下の若年層と60代以上のシニア層のＩＣＴ活用の特徴の事例として、ネットショッピングと情報収集を並列している点で、「また」の用法は正しい。したがって、これは、修正する必要はない。よってこれが正解。

④第二段落「……変化から見えてくることは……不可欠なものになっており……」において文がねじれている（主述の対応が成立していない）。「……若年層とシニア層のＩＣＴ利用状況の差が縮まっているという変化から見えてくることは、インターネット技術の便利さは全年代の生活にとって不可欠なものになっているということであり……」あるいは「……若年層とシニア層のＩＣＴ利用状況の差が縮まっているという変化から、インターネット技術の便利さは全年代の生活にとって不可欠なものになっているということが分かり……」などと修正する必要がある。よって正解ではない。

⑤「インターネット技術の便利さは全年代の生活にとってますます不可欠なものになっており、今後もその流れは止まらないと言えるだろう」が（※）までの部分の主張であるが、「全年代」について、インターネットの便利さについて言及しているのに、【下書き】の第一段落でも第二段落でも20代以下の若年層と60代以上のシニア層についてしか言及していない。したがって、全年代について言及するのであれば、若年層、シニア層以外の年代についての言及も必要であるから、これは修正する必要がある内容である。正解ではない。

問3

(i) 傍線部の「有用さ」について考察する問題。

　傍線部の直前を見てみると、「保護者が未就学児や小学生にICT端末を利用させる理由として挙がっていることからすると」とあるが、これについて示されている資料は、**【資料B】図表1**であるので、それを踏まえて推察できる〈育児におけるICTの有用性〉を考えればよい。**【資料B】図表1**から子どもにICT端末を利用させる理由として主なものを抽出してみると（未就学児と小学生とで差のある項目もあるが）（A）「保護者の手を離れる時間ができる」（B）「お子様の機嫌がよくなる」（C）「学習ができる」「スマートフォン、タブレット端末等の操作を覚える」があげられ、そこから、ICTは、育児において（A）〈育児を効率化する〉（B）〈（保護者の代わりに）子どもとコミュニケーションをとる〉（C）〈（保護者に代わって）子どもを教育する〉ために主に用いられることがわかる。以上を踏まえているものを選べばよい。したがって、①が正解。

　②「保護者が直接子どもの機嫌をとろうとするより、ICT端末を用いたほうが、確実に子どもを泣き止ませたり笑顔にしたりすることができる」が不適当。たしかにICTは子どもの機嫌をとるためにも使われていると**【資料B】図表1**からわかるが、だからと言って、そこから、人間よりICTのほうが、確実に子どもの機嫌をとれるといった、人間とICTの間の能力の差については判断ができない。

　③「ICT端末には膨大かつ専門的な情報を蓄積することが可能なので、その使用により合理的かつ効率的な子どもの学習が実現され」が不適当。確かに**【資料B】図表1**から、「保護者の手を離れる時間ができる」と読み取れるので、選択肢末尾の「育児の手間が軽減される」は誤りではないが、「ICT端末には膨大かつ専門的な情報を蓄積することが可能」がどの資料からも読み取れない内容である。また、**【資料B】図表1**にはたしかに「学習」が挙げられているが、それが③「合理的かつ効率的」に「実現され」るということは特に示されていないし、そもそも③は、先の（B）をまったく押さえておらず、正解に比べ説明が部分的である。

　④選択肢の内容自体は誤りではない（実際、「アプリで取り扱っている対象へ興味／関心が高まるから」「情報通信端末を……論理的な思考が身につきそうだから」という理由で一定数の保護者がICTを育児に用いている）が、「その学習の対象への興味や論理的思考力を子どもに身に付けさせることに役立つ」からという理由はICTを育児に用いる主要な理由であるとはいえず（「論理的な思考が……」は未就学児、小学生ともに高い数値とは言えず、「興味／関心が高まるから」に関しても、未就学児については「お子様の機嫌が良くなるから」の方がはるかに高い数値である）、先に見た（A）（B）をおさえていないため、傍線部における「有用性」の説明としては正解①に比べ限定的なものになってしまっている。

(ii) 傍線部の結論を導くための根拠を考察する問題。

　傍線部を分析することで、それを導くためにどのような根拠が必要かを考えよう。傍線部は「忙しい保護者の育児において、ICTは、ますます有用なものになりつつあると言えそうだ」であるが、「保護者の育児において」の「ICT」の「有用」性は**【資料B】図表1**から導けるとしても、それが（1）「保護者」の「忙し」さと連関しているのかは**【資料B】図表1**には示されておらず（「保護者の手を離れる……時間ができるから」という項目の数値の高さだけでは、単に〈保護者がラクをしたい〉といった動機にもつながりうる）、また（2）「ますます有用なものに……」つまり有用性が増しているのか、といった点は、**【資料B】図表1**に示されているとはいえない。したがって、傍線部の結論にスムーズにつなげるために必要な根拠は、（1）保護者の忙しさと育児へのICTの使用が連関していることがわかるもの（2）保護者にとって育児におけるICTの必要性が（経年的に）増しているとわかるものである。以上（1）（2）を満たすものを選べばよい。解答は①。〈共働き世帯の数の変遷〉と〈育児にICT端末を用いている保護者の割合の変遷〉が連動しているならば、（それだけで両者の因果関係が証明できるというわけではないが）（1）〈保護者の忙しさ〉と〈育児へのICTへの使用〉が関連している可能性があると推測する根拠にはなりうる。また、〈育児にICT端末を用いている保護者の割合の変遷〉のデータによって、育児にICT端末を使っているということは、それが必要だと保護者が感じているからだというのは、ある程度妥当に推論できるので、保護者にとっての育児におけるICTの必要性の変遷（＝（2））がわかる。――もちろん、傍線部の裏付けとなるためには両者がともに増加していなければならないし、またそうだとしても、それだけで〈忙しさ〉と〈ICT使用〉の間の因果関係を証明するものとはいえないので、他の選択肢との比較において妥当性を判断する必要がある。

②〈ICT端末を育児に用いたほうがよいと考える人の割合の変化〉のデータは確かに（2）に関わるが、肝心の（1）への対応がないし、〈世帯ごとのICT端末の所持台数の変化〉が不適。このデータからは、ICT端末が育児に使われているとは必ずしも言うことができないため、傍線部の結論を導き出す根拠ということはできない。

③〈世帯における子どもの数の変化〉については、確かに世帯における子どもの数が増えれば、育児にかける時間も増え、保護者は忙しくなるだろうと考えることは不可能ではないため、これは（1）に関わるともいえる（ちなみに（現代文の試験である以上は時事的な知識が直接問われることは少ないとは思われるので、考慮する必要はないが）現実には、日本では少子化が進んでいることから、世帯における子どもの数は減少しているため、ここから、〈保護者の忙しさが増している〉ということを導くのは難しい）。しかしながら、〈子どもが泣き止むまでの時間についての人があやす場合とICT端末を用いた場合の比較〉が不適。**【資料B】図表1**からもわかるように、ICT端末を育児に使う目的はいくつかあり、〈子どもを泣き止ます〉ことに限定されないので、正解の①に挙げられたものより優先順位が高いとは言えないし、傍線部「忙しい保護者にとって……」という趣旨からすると、〈かりに多少時間がかかったとしても、保護者があやす代わりに泣き止んでくれるなら助かる〉（人よりも早く泣き止ませてくれるかどうかが主要な問題なのではない）と言えるので、③は正解とはならない。

④〈家事の中で育児が占める時間の割合の変化〉のデータについては、傍線部の根拠として適しているといえるだろう。例えば、仕事等で家事自体にかけられる時間が減れば、家事の中で育児が占める時間の割合は増えるので、保護者は忙しくなったといえるだろうし、ICT端末が育児のいくつかを代替してくれるとすれば、保護者が育児にかける時間は減ることから、家事の中で育児が占める時間の割合は減るので、ICT端末は保護者にとってますます有用になるともいえるだろう。しかしながら、〈育児にICTを用いることについて抵抗を感じる人の割合〉が不適である。仮にICTに「抵抗を感じる人の割合」が少なくても、だからといってICTが有用だとは言えない（有用だとは言えないが、無害なので、抵抗はないと答えているということもありえる）。また、そもそも〈育児にICTを用いることについて抵抗を感じる人の割合〉というある時点に限定されたデータだけでは、この傍線部で示されている変化の根拠として不十分である。

問4 **【資料A】**、**【資料B】**を踏まえて、まことさんが考察した内容を答える問題。

注意したいのは、「考えた文章」を答えるからと言って、〈何でもあり〉なのではないし、解答者の意見を答える問題でもないということだ。あくまでも、与えられた資料から妥当に導けるものを答えなければならない。**【下書き】**の空欄 X を含む形式段落を見てみると、ICTには便利な点（プラス）もあるが、注意しなければならない点（マイナス）もあるという形で、二面性があると述べており、空欄 X にはその二面性のうちの注意しなければならない事柄を入れるということがわかる。

【資料A】、【資料B】図表1から、〈ネットショッピングや情報取集、育児などにおいてICTが広く活用されている〉と読み取れる。これがICTの便利な点であり、二面性のうちプラスの側の内容である。

一方、【資料A】2（①）からはシニア層〈人生の大半をスマートフォンなしで過ごしてきた世代〉にはスマートフォン普及率が低く、その理由の一端に操作の困難さがあげられている。また、【資料B】図表2には、保護者が育児にスマートフォンを用いることで、子どもがスマートフォンの依存に陥る危険性があることが示されている。以上から、〈人ははじめからICTを適切な形で使いこなせるわけではない〉と読み取れる。これがICTの二面性のうちマイナスの側の内容である。以上を踏まえると、空欄 X に入るのは〈ICTの利用については、はじめから習熟しているわけではないのだから、便利だからと言って、無闇に使うのを避け、適切な使い方ができるように努力をするべきだ〉といった内容になる。これを踏まえている選択肢を選べばよい。したがって①が正解。

②「自制的な利用を心掛ける必要がある」が不適当。「ICTについての適切な理解がまだ形成されていない年齢」を、子どものことだとすると、【資料B】図表2の注を踏まえれば、これは育児にICTを用いた結果として子どもがスマホ依存になった割合についてのデータであり、ICTについて無知な子どもが自発的に（勝手に）ICTを用いた結果スマホ依存になったというデータではない。したがって、そこから「自らが受けている影響を自覚するよう努め自制的な利用を心掛ける必要がある」と結論付けることはできない。また、②は【資料A】の内容を踏まえておらず、その点でも適当とは言えない。

③「そうした人たち（＝ICTの煩雑さや利用料金の高さ故に使いこなせない人）のためのICT端末も充実しており」が不適当。【資料A】2（②）から「そうした人たち」のためのICT端末はシンプルスマホや格安スマホのことだと思われるが、これが充実しているとはどの資料からも読み取れない（むしろ【資料A】2（②）「こうしたスマートフォンが充実すればいい……」とあることから、まだそのようなICT端末は「充実」していないと判別することができる）。また、これは【資料B】の内容を全く踏まえていない点でも不適当である。

④「（ICTの）便利さを最大限に活用できるように、ICTでできることをもっと学ぶことが必要だということである。」が不適当。上述のように空欄 X にはICTの二面性のうち負の側を踏まえた内容を入れる必要があるが、この選択肢は正の側面しか踏まえていない内容である。

第４問

〈出典〉『宇治拾遺物語』石橋の下の蛇《くちなは》の事

『宇治拾遺物語』は、鎌倉時代前期に成立したとされる説話集。この問題文のような仏教説話に加えて、様々な話題の世俗説話が収められているほか、「鬼に瘤《こぶ》取らるる事」と題された説話など、現代でも昔話として親しまれている民間伝承も収められている。序文には、この説話集が、「宇治大納言」と呼ばれた源 隆国《みなもとのたかくに》が著した『宇治大納言物語』という説話集に掲載されなかった説話を収めたものであると記されてはいるが、この『宇治大納言物語』は伝わっておらず、両者の関係やこの説話集の成立事情に関しては、明らかでない部分も多い。

〈現代語訳〉

（夜が）明けて後、（女房の様子は）どのようであろうかと思って、（女房の家に宿ったある女が）あわてて起きて見ると、この女（＝女房）は、よい時分に起きて、何ともなさそうな様子で、家主と思われる女に言うことは、「今宵、夢を見ました」と言うので、（女主人が）「どのように見なさったのか」と尋ねると、（女房が）「この（私が）寝ている枕元に、人が座っていると思って見ると、腰から上は人であって下は蛇である女で、すっきりと美しいのが、座っていて言うことは、『私は、他人を恨めしいと思ったので、このように蛇の身に生まれ変わって、石橋の下で、長い年月を過ごして、つらいとずっと思っていたところ、昨日、私の重しになっている石を（あなたが）踏み返しなさったことで助けられて、石のその苦しみを逃れて、嬉しいと存じましたので、この人（＝女房）が到着なさるような所を見届け申し上げて、お礼も申し上げようと思って、お供としてついて参った時に、（あなたは）菩提講がとり行われる場に参上なさったので、そのお供として（私も菩提講の場に）参上したことによって、出会うことが難しい仏の教えをお聞きしたことによって、多くの罪障までも滅して、その力で、人に生まれることができそうな報いが近くなっていますので、ますますうれしい気持ちになりまして、こうして参上しているのです。この報いには、（あなたを）幸福にして差し上げて、裕福な男などと結婚させ申し上げるつもりなのです』と言うと（夢を）見ました」と語るので、驚いた気持ちになって、この宿った女（＝女房の後をつけていた女）が言うことは、「本当は、私は田舎から上京したのでもございませず、どこそこに住んでいる者です。その私が、昨日、菩提講に参上しました道中で、どこそこのあたりで（あなたが）一緒になりなさったので、後ろに立って歩いておりましたが、大宮大路の、どこそこのあたりの川の石橋を、踏み返しなさった下から、斑模様であった小蛇が出て来て、お供として参りましたのを、こうとお告げ申し上げようと思いましたけれども、お告げ申し上げたならば、私にとっても悪いことであるかもしれないと恐ろしくて、申し上げることができなかったのです。本当に、菩提講の場にも、その蛇が、おりましたけれども、他の人も見つけることができなかったのです。（菩提講が）終わって（あなたが）お出になった時、（蛇が）再び付き従い申し上げていましたので、最後にどうなるのかが知りたくて、思いがけず、今宵ここで夜を明かしてしまったのです。昨晩の夜中を過ぎるまでは、この蛇が、柱のそばにおりましたが、（夜が）明けて見ましたところ、蛇も見えなかったのです。それにあわせて、（あなたが）このような夢語りをなさるので、驚きあきれたことで、また恐ろしくて、このようにお打ち明け申し上げるのです。今後は、これを機会にして、何事もお話し申し上げましょう」などと語り合って、その後はいつも行き来をしては、知り合いになった。

そうして、この女は、非常に幸福になって、この頃は、何という人かはわからないが、大臣家の下家司で、並々でなく裕福な者の妻となって、万事思い通りになっていた。探せば、すぐにわかるだろうということだ。

〈設問の解説〉

問１　解釈の問題。

解釈の問題では、まず原文に忠実に現代語訳することが大切である。現代語訳をする上では、傍線部を単語に分解し、一語ずつ正確に現代語に置き換えていくこと（＝逐語訳）を心がけよう。

(ア)　分解すると、〈え（副詞）・申さ（動詞）・ざり（助動詞）・し（助動詞）・

なり〈助動詞〉となる。「え」は、打消表現と呼応して、「〜することができない」の意となる呼応の副詞で、ここでは「ざり」（打消の助動詞「ず」の連用形）と呼応している。「申さ（申す）」は、「言ふ」の謙譲語で、「申し上げる」と訳す。「し」は、過去の助動詞「き」の連体形で、「〜た」などと訳す。「なり」は断定の助動詞「なり」の終止形で、「〜である」などと訳す。これを繋《つな》げると、「申し上げることができなかったのである」となり、これに合致する⑤が正解。なお、(ア)は会話文中にあり、この会話の話し手である「ある女」は、同じ会話文中の他の部分で聞き手の女房に対して敬意を払っているため、選択肢では助動詞「なり」に相当する部分を丁寧語にして「〜です」と訳している。

(イ)　分解すると、〈また（副詞）・具し（動詞）・奉り（動詞）・たり（助動詞）・しか（助動詞）・ば（助詞）〉となる。「また」は、ここでは「再び」などと訳す。「具し（具す）」は、「連れる」「伴う」などと訳す動詞で、ここは蛇が女房に「付き従う」ということである。なお、「具す」のように、音読みの漢字に「す」（または「ず」）が付いた動詞はサ行変格活用の複合動詞であることが多いので知っておこう。「奉り（奉る）」は、ここでは謙譲の補助動詞で、「〜し申し上げる」などと訳す。「たり」は存続の助動詞「たり」の連用形で、「〜ている」などと訳す。「しか」は、過去の助動詞「き」の已然形で、「〜た」と訳す。「ば」は、活用語の未然形に接続した場合、「〜ならば」と訳し、活用語の已然形に接続した場合、「〜ので」「〜すると」「〜するといつも」などと訳す。ここでは「き」の已然形に接続しているため後者である。また、(イ)は、この後に続く「なりはてんやうゆかしくて」の原因・理由になっていると考えられるため、この「ば」は原因・理由を表す用法と考え、「〜ので」とすればよい。以上から、(イ)は、「再び付き従い申し上げていたので」と訳すことができ、これに合致する①が正解である。

問2　語句と表現に関する問題。

語句や表現の問題では、問1で説明した、解釈をする上での基本的な手続きを常に念頭に置く必要がある。その上で、古語や古典文法の知識のレベルで解決できる問題と、前後の話の内容（文脈）を参照しないと解決できない問題とをしっかりと区別し、前者から検討を加えていくという手続きが肝要である。

①は、**a**「清げなるが居て」の「なる」に関する説明である。この「なる」は形容動詞「清げなり」の連体形活用語尾である。「清げなり」は、「清らなり」に次ぐ美しさを表し、「こぎれいだ」「すっきりと美しい」などと訳す。このように、状態・性質などを表す語に含まれる「なり」は形容動詞の語尾と考える。また、「清げなり」のように、「〜げなり」の形になっている語は、多くは形容詞が形容動詞化したものであることも知っておくとよい。なお、選択肢ではこの「なる」を推定の助動詞としているが、推定の助動詞「なり」は活用語の終止形またはラ変型活用語の連体形に接続するものであり、「なる」の直前にある「清げ」が活用語の連用形とは説明できないことからも、この選択肢は誤りであることがわかる。

②は、**b**「思ひしほどに」の「し」に関する説明である。この「し」は、「思ひ」（ハ行四段活用動詞「思ふ」の連用形）に接続している。このように、活用語の連用形に下接している「し」は、過去の助動詞「き」の連体形であると考えるのがよい。なお、選択肢にある強意の助詞（副助詞）「し」は、種々の語に接続し、その語を強める働きがあるものだが、この「し」は取り除いても文が通じる、という特徴がある。波線部**b**の「し」を取り除いて「思ひほどに」とすると、文意が通らなくなってしまう。このことからも、波線部**b**の「し」を強意の副助詞と考えることはできず、この選択肢が誤りであることがわかる。

③は、**c**「思ひ給へしかば」の「給へ」に関する説明である。動詞「給ふ」には、四段に活用する場合と下二段に活用する場合とがある。波線部**c**では、「給へ」に過去の助動詞「き」の已然形「しか」が下接している。過去の助動詞「き」には、原則として活用語の連用形が上接するので、「しか」の直前の「給へ」は、連用形であることがわかる。このように、連用形で「給へ」となるのは、四段活用ではなくて下二段活用である。下二段に活用する「給ふ」は、ほとんど「思ふ」「知る」「見る」「聞く」などの動詞にしか付かない補助動詞で、主に会話文や手紙文の中で用いて、

話し手から聞き手に対してへりくだる気持ちを添える謙譲語である（特に、このような謙譲語のことを「謙譲語Ⅱ」などという）。訳は、「思ひ給へしかば」で「存じましたので」などとすればよい。客体に対して敬意を払う謙譲語（「謙譲語Ⅰ」などという）とは異なるので、「お思い申し上げたので」などとしないこと。以上から、波線部**c**の「給へ」を尊敬語とするこの選択肢は誤りであることがわかる。

④は、**d**「上りたるにも侍らず」の「に」に関する説明である。この「に」は、断定の助動詞「なり」の連用形である。「にも侍らず」の「侍ら（侍り）」は、ここでは補助動詞「あり」の丁寧語であり、敬意を取り除くと、「にもあらず」となる。「にあり」の形で、「～である」と訳せるときの「に」は、断定の助動詞「なり」の連用形である（波線部**d**のように、「に」と「あり」との間に係助詞などが挟み込まれていてもよい）。**d**「上りたるにも侍らず」も、「上京したのではない」を丁寧語で表現したもの（「上京したのではありません」と訳せばよい）と考えることができるだろう。よって、波線部**d**の「に」は断定の助動詞「なり」の連用形と考えることができ、「に」を強意の助動詞とするこの選択肢は誤りであることがわかる。

⑤は、**e**「その蛇、侍りしかども」の「侍り」に関する説明である。「侍り」は、本動詞として用いられる場合と補助動詞として用いられる場合とがあるが、ここは、他の用言などの働きを補助していると見ることはできないため、本動詞である。本動詞の「侍り」は、謙譲語で「お仕え申し上げる」と訳す場合と、丁寧語で「あります・います・ございます」などと訳す場合とがある。この二つの見分け方として、「〇〇に」（「〇〇」には、貴人や貴人のいる場所が入る）と補うことができる場合は、謙譲語から疑うとよいが、ここはそのように補うことが難しいので、丁寧語である。丁寧語は、主に会話文の中で用いられ、話し手から聞き手に対して敬意を払うものであり、波線部**e**を含む会話文の他の部分において、話者である「ある女」が聞き手の「女房」に対して丁寧語を用いて敬意を払っていることからも、波線部**e**の「侍り」は丁寧の本動詞と考えて問題ないだろう。よって、この選択肢が正解である。

問3　内容に合致しないものを選択する問題。

本文全体や、ある範囲の内容に合致するもの、または合致しないものを選択する問題では、それぞれの選択肢が本文のどこに対応するかをまず確認した上で、選択肢と該当箇所を丹念に照合していくのが基本である。

①は、本文1行目の「明けて後、……ともかくもなげにて」と対応する。この部分について、人物を補うなどして現代語訳すると、「（夜が）明けて後、（「ある女」は）どのようであろうかと思って、あわてて起きて（この女＝女房の様子を）見ると、この女は、よい時分に起きて、何ともなさそうな様子で」となり、選択肢の記述は本文の内容に合致することがわかる。

②は、まず「ことの顚末を女房に告げることにした」が、本文15行目の「かくあらはし申すなり」と対応することを確認しよう。この記述の直前には「あさましく、恐ろしくて」とあり、選択肢の「蛇が女房に付き従っているのは吉兆であろうと思い」という記述は本文に合致しないと考えることができる。さらに、同じ会話文中に「告げ奉りては、わがためも悪しきことにてもやあらんずらんと恐ろしくて」（本文11～12行目）とあることにも注目しよう。この部分を現代語訳すると、「お告げ申し上げたならば、私にとっても悪いことであるかもしれないと恐ろしくて」となり、「ある女」は、蛇が女房に付き従っていることや、それを女房に告げることについて、吉兆ではなく、災いとなるかもしれないと思っていたことがわかる。よってこの選択肢は誤りである。

③は、本文14～15行目の「この夜中過ぐるまでは、この蛇、柱のもとに侍りつるが、明けて見侍りつれば、蛇も見え侍らざりしなり」と対応する。この記述は「ある女」の発言内にあり、「ある女」は、「昨晩の夜中を過ぎるまでは、この蛇が、柱のそばにおりましたが、（夜が）明けて見ましたところ、蛇も見えなかったのです」と言っているのである。以上から、選択肢の記述は本文の内容に合致することがわかる。

④は、「二人は互いの家を行き来する知人同士となった」が、本文16行目の「後はつねに行き通ひつつ、知る人になんなりにける」と対応する。また、この記述の直前まで、「ある女」が、女房の後をつけて同じ家に

宿った事情を打ち明ける発言が続いているので、選択肢の「女房と同じ家に宿った『ある女』が女房にこれまでの事情を告げた後」も適切であるといえる。選択肢の記述は本文の内容に合致している。以上から、正解は②である。

問4　解説を読み本文の内容を考える問題。

解説を読み本文の内容を考える問題は、受験生が本文を一読しただけでは気づくことが難しい内容について、設問に解答しながら解説を読み進めることによって理解を深めさせる、というコンセプトで作成されていると考えてほしい。解説を読みながら、本文と照らし合わせて適当な選択肢がどれか考えていこう。

(i)　空欄［Ⅰ］に入る文章として適当なものを選択する問題である。空欄［Ⅰ］が含まれている解説の二段落目は、女房の夢に現れた蛇の発言について説明しており、本文中の蛇の発言を読み進め、菩提講を聴聞することとなったことについて蛇がどのように語っているかを確認すればよい。女房の夢に現れた蛇の発言は、本文3行目の「おのれは、人を恨めしと思ひしほどに、……」から始まっている。この発言を読み進めていくと、6～7行目に、「その御供に参りたるによりて、あひがたき法を承りたるによりて、多くの罪をさへ滅ぼして、その力にて、人に生まれ侍るべき功徳の近くなり侍れば」とある。女房について行った蛇は、結果として人々とともに菩提講を聴聞する機会を与えられ、その功徳によって多くの罪障を滅し、人に生まれ変わることができそうになった、というのである。これに合致する選択肢は①である。

②は「ずっと聴聞したいと思っていた」が誤り。蛇は女房について行ったことで結果的に菩提講を聴聞したのであり、「ずっと聴聞したいと思っていた」とは書かれていない。

③は、「女房の罪がなくなったので、女房はきっと来世で極楽に往生できるにちがいない」が誤り。夢の中の蛇は、あくまでも自分が菩提講を聴聞したことで自分の罪障を滅したことのみに触れている。

④は、「万事不自由なく暮らせそうである」が誤り。本文には、「人に生まれ侍るべき功徳の近くなり侍れば」とは書かれているが、「万事不自由なく暮らせそうである」とまでは書かれていない。以上から、①が正解である。

(ii)　空欄［Ⅱ］に入る文章として適当なものを選択する問題である。空欄［Ⅱ］は解説の三段落目の冒頭近くにあるが、その直前の記述を読めば、蛇が女房の夢の中でどのような形で報いると言っているのかを確認すればよいことがわかる。また、直後の記述を読めば、「結末」とあることから、本文の末尾の内容も併せて考えればよいこともわかるだろう。蛇は、女房の夢の中で、「この報いには、物よくあらせ奉りて、よき男などあはせ奉るべきなり」（本文8行目）と発言している。このことから、蛇は、女房を幸福にして、裕福な男と結婚させてあげると約束したことがわかる。さらに、本文の最終段落を見ると、「この女、よに物よくなりて、……大殿の下家司の、いみじく徳あるが妻になりて、よろづ事かなひてぞありける」とある。「徳」は、ここでは「富・財産」の意である。女房は蛇の言った通り幸福になり、非常に裕福な男性と結婚し、万事不自由なく暮らすようになったのだとわかるだろう。以上から、②が正解である。

(iii)　空欄［Ⅲ］に入る文章として適当なものを選択する問題である。空欄［Ⅲ］は、ここまでの読解からわかることとして適当な内容を当てはめる必要があり、解説文を読んだだけでは本文の特定の箇所と対応させて考えることは難しい。そこで、問3の内容合致型設問のように、それぞれの選択肢を読んで本文と対照させられそうな記述がないか探してみる。

①は、「蛇を助けようとしたことが全てのきっかけになっている」という記述が本文と合致しない。リード文や本文を読む限り、女房は石橋の石を踏んだ時点で蛇の存在に気づいているとは考えられない。たまたま石橋の石を踏み、結果的に蛇を助けたということである。よってこの選択肢は誤り。

②は、「蛇がじつは仏の使いとして人間を助けるために遣わされたものだった」が本文と合致しない。蛇が仏の使いだったという記述は見当たらないし、女房の夢に現れた蛇の発言には、前世での罪の報いとして現世では蛇の姿で長い間苦しみを味わっていたとあり、人間を助けるために仏が

遣わしたものであるとは考えにくいだろう。よってこの選択肢は誤り。

③は、本文と合致する。本文が「動物報恩譚の話型をと」っていることは、解説に書いてある通りである。また、「蛇も女房も菩提講がきっかけとなって幸福を得る」という点についても本文と合致すると考えることができる。蛇に関しては、女房の夢の中で、女房について行って菩提講を聴聞したことで来世で人間に生まれ変わることができると語っており、女房に関しても、菩提講を聴聞しようと出かけたことで、結果的に石橋の石を踏み返して蛇を助け、蛇から報恩を受けることができたのである。いずれも菩提講がきっかけとなって幸福を得ているといってよいだろう。選択肢にある通り、表面的には「女房が蛇を助けて幸福を得る」というシンプルな動物報恩譚の枠組みを持ちながらも、その中に霊験譚を含むことにより、人々に親しみやすく仏の教えを説く、というのがこの説話の独自性であり、内容上の特徴である。このことについて解説を読むことを通じて理解するのがポイントである。

④は、「女房の後をつけるだけだった『ある女』には一切幸福が訪れなかったことを記し」が本文と合致しない。女房の後をつけた女（「ある女」）については、本文一段落目の末尾で女房と知人同士となったこと以外、どうなったのかは特に書かれておらず、「一切幸福が訪れなかったことを記し」てはいない。よってこの選択肢は誤り。以上から、③が正解である。

第5問

〈出典〉

【文章Ⅰ】 欧陽脩《おうようしゅう》「送楊寘序《ようし》（楊寘を送るの序）」

欧陽脩（一〇〇七～七二）は北宋の政治家・文人。秦漢以前に範を取った「古文」と呼ばれる散文の文体を提唱し、唐宋八大家の一人に数えられる。「送楊寘序」は若い友人の楊寘が遠い任地に赴く際、そのはなむけとして贈った文章である。

【文章Ⅱ】 『寿親養老新書《じゅしんようろうしんしょ》』

『寿親養老新書』は宋・陳直著、元・鄒鉉《すうげん》増補。老人が身心の健康を保つための飲食・医薬・娯楽などについて述べた書である。問題文は身心の健康を保つ上での琴の効用を述べた部分で、南宋の思想家・朱熹《しゅき》（朱子）が琴の効用を称えた韻文を引用している。

〈問題文の解説〉

【文章Ⅰ】

自分がかつて気分がふさぐ病を、琴を学ぶことで癒やした経験から、鬱屈した思いで任地に向かう楊寘も、琴で心を癒やすことができると述べた文章である。

【文章Ⅱ】

琴には人の正しい本性を養う効能があり、この天地のあり方を琴とともに探りたいと述べた韻文である。

〈読み方〉（漢字の振り仮名は、音はカタカナ・現代仮名遣いで、訓は平仮名・歴史的仮名遣いで示してある。）

【文章Ⅰ】

予《ヨ》嘗《かつ》て幽憂《ユウユウ》の疾《シツ》有《あ》り。退《しりぞ》きて間居《カンキョ》するも、治《チ》する能《あた》はざるなり。既《すで》にして琴《キン》を友人孫道滋《ユウジンソンドウジ》に学《まな》び、数引《スウイン》を受《う》く。久《ひさ》しくして之《これ》を楽《たの》しみ、疾《シツ》の其《そ》の体《からだ》に在《あ》るを知《し》らざるなり。之《これ》を聴《き》くに耳《みみ》を以《もっ》てし、之《これ》に応《オウ》ずるに手《て》を以《もっ》てして、其《そ》の和《ワ》する者《もの》を取《と》り、其《そ》の堙鬱《インウツ》を道《みちび》き、其《そ》の憂思《ユウシ》を写《うつ》さば、則《すなは》ち人《ひと》を感《カン》ぜしむるの際《サイ》、亦《ま》た至《いた》れる者《もの》有《あ》り。

予《ヨ》が友《とも》楊君《ヨウクン》、学《ガク》を好《この》み文《ブン》有《あ》り、累《しき》りに進士《シンシ》を以《もっ》て挙《あ》げらるるも、志《こころざし》を得《え》ず。廕調《インチョウ》に従《したが》ふに及《およ》びて、尉《イ》と剣浦《ケンポ》に為《な》る。区区《クク》として東南数千里《トウナンスウセンリ》の外《そと》に在《あ》り。是《これ》其《そ》の心《こころ》、固《もと》より平《たひ》らかならざる者《もの》有《あ》らん。且《か》つ少《わか》くして又《また》疾《シツ》多《おほ》し。而《しか》るに南方《ナンポウ》は医薬《イヤク》少《すく》なく、風俗飲食《フウゾクインショク》宜《ギ》を異《こと》にす。疾《シツ》多《おほ》きの体《からだ》を以《もっ》て、平《たひ》らかならざるの心《こころ》を有《ユウ》し、宜《ギ》を異《こと》にするの俗《ゾク》に居《を》り。其《そ》れ能《よ》く鬱鬱《ウツウツ》として以《もっ》て久《ひさ》しからんや。然《しか》れども其《そ》の心《こころ》を平《たひ》らかにして以《もっ》て其《そ》の疾《シツ》を養《やしな》はんと欲《ほっ》せば、琴《キン》に於《お》いて亦《ま》た将《まさ》に得《う》ること有《あ》らんとす。故《ゆゑ》に予《ヨ》琴《キン》の説《セツ》を作《つく》りて以《もっ》て其《そ》の行《コウ》に贈《おく》り、且《か》つ道滋《ドウジ》を邀《むか》へ、酒《さけ》を酌《く》み琴《キン》を進《すす》めて以《もっ》て別《ベツ》と為《な》す。

【文章Ⅱ】

朱文公《シュブンコウ》の琴《キン》の賛《サン》に云《い》ふ、「君《きみ》の中和《チュウワ》の正性《セイセイ》を養《やしな》ひ、爾《なんぢ》の忿欲《フンヨク》の邪心《ジャシン》を禁《キン》ず。乾坤《ケンコン》言《ものい》ふ無《な》きも物《もの》に則《ソク》有《あ》り。我《われ》独《ひと》り子《シ》と其《そ》の深《ふか》きを鈎《さぐ》らん」と。

〈現代語訳〉

【文章Ⅰ】

私はかつて気分がふさぐ病にかかった。休暇を取って静かな生活をしてみたが、治すことができなかった。まもなく琴を友人の孫道滋に学び、何曲かを教わった。やがてこれを楽しむようになり、病気が自分の体にあることなど忘れてしまった。これを耳で聴き、これを手で演奏して、その調和を得、憂いにふさがれた心を解放し、その憂いの思いを描写したならば、人を感動させることにおいて至上のものとなるのだ。

私の友人楊君は、学問好きで文才があり、たびたび進士科に推薦されたが合格できなかった。先祖の功績によって官職を得ることになり、剣浦で尉となることになった。（剣浦は）ちっぽけで取るに足らない町で東南数千里も離れた所にある。これでは彼の心には、必ずや不平不満なものがあるだろう。その上（楊君は）年も若くその上病気がちである。ところが南方は医者も薬品も少なく、風俗や飲食も好みに合わない。病気がちな体で、不平不満の思いを抱き、好みに合わない風俗の中に身を置く。（このように）鬱屈を抱えて長く暮らすことはできない。しかしながらその心を平静にして病気を療養しようと思うのならば、琴からやがてそれを得ることがあろう。そこで私は琴の説を著して彼の旅立ちの餞別《せんべつ》とし、さらに道滋を招き、酒を酌み琴を演奏して送別する。

【文章Ⅱ】

朱子の琴の賛に言う、「（琴は）君の偏ることのない調和した正しい本性を養い、お前の怒りと欲望の邪心を禁ずる。天地は何も言いはしないが事物には法則がある。私はただあなた（琴）とその深遠さを探ってゆこう。」

〈設問解説〉

問1　語句の文脈での意味の設問

(ア)「既而」は頻出の表現で、「すでにして」と読み、「すぐに」「まもなく」の意を表す。よって正解は選択肢①。現代日本語の「すでに」とは意味が異なることに注意。

(イ)「不レ得レ志」とは「こころざしを得られなかった」ということ。傍線部の前に科挙に推薦されたことが述べられているので、合格できなかったということだと判断できる。正解は③である。

(ウ)「則」は「きまり（規則）」「道理（法則）」などの意味を表す。問題文では「物有レ則」とあるので、事物の道理・法則の意だと判断できる。よって正解は④。

※共通テストの文字や語句の設問では、(イ)・(ウ)のようにその文脈における意味が問われることが多い。傍線部の前後に目を配ろう。

問2　前後の状況説明の設問

傍線部**A**の前後を、主語に注意しながら確認してゆく。冒頭から「不レ能レ治也。」までは、筆者が気分のふさぐ病気にかかって治らなかったということ。「既而」から「受二数引一。」までは、筆者が友人から琴を学んだということ。傍線部**A**「久而楽レ之」は、しばらくして筆者が琴を楽しむようになったということ。「不レ知三疾之在二其体一」は、筆者が体に病気があることを感じなくなったということ。よって、「友人に琴を習った筆者は、やがてそれを楽しむようになり、気分がふさぐ病気が治ってしまった」とある選択肢④が正解である。漢文では主語が変化しない限り原則として主語を出さないことをおぼえておこう。

問3　解釈の設問

「至」は「やってくる」の意を表す場合と、「至上」「至高」という言葉があるように、「このうえない」の意を表す場合とがある。傍線部**B**では琴の演奏が人の心を感動させることを述べているので、傍線部**B**中の「至」は「このうえない」の意だと判断できる。よって、「人を感動させる上で、琴の演奏以上のものはない」とある選択肢⑤が正解。すでに述べたが、共通テストでは文字の文脈における意味が問われることが多い。意識して多義語をおぼえよう。

問4　書き下しと解釈の設問

「於」は前置詞に相当する文字で、場所・対象・受身・比較など様々な意味を表す。述語の下に置かれている場合は「述語二於～一」のように返読して「於」自体は読まず、「於」の上に述語がない場合は「於二～一」のように返読して、「～において」と読み、「～で」「～に対して」「～から」などの意を表すことが多い。傍線部では後者の形で、「琴に於いて」と読むことがわかり、(i)書き下しでは選択肢②・⑤が正解の候補となり、(ii)解釈では「琴から」と訳している②・③・⑤が正解の候補となる。さらに確認すると、後半の「将」は「まさに～んとす」と読む再読文字なので、(i)書き下しは「将に得ること有らんとす」と読んでいる選択肢⑤が正解である。「将」は「これから～しようとする」の意を表すので、(ii)解釈は後半を「やがて心の平静を得ることがあるだろう」と解釈している選択肢②が正解だと判断できる。心に憂いを懐く楊寘も琴によって心の平静を得られるだろうと述べていることを押さえておこう。

問5　指示語の内容の設問

「与レ名詞」は以下に述語が存在する場合はそれに掛かる一種の前置詞節として働き、「名詞と」と読んで、文字通り「～と」の意を表す。傍線部では「子と」と読むことがわかる。「子」は「こ（子供・子孫）」、「シ（あなた）」の二つの働きがある。傍線部後半の「鈎二其深一」は「その深遠さを探ってゆこう」ということで、「其」が指しているのは問1(ウ)で確認した「事物の法則」だと考えられる。これを子供と探るのはおかしいので、「子」は「あなた」の意、琴を称えた文章なので「あなた」が指しているのは琴だと考えられる。よって正解は選択肢③。

問6　全体要旨の設問

二つの問題文の内容が問われている。**【文章Ⅰ】**では、問2で確認したように筆者がかつて気分がふさぐ病にかかったが、琴を学ぶことでそれが治るという経験をしたことが語られ、問4で確認したように、憂いを懐く友人も琴で心の平静を得ることができるだろうと述べられていた。

一方**【文章Ⅱ】**では、朱子の賛の冒頭に

養二君中和之正性一
禁二爾忿欲之邪心一

と同形が繰り返される対句の表現が用いられて、琴が正しい人間の本性を養い、その裏返しとして邪心を斥けることが強調されている。これらを正しくまとめている選択肢④が正解である。他の選択肢を確認すると、①は「人間の卑小さと天地の広大さとを教えてくれる」が誤り。人の卑小さのことはいずれの文にも見えない。②は「人間を正しい身体感覚へと導いてくれる」が誤り。いずれの文にもそのようなことは見えない。③は「琴は酒とともに宴席に欠かせないもので」が誤り。**【文章Ⅰ】**の筆者が琴と酒を用意したのは友人の憂いを考慮したからである。⑤は「琴は若い人の教養に欠かせない」が誤り。いずれの文章にもそのようなことは見えない。

第 2 回
実戦問題

解答・解説

第2回　解答・配点

(200点満点)

問題番号(配点)	設問	(配点)	解答番号	正解	自己採点欄
第1問 (45)	1	(2)	1	③	
		(2)	2	②	
		(2)	3	①	
	2	(7)	4	④	
	3	(7)	5	③	
	4	(各6)	6 - 7	① - ⑤	
	5	(3)	8	④	
		(4)	9	②	
		(6)	10	③	
	小　計				
第2問 (45)	1	(7)	11	③	
	2	(6)	12	②	
	3	(7)	13	③	
	4	(各4)	14 - 15	① - ⑤	
	5	(5)	16	④	
	6	(4)	17	②	
		(4)	18	③	
		(4)	19	④	
	小　計				
第3問 (20)	1	(各3)	20 - 21	② - ⑤	
	2	(4)	22	③	
	3	(5)	23	②	
	4	(5)	24	④	
	小　計				

問題番号(配点)	設問	(配点)	解答番号	正解	自己採点欄
第4問 (45)	1	(5)	25	⑤	
		(5)	26	④	
		(5)	27	①	
	2	(5)	28	①	
	3	(7)	29	④	
	4	(各5)	30 - 31	② - ⑤	
	5	(8)	32	③	
	小　計				
第5問 (45)	1	(4)	33	④	
		(4)	34	②	
		(4)	35	⑤	
	2	(6)	36	③	
	3	(6)	37	②	
	4	(7)	38	④	
	5	(7)	39	①	
	6	(7)	40	⑤	
	小　計				
合　計					

(注) -(ハイフン)でつながれた正解は，順序を問わない。

第1問

〈出典〉

【文章Ⅰ】

松嶋健（まつしま　たけし）「ケアと共同性」（松村圭一郎・中川理・石井美保編『文化人類学の思考法』（二〇一九年世界思想社刊）所収）の一節。出題に際しやむをえぬ事情により省略・改変を施した箇所がある。

松嶋健は一九六九年生まれの文化人類学者。京都大学大学院人間・環境学研究科博士後期課程研究指導認定退学。人間・環境学博士。京都大学人文科学研究所などを経て、現在、広島大学大学院人間社会科学研究科教授。著書に『トラウマを生きる』『トラウマを共有する』（いずれも共編著）『プシコナウティカ　イタリア精神医療の人類学』などがある。

【文章Ⅱ】

鷲田清一（わしだ　きよかず）「臨床と言葉――『語り』と『声』について」（河合隼雄《かわいはやお》・鷲田清一『臨床とことば』（二〇〇三年TBSブリタニカ刊、二〇一〇年朝日文庫）所収）の一節。出題に際しやむをえぬ事情により省略・改変を施した箇所がある。

鷲田清一は一九四九年生まれの哲学者。京都大学大学院文学研究科博士課程修了。関西大学教授、大阪大学総長、京都市立芸術大学理事長・学長などを経て、現在、大阪大学名誉教授、せんだいメディアテーク館長。専攻は哲学・倫理学。著書に『モードの迷宮』『じぶん・この不思議な存在』『普通をだれも教えてくれない』『わかりやすいはわかりにくい？　臨床哲学講座』『哲学の使い方』『つかふ　使用論ノート』など多数。『臨床とことば』は、心理学者河合隼雄（一九二八～二〇〇七年）との共著である。

〈問題文の解説〉

二〇二一～二〇二四年度の共通テストを、追・再試験等まで視野に入れて振り返ってみると、〈複数の文章や資料を読ませ、それぞれの内容とそれらの関連を問う〉〈生徒の学習場面を想定し、本文の内容を踏まえた応用的・発展的思考を問う〉といったことを出題の基本方針としつつ、形式面では多様な出題がなされているといえる。これを踏まえ、本問では、二〇二二・二〇二三年度本試、二〇二四年度追・再試型の〈テーマの上で通じるところのある二つの評論の組合せ〉（合計で約三五〇〇字）で、最後の設問で二〇二四年度本試、二〇二二・二〇二三年度追・再試型の〈生徒の書いた文章〉を加える（漢字・知識設問は二〇二二年度追・再試型）形とした。

【文章Ⅰ】

本文の展開に沿って見ていこう（各形式段落を1～7で示す）。

まず、〈前書き〉に「筆者はここより前の部分で、医療などの現場において、患者らを『顧客』とみなしその求めに応じてサービスを提供する『選択の論理』とは異なる、**患者らが必要としているものを見極め提供する『ケアの論理』**について論じている」とあるのを頭に入れておこう。

1～3は、デヴィッド・グレーバーがいう「**コミュニズム**」が「**ケアの論理**」と重なる面を持つことを述べる。――まず1は、グレーバーのいう「経済的関係の基盤をなす三つの異なるモラルの原理」について。①「**ヒエラルキー**」は「**優位者と劣位者のあいだの非対称な関係性**が絶対的であるような場合」（原典であるグレーバーの『負債論』では、封建制における領主と領民との関係や、物乞いに金を与える者ともらう物乞いとの関係などが例として挙げられている）、②「**交換**」は「**等価性**にもとづく関係性」「財であれ行為であれ**与えた分だけ受け取る**というやりとりの過程」（商業取引や物々交換など）、そして③「**コミュニズム**」は「『**各人はその能力に応じて貢献し、各人にはその必要に応じて与えられる**』という原理にもとづくすべての人間関係」だという。（「コミュニズム」は一般に「共産主義」と訳されるが）グレーバーのいう「コミュニズム」は「国家の政治体制とは関係がなく、**タバコの火をもらうとか道を教えてもらうといった身近なかたちで世界中のあらゆる人間社会に見出すことができるもの**」だという――例えば、〈地元の人間〉はその土地の「道を教え」る「能力」を持つので、教わる「必要」のある観光客に道を教える。しかし、「交換」とは異なり、教わった側はその分の〈お返し〉をしたりするわけではない。つまり、「交換」と区別される「コミュニズム」は〈**何かを必要とする者がそれを求め、それを与えること**

のできる者が特に対価〈お返し〉なしに与える〉という関係である。これらの「ささいなことがより大きな社会関係の基盤をなしていると考えられるため、『**基盤的コミュニズム**』と呼ばれる」。

[2]ではこの「基盤的コミュニズム」について説明が加えられる。「小さな親切」の場合「『各人はその**能力に応じて**』の**度合いが非常に小さい**のであまり**気にされない**」（例えば、一流のコックに料理の「能力」を〈対価なしに〉提供するよう求めるわけにはいかないが、道を教える「能力」の提供ならば気軽に申し出られる）。一方、「災害で人びとが互いに助けを必要としているような場合など」「『各人の**必要**』が**きわめて大きい場合にも**」「コミュニズム」が成立する（被災地において一流のコックがボランティアで〈対価なしに〉料理を提供する、といったことはある）。そういう際には「ヒエラルキーや市場（＝交換）」の原理の出番ではなくなるのである。そのように「コミュニズム」が成立する「時間」を経験した人は「だれもが、赤の他人が姉妹兄弟になり**人間社会が再生したように感じる**特別な経験におもいあたるはずだ」。

[3]はこの「『各人の**必要**』が**大きい場合**」について「誰かが助けや支援を必要としている**ケア**の場面でも同様である」とし、「**ケアの論理**と**コミュニズムの論理は通底して**」いると述べる（例えば、病気や障碍《しょうがい》、高齢などで「ケア」を「必要」とする人は、かりに〈対価を払う（お返しをする）〉能力がなくとも「ケア」をうけられるのでなければならない（そのために各種の福祉制度などがある））。そして筆者は「**ケア**について考えることは、**人間が社会的動物であるという**、その**社会性と共同性の根源**を考えることにつながるものだ」と述べる。

[4]〜[7]はこの〈**ケアと人間の社会性・共同性との関係**〉について詳述する。――[4]でまず「**受苦と弱さ**の経験」を軸にした「**共同性**」を「**ケアの共同性**」と呼び、「どんな動物もその生の始まり（＝誕生から子ども時代）と終わり（＝老いから死まで）は**弱い存在**である」のではあるが「その時期のあり方がとりわけ**人間の社会性**を考えるうえできわめて示唆に富む」と述べて、[5]以降で「他の霊長類と比較して**人間の乳児の子育て**にどのような特徴があるか」すなわち**人間**の「**生の始まり**」の時期の特徴について論じていく。――例えば、「**チンパンジー**」のメスは「**一人で子育てをする**」ので、「子ども」が「五歳になって……独り立ちする」まで次の子どもを生めず（[6]）、**赤ん坊**は「生後三か月のあいだ**一日中ずっと母親にくっついている**」（[5]）。これに対し、**人間**の場合「子どもが独り立ちする前に母親は次の子どもを産むことができる」代わりに「**子育てを一人ではなく、父親や祖父母や他の人を巻き込んで一緒にする**」ので「母親は他の子どもの世話をしたり、別のことをしたりすることが可能になる」（[6]）。「**赤ん坊は母親にずっとくっついているのではなく、母親が何かしているあいだ一人で仰向けの状態でじっとしていなくてはならない**」（「チンパンジー」や「ニホンザル」はこれができない（[5]））が、「そのことで**他の人が顔をのぞきこみ、目と目が合う**余地が生まれ」、また「何かあったときに**声で呼ぶ**」ことになる（[6]）。前者が「**母親以外の者との関係性**」の発生であり、後者が「**言語**によるコミュニケーション」のもとになるものであって、ともに「人間の**社会性**」につながるものである（[7]）。それらは「人間の子ども」が「母親から離れ、いわばより脆弱な存在になること」で（他の人たちが子どもの面倒をみるようになって）生じるものである。つまり、**言語や他者との関係性**といった人間の「**社会性**」に関わる面は、**子どもという弱い者の世話をする営みから生まれてきたもの**とも考えられる。したがって「苦しむ者、弱き者、助けを必要としている者とともに生きるための**ケア**の論理は、**人間が人間であることの根源**を照らし出すものだ」といえる（[7]）というのが**【文章Ⅰ】**の結びである。

【文章Ⅱ】

こちらも本文の展開に沿って見ていこう（各形式段落を[1]〜[6]で示す）。

[1]はまず「**してはいけないことが**、**結果**としては**よりよいこと**をなしとげる」ことがある、と述べる。以後のエピソードの〈前置き〉である。

[2]以降はかつて入院したときの筆者の体験談。「あるひとりの**新人ナース**とおぼしき女性」が「だれもが眠気に襲われる昼食後のひととき……決まってわたしの前の、**意識も半分途切れがちな高齢の男性のベッドにやってきて**……眠りこけているそのおじいさんの布団に覆いかぶさって、**ぐたーっと『お休み』をする**」（[2]）。いわば**仕事をサボって〈居眠り〉をしている**のであり、ナースとしては「**してはいけないこと**」（[1]）である。ところが、

それまでは「食事のときも半分眠っているような覚束《おぼつか》ないひとだった」「おじいさん」が、「ナースが寝入ると逆に眼を見開いて……**この若いナースが眠っているのを見咎《みとが》められないか、しっかり廊下を監視する**ようになった」「上司のナースが通りかかると、彼女の背中をぽんと叩《たた》いて起こす」。このことで「おじいさんの面持ちは……**潑剌《はつらつ》としてきた**」③のだという。ナースの居眠りが「**結果としてはよりよいこと**をなしとげ」①たのである。

それはなぜか。それまでのように「何から何までナースに『**してもらう**』」④だけでは「他人のために何かをするという生活からは……ほど遠い」④ので、「**じぶんの存在**」が「**他人のなかで何のポジティブな意味ももっていない**」のだと、「じぶんは**いてもいなくてもどっちでもいい**存在」なのだと感じてしまうことになる⑤。ところが、居眠りするナースを見て、おじいさんは「この子はじぶんがいないとだめになる」⑤と思い、「見張り」③をすることで「**だれかのためにじぶんができること**」がある④、「**じぶんの存在が他人のなかで意味があると**感じ」て、「**生きる力**」を得た⑥のである。もちろん、「この若いナースにはそういう想《おも》いはなかった」、つまり**意図的に行ったことではなかった**のだろうが、「彼女がただそこにいるということで、逆に、おじいさんはそこにじぶんがいることの意味を見いだした」のだ⑥。

世話を〈してあげる〉ことが、その相手に〈自分は世話を「してもらう」だけの、「意味」のない存在だ〉と思わせてしまうことがあり、逆に何かを「してもらう」ことで、その相手に〈自分は「他人のために何かをする」ことのできる「意味」のある存在だ〉と思ってもらえることがある——そうしたことを「じぶんの業務のなかにうまく内在化できたとしたら、彼女はなかなか味のあるナース、話の分かるナースになったかもしれない」と述べて、**【文章Ⅱ】**は結ばれている。

（もちろん、〈他人のためになにかをする／される〉とは、単純に一方向的なものではない。例えば赤ん坊や〈何もかも「してもらう」〉だけの患者も、〈世話をする人に〝赤ん坊の（患者の）ために世話をする存在〟という「意味」が自分にはある、という喜びを与える〉という形で〈他人のために何かをしている〉〈意味のある存在だ〉といえるはずである。念のため。）

〈設問解説〉

問1 漢字設問。二〇二一年度追・再試型の出題とした。

(ア)は「根幹」で、①循環②乾電池③新幹線④万感。正解は③。

(イ)は「際立（つ）」で、①再起②際限③完済④無病息災。正解は②。**訓と音との読み換え**は頻出パターンなので、漢字練習の際に意識しておきたい。

(ウ)は「余裕」で、①余興②猶予（与）（「ユウヨする」なので〈有余〉ではない）③栄誉④所与（〈与えられているもの〉の意）。正解は①。

問2 傍線部の趣旨説明。**【文章Ⅰ】**の1～3の論旨を問うもの。

〈問題文の解説〉の項の**【文章Ⅰ】**1～3の箇所も参照のこと。傍線部**A**「**コミュニズムの論理**」については1に「『各人は**その能力に応じて貢献し**（a）、各人には**その必要に応じて与えられる**（b）』という原理」とあり、また傍線部**A**「**ケアの論理**」については〈前書き〉に「医療などの現場において、患者らを『顧客』とみなしその求めに応じてサービスを提供する『選択の論理』とは異なる、患者らが**必要としているものを見極め提供する**（b）『ケアの論理』」とある。両者に「**通底**」するのはまず**〈必要に応じて与えられる〉**（b）という点である。また、**〈問題文の解説〉**の項でも述べたが、「**コミュニズムの論理**」は〈「**等価性**にもとづく」「**交換**」（1）〉とは異なるものなのだから、〈貢献する**代わりに**与えられる〉のではなく、**〈貢献してもしなくても、必要な人には与えられる〉**というものである。つまり、**〈能力に応じて貢献し**（a）、**必要に応じて与えられる**（b）〉とは、**〈貢献する能力がある場合は貢献するが、ない場合は貢献しなくてもよい**（a）、**そのこととは無関係に、必要があれば与えられる**（b）〉ということであり、「ケアの論理」はこれと「**通底**」するというのである（「ケア」の対象となる人は**病気や障碍を抱えた人、あるいは高齢者**などであるから、**一般的な意味での〝相手や社会のために貢献する〟能力はあまりない状態**（a）であることも多いだろうが、それでももちろん、**必要なケアは与えられる**（b）ということである）。以上に合致する④が正解。対応を確認すれば、各人が能力に応じて貢献し（a）必要に応じて与えられる（b）というコミュニズムの論理と同様に、共同性の基盤をなすケアの営みは、他者や社会に貢献する能力を持たない者に対しても（a）助けや支援が必要ならばそれを行う（b）というものである。

「共同性の基盤をなすケアの営み」は傍線部A直後「ケアについて考えることは、人間……の社会性と共同性の根源を考えることにつながる」や7「人間の社会性の基盤にある」などによる。

誤答について。本文は〈災害などで互いに助け合っているときには（**結果的に**）「人間社会が再生したように感じる」（2）〉といっているだけで、「コミュニズムの論理」が①「人間社会を再生させる**ために**生み出された」とは述べられていないし、①「ケアの営みは、危機に瀕した個人の生活を再建するために行われる」も**【文章Ⅰ】**の内容に沿っていない（例えば5以降では「子育て」を例として「ケアの論理」が論じられるが、そこでの「赤ちゃん」は（「脆弱な存在」（7）だというだけであって）必ずしも①「危機に瀕した個人」ではないし、その「生活を再建」するということでもない）。

②はまず「各人の必要が大きい場合におけるケアの営みは」という言い方だと〈ケアには各人の必要が小さい場合と大きい場合とがあるが、大きい場合には……〉といっていることになり、おかしい。「コミュニズム」には〈必要が小さい場合と大きい場合〉がある（2）が、その「各人の必要が大きい場合」の方と「同様」なのが「ケアの場面」だというのが2から3初めへのつながりだから、〈ケアとは、助けや支援を大きく「必要」としている人に対し与えられるものだ〉と述べているのであり、ケアの必要の大小を問題にしてはいない。さらに、3で〈ケアは人間の社会性と共同性の根源にかかわる〉と述べられてはいるが、それは**〈問題文の解説〉【文章Ⅰ】**の項末尾で述べたように〈他者との関係性や言語の起源といった形で、ケアが人間の社会性の基盤にある〉といった意味であって、②「必要が大きい場合におけるケアの営みは、**社会全体を視野に入れて構想されねばならない**ものである」ということは本文では特に述べられていない。

③は、2に「災害」などの場合に人々が「ヒエラルキーや市場など」ではなく「まにあわせのコミュニズムに立ち返る」と述べられているだけで、③「ヒエラルキーや市場などが機能しない場合のまにあわせとしてのみ働く」とは「コミュニズム」についても述べられていないし、まして「ケアの営み」がそういうものだという論旨はどこからも読み取れない（例えば、〈介護や看護は、本来はヒエラルキーや市場の原理によって行われるべきだが、それらが機能しない場合に「まにあわせ」としてケアの原理で行われる〉などということはない）。

⑤はまず「能力に応じて**貢献した者に対し**必要に応じて**与える**」が〈貢献しなかった者には与えない〉という含意をもってしまうので、「コミュニズム」についての本文の論旨と異なる（**〈問題文の解説〉**の項の**【文章Ⅰ】**1の箇所を参照）。さらに⑤「ケアの営みは、自らが支援を必要とする側になった際にはじめてその意義が実感されるようなもの」が**【文章Ⅰ】**の論旨とは無関係である。

問3 傍線部に関する論旨の把握。**【文章Ⅰ】**の4〜7の論旨を問うもの。**〈問題文の解説〉**の項の**【文章Ⅰ】**4〜7の箇所も参照のこと。設問文「人間の『**生の始まり**』の『時期』」とは5「**乳児**」の「時期」のことであり、その「あり方」については「**他の霊長類と比較**」（5）する形で（a）、5〜7で説明されている。――人間の場合「子どもが独り立ちする前に母親は次の子どもを産むことができる」代わりに「子育てを一人ではなく、父親や祖父母や他の人を巻き込んで一緒にする」ので「**母親は他の子どもの世話をしたり、別のことをしたりする**ことが可能になる」（6）。したがって、人間の「赤ん坊は母親にずっとくっついているのではなく、**母親が何かしているあいだ一人で仰向けの状態でじっとしていなくてはならない**」（6）（b）のだが、「そのことで**他の人が顔をのぞきこみ、目と目が合う**余地が生まれ」、また「何かあったときに**声で呼ぶ**」ことになる（6）（c）。前者が「**母親以外の者との関係性**」の発生であり、後者が「**言語によるコミュニケーション**」のもとになるものであって（d）、「**人間の社会性の基盤にある**」ものである（7）（e）。以上に合致する③が正解。

人間の赤ん坊は他の霊長類に比べ（a）、母親不在のまま一人仰向けに寝ている無防備な状態でいる時間が長い（b）が、そのことが親以外の人間と目が合ったり声を出して人を呼んだりといったかたちで（c）、人間社会の土台をなす（e）コミュニケーションの起源になっている（d）と考えうる点。

誤答について。①は前半・中盤は正しいが、最後の「子どもは**社会全体**で育てるものだという意識が広く共有されている」が本文と無関係。本文には「子育てを一人ではなく、父親や祖父母や他の人を巻き込んで一緒にする」[6]つまり〈赤ん坊の**周囲の人々**と協力して子育てをする〉という趣旨と、〈それによって〝他者とのコミュニケーション〟といった「社会性」が成立する〉という趣旨はあるが、①「**社会全体**で育てる……という意識」については述べられていない。

②「子育てにあまり手間がかからず」というわけではないし、②「他の家族が**社会的活動**に**専念**できるようになっている」は本文とは反対。むしろ〈周囲の他の家族も**子育てを手伝う**〉という話である。

④は「人間の赤ん坊は比較的早く**親離れし**、早い時期から**独り立ちして**」が誤り。たしかに④「母親以外の者との関係性や言語によるコミュニケーションを育んでいく」のではあるが、その時点で「親離れ」「独り立ち」しているのではない。「人間の場合、子どもが**独り立ちする前に**母親は次の子どもを産」み、母親がその「他の子どもの世話をし」ている間に「**父親や祖父母や他の人**」が「子育て」を手伝う[6]というのだから、④「母親以外の者との関係性や言語によるコミュニケーション」は、「**独り立ちする前**」だがその場に母親はいない[6]（そのときは「母親から離れ」ている[7]）子どもにおいて生じるものである（つまり、ここでの「親と子が離れ」[6]「母親から離れ」[7]とは〈（チンパンジーのように）親子がずっと一緒にいるわけではない〉＝〈親から一時的に離れている時間もある〉ということであり、「親離れ」（＝子どもが自立して親を頼りにしなくなること）ということばで表すのはおかしい）。

⑤前半は一見[6]半ばに合致するようだが、⑤「母親が**子どもから離れて何かしているときに**、人間の赤ん坊はチンパンジーなどとは違い仰向けでじっとしていることしかできない」とすると、「チンパンジーなど」でも「母親が子どもから離れて何かしている」ことがあるが、その際の赤ん坊の様子は人間と異なる、という趣旨になり、本文と違ってしまう（「チンパンジーの赤ちゃんは生後三か月のあいだ一日中ずっと母親にくっついている」[5]のであり、母親が子どもから離れて「別のことをしたりすることが可能」なのは人間特有のことである[6]）。また⑤「仰向けでじっとしていることしかできない」とあるが、どちらかというと〈人間の赤ん坊は他の霊長類にはできない「仰向けでじっとしていること」が〈できる〉[5]〉というのが本文の趣旨である（[6]の「……じっとしていなくてはならない」は、〈母親にくっついていることができず、一人でいなければならない〉の意である）。さらに単に⑤「他の人が赤ん坊の顔をのぞきこんだり声をかけたりするようになり」のみでは、本文の〈赤ん坊と周囲の人との目が合う〉〈赤ん坊が呼ぶ（周囲の人がこたえる）〉という内容からはズレている。したがって⑤「のぞきこんだり声をかけたり……そこから弱き者や苦しむ者とともに生きる人間特有の心性が生まれたとされている」という単純な因果関係でもない。

問４　内容合致。【文章Ⅱ】の内容について問うもの。

共通テスト対策としては〈多様な出題形式に慣れておくこと〉が必要だと考えられるため、本問題では【文章Ⅱ】の論旨を正解二つで問う形を出題してみた。

〈**問題文の解説**〉の項の【文章Ⅱ】も参照のこと。順に見ていこう。①「日課のように患者の傍らで居眠りをする」は[2]「昼食後のひととき……決まって……ベッドにやってきて……『お休み』をする」に合致、①「ナースとしての務めに逆行するような行為が、かえって……」は[1]「してはいけないことが、結果としてはよりよいことを……」や[6]「怠慢以外の何ものでもないにしても……逆に……」などに合致、①「患者に生きる力を与えることになった」は[6]初め「生きる力というものは……」に合致、①「その場に立ち会った者として感じた新鮮な驚きとともに」は、【文章Ⅱ】が入院時の筆者に「現実というものの……一筋縄ではいかないところだ」[1]と〈普通通りにはいかない〉という思いを抱かせた体験談であることなどに合致する。①は正解である。

②は「ナースが、ひそかに見守り続けてくれていたお年寄りの存在に気づき職業意識に目覚めていった」がおかしい。[6]には「やがて**職場を去ったかもしれない**。けれども……じぶんの業務のなかにうまく内在化できたとしたら」とあり、ナースが「職業意識に目覚め」たかどうかはわからない、という書き方になっている。また②「軽妙に描いている」とはいえても②「若干の皮肉（＝遠回しの非難）を交えつつ」というわけではない（「怠慢」「横着」といった言い方はしているが、〈それがむしろよい結果を生んだ〉と筆者は述べているのであって、〈非難〉しているのではない）。

③「患者に対しナースが職業的な役割を超え**一人の人間として交流**することで」が[6]「患者にたいする**『全人的な理解』**があったわけでもなければ、患者との**こころの交通**というものが起こっていたわけでもない」に反する。また③「医療従事者への畏敬の念をこめて描いている」ということでもない。[1]で「現実というもののおもしろいところ」と述べ、[5]「家庭でも、学校でも、職場でも」としているように、筆者はこのエピソードが示すことを「医療」のみでなく人間関係全般において生じ得ることとして描いている。

④「過剰な介護や気遣いの押しつけを避けただ患者の傍らに寄り添おうとするナース」が[6]「この若いナースにはそういう想いはなかっただろうが……意とは別に」に反する。[6]「傍らにいるという、ただそれだけのこと」ではあったが、それは④「過剰な介護や気遣いの押しつけを避けるという意図的なものではなく、単なる「怠慢」（[6]）が「結果として」（[1]）よいことをもたらしたのだと述べられている。また④「医療現場にも（③で述べた通り）本文の焦点では必ずしもない。

⑤「ナースのために役に立とうとする患者の姿」は[3]の「おじいさん」の描写や[4]「だれかのためにじぶんができることを……見つけた」などに合致、⑤「自分が他人のために何かをすることによっても、人は**喜びを覚え生きがいを感じる**ことがある」は先の[4]「だれかのために……」および[5]「この子はじぶんがいないとだめになると……感じ……そのことがこのひとの顔を**いきいきとさせた**」[6]「**生きる力**というものは、じぶんの存在が他人のなかで意味があると感じるところから生まれる」などに合致する。そして⑤「他人が自分のために何かをしてくれることだけでなく……によっても、人は喜びを覚え生きがいを感じることがある」は〈ふつうは「他人が自分のために何かをしてくれる」ことに喜びを感じるが、それだけでなく……〉という意味であり、このエピソードが[1]「沈黙が饒舌よりはるかに物を言うことがあるように……一筋縄ではいかない（＝ふつう通りにはいかない）」というエピソードであることから導ける。〈ふつう通りにはいかない＝「**何から何までナースに『してもらう』生活**」（[4]）は、**ふつうは〝ラクでありがたい〟と「喜び」につながる**のだろうが、このおじいさんはそれを「辛いこと」（[5]）と感じた〉ということである。したがって、⑤は正解である。

⑥はまず「互いに力づけ合うこととなったナースと患者」が本文の趣旨からズレている（ナースは単に〈サボッていた〉のであって、おじいさんの「見張り」によって「力づけ」られたと書かれてはいないし、[6]「味のあるナース」についても②で見たように「……になったかもしれない」というだけであって、⑥「力づけ……た」と確定的に述べることはできない）。また⑥「人と人との関わり合いには偶然の要素が介在……ということを述べている」が、「偶然」が筆者の言いたいことの中心点のようになっている点でおかしい。中心点は①「生きる力」⑤「生きがい」のあり方である。

問5　二つの文章を読み合わせた上で、〈生徒の書いた文章の推敲〉という形式で、国語知識や本文の内容理解、本文の内容を基にした発展的思考などを問う設問。**共通テスト特有の〈複数テクスト〉〈応用的思考〉の設問**である。二つの文章を統合する思考力を問う点では二〇二一・二〇二三年度本試験、二〇二四年度追・再試験を、〈生徒の書いた文章の推敲〉という形式の点では二〇二四年度本試験、二〇二二・二〇二三年度追・再試験を、それぞれ踏まえた出題とした。

(i)　〈生徒の書いた文章の推敲〉という形で語彙力を問う設問。

aは、「『交換』の原理の観点から、ただ『受け取る』だけの自分に**a**疑問を感じた」という箇所。「**等価性**にもとづく関係性で、財であれ行為であれ**与えた分だけ受け取る**」（**【文章Ⅰ】**[1]）という「『交換』の原理」からすると「何から何までナースに『**してもらう**』生活」で「**ただ『受け取る』**だけの自分」であることは「辛い」気分だ、というのだから〈**何も「与え」ていないのに「受け取る」だけでは申し訳ない**〉といった心理だと考えることができる。たしかに、単に〈**a**疑問を感じる〉というより、〈うしろめたい気がする〉意の②〈やましさを感じる〉や〈自分は劣っていると感じる〉意の④〈引け目を感じる〉などの方が「よりふさわしい表現」だといえる。一方、①〈戸惑いを感じる〉はややズレており（少なくとも「疑問」より「ふさわしい」というほどのものではない）、③〈未練を感じる〉は方向性として明らかに異なる。

bは「おじいさん」が「この子はじぶんがいないとだめになる」という思いを抱いて（ナースのために「見張り」（**【文章Ⅱ】**[3]）をすることで）、「**自分の存在に意味があると思うことができ**」「**溌剌としてきた**」というところ。本文でいえば、「じぶんの存在が他人のなかで意味があると感じ」「そこにじぶんがいることの意味を見いだし」て「**生きる力」を得た**（**【文章Ⅱ】**[6]）という箇所だから、たしかに「生きることに**b**楽しさを感じるようになっていった」よりも、④〈生きることに張り合いを感じた〉などの方が「よりふさわしい表現」だといえる。——**a**でもう一つ候補になっていたのは②だが、②の**b**は「気負い」で〈自分こそはと意気込む気持ち〉の意。これは先の「溌剌」のニュアンスが弱いし、〈**生きることに**自分こそはという意気込みを感じる〉ではおかしく、④「張り合い」に比べ「最も適当な」ものとはいえない（「見張り」という具体的行為についてなら〈自分こそはという意気込み〉でもよいが、波線部**b**を含む「生きることに……感じる」はそうした具体的行為の〈結果〉として感じられたことについて述べた箇所であるため、「気負い」はおかしいのである）。正解は④。——①の**b**「執着」は必ずしもプラスのニュアンスではない点でややズレるし、「溌剌」のニュアンスとはかなり違う（〈あてはまらなくはない〉程度であって、少なくとも〈元の表現よりふさわしい表現〉とはいえない）。③の**b**「手ごたえ」も「溌剌」のニュアンスは弱いし、③は**a**「未練」が明らかにおかしいので正解にはできない。

(ii) 〈生徒の書いた文章の推敲〉という形で、本文の論旨と与えられた文章の文脈とをすり合わせて導き出せる内容を考える、応用的思考力を問う設問。

傍線部**X**の前「何から何までナースに『してもらう』生活」（**【文章Ⅱ】**[4]）が「当人にとっては『辛いこと』（**【文章Ⅱ】**[5]）だったようだ」と推定する「理由」について、次文「『交換』の原理の観点から、ただ『受け取る』だけの自分に引け目（(i)④**a**）を感じたということかもしれない」ということ「以外にも考えられる」（設問文）ことを考える設問。まず、(i)でも見た通り、「『交換』の原理」とは「**等価性**にもとづく関係性で、財であれ行為であれ**与えた分だけ受け取る**」（**【文章Ⅰ】**[1]）というものだから、「何から何までナースに『**してもらう**』生活」について「**ただ『受け取る』**だけの自分に引け目を感じた」とは、〈**何も「与え」ていないのに「受け取る」だけでは申し訳ない**〉といった心理だと考えることができる。では、これ以外に「何から何までナースに『**してもらう**』生活」を「辛い」と感じる「理由」はどのようなものだと考えられるか。

まず④「ケアの論理」は「各人はその能力に応じて貢献し、各人にはその**必要に応じて与えられる**」という「コミュニズム」（**【文章Ⅰ】**[1]）と「通底」（**【文章Ⅰ】**[3]）するものだから、この観点からは、ケアを「**必要**」とする高齢者が「何から何までナースに『**してもらう**』」のはむしろ当然のことだといえる（問2の項も参照のこと）。したがって④「『ケアの論理』が十分に適用されていない気がした」とするのはおかしい。

右で見たように、ここでのナースと患者の関係は「コミュニズム」的といえるものであり、そして①「経済的関係」の「基盤をなす三つの……モラル」（**【文章Ⅰ】**[1]）には（「三番目のコミュニズムは……」とある通り）その「コミュニズム」も含まれるのだから、①「『経済的関係』から疎外されている」とするのはおかしい。またそもそも〈「何から何までナースに『してもらう』生活」だから「『経済的関係』から疎外されている」〉ということにもならない。

何から何までナースに「してもら」っていたというのだから（「しても

らう」はずなのにできていなかった、というふうには書かれていないのだから」、③「ナースの能力に不信感を抱いた」は適切ではない。また、〈居眠り〉をするナースに対しては、患者はむしろそこから〈生きる力〉を得たのであって、「辛い」と感じる「理由」にはならない。そもそも、③「コミュニズム」は「各人はその**能力に応じて**貢献し……」というものなのだから、能力の高低を問題にする考え方とは反対方向である。

②「ヒエラルキー」は「**優位者と劣位者**のあいだの**非対称な関係性**が絶対的であるような場合」（**【文章Ⅰ】**[1]）。「何から何までナースに『してもらう』（じぶんではなにもできない）」関係を〈ナース＝優位者、じぶん（患者）＝劣位者〉ととるのはありうることであり、②「ナースと患者との関係が、『ヒエラルキー』の関係のように思えた」から「辛い」という理由付けは成立する。正解は②である。

(iii) 二つの文章を読み合わせ、両者を合成して新たな考えを導く発展的思考の設問。

設問文から〈「**【文章Ⅱ】**に示されている、以上のような見方」をもとに「**【文章Ⅰ】**の『ケアの共同性』（**【文章Ⅰ】**[4]段落）について考える」と、どのような考えが導けるか〉を答える問いであることがつかめるだろう。また、「ケアの共同性」に続けて**【文章Ⅰ】**[4]では「**生の始まり**（と終わり）」の「時期」の「あり方」が「人間の社会性を考えるうえできわめて示唆に富む」と述べられており、これをうけて[5]～[7]で「人間の**乳児**の子育て」（[5]）についての論が展開されている。さらに、全選択肢が「脆弱な存在としての赤ん坊を育てる営みは」で始まっており、これは**【文章Ⅰ】**[7]初めをうけたものだと考えることができる。

【文章Ⅰ】[5]～[7]では、人間の「**子育て**」が「**母親**」**だけでなく**「**父親や祖父母や他の人**」（[6]）**と一緒になされる**（a）ことが述べられ、そのことで子どもと他者との「関係性」や「言語によるコミュニケーション」が開かれることから、「苦しむ者、弱き者、助けを必要としている者とともに生きるための**ケアの論理**は、**人間が人間であることの根源**を照らし出すものだ」（[7]）と述べられる。この「**ケアの論理**」は「各人はその**能力に応じて貢献し**、各人にはその**必要に応じて与えられる**」という「コミュニズム」に「通底」するものであり（問2の項参照）、したがってここでは〈赤ん坊の周囲の人間が、それぞれの「能力に応じて」、**赤ん坊が「必要」とする世話を「与え」る**（b）〉ということになる。こうした営みを基盤とする「人間の社会性」が「**人間が人間であることの根源**」にあるものだというのが**【文章Ⅰ】**の結びである（詳しくは**〈問題文の解説〉**の項の**【文章Ⅰ】**末の箇所や問3の項を参照）。

一方、傍線部Y「**【文章Ⅱ】**に示されている、以上のような見方」とは、すでに繰り返し見てきた通り、〈（ナースに対し高齢の患者が感じたような）**他者のために自分が何かをすることで、自分の存在に意味があると感じ、生きる力を得られる**〉（問4の項など参照）というものであった。先に見た**【文章Ⅰ】**での「ケア」の捉え方は〈赤ん坊の生のために必要なものを周囲の大人たちが与える〉（b）というものであったが、この**【文章Ⅱ】**の趣旨からすると〈周囲の大人たちも〝**赤ん坊のために何かをしている**〟**ことで自分の存在の意味を感じ、生きる力を得ている**〉（c）と考えることが可能になる。つまり、**自分が生きていることの意味を感じること＝生きる力の源となるもののうちに〈他人のために何かをする〉ことが含まれている**（d）ということである。以上a～dに合致する③が正解である。

> 脆弱な存在としての赤ん坊を育てる営み（a）は、赤ん坊の生が周囲の人たちによって支えられる（b）と同時に、その営みを通して周囲の人たちが生きる力を得ることでもある（c）のではないか。つまり、「人間が人間であることの根源」に、利他的な心性が組み込まれている（d）ということもできるのではないか。

「利他」とは〈自分のことよりも他人のためになることを考えること〉。もちろん**【文章Ⅱ】**の論旨としては〈他人のためになることが自分の喜びでもある〉のだが、例えば**【文章Ⅱ】**の「おじいさん」の心情は〈自分が世話をしてもらうこと（だけではむしろ「生きる力」を得られず、それ）よりも他人のために何かをしたい〉というものだったのであり、こうしたことを「利他的な心性」と表現している、ということである。

誤答について。①「それを傷つけたり失ったりしかねないというリスク」「生命そのものがはらむ危うさ」が、**【文章Ⅰ】**とも**【文章Ⅱ】**とも無関係な内容で、不適切。

②は「脆弱な存在としての赤ん坊を育てる営み」「弱き者がその必要に応じて庇護を与えられる」「周囲の人たちがそれぞれの能力に応じて育児に貢献する」「コミュニズムの原理」と、すべて**【文章Ⅰ】**の内容であるので、傍線部Y「**【文章Ⅱ】**に示されている、以上のような見方は……新たな示唆を」の「内容を具体的に示す文章」ということにならない。つまり、**設問要求に応じた答えになっていない**ため、不適切である。

④「生命が存在することの意味を知る」「生命の尊厳」が**【文章Ⅰ】**とも**【文章Ⅱ】**とも無関係な内容で、不適切。**【文章Ⅱ】**⑥の「じぶんの存在が他人のなかで意味があると感じる」は④「だれかのためにじぶんができること」があるということ、すなわち〈自分の存在意義〉といったことであって、「生命が存在することの意味」「生命の尊厳」といったことではない。

第2問

〈**出典**〉　彩瀬まる（あやせ　まる）「海のかけら」（『別冊文藝春秋二〇二〇年一月号』（発売は二〇一九年）掲載、二〇二一年文藝春秋刊『新しい星』〈連作集〉の中の一編）の一節。

彩瀬まるは、一九八六年千葉県生まれ。上智大学文学部卒業。著書に、『骨を彩る』『やがて海へと届く』『くちなし』『森があふれる』『草原のサーカス』『川のほとりで羽化するぼくら』などがある。

〈**問題文の解説**〉

大学入学共通テストの二〇二一～二〇二四年度本試の第2問では、何らかの形で本文とそれ以外の文章・資料を組み合わせて応用的・発展的思考を問う設問が出題されている。複数テクストの設定がどのような形になるかは断定し難く、さまざまな工夫がなされると思われるので、この問題では、出典文章（「海のかけら」）の本文とは別の箇所を**【資料】**として掲げ、**【意見交換の様子】**と絡めて本文内容を探求するという設定（問6）で、複数テクストの形式を踏襲した。

以下に、一行空きの箇所に従って本文を前半、後半に分けて、その内容を確認しておく。

まずはリード文から。リード文では本文の背景や前提となる状況が補足説明されるので、以下の事柄を確認しておこう。

・玄也（ゲンゲン）、卓馬、青子（青さん）、茅乃（かやのん）の四人は大学の同期生で、かつて合気道部に所属していたことがあるということ
・癌の手術を受けた茅乃のリハビリに付き合って、青子が合気道道場に通い始めたということ
・その青子の声掛けで、卒業以来ほぼ十年ぶりに、四人で一緒に道場で練習することになったということ
・本文は、その練習後に居酒屋に寄った後、玄也が卓馬と二人で地下鉄の駅に向かう場面であるということ（「玄也が……」とあることから、「玄也」

が主人公であろうことが推察できる）
といった諸事情に続く形で本文は展開している。
〔前半〕
・卓馬から青子の話が出て「湿っぽい雰囲気になったことで」、玄也は道場に行く前に卓馬と話していたことが頭をよぎり、「かやのんがこの先どうなるかわからない、なんて、縁起悪い心配しないで済むだろう、これで」と、卓馬に言う。そこには、「不吉なことを口にするなよ、と多少咎めたい気持ちも」込められていた。後続する発言に見えるように、玄也は、道場に行く前に卓馬が言った「この先どうなるかわからないから、呼んでもらえて良かった」という言葉を、（癌を患った茅乃に対する）「縁起悪い心配」「不吉なこと」を含意した言葉として受け止めていて、そこで、「不吉なことを口にするなよ、と多少咎めたい気持ち」がこもってしまったのである。
・ところが、卓馬は驚いた様子で玄也の「かやのんがこの先どうなるかわからない、なんて、縁起悪い心配しないで済むだろう、これで」という「咎め」のこもった言葉を否定する。卓馬とすれば「暗い意味」で言ったわけではなく、「わからないって、しんどい」「わからないから、心配でしんどい」からだった。玄也は「しんどい」という言葉に自身の「真っ暗な感覚」「わからないから、とても辛い」という現状を思うが、卓馬の言い分は「しんどいことだから……四人で耐えた方がいい……四人ならなんらかのチャンスを見逃さずに済むかもしれない。そういう意味で、呼んでもらえて良かった」ということだった。玄也が「縁起悪い心配」「不吉なこと」の方に気を取られていたのに対し、卓馬は「わからないから、心配でしんどい」、わかれば四人で耐えられる、「四人ならなんらかのチャンスを見逃さずに済むかもしれない」と考えて、合気道の練習に「呼んでもらえて良かった」と、前向きな思いで発言したのだった。
・玄也はその言葉で、「それぞれが抱えた問題を、理不尽を、不安を、人と分け合って耐える」ということにいったんは思いをはせるが、学生時代ならともかく、今は「そんなこと、できるわけがない」「今は、あの頃とは違う。違う、はずだ」と否定する思いにもとらわれる。だが、「わかっているのに、口が勝手に動いて」、玄也は、「本当は、部屋に閉じこもってたんだ。この一年半。出られなくなって……元々の勤め先で、色々あったから……」と、自身の事情を卓馬に告げる。そして、無能だから嫌われたという思いにとらわれ、「喉に巨大な石でも詰まったように言葉が出なくなってしまう。
・卓馬は「出てるじゃん、部屋」「部屋、出るのいやだ？　今でも」と言うが、玄也は「言葉に出来ない混乱と苦痛と羞恥の渦がぐっと目の前に迫り、薄い吐き気を感じ」てしまい、外で責任を負って働くことはもう無理なんじゃないか、茅乃ではなく自分が癌になれば家にこもっている口実になると考えたということまで口にする。卓馬は「辛そうだなー」と共感してくれた。だが、卓馬が考えていたのはあくまでも前向きなことだった。
・卓馬は玄也から実家の借金やローンの有無、所在地などを聞き、「家に引きこもっている息子や娘」を持った高齢者の資産運用の話を持ち出してくる。それは「なにがなんでも正社員になってください」といったものではなく、「なるべく当事者に負荷の少ない切り抜け方を提案する」というものだった。玄也が「……部屋を出ないで、親の金を使って生き延びろってこと？」とこだわりを見せると、卓馬は「万が一出られなくたって、それですべての手札が尽きるわけじゃないんだってこと」だと言う。
・玄也は唖然としてしまう。引きこもっている自分は社会から隔絶されていると思っていたが、社会には、それを自業自得だと見捨てるのではなく、「次の生存戦略を一緒に考えようとする発想が、あった」ことに気づかされたのだった。そしてそのとき、「暗い部屋に……シーグラスに似た隙間が空いて、そこから日差しで温まった海水がどぼどぼと流れ込む。まだ海と繋がっていた。海に拒まれていなかった」という感覚や思いをおぼえる。自分のような引きこもりの問題にも突破口が全くないわけではないという卓馬の助言によって、自身の「暗い部屋」にシーグラスのような亀裂ができて外の世界との（海との、そして社会との）つながりが見えてきたということであろう。
・それでもわだかまりが解消されたわけでもなく、玄也が「親が死んだあとまですねをかじり続けるの、かっこ悪くない？」と拗ねてみせると、卓馬は、自分だって親のコネで今の事務所に入ったのだと告げ、いちいち気にしていたらキリがないと言葉を返してきた。

〔後半〕

・玄也は日曜の午後の合気道の稽古に参加するようになった。調子が悪いときはあまり周囲とは口をきかず、タコの水槽を眺めてやり過ごした。両親はもう大丈夫だと安心した様子だったが、玄也にとってはそう簡単ではなかった。就業を意識した時の胸苦しさと忌避感は強く、日曜以外はほとんど部屋を出なかった。

・秋にさしかかる頃、相変わらず他の会員との交流が億劫で水槽を眺めていた玄也は、受付の事務員から、タコが好きなのかと声をかけられる。玄也とすれば、「会話を発展させない口実としてのタコが便利で好き」、眺めているうちに、遊ぶ様子や指を追いかけてくる賢さに「愛着が湧きつつある」といった程度のことだった。いじめられているタコを引き取らないかと事務員に勧められたが、タコを飼うなどということは思いもよらなかったことなので、玄也は返事に窮した。

・だが、その日の夜、なかなか寝つけないままに「いじめられているらしい小さなタコが、小石を丁寧に並べて遊んでいる姿」が目に浮かんだ。そして、かつての職場での風景が思い出された。

・新しくやってきた有能な上司と彼を取り巻く人々、繰り返される自分への罵倒、気が利かず納得される結果を出せない自分を恥じた記憶。嫌われたのは自分のせいで、「周囲から無能扱いされ続けるうちに、いつしか自分でも、自分のことをそう思うようになった。あの場所で嫌われた自分は、きっとこの世界のあらゆる場所で嫌われるのだと思い、恐ろしかった」と、自身のことを振り返る。だが、「あれはもしかして、いじめだったんじゃないか」、「俺の能力に関係なく……ちょうど良いサンドバッグとして、俺を使っていたんじゃないか」と思い始め、「混乱と苦痛と羞恥の渦が少ししぼみ、今度はそこに怒りと悲しみ」が混ざった。玄也は「辛かった、と自分を宥める心地で少し泣いた」。そして、「タコを引き取ることを決めた」のだった。

・二週間後、卓馬に車を出してもらってタコを引き取った。海水で水槽を満たし、砂利や隠れやすい小さなツボを用意し、お気に入りのシーグラスをいくつか放り込んだ。卓馬はどういう風の吹き回しでタコなのかと首をひねったが、玄也はかわいいじゃないのとだけ応えた。

・シーグラスは「よく日の当たった春の海と同じ色合いをして」おり、小さなタコは偶然という隙間をこじ開けて玄也の部屋にぬるりとすべり込み、海のかけらで遊び始めたのだった。

▼全体を通して、〈「周囲から無能扱いされ続けるうちに、いつしか自分でも、自分のことをそう思うように」なり、「あの場所で嫌われた自分は、きっとこの世界のあらゆる場所で嫌われるのだと思い、恐ろし」くて部屋に引きこもりがちになってしまった玄也が、卓馬の助言によって海との（外の世界との）つながりを意識し、いじめられていたタコを介してかつての職場での扱いは単なるいじめだったのだと気づき、再び外の世界へふみ出そうとする物語〉ということになる。そして、卓馬とタコにまつわるそれぞれの場面で、玄也の心理がシーグラスに重ね合わされる形で描写されている（このことについては問６で問われている）。

〈設問解説〉

問１　傍線部に関して、卓馬と玄也の考えていたことの違いを問うもの。

〈**問題文の解説**〉前半の当該箇所も参照のこと。玄也の「かやのんがこの先どうなるかわからない、なんて、縁起悪い心配しないで済むだろう、これで」という言葉には、「不吉なことを口にするなよ、と多少咎めたい気持ちも」込められていた。それは、道場に行く前に卓馬が言った「この先どうなるかわからないから、呼んでもらえて良かった」という言葉を思い出して、批判めいた思いがこもってしまったからである。卓馬の「この先どうなるかわからないから、呼んでもらえて良かった」という言葉を（癌を患った茅乃に対する）「縁起悪い心配」「不吉なこと」を含意した言葉として受け取っていたということは、つまりは玄也が（癌を患った茅乃に対して）「縁起悪い心配」「不吉なこと」への気がかりを意識していたということになるであろう。対して卓馬は驚いた様子で、玄也の「咎め」のこもった言葉を否定している。卓馬とすれば「暗い意味」で言ったわけではなく、「わからないって、しんどい」「わからないから、心配でしんどい」ということであり、「しんどいことだから……四人で耐えた方がいい……四人ならなんらかのチャンスを見逃さずに済むかもしれない。そういう意味で、呼んでもらえて良かった」と言った、ということだった。玄也が「縁起悪い心配」「不吉なこと」の方を気にしていたのに対し、卓馬は「わからないから、心配でしんどい」、わかれば四人で耐えられる、「四人ならなんらかのチャンスを見逃さずに済むかもしれない」と考えて、合気道の練習に「呼んでもらえて良かった」と、前向きな思いで「この先どうなるかわからないから、呼んでもらえて良かった」と発言したのだった。卓馬のそうした発言を玄也が「暗い意味」に解してしまったということは、やはり玄也の方にこそ「不吉」な思いがあって、それを卓馬の言葉に反映させてしまっていたのだ、ということになる。正解は、この両者の違いを説明している③「卓馬は茅乃の様子がわかれば何か手助けできることがあるはずだと思って現状を確かめたいと考えていたが、玄也は茅乃の病が深刻なものだと心配し、会っておかなければならないと考えていた。」。

他の選択肢について。

①「卓馬は茅乃の病を思うと死のことしか頭に浮かばないので一刻も早く会いたい」が、むしろ玄也の思いに近いものになっていて不適当。また、玄也が「本当にそれほど深刻な状況なのかどうか自分の目で確認したい」も玄也の思いとして読み取るには無理がある。むしろ深刻で大変だと考えていたということである。

②「卓馬は茅乃をはじめ青子や玄也の大学卒業以来の消息が知りたくて皆に会ってみようと考えていた」というだけでは病にかかった茅乃に対する思いが説明されていない。また、「今会っておかなければこの先二度と会えないかもしれない」と読み取る根拠も本文中にない。

④ 卓馬が「引きこもりがちな玄也の今後のことも思って」が不適当。卓馬が、玄也が引きこもっていたと知ったのは傍線部よりも後の場面である。また、玄也が「自分の辛さよりも茅乃の辛さのことを思い」と比較している様子も本文からは読み取れない。

⑤ 玄也が「同じような悩みを抱えている自分こそが力になれると思い、その気持ちを茅乃に伝えようと考えていた」と読み取る根拠が本文にはない。

問2 傍線部における玄也の行動について理由を問うもの。

〈問題文の解説〉 前半の当該箇所も参考のこと。「わかっている」とは何が「わかっている」のか、それな「のに」、「口が勝手に動いていた」のはなぜか、ということが問われている。合気道道場に集まることについて、玄也とは異なり、卓馬の思い（問1も参照）は、「しんどいことだから……四人で耐えた方がいい……四人ならなんらかのチャンスを見逃さずに済むかもしれない。そういう意味で、呼んでもらえて良かった」というものだった。玄也はその言葉に、「それぞれが抱えた問題を、理不尽を、不安を、人と分け合って耐える」と心中でつぶやき、そして、学生時代ならともかく、今は「そんなこと、できるわけがない」、「今は、あの頃とは違う。違う、はずだ」と否定する。だが、「わかっているのに、口が勝手に動いて」、「本当は、部屋に閉じこもってたんだ。この一年半。出られなくなって……元々の勤め先で、色々あったから……」と、自身の事情を卓馬に告げてしまうのである。つまりは、〈今は違う、学生時代とは違って、今は辛いことを仲間と分け合って耐えることなど不可能だと、頭ではわかっているが、卓馬の言葉に引かれてつい自分の抱えている問題を口にしてしまった〉ということであろう。正解は、②「自分の問題は自分で解決するしかない（学生時代とは違うということを言い換えたものである）と考えていたが、卓馬の言葉に学生時代の仲間意識が思い起こされ、今の自身の辛さを卓馬に共有してもらいたいという心の動きをおさえられなかったから。」である。

他の選択肢について。

①「卓馬の言葉に説得され」「希望を抱いた」がズレる。「口が勝手に動いていた」のだから、そこまで意識化されたものではなく、もっと衝動的な行動である。

③「卓馬の言葉に自分の考えが間違っていることに気づかされ、もっ

と前向きに考えを改めるべきだと反省した」が、①同様、意識的過ぎて不適当。

④「彼〈卓馬〉の気持ちを確かめたくなって今の自分の悩みを思わず口にして」ということではないので、不適当。これでは〈本気で言っているのか試してやろう〉というところに主眼があることになってしまう。

⑤「口が勝手に動いていた」つまり思わず悩みが口から出てしまっていた、というところだから、「問題を共有してもらうことで将来への展望が開かれるかもしれない」とまでこの時点での玄也が考えているとは読み取れず、不適当。

問3 傍線部における玄也の思いについて問うもの。

〈問題文の解説〉 前半の当該箇所を参照のこと。卓馬が、玄也から実家の借金やローンの有無、所在地などを聞き、「家に引きこもっている息子や娘」を持った高齢者の資産運用の話を持ち出してくる場面である。その話は「なにがなんでも正社員になってください」といった無理を強いるものではなく、「なるべく当事者に負荷の少ない切り抜け方を提案する」という、当事者の実情に即したものだった。玄也が「……部屋を出ないで、親の金を使って生き延びろってこと?」とこだわりを見せると、卓馬が「万が一出られなくたって、それですべての手札が尽きるわけじゃないんだってこと」だと言葉を返してくる。そのとき玄也は啞然とし、引きこもっている自分は社会から隔絶されていると思っていたが、社会には、それを自業自得だと見捨てるのではなく、「次の生存戦略を一緒に考えようとする発想が、あった」ということに気づかされ、「暗い部屋に……シーグラスに似た隙間が空いて、そこから日差しで温まった海水がどぼどぼと流れ込む。まだ海と繫がっていた。海に拒まれていなかった」という感覚や思いをおぼえる。自分のような引きこもりの問題にも社会的な対応策、突破口があることに気づかされたわけである。それでもわだかまりが完全に解消されたわけではなく、玄也は「親が死んだあとまですねをかじり続けるの、かっこ悪くない?」と拗ねてみせるわけだが、それを「最後にちらりと気になったのは、我ながらずいぶん小さなことだった」(傍線部)と述べているのである。〈自分の悩みは社会的に対応可能な問題だと知って驚きつつも、それでもわだかまりは残される〉という思いを読み取ることができる。「我ながらずいぶん小さなことだった」とは、〈いろいろな工夫を一緒に考えてもらって〈生き延びていける〉ということに比べれば小さなことであろうが、自分には親を頼りにするということが「気になった」〉ということであろう。正解は③「自分の抱えてきた問題が社会の中で解決されうる悩み事でしかなかったことに驚かされつつも、自立して強く生きられないことへの自責の念から自由にはなりきれず、結局は親の力を頼りにすることに気恥ずかしさを覚えている。」となる。「気恥ずかしさを覚えている」は、「かっこ悪くない?」という思いを受けたものである。

他の選択肢について。

①「理不尽な思い……簡単に解消されるはずもない」では、かつての勤め先でのつらい思い出の解消を問題にしているかのようであり、「親が死んだあとまで……」という言葉からズレている。また、「個人的な悩みではあってもそれと長い間苦闘してきた自身の自尊心を捨てきれないでいる」も〈自分がこんなに苦闘してきたことが簡単に解決してたまるか〉と意地になっているような内容で、本文からズレている。

②「社会的に保障されている」わけではないし、また、「思い悩んでいた自身の存在が否定されたように感じている」が言い過ぎている。「自分の悩みがいかに個人的で小さなものだったかと思い知らされて」は間違いではないとしても、そのことで自分の存在が否定されたと感じているわけではない。親のすねをかじり続けるということにこだわっているのである。

④「今まで悩まされてきた問題が他人事のように見えてきて」が不適当。あくまで自分のこととしてとらえている。また、「些細なことにこだわり続けていた自分を愚かしく感じ嫌悪感にとらわれている」というのではなく、親のすねをかじり続けることにこだわりを見せている。

⑤「今までそのことにまったく気づくことができず、親に苦労ばかりかけてきた自身を顧みて深く反省している」がズレる。傍線部は、親が死んだあとまで、親に頼るという〈今後の自分の姿〉が気恥ずかしい〈そこで拗ねてみせた〉ということであり、「今まで……を顧みて深く反省して

いる」ということではない。

問4　傍線部に至るまでの玄也の思いを問うもの。

〈問題文の解説〉 後半の項を参照のこと。玄也が「タコを引き取ること」を決めるに至った「要因」が問われている。まずは、玄也が、「会話を発展させない口実としてのタコが便利で好き」だったのに、眺めているうちに遊ぶ様子や指を追いかけてくる賢さに「愛着が湧きつつある」という叙述に着目したい。事務員にタコを引き取らないかと勧められて、タコを飼うなどということは思いもよらなかったことなので返事に窮してはいるが、「愛着」の気持ちがベースにあることをおさえておきたい。そして、その日の夜、なかなか寝つけないままに「いじめられているらしい小さなタコが、小石を丁寧に並べて遊んでいる姿」が目に浮かび、かつての職場での風景が思い出されたということにも着目したい。玄也がタコに自らを重ね見ていることは明らかであり、そのことで玄也は、いじめられているというそのタコと同じように、かつて職場で自分が嫌われていたのも能力がないからではなく、単なるいじめだったのではないかということに気づいていく。そのことで、「混乱と苦痛と羞恥の渦が少ししぼみ、今度はそこに怒りと悲しみ」が混ざり、「辛かった、と自分を宥める心地で少し泣いた」。「辛かった、と自分を宥める心地で」ということは、当時の自分の「辛かった」状況が「自分のせい」ではなく「いじめ」だとある程度客観的に見ることができるようになり「怒りと悲しみ」を覚える自分を「宥める心地」になっているのだと読める。そんな経緯の中で、「タコを引き取ることを決めた」ということである。したがって正解は、①「精神的に調子の悪いときのいたたまらなさを助けられているうちに愛着が湧いていたこと。」と、⑤「かつての職場で置かれていた自分の状況を捉え直すことのきっかけになってくれたこと。」である。

他の選択肢について。

②「周囲と会話しないための口実にされていることをわかっているかのように遊ぶ姿を見せてくれた」が不適当。玄也がタコをそのようにとらえていたとは描かれていない。

③「受付の事務員が自分をタコ好きと見込んで引き取ってもらえないかと声をかけてくれた」だと〈タコ好きとして頼られたから引き取った〉といった意味になる。が、玄也はタコ一般が好きであるわけではないし、〈見込まれた〉から引き取ったのでもない。

④「いじめられている姿を見れば……」では、引き取った後もいじめられていることになってしまうし、そうした姿を見て「心の慰め」を得るとするのもおかしい。玄也はこの時点では過去の経験についてもう少し前向きな気持ちになっている。

問5　本文の表現と内容について説明したものとしての適否を問うもの。**「適当でないもの」**を選ぶことに注意。

①は適当。「卓馬は玄也の目を見返し、浅く顎を引いて頷いた。」は、次の発言の内容からわかるように、玄也の10行目の発言を否定して、自身の考えをしっかりと主張していこうとする卓馬の様子を描いたものである。

②は適当。「あの頃とは違う。違う、はずだ。」という表現には、卒業して十年近くもたち、学生時代のように問題を共有することなどできるはずもないと思おうとする玄也の気持ちが表れている。しかし、「はずだ」とあるように、そう思おうとする一方で、断言しきれない気持ちも表れている。事実、玄也はこの後に自分の事情を口にしている。つまりは、「頭では理解しようとはするものの、感情のうえではそう思いきれずにいる玄也の様子（自らの事情をつい口にしてしまう様子）が表されている」としても、無理のない説明であろう。

③は適当。「喉に巨大な石でも詰まったように」の「巨大な石」は、「無能だったから嫌われた、と考えただけで……言葉が出なくな」るさまを表したものであり、それは過去の職場での経験に関わるものだから、「言葉に出来ない混乱と苦痛と羞恥の渦」と「同じ経験に根ざすもの」だと言える（34行目「外で責任を負ってバリバリ働くとかは……」や103行目の「混乱と苦痛と羞恥の渦」前後も参照）。そのことで玄也は「心を開け」ずに引きこもりがちになっているのだから、「大きな要因とかかわるもの」と

捉えても妥当であろう。

④は不適当で、正解。「玄也は啞然とした。」は、「自分の問題に卓馬が言うような対処策があることに衝撃を受け」その意外さに驚いた様子を表してはいるが、その「対処策」は、卓馬が仕事として引き受ける「資産運用」に関わるようなものなのだから、玄也が「そのことに思い至らなかった」のは無理もないことであり、それに「あきれる」というようなものではない。

⑤は適当。「週に一度」出かけるようになっただけで「両親は、これでもう息子は大丈夫だと肩の荷を下ろした様子だった。」というのだから、逆に言えば「それまでいかに玄也が両親に心配をかけてきたかということを示唆」していることになる。

問6　複数テクストの形で応用的な理解力を問うもの。

【資料】および**【意見交換の様子】**と関連づけた上で、本文の理解が問われている。空欄部が**【意見交換の様子】**の中に設定されているので、それぞれの発言に即して本文と**【資料】**を参照していくとよいであろう。

まずAさんが導入的に「みんな」に声をかけ、Bさんが**【写真】**に言及した上で「まさに題名の『海のかけら』っていう感じだ」という感想を述べる。続いて、本文62行目と最終部分に出てくる「シーグラス」が気になったというAさんが、「海のかけら」全編を読んで**【資料】**にあるような箇所を見つけ、それを提示しつつ、

シーグラスについて、本文62行目には「シーグラスに似た隙間が空いて……まだ海と繋がっていた」、最終部分には「よく日の当たった春の海と同じ色合いをしている」とあるけど、**【資料】**を合わせ読むと、主人公の玄也にとって、シーグラスというのは［Ⅰ］みたいな意味を持つものなのかもしれない。

と発言している。

Cさんは、それを「そう言えるね」と受けて、「ところが、それを会社勤めの中で奪われてしまう。本文にある描写に従えば、［Ⅱ］ようになってしまい、部屋に引きこもりがちになったということだね」と、話を進めている。

(i)　この展開から、空欄Ⅰには、「シーグラスに似た隙間が空いて……まだ海と繋がっていた」、「よく日の当たった春の海と同じ色合いをしている」につながり、かつ**【資料】**の「ジャムの瓶をつかみ、揺らした。こすれたシーグラスがちゃりちゃりと涼しい音を立てる。すべて家から自転車で十分ほど走った先にある海岸で拾ったものだ。洗い、乾かし、すごいでしょ、と得意になって親に見せた。世界のどこかからやってきた美しい断片は宝物だった。小学生の頃から二十代の半ばまで、ずっと。」という叙述に即した言葉が入るものと推測できる。さらにCさんが同意しつつ、「ところが、それを会社勤めの中で奪われてしまう」と述べているのだから、空欄Ⅰに入るのは「会社勤めの中で奪われて」しまったものでもある。これらの、〈（暗い部屋に）隙間を空けて海とのつながりをもたらすもの〉〈よく日の当たった春の海と同じ色合いを感じさせるもの〉〈自分で拾って洗い、乾かし、得意になって親に見せたもの〉〈世界のどこかからやってきた宝物〉〈小学生の頃から二十代の半ばまで、ずっと大切にしてきたもの〉といった条件をカバーし得て、〈会社勤めの中で奪われてしまったもの〉を考えると、正解として②「自分が世界（「海」および「世界のどこか」）と結びついているという感覚や自己肯定感（「小学生の頃から二十代の半ばまで、ずっと」大切にしてきたもの）の象徴」が得られる。この感覚は玄也が会社勤めの中で見失ってしまったものであり、本文末尾の部分で過去の経験から解き放たれつつある玄也が感じているもの、「よく日の当たった春の海」の明るさ・あたたかさに重なるものである。

他の選択肢について。

①「現在の苦境を打破し幸福へといざなってくれる力強い武器」は少なくとも**【資料】**の内容をカバーしないし、「武器」のニュアンスは「春の海」にそぐわない。③「自然界や未知の世界と自分とのつながりを保証してくれる媒介物」は少なくとも「暗い部屋に……」の箇所をカバーしない（ここで〈つながる〉のは「社会」である）。④「生きる上での価値観や美意識を表象しているたいせつな愛玩物」も少なくとも「暗い部屋に……」の箇所をカバーしない。またいずれも、〈会社勤めの中で奪われて

しまったもの〉としても適当とは言えない。

(ii) 空欄Ⅱには、「本文にある描写」に従って、「［Ⅱ］ようになってしまい、部屋に引きこもりがちになった」という説明にかなうものが入ることになる。95行目からの叙述に着目しよう。「新しくやってきた有能な上司」「彼を取り巻く人々」「繰り返される自分への罵倒」「気が利かず、納得される結果を出せない自分を、恥じた記憶」、「嫌われたのは自分のせい」で、「周囲から無能扱いされ続けるうちに、いつしか自分でも、自分のことをそう思うようになった。あの場所で嫌われた自分は、きっとこの世界のあらゆる場所で嫌われるのだと思い、恐ろしかった」とある。正解は、これに見合った発話となっている③「周囲から無能呼ばわりされて嫌われ続けるうちに、自分でもそんな人間だと思う」である。

他の選択肢について。

①「少しばかりの過ちを新しい有能な上司に罵倒され、アルバイトからも嫌われる」、②「新しくやってきた上司に自分の派閥をつくるための手段として一方的に利用される」は、肝心な〈自分で自分をダメな人間だと思い込んでしまった〉という要素に欠けている。④「家族にも嫌われていると思い込む」という内容は本文にはない（少なくとも「世界のあらゆる場所で嫌われる」を〈家族に嫌われる〉に限定する理由がない）。

(iii) 次にBさんは、物語の核心に迫る形で「そんな玄也に救いの手を差し伸べてくれたのが、大学時代の友人である卓馬と合気道道場のタコだった、という物語の作りになっている」と述べる。Cさんも、「自分ではどうにもならない『真っ暗な感覚』に閉ざされ続けるというのは辛いよね。それが卓馬とタコによって少し明るいほうへ転換していく」と、Bさんの意見に続けている。

そこでBさんは、「そういう意味では、救いのある物語になっていると言える」と自分の考えを再確認しつつ、「そこ（大学時代の友人である卓馬と合気道道場のタコに関わるそれぞれの場面）にシーグラスの描写が挿入されている」と指摘している。そしてAさんが、「玄也にとっては［Ⅲ］が、次のステップに進むことのきっかけになったと言えるかもしれないね」と話をまとめていくという会話の流れである。卓馬とタコが玄也にとっての救いとなった（「次のステップに進むことのきっかけになった」）ということなので、(iii)の空欄Ⅲには、卓馬とタコに関わる事柄が入ることになる。

卓馬の言葉によって玄也は自らの置かれた現状を口にすることになり、その流れで引きこもりの問題に対する助言を得てシーグラスに似た隙間がもたらされたことや、いじめられているというタコを引き取らないかともちかけられたことをきっかけにかつての自分は単に「いじめ」られていただけなのだと自分の悩みの正体に気づき始めたことなどを踏まえると、正解として④「自分の置かれている状況を友人に話せたことと、自分が抱え続けている問題の原因をある程度相対化できたこと」が得られる。

他の選択肢について。

①「自分のように引きこもりがちな人間は数多く存在しており、社会的な救済措置がないわけでもないと知ったこと」は、本文から読み取れる内容ではあるが、**【意見交換の様子】**のシーグラスについての会話の展開に照らすと、そぐわないものになっているし、「タコ」の存在の意味をカバーしない。

②は「自分のような存在でも社会的に不要なわけではないと気づかされた」とまでは玄也の意識は改まったわけではないし、単に「いじめに対する義憤が高まった」ということでもない。

③は卓馬との場面をカバーしないし、「いじめを受けていた」のに「タコがツボにこもることなく、外で一心にシーグラスで遊んでいる様子に自分を重ね見た」ということではない。タコに自身を重ね見ているのは否定できないが、中心はタコによって自分の問題の原因が客観的に見え始めた、相対視できるようになったということである。

第3問

〈出典〉

【資料Ⅰ】 国際連合広報センターの発表である『不平等―格差を埋めよう』(二〇二〇年一月発表)の一節。

【資料Ⅱ】 内閣府の専門調査会である「選択する未来」委員会による『選択する未来―人口推計から見えてくる未来像―』(二〇一五年一〇月発行)の「第3章　人口・経済・地域社会をめぐる現状と課題」の一節。

【資料Ⅲ】 日塔史「経済と格差に関する意識」(電通総研・池田謙一編『日本人の考え方　世界の人の考え方Ⅱ―第7回世界価値観調査から見えるもの』(二〇二二年八月発行))による。**【資料Ⅲ】**に関する**【レポート】**の内容および**問2**・**問3**の正解は、原典の分析を参考にしている。

なお、**【資料Ⅰ】**〜**【資料Ⅲ】**には、出題に際しやむを得ない事情により省略・改変等を施した箇所がある。また、**【レポート】**は、格差について説明した文章や、格差に対する意識について調べた統計データに基づき、人々の格差に対する意識についてのレポートを生徒が作成する言語活動を想定して、出題者が作成したものである。

〈**問題文・資料の解説**〉

今回の出題は、二〇二二年に公表された試作問題Bの出題形式を踏まえたものである。それぞれの**【資料】**を**【レポート】**に引用するために、複数の文章やグラフの内容や要旨を適切に解釈する力や、よりよいレポートにするために、レポートの内容について考察する力を問うている。

〈**【資料】**をもとに**【レポート】**が書かれている〉という構成なので、**【資料Ⅰ】**〜**【資料Ⅲ】**について先に述べる。

【資料Ⅰ】

現代の世界で広がる「不平等」とそれが作り出す「格差」について説明した上で、世界経済生産が伸びる中でも貧困層が所得に占める割合は変わっていないこと、所得、地域、ジェンダー等による不平等がアクセスや機会、結果を決定づけ、新技術による新たな格差も生まれていることを述べている。

【資料Ⅱ】

日本社会における経済をめぐる格差の問題の現状と課題について述べたもの。「ジニ係数」とは所得の分布の偏り具合を測るものであり、格差を測る指標の一つである。ジニ係数のグラフを見ると、近年の日本では、人口構成の高齢化や単身世帯化が進む中で緩やかに格差が拡大してきていることが分かる。ただし、社会保障制度などを通じた所得の再分配後のジニ係数はほぼ横ばいとなっていることから、社会保障制度などが所得の再分配機能を発揮していることが分かる(グラフ中の「等価当初所得」「等価可処分所得」については、文章中に「再分配後のジニ係数はほぼ横ばいとなっており」とあるのをグラフと照らし合わせて、「等価可処分所得」の方がこれに当たると見当をつけ、そこから「等価当初所得」の方が「再分配前」に当たると見当をつければよいだろう)。格差の問題は経済・社会政策の真価が問われる問題である、と述べている。

【資料Ⅲ】

平等と競争に関する意識にかかわる日本調査の結果を引用したものである。**図1**〜**3**は、一九九〇年から二〇二〇年までの継続的な調査の回答を、それぞれ帯グラフで示したものである。帯グラフは各項目が全体に占める割合を表す時に使用するものであり、同じ項目どうしの割合を比較しやすいのが特徴である。今回のグラフにおいては、一九九〇年から二〇二〇年までで、同じ項目を選んだ人の割合を比較して捉えることができる。

図1は「収入は平等にすべきか、開きを大きくすべきか」についての意識を問う項目であり、努力による収入の差はあるべきだと考えるのかを聞くものである。一九九〇年から二〇〇五年にかけては「収入の開きを大き

くすべき」が徐々に増加したが、二〇一〇年に一転して「開きを大きくすべき」が急減、「平等にすべき」が急増し、平等派が多数となった。その後は二〇二〇年まで変わらず、平等派が50％超を維持している。

図2は「競争は好ましいか、有害であるか」という競争に関する意識を問う項目である。全体的に「競争は好ましい」が多く、一九九〇年から二〇〇五年にかけて8割近くまで増加した後、二〇一〇年から二〇二〇年までは75％前後の推移となっている。

図3は「安心な暮らしに国は責任を持つべきか、個人が責任を持つべきか」という、安心な暮らしの責任についての意識を問う項目である（**【レポート】**でも述べられている通り、質問文は「国民皆が安心して暮らせるよう国はもっと責任を持つべきだ」「自分のことは自分で面倒を見るよう個人がもっと責任をもつべきだ」というものである。「安心」は収入や経済よりも広い概念であるが、この質問のしかたからすると経済面での「安心」が大きな要素となっており、また格差の拡大は社会不安を引き起こすものであることを考えると、収入の平等とも関連づけて考えることができる）。調査の結果を時系列で見ると、「安心な暮らしに国は責任を持つべき」とする人が一貫して多数を占める。二〇二〇年時点は76・4％と「競争は望ましい」と考える人の割合（76・1％）とほぼ同水準である。

（なお、厳密には**図1**～**図3**に示した各質問項目の「1から10」の度合いを換算した数値によって傾向をみるのであるが、（原典によれば）その場合でも大きな傾向は変わらず、原典でも**図1**～**図3**のグラフのパーセンテージを基にして本問の**【レポート】**および**問2**・**問3**の正解に当たる内容の分析がなされている。）

【レポート】

展開に沿って見ていこう。まず「格差」という言葉の定義を把握するために**【資料Ⅰ】**を参照し、格差社会とは世界で広がる不平等によるものである、と述べる。その上で、そのような格差社会の現状と、格差の背景にある人々の意識について考えるために、**【資料Ⅱ】**を参照する。

【資料Ⅱ】によると、日本社会における経済的な格差は緩やかに拡大している。ただし、社会保障制度などを通じた所得の再分配が機能すれば、社会の格差は縮小する傾向にあることが分かるとする。

さらに、経済的な格差についての人々の意識を確認するために**【資料Ⅲ】**を参照する。人々が努力による収入の差はあるべきだと考えているのか、競争を好意的に捉えているのかは、収入面における経済的な格差の許容度の参考になると考えられるからである。「平等」と「競争」に関する考えは、**図1**・**2**より読み取ることができる。**図1**・**2**で示されている調査結果によると、（1～10の間で「賛成の度合い」を問うた調査を「1～5」と「6～10」で分けたものなので、**【レポート】**にも示した通り「大ざっぱな傾向として」ではあるが）近年の日本社会には、「競争は好ましい」が、「収入は平等にすべき」だと考える傾向があることになる。

しかし、人々が自身の収入を増大させるために競争すると、収入の不平等が増大するのではないかという問題が考えられる。この点について考えるために、**図3**を参照する。**図3**より「安心な暮らしに国は責任を持つべき」だとする人が多いことから、「安心な暮らし」には「国」が「責任を持つ」ことが望ましいと人々が考えていることが分かる。以上を総合した考えとしては、「競争」は（経済・社会の活性化のために）「好ましい」ものの、それによって生じる不平等を、国を主導とする社会保障制度などの所得の再分配機能によって結果的に「平等」に近づけていくことが望ましい、といったことになる。これは、**【資料Ⅱ】**の内容とも符合する考えだといえるだろう。

〈設問解説〉

問1 **【資料Ⅰ】**で述べられた内容について具体例に即して解釈する設問。

まず**【資料Ⅰ】**の傍線部**a**「こうした格差」の内容をおさえよう。「こうした」の指示内容は、前文の「所得、地域、ジェンダー、年齢、民族、障害、性的指向、階級、宗教を原因とし、アクセスや機会、結果を決定づけてしまう不平等」であり、これらに当てはまるものは「適当なもの」である。

次に、生じる「格差」の内容と、その「原因」として示されている各選択肢の例が先の記述に当てはまっているか、選択肢を検討していく。「その例として適当でないもの」を解答する点に注意しよう。

②は「格差」を「成人となる時期に差が生じること」としており（それによる何らかの不利益等への言及ではない）、その原因を「成人年齢が一八歳と定められているため」としている。これは「所得、地域、ジェンダー、年齢、民族、障害、性的指向、階級、宗教」による「不平等」ではない（〈一八歳に達したら成人となる〉こと自体は誰にとっても同じ（平等）なのであって、誕生日によりその時期にずれがあるだけである）ため、「適当でない」ものとして一つめの解答である。

⑤は「賃金に差が生じる」という格差の原因を「個人の努力の有無に由来する技能の優劣によって」としたものである。「個人の努力の有無に由来する技能の優劣」による格差は「所得、地域、ジェンダー、年齢、民族、障害、性的指向、階級、宗教」によるものではない（実際には「努力」の背景に**問４③**で見るような事情が影響する場合があるが、この選択肢はそれに言及したものではない）。「適当でない」ものとして二つめの解答である。

①は「受けられる教育」の格差の原因を「生まれた家庭や地域、周囲の環境によって」としているため、

③は「就職や生活水準や情報に接する機会など」という「アクセスや機会、結果」の格差の原因を「地域間で」としているため、

④は「就業の機会や所得、置かれる状況など」の格差の原因を「性別の違い（＝ジェンダー）によって」としているため、

⑥は「年金や健康保険などの社会保障制度に伴う見返り」という社会保障制度によって得られる結果の格差の原因を「生まれた年（＝年齢）によって」としているため、それぞれ適当である。

問２　**【レポート】**の展開を踏まえて**【資料Ⅲ】**の内容を捉える設問。

まず、**【レポート】**の空欄 X を含む一文の構造を把握し、空欄 X に入るべき内容をおさえていく。

空欄 X を含む一文は、次のようになっている。

「この結果を基にすれば、近年の日本社会における一般的な考え方の傾向は『 X 』といったふうにまとめられることになるだろう。」

ここから空欄 X に入るのは、「この結果を基に」まとめられる「近年の日本社会における一般的な考え方」であることをおさえる。「この結果」とは、前文より「**図１・図２**に示されている」「『平等』と『競争』に関する考え」であることから、**【資料Ⅲ】**の**図１・２**を参照するべきであると判断できる。

さらに次の文では「しかしここで、競争と平等は、同時に達成できるものなのかという問題が生じる」と述べられていることから、「ここ」が指すものであり、「競争と平等は、同時に達成できるものなのかという問題が生じる」につながる内容が空欄 X に入るべきであることが分かる。ここから、少なくともSさんは、**図１・図２**の調査結果を〈競争と平等がともに求められている〉というふうに見ていると見当がつく（だからこそ「しかし……同時に達成できるものなのか」と問題提起するのだから）。

それでは「**図１・図２**」より「競争と平等は、同時に達成できるものなのかという問題」につながる内容を確認しよう。図の読解では、それぞれのタイトルに注目した上でその内容を読み取るようにしたい。

図１は「収入は平等にすべきか、開きを大きくすべきか」という設問であり、「収入は平等にすべき」が二〇二〇年の調査結果では54・2%と過半数を占めていることが分かる。少なくとも二〇一〇年以降は過半数なので、Sさんはこれを「近年」（空欄 X 直前）と述べているのだと見当がつく。**図２**は「競争は好ましいか、有害であるか」という設問であり、「競争は好ましい」が二〇二〇年の調査結果では76・1%と多い。こちらはグラフ全体を通じてかなり高い数値である。**図１・図２**より「収入は平等にすべき」であるが「競争は好ましい」と考える人が多いということが分かる。

これが、「競争と平等は、同時に達成できるものなのかという問題」につながるものである。**【レポート】**の空欄の後にもあるように、人々が自身の収入を増大させるために懸命になることで競争が生じるが、そうした

競争によって収入の不平等が増大することが考えられる。この内容を踏まえた③が解答となる。

①は「収入の不平等は是認すべきだ」が、先のような空欄の直後の内容に基づく読みとりとは反対方向である。

②は「それは競争のさまたげとなる」が、空欄に入るべき内容として適当ではない。収入を平等にすることが「競争のさまたげとなる」という内容は、「しかし」以降で述べられるSさんの意見に沿うものではあろうが、図1・2自体から読み取れるものではない。よって「この結果を基にすれば」で始まる空欄を含む文に入るものにはならない（「この結果」＝図1・2を「基に」して読み取れる内容ではないし、「しかし」という接続後の使い方もおかしくなる）。

④は「競争」を「収入を平等にするため」に必要なことであると述べているが、そのような因果関係は図1・2より読み取ることができないので、誤りである（図1・2が示すのは〈収入は平等にすべきだ〉〈競争は好ましい〉がそれぞれ多数を占めるということのみであり、両者を接続するとすれば、単純に並列するか、③のように〈平等〉〈競争〉に関する通念通り逆接で結ぶかである）。④は「しかし」以降の内容とはつながりうるが、**図1・2の読み取りとして適当なものであり、かつ、【レポート】の空欄に入れて適切に接続する内容であるという二点を踏まえたものでないと正解にならない点に注意してほしい。**

⑤は「競争の是非にかかわらず」が図1・2より読み取れる内容ではなく、「しかし」以降ともつながらないので、誤り。

問3　【資料Ⅱ】・【資料Ⅲ】で示された内容を関連づけた【レポート】の理解を問う設問。

この設問は【資料】の内容と【レポート】のそれまでの展開を踏まえたSさんの結論を問うものである。「結論」をおさえるために、ここまでの【レポート】の展開を確認しよう。〈問題文の解説〉も参照してほしい。

【レポート】の空欄［Y］の直前の段落では、空欄［X］の後に問題提起された、人々が自身の収入を増大させるために競争すると、収入の不平等が増大するのではないかという問題を「考えるために」図3を参照すると述べている。図3より「安心な暮らしに国は責任を持つべき」だとする人が多いことから、空欄［X］直後の問題提起からここまでを総合すると、「経済」の「活性化」のために「競争は好ましい」が、経済面も踏まえた「安心な暮らし」には「国」が「責任を持つ」ことで「収入は平等にすべき」であるという考えが導かれる。

では、「国」はどのように「平等」化をはかるのか。これは【資料Ⅱ】を参照すればよい。そこに、国を主導とする所得の再分配によって、格差の拡大を防いでいることが述べられている。【レポート】のまとめとして、「格差の拡大を防ぐために、社会保障制度などを通じた再分配政策を充実させることが必要だ」と述べる②が適当である（なお、再分配には税の果たす役割も大きいが、ここでは【資料Ⅱ】の記述に基づく解答としている）。

①は「国全体としての所得の向上を目指すことが必要だ」が誤り。【資料】にはこの方向のものはないし、これでは〈平等の達成〉という要素が出ていない。

③は「国がオンライン技術やモバイル技術の活用を進めることが必要だ」が、【レポート】の結論として適当ではない。これらは【資料】の中では「新たな……格差」を生むもの（【資料Ⅰ】）としてしか扱われていない。

④は「高齢化の進展や若年層の貧困問題への対応」が【レポート】の「格差」についての論点とずれているし、「各企業が……努力する」ことは「国」が「責任を持つべき」とする【レポート】の趣旨と合わない。

⑤は「他国との経済格差」が【レポート】の論点とずれている。【資料Ⅱ】で示されているのは日本国内での格差の問題である。

問4　【レポート】の内容や構成を捉え直す設問。

これまでの設問を通して理解した【レポート】の内容がより伝わるよう、その内容や構成を適切に捉え直すことができるかを問う問題である。それぞれの選択肢が「補足」として妥当な内容であるかを確認していこう。

①は、問2で確認した【レポート】の内容を踏まえたものとして、適当である。「平等」と「競争」についての考え方が「対立する」というの

は、「競争と平等は、同時に達成できるものなのかという問題」が生じる、という【資料Ⅲ】の図1・2を踏まえた【レポート】の論旨につながる内容であり、補足することでこの論旨が明確になる。

②は問3で確認した【レポート】の結論を補足する内容として、適当である。【レポート】の結論部分では、人々が自身の収入を増大させるために競争することによって、収入の不平等が増大するのではないかという問題について検討されている。人々の競争は好ましいものであるが、それによる収入の不平等を避けるために、所得の再分配制度の機能などを通して「国」が経済面もふまえた「安心な暮らし」に「責任を持つべきだ」というのが【資料Ⅱ】と【資料Ⅲ】を参照した【レポート】の結論であった。これは、人々が自由に競争することで社会全体が豊かになるという考え方と、過剰な競争は経済的な格差の拡大をもたらすので望ましくないという考え方が対立するという前提に基づくものである。ただし、社会的な不平等が現実的に存在する以上は、そもそもの「競争」に対する機会の平等を保障することは困難である（このことは【資料Ⅰ】でも「アクセスや機会、結果を決定づけてしまう不平等」の存在として述べられている）。②「競争の初期条件」すなわちスタート地点での「平等」を「完全に実現することは困難」である以上、その後の個人の生き方に「すべてを……帰する」ことはできないのだから、「国」が「責任を持つ」という形で社会的に介入することが必要である、ということである。この内容を補足することで、「再分配」という形による「国」の介入の必要性が分かりやすくなる。

③は問1で確認した【資料Ⅰ】の内容を踏まえたものとして、適当である。「格差」とは「所得、地域、ジェンダー、年齢、民族、障害、性的指向、階級、宗教を原因とし、アクセスや機会、結果を決定づけてしまう不平等」のことである。③は、まず「生まれた地域や性別」を原因として「教育」の「機会」が制限されることで「本人が望む教育が受けられない」、という「格差」が生じる。さらに、それによって「希望する仕事につけない」というように就職の「機会」も制限される、という形で、格差が助長・再生産されることがある、という説明である。この内容を補足することで、「格差」が「さまざまな要因が複雑に関係しあうもの」であることを示し、その問題が「社会構造」によるものであると示すことで、「安心な暮らし」について「国」が「責任を持つべき」であるとする【レポート】の結論が明確になる。

④は「安心な暮らしに国は責任を持つべきだ」という【レポート】の趣旨の根拠の補足として、「人々が自身の収入を増大するために努力することで『国』の経済成長が促され、結果的に社会全体の所得が増えることで個人の安心感が増すという考えによる」と述べている点が、誤りである。【レポート】に示されている通り、この「国」が「責任を持つ」とは、「自分のことは自分で面倒を見る」ことの対極として設定されているもの、すなわち「人々が自身の収入を増大するために努力する」こととは反対方向のものである。【レポート】における「国」は「責任を持つべきだ」という主張の根拠は、【資料Ⅱ】より国を主導とする社会保障制度などを通じた所得の再分配が格差の拡大を防いでいることである。さらに問3や問4②で確認した通り、【資料Ⅲ】より「収入は平等にすべき」であるが「競争は好ましい」という考えの矛盾を克服するために、「国」が介入することが必要となる、というのが【レポート】の趣旨であった。補足すべき内容として「適当でないもの」であり、④が解答である。

第4問

〈出典〉『近江県物語《おうみあがたものがたり》』

江戸時代後期の狂歌師・戯作者《げさく》・国学者である石川雅望《まさもち》の小説。後期読本《よみほん》に分類される。清《しん》の李漁《りぎょ》『笠翁《りゅうおう》伝奇十種』の「巧団円」を翻案した作品。文化五（一八〇八）年刊。

〈問題文の解説〉

源頼光《みなもとのよりみつ》の重臣であった藤原季光《ふじわらのすえみつ》の夫妻は初瀬の観音に祈って子を得たが、その子は三歳の時に亡くなってしまう。その子は埋葬されたが蘇《よみがえ》り、旅人の田楽師の坂上の猿丸に拾われる。この子が梅丸《うめまろ》である。梅丸が九歳の時、育ての親の猿丸が亡くなり、医師の安世《やすよ》に引き取られる。安世に引き取られた梅丸は、神才を発揮し、安世に気に入られて娘の薗生《そのお》の婿として迎えられることになったが、それに嫉妬した安世の甥《おい》の常人《つねんど》の策略によって、梅丸は安世の家から出奔する。その後、梅丸は盗賊にさらわれた薗生を助け出し、盗賊退治の指揮を取る実父の季光と巡り会う。梅丸は薗生と結婚し、近《おう》江掾《みのじょう》となって子孫が繁栄したというあらすじである。

問題文は、梅丸が常人の策略によって、安世のところから出奔を決意する場面である。

なお、本文には出題にあたり省略・改変した箇所がある。

〈現代語訳〉

この時から一年くらい前に、常人は、薗生に思いを寄せていたが、心根の恐ろしい女一人に頼んで、恋文を梅の枝に付けて、（薗生に）贈った。薗生は（常人からの恋文だとは）気付かなくて、開いて読んでみて、驚きあきれることだと思って、すぐに恋文をそのまま返すといって、梅の枝に結び付けて返した。

「中垣の……中垣の隔てを無視して、梅の香りはどうして私のところに
　漂って来てしまったのだろうか。
嫌なことだ。」と書いた。常人の無骨な心でもこの歌の意味は理解できないだろうか、いや、理解できるはずだ。（常人は）ちらっと見ると同時に、「それでは私を嫌っているのだろう。」と思って、その後は全く口に出すこともしなかった。

最近、（常人は薗生から返された和歌のことを）ふと思い出して、「よしよし。よい考えがある。」と思って、また例の心根の恐ろしい女に頼んで、「薗生の寝室に隠してある、梅丸からの贈り物として贈った袋を、盗んできてくれ。」と言った。この女は心根が恐ろしい者で、ためらわず承諾して、薗生が入浴している隙を窺《うかが》って、その袋を盗み出して、懐に押し込んで、ひそかに常人に渡した。常人は喜んで、中をさえ見ないで、紐の結び目をこよりで封をして強く結んで、次の日に、梅丸のところに行って言ったことは、「あなたが、近々薗生と結婚なさることは、我等《ら》（弟子一同）の喜びで、これ以上ないことだと思われます。ただしつらいことがございますのにお知らせ申し上げませんでしたら、長年の友情を失うことが道理なので、こっそりとお知らせ申し上げるのである。その子細は、伯父である人（＝師匠の安世）が、あなたを婿と定めましたが、薗生はどのようなつもりか、（この婚姻のことを）ひどく恨んで腹を立てまして、『夫婦の関係は、親たちのお心に任せられるものだろうか、いや、任せられない。私にも相談なさらないで、妻とお決めになることは、あまりにも配慮のないお振る舞いであるよ。たとえ父母が強くおっしゃったとしても、私は梅丸の妻になるつもりはありません。』と言って、昼も夜も泣き沈んでおりました。今朝、（薗生が）私を呼び寄せて申しますことは、『この一品は、梅丸のほうから（婚約の）印といって贈ったものでございます。見るのも嫌でございますので、早く返したいと思うのです。確かに彼（＝梅丸）にお渡しください。』と言って、取り出して（私に）渡しました。（私は薗生を）いろいろと説得してなだめましたが、説得することができませんでしたので、薗生が言うとおりにあなたにお返し申し上げるのである。（今回の婚姻のことを）よくよくお考えくださいよ。」と言って、袋に自分が求愛を断られた歌を添えて取り出した。

梅丸が手に取って見ると、覚えがある薗生の字で、我が名の梅というのに添えて嫌悪の思いを述べている歌なので、しばらく呆然として返事さえしなかったけれども、しばらくためらって言ったことは、「この度の婚姻は、私

が強く望んだことではございませんが、先生である人がそのようにお勧めになったことでございますので、恐縮して了承したものでございます。しかしながら、本人（蘭生）の気持ちに叶《かな》っていないことは、仕方がないことでございます。そのことを、先生にご説明申し上げましょう。」と言うと、常人がすり寄って、「蘭生があなたを嫌ったことをお告げになっては、彼女（＝蘭生）はひどい叱責を受けるに違いありません。それでは心苦しいことでございます。それとなく、穏便にことの収まるようにおはからいください。」と言うので、梅丸は、生まれつき温和な性格であったので、「そのことについては、お心を苦しめなさる必要はない。必ずうまくはからいましょう。」と言って、常人を帰してひそかに心に思ったことは、「蘭生が私を嫌っているのは、身分が低いことを嫌っているにちがいない。先生にこのことを申し上げたならば、我が身の恥であるのみならず、蘭生に対して気の毒だろう。そうはいっても、長々と日を過ごしたならば、結婚の日がきっと近づくにちがいない。どうすればよいだろうか。」とさまざまに思いを廻《めぐ》らせては、四、五日を過ごしたけれども、「何はともあれ私がここにいたならば、状況がきっと悪くなるに違いない。一先《ひとま》ずここを立ち退いて、様子をうかがうのがよいに違いない。」と決心して、着替えの荷物などを包みに包み、送り返してきた袋を、腰に差して、夜に紛れてさまよい出たのだった。

〈設問解説〉

問1　単語の問題。

(ア)「やは」「かは」は反語を表す。ここでは「心覚《さと》らざらんやは」と「打消＋反語」のかたちになっている。「打消＋反語」は、「…ないだろうか、いや…である」というように、強い肯定を表す。打消と反語とが組み合わされると、結論が否定なのか肯定なのか見えなくなってしまうことが多いようである。「打消＋反語」は、否定が打ち消されて、強い肯定となることを確認しておこう。「心覚らざらんやは」を丁寧に訳すと、「理解できないだろうか、いや、理解できるはずだ」となる。結論部分の「理解できるはずだ」と合致する選択肢を選べば、正解は⑤であることが分かる。

　誤答としては、④「この歌の意味が理解できただろうか」が多いだろうと思われるが、④は傍線部に打消があるのを見落としている。

(イ)「すべきやう」を丁寧に訳すと、「するのによいこと」となる。「こそあれ」の「こそ」は強意の係助詞なので、「こそあれ」は「がある」「である」と訳す。「こそ…已然形」は命令形と間違えることが多いので注意する。「すべきやう」「こそあれ」が正しく訳してある選択肢は④である。

(ウ)「おもむく」は「勧める」という意味であるが、この単語の意味を知っている受験生は少ないだろう。ここは、「給《たま》へる」に着眼して、選択肢を絞っていく。「給へる」は、四段活用の「給ふ」の已然形に、完了の助動詞「り」の連体形が付いたもの。四段活用の「給ふ」は尊敬語なので「お…になる」と訳してある選択肢を選ぶ。「（お）…申し上げる」は謙譲語の訳となるので不正解。「お…になる」とある選択肢は、①③であるが、「師なる人のさやうに(ウ)おもむけ給へることに候へば、かしこまり了承して候ふなり」という因果関係を見ると、「おもむけ給へること」なので、「かしこまり了承」したとなっているので、ここは①「お勧めになった」がよいと分かる。「お喜びになった」ことを「かしこまり了承」するというのでは、意味の整合性がなくなってしまう。

問2　文法の問題。

「ね」という活用形を持つ助動詞は、打消「ず」と完了「ぬ」である。**a**は「渡して給ひね」とあるように、ハ行四段活用「給ふ」の連用形に付いているので、完了の助動詞であることが分かる。**b**は「候はねど」とあるように、ハ行四段活用「候ふ」の未然形に付いているので、打消の助動詞であると分かる。なお、上に来る動詞が上二段や下二段活用のように未然形と連用形が同じ語形である場合は、接続で見分けることができないので、下接語や係り結びに注意して「ね」自身が已然形であるか命令形であるかで見分けるとよい。

　助動詞「む（ん）」でよく使われる用法には、推量・意志・婉曲がある。推量「…だろう」・意志「…よう」は、多く「…む。」「…む＋と」のかたちで用いられる。一方、婉曲は多く「…む＋体言」のかたちで用いられ、

「…ような」と訳す。**c**「ことわり申し候はん」、**d**「いかにせばよからん」は共に文末で用いられているので、推量か意志となる。推量・意志は訳で見分ける。**c**は梅丸が「（私が）先生にご説明申し上げましょう」と言っているので意志。**d**は「どうすればよいだろうか」と言っているので推量となる。

aが完了、**b**が打消、**c**が意志、**d**が推量となっている選択肢は、①である。

問3　内容説明の問題。

傍線部**A**の前では、「薗生いかなる所存にか、はなはだ恨み憤《ふづく》み候ひて、『夫婦の語らひは、親たちの御心にもまかすべきことかは。我にも語り給はで、妻となし給はんこと、あまりに心なき御はからひにこそ。たとひ父母のせめてのたまふとも、我は梅丸の妻とはならじ』とて、昼夜泣き沈みてこそ候ひしか」というように、薗生が今回の婚姻に対して納得していない様が常人によって語られる。梅丸を嫌って泣き崩れる薗生を「こしらへすかし」たのは、「こしらふ」「すかす」は共に「なだめる」の意であることから考えれば、常人であることは明らかである。薗生が自分自身を「なだめる」というのはおかしい。したがって、「さまざまこしらへすかして候へども」の主語を「薗生」としている①・②は不正解となる。③・④・⑤は「ことかなはず」から考えることができる。「ことかなはず」は「思いどおりにならない」の意。常人は嫌がる薗生を「こしらへすか」そうとしたのだから、思いどおりにならなかったということは「梅丸を厭《いと》う薗生の気持ちを変えることができなかった」ということになる。③「かえって薗生の気持ちは梅丸から離れることになってしまった」、④「梅丸を嫌う薗生の気持ちは変わることがなかった」、⑤「梅丸は身分の低さを恥じて、薗生の前から姿を消した」の中で、「ことかなはず」の内容に合致しているのは④である。なお、この常人の言葉は梅丸を陥れるための作り話であり、薗生が梅丸を嫌って泣いているというのは事実ではない。

問4　和歌の表現・内容及び内容説明の問題。

まず、薗生の歌の本当の内容を確かめておく。薗生の「中垣の隔ても分かで梅が香のなどここにしもにほひ来ぬらん」という歌は、「中垣」を越えて無遠慮に漂う「梅が香」を嫌ったものである。第一段落にあるように、常人は一年くらい前、薗生に恋文を贈ったが、その恋文は梅の枝に結び付けられていた。薗生の嫌っている「梅が香」とは、常人の恋文であり、梅丸のことではない。常人は、たまたま薗生の歌が「梅が香」を厭うものであったことを利用して、薗生が梅丸を嫌っているかのように思わせたのである。常人は、この歌が梅の枝に結びつけられて贈られたことを梅丸に言わなかったため、梅丸は「梅が香」が自分のことを指しているのだと誤解したのである。教師の解説にあるように、薗生が詠んだときと、常人が梅丸に渡したときの和歌の意味の違いについて考えれば、薗生が常人の梅の枝に結ばれた恋文を拒否するために詠んだという内容を踏まえている選択肢は②、「梅が香」を梅丸のことであると誤解させて、梅丸を騙そうとしているという内容を正しく踏まえている選択肢は⑤となる。残りの選択肢は、①は薗生が常人に歌を渡したとき、「『梅が香』は梅丸を指しているんだ。だから『中垣の隔ても分かで』は、梅丸にいつも逢いたいという気持ちを表している」が×。③は「常人はこの歌を梅丸に渡すことで、自分と薗生が昔付き合っていたように思わせた」が×。④は「安世は身分の低い梅丸のことを嫌っていると梅丸に思わせようとした」が×。⑥は「薗生が本当に好きなのは常人なんだと信じ込んでしまって」が×。梅丸は、薗生が自分を嫌っていると思ったが、常人のことが好きなのだとは考えていない。

問5　理由説明の問題。

傍線部**C**を含む段落は、前半には、常人が梅丸に対して、今回のことは安世に言わない方がよいと言ったことが書かれており、後半にはその話を聞いて、梅丸がどのように考えたかということが書かれている。傍線部**C**「夜に隠れて惑ひ出でにけり」に至る経緯とは、この段落の内容をまとめればよい。はじめの安世に言わない方がよいという理由については、常人の「薗生が御辺を嫌ひつる由を告げ給ひては、かれいみじき呵責《かしやく》にあひぬべし。さては心苦しく存じ候ふ」という言葉から分かる。薗生が梅丸を嫌っているということを安世に言えば、薗生は安世に怒られると言っているのである。次に、梅丸が出て行く理由については、問題文の最後に「とにかくに、我この所にありては、ことのさまむづかしかりぬべし。ひとまづここを立ち退《の》きて、ことのやうをもうかがふべく」とあるように、様子を見てみようと考えたのである。薗生が結婚を嫌がっていると言うと安世に怒られる、梅丸はしばらく様子を見るために出て行こうと考えた、という二つの要素が記されている選択肢は、③の「梅丸は縁談を断ろうと考えたが、断る理由を師匠に言えば薗生が叱責されると常人に言われて、思い悩んだ末に、しばらく様子を見ようと考えた」である。

①が誤答として多いだろうと思われるが、「男から縁談を断れば女の薗生が恥をかく」と「自分が悪者となって姿を消すのがよい」という二つの要素は共に本文と内容が異なっている。

②は「梅丸は縁談を断ろうと考えたが、師匠の了解は得られないだろうと常人に言われて」が誤り。常人は、薗生が梅丸を嫌っているということを安世に言えば、薗生が安世に怒られる、と言ったのである。また、梅丸が「無理に結婚させられてしまうと不安に感じた」も不適。

④は「自らの思いを断ち切るために、薗生の前から姿を消そうと考えた」が誤り。梅丸は様子を見るために姿を消したのである。

⑤は「縁談を断ったら、隠していた自分の出自が明らかになる」という常人の発言内容などが誤り。

第5問

〈出典〉

【文章Ⅰ】楊慎《ようしん》『升菴集《しょうあんしゅう》』

楊慎（一四八八～一五五九）は明の文人。升菴はその号で、『升菴集』はその詩文集である。本文中に宋の文人・政治家の蘇軾《そしょく》（一〇三六～一一〇一）の詩を含む。

【文章Ⅱ】王有光《おうゆうこう》『呉下諺聯《ごかげんれん》』

王有光（生没年未詳）は清の人。『呉下諺聯』は、問題文中にもあるように俗語や諺《ことわざ》を採録し、それに独自の解説を加えた書である。

〈問題文の解説〉

【文章Ⅰ】

蘇軾（東坡）が橄欖を詠じた詩を掲げ、それが南北の人の「回味」をめぐる議論に基づいて戯れたものであり、他の詩で南北の嗜好に優劣はないと述べている蘇軾の見識を称《たた》えた文章である。

なお、「橄欖」はオリーブの訳語として用いられることがあるが、橄欖はカンラン科、オリーブはモクセイ科で全く別の植物である。

【文章Ⅱ】

最初は渋く、やがて甘みがやってくる橄欖の「回味」が、最初は耳に逆らうがやがて役に立つ諫言に似ていることを述べ、自分が卑俗な言葉から格言を引き出したのも「回味」であると述べた文章である。

※大学入学共通テストでは複数の素材によって問題が構成されるのが普通である。複数のテクストを合わせて読解する練習をしよう。

〈読み方〉（漢字の振り仮名は、音はカタカナ・現代仮名遣いで、訓は平仮名・歴史的仮名遣いで示してある。）

【文章Ⅰ】

東坡《トウバ》の橄欖詩《カンランシ》に、
紛紛《フンプン》として青子紅塩《セイシコウエン》に落《お》つ
正味《セイミ》は森森《シンシン》として苦《ク》にして且《か》つ厳《ゲン》
待《ま》ち得《え》たり微甘《ビカン》の歯頬《シキョウ》に回《かへ》るを
已《すで》に輸《シュ》す崖蜜《ガイミツ》の十分甜《ジュウブンテン》なるに

北人橄欖《ホクジンカンラン》を喜《よろこ》ばず。南人之《ナンジンこれ》に語《かた》りて曰《い》はく、「橄欖回味《カンランカイミ》あり」と。北人咲《ホクジンわら》ひて曰《い》はく、「他《タ》の回味《カイミ》を待《ま》つ時《とき》、我《わ》が棗児《ソウジ》は已《すで》に甜《テン》じ了《を》はること半日《ハンニチ》」と。坡《ハ》の詩《シ》は蓋《けだ》し戯《たはむ》れに此《こ》の語《ゴ》を用《もち》ふ。坡《ハ》の詩《シ》に又《ま》た云《い》ふ、「人生《ジンセイ》の遇《あ》ふ所《ところ》可《カ》ならざる無《な》し、南北《ナンボク》の嗜好誰《シコウたれ》か賢《ケン》なるを知《し》らんや」と。達人《タツジン》の言《ゲン》と謂《い》ふべし。

【文章Ⅱ】

文章《ブンショウ》は最《もつと》も一層頭《イッソウトウ》なるを忌《い》む。『毛詩《モウシ》』の賦《フ》・興《キョウ》・比《ヒ》は、豈《あ》に一覧《イチラン》して尽《つ》くすべけんや。説《セツ》を立《た》つる者《もの》は須《すべか》らく人《ひと》を引《ひ》きて勝《ショウ》に入《い》らしむべし。青子《セイシ》を食《く》らふがごとく、始《はじ》め口《くち》に渋《しぶ》く、継《つ》ぐに蠟《ロウ》を嚼《か》むがごとくして、後且《のちまさ》に甘《あま》きを回《かへ》さんとす。之《これ》を名《な》づけて諫果《カンカ》と曰《い》ふ。僕諺語《ボクゲンゴ》を註釈《チュウシャク》し、街談巷議《ガイダンコウギ》をして多《おほ》く格言《カクゲン》と作《な》さしむ。是《これ》を回味甜《カイミあま》しと為《な》す。

〈現代語訳〉

【文章Ⅰ】

蘇東坡の橄欖の詩に言う、
ぱらぱらと青い実が塩で落ちる
本来の味は濃厚で苦く強烈だ
わずかな甘みが口中に戻ってくるのを期待できるが
蜂蜜が十分甘いのにはかなわない

北方の人は橄欖を好まない。南方の人が彼に語って、「橄欖には回味がある」と言った。北方の人が笑って言うには、「その回味とやらを待っている間に、北方のナツメはもう半日も前から甘いよ」。東坡の詩は思うにこの言葉を用いて戯れたのであろう。東坡の詩にまた、「人生で出会うものはすべてよろしい、南北の嗜好のどちらが優れているかなどわかりはしない」と言う。（これは）人生の達人の言葉と言うことができる。

【文章Ⅱ】

文章はうわべだけを見ることを最も忌む。『毛詩』の賦・興・比は、ちらりと見ただけで理解し尽くすことなどできはしない。説を立てるものは人を誘ってすぐれた境地に入らせる必要がある。橄欖を食べるようなもので、最初は口に渋く、ついで蠟を噛むような味気なさだが、その後まさに甘さが戻ってくる。これを名づけて「諫めの果実」と称する。僕は世俗の言葉に注釈を加え、卑近な言葉を多く格言に変えた。これが「回味が甘い」ということなのだ。

〈設問解説〉

問1 語句の意味の設問

(ア) 「蓋」は「けだし」と読み、「思うに」の意を表す。正解は選択肢④。

(イ) 「無不〜」は「〜ざる（は）なし」と読み、「〜しないものはない」、つまり「すべて〜する」の意を表す。「可」は通常は以下に動詞を伴い、「〜べし」と読んで「〜できる・〜してよい」の意を表す。傍線部(イ)では動詞が省略されているが、「すべてよい」の意を表すことがわかるので、選択肢②が正解。

(ウ) 「一」は「ひとつ」以外に「少しばかり」「とある」「すべて」「同じ」などの意を表す。「一覧」は現代日本語では「すべて見渡す」の意に用いられることが多いが、波線部では直前に「豈」がおかれ、直後に「可レ尽」とあって、「『一覧』で見尽くすことができようか、できはしない」という反語を構成しているので、「一」は「少しばかり」の意を表していると考えられる。正解は選択肢⑤である。

※文字や語句の文脈に即した読みや意味を問うのは、大学入試センター試験以来変わらない傾向である。常に前後の文脈を意識しよう。

問2　漢詩の規則と二つの問題文の関わりの設問

漢詩の規則としては、以下のことを押さえておこう。

①形式

・出題された詩が

四句なら　**絶句（五言と七言がある）**

八句なら　**律詩（五言と七言がある）**

それ以外なら　**古詩**

②韻＝末尾の母音が共通する文字

・いずれの詩も**偶数句末に韻字**を置く

・七言詩は第一句末にも韻字を置くのが原則だが、省略されることも多い。

③対句

・律詩の第三句と第四句、第五句と第六句は必ず対句

【文章Ⅰ】に含まれる詩は四句で構成され、一句が七文字なので七言絶句である。韻字は「塩」「X」「甜」で、「塩（エン）」「甜（テン）」から「X」も「〇ン」であるはず。よって選択肢③「厳（ゲン）」が正解の候補となる。**【文章Ⅱ】**で橄欖の当初の味について「始而渋ㇾ口」と述べていることとも矛盾しないのでこれが正解である。

※大学入学共通テストでは、二〇二一年度・二〇二二年度・二〇二四年度に漢詩が出題され、いずれも韻字が問われている。漢詩の規則を定着させておこう。

問3　解釈の設問

「他」は「あれ・それ」。ここでは橄欖を指している。「已」は「すでに（もうすでに）」「やむ（やむ・やめる）」の働きがあるが、傍線部**B**では前者。「了」は動詞の後について完了を示す。全体を直訳すれば、「橄欖の回味を待っている時に、私達のナツメはすでに半日も甘くなっている」となり、「回味など待つまでもなく、北方のナツメは最初から甘い」とある選択肢②が正解だと判断できる。

問4　書き下しの設問

選択型の書き下しでは傍線部に決まった読みをする句形や重要語が含まれていないかをまず確認する。傍線部**C**に含まれる「須」は以下に動詞をともない、「**すべからく〜べし**」と読み、「〜する必要がある」の意を表す再読文字。この読みに従っているのは選択肢①・③・④であるが、③は文末を「んや」で結んでいる。「んや」は反語の語尾で、傍線部**C**に反語を作る文字はないので誤り。①・④が正解の候補となる。文法的にはいずれの読みも可能なので、それぞれを解釈して文脈に合致するものを正解とする。すると、①は「説く人を立てるのは他人を誘引したならばすぐれた境地に入る必要がある」となって意味が通らない。「説を立てる人は他人を誘引してすぐれた境地に入らせる必要がある」と解釈できる④が正解である。

問5　理由説明の設問

選択肢を確認すると、いずれも橄欖の味わいと諫めとの関係を述べている。そこで橄欖の味を確認すると、**【文章Ⅰ】**の詩には、問2で確認したように第二句に「正味森森苦且厳」、続く第三句に「待得微甘回二歯頬一」とあり、**【文章Ⅱ】**には「始而渋ㇾ口、継如ㇾ嚼ㇾ蠟、後且ㇾ回ㇾ甘」とあって、最初は苦味や渋みがあって蠟を噛むように味気ないが、やがて「回味」と呼ばれる甘味がやってくることがわかる。これを正しく表現している選択肢は「橄欖の、最初は苦みや渋みがあるが後で甘くなる味わい」とある選択肢①。後半の「最初は耳に逆らうが、やがて自分にとっての利益となる諫めの言葉に似ている」という表現も、橄欖の味わいと諫めとの類似点の説明として正しいと考えられるので、正解は①だと判断できる。

問6　全体要旨の設問

【文章Ⅰ】【文章Ⅱ】それぞれの内容が問われているので、まず**【文章Ⅰ】**の内容を確認すると、筆者は東坡の橄欖の詩を紹介し、それが南北の人の橄欖を巡る対話に基づいた戯れであることを述べ、「南北嗜好知二誰賢一（南北の嗜好のどちらが優れているかなどわかりはしない）」と述

べた東坡の別の詩を紹介して「可レ謂二達人之言一矣（達人の言葉だと言える）」と称えている。この内容に合致するのは「南北の嗜好に優劣はないとした東坡の見識を称えている」とある選択肢③・⑤である。**【文章Ⅱ】**の内容を確認すると、問5で確認したように、橄欖の味わいと諫言とが似ていることを述べ、「僕註二釈諺語一、使三街談巷議多作二格言一。是為二回味甜一（僕は世俗の言葉に注釈を加え、卑近な言葉を多く格言に変えた。これが回味が甘いということなのだ）」と、自分が卑俗な諺を格言に変えたことを、これも回味が甘いということだと誇っている。よって「筆者が卑俗な言葉から格言を引き出したことを『回味』にたとえている」とある⑤が正解だと判断できる。

第 3 回
実戦問題

解答・解説

第3回　解答・配点

（200点満点）

問題番号（配点）	設問	（配点）	解答番号	正解	自己採点欄
第1問（45）	1	(2)	1	④	
		(2)	2	②	
		(2)	3	①	
		(2)	4	①	
		(2)	5	④	
	2	(7)	6	①	
	3	(8)	7	②	
	4	(8)	8	⑤	
	5	(4)	9	③	
		(4)	10	③	
		(4)	11	④	
小計					
第2問（45）	1	(3)	12	⑤	
		(3)	13	①	
	2	(6)	14	⑤	
	3	(6)	15	②	
	4	(5)	16	④	
	5	(3)	17	③	
		(5)	18	④	
	6	(6)	19	⑤	
	7	(2)	20	①	
		(2)	21	②	
		(2)	22	②	
		(2)	23	①	
小計					

問題番号（配点）	設問	（配点）	解答番号	正解	自己採点欄
第3問（20）	1	(4)	24	③	
	2	(4)	25	①	
	3	(4)	26	②	
	4	(4)	27	④	
		(4)	28	②	
小計					
第4問（45）	1	(5)	29	②	
		(5)	30	①	
	2	(7)	31	③	
	3	(7)	32	⑤	
	4	(7)	33	③	
		(7)	34	②	
		(7)	35	④	
小計					
第5問（45）	1	(4)	36	⑤	
		(4)	37	②	
		(4)	38	④	
	2	(6)	39	②	
	3	(7)	40	④	
	4	(7)	41	②	
	5	(6)	42	④	
	6	(7)	43	②	
小計					
合計					

第1問

〈出典〉　酒井健（さかい　たけし）『ゴシックとは何か　大聖堂の精神史』（ちくま学芸文庫　二〇〇六）の「ゴシックの受難」の一節による。

酒井健は一九五四年東京都生まれ。東京大学文学部仏文科卒業、同大学大学院博士課程満期退学。パリ第一大学にて博士号取得。現在、法政大学文学部教授。専攻はフランス文学、現代思想、美術史。著書に『バタイユ入門』『バタイユ　聖性の探求者』『「魂」の思想史　近代の異端者とともに』『ロマネスクとは何か　石とぶどうの精神史』ほか多数。

問5の【参考文】は、柄谷行人（からたに　こうじん）『日本近代文学の起源』（講談社文芸文庫　一九八八）のⅥ「構成力について」の一節による。

柄谷行人は一九四一年兵庫県生まれの文芸評論家、思想家。東京大学経済学部卒業、同大学大学院人文科学研究科修士課程修了（英文学）。法政大学教授、近畿大学教授及び米コロンビア大学客員教授を歴任。二〇二二年にバーグルエン哲学・文化賞受賞。著書に『マルクスその可能性の中心』『隠喩としての建築』『探求Ⅰ』『探求Ⅱ』『トランスクリティーク』『世界史の構造』『力と交換様式』ほか多数。

なお、本文、【参考文】ともに、出題に際しやむを得ない事情により省略・改変等を施した箇所がある。

〈問題文の解説〉

意味段落ごとに要点を読みとっていこう。（1・2…は形式段落を示す。）

意味段落1　遠近法の誕生

1　中世の美術には存在せずルネサンスに存在するものは遠近法であり、その本質は人間中心主義である。

2　遠近法とは三次元空間を二次元の平面に描く作図法であり、遠くの対象を小さく、近くの対象を大きく描く線遠近法と、遠くのものをぼかし、近くのものを明瞭に描く空気遠近法の二種類がある。

3　ブルネッレスキは線遠近法を可能にする幾何学的原理を発見し、それを踏まえて作図した。

4　画面において奥へと向かうすべての線が交わる点が消失点であるが、ブルネッレスキはそれを空間構成に利用し、一つの消失点を中心として遠近感が感じとれる空間を構成しようとした。

5　空間内に、消失点に向かって徐々に小さくなっていく漸減感を出す物体のつらなりがあれば遠近感が感じられ、空間を空間として認識しやすくなる。

6　このような遠近法的構成の中心である消失点とされるのは、（例えばブルネッレスキが作ったサン・ロレンツォ聖堂で言えば）教会の最奥部に位置する祭壇や礼拝堂、すなわち神や聖人ではなく、人間が自分の自由意志で任意に消失点を決定しそこからの空間構成を享受する。

7　遠近法は、見る人間が空間を空間として認識できるようにするための、人間中心の手段である。人間は不動のある一点に立ち、そこから消失点の位置を定める遠近法の主人であり、空間全体を幾何学的に把握することができる理性的人間であるということになった。

＊ここまでのまとめ

▼遠近法は三次元空間を二次元平面に描くための（すなわち三次元空間らしく見える二次元平面の）作図法である。

▼ブルネッレスキはそれを空間構成に用いて、空間を空間らしく認識できるようにした。そのために、消失点に向けて収束するような漸減感が打ち出された。

▼その消失点とは、不動の一点に立って見る人間が、自身の自由意志によって任意に定めるものであった。その意味で人間が中心であり主人であった。

意味段落2　中世の美術

8　中世の美術はそのような遠近法とは無縁であった。

9　中世の美術において、奥のものが大きく手前のものが小さくというふうに、遠近法とは逆の表現法で描かれることがあるが、これは現代の抽象絵画とも似た描写法である。

10 これは画面の制作者が、遠近法を用いる際のように画面の外側から見ているのではなく、反対に画面の内側にいる人物の視点からこちら（画面の外、すなわち画面を外から見る我々）を向いて、なおかつ多角的に見ているからである。すなわち、空間内におけるものの見え方、その多様性の表現である。

11 描かれている対象も変形されていて実物とは似ていないが、事物間のそれよりむしろ、実際の空間と絵画上の空間の類似、後者における前者の追体験が求められていた。

＊ここまでのまとめ

▼中世の美術は、遠近法とは反対に、画面の内側からの多様な視点を表現していた。

▼そこでは現実と絵画との空間上の類似が追求されていた。

意味段落3　芸術家の誕生

12 我々は通常、何らかの情景に取り囲まれ、その情景を内側から眺めて生活しているが、中世の美術は、このように人間が日常的に経験する情景の内部世界を分解せずに全体としてそのまま画面に再現しようとした。

13 ルネサンスの画家は反対に、絵画空間の外に留まり、鑑賞者にも外から見ることを要求する。このように画家は絵画から独立した一個の個人であり、絵画空間の、遠近法の主人であり、これこそが芸術家誕生のモメントであった。

＊ここまでのまとめ

▼中世の美術は、人間が日常的に経験している、自身を取り囲む情景を内側からみた様子を全体的に再現しようとしていたが、ルネサンスの画家はむしろ情景の外部に立つことで、そこからは独立した個人として、すなわち芸術家として存在し得た。

〈設問解説〉

問1　漢字の問題

(i) カタカナを漢字に置き換え、同じ字を用いる語を選ぶ問題。

(ア) 「厳密」 ①際限　②還元　③格言　④戒厳（〈警戒を厳にする〉意。〈戒厳令〉は〈非常時に、軍隊に統治権の一部ないし全部をゆだねる命令〉のこと）

(イ) 「享受」 ①強烈　②享楽　③協力　④教育

(エ) 「整（えた）」 ①調整　②帰省　③制定　④申請

(ii) 文中の語の中の漢字と同じ意味で用いられているものを選ぶ問題。

(ウ) 「背」後の「背」は〈物の後ろ側〉の意味。①の紙「背」も同様であるため、これが正解である。②の「背」任、④の「背」徳は〈そむく、悖《もと》る〉の意味、③の上「背」は〈身長〉の意味。

(オ) 「情」景の「情」は〈物事の実際のありさま〉の意味。④の「情」報も同様であるため、これが正解となる。①の叙「情」、②の「情」熱は〈心の動き、気持ち〉の意味。③の同「情」は〈思いやり、なさけ〉の意味。

問2　意味段落1の要点を問う問題

傍線部**A**「一つの消失点からの遠近感がはっきり感じとれる空間」を通じて問われているのは、意味段落1の要点である。そこでは、遠近法（とりわけ線遠近法）の誕生について述べられていたが、本文ではこれを「遠くの対象はより小さく、近くの対象はより大きく描くという方法」であると、さらに（一点透視図法の場合）「奥へ向かうすべての線が一点で交わるように描く」ものであり、この点が「消失点」であると述べている。傍線部はその遠近法を、空間を構成する（例えば「サン・ロレンツォ聖堂を建設する」）際に用いる場合に関してである。それについて本文では「何かしらその空間に漸減感（消失点に向かって徐々に小さくなってゆく感じ）を出す物体のつらなりがあれば、つまり遠近感が感じられれば、我々はその空間を空間として認識できる。……ブルネッレスキは内部の空間を遠近感が明瞭に感じられる空間に構成した。」と述べられている。さらにその消失点に関してであるが、「遠近法の展望において主人は消失点ではなく、消失点を凝視している人間なのだ。人間が自分の自由意志で消失点を決定し、そこからの空間構成を享受する」「そしてこの人間は原則として不動であらねばならない。ある一点に立って、そこを動くことなく消失点を見つめてはじめて眼前に広がる空間が認識できるのだ。」と述べられている。

以上の内容を整理すると、次のようになる。

▼奥へ向かうすべての線が、消失点で交わる。

▼消失点に向かって、空間内の物体が徐々に小さくなっていく、という連なりが感じられる。

▼消失点は人間が自由意志によって任意に見定める「不動の一点」である。

以上の3点をクリアしているのが、①（「自身の見定める消失点に向かって」「空間内の物体が徐々に小さくなっていく」）である。

③は、「最奥部に位置する祭壇や礼拝堂に向かうにつれて」、⑤は「内奥にある祭壇や礼拝堂が中心に据えられ」というふうに、消失点を教会最奥部にある祭壇や礼拝堂だとしている点が、本文の「このような遠近法的構成において中心になっているのは最奥の……祭壇や……礼拝堂……なのだろうか。そうではない」「祭壇を背にして正面扉の方向に身廊を見やっても、遠近感は強く感じられる」といった記述と相反することから、

④は、「見え方の多様性」としているが、これが中世の美術に関する内容であることから、

②は「空間を平面的に見せる遠近法に基づいて建築されているため」としているが、本文に「三次元の世界であっても、雲一つない青空などは我々の眼には二次元平面のように見えてしまう。空間として認識できないのだ」とあるように、空間が「平面としてではなくきちんと空間として認識」されない（そのために工夫が必要とされる）のは、「遠近法」のためではないため、それぞれ不適切である。

問3　意味段落2の要点を問う問題

「中世の美術は、このような遠近法の世界とは無縁だった。」を通じて問われているのは、意味段落2の要点である。ここで述べられているのは中世の美術に関してであるが、本文ではそれについて、「中世の美術には……不動の一点への執着はない。見る者の不動の一視点と、見る者が固定した一つの消失点との間に開かれる幾何学的漸減性の世界。中世の美術は、このような遠近法の世界とは無縁だった。」とあり、そこには「逆遠近法」と呼ばれる「奥の方にいる人物が大きく手前の人物が小さい……机が奥に向かうに従って幅広くなってゆく、といった遠近法とは逆の表現」が見られると述べられている。そしてその理由として、「画面の制作者が遠近法画家のように画面の外側にいるのではなく、画面の内側に入り込み、画面のなかの人物の視点からこちら（画面の外）を向いて」いるからだと述べられている。

以上の内容を整理すると、次のようになる。

▼中世の美術には不動の一点から消失点を固定させることによって成り立つ、遠近法は存在しない。

▼画面の制作者は画面の内側にいる。

▼奥の方のものが大きく、手前のものが小さく描かれる。

以上三点をクリアしているのは、②（「画面の内側の視点で描かれている」「消失点を中心とする漸減感はなく」「奥のものが大きく描かれたり手前のものが小さく描かれたりもする」）である。

①は「消失点が絵画の内側にいる人間の視点から設けられ」だとしているが、（確かに本文では「画面のなかの人物の視点から」とは述べられているが）それが「消失点」であるとは述べられていないため、

③は「近代遠近法の理性主義と客観主義を批判するために」としているが、（確かに本文には「遠近法の世界とは無縁」「逆遠近法」とあるが）そもそも時代的に後続するものを「批判」などできるわけがないために、

④は「三次元的な空間として認識されるように」とあるが、これは形式段落5の内容であり、傍線部**A**によって問われた近代遠近法的空間に関する内容であることから、

⑤は、中世の美術が「ルネサンス期の美術よりもより現代的であるということ」としているが、確かに本文にも「現代抽象画の描き方と似た描写法だ」とあるものの、論の焦点はそこにはないし、「ルネサンス期の美

術よりもより現代的」とも述べられておらず、傍線部自体の趣旨もそうしたものではないために、それぞれ不適切である。

問4　意味段落3の要点を問う問題

傍線部**C**「芸術家の誕生だ」を通じて問われているのは、意味段落3の要点である。ここでは、本文全体、とりわけルネサンス期における遠近法の成立について述べられている意味段落1の内容を受けて、遠近法が可能にした「芸術家の誕生」について述べられている。本文には「我々はふだん、何らかの情景（環境）に取り囲まれ、その情景を内側から眺めて、生きている。……このように人間が日々実際に体験している情景の内部世界を……画面に再現しようとした。」「ルネサンスの画家はまったく逆に絵画空間の外に留まり……絵画を制作した。画家は絵画から独立した一個の個人であり続け、絵画の主人、絵画の遠近法的空間の主人であり続ける」とある。以上の内容を整理すると、次のようになる。

▼我々は日常的にある情景に取り囲まれ、それを内側から見ている。
▼ルネサンスの画家はその情景の外に立ち、外側から遠近法によって絵画空間を構成する主人、主体となった。

以上の内容をクリアしている⑤（「日々その中で生きている自身を取り囲む世界を超越した外部」「絵画の世界を創造する、特権的な個人としての画家」）が正解である。

①は、「教会権力から独立し、宗教的な視点にとらわれることなく」という点が、④も同様に「宗教的権威からは独立した」という点が、本文には（「画家は絵画から独立した」とはあるが）教会や宗教から独立したとは述べられていないために、それぞれ不適切である。

②も「中世までは感性的な領域とされていた美術から離れ」という点が、同様に「絵画から独立した」という本文中の表現を誤解したものであるために、不適切である。

③は、確かに本文に「神、そして聖人が遠近法の主人」ではなく、画家が「絵画の遠近法的空間の主人であり続ける」とあるが、だからと言って「あたかも芸術家が神に取って代わるような事態」と述べられているわけではなく、またそもそも「中世」の「絵画の中心」が「祭壇や礼拝堂」だったとも述べられていないために、不適切である。

問5　本文と**【参考文】**との関連を考える問題

本文と重なる部分のある**【参考文】**を読み、両者を関連させて考える設問である。このような場合、二つの文章の共通点をよく読みとった上で、両者の相違がどこにあるか考えるようにしよう。その上で、両者をあわせ読んだときどう読めるのかを推論する力も問われている。

【参考文】は次のような論旨である。（[1]・[2]…は形式段落を示す。）

[1]　近代以前の文学に「深さ」が欠けているように感じる場合があるが、それは近代以前の人々が「深さ」を感じていなかったためではないだろう（彼らもさまざまな恐怖、病い、飢えに苦しんでいたであろう）。したがって、それら文学上の問題を彼らの「現実」や「内面」に帰すべきではなく、むしろ「深さ」の由来を探求すべきである。

[2]　近代以前の日本の絵画にも何らかの「奥行」が欠けているが、「奥行」とは数世紀に渡る数学的努力の過程で確立された消失点作図法、すなわち遠近法によるものだからである。これは自然のように見えるが自然ではなく、知覚にとって存在するのでもなく、もっぱら作図上存在するものであるが、これに慣れると、あたかも客観的な現実であるかに見えてしまう。江戸時代の絵が「写実」的に見えたとしても、それはわれわれが考えるような「写実」ではない。われわれの考える「現実」は、一つの遠近法的配置によるものなのだ。

[3]　文学でも同様のことがいえる。われわれが「深さ」を感じるのは現実や知覚・意識によってではなく、近代文学におけるある種の遠近法的な配置によるものであるが、それは「生」や「内面」の深化の帰結として見られがちである。

[4]　近代以前の文学に（あたかも近代文学であるかのように）〝深く入って〟行くよりも、むしろ（われわれにとって「深さ」を欠くように感じられるという）違和感にとどまる必要がある。

[5] 近代以前の文学に（「内面」的）「深さ」が感じられないのは、そのように感じさせる遠近法的配置がないからであり、それは文学的価値の問題ではない。

[6] 西欧絵画における遠近法とはそもそも数学的問題であり、本来美術とは無関係な（遠近法という）形式の問題が美術と結合され、それが「芸術的価値」の問題であるかに取り違えられてしまったのだ。

話し合いは教師の司会のもと、以下のように進む。

1 本文、【参考文】の共通点が、遠近法の話題であることの確認

2 本文、【参考文】双方の結びが、ともに「芸術」に関してであることの確認

3 共通点を踏まえた上で、それぞれの論旨の相違の確認（↓空欄X）

4 本文、【参考文】の双方ともに、前近代に言及していることの確認とその（とりわけ本文の）ねらい（↓空欄Y）

5 本文、【参考文】を合わせて読んだ場合、とりわけ【参考文】から本文を読んだ場合の理解（↓空欄Z）

(i) 空欄Xの補充であり、内容的には「遠近法」と「芸術」に関する二つの文章の論旨の比較であるが、正解は、本文が（近代に「誕生」した）「芸術家」を「遠近法的空間を外部から創造する主人」としてとらえたもの（問4参照）であり、【参考文】が「数学的問題」と「芸術的価値の問題」が取り違えられたものだ（【参考文】[6]参照）と正確に把握している③である。

①は【参考文】が「数学と芸術が混同されてしまう」のは「非合理な人間に」よるものとしている点が、【参考文】で述べられていないことであるために、

②は【参考文】が「近代以前の文学にも深く入っていける想像力豊かな存在」が「芸術家」だとしているが、【参考文】中の「しばしば〝想像力〟豊かな研究者は……近代以前の文学に、〝深く入って〟行く」という箇所は、ある種の「研究者」に関して述べられているために、

④は本文が「人々の生きざまを内側から捉えようとする」のが「人間中心主義者」の「芸術家」だとしていると述べているが、「内側から捉えようとする」のは中世の絵画制作者であり（またそれは「情景」の「内側」から[12]であり）、「人間中心主義者」の「芸術家」はルネサンスの画家である（またそれは「見る」ことにおける〈人間中心主義〉[7]である）という点が食い違っているため、また【参考文】が「内面を冷徹に退ける数学的理性の持ち主」を「芸術家」だとしている、と解している点が、（むしろ本文では、そのような「内面」と「数学」に基づく遠近法は同方向のものとして述べられているため）それぞれ不適切である。

(ii) 空欄Yの補充であり、内容的には、本文が前近代（中世）の美術に言及していることの意味に関してであるが、中世においては、遠くのものが小さく描かれ近くにあるものが大きく描かれる「遠近法」とは逆の描法が採られていた、ということが本文で述べられており[9]、そのことによってわれわれが慣れ親しんでいる遠近法の自明性が相対化されている[8]ため、正解は③となる。

①は「手前に描かれているものが」「近しいもの」、「奥の方に描かれているものが疎遠だ」としているが、確かに本文中には「画面のなかの人物の視点からこちら……を向いて」と述べられてはいるが、必ずしも手前にあるものの方が近しく奥のものが疎遠、という親密さの程度であるとは限らないために、

②は「近さと遠さ、手前と奥、大きさと小ささといった身体感覚が強引な近代化によって疎外された」としているが、ルネサンス以降も「近さと遠さ、手前と奥、大きさと小ささ」と言った感覚は保持されているために、

④は、「遠くのものが小さく見え、近くのものが大きく見える、という事態は感覚の倒錯によって成立する」としているが、この「見え」方自体は「感覚の倒錯」ではない（中世絵画が逆の描き方になっているのは視点の位置の違いによるものであり、また遠近法絵画における〈遠くを小さく、近くを大きく〉も〈描き方〉による空間構成である）ために、それぞれ不適切である。

(iii) 空欄Zの補充であり、内容的には本文、【参考文】を合わせて読んだ場

合に関してであるが、先に**【参考文】**の解説で述べた通り、**【参考文】**は一般的に近代文学において追求されているとされる、内面的な深さや近代的な写実性とは、遠近法的な配置や形式の産物であり、近代という特定の時代に固有のものだ（普遍的なものではない）と論じ（1〜3）、そうしたものは現実・知覚・意識によるものではないのだと述べている（3・4・5）。本文において人間を絵画の「主人」（主体）とする「人間中心主義」をなすところの、人間の自由意志による「消失点」やそれを根底において支える「不動の一視点」なるものも、実は作図上の問題に過ぎず一つの形式に過ぎないものだとされるはずである。通常、ぶれない視点だとか、まっすぐなものの見方、あるいはそれを下支えする身体性だとか、基盤は下半身だとか言うように、それらは人間の自然であるべき姿と関連づけて表象されがちであり、近代的な「内面」なるものも、あたかも人間の「意識」にそなわる普遍的なもののように思われがちであるが、実は形式や配置がそのように見せかけているに過ぎないことを**【参考文】**の筆者ならば指摘するはずだろう。したがって正解は④である。

①は、「遠近法」が数学的なものだということは述べられているものの、「美」「芸術」が「おしなべて」（大体において、すべて）「数学的問題」であるとか、「幾何学などの数学的知識なしに芸術について論じても端的に不毛でしかない」とは述べられていないため、

②は「遠近法的な作図法」がないところでは「物の大きさや小ささ、遠さや近さに関して不自然な混乱が生じてしまう」としているが、遠近法が存在しなかった前近代に混乱が生じたとは、どちらの文章からも読みとれないために、

③は、数学的なものが具体的なものを「抽象化する作用」であり、それが（遠近法という作図法を超えて）近代化一般に不可欠な要素である（「未発達の場合には……前近代的な存在のままにとどまる」）とは、いずれの文章からも読み取れないために、それぞれ不適切であると言える。

第2問

〈出典〉 森内俊雄（もりうち　としお）「坂路」（一九九二年「新潮」掲載、一九九四年新潮社刊『桜桃』所収）。出題に際しやむを得ない事情により、一部省略した箇所がある。

森内俊雄は一九三六年大阪生まれの小説家。早稲田大学露文科卒業後、出版社に勤務する。六九年、「幼き者は驢馬《ろば》に乗って」で文學界新人賞を、七三年、『翔ぶ影』で泉鏡花賞を、九一年、『氷河が来るまでに』で読売文学賞、芸術選奨文部大臣賞を受賞した。そのほか『朝までに』『天の声』『風船ガムの少女』『十一月の少女』『道の向こうの道』などの著作がある。二〇二三年没。

問7の引用詩は、草野心平（くさの　しんぺい）「竹林寺幻想」（『草野心平全集　第一巻』所収）の〈夏〉の部分。

草野心平は一九〇三年福島県生まれの詩人。一九二三年に兄との共著で最初の詩集を自費出版し、一九二八年には詩集『第百階級』を刊行。以後、日本を代表する詩人の一人として活躍を続けた。一九八八年没。詩集『母岩』『蛙』などをはじめ、多数の著書がある。「竹林寺幻想」は、中国唐代の寺院である竹林寺にまつわる幻想を描いた詩で、春夏秋冬の四篇からなる。引用詩はそのうち〈夏〉の部分である。

〈問題文の解説〉

内容にしたがって四つの場面に分けて見ていくことにする。

第一の場面《妻と娘を連れて、ホタル狩りに出かける》1〜12行目

ホタル狩りに出かけてみるとけっこう人が出ていて、警官が整理に来ているほどだ。既に坂路に沿って行列が出来ており、筒井たちはその行列について少しずつ進んでいく。道の先にある神社のお祭りと重なったのか、坂の下から来る子供たちはいかにも祭りの夜店で買ったような品物を手に戻ってくる。後ろを振り向くと自分たちの後ろにまた長い行列が出来ていた。街灯に虹の輪がかかって見えるのは、眼が悪くなってきたせいだ。

ポイント1

ほぼ状況説明に終始した場面。第2段落の最後に筒井の眼が悪くなっていることが、さりげなく書かれているのは、後の展開への暗示であり布石である。

第二の場面《行列に加わりながらの筒井の内面》13～29行目

風はなく、列の中で筒井は一人汗を流しながら、不安を覚え始める。周囲の人間たちは妻や娘も含めて、まるで筒井と無関係であるかのように黙って立っている。列の先がどうなっているのか、これだけの人がいて満足なホタル狩りなど出来るはずもない。では自分たちは何を見ようというのか。

列を離れて、前に行って確かめれば済むことだが、筒井にはそれが出来ない。五年、十年先をあらかじめ生きられないように、筒井は今立っている場所に囚われている。筒井には自分のこれからの人生の日々がこのようにつながっていて、そんなに遠くないところで、おぼつかないホタルの光のようなものを見るのだろう、と思える。

そんな思念に囚われているうちに、古い記憶が甦ってきた。かつて郷里から迎えた両親をどこかの庭園で催されたホタル狩りに連れていったときのことだ。ホタルの光が弱々しかったうえに、帰りは土砂降りの雨で散々だった。その時老いた両親をもっとはなやいだところに案内しなかった自分の不用意さが、両親への申し訳なさとともに、悔しく、情けなく、腹立たしかった。

今筒井はその頃の父とほぼ同じ年齢になっている。

ポイント2

あらためてポイントとして説明するまでもなく、すでに作者が本文で十分語っている。つまり、行列に立ちながら、筒井は最近視力の衰えとともに感じている自らの老いという事実に暗く沈潜していっているのである。当然その先に想定されるのは「死」であり、それが坂路の果てに見えるであろうおぼつかないホタルの光として描かれている（20行目「自分のこれからの日々がこのようにつながっていて、もうそんなに遠くないところで、おぼつかないホタルの光のようなものを見るのだろう、と思える」）。両親に関する記憶の甦りも、ホタル狩りによる連想ではあるが、その心はやはり「老い」にある。

第三の場面《ホタル狩りの実態を知る》30～49行目

結局入り口までくるのに四十五分もかかった。そこには渓流を覆うようにテントが張られ、その中にホタルが放たれていた。よく見えない筒井がもたもたしていると、さとみが手を引きに来た。さとみの手は冷たく乾いていた。さらにテント内のホタルのトンネルを抜けたところでは、係員が羽化直前のホタルをウチワであおぎ青い光を明滅させていた。すっかり興ざめした筒井が「帰ろう」と妻たちに声をかけた時には、彼女たちは門を出ていた。帰りに教会のそばを通る頃には筒井の汗も、もう乾いていた。

ポイント3

筒井の汗（13行目）は、老いや死の想念に囚われ、不安や焦りを味わう筒井の心情の象徴である。したがって汗をかくのは一人筒井だけであり、その手を引くさとみの手は冷たく乾いているのである。そしてまた、筒井をそうした暗い想念に引き込んだホタル狩りの会場を筒井が離れた時には、もう筒井の汗もひいているのである。

第四の場面《その夜の筒井》50～53行目

その夜、筒井はダウランドの「彼の金髪も、時が銀色に変えてしまった」という歌曲を聴いている。冷たくした紅茶を飲みながら、ヴィブラートのかからない透明な声に耳を傾けて、彼はホタルの光のようなものを見ていた。そしてその先には坂路が見えていた。

ポイント4

筒井の聴く曲の名はいかにも象徴的だが、彼は今汗をかいているわけではない。それどころか「冷たくした」紅茶を飲みながら、しかも「ヴィブラートのかからない透明な」ソプラノに耳を傾けている。あくまで静穏に、そしてヴィブラートなどのような装飾的なものを退けたところで、「彼の金髪も、時が銀色に変えてしまった」という歌曲を聴いているのである。もちろん彼はそこに自らの老いを重ねて見ている。だからこそ、「ホタルの光のようなものを見」ているのだ（21行目参照）。しかも、彼はさらにその先に「坂路」を見ている。それを天国への路とか神による救いなどととらえることも可能かもしれない（48行目で教会のそばを通り、50行目で修道院でのライヴ盤を聞いていることはその意味で象徴的ではある。前段における〈人為に対する興ざめ〉との対比と見ることもできる）。しかし、ことさら宗教的な理解をしなくても、ホタル狩りを中心とした前段までに描かれた筒井との対比をとらえて、死へと続く老いの事実を静かに受け止めて生きていこうとしている筒井の心情を読みとることが出来ればよい。

〈設問解説〉

問1　語句の意味。二〇二四年度には、本試験では出題され、追・再試験では出題されなかった形式である。大問配点減を踏まえ従来の3つから2つ出題の形とした。

　語意設問で注意すべきは、**〈この語句にもともとそんな意味はないがここにあてはめると一応通じる〉だけのものは正解にはならない**、ということ。設問文に「本文中における意味」とある場合でも、あくまで**〈本来の語意の中でその場にふさわしいもの〉**を選ぶのである。ただしこの設問では、**比喩表現の説明**や**〈語意設問としては易しすぎる語句について、本文中での具体的内容の説明を問う〉タイプの設問**が出題される場合もあり、その際には**通常の読解設問**として解答することになる。今回は全て語意通りのタイプとした。

(ア)　〈はばかる〉は〈さしさわりがあるとして敬遠、遠慮する〉意である。ここでは、理由はさまざま考えられるが、坂路を昇ってくる人たちに尋ねるのを「遠慮した」のである。正解は⑤。他は全てこの語意に当たらないので×だが、文脈上も不適切である。特に何かを心配しているわけではないので、①「憂慮」はおかしい。②「甘受」は〈甘んじて受ける〉という意味で、「…尋ねるのも」という文脈に合わない。③「配慮」は〈気配り〉で、この文脈にはやはり合わない（〈人に尋ねるのも配慮された〉では日本語として意味が通らない）。④「懸念」は〈心配すること〉で、これも文脈に当てはめてみれば意味が通らないとわかる。

(イ)　〈おぼつかない〉は〈ぼんやりしている。頼りない〉などの意味。正解は①。②の「明るくない」は事実として間違いではないが、「おぼつかない」の語句の意味としては適当ではない。③も②と同様事実として必ずしも間違いではなくても、語句の意味の説明としては②よりもさらに遠い。④・⑤はともに全くズレている。

問2　傍線部における人物の心情説明。

〈問題文の解説〉の第二の場面の項を参照してほしい。「両親をもっとはなやいだところへ、案内するべきだった」（25行目）という本文の表現がもっともよく心情を表している。正解は⑤。

①　前半はともかく、後半は「酒」にこだわりすぎである。**〈問題文の解説〉**で示した通り、本文全体をふまえて考えれば、このエピソードの中心点は、「老い」を連想させるホタルの〈弱々しい光〉と人々の「幽鬼のよう」な顔に〈気がふさいだ〉筒井が、「もっとはなやいだところへ…」と思った点にある。

②　「老い」にふれていないし、自分に対する反省が全くないのがいけない。

③　「満足」とある点で、説明の方向性が全く逆である。

④　反省の内容が〈田舎の人間にホタルを見せても仕方がない〉といった内容で、「老い」というポイントからズレている。

問3　傍線部に関する状況把握。

〈問題文の解説〉の第三の場面の項を参照。基本的には、〈傍線部の後の部分が傍線部の詳しい説明〉というパターンにのっとった設問であるが、正解の選択肢が、単に個々の事実をとらえただけの形でなく、もう一段高い次元からの把握と表現を加えていることに注意したい。

　まず、筒井が「分かってきた」事実とは、渓流のところにテントを張り、そこに人間がとらえて集めたホタルを放っている（さらに羽化直前のホタルをウチワであおいでいる）という、一連の人間の行為である。それでほぼ正解以外は消去できるが、では筒井はそういう事実を通して結局何が分かったのかと言えば、ホタル狩りと言っても結局は人間の仕組んだ管理されたものでしかない、ということが分かったのである。正解は②。

⑤で迷ったかもしれないが、「人工的なライトによる演出」というのは

本文にない記述（「灯が点いて」いるのは「入口」であり、ホタルのいる「中は真暗闇」なのだから）で、誤りである。

①「入場制限」は10行目で「入園制限」とあり、そこですでに分かっていることである（つまり、傍線部Bで「分かってきた」ことではない）。

③「人口政策の一環」とは書かれていない。

④確かに子供たちの絵は入り口に張り出されているとあるが（35行目）、それが、「主役」だとは言っていない。

問4 傍線部についての心情把握。本文中の心情の内容を端的な言い方でとらえ直す思考力・表現力を試す点で共通テスト的な設問である。

〈問題文の解説〉の第三の場面の項参照。問3で見たとおり、ホタル狩りとは言っても人工的に仕組まれ、管理されたものであり、自然のものではないとはっきり分かったわけだ。そういう一連の事実を知った筒井に「もう帰ろう」と言わせてしまう、最後の決定打は何かと言えば、傍線部の直前に描かれている内容である。ホタルの成虫ばかりか、羽化直前のホタルにまで手を加える人間の行為に対して、筒井が抱く心情として不適切なものは除外していく。加えて「もう帰ろう」という文脈における表現とのマッチング（＝適合の具合い）も見ていきたい。

基本的には、都会の中で完全な自然そのままを期待していたわけではないが、かといってそこまで人工的に管理されたものだとは思わなかった、ということだ。その意味で驚き、あきれて関心を失い（興ざめ）、そうした度を超した人間の行為を目の当たりにして、その場にいることに耐え難いものを感じている（いたたまれない）、という心情である。正解は④。

①「憤怒」は右に見た流れからみて強過ぎる感情だし、「もう帰ろう」という表現をふまえたものとも言い難い。〈強い口調で〉とか〈激しく〉などとあれば別だが、ここでの「もう帰ろう」はそんなに強い調子だとは書かれていない。

②「はかなさ」は、ホタル自体の存在を言うものとしてはあり得ようが、この「もう帰ろう」の場面では、ホタルのはかなさではなく、人間の行為に対する思いが中心である。

③「恨めしさ」は〈恨みがわだかまっていて、いつか執念を晴らしたいという意味で、恨みに思う〉ことである。人間の行為を批判する気持ちはあるが、「恨めしさ」まではない。

⑤人間の行為に対する批判や落胆はあるが、「憐憫（＝あわれみ）」ではズレている。

問5 〈本文を読んだ生徒の作成したメモ・ノート〉という設定で、国語の知識と本文読解を問う設問。〈理解・学習の過程〉を設問化するタイプのもので、共通テストで頻出の形式である。

〈問題文の解説〉の第四の場面の項も参照のこと。**【メモ】**は、傍線部D「筒井は冷たくした紅茶を飲みながら、ヴィブラートのかからない透明なソプラノに耳を傾けて、ホタルの光のようなものを見ていた。そして、その先には坂路が見えていた。」について、「近くの公園での『ホタル狩り』から帰宅後、夜遅くに音楽を聴いている」場面であることを確認した上で、「傍線部の表現」と「本文の他の箇所の関連する表現」をまとめたものである。

【メモ】に示された表現で、内容の方向性を最もつかみやすいのは、「五年、十年先の日をあらかじめ生きられない**ように**、筒井は列の今立っているところに囚われていた」（18・19行目）であろう。ここには、筒井が「今」並んでいる「列」が、人間の「生」に重ねられていることが示されている。「列」に並んでいる順番を飛ばして「今立っているところ」から勝手に先に行くことができないのは、「今」生きている時点から勝手に「五年、十年先の日」に行けないのと同じだ、人間は常に、今いるその日その時を生きるしかないのだ、というのである。

ここから、「自分のこれからの日々がこのように（この列のように）つながっていて、もうそんなに遠くないところで、おぼつかないホタルの光のようなものを見るのだろう、と思える」（20・21行目）の意味内容もつかめるだろう。「自分のこれからの日々」は〈自分がこの先生きる日々〉であり、したがって「もうそんなに遠くないところで」は〈それほど遠くない未来に〉である。そこで、「その頃の父とほぼ同じ年齢になっている」（28・29行目）筒井にとって「この先」それほど遠くない未来に訪れるものとは、と考えれば、「もうそんなに遠くないところで、おぼつかないホタルの光のようなものを見るのだろう」は〈それほど遠くない未来に、自分は人生の終わりを迎えることになるだろう〉という思いを述べたものだと見当がつけられるだろう。

これを基に、彼が聞いている「歌曲集」が「修道院（キリスト教の修道僧が共同生活する場所）でのライヴ盤」であること、「彼の金髪も、時が銀色に変えてしまった」という曲で始まることも、〈老い〉と〈死〉のイメージにつながるものであることが理解できるだろう。「坂は危うく傾き、踏みとどまるのがむつかしい」（13・14行目）の「坂」は「江畠町へくだって行く路（2行目）」とあるから、彼の人生が既に〈下り坂〉に入っていること、すなわち〈老いから死へのプロセスに向かっている〉ことを暗示している（さらにいえば、やがて「ホタルの光のようなものを見る」すなわち人生の終わりを迎える、その「先には坂路が見えていた」とは、死後の「坂路」であるから、〈天国への路〉といったものをイメージしている、と考えることもできるだろう（「教会」（48行目）や先の「修道院」はこれと響くものだとも考えられるだろう））。

以上をもとに、設問(i)・(ii)を考えていこう。

(i) 「傍線部Dは、文中のさまざまな X をうけつつ」とあることから、空欄Xは先に見た「本文の他の箇所の関連する表現」について述べたものだと理解できる。「列」が〈人生〉を、「坂」が〈人生の下り坂〉を、「ホタルの光を見る」が〈人生の終わりを迎える〉を、聞いている曲が老いと死のイメージを暗示している、といった表現のしかたをいうのにふさわしいものは、③「象徴的表現」（具体的なものが抽象的な観念などを表す表現のしかた）である。

①「戯画的」は〈風刺などをまじえてこっけいに表現するさま〉で、右に見た内容にはふさわしくない。②「直喩」は先に見たものの中では「五年、十年先の日をあらかじめ生きられないように、筒井は列の今立っているところに囚われていた」と「ホタルの光のようなもの」という二つの表現にしかあてはまらないので、【メモ】の「本文の他の箇所の関連する表現」全体をうけた空欄Xに入るものとして③にまさるものとは言えない。また、ここでの表現の本質は〈直喩・比喩〉というところにあるのではない。比喩は〈あるものの性質を伝えるために他のものにたとえる形容表現〉であるが（例えば〈山のように大きい〉は〈大きい〉という性質を伝えるための形容であって、実際にそこに山があるわけではない）、右で見てきた表現の本質は〈実際にそこにある「列」「坂」「曲」などが〈生〉〈老い〉〈死〉などをイメージさせる〉というものであって、〈直喩・比喩〉ではなく〈象徴〉である。④「擬人法」は〈人でないものを人であるかのように表現する技法〉（例えば〈風が歌っている〉〈空が泣いている〉など）であるが、ここはむしろ〈人の人生を人でないもの（例えば坂とかホタルの光）によって象徴している〉のであって、④「擬人法」ではない。

(ii) 空欄Yには「傍線部D」で表現されている「筒井の心情」が入る。まず、先に見た〈それほど遠くない自らの人生の終わりを思っている〉という内容が含まれているものは、①・④である。次に、①と④の違いは、①が「絶望」「激しい孤独感」という方向性であり、④が「さびしさ」「静かにこれを受け入れようとしている」という方向性である点であり、この点にしぼって吟味し直せば、聞いている音楽が「修道院でのライブ盤」「ヴィブラートのかからない透明なソプラノ」とあり、「冷たくした紅茶を飲みながら」とあるイメージに合うのは、④の方だと判断できよう（「坂路」を先のように〈天国への路〉のようにとらえればなおさらである）。正解は④。

①は今見たとおり「絶望」「激しい孤独感」が適切でない。②は前半はよいが、「坂路のごとく続いていく人間の歴史の連続性のようなもの」が、先に見た「本文の他の箇所」につながらないし、傍線部D周辺にもそのように読める根拠はない。③は「いくつもの坂路を越えてきた」が、先に見た13行目の「坂」の理解とも傍線部D自体の「坂路」の理解とも違っている。⑤は「今日の出来事」のみの話で終始しており、「老い」や「死」の話としてとらえていないのが不適切である。

問6 本文の表現の特徴について問う設問。

①の「桜の樹が、闇をいち早く集めて黒々としている」は〈確かに「擬人法的表現」ではあるが〉、直前「陽が暮れて、あたりが暗くなってきた」

様子を「公園から路の上の空へ枝をさしのべている桜の樹」を見上げた際の印象として表現したものであって、①「意思をもって人間を脅かすかのように見える自然の姿を印象的に描いている」ものとは言えない（本文全体を省みても、この小説は〈自然の脅威〉といったものを描いた作品ではないのだから、①のように解する根拠はどこにも見いだせない）。①は誤りである。

②の「視点」とは小説においては〈作者がどの立場から小説内の世界を見ているか〉を示すもの。この小説に関して具体的に言えば、筒井が心中で考え、感じたことは、9・10行目「…夜店が出ているのかも知れない、と思った」のように直接書かれるが、その他の登場人物については心中がそのような形で直接描かれることはなく、筒井の目に映った外見や動作、筒井の耳に聞こえたセリフなどが書かれるだけである（つまり、作者は筒井の立場から小説内の出来事を見ている）。こういう場合、この小説の「視点」は筒井に置かれている（筒井が〈視点人物〉である）と言うのである。したがって②「筒井以外の人物の視点からの描写を導入…客観性をもたせている」は誤りである。

③の「筒井が父母とともにホタル狩りに出かけたときの回想場面」は、22行目「古い記憶が甦ってきた」以下段落末までであり、次段落以降は（31・32行目に「考えてみると、ホタルを見るのは、あの雨の日以来、三十年振りである。区役所の人が、アンケートをとりに来た」とある通り）筒井と妻、娘の三人が「区が催すホタル狩りに出かけ」ている〈現在〉の場面に戻っている。したがって「回想場面」を「44行目『青く冷たい光を針先のような鋭さで明滅させていた』まで」とした③は誤りである。

④で引用されている二箇所はいずれも「筒井が家族の中で孤立していること」を示すものとは言えない。少なくとも「さとみの手は、冷たく乾いていた」は、直前「視力の衰えた筒井が、もたもたしていると、さとみが手を引きに来た」とあるように、さとみが筒井を気遣っている場面の記述であるし、手が「冷たく乾いて」いるからといって、心が「冷たく乾いて」いることにはならないのだから、この表現を筒井の「孤立」を示すものと解するのは無理である（**〈問題文の解説〉**に示したように、「さとみの手は、冷たく乾いていた」とは、13行目「ひとり汗を流し続け」ている筒井と対照的に、さとみは〈汗をかいていなかった〉ことを示す表現である）。④は誤りである。

⑤の「結末部分で筒井の心に去来する思い」とは、**〈問題文の解説〉**および問5の解説で見たように、自らの「老い」に対するものである。⑤「『彼の金髪も、時が銀色に変えてしまった』という曲名」は、時とともに髪が銀色に（白髪に）変わってしまったこと、すなわち「老い」を表現したものであり、筒井の「思い」に重なるものだと言える。⑤は正解である。

問7　二つの作品（小説と詩）を比較し、表現・内容について考えるもの。複数のテクストの比較を行う点、および、各説明文が本文のどの表現に当たるかを同定する点で、共通テスト的設問である。

生徒が「レポート」を書く準備という設定で、同じ生き物（「ホタル」「螢」）が登場する二つの作品における描かれ方の違いを問う設問である。文学作品の中に登場する事物は、各々の作品の主題や物語内容との関連においてそれぞれに意味を与えられる、ということを理解しておきたい。

本文（森内俊雄「坂路」）の「ホタル」についての記述は、次のようなものである。

①前書き……「近くの公園を流れる渓流を利用して区が催すホタル狩り」

②18～21行目……「五年、十年先の日をあらかじめ生きられないように、筒井は列の今立っているところに囚われていた。……こうしているのが、ひどく心許ない。さりとて、ただちに列を離れ、立ち去ることが出来なかった。筒井には、自分のこれからの日々がこのようにつながっていて、もうそんなに遠くないところで、おぼつかないホタルの光のようなものを見るのだろう、と思える。」

③23行目……（過去の回想）「何万匹も放されているホタルは、弱っているのか、光は弱々しかった。」

④37行目（傍線部**B**）……ホタル狩りとは言うものの自然のままのものではなく、公園の川に沿ってテントを張り、人工的に仕組まれ管理されたものにすぎない（問3②解説参照）

⑤42～44行目……「机が置かれ、琺瑯引きのバットが……係員がウチワで

あおいでいる……中には羽化直前のホタルがいて、風があたるたびに、青く冷たい光を針先のような鋭さで明滅させていた。」

⑥52・53行目（傍線部D）……「ホタルの光のようなもの……その先には坂路が……」 自分の人生の終わりに思いをはせる……さびしさ……静かにこれを受け入れようとしている（問5(ii)④解説参照）

a～**d**の文でいえば、**a**が②⑥に、**d**が①③④⑤に該当する（もちろん両者は複合しているが、大別すればそのような対応関係になるだろう）。**d**「ひ弱」については、回想部分である③はもちろん、⑤などについても（本来自然の中で羽化するホタルが「係員」の管理のもとで羽化しているのだから）**d**のようにいってよいだろう。解答としてはまず、**a**と**d**が①ということになる。本文（森内俊雄「坂路」）の「ホタル」の説明として、**b**「自然の……」は先の①③④⑤と逆方向。**c**は、「視覚的な比喩」は⑤の「青く冷たい光を針先のような鋭さで」に該当するとしても、「幽玄な美の世界」（＝奥深い情緒や趣のあるさま）が先の①～⑥、特に②⑥や④とは逆方向である。

一方、詩（草野心平「竹林寺幻想」の「夏」）では、

(1)一連目に、「土砂降り」で「波うつ竹林」の情景が描かれ、二連目で、「雷雨が南に去」った後に「青竹のあひまをぬつて大螢が……乱れとびかふ」さまが描かれる。

(2)その（光の）さまは、「鬼火のやう」「水サファイア」「光の青い血」などとたとえられている。

(3)「蟇（＝ひきがえる）の声声」が「螢」とともに描かれている。

a～**d**の文でいえば、**b**が右の(1)(2)(3)に、**c**が(2)に該当する。**c**「幽玄」は先に述べたように〈奥深い情緒や趣のあるさま〉。解答としては、**b**と**c**が②ということになる。詩（草野心平「竹林寺幻想」の「夏」）の説明としては、右の(1)(3)から見て**b**「自然」に重点があるとみるのが妥当であり、**a**「人生のあり方」**d**「人工的な環境」ではない。

第3問

〈出典〉

【資料Ⅰ】【資料Ⅱ】

中川寛子（なかがわ　ひろこ）『東京格差　浮かぶ街・沈む街』（ちくま新書　二〇一八年）の「第3部　未来　再生と消滅の時代」のうち「1「閑静な住宅街」という時代遅れ」の一節による。出題に際しやむを得ない事情により、省略やルビの追加等を施した箇所がある。

中川寛子は東京都生まれ。早稲田大学教育学部社会学科卒。出版社勤務を経て、リクルート社の住宅情報誌等の編集に長年携わる。また生活総合情報サイトAll Aboutで「住みやすい街選び（首都圏）」のガイドを務める。著書に『解決！空き家問題』（ちくま新書）、『住まいのプロが教える30の警告「この街」に住んではいけない！』（マガジンハウス）、『住まいのプロが教える家を買いたい人の本』（翔泳社）ほか多数。

なお、問4の**【メモ】**は、出題者が作成したものである。

〈問題文、資料の解説〉

【資料Ⅰ】

本文全体を、形式段落ごとに要点をおさえながら、さらに大きく二つの意味段落に分けて、筆者の主張を読みとっていこう。（各形式段落を[1]～[13]で示す）

第一意味段落　人の流れとまちの壊死（[1]～[4]）

[1] 人間の身体の血が流れなくなった部位が壊死するのと同様に、まちも人の流れが途絶えた場所（すなわち「ブラックボックス」）から徐々に「壊死」していく。

[2] たとえば、東京の商店街では、遠方からも買い物客が集まる魚屋が閉店しマンションに変わった途端に、まちに不要、無縁な「ブラックボックス」ができた。

[3] 訪れる人が減り、商店が閉店してマンションに変わるとたしかに閑静な

住宅街が生まれるが、それは同時に、そのまちに住む人以外には不要で無縁な場所が生まれることを意味し、住民にとってもまちが利便性を欠くものになることを意味する。

4 まちの再生ということを考えると、住民のみならず外部の人もがひきつけられる多様な施設やスポットがあり、まち全体に血が巡るようにして人の流れがおこる場所は盛んになり、住民が自宅と駅を往復するだけの場所は廃れていくと言える。

＊以上の要点
住む人やさらには外部からの人の流れが途絶えれば、商店街、ひいてはまち全体が衰退する。

第二意味段落　過疎化するニュータウン（5～13）

5 閑静だが停滞気味の住宅街が多様化、多機能化をはかることで、活性化されうることを示す研究がある。

6 ニュータウン開発から二〇年目くらいが「初期微動」の段階とされ、子どもの独立が始まり、タウン内での住み替えやリフォームが始まる時期とされる。

7 入居から三〇～三五年くらいで次の段階「希薄化現象」が始まる。高齢化率が上昇し、空家率も低位安定する時期である。

8 高齢者の独居が増え、駐車場から車も消え、入居者が住宅内に引きこもり出す。

9 この時期、人気のあるニュータウンでは建替えが始まる一方、そうではない場所では街並みが劣化していき、明暗が分かれる。

10 入居から四〇～四五年経つと「過疎化現象」が顕著になる。高齢化率に続き空家率が上昇し、まち全体が荒廃していく。要介護の住人が増加し、住宅の一部しか使われなくなる。

11 相続人が住んだり管理したりしない住宅は今後さらなる劣化が予想される。

12 まちに人が自然に流入し転出していれば、居住者が入れ替わり、特定の年代の居住層に固定されることもない。まちが生き残るためにはいたずらに閑静な住宅地であることを求めるのではなく、新しいものを取り入れ、人の流入と転出、すなわち「住む人の新陳代謝」を起こす必要がある。

13 それを促進するのは多様性と多機能化である。高齢者ばかりのまちに若い世代を呼び込むためにあえて多様な施設を作ることが肝要である。

＊ニュータウンの高齢化と衰退は三つの段階をたどるが、多様性と多機能化を取り入れて人の流入と転出を生み出せば、まちが再活性化される。

【資料Ⅱ】

前書きに、（もともとは）**【資料Ⅰ】**の「文中に挿入されていた**図1・図2**である」と述べられている。**図1**は「縮退の3ステップ（仮説）」というタイトルで、「初期微動」が**【資料Ⅰ】**の6に、「希薄化現象」が**【資料Ⅰ】**の7に、「過疎化現象」が**【資料Ⅰ】**の10にそれぞれ見える語であり、**【資料Ⅰ】**の各部分の記述を図として整理しさらに説明を加えたものであることがわかる。**図2**は「Hニュータウンの将来人口推計」（「H」は原著では実際の名称）というタイトルで、（注）の説明を踏まえて考えると、上部に「国勢調査人口」とある時点までが実際の「人口の動静」で、そのうちの「一定期間」の「変化率」を基に、その後の「人口推計」を行ったものであることがわかる。「人口」と「高齢化率」の推移がグラフ化されており、それらの推移のしかたは（年数のずれは多少あるが）**【資料Ⅰ】**の6～10や**【資料Ⅱ】図1**で述べられた「縮退の3ステップ」に対応している。

〈設問解説〉

問1　**【資料Ⅰ】**第一意味段落前半の内容を問う設問。

傍線部の「ブラックボックス」とはもともと〈機能はわかるが、内部構造や作動原理がわからない装置〉のことであり、そこから〈内部が明らかでないもの〉全般を意味する比喩として用いられる。ここでは1において、「まちの賑わい」を「人間の身体」にたとえ、「血が流れなくなった部分はあっという間に壊死する」と述べたのに続けて、同じことを「人の来ないブラックボックス的な施設から先は徐々に壊死する」と述べた箇所である。続く[2]で、その具体例として「遠方からも買い物客が集まる魚屋が閉店、マンションに変わった。住んでいる人以外には不要、無縁なブラックボックスができたと言っても良い」と述べる。次の[3]でも「その通りを訪れる人は減り、マンションより先にはあまり行かなくなり、通りの店も影響を受けた」「他の人にとって不要な施設＝マンションがその先の商店街を壊死させた……地域の人たちにとってみれば住んでいる人以外には不要、無縁なブラックボックスができただけである」と繰り返し述べられている。以上から、ここでは〈そこに住んでいる人以外には不要で無縁な場所であるため、他から訪れる人がいない〉ような場所について「ブラックボックス」と述べていることがつかめるだろう。マンションは確かに、〈遠方からも人が訪れる魚屋〉と異なり、同じ地域の住民でも〈マンションに住んでいない人には無関係で、内部がどうなっているかわからない〉場所である（したがって、そこで人の流れが止まってしまい、商店街全体を巡る人が少なくなって、まちが「壊死」してしまうというのである）。以上の内容をとらえた③が正解である。

③は〈本文の趣旨を端的に短くまとめた正解選択肢〉である。ふだんの学習から〈本文で繰り返し述べられることに着目するなどして論旨を的確につかんだ上で、その内容を簡潔な表現で言い直す〉ことを意識しておきたい。

①は、「治安が悪いため」ではなく〈マンションの住民以外には無関係な場所であるため〉人が訪れない、というのが【資料Ⅰ】の論旨であるため不適切であり、

④は、「地元の住人の生活とは無縁な」はよいが、ここは「娯楽施設や商業施設」について述べたところではないため不適切であり、

⑤は「閑静で……新しい建物ばかり」は【資料Ⅰ】の「閑静な住宅街が新たに生まれた」に合致するが、「人間らしいぬくもりに欠ける」とは【資料Ⅰ】では述べられておらず、〈マンションの住民以外には無関係〉という論旨からずれているので不適切である。

また②は、「商店街」が「売れ行きがふるわず人が訪れなくなってしまった」ことは、[3]で述べられていることであるが、これは「ブラックボックス」ができた〈結果〉であり、「人が訪れなくなってしまった」原因としての「ブラックボックス」（住人以外には無縁な場所であるマンション）そのものの説明に当たるものではないので、不適切である。共通テストでは、〈論理的思考力を試す〉ことが出題方針の一つとなっており、このように〈原因→結果〉の関係を厳密にとらえることを求める出題がなされる。これも日頃の学習から意識しておきたいところである。

問2　【資料Ⅰ】と【資料Ⅱ】とを関連させて考える、空欄補充設問。

【資料Ⅱ】図1における空欄補充によって問われているのは、【資料Ⅰ】第二意味段落の要点である。〈問題文、資料の解説〉の項でも見たように、ある研究によれば閑静な住宅街だとされるニュータウンは三段階の縮退をたどるという。その三段階が【資料Ⅱ】図1にもある「初期微動」「希薄化現象」「過疎化現象」であり、それぞれが【資料Ⅰ】の[6]（「初期微動」）、[7]・[8]・[9]（「希薄化現象」）、[10]・[11]（「過疎化現象」）に相当することをまずふまえよう。

【資料Ⅱ】図1に挙げられている諸々の項目のうちには【資料Ⅰ】中に記述が見られるものもあるが、三つの段階を特徴づける数ある性質のうち何が空欄によって問われているのかは、とりあえず選択肢を見ないと判然としないだろう。選択肢は大きく分けると二つの要素、すなわちペットに関するもの（「ペット急増」／「ペットさえ見かけなくなる」）と室内の電灯に関するもの（「2階に電灯が灯らなくなる」／「1階の一部屋しか電灯が灯らなくなる」）から成っている。ペットに関する記述は【資料Ⅰ】中に見られないので、差し当たっておいておこう。室内の電灯に関しては、「住宅では一階の一部しか使われなくなり」という[10]（「過疎化現象」）の記述が、直接「電灯」には言及していないものの、選択肢の「1階の一部屋しか電灯が灯らなくなる」と関連するものと見当をつけることは十分に可能だろう。したがって【資料Ⅰ】中から読みとれる内容を踏まえれば、「1階の一部屋しか電灯が灯らなくなる」が「過疎化現象」について述べた空欄ハかニに入っているもの、すなわち選択肢の①か④が正解で

あると推理できる。その二つのうちの①は「ペット急増」→「ペットさえ見かけなくなる」という順序になっているのに対し（とりわけ「ペット」が「急増」する背景としては、【資料Ⅱ】図1にある「初期微動」段階の「子供の独立」や「世帯主リタイヤメント（退職・引退）」があるだろうと推測できる）、④は「ペットさえ見かけなくなる」→「ペット急増」という、通常ではおよそありえない順序（要介護の独居老人が「夏草に飲み込まれ」老朽化した住宅で〈＝【資料Ⅱ】図1　縮退フェーズ2〉ペットをこぞって飼い始める、などということは考えにくい）になっていることから、正解は①だと推理できるだろう。また、「ペットさえ見かけなくなる」が、〈他のものはもちろん〉という含意を持つことからも、これが「縮退フェーズ」の後期の特徴（縮退フェーズ1には「縮退がジワジワ進んでいる」とあり、2には「人口減少の進行が誰の目にも明らかに」とある）であると見当をつけることもできる。

その他の選択肢に関しては、ペットに関する順序が④と同様に逆になっているものが②、③であり、また電灯が灯らなくなる順序が、「2階」→「1階」ではなく、反対に「1階」→「2階」という通常ならありえない順序（足の不自由な要介護の独居老人が1階にいる代わりに2階に引きこもっている、などという事態は考えにくい）となっているものが②、③、⑤であるが、それらのいずれもが誤答であることは容易に推測できるだろう。

問3　【資料Ⅰ】と【資料Ⅱ】を総合して導いた考えの適否を問う設問。

図表（グラフ）と文章の内容を関連させて考える問いであり、共通テストの特徴である、会話・討議の形式で応用的思考を展開する問いでもある。【資料Ⅱ】図2のグラフを正確に読みとり、かつそれに対する【資料Ⅰ】（第二意味段落）や【資料Ⅱ】の記述を適切に参照している意見を選択させる問題である。設問を解くために必要となるグラフ（Hニュータウンの「総人口」と、同「65歳以上人口」の推移、単位は「人」（左縦軸）の読みとり（a－1、b－1）と、それらに関する【資料Ⅰ】での参照内容（a－2、b－2）は以下の通りである。

a－1　Hニュータウンの総人口のピークは1995年でそれ以降はほぼ減少の一途をたどる。

a－2　Hニュータウンの総人口のピークである1995年は、1974年に始まる第1期分譲の約二〇年後であるが、【資料Ⅰ】では開発から二〇年後までの期間が「初期微動」の段階だとされ、子供の独立（転出）やタウン内での住み替えが始まる時期だと述べられている。さらに【資料Ⅱ】図1の「初期微動」の項には、「親の介護」や「相続」などによる（親の家などへの）「住み替え」や、「リストラ、ローン破綻で売りに出されるケース」など、タウン外への転出も始まる時期であることが示されている。

b－1　高齢（65歳以上）人口の予想されるピークは2025年頃でありそれ以降は減少する。

b－2　【資料Ⅰ】ではその理由が、「居住層が固定化され」た（⑫）まちでは、ニュータウン入居から三〇～三五年後の「希薄化現象」期には「高齢化率が上昇」し（高齢人口の増加）、入居から四〇～四五年後に始まる「過疎化現象」期には「独居の高齢者単身世帯が多くなる」（高齢人口の減少）ことにあるとしているが、そのような状況はその後もさらに著しくなっていくものと推測される。

c　さらに【資料Ⅰ】ではニュータウンの過疎化を防ぐためにまちの多様性、多機能性を高めて、まちの内外から人の流れを起こし、まちに「転出、流入」を生み出すことの必要性（⑫・⑬）が説かれている。

以上の点を踏まえると、a－1（「第一期分譲の二〇年後ぐらいから人口が減り始める」）及びa－2の内容（「そこで生まれ育った子どもたちが独立したり、いろいろな事情でまちを離れる人が出てくる一方で、新たに移り住んでくる人は少なかった」）を正確に踏まえている②が正解となる。

①は人口のピークを「1990年」としている点がa－1（ピークは1995年。グラフの「(1990)」は「▼」の「第3期分譲」の年を示しているので注意しよう）と食い違い、かつその後の人口減少の背景を「バブルが崩壊」としている点がa－2と食い違うため、不適切であり、

また③は「高齢人口」の増加理由を「若者だった世代がいつまでもこ

の街に愛着を持って住み続けること」だとしているが、これはあまりにも前向きな解釈であり事態をポジティブに捉えすぎている点が、「高齢独居」「引きこもり」「街並みが劣化」「まちの荒廃」などのような、本文のきわめて否定的な記述とは食い違うため不適切だと言える。

さらに④は「高齢人口」が「減少」する理由を「若者」が「流入してくる若い層の文化に、高齢者がついていけなくなるから」としている点がb－2（「独居の高齢者単身世帯が多くなる」）及びc（「Hニュータウン」は「居住層が固定され」たまちの例として提示されている）とは食い違うために不適切であり、

⑤も同様に、「まずは住宅地を中心に考え」「外部から流入する人々の思うようにされてしま」わないように、という点が、c（「商店その他、従来の閑静な住宅街に無かったもの」[13]）によってまちの内外から人の流れを起こし、まちに『転出、流入』を生み出すことの必要性）と大きく食い違うために不適切であると言える。

問４〈生徒の学習場面〉を想定し、**【資料Ⅰ】【資料Ⅱ】**の内容理解と、それを別の事例に応用して考える力を問う設問。

(i) **【メモ】**の「**【資料Ⅰ】**前半」は、「まちの中に『ブラックボックス的な施設』」→「そこより先に人が行かなくなる」→「その先は『壊死』」とあるのがおおむね**【資料Ⅰ】**の[1]～[3]に対応している。したがって、そこからの矢印の先の「まちの再生には［ **X** ］が必要」は、[4]「まちを再生させるためには住んでいる人はもちろん、それ以外の人にとっても必要あるいは気になる多様な施設、スポットをまちのあちこちに作り、まち全体に血が巡るようにすることが大事」「住宅街の中にわざわざ訪れたくなる隠れ家的な店や空間などがあり、人が街中を出歩いているまち……そんなまちは浮かび、住む人が駅と家との往復しかしないまちは沈む」に当たるだろうと見当がつく。「住宅街のなか」に（住宅だけでなく）「多様な施設」があって、人々が「駅と家の往復」だけでなくそうした「**多様な施設**」をめあてに「出歩いている」状態にすることで、「まち全体に血が巡るようにする」＝[1]「**血流（人の動き）が止まらないようにする**（a）というのである。

【メモ】の「**【資料Ⅰ】**後半」は、「閑静で単機能な住宅街」（[5]）→「まちの居住層の固定化」（[12]の内容）→「まちの停滞、高齢化、過疎化」（[6]～[10]の内容、**【資料Ⅱ】図1**でいう「縮退」）とあるのが、おおむね**【資料Ⅰ】**の[12]までに対応している。したがって、そこからの矢印の先の「まちの再生には［ **X** ］が必要」は、[12]後半「まちが長く生き延びるためには……なんらかの形で転出、流入が行われ、住む人の新陳代謝が図られる必要がある」および[13]「新陳代謝を促進するために必要なのが多様性であり、多機能化である」に当たるだろうと見当がつく。まちを**多様化、多機能化することで、住む人の層が「固定」されないように、「転出、流入」をはじめとする人の出入りが続くようにする**（b）というのである。

空欄**X**は、「**【資料Ⅰ】**前半」「**【資料Ⅰ】**後半」の両方からの矢印をうけているので、先のa・b両方にあてはまるものでなければならない。①は『治安』を強化」が無関係、「『まち歩き』をさかんにする」はaのみである。②「利便性」は一応**【資料Ⅰ】**[3]や[13]に見える語だが、「『経済合理性』を追求」が先のa・bと無関係である。③はbのみにしかあてはまらない（「新陳代謝」は新旧の交替、「流入、転出」はまちの内と外との間の人の動きであって、aの〈まちの中での人の動き（血流）〉にはあてはまらない）。④の「多様化」はa・bともにあてはまり、「『人の流れ』を活性化」も（bに関してはやや象徴的な言い方にはなるが）a・b両方をカバーするものと言えるだろう。正解は④である。

(ii) 設問文「**【メモ】**にまとめた内容を基にしてレポートを書こうと考え、必要な資料を集めているうちに」「見つけた」「『まちの再生』の具体例としてレポートの中で紹介したいと思う事例」であるから、つまりは「まちの再生」に「必要」なこととして(i)で解答した内容の「具体例」ということになる（こちらは「具体例」の一つだから、先のa・bのどちらか一方のみの例でもよい）。②「住宅街の真ん中」に「住民たちやまちの外からの客が集まるようなオープンカフェをつくった」が、先のaで見た[4]の「まちを再生させるためには」「住宅街の中に」「住んでいる人はもちろん、それ以外の人にとっても」「わざわざ訪れたくなる……店や空間」を作る、

という趣旨に合致するので、これが正解である。

①「高齢化した住民たちのニーズに沿ったまちづくり」では、むしろ「居住層の固定化」に沿った対処であって、先の理解とは反対方向。③「まちを離れるのを食い止める」も「新陳代謝」とは反対方向だし、③「リフォーム」は【資料Ⅱ】図1でいう「縮退の3ステップ」の中で既に行われていることであって、その先の「まちの再生」のために「必要」なものとして述べられていることではない。④「まちに隣接した地域に大規模な商業施設」は、【資料Ⅰ】13の「今の居住者が求める利便性」につながる程度で、先のa（街中に人をひきつける店などをつくる）とは反対方向だし、b「新陳代謝」を直接述べたものでもなく、②に比べ「最も適当なもの」とは言いがたい。

第4問

〈出典〉

【文章Ⅰ】『今鏡』すべらぎの中　第二「玉章《たまずさ》」

『今鏡』は平安時代後期の歴史物語。十巻。四鏡《しきょう》（『大鏡』・『今鏡』・『水鏡』・『増鏡』）の一つ。作者は藤原為経《ためつね》とする意見が有力視されている。成立年代は一一七〇年頃であると考えられている。内容は、『大鏡』の語り手である大宅世継《おおやけのよつぎ》の孫である老女の昔語りという型式を取って、後一条天皇から高倉天皇までの約一五〇年間の歴史を、紀伝体で記載する。問題文は、「玉章」の一節である。

【文章Ⅱ】【文章Ⅲ】『讃岐典侍日記《さぬきのすけにっき》』上

『讃岐典侍日記』は平安時代後期の日記文学。上下二巻。作者は堀河天皇・鳥羽天皇に典侍《ないし》として仕えた藤原長子。成立は上巻が一一〇七年頃、下巻が一一〇九年頃であると考えられている。内容は、上巻が堀河天皇の発病から崩御までのことが記され、下巻は幼帝鳥羽天皇のもとに再出仕した作者の、亡き堀河天皇に対する回想が記される。【文章Ⅱ】【文章Ⅲ】はいずれも上巻の記事で、【文章Ⅱ】は一一〇七年の七月十五日、【文章Ⅲ】は、堀河天皇崩御の前日の七月十八日の出来事が記されている。

〈現代語訳〉

【文章Ⅰ】

さて、この御世に中宮・女御はこの方あの方と定められなさったけれども、（堀河天皇の）叔母君に当たる方で前の斎院である方（篤子内親王）が女御として参上なさって、（その後）中宮としてお立ちになった。（中宮は天皇に比べて）釣り合いが取れないほどご年齢が高くていらっしゃったけれども、（天皇は）幼い時から（中宮のことを）並ぶものがないと見定め申し上げなさっていて、ただ四の宮を（妻として迎えたい）とお思いになっていたからでございましょうか。（中宮が）入内なさる夜も、（中宮は入内に）たいそう気が進まないことだとして、御車にもお乗りにならなかったので、（人々は）明け方近くまで待ち遠しく思っておりました。

（堀河天皇の後宮には）鳥羽天皇の母君となる女御殿（苡子）も入内なさって、白河院は（後見役として）お世話申し上げなさったので、（女御の後宮での暮らしは）はなやかでいらっしゃったけれども、中宮は尽きることのない物思いをなさっていると噂されなさいました。女御がお亡くなりになって（まもなく）の頃、（堀河天皇が）

春の山べに漂う霞は、恋しき人（亡くなった女御）のかたみであるのだなあ

とお詠みになったことは、しみじみと悲しく情け深いことだと噂《うわさ》となりました。

【文章Ⅱ】

関白殿が席をお立ちになったので、（私は）引き被っていた単衣を引きのけて、（帝のお顔を）拝見するときに、中宮様のところから、（中宮様にお仕えする女房の）宣旨が、中宮様のお言葉を書き記した文書をそのままお伝えするかたちで、「三位などがお仕えするときは、（私は）詳しく（帝の）ご容体についてお聞き申し上げていたけれども、（今は、詳しく話を聞くことができた三位もおらず、他の女房の）通り一遍のお返事だけを聞くことは、状況がよく分からなくて心配だ。先祖からの縁によって、（三位の妹である）あなたを（三位と）同じく頼りにお思いである。今の（帝の）ご容体について、詳しく（私に）申し上げてください」と仰せがあった。（帝が）「誰の手紙か」とお尋ねになったので、（私が）「あの方（中宮様）からです」と申し上げると、「昼頃に、おいでください」という（帝からの）仰せ言があったので、（私から）そのように書いて（中宮様方にお伝えした）。

（中宮様が）参上なさるので、昼頃になるときに、道具などを片付けて、人々は皆、少し休憩せよと言って（帝の御前から）退出した。しかし、（私だけは、）もしかしたら（帝が）お呼びになるだろうかと思ったので、障子の近くでお仕えしていた。（中宮様は帝に）どのようなことを申し上げなさっているのだろうか。（私のような身分の者には）知りようもない。しばらくして、（帝は）扇を打ち鳴らして（私を）お呼びになる。（帝は）「それを取って」とおっしゃりたいことがあったので、（私を）お呼びになって、（用が済むと）「もう一度障子を立てよ」とおっしゃる。（私は、自分自身の行為を）よくぞ（帝の御前から）下がらないでお仕えしたものだと思う。（帝は中宮様に）さらにおっしゃることがあると見えた。（私は）立ち退いた。（私が）障子を閉めると、（中宮様が帝に）「（御用がございましたならば、）扇をお鳴らしください」と申し上げなさったけれども、障子が開くことは、いつまでもなかった。

夕方、（中宮様が）お帰りになったので、（下がっていた人々は）誰も皆（帝の御前に）参上した。（帝の）お顔の色は、（拝見したのが）急だからだろうか、変わってお見えになった。（帝の）「今日は、すこし夜の明けたような気がする」とおっしゃるお言葉を聞く（私の）うれしい気持ちは、何に例えようもない。

【文章Ⅲ】

敷居の境目のところに四尺の御几帳が立てられている。（帝の）枕元に明かりをおつけ申し上げてあかあかとしている。その明るい部屋の中で（私は）帝に添い寝して差し上げていた。恥ずかしいけれども、退出できない。

（私が）「中宮様が、お出でになりました」とお取り次ぎ申し上げると、（帝が）「どこか、どこか」などとおっしゃるのは、（帝は）全く耳も聞こえていらっしゃらないだろうかと思うと、（私は）つらく思われる。（私が帝に）「その御几帳のところに（中宮様はいらっしゃいます）」と申し上げると、（帝は）「どこか」と（おっしゃって）、御几帳の端を引き上げさせなさると、（中宮様は帝に）「（私は）ここに（おります）」と申し上げなさる。（中宮様は帝に）ものなどを申し上げなさろうとお思いになっているのだろうと思うので、（私は）後ろの方にそっとすべり出た。すれ違いに敷居の上に中宮様はお上りになって、しばらく、何ごとだろうか、（帝に）申し上げなさる。関白殿のお声で、「（面会時間が）長くなった。お粥などはもう（帝に）さしあげてはどうでしょうか」とおっしゃると、中宮様が、お聞きになって、「今は、それでは、帰りましょう。明日の夜も（参ります）」とおっしゃって、お帰りになった。

〈設問の解説〉

問１　語句を解釈する問題

(ア)　正解は②。「奉る」には、謙譲語の用法と尊敬語の用法がある。一般的な用法は謙譲語の用法で、本動詞は「差し上げる」「献上する」、補助動詞は「(お)……申し上げる」「お……する」という意味になる。尊敬語の用法は、「着る」の尊敬語で「お召しになる」、「乗る」の尊敬語で「お乗りになる」という意味になる。傍線部(ア)は「御車にも奉らざりければ」とあるので、「乗る」の尊敬語と判断できる。

(イ)　正解は①。「はしたなし（端なし）」は、「端（はした）」は「中途半端」、「なし」は形容詞を作る接尾語で、「……ない」という意味ではなく、「……である」いう意味を持つ。中途半端な状態に困惑する気持ちを表し、「中途半端だ」「きまりが悪い」と訳す。この意味に合致している選択肢は①・④。①と④は「え……ず」から絞る。「え……ず」は不可能を表し、「……できない」と訳す。①と④で「え退かず」を不可能で訳しているのは、「退出できない」とある①である。

問２　傍線部の表現について説明する問題

　正解は③。「**適当でない**」選択肢を選ぶ問題なので、注意する。③は「『せ』は使役の助動詞」が誤り。「せ」は助動詞「す」の連用形。助動詞「す」には尊敬と使役の二つの意味があるが、ここは「せ給ひ」というかたちで尊敬を表している。助動詞「す」は「せ給ふ」「せおはします」などのかたちで用いられたときは、尊敬の意味を表す。このかたちで用いられたときに使役の意味となることもあるが、使役のときは上に「……に」というようなかたちで使役の対象が明示されることが多い。そのように使役の対象が明示されていなくても、使役の対象が読みとれる文脈上の背景がなければ、その「せ」は使役ではない。傍線部**A**は使役の対象は示されていないし、使役の対象を読みとることもできないので、尊敬と考えてよい。また、③の後半部の「天皇の求婚が人を介して行われたことを表している」も【文章Ⅰ】の内容と合致していない。

　他の選択肢を見ていく。①「ことのほか」は、予想外の様を表して「思いの外だ」と訳す。「釣り合いが取れないほど」と対応する。中宮の年齢が天皇よりも「高い」ことは傍線部**A**には記されていないが、前の行に中宮は天皇の「叔母」であると記されていることから合致していると推測できる。ちなみに中宮が入内した時の天皇と中宮の年齢は、天皇が十三歳、中宮が三十二歳であった。②「奉る」は、謙譲語である。謙譲語とは客体尊敬をそう呼んだもので、動作の受け手が敬意の対象となる。したがって、「奉ら」は天皇の思慕の対象である中宮に対する敬意を表している。④傍線部**A**中の「幼くよりたぐひなく見取り奉らせ給ひて」と合わせて「ただ四の宮をとかや思せりければ」の部分の意味を考えると、「天皇の中宮への思いは幼い頃から変わらなかったこと」を意味することが分かる。⑤選択肢の説明の通り。

問３　【文章Ⅰ】の内容をまとめる問題

　正解は⑤。傍線部の解釈は、傍線部だけで考えず、その前後を含めて考えるのが基本である。傍線部**B**については、傍線部直前の「詠ませ給へりけるこそ（お詠みになったことは）」と傍線部**B**の「あはれに御情けおほく聞こえ侍りしか（しみじみと悲しく情け深いことだと噂となりました）」が、主語・述語の関係となっていることをまず確認する。つまり、しみじみと悲しく情け深いことだと噂となったのは、誰かが「梓弓春の山べの……」の歌をお詠みになったことだと言っているのである。したがって、歌のことに言及していない①は誤り。残った選択肢で③は歌を詠んだのが女御となっているが、(注)4に堀河天皇の歌とあることに気づけば、③は誤りだと分かる。誤答としては①・③を選びがちかもしれないが、いずれも設問に対する解答の要件を満たしていない選択肢である。ここでまちがった受験生は、設問・(注)をよく見るようにしてほしい。

　残る②・④・⑤は、天皇の歌の内容から考える。歌の内容は、春の山べの霞を見て、それを「恋しき人」の「かたみ」であると詠んでいるものである。「女御失せさせ給ひての頃」とあることと、春霞が「恋しき人」の「かたみ」であると詠まれている点から考えると、「恋しき人」とは亡くなった女御であることは明らかである。したがって、「恋しき人」を中宮としている④は誤り。最後に残った②・⑤であるが、②の天皇が「女御と距離を置いていた」という要素は本文にないものなので、②は誤り。正解は⑤で、「院の後ろ盾ではなやかな生活を送っていた女御に対する中宮の不満」は「尽きせぬ御心ざし」に対応しており、女御を「恋しき人」とする点も本文と合致している。

問４　複数のテクストを比較・評価する問題

二〇二二年度『大学入学共通テスト』は複数のテクストを比較・評価するタイプの問題で、問題を解きながら、それぞれのテクストのジャンル的な特徴を考えさせるものであった。複数のテクストを比較・評価する問題は多様な内容からの出題が予測されるが（例えば二〇二一年度は和歌を比較する問題であった）、今回は二〇二二年度に倣《なら》って、テクストのジャンル的な特徴（【文章Ⅰ】は歴史物語、【文章Ⅱ】【文章Ⅲ】は日記文学）を考えさせることを意図するものとした。ただし、(iii)は【文章Ⅰ】の内容をまとめて評価するタイプの問題で、ジャンル的な特徴を考えさせるタイプの問題ではない。

(i)　正解は③。【文章Ⅱ】では、中宮の参上は「昼つかた」（5行目）であり、退出は「夕つかた」（10行目）と書かれている。一方、【文章Ⅲ】では、中宮が天皇に「しばしばかり」（5～6行目）話しかけた後に、「殿（関白）」が「久しくこそなりぬれ。御粥などはや参らせんや」（6行目）と声をかけたことにより、中宮は退出した。選択肢③を見ると、「昼つかた」から「夕つかた」までは「長い時間」と合致するし、中宮が「しばしばかり」天皇に話しかけていた時、関白が声を掛けたことによって面会は中断したとあるのも合致する。

他の選択肢を見ていく。①は、【文章Ⅲ】についての「天皇と中宮は直接会話できず、看病のために同席していた作者を介して会話をしていた」とあるのが誤り。作者は中宮と天皇の「案内（3行目）」はしたが、天皇と中宮に遠慮して、「御あとのかたにすべり下りぬ」（5行目）とあるように、面会の場から退去している。その後、中宮は天皇に話しかけているが、そこで作者は同席しておらず、天皇と中宮の会話を仲介していない。

②は、【文章Ⅱ】の「中宮の見舞いは天皇の希望で行われていた」については、天皇の「昼つかた、上らせ給へ」（4行目）という言葉があることから、合致していることが確認できる。「昼つかた、上らせ給へ」が天皇の言葉であることは、（注）10からわかるように作者が天皇と話していることから推測できる。一方、【文章Ⅲ】については「中宮の見舞いは天皇の容体を心配した中宮の強い希望で緊急に行われた」とあるが、【文章Ⅲ】には該当する記述はない。④は、【文章Ⅱ】で、6～7行目に「御扇打ち鳴らして召す」とあるように、扇を鳴らして作者を呼んだのは天皇である。呼んだ人が天皇か中宮かはっきりしないが、作者が仕えているのは天皇なので、作者を呼んで用を言いつけるのは天皇であると考えるのが自然である。作者が中宮付きの女房ならば、作者に用を言いつけるのは中宮となる。また、【文章Ⅲ】には、「中宮はずっと泣いていた」に該当する記述はない。

(ii)　正解は②。天皇への見舞いを終えて中宮が帰ると、「御けしき、うちつけにや、変はりてぞ見えさせ給ふ」（【文章Ⅱ】10行目）とあるように、天皇の具合がよくなった。これは中宮の見舞いのよい効果が表れたのである。よって、続く「今日しも、すこし夜の明けたる心地しておぼゆれ」という天皇の言葉は、中宮との対面を喜ぶものであると理解される。これは②の「中宮との対面をよろこぶ天皇の言葉」と対応する。さらに、作者はその言葉を聞いて、「仰せらるる聞く心地のうれしさ、何にかは似たる」（【文章Ⅱ】11行目）と言っているが、これは②の「例えようもないほどうれしいと感じている」と対応している。【文章Ⅱ】【文章Ⅲ】の作者である讃岐典侍の関心の中心は天皇である。天皇の喜びは作者の喜びなのである。

他の選択肢を見ていく。①は、「もし召すこともや」が作者の中宮に対する気配りとあるのが誤り。作者の讃岐典侍は天皇に仕える女房なので、作者の関心の中心は天皇にある。作者の予想通り、天皇は扇を鳴らして、「それ取りて」「なほ障子立ててよ」と用を言いつけた。作者が配慮して近くに控えていなければ天皇の呼び出しに対応できなかったわけで、このことを作者は自慢げに「よくぞ下りて候ひける」と記している。③は、「『ここに』と申させ給ふ」を作者の動作としている点が誤り。「せ給ふ」とは尊敬語なので、作者自身の動作には用いられない。ここでは、「いづら、いづこ」「いづら」と中宮の姿を探す天皇に対して、中宮が自分はここにいると言ったのである。④は、「作者は天皇の命令に従って」とあるのが誤り。中宮が「ものなど申させ給はんとぞ思しめすらん」（【文章Ⅲ】4～5行目）と作者は思ったので、遠慮して自ら退席したのである。「ものなど申させ給はん」が中宮の動作であることは、【文章Ⅱ】【文章Ⅲ】では、中宮が天皇に向かって何か言うときには、「申させ給ふらん」（【文章Ⅱ】6行目）、「申させ給ひければ」（【文章Ⅱ】8行目）、「申させ給ふ」（【文章Ⅲ】4行目）、「申させ給ふ」（【文章Ⅲ】6行目）というように一貫して「申させ給ふ」が用いられているのに対して、天皇が中宮に何か言うときには、「なほ仰せらるることありと見えたり」（【文章Ⅱ】8行目）というように「仰せらる」が用いられていることから、判断することができる。

(iii) 正解は④。選択肢を見ると、各選択肢は、まず本文の内容にかかわる事実が提示されており、次にその事実に対する評価が記されている。評価は主観的なものなので、解答を選ぶ根拠は客観的な事実を根拠とする。そこで【文章Ⅰ】に記されている事実を確認する。【文章Ⅰ】には、堀河天皇の後宮に関する四つのエピソードが箇条書き風に並べられている。一つ目は、中宮は天皇よりもかなり年上だったけれども、天皇は幼いときからの思慕を貫いて四の宮を中宮に立たせたということ。二つ目は、中宮は年齢が全く釣り合わない結婚に対して気が進まず、明け方まで迎えの牛車に乗らなかったこと。三つ目は、中宮のあとに女御も入内したが、女御は白河院の後見を頼りにしてはなやかな生活を送っており、それに対して中宮は強い不満を持っていたであろうこと。四つ目は、女御が亡くなった後、天皇が女御を思いやる歌を残したこと、である。

一つ目と四つ目のエピソードから窺《うかが》える天皇の人柄は「思いやり」とまとめることはできるだろう。一方、中宮の人柄は二つ目のエピソードから窺える。中宮が入内に乗り気ではなかったのは、その年齢差に起因する。**問2**の①の解説にも書いたが、中宮の年齢が天皇と比べて釣り合いが取れないほど高かったので、中宮は若い天皇に対して遠慮したのである。入内のときの二人の年齢は、天皇が十三歳であるのに対して中宮が三十二歳であった。幼いときからの一途な思慕を貫く天皇に対して入内を辞退しようとする中宮の人柄は「控えめ」であると言ってさしつかえない。また、三つ目のエピソードについても、中宮の生活は女御のはなやかな生活と対比されており、質素で地味なものであると推定され、自分から女御に対抗して派手にふるまおうとしていないことからも中宮の人柄は「控えめ」であるとまとめることができる。『今鏡』が紀伝体（人物を中心として歴史を記す方法）を取るのは「人物を中心とする立場から出来事を叙述していこうとしているから」である。

他の選択肢を見ていく。①は、「背後に院の存在を暗示するかたちで女御のおごり高ぶったふるまいを叙述している」という点が誤り。三番目のエピソードを見ても、女御がはなやかな生活をしていたことは記されているが、それがおごり高ぶったふるまいであるとは記されていない。②は、「入内前・入内の時・入内後というように、中宮と女御のエピソードを対比するかたちで並べている」が誤り。③は、「夫の病気で悩む弱々しい中宮の描写を削っている」であるが、これは正しい記述か正しくない記述か断定できない。現存するテキストからは「弱々しい中宮の描写」を削除した痕跡は残されていない。このような判断ができない選択肢があった場合、本文とより近い内容の選択肢を選ぶ。

第5問

〈出典〉 田能村竹田《たのむらちくでん》『山中人饒舌《さんちゅうじんじょうぜつ》』

田能村竹田（一七七七～一八三五）は江戸時代後期の文人画家。豊後国《ぶんごのくに》岡藩（現在の大分県竹田市の周辺）に仕え、江戸・京都に遊学して絵画と儒学を学んだ。藩政改革の意見が受け入れられず、三七歳で引退し、その後は京・大阪と豊後を行き来して多くの画家・文人と交流を持った。『山中人饒舌』は漢文で著した画論集である。

なお、本文には出題に当たり省略した箇所がある。

〈問題文の解説〉

江戸時代中期の書画家・池大雅《いけのたいが》の逸話と、その作品を見ての感慨を記して、物に拘《こだわ》らない豪快な池大雅の人となりに対する共感を語った随筆である。

※筆者が体験や思い出を語ってそこからの感慨を述べる随筆の文章は、近年のセンター試験で頻出であったが、共通テストにおいても二〇二一年第二日程と二〇二二年本試験に出題されており、傾向が続いていることがわかる。逸話や出来事の内容を把握し、それに対する筆者の考えを読み取ってゆこう。

※二〇一七年の試行調査では日本の漢詩が出題され、日本文学史における漢詩文の位置が問われており、二〇二三年追試験では日本の漢文が出題されている。漢詩文が古くから日本人に受容され、多くの作品が作られたことをおぼえておこう。

〈読み方〉（漢字の振り仮名は、音はカタカナ・現代仮名遣いで、訓は平仮名・歴史的仮名遣いで示してある。）

大雅《タイガ》池翁《チオウ》、書画《ショガ》倶《とも》に高《たか》きも、時眼《ジガン》に入《い》らず。没後《ボツゴ》に至《いた》りて声名隆起《セイメイリュウキ》し、知《し》ると知《し》らざると無く、推《お》して当時《トウジ》の第一手《ダイイッシュ》と為《な》す。夫《そ》れ山《やま》は美玉《ビギョク》を蔵《ゾウ》して草木《ソウモク》沢《うるほ》ひ、水《みづ》は明珠《メイシュ》を蓄《たくは》へて沙石《サセキ》光《ひか》る。実有《ジツあ》る者《もの》の掩《おほ》ふべからざるや此《かく》のごとし。豈《あ》に唯《ただ》に画《ゑ》のみならんや。池翁《チオウ》自《みづか》ら一印《イチイン》を鐫《ほ》りて云《い》ふ、「前身《ゼンシン》は相馬《ソウバ》の九方皐《キュウホウコウ》」と。誤《あやま》りて方九皐《ホウキュウコウ》に作《つく》るも、毎幅《マイフク》常《つね》に用《もち》ひ、遂《つひ》に改刻《カイコク》せず。其《そ》の人《ひと》胸襟洒落《キョウキンシャラク》にして、物《もの》の介《カイ》する所《ところ》と為《な》らざること、亦《ま》た見《み》るべきなり。

京師《ケイシ》の稲子恵《トウシケイ》の家《いへ》に、明人《ミンひと》の便面書画《ベンメンショガ》を観《み》る。計三十余《ケイサンジュウヨ》、装《ソウ》して屏風《ビョウブ》と作《な》す。並《なら》びに名家《メイカ》の真跡《シンセキ》にして、珠玉合輝《シュギョクゴウキ》し、一堂《イチドウ》を照耀《ショウヨウ》す。最後《サイゴ》に更《さら》に一屏《イチビョウ》を出《い》だす。風竹《フウチク》を作《つく》り、竿《カン》の大《ダイ》なること尺余《シャクヨ》、葉《は》も亦《ま》た之《これ》に称《かな》ふ。廼《すなは》ち池翁《チオウ》の筆《ふで》なり。狂雲倒奔《キョウウントウホン》、怒濤横捲《ドトウオウケン》、観《み》る者《もの》爽然自失《ソウゼンジシツ》す。蓋《けだ》し此《こ》の翁《オウ》胆力許大《タンリョクキョダイ》にして、大山《タイザン》を圧《アツ》し、河海《カカイ》を呑《の》めばなり。前《さき》の観《み》る所《ところ》の便面書画《ベンメンショガ》は、悉《ことごと》く丘垤行潦《キュウテツコウロウ》にして、頓《とみ》に神彩《シンサイ》を減《ゲン》ずるを覚《おぼ》ゆ。

【資料】

九方皐《キュウホウコウ》の馬《うま》を相《ソウ》するや、其《そ》の玄黄《ゲンコウ》を略《リャク》して其《そ》の儁逸《シュンイツ》を取《と》る。

〈現代語訳〉

池大雅翁は、書画いずれも優れていたが、同時代の人には認められなかった。没後になって名声が高まり、書画を知っている人も知らない人も、当代の第一人者に推すようになった。そもそも山は美玉を蔵していると草木が茂り、川は珠玉を蓄えていると砂や石が輝く。実力がある者が覆い隠せないのはこの通りである。絵画だけではないのだ。池翁は自分でひとつの印を彫り、「前世は相馬の九方皐」とした。誤って「方九皐」と彫ってしまったが、書画の一幅ごとにいつもこの印を用いて、そのまま改刻しなかった。この人の、胸中がさっぱりしていて物に拘《こだわ》らず、細事を意に介さないことは、ここからも見て取れる。

京都の稲子恵の家で明人の扇面に描いた書画を見た。合わせて三十幅あまり、表装して屏風にしてあった。いずれも名手の真跡であり、珠玉が輝きを合わせたように、座敷を照らした。（稲子恵は）最後にさらに一帖の屏風を出した。風に吹かれる竹を描いて、幹の大きさは一尺あまり、葉もそれに釣り合う大きさだった。これこそ池翁の作品である。（竹の描写は）狂雲が逆巻き、怒濤が湧き起こるようで、見る者は茫然《ぼうぜん》自失した。思うにこの翁は胆力が莫大《ばくだい》で、大山を押しひしぎ、河海を飲み干すほどだからである。（これに比べれば）先程見た扇面の書画は、すべて丘や溝のような（平凡な）もので、急にそのすぐれた色彩を失ったように感じたのである。

【資料】

九方皐の馬の鑑定法は、馬の毛色などは省略して、その優れた素質に目を向けた。

〈設問解説〉

問1 語句の文脈における意味の設問

(ア)「豈唯～哉」は「あにただに～のみならんや」と読み、「～だけではない」の意を表す慣用的表現。正解は「絵画のことだけではないのだ」とある⑤である。

(イ)「京師」は「けいし」と読み、「みやこ」の意を表す。正解は「都の」とある②である。

(ウ)「並」は漢文では動詞よりも副詞として使われることが多く、「ならびに」と読んで「みな」「一様に」の意を表す。正解は「すべて」とある④である。

※語句の文脈における意味に関する設問は、例年の共通テストで出題されている。常に傍線部の前後を意識して語句の意味を考えよう。

問2 比喩の設問

まず傍線部を解釈し、前後との関係から何を喩《たと》えているのかを読み取る。傍線部は同形が繰り返される対句表現となっており、「山は美玉を蔵していると草木が茂り、川は珠玉を蓄えていると砂や石が輝く」という意味。傍線部の前後を確認すると、直後に「有レ実者不レ可レ掩也如レ此（実質ある者が覆い隠せないのはこの通りだ）」とあって、美玉や珠玉があると山や川の樹木や沙石が美しくなるように、優れた実質を持っているとそれが外に表れると述べていることがわかる。よって、「優れたものを秘めていると、それが外に表れる」とある②が正解。

①「山水を描写する」が誤り。「山」「水（川）」は比喩である。

③「事物の背後に存在する真実」が誤り。「美玉」「明珠」は内にある優れたものの喩えである。

④「自然は変わらない」が誤り。「山」「水（川）」は自然の悠久さの喩えではない。

⑤「表現しないことによって、かえって美が完成する」が誤り。「山」「水（川）」は優れたものを秘めているとそれが外に表れることを喩えている。

※近年のセンター試験においては、論説的な要素を含む文章が好んで出題されたが、二〇二一・二〇二三年の共通テストでも同様の文章が出題された。漢文の論説的文章においては、論旨を強調するために対比や対句が作られるのが普通であり、設問もそれを意識して作られる場合が多い。常に傍線部やその前後の対比や対句に注意して読解する習慣をつけよう。

問3 二つの文章の内容に関わる理由説明の設問

傍線部は「いつもこの印を用いて、そのまま改刻しなかった」ということ。文字を彫り間違えたがそのまま使い続けたことがわかる。**【資料】**を確認すると、馬の鑑定の名人である九方皐は、馬の毛色は省略して優れた素質に目を向けたことが述べられている。細かいことには拘らず、本質を大切にしたことがわかる。池大雅が、自分は九方皐の生まれ変わりだと印鑑に彫ったのは、自分もこのような態度を取ることを述べていると考えられるので、「文字の誤りのような些細なことには拘らなかった」とある選択肢④が正解である。問4となっている傍線部**C**で、池大雅が物事を気に掛けなかったことを述べていることもヒントになるだろう。

問4 白文の書き下しの設問

「為[名詞]所[動詞]」は「[名詞]の[動詞]ところとなる」と読み、「[名詞]に[動詞]される」の意を表す受身の句形。よって、「為物所介」は「物の介する所と為る」と読むことになる。この読みに従っているのは②と④である。さらに確認すると、文末を②は「見るべきなり」、④は「見《あらは》るべけんや」と読んでいる。「べけんや」は「べし」が反語化した時の読みで、文末の「也」は、まれに反語を作ることがあるが、可能性は低い。②が正解だと考えられるが、念のためにそれぞれの解釈を確認する。動詞「介」は、「意に介する」という慣用句があるように、「（心に）留まる」の意を表す。「物の介する所と為る」とは、事物に（心に）留まれる、つまりは事物を気に掛けるということ。傍線部では「不」によって否定されるので、事物を気に掛けない・意に介さないの意となる。よって②「物の介する所と為らざること、亦た見《み》るべきなり」は、「事物を意に介さないことが、また見て取れる」と解釈することができ、池大雅が物に拘らなかったという文脈に合致する。一方④「物の介する所と為らずんば、亦た見《あらは》るべけんや」は、「事物を意に介さないならば、また現れることができるだろうか、できはしない」となって意味が通らない。よって正解は②である。

〈受身の表現〉

漢文には受身の表現が三種類ある。いずれも頻出なので注意。

①受身の助動詞「見」「被」

見レ動詞　動詞未然形る・らる（～される）

被レ動詞　動詞未然形る・らる（～される）

②前置詞「於（于・乎）」

動詞二於名詞一　名詞に動詞未然形る・らる（～に…される）

③慣用表現　為～所…

為二名詞所一レ動詞　名詞の動詞連体形ところとなる（～に…される）

なお、これら以外に文脈から受身として読む場合がある。

問5　理由説明の設問

理由は傍線部の前後にある。まず前を確認すると、池大雅の描いた竹の絵を見たことを述べ、「狂雲倒奔、怒濤横捲《どたうわうけん》（乱れ雲が逆巻き、怒濤が湧き起こる）」と述べている。激しく力強い描写であったことがわかる。次に傍線部の後を確認すると、「蓋此翁胆力許大」とある。「許大」は「巨大」と同じ。筆者が、池大雅は極めて大胆だと述べていることがわかる。よって、「池大雅の絵画の筆さばきがあまりにも豪放で、完全に圧倒された」とある④が正解である。

①「いずれも偽物」が誤り。問題文中に「真跡（真筆）」とある。

②「池大雅でさえ、明《みん》代の画家には及ばない」が誤り。明代の絵を見た後、池大雅の絵を見て、それに圧倒されたのである。

③「さすがは名家だと感じ入った」が誤り。問題文中の「名家」は「名手」の意である。

⑤「明代の絵画の輝かしさに、目もくらむような思い」が誤り。明代の絵を見た後、池大雅の絵を見て圧倒されたのである。

問6　筆者の感慨の設問

傍線部「頓減二神彩一」とは「急にすぐれた色彩を失った」ということ。「神」はここでは「すぐれた」の意である。傍線部は文の一部なので、文全体の意味を確認すると、「先程見た扇面の書画はすべて丘や溝のようなもので、急にそのすぐれた色彩を失ったように感じた」となる。池大雅の絵画を見た後では、明代の書画が平凡で色あせて見えると述べていることがわかる。よって、「池大雅の絵画の気宇壮大さの前にあっては、明代の名画もかすんでしまう」とある②が正解だとわかる。問5で池大雅の絵画が極めて大胆なものだったことを確認したが、それを考え合わせるとより選択しやすいだろう。

①「稲子恵の絵画収集の手法はまことに大胆」が誤り。筆者が大胆だと評しているのは池大雅である。後半の「収蔵品は玉石混淆《こんこう》」も誤り。「珠玉合輝」とあるように名品ぞろいであった。

③「池大雅の絵画は明代の山水画に比べると、華やかさに欠けている」が誤り。色彩を失って見えたのは明代の絵画である。

④「池大雅の絵画さえ平凡なものに見える」が誤り。平凡なものに見えたのは明代の絵画である。

⑤「明代の名画が表現する精神の輝き」が誤り。「神彩」とは「すぐれた色彩」の意である。「池大雅の絵画には欠けている美点」ももちろん誤り。

第 4 回
実戦問題

解答・解説

第４回　解答・配点

(200点満点)

問題番号(配点)	設問	(配点)	解答番号	正解	自己採点欄
第1問 (45)	1	(2)	1	①	
		(2)	2	②	
		(2)	3	②	
		(2)	4	③	
		(2)	5	③	
	2	(7)	6	③	
	3	(8)	7	④	
	4	(8)	8	⑤	
	5	(5)	9	③	
		(7)	10	①	
小計					
第2問 (45)	1	(3)	11	②	
		(3)	12	③	
		(3)	13	①	
	2	(6)	14	①	
	3	(7)	15	②	
	4	(各4)	16 − 17	④ − ⑤	
	5	(4)	18	③	
		(4)	19	①	
	6	(7)	20	③	
小計					
第3問 (20)	1	(4)	21	③	
	2	(4)	22	④	
	3	(4)	23	②	
	4	(4)	24	⑥	
		(4)	25	③	
小計					
第4問 (45)	1	(5)	26	①	
		(5)	27	④	
	2	(5)	28	③	
	3	(8)	29	③	
	4	(8)	30	②	
	5	(各7)	31 − 32	③ − ⑥	
小計					
第5問 (45)	1	(4)	33	③	
		(4)	34	②	
		(4)	35	①	
	2	(6)	36	③	
	3	(6)	37	②	
	4	(7)	38	③	
		(7)	39	⑤	
		(7)	40	④	
小計					
合計					

(注) −（ハイフン）でつながれた正解は，順序を問わない。

第1問

〈出典〉

【文章Ⅰ】 小坂井敏晶（こざかい　としあき）『格差という虚構』（ちくま新書　二〇二一年）「第一章　学校制度の隠された機能」の一節。出題に際しやむを得ない事情により省略・改変した箇所がある。

筆者の小坂井敏晶は一九五六年愛知県生まれ。早稲田大学文学部を経てフランス国立社会科学高等研究院修了。現在パリ第八大学心理学部准教授。著書に『増補　民族という虚構』『増補　責任という虚構』（以上、ちくま学芸文庫）、『人が人を裁くということ』（岩波新書）、『社会心理学講義』（筑摩選書）などがある。

【文章Ⅱ】 笹澤豊（ささざわ　ゆたか）『〈権利〉の選択』（ちくま学芸文庫　二〇二一年、勁草書房　一九九三年）「第三章　〈ライト〉の思想と平等主義」の一節。出題に際しやむを得ない事情により省略・改変した箇所がある。

筆者の笹澤豊は一九五〇年茨城県生まれ。東京大学文学部卒業、筑波大学大学院哲学・思想研究科修了。現在、筑波大学名誉教授。著書に『ヘーゲル哲学形成の過程と論理』（哲書房）、『小説・倫理学講義』（講談社現代新書）、『自分の頭で考える倫理　カント・ヘーゲル・ニーチェ』（ちくま新書）などがある。

今回の問題では、二つの文章を読んだ〈生徒の考え〉という形で問5(ii)を設定したが、両原著ではまた別の形でそれぞれに論が深められている。関心のある人はぜひ原著に触れてほしい。

〈問題文の解説〉

今回の出題は二〇二二年度・二〇二三年度本試験、二〇二四年度追・再試験の第一問の出題形式を踏まえ、二つの文章の組合せという形をとった。それぞれ展開に沿って見ていこう。

【文章Ⅰ】

本文は九個の形式段落（1～9とする。クロスランドとヤングの引用部はそれぞれ2・8に含める）から成る。全体を二つの意味段落に分け、内容を概観していく。

一　機会均等と自己責任

1　機会均等のパラドクス（機会均等であるからこそ逆に格差が明確になってしまう、というパラドクス＝逆説）は、結局教育の結果が、戦前のように階級差が明白な場合でも、戦後のようにそれがない場合でも大差ない（結果的に明確に差がついてしまう）という点において如実に表れる。要は、後者の場合でも実は（階級別か否かにかかわりなく、はじめから結果が決まっている）出来レースだからである。

2　しかし、そこに生じる心理には違いがある。階級差が明白であり貧困のせいで進学できない場合は自分のせいではなく社会が悪いのだと思えるが、自由競争の場合は端的に自分に能力がないせいだと思うしかなくなり（自分を責めるしかなくなり）社会を変革しようとする気運がなくなる。

3　（例えば）米国のアファーマティブ・アクション（積極的差別是正措置）は、人種や性別などの不平等を是正し、各人の才能と努力で勝負させる政策であるが、却って弱肉強食のルールが正当化されてしまう。米国では各人の知能と技能が正当に評価されている、と考える人が七割に近く、努力次第では階層上昇が可能だと思われており、貧困の原因は社会にではなく各人の能力にあると考えられている。

4　19世紀後半にアメリカで社会運動が育たなかったのは、普通選挙制度がしかれ、機会均等の下に社会上昇と生活向上が信じられていたからであると指摘されている。

5　前近代的な権威と支配構造が崩れれば人間は自由を勝ち取るが、その結果皮肉なことに（誰がやっても、誰と入れ替わっても成り立ってしまう）相互に交換可能な存在と化してしまう。そのため（入れ替わりが激しいことからくる）激しい流動性とシステムの強固さが相補関係をなす（すなわち自由競争とは裏腹に既存の階層秩序が温存されてしまう）。

6　学力の差を、環境と遺伝という外因がありながら、各人の才能や努力の成果とみなしそれを自己責任だとすれば、平等原則と不平等な現実の矛盾は消える。かくしてメリトクラシー（能力主義）は格差を正当化する。

7　機会均等は階層社会を打破し、各人の力で未来を切り開く可能性を与えたが、それは同時に既存の階層構造を正当化し永続させるという罠でもあった。これこそが近代社会の袋小路であり、学校教育もその存立構造に直接関わっている。

＊ここまでの内容

1　前近代的な社会においては階層差が明確であり、貧困や学力差の原因は（各人ではなく）環境や社会にあり、人々の関心は社会の変革に向けられた。

2　近代化によって、そのような階層や諸々の不平等の条件が改善され、機会均等と能力主義の考えが社会に広まり、誰もが各人の才能と努力で勝負でき、生活を向上させることができるようになったと思われた。

3　その結果弱肉強食が正当化され、負け組は各人の才能や努力が足りないとされ、すべては自己責任だとされた。

4　近代社会における機会均等と能力主義は、自由競争の名の下に弱者を切り捨て、実際には環境と遺伝により生じる差を、才能と努力の問題に帰し、自己責任だとして救済措置をとらず、既存の階層構造を正当化し、永続化し、固定化してしまう。

二　原因と結果の転倒

8　メリトクラシーによって、負け組は機会を与えられても劣等生のレッテルを与えられてしまうため、（過去には社会のせいにできたため保たれていた）自尊心を守る防波堤が人類史上初めて失われた（自分を責めるしかない）ということが、イギリスの風刺小説で描かれている。

9　メリトクラシーとは要は自己責任論であり、負け組の不幸を本人自身（の才能と努力）のせいにし、勝ち組の富と地位を正当化するものである。すなわち、悪いことをしたら不幸な目に遭い、善いことをすればいつか報われる、という因果応報の原則を逆向きにとらえると（原因⇒結果、ではなく、結果⇒原因というように、転倒させると）不幸な目に遭っている負け組は、悪いことをしたに違いない、幸福な勝ち組は善を成したに違いない、ということとなり、不幸な人間を突き放す自己責任論が正当化されてしまう。

＊ここまでの内容

1　能力主義によって社会や環境に罪はないことにされ、代わりにすべてが自分のせいだと思うしかなくなる。

2　因果応報の原則を逆転させることで、ますます自己責任論が正当化される、すなわち、負け組なのは、不幸なのは、自分自身が悪いから、自分自身の責任なのだから、というふうに。そうして弱者切り捨てが正当化されてしまう。

【文章Ⅱ】

本文は六個の形式段落（1～6とする）から成る。全体の内容を概観していく。

1　福沢諭吉は「機会の平等」は認めるが、「結果の平等」を退ける（ちなみに「『学問のすゝめ』初編の有名な冒頭部」とは、「『天は人の上に人を造らず人の下に人を造らず』と言えり」で始まる一節である）。

2　福沢は「権理における平等」を主張し、「有様における不平等」を是認する。この不平等は（機会の平等が本当に実現されるなら、その）ルールに則ったレースの結果生じた不平等であり、レースに勝つためには技術を学ばなければならないのであり、その技術こそが学問（実学）であるとした。

3　その考えの根底にあるのは、技術（学問）を学ぶ努力に応じてそれに見合った成果を期待できるという、努力応報主義であった。これは、才能も努力も意義を奪われ、人間の自由が失われる封建制に対する強い否定の態度であり、各人が（「門閥」という桎梏によって「繋がれず縛られず」に）自己の能力を存分に発揮し、具体的な成果へと結実させることのできる状態こそが自由であると彼は考える。

4　文明社会とはルールの制限下にある社会のことであり、自由は、ルールを犯さない限りにおいて、無制限に認められるべきである。

5　ルールに則った自由の行使の結果生じた不平等は認められねばならず、それを克服したければ、ただひたすらに学問をしろと福沢は説くのであり、救貧施設を作るべきだとは考えない。

6　その理由は、貴人や富人を優遇しないのと同じく、貧者や弱者を優遇しない、というのが「権理」の思想であり、貧しい人を救済しようとするのは「徳義」だからだ、とする。「権理」は社会全域に及ぶものだが、「徳義」

は「情愛」からなる家族関係の領域に限定されるものであり、もし「徳義」に基づき救貧策が施されれば、貧民に依存心を植え付け、独立の気力を奪い取ってしまうからである、と説く。

＊ここまでの内容（福沢の考えの紹介）

1 機会の平等は、封建主義を打破し、各人の能力を十全に発揮し成果を出すためになんとしても必要である。

2 それが自由であり、文明社会のルールに則る限り無制限に認められるべきものである。

3 自由競争に勝つためには、あるいは競争の結果生じた不平等を克服するには、学問をする以外にない。

4 それ以外の弱者救済は、情愛からなる家族関係（という限定的な領域）における相互扶助の原理のなすところであり、何人をも優遇しない（社会全域に及ぶ）「権理」のなすところではない。

＊**【文章Ⅰ】**、**【文章Ⅱ】**の共通点と相違点

1 機会均等について
⇒**【文章Ⅰ】**は否定的、**【文章Ⅱ】**は肯定的

2 機会均等によって既存の格差はなくなる。
⇒**【文章Ⅰ】**は否定的、**【文章Ⅱ】**は肯定的

3 結果は不平等たらざるをえない。
⇒**【文章Ⅰ】**、**【文章Ⅱ】**に共通する現状認識

4 結果の不平等を是正するのは自己責任（努力）である。
⇒**【文章Ⅰ】**は否定的、**【文章Ⅱ】**は肯定的

〈設問解説〉

問1 漢字の問題

二〇二二年度・二〇二三年度の本試験で出題された形式にならい、問1は(i)はカタカナを漢字になおす設問（傍線部も選択肢も音読み、または音読みと訓読みの書き換え）、(ii)は漢字の意味を問う設問とした。漢字二字の熟語の読み書きと意味を覚えるのみならず、一文字一文字の意味を覚えておくことも要求されているようだ。

(i)(ア)「措」置 ①挙「措」（＝立ち居ふるまい） ②「阻（沮）」止 ③「疎」外 ④父「祖」

(イ) 言「明」（＝言葉で述べられた事柄。〈厳命〉との使い分けに注意） ①「迷」路 ②「明」察 ③「名」誉 ④「命」題

(ウ)「防」波堤 ①乏しい ②防ぐ ③傍ら ④忙しい

(ii)(エ)「本」性および、①根「本」、②「本」源、④「本」望はいずれも、〈もと、物事の源、起こり、始まり〉の意味。③の脚「本」のみが〈書物、文書〉の意味。

(オ) 応「報」および、①「報」恩、②「報」徳、④「報」奨（償・賞）はいずれも〈むくいる、かえす〉の意味。③「報」道のみが〈知らせる〉の意味。

問2 **【文章Ⅰ】**の要点を問う問題1

傍線部前後の筆者による論の展開のさせ方が問われている。傍線部前後を広範に見渡さなければ解答できないため、冒頭より形式段落[7]までふまえて考えたい。内容的には**〈問題文の解説〉**でも見た通り、傍線部**A**「弱肉強食のルールが正当化される」は、機会均等（直前で言えば「人種・性別など集団間の〈生まれ〉による）構造的不平等を是正し、あとは各人の才能と努力で勝負させる」）が、結果的には（傍線部にある通り）弱肉強食のルールを正当化し、既存の格差を温存してしまう、というものであった。本文にも「見かけは自由競争でも実は出来レースだからだ」（[1]）、とあり、「出身階層という過去の桎梏を逃れ、自らの力で未来を切り開く可能性としてメリトクラシーは歓迎された。そのための機会均等だ。だが、それは巧妙に仕組まれた罠だった。平等な社会を実現するための方策がかえって既存の階層構造を正当化し永続させる。」（[7]）と締めくくっているが、その理由は（機会均等やメリトクラシーが）「各人の才能と努力で勝負させる政策」（[3]）であり、「格差の大きさにかかわらず社会構造自体の是非は問われない」（[3]）ため「現実には環境と遺伝という外因により学力の差が必ず出る。ところが、それが才能や努力の成果だと誤解される。」

（[6]）というものである。筆者はここで「近代の人間像が否応なしに導く袋小路」（[7]）として、近代社会批判を展開しているのである。したがって正解は、機会均等によって、環境や社会のあり方が問われることなく、結果的に生じる格差は各人の才能と努力のせいにされてしまい、既存の階層構造が正当化され永続化されてしまう、という内容となっている③となる。

①は「社会変革の機運が高まり」「弱肉強食の風潮や前近代的な格差が一掃され」が本文とは正反対であり、また「近代化の成果を高く評価している」という箇所は、②の「これまで以上に近代的な学校教育が徹底され……るべきだ」という箇所とともに、「近代の人間像が否応なしに導く袋小路」だとして近代批判を繰り広げる筆者の方向性とは正反対であるため、それぞれ誤答である。

④「近代主義の社会を、より自由で流動性をもつ社会へ……と提言している」という箇所が、本文の論の中心点をおさえておらず、また「近代社会において激しい流動性とシステムの強固さが矛盾に陥らず」（[5]）として、この「流動性」を既存の階層構造を温存するものとして批判する本文の方向性と食い違うために誤りである。

⑤は「国家が社会主義者をあたかも弱肉強食を正当化するかのように弾圧」としているところが誤りである。本文は国家による弾圧ではなく、各人の自由競争という理念がもたらす抑圧に関して述べている。

問3　**【文章Ⅰ】**の要点を問う問題2

傍線部**B**「その論理を突き詰めると苛酷な帰結に至る」の「その」がさすものは、「因果応報」であり、その内容は「善をなせば、いつか必ず報われる。欺瞞や不誠実にはしっぺ返しが待つ」という「因果応報の原則」のことである。「その論理」を「突き詰める」として筆者はここで「話の筋道を逆に」する、すなわち原因⇒結果の「筋道」を逆転させ、結果から原因を推論することで「苛酷な帰結」を導く考え方について述べている。その考え方に即すと、「悪いことをしなければ罰を受けない」という論理を逆転させ、（「不幸」は「罰」であるとした上で）「不幸な目に遭った者は悪いことをしたに違いない」と考えて、「不幸（という結果）の原因が当人にあるはずだ」（例えば、当人の努力が足りなかったことが原因だろう）と決め付けて、不幸な人間を「自己責任」として「突き放す」ことになってしまう。筆者はこれを「苛酷な帰結」として批判しているのである。

したがって正解は、原因⇒結果という筋道を転倒させて、結果⇒原因となっているものであり、「不幸という結果には原因が必然的に先行する」（結果⇒原因）とした上で、不幸の原因が個人に帰されることを述べている④となる。

①の「欺瞞や不誠実を原因とする結果が必然的に生じる」は[9]半ばの内容で、「話の筋道を逆に」する傍線部**B**には該当しない。②の「悪という原因は必ず一定の結果を生む」、③の「ある行為（すなわち原因）には結果が伴う」、⑤の「勝ち組がいれば（原因）負け組もいる（結果）という現象を因果関係として必然的にとらえ」も、いずれも原因⇒結果の筋道であり、両者が転倒していないために誤答だといえる。また、④以外は選択肢後半も右に見た趣旨からズレている。

問4　**【文章Ⅱ】**の要点を問う問題

傍線部**C**「この制度を支える原理が『権理』の思想に背馳する」の「この制度」が指すものは「救貧制度」であり、それが福沢諭吉の説く「権理」と相反するというのが傍線部の言わんとすることである。**〈問題文の解説〉**でも見た通り、あるいは本文中にも「『権理』の思想は『貴賤貧富の別』を問わず、だれをも（自由に競争するための「機会」を与えるという意味において）同等の者として扱おうとする思想であり、したがってそれは貴人や富人を優遇しないのと同じように、〈競争に敗れた結果としての〉貧者や弱者をも優遇しない」（形式段落[2]も参照）、「〈貧しい人たちに援助の手を差し伸べよう〉という発想は、福沢によれば、『権理』の思想とは相容れない『徳義』から生じる。」「ところがこの『徳義』は、本来、『情愛』からなる家族関係の領域に限定されるべきものであり」とあるように、「権理」とは誰をも平等に扱うものであり、救貧制度のように（福沢によれば〈ルールに則った競争〉に敗れた結果としての）貧者を援助しようとする、情愛に根差した（家族のような）相互扶助の制度とは相容れない、端的に相異なる「原理」である、というのが傍線部の言わんとすることである。したがって正解は⑤となる。

①は「徳義」を「誰をも同等の者として扱おうとする思想」としている箇所が本文とは反対であるため、②は、「権理」と「徳義」が相反する理由を、「東洋」と「西洋」の違いだとしている点が本文とは異なるため、③は「権理」を「ルールや規則に縛られて融通のきかない」と、④は「徳義」を「社会全体の負担を増やし人々の不満をよびおこす」としている点が本文で述べられていないことであるために、それぞれ誤答であるといえる。

問5 **【文章Ⅰ】**、**【文章Ⅱ】**の整理と発展的思考が問われる問題

生徒が書いた文章という設定で、出題された二つのテクストを関連づける形式で出題した。ここで重要なのが二つのテクストの共通点と相違点を把握することである。**〈問題文の解説〉**の末尾も参照してほしい。

まず(i)であるが、空欄Xを通じて**【文章Ⅰ】**の機会均等に関する内容を問うものであるが、**【文章Ⅰ】**の筆者が機会均等を「巧妙に仕組まれた罠」だとして批判していることは、すでに見たとおりである。したがって正解は**【文章Ⅰ】**の末尾に「自己責任の論理を支持し、不幸な人間を突き放す」とあるとおり、「弱者を切り捨てる口実」だとする③となる。

①「前近代的な階層構造を打破することに成功した」は、**【文章Ⅰ】**が「強調」(空欄X直後)していることとはいえない。②は「正当に評価させる」というふうに、機会均等を肯定的に評価している点が、また④の「独立の気力を養うため」というのは**【文章Ⅱ】**の内容である点が(「救貧策をほどこせば、それは貧民に依存心を植えつけ、貧民から『独立の気力』を奪い去ってしまう」)それぞれ不適切である。

そして(ii)は設問にもある通り、二つのテクストを正確に読み取ることができた生徒が抱いた意見と考えられるものの選択である。**〈問題文の解説〉**でも見た通り、機会均等に関して、**【文章Ⅱ】**は(明治期の日本がおかれた特定の事情において)肯定的に評価する福沢の考えについて述べ、現代の筆者による**【文章Ⅰ】**はそれを、格差を「自己責任」に帰し「既存の階層構造を正当化し永続させる」ものとして否定的に評価しているのであった。したがって正解は①である。たしかに末尾の「弱者救済のあり方が多角的に探られるべきだ」という内容は直接二つのテクストからは読み取れないが、生徒が〈機会の均等は(福沢も述べた通り)結果の不平等を生み出すが、その不平等が(**【文章Ⅰ】**の言うように)「勝ち組」に都合のよい自己責任論で正当化されるばかりであるなら、何が必要か〉というふうに考え、(i)の解説でも挙げた)**【文章Ⅰ】**の末尾や、「徳義」による救済について触れた**【文章Ⅱ】**をふまえて導き出した考えとして妥当性のあるものと判断することができるだろう。

一方②は「結果の不平等など取るに足らない」としているが、このように機会均等と自由競争を一方的に評価していると読み得るのはせいぜい**【文章Ⅱ】**の〈福沢の考えた理想〉のみであり、**【文章Ⅰ】**の趣旨とは異なるし、②は**【文章Ⅰ】**の中心的な論点である〈機会均等の理念に基づく自己責任論の問題点〉に全く触れていないため、**【文章Ⅰ】【文章Ⅱ】**の両方を十分に踏まえたものとはいえず、適切でない。

また③のように前近代の「身の丈に合った生活」をよしとしているとは、**【文章Ⅱ】**はいうまでもなく、既存の階層構造の温存を批判する**【文章Ⅰ】**からも読み取れないだろう。また③は**【文章Ⅰ】**の自己責任論批判にも**【文章Ⅱ】**の封建制打破の意義にも触れておらず、両文章を十分に踏まえたものとは言えない点でも不適切である。

④は「結果の平等……を正当化する」が**【文章Ⅰ】**の論旨と反対であり、「自由を求める徳義」という箇所が、**【文章Ⅱ】**とは大きく異なる(「無制限に認められるべきなのは文明の自由である」「『徳義』は、本来、『情愛』からなる家族関係の領域に限定されるべきもの」というふうに、自由と徳義は相反する原理に属する)ために誤答であるといえる。

共通テスト第1問の最終設問では、二つの文章の論旨を踏まえつつ、〈直接そのような形で言われてはいないが、両文章から導ける考え〉を含む選択肢を正解として設定する設問がしばしば出題されている。この種の設問では、右に見たように、本文に照らして明らかな誤りを含んでいないか、本文の方向性に反したり極端に逸脱するものになっていないか、という観点から、各選択肢の妥当性を慎重に判断していこう。

第2問

〈出典〉 長谷川四郎（はせがわ　しろう）「脱走兵」（講談社文芸文庫『鶴』所収）の〈2〉の一節。出題の都合により改変した箇所がある。

長谷川四郎は小説家。一九〇九（明治四二）年函館生まれ。法政大学独文科卒。満州国協和会に勤務中の一九四四（昭和一九）年に召集され、中国戦線でソ連軍の捕虜となり、終戦後の一九五〇（昭和二五）年に日本に復員。その間の経験を生かした小説を次々と発表し、それらを集めた『シベリヤ物語』『鶴』の二作品集で注目される。その後も小説・詩・戯曲などさまざまな分野で活躍し、また多くの翻訳をも残した。それらは『長谷川四郎全集』全一六巻に集められている。一九八七（昭和六二）年没。主な作品に、先の二作品集の他、『無名氏の手記』『模範兵隊小説集』『ボートの三人』など。

「脱走兵」は、『近代文学』一九五二年十一月号、一九五三年一月号～四月号に掲載され、後に短篇集『鶴』（一九五三年八月刊）に収録された短篇小説である。

なお、問6の詩は、長谷川四郎「逃亡兵の歌」（一九六九年、長谷川作の「兵隊芝居」上演の際のパンフレット掲載、『長谷川四郎全集』第十三巻所収）の全文。

〈問題文の解説〉

小説問題では、**各部分を断片的に眺めるのではなく、小説全体の構成・展開の中に位置づけて読み、それに即して設問を考える**ことが求められている。今回の問題文でも、場面や心情の変化を意識し、問題文全体の展開をつかみながら読んでゆこう。

●第一の場面●

〈前書き〉西田一等兵（「彼」）
兵営が攻撃され**部隊がちりぢりに**　→　一人野山を放浪
　　　　　　　　　　　　　　　　　　畑の見える場所に
〈本文冒頭〉ぼくはあそこで働かしてもらおう＝**百姓になろう**
貧弱な小屋　入ろうとして、自分が完全武装していることに気づいた
兵士としてではなく、猟師のように身につけているつもりだったが
銃剣を携えて家の中へ入ってゆくことは、なんとしても気がひけた
→　**みずから武装を解除し**、兵隊服姿で家の中へ

「彼」は、農民たちと一緒に働こうと思い、自分の武装について「兵士としてではなく…猟師のように」つまり〈敵を攻撃するためではなく、鳥や獣を捕らえ、かつ自分の身を守るためのものだ〉とし、さらに〈これから一緒に働かせてもらおうと思っている人々の前に、銃剣を携えた兵士として姿を現すのはどうしても気がひける（＝すべきことではない気がする）〉という気持ちから、自ら武装を解除して家に入る。ここでは、とにかく**兵士であることから脱したい**と考えている「彼」の気持ちをつかんでおきたい（**ポイント1**）。

●第二の場面●

室内には苦力（農業労働者）たち　→　暗い惨めな気配　**恐怖・敵意**
ここで働かしてもらおうという計画は不可能だと知った
代価（時計）を渡して、飯を食わせてもらい、道を続けなくては…

室内に入ってみると、人々は（銃剣を帯びていないとはいえ、兵隊服姿の）「彼」に対して、恐怖と敵意の視線を浴びせて来た。「彼」はこの時点で〈ここで働かせてもらう〉ことは無理だと考え、しかし（銃剣を取って来て脅しにかかるのではなく）**「時計」という代価と引き換えに**食事をさせても

らおうと考える。つまり「彼」は〈苦力たちに理解してもらえないにせよ〉あくまで**〈対等な人間〉として彼らに向かい合う態度をとろうとしている**（ポイント2）。――この時点では「彼」は、苦力たちの「敵意」を、日本兵である自分が入って来たことにより生じたものだ、と考えている。しかし、次の場面で、実は別の原因があることが明らかになる。

●第三の場面●

既に一人の日本兵（「兵長」）が何かをむさぼり食っている

（一等兵だな）　（そうです）と言い

←　それがまるで**別人の声のように**

彼は自分が軍隊に引きもどされ　**ひびく**のを聞いた

一等兵に還元されるのを感じた　彼は**反抗心**の起きて来るのを感じ

兵長の方を見向きもせず

少年に礼を言って食べ始めた

兵長は**銃剣をつきつけて苦力たち**

から**飯を横取りした**のだろう今や**彼自身も**その銃剣のおかげで飯にありついている気がした大急ぎで飯を食ってしまうと**時計を取り出して少年に与え**逃げるように先に立って家を出た

苦力たちの恐怖と敵意は、これより前に小屋に押し入り、銃剣をつきつけて食事を奪った「兵長」の行為によるものだった。その恐怖と敵意が、同じ日本兵である「彼」にも向けられたのだ（ポイント3）。

この事態に、「彼」は相反する二つの思いを抱く。――まず、「兵長」に「一等兵だな」と呼びかけられた瞬間、「彼」は（前の場面での〈兵士ではなくなった自分〉から）**「軍隊に引きもどされ、一等兵に還元され」**たと感じる。この心理は後の「彼自身もその銃剣のおかげで、こうやって飯にありついているような気がした」と重なり、**結局自分も、銃剣を突きつけて食事を奪った「兵長」と同じ日本兵として、苦力たちから敵意を向けられる存在なのだ**、という自己認識に至ることになる（実際、これ以降しばらく、「彼」の行動や心理は「西田一等兵」という呼び名で描かれることになる）（ポイント4）。――しかし一方で、**「彼」自身の中には、そのことを否定したい気持ちがある。**それは「一等兵」としての返事が、自分の声でありながら「別人の声のように」聞こえている点、「兵長」に対して「反抗心」を感じ、「見向きもせず」「ぶっきらぼうに答え」るといった態度をとっている点、「少年」に対しきちんと礼を言い、食事の代価として時計を渡している点などに現れている。つまり、「彼」は、苦力たちの見方は変えられないにせよ、**自分自身はあくまで「兵長」のようにふるまいたくない、「兵士」でありたくない**という気持ちを持っている（ポイント5）。

●第四の場面●

西田一等兵　逃げるように**先に立って**家を出、再武装して歩き出した

←

兵長「ジャライノールにはもう敵が入っているぞ」

彼は敵に対しなんらの敵意も感じていなかったが、敵は彼に対し

いきなり発砲するかもしれなかった

一瞬躊躇したのち、兵長と一緒に、草原を越えて歩いていった

←

岡の上から、平野に一群の人々（＝**友軍**）が屯ろしているのが見えた

「西田一等兵」は、最初は「兵長」と離れて一人で歩き出すが、〈そちらには敵がいる〉と言われ、結局は「兵長」と一緒の道をとる。ここでも「西田一等兵」自身は「敵に対しなんらの敵意も感じていなかった」**すなわち「兵士」としての意識を持っていない**。ただ、自分がそう思っていても、相手に伝わるかどうかはわからない、敵に出会えばいきなり撃たれるかもしれない、と考え、「敵」のいる街に向かう道を避けて「兵長」と行動をともにするのである。

そして、二人は岡の頂上から平野にたむろしている一群の人々を見る。どうやら「友軍」の人々である。

●第五の場面●

南の方　**友軍**の人々らしい一群
北の方　**敵か味方か不明**のトラック

↓

兵長「敵のトラックだ」
↓
もう一つの斑点
（＝友軍）の方へ
くだっていった
つまずいてのめりそう
浮き足立って

「彼」味方の軍隊に入ることも
敵につかまることをも恐れた
しかし
どちらにも発見されずに
逃げおおせることは不可能
↓
裏か表かの賭　**兵長と反対の方向**
（＝トラックの方）へ走り出した

「兵長」は、かなたに見えるトラックを敵のものだと断定し、ひどくうろたえた足取りで、友軍との合流を目指して岡を下ってゆく。――彼は、武器をつきつけて食事を奪った上、それを当然のごとく「自分のもの」のように言い（＝波線部ⓐ）、また自ら武装を解いた「彼」の行動を理解できないものとみて（＝波線部ⓑ「胡散くさそうに」）、自身は食事の間すら銃剣を身から離さず、「貴様はどこの部隊か」「一等兵だな」と、所属や階級を通して人を見ようとする（〈第三の場面〉冒頭）。つまり「兵長」は、（「彼」とは対照的に）**何の疑いもなく「兵隊」として行動し続けている人間**である。そのくせ、銃剣を「武士の魂」と考える程度の〈兵士としての誇り〉もなく（＝波線部ⓑ）、いざ歩き出せば足取りは頼りないもので（＝波線部ⓒ）、「敵」を見かけるとひどく「浮き足立って（＝恐れや不安で逃げ腰になるさま）」友軍の方へ走ってゆく（波線部ⓓ）。つまり「兵長」は、**実際には臆病で卑小な人間でありながら、「軍」という威力で自分を守っているような人間**であり（ポイント6）、だからこそ「友軍」への合流を急ぐのである。

これに対し、「西田一等兵」は、友軍との合流ではなく、トラックの方へ向かうことを選ぶ。「彼」の思考の道筋は以下の通りである。――まず、「味方の軍隊に入ることを恐れると同時に、敵につかまることをも彼は恐れ」しかしながら「どちらにも発見されずに、うまく逃げおおせることは、もはや不可能」だ、と考える。つまり**〈味方の軍に戻る／敵につかまる〉の二つの可能性しかない**と考えた上で、**「賭」をしよう**と「兵長とは反対の方向」すなわち「トラック」の方へと走り出す。

兵長と一緒にゆく→〈味方の軍に戻る〉100％
敵味方不明のトラックの方へゆく→〈味方の軍に戻る〉〈敵につかまる〉各50％

という状況の中で後者を選ぶのだから、「彼」は、**〈味方の軍に戻る〉ことよりも、〈敵につかまる〉可能性がある選択肢を選んだ**、ということになる（つまりこの「賭」は、「敵」が表、「味方」が「裏」である）。――さらにいえば、傍線部Bの少し後に「敵は彼に対しいきなり発砲するかもしれなかった」とあるから、「敵」のトラックだったとしても、生きたままつかまるのではなく、いきなり射殺される可能性がある、と「彼」は考えていることになる。それでも〈味方の軍に戻るよりはましだ〉と考えているのだから、**「彼」の〈味方の軍隊に戻りたくない〉気持ちがいかに強いものであるか**がわかるだろう（ポイント7）。

以上、「兵長」の姿に象徴される**「軍隊」のあり方と、それを忌避しそこから離れたいと考える「彼」の思い**を軸に、左のような展開をつかんだ上で、各設問を考えてゆこう。

兵士であることをやめ、農家で働こうと思う（→問2）
↓
銃剣の力で食事を奪われた苦力たちの敵意の中で、
「軍隊」そのもののような「兵長」の姿を不快に思いつつ
結局は自分も同じような存在なのか、と考える（→問3）
↓
友軍に合流せず、敵につかまり軍から脱する可能性を選ぶ（→問4）

〈設問解説〉

問1　語句の意味を問う設問。

(ア)　〈気がひける〉とは〈気おくれする・引け目を感じる〉意で、ここでは〈銃剣を携えたまま家に入るのは、何としても〉やってはいけないことのように感じられた〉といった気持ちを表している。最も近いのは②。①は〈さっぱりした気分になれなかった〉、③は〈不愉快な気分にはならなかった〉、④は〈好みに合わなかった〉、⑤は〈気がかりにはならなかった〉意で、いずれも〈気がひける〉の語意とは食い違う。

(イ)　〈ぶっきらぼう〉は〈態度や口調などにあいそがない〉意。正解は③。他はどれも語意として×。④や⑤は〈あてはめて意味が通じる〉かもしれないが、〈ぶっきらぼう〉の語意に当たらない〈別の言い方をすれば、このときの「彼」の中に〈いまいましい〉〈あきれた〉という**思い**を読んだとしても、〈ぶっきらぼう〉は本来〈あいそのない**態度**〉を表現することばであり、その語意の説明としては不適切、ということである〉。

(ウ)　〈おおせる〉は〈…し終える・なしとげる〉意。〈逃げおおせる〉で〈完全に逃げ切る〉といった意味になる。正解は①。②「ふりをする」、③「間をぬって」、④「こっそりと」、⑤「隠れる」、いずれも語意として×。

問2　傍線部にかかわる状況・心理の説明設問。第一の場面での「彼」の考え・心理について問うねらい。

〈問題文の解説〉の**ポイント1・2**参照。まず、設問文が〈傍線部**A**の「瞬間」だけではなく〉「この場面」全体での「彼」の「心理」を問うていることに注意。「彼」が小屋に入ろうとしたのは、**「あそこで働かしてもらおう**〈問題文冒頭〉」と思ったから。それはなぜかといえば、傍線部**A**直後「**兵士としてではなく**」をはじめ、全文の内容からわかる通り、〈**軍隊から離れたい**〉気持ちを持っていたから。小屋に入ろうとして「立ち止まった」のは、直後「**自分が完全武装していることに気づいた**」から。なぜそれが気になるのかといえば、その後にあるように〈これから一緒に働く仲間の前に〉**銃剣を身に帯びたまま姿を現すのは「なんとしても気がひけた」**から。正解は①。「人間同士として」は、**ポイント2・5**などで見た「彼」の態度から読み取れる内容である。

誤答について。②は「何よりも大事なのは食料を手に入れること」が×。単に「食料」のためではなく、〈一緒に働かせてもらおう〉と思っているのである。したがって「穏やかに頼んだ方が得策」も×。損得の問題ではなく、〈仲間として受け入れてもらいたい〉思いからの行動である。

③は「兵士ではなく猟師のように**見える**」が逆。自分としては〈兵士ではなく猟師のような**つもり**〉だが、相手からは〈**兵士の武装に見えてしまう**〉だろうと思っているのである。また「逆効果になる」なども、②同様損得を計算したふるまいとみる解釈で、×。

④は「いずれ軍隊に戻るとしても」が×。「彼」は基本的に〈軍隊から離れたい〉気持ちでいるはず。また「印象をよくしておくに越したことはない」なども、やはり損得を計算している方向で、×。

⑤はまず〈一緒に働かせてもらいたい〉気持ちの指摘がなく、正解として必要な要素が不足。また〈後文の「兵長」の「銃剣」が人々に与えた感情を考えればわかる通り〉、「礼を失する」といった〈**礼儀**〉の問題ではなく、〈相手に**恐怖**を与えるのを避けたい〉ということである。

⑤は一見すると〈キズ〉がないように見えるが、落ち着いて考えれば〈そんな話じゃないだろう〉とわかる――明らかに〈**焦点がズレている**〉もの。選択肢を吟味する際、〈**キズを見つけて消去する**〉**という発想だけでなく**、〈**重要なポイント・中心点をおさえているものを正解とする**〉という肝心な視点を忘れないように。この視点がないと、一見〈キズ〉がなさそうな選択肢が二本残ったとき、正解を選ぶことができなくなってしまう。

問3　傍線部の心理を説明する設問。問題文中盤の展開の中での「彼」の心理の理解を問う設問。

〈問題文の解説〉の**ポイント1**から**ポイント4**までの展開を参照。問題文冒頭で〈**兵士であることから離れ**、農民たちと働こうとした〉「彼」は、小屋で苦力たちの「**恐怖**」「**敵意**」を感じ、その原因が「**銃剣をつきつけてこの家に入り込んで来て、食事中の苦力たちからその飯を横取**

りした」「兵長」の行為にあったのを知り、そして「彼自身もその銃剣のおかげで…飯にありついているような気がした」すなわち**結局は自分も兵長と同じような存在なのだと感じるに至る**――以上の展開に合致する②が正解。〈兵士であることから離れたいのに、結局それはかなわなかった〉のだから、②「やりきれない思い」になるのも自然である。

誤答について。①は〈銃剣で兵長をやっつけたいのに、それができずに残念だ〉といった話になっており、〈兵士であることから離れたいのに、それはかなわなかった〉という方向性から明らかにズレている。

③「軍の威信のおかげ」「兵士としての誇りを取り戻し」は、全く逆方向。

④は、「兵長」に「**卑屈**な態度をとっている」が×。「兵長の方を**見向きもせず**」「**ぶっきらぼうに答え**」など、「彼」の態度は「卑屈」ではない。

⑤は、「早まって武装を解いてしまい」もおかしいが、「兵長のおかげで食事にありつくことができて安心」と、肯定的な気持ちとしてとらえた点が明らかに×。また⑤「『武士の魂』…戒めを改めて心に刻んでいる」も、〈軍隊の教え〉を「彼」が重んじていることになり、逆方向。傍線部(イ)直後「貴様、武士の魂を…と言うような説教を…期待した」は、そういった〈お決まりの文句〉が持ち出されるだろう、と皮肉に考えているところであって、「彼」自身が本気でそれを「期待」していた、ということではない。

問4　傍線部の心理を説明する設問。問題文後半の展開の中での「彼」の心理の理解を問う設問で、「適当でないもの」を選ぶ（妥当な選択肢が複数ある）形をとることで、多角的に考える力を問い、共通テスト型の設問とした。

〈問題文の解説〉の **ポイント7** も参照しつつ、選択肢を見ていこう。

まず、傍線部Cの前の「味方の軍隊…と同時に、敵につかまることをも彼は恐れた…しかし、このどちらにも発見されずに、うまく逃げおおせることは、もはや不可能」から、①は「適当」。

次に、〈味方に出会う／敵に出会う〉の二つの可能性しかない中で、**友軍の方へ**向かった「兵長」とは「**反対の方向へ**」、つまり「**敵**」**である可能性があるトラックの方へ向かった**のだから、②「友軍に合流するくらいなら、敵に出会って捕虜にされる方がましだ」も「適当」。

さらに、②「敵に出会って**捕虜にされる方がましだ**」と思っているのは、問題文全体で描かれていたように「**兵士**」**であることから脱したい気持ち**によると推察できるので、⑥「**軍隊の一員である状態から解放される**可能性に賭けたい」も「適当」（これが「賭」の「表」である）。「生きのびられるかどうかは不確かだが」は、傍線部Bの少し後の「敵は彼に対しいきなり発砲するかもしれなかった」に一致する。

そしてその箇所には、「彼」が**いったん**「**兵長**」**と別の道をとろうとして**、「ジャライノールにはもう敵が入っているぞ」と言われ、「敵と言う言葉を聞いて…**躊躇したのち**…兵長と一緒に」歩き出した、とある。傍線部Cは、このとき「躊躇した」兵長との決別を改めて実行したものだ、と解釈できるので、③も「適当」。

④「兵長の判断」とは、〈あれは敵のトラックだ〉というもの。それが「信用できず…その逆を行った方が…」とは、「彼」が〈あれは**敵のトラックではなく味方のトラックだから、そちらに行った方がよい**〉と考えていることになる。そうではなく、「彼」は〈敵のトラックである可能性があるからこそ、そちらに行った方がよい〉と考えているのである。④は「適当でないもの」すなわち正解。

⑤は、「軍に戻れるかもしれない」という期待を「彼」が抱いているとみている点で、本文の方向性と根本的に異なる。「彼」が期待している（「賭」の「表」だと考えている）のは、「敵」に出会って捕虜となり、〈兵士でなくなる〉ことである。⑤も「適当でないもの」すなわち正解である。

小説全体の展開をきちんとおさえず、常識的な考えで判断してしまうと、②「敵に出会って捕虜にされる」ことを望むはずがない、⑤「脱走の罪」に問われずに「軍に戻」ることを望んでいるのだろう、などと考えて誤答してしまう。小説問題が求めているのは、**自分自身の感覚や常識的**

な考えとは異なる〈他者〉の心中を、あくまで文章表現に即して、〈この人はこう感じているのだな〉と思いやってゆくことなのだ。このことを意識して、読解の練習を重ねてゆこう。

問5　表現についての設問。

(i)「（　）」を用いた表現は15ページから17ページの間に六箇所見られる。「これらについての説明」を一つ選ぶのだから、この六箇所すべてに当てはまる説明でなければ正解にはならない。

①「中国語」の「日本語訳」として書かれているのは、「（私は餓えた）」だけで、「（一等兵だな）」「（西田か……。）」「（そうです）」などは日本人同士（兵長と「彼」）の間でなされた会話なのだから、①は×。

②も、「…言った、――（一等兵だな）」や「名札を読んだ、――（西田か……。）」「（そうです）と彼は言って」、「…叫んだ、――（おい、もっとゆっくり歩かんか。）」などは実際に口に出して言われた言葉なのだから、×。

④も、「（私は餓えた）」や「（そうです）」などは、④「相手」の言葉ではなく「彼」自身の言葉なのだから、×。

〈問題文の解説〉に示した通り、「軍隊」のあり方を象徴する「兵長」は「彼」にとって気持ちの上で③「距離のある」存在だといえるから、兵長の言葉について③のように説明するのは正しい。また、「（そうです）」は「彼」自身の言葉だが、直後「それがまるで別人の声のようにひびくのを聞いた」とあるように、自分の言葉でありながら自分から③「距離のある」もののように聞こえた、という箇所なので、この言葉についても③の説明は正しい。そして、「（私は餓えた）」は「彼」が自分の母語ではない「中国語」で言おうとした言葉だから、この言葉を「彼」自身からは「距離のある」ものだと言うこともおかしくない。③は六箇所すべてにあてはまる説明であり、正解はこれである。

(ii) 波線部ⓐ〜ⓓは「兵長」の〈**実際には臆病で卑小な人間でありながら、「軍隊」の威力で自分を守っている**〉人物像を描いたものであり（その根拠は、**〈問題文の解説〉**の**ポイント6**に示した）、それは（問題文全体の展開をふまえて考えれば）主人公の「彼」が忌避しそこから離れたいと考えている**「軍隊」のあり方**を象徴したものだ、とみることができる。正解は①。「横柄」は〈人を見下したように威張っているさま〉。「戯画的」は〈風刺的で滑稽な描き方をするさま〉。威張りくさった態度と臆病そうな様子を対照するように並べてみせた描き方を、「戯画的」といったものである。

誤答について。②・③は兵長の〈威張った態度〉についての指摘がない（②の「親しみやすい」はむしろ逆方向である）。②「日本軍が敗退した原因…」、③「自己の主体性を持たず…」も、本文の方向性とは全く無関係。

④は兵長の人物像を〈本来はそんな人ではないのだが、戦争のせいでこのようになってしまったのだ〉といった方向で説明している。兵長が本来は「善良な市民であった」と考える根拠はなく、誤りである。

問6　共通テストの大きな特徴の一つである〈複数テクスト〉の設問。さまざまな形式が想定しうるが、本問は、〈生徒の学習場面〉の想定のもとで、本文と類似のテーマで書かれた詩とを比較して考える設問とした。

設問で提示された詩は「逃亡兵の歌」で、題材としては小説作品である「脱走兵」と類似のものだといえる。最初の部分の「お迎え」とは（注）にあるように人の死のこと。兵士の思いを語っている詩であることを考えれば「お迎えはやがて／くるだろう」とは〈自分たちはやがて死ぬことになるだろう〉という趣旨だと理解できる。「それ（＝死）がくるまえに／彼は自分から／出ていった」の「彼」が、兵隊たちの中から「出ていった」者、つまり「逃亡兵」である。「出ていった」という言い方からみて、語り手の側は今までその場所にいるということになるから、この詩は形の上では、**「逃亡兵」と同じ軍隊に所属していて、今もその場所にとどまっている者の立場から語られている**ということになる。

「彼がさきに死ぬか／残ったものがさきに死ぬか／それはわからない」という。**逃亡した「彼」**は、「脱走兵」の「彼（西田一等兵）」が考えたように（波線部ⓒの前段落「敵は彼に対しいきなり発砲するかもしれなかった」〉**敵に撃たれて死ぬ**かもしれない。もちろん**残った自分たち**も、**やがて死ぬ**ことになるだろう——そのどちらが先になるかはわからない〈つまり、逃亡したからといって、「彼」が助かるとは限らない〉というのである。しかし詩の語り手は、「もしも彼が生きのびたなら／兄弟たちに告げるだろう」といい、「この地上で自由に生きること／ほかならぬこの地上で〈つまり〈あの世〉ではなく〉／自由に生きる／ただこれだけが／われわれの望みだったと」という。「逃亡兵」の望む「自由」なのだから、**〈戦争から自由になりたい〉**ということであり、また詩の語り手が「**われわれの望みだった**」といっているのだから、これは「逃亡兵」一人だけでなく、**兵士たちみなの望みである**、と述べられていることになる。

以上を踏まえて選択肢を見てみよう。「適当でないもの」を選ぶ設問であることに注意。

まず①。「脱走兵」は「彼」（「西田一等兵」）という三人称で書かれているが、地の文〈会話以外の文〉で〈心の中が直接描かれている人物〉は「彼」「西田一等兵」のみで、例えば「兵長」については〈「彼」の目から見た姿〉という形でしか描かれていない。このように**〈作品内の世界がその人物の目を通して描かれている（語り手がその人物の中に入って語っている）〉人物**をその作品の**〈視点人物〉**という。したがって「脱走兵」は①「**『彼』の視点**に寄り添う語りによってその**内面**を描」いているといえる。また「逃亡兵の歌」は（作者の心情はもちろん「彼」に投影されているにせよ）形の上では「もしも彼が生きのびたなら／兄弟たちに告げるだろう」のように、語り手自身は「**彼」を外側から捉える形**で書かれている。したがって、①「『彼』を**対象化**する（＝主体の意識が向けられる相手として捉える）語り」は適切であり、またこのことによって、「脱走兵」のように**特定の個人の内面を伝えようとするのではなく**、「**兵」全般**に通ずる思い（「**われわれの望み**」）を体視した存在として描かれていると言えるので、①「そのあり方を**普遍化**する形で描いている」も適切である。

次に②。「『逃亡兵の歌』では率直な言葉で直接的に述べられている」内容で、「脱走兵」と共通のものといえば、「逃亡兵の歌」の「**自由に生きること……ただこれだけが……望み**」であろう。「脱走兵」については**〈問題文の解説〉**の ポイント1・7 などを参照してほしいが、そこに示したように、**〈自らが属していた軍隊から自由になりたい〉**という思いが、「脱走兵」では〈兵隊としての武装を外す〉**主人公の姿**や、〈味方の軍に戻るか、（もしかしたら敵のものかもしれない）トラックの方へ向かうか〉という「**状況**」と主人公が後者を選ぶという「**行動**」などで表現されている。②は妥当な説明である。

③はどうか。③「『逃亡兵の歌』の『彼がさきに死ぬか／残ったものがさきに死ぬか』という表現」は、先に見た通り〈「**逃亡」した「彼**」と〈**残った**〉**自分たちと、どちらがさきに死ぬか**〉という意。一方、③「『脱走兵』の最終段落の『裏か表か』」は、**〈味方か敵か〉**であり（ポイント7参照）、「味方」の場合は〈〈前書き〉にあるように「彼」は「部隊がちりぢりになる混乱の中で、一人野山を放浪し」ていたのであって、味方の軍に「脱走兵」として認識されているわけではないから〉**殺されることはない**のだし、「敵」の場合でも（波線部ⓒの前段落「敵は……いきなり発砲するかもしれな」いという可能性は頭に入れつつも）、最終段落「敵につかまることをも……」とあるように、捕虜になる、降伏するという形で、**生きて「つかまる」**ことを考えている。したがって、少なくとも「『脱走兵』の最終段落の『裏か表か』」について③「自らの**生死**は運命に任せるほかないとする……思い」とするのは当たらないし、まして③「諦念めいた思い」とはいえない。「適当でないもの」つまり正解は③である。

④。「『脱走兵』の主人公」は確かに「地の文（＝会話以外の文）では『彼』『西田一等兵』の二通りの書き方で記されて」いる。そして、「後者」すなわち「西田一等兵」は、波線部ⓐの前々段落からの箇所で、「兵長」に「（一等兵だな）」「（西田か……）」といわれて、「彼はまたたく間に**自分が軍隊に引きもどされ、一等兵に還元される**のを感じた」とある「一等兵」であり（ポイント4参照）、その後しばらく「兵長」と行動をともにしているところで用いられ、「兵長」が「友軍」の方へ走り去った〈波線部ⓓの段落〉後の、「西田一等兵はこの兵長のあわてぶりを……」のところを最後に、「彼」が「兵長」とは別の方向へ行こうと考え始めるところで姿を消す呼び名である。したがってこれを④「**主人公が自分は軍**

隊の一員であると感じさせられている場面で用いられている」とするのは妥当な解釈だといえる。問5(i)の解説で見たように、もはや軍隊を離脱したいと感じている自分（**a**）にとって、「兵長」と行動をともにする「一等兵」の自分（**b**）は、自分でありながら〈自分の意識や存在にとって**距離のあるもの**〉と感じられる。その感覚が、自分（**a**）が自分（**b**）を「西田一等兵」と呼ぶような書き方に表れているのである。

最後に⑤。「逃亡兵の歌」で、「『逃亡兵』の心情が**多くの兵に共有されるもの**であること」は先に見た通り（「**われわれの望み**」とあるところから）妥当。ここから、⑤「『くるだろう、くるだろう』といった繰り返しの部分は、**大勢で合唱する**歌の一節のような印象を与える」も（民謡的な歌や大衆歌などでよくある形式であり、兵隊たちが輪になって座り、声をそろえて歌っているような情景を思い浮かべられるとよい）無理のない解釈だといえる。少なくとも、明らかな誤りを含む③に比べれば⑤は妥当性がより高いと判断すべきものである。

文学的文章の設問（特に⑤のような表現に関わる設問）では、〈直接本文に書かれてあるか否か〉のみでなく、複数の選択肢を〈**本文をもとにしてより妥当性の高い推定といえるか否か**〉で**判断しなければならない**ことが少なくない。このことを意識して練習を重ねたい。

第3問

〈出典〉 高橋五郎（たかはし　ごろう）『食料危機の未来年表　そして日本人が飢える日』（朝日新書　二〇二三年）の〈第1章「飢餓の世界化」〉〈第2章「国民が知らない日本の『隠れ飢餓』」〉による（**【資料Ⅲ】**および問2**図**も同書による）。出題に際しやむを得ない事情により、省略・改変した箇所がある。

高橋五郎は一九四八年新潟県生まれ。愛知大学法経学部卒業、千葉大学大学院自然科学研究科博士課程修了（農学博士）、現在愛知大学名誉教授。著書に『日中食品汚染』（文春新書）、『デジタル食品の恐怖』（新潮新書）などがある。

大学入試センターが公表した〈試作問題〉のうち〈B問題〉は、同一の出典中の二箇所を二つの**【資料】**として示す形となっている。本問はその形での出題とした。

〈問題文、資料の解説〉

〈前書き〉にあるように、**【資料】**および設問中の「自給率」はいずれも筆者独自の試算によるものであり、また「食料自給率」とのみある場合は「カロリーベース食料自給率」を指している。

【資料Ⅰ】（1・2…は形式段落を示す。冒頭の「まずは」から定義をはさんで「……なのである。」までを1とする。）

1　食料危機を定義すると次のようになる。

＊生命維持や社会活動に必要な2400キロカロリーや栄養分を含む食料を供給できない状態（見える飢餓）

＊それらの供給の大部分を他国・他地域に依存している状態（隠れ飢餓）

2　飢えとは、食料がなく今にも死にそうな危険な状態のみならず、日常生活に支障が出るほどのカロリー不足や栄養不足が慢性的に起きていることも意味する。

3　一人の人間が日常生活を営む上で必要なのは、一日あたり2400キロカロリー、タンパク質は最低50～60グラムで、その他にも必要な栄養素がある。

4　「飢餓ではない」状態とは、これらを自国産の食料で満たしている状態のことだと考えるべきである。

5　脂質、炭水化物、各種ビタミンにも基準があるが、カロリーとタンパク質の摂取量から（それらが満たされているかどうか、付随的に）見当をつけることができる。
6 カロリーや栄養素の必要量は、性別、年齢、健康状態、労働強度、自然環境などに応じて変動するが、以下平均値を用いる。
7 「隠れ飢餓」は視野に入れられていないことが多い。
8 途上国は国際援助によって食料不足の一部を補っているが、国内生産量が不足しているという意味では、先進国の「隠れ飢餓」も同様である。
9 食料を自給できない理由は食料生産構造に主な理由があるが、食料不足は、輸入に必要な外貨が不足し、輸入できないという国民経済の脆弱さから起こる問題でもあり、両者は異なっている。
10 食料自給率が低い国々は、国際市場に出回る食料が減れば、経済力や被援助力があっても入手できる食料が減る。世界的な食料不足は加速していく（国際市場に出回る食料は減る）。
11 したがって一部の食料輸出国以外は食料危機と関係がある。
12 しかし「隠れ飢餓」国ではカロリーもタンパク質も十分に摂取できているので、食べ過ぎてダイエット、などということまで起きてしまう。
13 世界レベルで食料が不足している限り、隠れ飢餓国の満腹は他者の空腹と引き換えに成り立っていると言える。

▼まとめ

●「隠れ飢餓」とは日常生活を営むのに必要なカロリーやタンパク質を、自国産の食料で満たせていない状態のことである。
●「隠れ飢餓」状態にあっても、他国・他地域からの輸入によって、カロリーやタンパク質を十分に摂取できている。
●食料不足の状態にある途上国は、国民経済の脆弱さから不足量を輸入によって補えない（彼らの空腹が隠れ飢餓国の人々の満腹の代償である）。

【資料Ⅱ】（1・2…は形式段落を示す。）

1 世界各国のカロリーベース食料自給率を試算してみると、途上国（一人当たりGDPがおよそ1000ドル～3000ドル）は対照的な2パターンに分かれる。
2 一つ目は、貴重な外貨を食料輸入に当てた結果として自給率が低い国、二つ目は、不足する食料を十分に輸入で補えず自給率が高くなってしまう国である。
3 一人当たりのGDPが1000ドル未満の国のうち、食料自給率が100％を超える国々は、定義上は食料輸出国であるが、これらは不足する食料を輸入できず、むしろ輸出に回すことで外貨を稼ごうとする飢餓輸出国である。これらの国々の自給率が高いのは、供給量自体が足りないにも関わらず、輸入で補えないために相対的に国産が増えるからである。
4 アフリカ諸国が概して自給率が高い理由は、該当国がほぼ内陸部に位置し、輸入港から距離があり輸入しづらく、さらには国内輸送上の物流アクセスに問題を抱えているためもある。

▼まとめ

●途上国には食料自給率の低い国と高い国がある。
●途上国で食料自給率が高い国には、不足する食料を十分に輸入で補えないため、相対的に国産が増えている状態の国もある。
●外貨を稼ぐために、不足する食料を輸出に回す飢餓輸出国もある。
●アフリカの内陸国の食料自給率が高いのは、輸入港から遠く、食料輸入がしづらいためである。

図表 食料自給率のU字型分布図

＊分布図左側、食料自給率100％近くに位置する、ブルキナファソ、チャド、エチオピアなどが、3にある「カロリーベース食料自給率が70％以上の国」である。
＊分布図左側、食料自給率0％近くに位置する、レソト、ガンビア、イエメン、コンゴなどが、2にある「貴重な外貨を食料輸入に充てた結果と推測できる自給率が低い」国である。
＊分布図右側、カナダ、フランス、アメリカは食料自給率が100％以上の先進国である。

【資料Ⅲ】

図表1 各国の食料自給率（カロリーベース自給率・タンパク質自給率）上位、下位各50位の抜粋

＊アメリカ、フランス、オーストラリアなど、先進国でも、カロリーベース自給率もタンパク質自給率も100パーセントを超えている国もある。

図表2　国別のタンパク質摂取量

＊**図表1**で「タンパク質自給率」では下位だった日本は、タンパク質摂取量はそれほど少なくはない。

〈設問解説〉

問1　文中の語に関する本文の論旨を読み取る設問。

問1では**【資料Ⅰ】**において述べられている「隠れ飢餓」について問われている。

【資料Ⅰ】では「隠れ飢餓」について「生命維持と社会活動に必要な2400キロカロリーや栄養成分を含む食料」「の供給の大部分を、他国・他地域に依存している状態」と定義されている。また他の箇所でも「国内生産量が不足している」「（経済の問題でもある食料不足と違い）自給できないのは食料生産構造に主な理由がある」「『隠れ飢餓』の先進国では、食料不足が隠されている」などと述べられている。

したがって正解は、

「一日に必要なカロリーやタンパク質等を」「国外への依存なしには満たせていない状態」「輸入に頼る（食料生産構造の関わる）食料政策に理由がある」ことに触れている③となる。ただし、最後の部分は本文を補った形の説明になっているので、他の選択肢も吟味する必要がある。

①は「主要な先進国のほとんどがこれに相当しており」、という箇所が、**【資料Ⅱ】**の分布図（カナダ、フランス、アメリカは、食料自給率100％以上である）とは食い違うため、

②は、「生活に支障が出るほどのカロリー不足」が実際に起きている状態は「隠れ飢餓」ではなく「見える飢餓」であり、「ダイエット」はむしろ自給率は低くとも現状が飽食であるということの例であるため、

④も同様に、「一日に必要な栄養分を輸入によって十分に補えていない状態」とは「見える飢餓」である（「欧米先進国」の「隠れ飢餓」とは、むしろ〈輸入によって補えてしまっている〉状態である）ため、

⑤は「国土面積の狭い先進国において」とあるが、「隠れ飢餓」と「国土面積」の広さとが関係するとは述べられておらず、また末尾の「政策」に関する内容が本文から逸脱していることから、

それぞれ不適切である。

問2　図と本文を統合して考える設問。

問2では**図**にあるアフリカ諸国の食料自給率が高い理由について問われているが、それらの内容は**【資料Ⅱ】**に述べられていたものであった（つまり、設問文「もともと**【資料】**中にあったもの」というのは、**【資料Ⅱ】**の趣旨を説明するための**図**だということ）。**【資料Ⅱ】**には（**図**にある国名を意識しながら引用すると）「不足する食料を十分に輸入できないため自給率が高くなってしまう…ルワンダ…チャド」「カロリーベース食料自給率が70％以上の国を数えるとマリ…ザンビア・ブルキナファソ・エチオピア・チャド・コンゴ民主共和国など…これらの国は、不足する食料を輸入することをせず、そもそも不足する食料を輸出に回すことで外貨を稼ぎだそうとする」「これらの国の自給率が高い理由は食料の供給量自体が足らず、輸入を抑えることから国産が相対的に増えるからである。」とある。

また、**図**とも直結する説明として「アフリカ諸国が概して自給率が高い理由の2つめは、該当国がおおむね内陸部に位置し、地理的に穀物生産国からの接岸アクセスが不便であり」「広いアフリカ大陸の内陸部に位置し、輸入港から距離的に不利というだけでも、海外からの食料輸入には障害として働く」（いずれも**【資料Ⅱ】** 4 ）と述べられている。

以上をまとめると、

1　食料不足であるにもかかわらず、不足する食料を輸入できない（それどころか外貨獲得のため、輸出に回される）ため、相対的に国産が増えている。

2　多くがアフリカ大陸の内陸部に位置し、輸入港からの距離などの事情もあって、輸入しにくい

正解は、以上の内容（「食料輸出による外貨が優先され、内陸部の国が多いこともあって食料輸入が少ない」「相対的に自給率が上がっている」）に触れている④となる。

①は、「国土が広大であるという条件を最大限に生かし」「肥沃な大地を農地として十全に開発してきた」「豊富で潤沢な農業資源に恵まれている」という内容はどこからも読み取れないばかりか、これらの国々が食料不足であるという【資料Ⅱ】の記述（「不足する食料」「食料の供給量自体が足らず」）と反対方向であるために、

②は「外貨によって不足分を輸入することができる」という箇所が、これらの国々が内陸部に位置し、接岸アクセスなどが悪いことから不足する食料を輸入できない、という【資料Ⅱ】の内容とは相反するものであり、また輸入できることは食料自給率が高くなる原因ではないために、

③は、「地道に自国内の農業を育み自給自足を図ってきた」という箇所が、①同様これらの国々が食料不足であるという記述（「不足する食料」「食料の供給量自体が足らず」）と反対方向であるために、

⑤の「国土が石油や鉱物などの資源に恵まれているため外貨を稼ぎやすく」という内容はどこからも読み取れず、「国民が一日に必要とする栄養分を輸入によって十分に補うことができる」という箇所は、同じくこれらの国々が食料不足であるという記述（「不足する食料」「食料の供給量自体が足らず」）と相反するし、かつ②同様に自給率が高くなる要因ではないために、

それぞれ不適切である。

問3　本文と図表を統合して考える設問。

問3は【資料Ⅰ】～【資料Ⅲ】を踏まえ、カロリーベース自給率とタンパク質自給率及びその摂取量に関して正しく述べたものを選ぶという設問である。

まず、②の「日本は、タンパク質の自給率は低い」という内容は【資料Ⅲ】図表1から、「摂取量はそれほど少なくはなく」、は【資料Ⅲ】図表2の「国別のタンパク質摂取量」のグラフから読み取れ、「かなりの程度輸入食料に依存していることがうかがえる」という内容も【資料Ⅰ】の「隠れ飢餓」の定義（「それらの供給の大部分を他国・他地域に依存している状態」）にあることから、正解だと言える。

①は「カナダ以外の欧米諸国は、カロリーベース自給率の上位20にもタンパク質自給率の上位20位にも入っておらず」としているが、【資料Ⅲ】図表1によればアメリカ、フランス、オーストラリア、デンマークなど、上位20位に入っている先進国はいくつもあるために、

③の、「コンゴ共和国とリベリアのタンパク質摂取量が少ない」という内容は、確かに【資料Ⅲ】図表2の「国別のタンパク質摂取量」のグラフから読み取れるが、「肉や魚といったタンパク質を多く含む食物を好まない食文化がある」というのは、どこからも読み取れないために、

④の「デンマークとフランスはタンパク質の摂取量が多く」という内容は、【資料Ⅲ】図表2の「国別のタンパク質摂取量」のグラフから読み取れるが、「タンパク質自給率もカロリーベース自給率もともに100パーセントを超えており」という内容は、フランスには当てはまるが、デンマークのカロリーベース自給率（【資料Ⅲ】図表1にあるように100％超えは33位のザンビアまで）には当てはまらないため、

⑤の「アイスランドは、タンパク質摂取量とタンパク質自給率は極めて高いが、カロリーベース自給率は極めて低く」という箇所は【資料Ⅲ】図表2の国別のタンパク質摂取量・図表1の各国の食料自給率から読み取れるが、「生活に必要なエネルギーが十分に摂取できていない」という内容はどこからも読み取れない（「摂取」自体は輸入食料によって可能である）ために、

それぞれ不適切である。

問4　〈生徒の学習場面〉に即して本文の内容を捉え直し、文章の改善点を考える設問。社会問題に関わる内容ではあるが、現代文の試験として、【資料】および問4の【文章】の趣旨に沿った形で考えていくことになる。

問4は【資料Ⅰ】～【資料Ⅲ】を参照しつつ、自分の考えも加えて【文章】を書いたという設定であり、(i)は【文章】中におけるX、Yの空欄補充が、(ii)は【文章】を読んだ友人からの改善案についてが問われている。

(i)　空欄Xは、第一段落の〈日本社会は「食料危機」からは縁遠いように思える〉という内容に「しかし」と逆接して続くところだから〈「食料危機」は実は日本社会と縁遠いものではない〉という内容が入るはず。【資料Ⅰ】の「隠れ飢餓」がそれに当たり、【資料Ⅲ】図表1の「タンパク質自給率」や【資料Ⅱ】の「U字型分布図」で〈日本の食料自給率は低い〉ことが確

かめられることからも、〈日本は隠れ飢餓だ〉という内容がふさわしい。Xの後の「安閑としてはいられない」も、「例えば」以下の内容が〈国際紛争によって食料の世界的な供給不足が生じると日本国内にも影響がある〉という話だから、〈食料自給率が低い（＝輸入に依存している）と、国際情勢によって輸入が難しくなった際に「食料危機」に陥りかねない〉という趣旨で、先の解答方向に合致する。以上から、答えはbとなる。

aは**【文章】**の第一段落の「もちろん」以下の内容を「格差」に焦点を当てて述べたものだが、〈食料（の自給）〉に焦点を当てている**【資料】**や**【文章】**の話題からずれており、空欄Xの後の「例えば」以下にもつながらない。cも「日本国内」への「影響」を問題にしている「例えば」以下につながらない。

Y群の選択肢はいずれも「……からである」と終わっているので、空欄Y直前「安価な輸入食料に頼る私たちの食生活は、他者の犠牲のうえに成り立っている」の理由説明として成立するものでなければならない。この「……他者の犠牲のうえに成り立っている」は、**【資料Ⅰ】**末尾の「世界レベルで食料が不足するかぎり、隠れ飢餓国（低自給率国）における満腹が他者の空腹と引き換えで成り立っている」に当たるので、この趣旨に沿うもので、かつ**【資料】**の内容に合致するものという視点で選択肢を見ていく。

dは**【資料Ⅰ】**の[12]の内容に合致しているが、「他者の犠牲」「他者の空腹」という内容ではないので、空欄Y直前の文章の理由説明になっているとは言えない。eは**【資料Ⅱ】**の[2]の前半に合致しているが、そこで言及されている国が「食料輸入」をするという話であり、空欄Y直前の文の〈日本が輸入する＝外国から輸出してもらう〉という内容とは逆方向なので、やはりその理由説明として成立しない。fは**【資料Ⅱ】**の[3]の「飢餓輸出国」の説明に合致し、かつ、〈他国に食料を輸出している国が、自国内では食料不足に陥っていることがある〉のだから、〈先進国が輸入食料で「満腹」になっている裏で、「輸出国」である途上国の人々は「空腹」になっているからである〉という形で、空欄Yに当てはめれば直前の文の理由説明として成立する。d〜fはいずれも**【資料】**の内容に合致してはいるので、そのうえで〈前文の理由説明として成立するかどうか〉を問う形で、論理的思考力を試す問いである。

(ii)　推敲設問。①は「第一段落の第一文と第二文のはじめは内容のうえで逆接関係にある」のは確かだが、この部分は、第一文の『食料危機』……は、現在の日本社会からは縁遠い……ように思える」という内容から「もちろん、貧困のために……必要」といったん反対方向に話を展開し、「が」以下で「十分すぎるほどの食物があふれ」と第一文と同方向の内容に戻る、という形で、〈譲歩〜逆接〜本旨〉のつながりとなっているのだから、〈譲歩（より道）〉を導く「もちろん」の方が適切であり、「『とはいえ』に改めるほうがよい」とは言えない。

②の「『例えば』以降」は〈国際紛争によって食料の世界的な供給不足が生じると日本国内にも影響がある〉という話であり（「例」の説明として「加える」とすればそういう文になるべきであって）、「日本は国際紛争の解決のためにもっと力を尽くすべきだ。」ということに重点のある箇所ではないので、これを「加えるとよい」とは言えない。

③「第三段落初めの論点」とは「食料を国内で生産するよりも輸入した方が安上がりになる場合は多い……コストの高い国内生産を増やそうとすれば、農畜産業への政策的支援をはじめとして国民の経済的負担が増すことになる」というものであり、これは確かに「安全保障」（**【文章】**第二段落の論点）や「南北問題」（**【文章】**第三段落の論点）といった観点から〈食料自給率を高める〉という方向での「議論を進めていく」ならば、〈そのために国内生産を増やすのに必要な「国民の経済的負担」をどの程度まで許容するのか〉という形で「判断材料」となるものであり、そのための資料（例えば、国内生産の食料と輸入食料との価格差がどのくらいあるか、といったもの）は確かに**【資料Ⅰ】**〜**【資料Ⅲ】**には存在しないので、これが「追加されるとよい」とするのは「適当」である。③が正解。

④の「安全保障」は問4(i)空欄Xに関しての解説で見た〈国際紛争が日本国内の食料危機につながる可能性がある〉といった話題に関連するものであり、「南北問題」は問4(i)空欄Yに関しての解説で見た〈先進国の「満腹」は途上国の「空腹」の上に成り立っている〉という話題に関連するものであって、「**【文章】**全体の論旨とは無関係」とは言えない。

第４問

〈出典〉『小夜衣《さよごろも》』

　鎌倉時代中期以降に成立した擬古物語。作者不詳。冷泉院《れいぜいいん》の皇子《みこ》である兵部卿《ひょうぶきょう》の宮と山里の姫君との恋物語。兵部卿の宮は山里の姫君に心を寄せていたが、周囲の反対によって、関白の姫君と結婚させられてしまう。一方、山里の姫君は、妹の梅壺《うめつぼ》の女御の付き人として宮中に出仕するが、そこで帝の目に留まり、帝の寵愛《ちょうあい》を受けることになる。その後、山里の姫君は継母《ままはは》の陰謀によって宮中から誘拐されるが、最後には兵部卿の宮と結ばれ、二人は幸せに暮らす。本文は、物語前半部の、兵部卿の宮が関白の姫君と結婚させられ、山里の姫君と逢えない境遇を嘆いている場面である。

〈問題文の解説〉

第一段落

　兵部卿の宮は、関白の姫君との結婚により、山里の姫君のところに通えなくなってしまった。宮は、山里の姫君に対する思いを捨てきれず、長年、心に抱いていた出家の願望がますます強くなり、つらい人生をはやく終わらせたいと願うのだった。

第二段落

　宮は、松虫の鳴き声を聞いて山里の姫君のことを思い出し、姫君も自分と同じようにつらい思いでいるのだろうか、という和歌を姫君に贈る。それに対して、姫君は、諦めることが「心ならひ」になってしまったので、宮の訪れを待つ夜はありません、という返事を返す。

第三段落

　姫君からの手紙を受け取った宮は、その文を何度も読み返し、心を乱す。その様子を見た御前の人々は、宮と山里の姫君とのことをさまざまに噂《うわさ》し合った。

〈現代語訳〉

　何と言うこともなく移っていく月日なので、夏もしだいに終わりになり、秋の初めになってしまうまで、かの山里への訪問が絶えてしまったのを、たいそう宮はお嘆きになっては、日数が経《た》つにつれて恋しさもどうしようもなくなって、「（山里の姫君は、私のことを）どんなにかお恨みになっているだろうか」と思い続けなさるにつけても、眠りの途中でふと目が覚めたときの枕では、（涙の海に）浮いたり沈んだりするお気持ちがなさるにつけても、あの方〈＝山里の姫君〉がお悩みになっているようなことも宮は申し訳ない気持ちがなさるので、遠慮なく泣き過ごしなさった昔のことが恋しくて、「いつまで、（私の）このような物思いは続くのだろうか」と、そうはいってもやはり行く末が遠く感じられるので、たいそうつらくて、「長年の（出家の）願望を遂げるのにちょうどよいときであるようだ」と思い続けなさって、「今日こそ今日こそ」と、山の彼方《かなた》の住まいに出立しようとばかりなさるけれども、朝晩の大げさなお祈りの効験だろうか、（宮は）心はうつろでありながら、生き延びなさるにつれて、ひたすら、「寄すればなびく葦《あし》の根」（の和歌のように、つらい人生を早く終わらせたい）というだけのお気持ちなので、自邸に引き籠もってばかりでいらっしゃるのを、大宮〈＝宮の母〉は、「そのように大殿〈＝関白〉が、（あなたのことを）大切にお世話なさるのに、このようにお通いにならない期間があるのを、どのようにお思いになっているのだろうか。どうしてお通いにならないのか」と申し上げなさると、（宮は）「気分がたいそう苦しゅうございまして」などと申し上げなさって、ぼんやりと物思いにふけってじっとしていらっしゃる。

　夕暮れの雲が、なんとなく寂しくもの悲しいので、虫の声々も、自分の悲しみだと思って声を立てはじめている中でも、松虫がかすかに声を立てて鳴くのが、（宮の）お耳に留まって、人〈＝私〉を待っている（山里の姫君の）宿でも同じ心で（姫君は）声を立てて泣いているのだろうかなどと思い続けなさって、

　　むなしくて過ぎる月日のつらいことを、（あなたは私と）同じ思いで、
　　宿で待っているのでしょうか

とお手紙を差し上げなさった。

普段（宮が送ってくださるお手紙）よりも細やかに、たいそう心を込めてお書きになっている筆の流れは、目も及ばないほど素晴らしい様子なので、（姫君は）珍しくて、（その手紙を）引き開けると同時に涙を流して目の前が暗くなって、お使いが、「夜が更けました」と急ぐけれども、（お返事を）お書きになって渡すことができず、

　ものの数ではない我が身には、（あなたの訪れを）待つ夜もありません。
　諦めてしまおうと思うことが習慣となってしまって

とだけお返事申し上げなさった。

（宮は、姫君のお返事を）お待ちになる間もじれったくて、（届いたお返事を）急いでご覧になると、（姫君は）まったく取り繕ったようにも見えず、「ひどく心乱れた様子であるなあ」と思うほど、ただ筆の進むにまかせて書いている様子も、かわいらしい。（姫君が）泣きながら書いているような様子が想像されて、（宮は）じっとご覧になると、何でもない言葉も、かわいらしい様子を加えて、「どのようなことにつけても、人の心を悩ますにちがいない人であるよ」と、自然と思いが紛れている（宮の）心もかき乱れ、どうしようもないほどいなぶちの滝さながら激しく動揺して、「どうして、（他の女に）思いが移り、山里の姫君に対する思いと同じぐらいの気持ちが起こるだろうか、いや起こらない」などと思い続けなさるにつけても、この（姫君からの）文を、置くこともできず何度もご覧になっては、すぐにはおやすみにならないので、「（お返事を）待つとおっしゃって起きていらっしゃって、またずっとご覧になっているご様子は、どれほどお心にしみていることだろう」と、御前の人々は、ひそひそと噂をし申し上げて、憎らしく思う人もいるし、また、しみじみとして悲しいことだと言う人もいる。

問3の和歌

「み吉野の」の歌

吉野の山の彼方に宿があったらなあ。世の中がつらいときの隠れ家にしたい

「白波の」の歌

白波が寄せるとなびく葦の根が浮くのではないが、憂き世の中は短くあってほしい

〈設問解説〉

問1　語句の解釈についての設問。

共通テストにおいて、語句の解釈の設問は傍線部が比較的短いのが普通である（概《おおむ》ね一〇字以内）。基本単語については取りこぼしがないように、きちんと学習しておく必要がある。

(ア)　正解は①。

「かしづく」は、大切なものを守り慈しむ意味を表す動詞。ここでは、大殿〈＝関白〉が、婿である「宮」を「かしづく〈＝大切に世話をする〉」の意で用いられている。「かしづく」の上に、尊敬語「思《おぼ》し」が付いているが、この「思す」は、「思し＋動詞」のかたちで、下の語を尊敬語化する働きを持つ。語句の設問においては、敬語の訳が正確であるかという点も重要なポイントとなるので、注意が必要である。

敬語の訳に注目すると、⑤は、「嘆き悲しまれている」というように、尊敬の助動詞が用いられているが、残りの②・③・④はいずれも尊敬語で訳されていない。②「いただいて」は謙譲語の訳、③の「申し上げる」も謙譲語の訳である。④は、そもそも敬語の訳が含まれていないので、いずれも不適となる。なお、⑤の「嘆き悲しむ」という意味は、「かしづく」の訳とは合致しない。

(イ)　正解は④。

「心もとなし」は、心の抑制がきかず、落ち着かない様子を表す語で、「待ち遠しい」「じれったい」と訳す。傍線部(イ)は、宮が山里の姫君の手紙が届くのを待つ様子を、「心もとなく」といっているので、④「じれったくて」が最も適当な選択肢となる。

①は「はかなし」、②は「あはれなり」、③は「さうざうし」、⑤は「わりなし」などの訳に近いものである。基本単語の意味をきちんと整理して、明確にしておく必要がある。

問2　傍線部の語句や表現について説明する設問。正解は③。

従来のセンター試験では、言葉の知識に関する設問は、助動詞の意味・識別・敬意の方向などが文法設問として出題されていたが、共通テストで

は、傍線部の表現について総合的に説明するというかたちで、そこに主語・目的語・指示語・文法・敬意の方向・言葉の意味・心情など、多様な要素と組み合わせるかたちで出題されている。したがって、単に文法知識を問うだけではなく、その文の内容に対する理解が求められており、難易度は高くなった。

正解の③は、「人待つ宿も同じ心にや音を立つらん」が、宮が山里の姫君のことを思い出している心内文であることが理解できれば、係助詞「同じ心にや」の結びは「音を立つらん」であるということが分かる。係り結びは、係助詞の付いている連用修飾語が、どの述語に係っているのかを示すものであるので、「同じ心で」が、「声を立てて泣いているのだろうか」に係っていることは、文の意味から考えると分かる。以上のことが理解できれば、選択肢の「『思し続く』が結びとなるはずだが、結びが流れて『思し続けて』となっている」が適当でないことが分かる。なお、本文のこの部分は、文意から係り受けについて考えさせることを目的としたので、心内文「人待つ宿も同じ心にや音を立つらん」を「　」で提示しなかった。

設問が「適当でない」ものを選ぶものなので、各選択肢が二重傍線部の表現と合致していることを確認する。

①は、「おとづる」の活用の種類と活用形、意味についての選択肢であるが、いずれも合致している。

②和歌において、「松虫」の「松」は、「人待つ」の「待つ」と掛詞《かけことば》になることが多いという点を踏まえている。また、「音を立つ」は、虫が声を立てて「鳴く」ことと、「宿」で宮の訪れを待つ山里の姫君が声を立てて泣くこととを重ね合わせている。したがって、「『松虫』が人を待って鳴くのと同じように、『宿』の人が人を待って泣いている」は本文と合致している。

④は、②のところで述べたように、「音を立つ」は、虫が音を立てて「鳴く」ことと、「宿」で宮の訪れを待つ山里の姫君が声を立てて泣くこととを重ね合わせているので、選択肢の内容は本文と合致している。

⑤「らん」の現在推量の用法は、遠くにあって目に見えないものの現在の様子を推量するというものである。ここの「人待つ宿も同じ心にや音を立つらん」は、宮が山里の姫君の現在の様子を推量するものであるから、「音を立つ」の主体は山里の姫君であると考えることができるので、本文と合致している。

問3　複数のテクストの統合・評価を行う設問。正解は③。

二〇二一年度本試験では、簡潔な説明文を読んで設問に答えるかたちとなっていた。また、本文の読解のために示されていたテクストも短いものだった。この問題はそれを踏まえて、テクストを作成した。

傍線部**A**に引用された和歌は、「世の憂き時の隠れ家」にするため、「み吉野の山のあなた」に「宿」がほしいという、出家願望をうたったものである。「世の憂き時の隠れ家」に住むというのは、つらい世の中を避けて山に隠棲《いんせい》することを指しており、具体的には、出家して山寺に籠もることを指している。宮が出家願望を持っていたことは、傍線部**A**の前に「年頃の本意もとげつべきなめり」とあることから分かる。「本意」とはもともとの希望や目的を表す言葉で、多くの場合「出家」の希望を意味する。以上のことから、選択肢③の「宮には、出家して山寺に籠もりたいという願望がある」は、傍線部**A**の内容と合致している。

①・②は、傍線部**A**についての選択肢である。①は、もとになった和歌の「み吉野の山のあなた」に「宿」がほしいという意味は合っているが、それが「出家」とつながらないで、「関白の姫君に逢《あ》うのが嫌なので、ずっと山里で姿を隠していたい」というように、関白の姫君のことを避けたいという内容になっているのが不適である。②は、①と同じように出家について言及しておらず、「世の憂き時の隠れ家」として「自邸」に籠もり続けているという内容になっているのが不適である。

④・⑤は、傍線部**B**についての選択肢である。傍線部**B**のもとの和歌の「白波の寄すればなびく葦の根の」は「うき」を導く序詞《じょことば》となっており、「白波が寄せるとなびく葦の根が浮くのではないが」「憂き世の中は短くあってほしい」（「なむ」は「未然形＋なむ」なので、願望の終助詞で「……てほしい」と訳す）、という意味である。序詞でうたわれている情景

は単に「憂き」を導き出すだけでなく、白波に漂う葦の根の様子が、寄る辺もなくさまよう我が身の姿の比喩となっている。④は、まず、「もとの和歌の『白波』の中でもしっかりと根を下ろす『葦の根』」という情景の捉え方が不適であり、「自分の意思を貫いて山里の姫君を妻にしたい」という心情も、「憂き世の中は短《みじか》からなむ」とは合致していないので不適である。⑤は、「憂き世の中は短からなむ」の捉え方について、「関白の姫君との別離を決意」としている点が不適である。

問4　和歌の表現と心情を説明する設問。正解は②。

この設問のポイントとしてまず挙げられるのは、XとYとが、それぞれ誰の歌であるかを見極めるという点である。一般的に贈答歌は、まず男君が歌を贈り、それに対して女君が答えるというかたちであることを理解する。この贈答歌についても、まず、宮がXの歌を贈ったのに対して、山里の姫君がYの歌を返すというかたちとなっている。また、宿で男君の訪れを待つのは女君であるのがやはり一般的であるから、宿で待っている人の心を推量するXは宮の歌であり、恋人の訪れを諦めてしまったと嘆くYは山里の姫君の歌であると決めることができる。ただし、いずれにせよ、先に挙げた根拠から決めるのは、和歌を読み慣れていないと難しいと考えられるので、Xの歌が宮のものであることを読み取るヒントとして注4を示した。

Xの歌の内容を見ていく。「むなしくて過ぐる月日」とは、宮の歌として考えてみると、山里の姫君に思いどおりに逢えなくて、それを「むなし」と感じている日々を指すことが分かる。そのような境遇において感じる「つらさ」について、「同じ心に宿や待つらん」と推量している。「同じ心に宿や待つらん」の主体については、助動詞「らん」に着眼する。**問2**の⑤の解説でも述べたように、「らん」の現在推量の用法は、遠くにあって目に見えないものの現在の様子を推量するというものであるから、ここも宮が山里の姫君の現在の様子を推量するものであることが分かる。つまり、Xの歌は、宮が感じる「つらさ」を山里の姫君も「同じ心に」（＝同じようにつらいと感じながら）「宿」で私の訪れを待っているのだろうか、と言っているのである。

次に、Yの歌の内容を見ていく。贈答歌における女君の歌は、男君の愛情にそのまま、自分も男君が好きだというように答えることはなく、女君が男君のことをどんなに愛していたとしても、男君の自分に対する愛情が浅いことを嘆いてみせるというのが、一般的なかたちである。このような視点から、山里の姫君のYの歌を見ていくと、「数ならぬ身」とは、自分のことを宮に愛されていないと卑下するものであり、そのような存在であるから、自分は宮の訪れを「待つ」ことはないと嘆いてみせているのである。そして、そのようなつらい状態が続くので、「思ひ絶え」ること（「思ひ絶ゆ」は「諦める」という意）が「心ならひ」（「心ならひ」は「習慣」の意）となってしまったと言っている。宮の愛情の薄いことを嘆き、自らのつらい状況を嘆くという典型的な女歌である。

正解の②の選択肢の、宮が、「山里の姫君は自分と同じようにつらい思いでいるのだろうか」と、姫君を思いやっているという内容は、先に述べたXの歌の内容と合致している。**問2**の解説で述べたように、宮がXの歌を詠んだきっかけは、松虫の鳴き声を聞いて、松虫が鳴くように姫君も「同じ心」で自分の訪れを待って泣いているのだろうかと思ったことであるが、Xの歌の「同じ心」は、宮と姫君の思いどおりに逢えない「つらさ」を指している。

①は、Xの歌を「山里の姫君の歌」としている点が不適。また、「むなしくて過ぐる月日」は二人が思いどおりに逢えないことに対する宮の不満であって、「いくら待ち続けても宮の訪れがないこと」に対する姫君の不満ではない。

③は、「数ならぬ身」について自らを卑下する表現であると捉えている点は合致しているが、その卑下の内容が、宮の愛情が薄いことを嘆くのではなく、関白の姫君に対して身分が低いことを嘆くものとなっている点が不適である。

④は、「思ひ絶えにし」という表現が諦めの気持ちを表していることとは合致しているが、宮の訪れを諦めるのではなく、「関白の姫君と張り合うこと」を諦めるとなっている点が不適である。

⑤は、Yの歌を「宮の歌」としている点が不適。また、「心ならひ」という表現を、宮の訪れを期待することがなくなったこととするのではなく、「どんな時でも山里の姫君のことを忘れてはいない」としている点も不適である。

問5　本文の内容を確認する設問。正解は③・⑥。

以下、各選択肢と本文との対応する部分を照合しながら、その正誤を確認していく。

①は、1～2行目の「いみじく宮は思し嘆きつつ、日数に添へて恋しさもせんかたなく、『いかに思し恨むらん』と思し続くるにも」に対応するが、宮が「両親の取り決めを恨めしく思うようになった」が不適。「いかに思し恨むらん」は、訪れが絶えてしまった自分のことを山里の姫君はどれほど恨んでいるだろうか、と嘆くもので、「両親の取り決めを恨めしく思う」ものではないので不適。

②は、7～8行目の「大宮は、『さしも大殿の、思しかしづくに、かかる絶え間を、いかに思すらん。など渡り給はぬ』と申し給へば、『心地のいと苦しく侍りて』など申し給ひて」と対応する。大宮が、宮が関白の姫君のところに通おうとしない理由を問いただしたのに対して、宮は体調が優れないと答えている。選択肢は、体調を崩してしまったのは大宮であるという点が不適。また、大宮の言葉も、「関白にどのように弁解したらよいかを思い悩」むものではない。

③は、13～14行目の「いつよりもこまかに、いたう心とどめて書き給へる筆の流れ、目も及ばぬさまなるを、めづらしう、ひき開くるより涙に昏《くら》されて」と対応する。注4にあるように、宮からの手紙は普段より心が込もっていたので、「涙に昏され」たのである。「涙に昏す」は涙を流して暗くさせる意。「涙に昏されて」で、涙を流して目の前が真っ暗になってしまった様子をいっている。これが正解の一つである。

④は、18～19行目の「うちしほたれ書きつらん有様《ありさま》思ひやられて、つくづくと見給ふにも、なげの言の葉も、らうたげなるふしを添へて」と対応するが、大きく内容が異なるので不適。宮は、山里の姫君が泣きながら返事を書いたことを想像して、「なげの言の葉」にも「らうたげなるふし」を感じたのだった。「なげなり」（無げなり）」は何でもない様子を表す。「らうたげなり」は「らうたし」から派生した形容動詞で、かわいらしい様子を表す。

⑤は、19～21行目の「おのづから思ひまぎれつる心もかき乱れ、……『いかでか、思ひ移り、なずらふばかりの心も出で来ん』など思し続くるにも」と対応しているが、「いかでか、思ひ移り、なずらふばかりの心も出で来ん」は、「どうして、（他の女に）思いが移り、山里の姫君に対する思いと同じぐらいの気持ちが起こるだろうか、いや起こらない」というように、姫君を見捨てるようなことは絶対ないという宮の決意を表すもので、選択肢の「今後姫君のことを思い出すことはやめよう」とは意味が異なる。

⑥は、最終文の「この文、うちも置かれず御覧じつつ、とみにも御殿籠もらねば、……御前の人々は、ささめき聞こえて、憎むもあり、また、あはれなる御事に言ふもあり」と合致する。「この文、うちも置かれず御覧じつつ、とみにも御殿籠もらねば」は山里の姫君の手紙を見て落ち着かない宮の態度を表しており、「御前の人々は、ささめき聞こえて、憎むもあり、また、あはれなる御事に言ふもあり」は、宮に仕える人々が噂をしている様子を表している。

第5問

〈出典〉

【文章Ⅰ】『論語』

『論語』は編者未詳。孔子とその弟子たちの言行を記した書である。

【文章Ⅱ】周密《しゅうみつ》『斉東野語《せいとうやご》』

周密（一二三二〜九八？）は南宋末の人。宋代に流行した、長短の句を織り交ぜた韻文である「詞」の名手として知られた。『斉東野語』はその随筆集で、家に伝えられた旧聞や筆者自身の見聞を記している。

〈問題文の解説〉

【文章Ⅰ】

孔子が、なまけて昼寝をした弟子を厳しく叱ったという逸話である。

【文章Ⅱ】

筆者に昼寝の習慣があることと、やはり昼寝を好んだ北宋の王安石の逸話を述べ、『論語』の注釈に「昼寝」を「画寝（寝室に絵を描く）」と解するものがあることを紹介し、では自分の昼寝も叱られまいとユーモアで締めくくった随筆である。

〈読み方〉（漢字の振り仮名は、音はカタカナ・現代仮名遣いで、訓は平仮名・歴史的仮名遣いで示してある。）

【文章Ⅰ】

宰予《サイヨ》昼《ひる》寝《い》ぬ。子《シ》曰《い》はく、「朽木《キュウボク》は雕《ほ》るべからざるなり、糞土《フンド》の牆《かき》は杇《ぬ》るべからざるなり。予《ヨ》に於《お》いてか何《なに》をか誅《せ》めん」と。

【文章Ⅱ】

余懶《ヨラン》に習《なら》ひて癖《ヘキ》と成《な》り、暑昼《ショチュウ》に遇《あ》ふ毎《ごと》に、必《かなら》ず偃息《エンソク》を須《もと》む。然《しか》れども毎《つね》に枕《まくら》の熱《ネッ》するに苦《くる》しみ、展転《テンテン》すること数四《スウシ》なり。後《のち》に前輩《ゼンパイ》の言《ゲン》を見《み》るに、「荊公《ケイコウ》睡《ねむ》りを嗜《たしな》み、夏月《カゲツ》に常《つね》に方枕《ホウチン》を用《もち》ふ。或《ある》ひと何《なん》の意《イ》なるかを問《と》ふ。公《コウ》云《い》ふ、睡気《スイキ》枕《まくら》を蒸《ジョウ》して熱《ネッ》すれば、則《すなは》ち一方《イッポウ》の冷処《レイショ》に転《テン》ず」と。此《こ》れ真《まこと》に睡《ねむ》りの味《あぢ》を知《し》るに非《あら》ずんば、未《いま》だ此《これ》を語《かた》り易《やす》からざるなり。然《しか》りと雖《いへど》も宰予《サイヨ》昼《ひる》寝《い》ぬるに、夫子《フウシ》に朽木糞土《キュウボクフンド》の語《ゴ》有《あ》り。嘗《かつ》て侯白《コウハク》の注《チュウ》する所《ところ》の論語《ロンゴ》を見《み》るに謂《い》ふ、「『昼《チュウ》』の字《ジ》は当《まさ》に『画《ガ》』の字《ジ》に作《つく》るべし。蓋《けだ》し夫子《フウシ》其《そ》の寝《シン》に画《ゑが》くの侈《おご》りを悪《にく》む。是《ここ》を以《もつ》て朽木糞牆《キュウボクフンショウ》の語《ゴ》有《あ》り」と。然《しか》れども侯白《コウハク》は隋《ズイ》の人《ひと》、滑稽《コッケイ》を善《よ》くし、嘗《かつ》て啓顔録《ケイガンロク》を著《あらは》す。意《おも》へらく必《かなら》ず戯語《ギゴ》なりと。昌黎《ショウレイ》の論語解《ロンゴカイ》を観《み》るに及《およ》び、亦《ま》た云《い》ふ、「『昼寝《チュウシン》』は当《まさ》に『画寝《ガシン》』に作《つく》るべし。字《ジ》の誤《あやま》りなり。宰予《サイヨ》は四科十哲《シカジッテツ》、安《いづ》くんぞ昼《ひる》寝《い》ぬるの責《せ》め有《あ》るを得《え》んや。仮《も》し或《ある》いは偃息《エンソク》するも、亦《ま》た未《いま》だ深《ふか》く誅《せ》むるに至《いた》らず」と。若《も》し然《しか》らば則《すなは》ち吾免《われまぬか》るるを知《し》る。

〈現代語訳〉

【文章Ⅱ】

私は怠惰が習癖となっていて、暑い時期の昼になるたびにどうしても昼寝する必要がある。しかしながらいつも枕が熱くなるのに閉口して、何度も寝返りを繰り返していた。その後先人の言葉を見ると、「王荊公は寝ることが好きで、夏にはいつも四角い枕を使った。ある人が、どういう意味があるのか尋ねた。荊公は、眠っている時に出る湿気が枕を蒸らして熱くなったら、枕をもう一方の冷たい面に転がすのだと答えた」とあった。これはまことに眠りの味わいを知った人でなければ、簡単には言えないことである。そうではあるが、宰予が昼寝したところ、孔子は「朽木」「糞土」とお叱りになった。（このように昼寝はよくないことのようではあるが）かつて侯白が注釈をした『論語』を見たところ、「『昼』の字は『画』の字に改めるべきである。思うに孔子は宰予が寝室に絵を描いた奢侈を嫌ったのだ。だから『朽木』『糞牆』というお叱りの言葉があったのである」とあった。しかしながら侯白は隋の人で、冗談を得意とし、かつて『啓顔録』という（笑い話の）著作があった。（この注釈も）きっと戯れの言葉だろうと考えていた。（その後）昌黎（韓愈）の『論語』解釈を見たところ、そこにもまた、「『昼寝』は『画寝』に改めるべきだ。字の誤りである。宰予は（孔子の高弟の）四科十哲の一人で、昼寝をして叱られることなどありえない。仮に寝たとしても、厳しくとがめるほどのことではない」とあった。もしこれらの説が本当ならば、私は（昼寝の習慣を）とがめられなくてすむわけである。

〈設問解説〉

問1　文字の文脈における意味の設問

(ア)「何」は疑問詞として「なんぞ（なぜ）」「なにをか（何を）」の働きをし、直後に名詞を伴う場合は、「なんの（何の・どんな）」の働きをする。波線部では直後に名詞「意（意図・意味）」があるのでこの働きだと判断でき、全体として「どんな意図・意味なのか」の意を表していることがわかる。よって「どんな意味があるのか」とある選択肢③が正解。

(イ)「雖㆑～」は「～といへども」と読み、「たとえ～でも」「～ではあるが」の意を表す。「然」は「しかり（そのようだ）」「しかれども（しかし）」などの働きをする。傍線部では前者で、「雖㆑然」は「しかりといへども」と読み、「そうではあるが」の意を表す。正解は選択肢②である。

(ウ)「是以」は「ここをもつて」と読み、前の理由を受けて「これにより」「そこで」の意を表す重要表現。正解は選択肢①である。

問2　白文の書き下しの設問

傍線部に含まれる句形や重要表現を確認すると、傍線部の後半に「未」が存在する。「未㆑～」は「いまだ～ず」と読む再読文字で、「まだ～しない」の意を表し、また単に「～しない」の意を表す。「未～」を正しく読んでいるのは選択肢①と③である。④は「未だ此に語らざるを」と読んでいるが、「未㆑易」の返り点から「ず」は「易」に送られなければならないので誤り。さらに確認すると、「易」は「やすし（たやすい）」「かふ（取り換える）」の二つの働きがあり、①・③いずれの読みも可能なので、それぞれの選択肢を解釈してみる。すると①は「これはまことに眠りの味わいを知った人でなくて、言うのに取り換えられないことである」、③は「これはまことに眠りの味わいを知った人でなければ、簡単には言えないことである」となって、荊公が眠りを好んだという文脈に合致するのは③である。最終的に解釈で決定する書き下しの設問は、センター試験でも頻出だったが、共通テストでも出題されている。常に解釈を意識しよう。

問3　解釈の設問

「安～」は通常反語を作り「いづくんぞ～んや」と読む。漢文の反語は疑問形によって打ち消しを強調する表現で「どうして～だろうか、いや～ではない」の意を表す。傍線部は「安くんぞ昼寝ぬるの責め有るを得んや」と読み、「どうして昼寝の責めなどありえようか、いやありえない」の意を表す。「昼寝をして叱られることなどありえない」とある選択肢②が正解である。

問4　全体要旨に関する設問

(i)【文章Ⅱ】の侯白の説を確認すると、「夫子悪㆓其画㆑寝之侈㆒」とある。「夫子」は「フウシ」と読んで「先生」の意を表し、また、固有名詞的に孔子を指す。ここではもちろん孔子を指している。「侈」は「奢侈《しゃし》」という言葉があるように「贅沢」の意。「悪」はここでは動詞「にくむ（嫌う）」である。全体として、孔子が寝室に絵を描く贅沢を嫌ったと述べていることがわかる。よって「孔子は寝室に絵を描いた宰予の贅沢をとがめた」とある選択肢③が正解である。

(ii)【文章Ⅱ】の韓愈の説を確認すると、「『昼寝』当㆑作㆓『画寝』㆒。字之誤也」という侯白と同様の説に続けて、問3で確認したように、宰予が昼寝をして叱られることなどありえないと述べ、さらに、「仮或偃息、亦未㆑至㆓深誅㆒」とある。もし寝たとしてもひどく叱られるようなことにはならないと述べていることがわかるので、「たとえ昼寝をしたとしても、厳しくとがめるほどのことではない」とある選択肢⑤が正解である。

(iii)筆者の最後の言葉「吾知㆑免矣」の解釈が問われている。直訳すれば、「私はのがれられることがわかる」ということだが、【文章Ⅰ】で孔子が弟子の昼寝を厳しくとがめたこと、【文章Ⅱ】の冒頭で筆者が自分には昼寝の習慣があることを述べていることを考え合わせると、筆者が、侯白や韓愈の説のように、孔子は昼寝をとがめたのではないとすれば、自分も昼寝をとがめられることから逃れられると述べていることがわかる。よって、「自分も昼寝の習慣をとがめられないですむ」とある選択肢④が正解である。

第 5 回
実戦問題

解答・解説

第５回　解答・配点

(200点満点)

問題番号(配点)	設問	(配点)	解答番号	正　解	自己採点欄
第１問(45)	1	(2)	1	④	
		(2)	2	③	
		(2)	3	②	
		(2)	4	①	
		(2)	5	③	
	2	(6)	6	③	
	3	(6)	7	④	
	4	(6)	8	①	
	5	(3)	9	③	
		(3)	10	②	
		(5)	11	③	
		(6)	12	③	
小　計					
第２問(45)	1	(7)	13	④	
	2	(7)	14	②	
	3	(7)	15	①	
	4	(7)	16	⑤	
	5	(8)	17	⑤	
	6	(3)	18	③	
		(3)	19	②	
		(3)	20	②	
小　計					
第３問(20)	1	(4)	21	①	
	2	(4)	22	③	
		(4)	23	②	
	3	(3)	24	②	
	4	(5)	25	④	
小　計					

問題番号(配点)	設問	(配点)	解答番号	正　解	自己採点欄
第４問(45)	1	(5)	26	④	
		(5)	27	⑤	
	2	(7)	28	②	
	3	(7)	29	②	
	4	(7)	30	③	
		(7)	31	③	
		(7)	32	②	
小　計					
第５問(45)	1	(4)	33	④	
		(4)	34	②	
		(4)	35	⑤	
	2	(7)	36	③	
	3	(7)	37	⑤	
	4	(7)	38	④	
	5	(7)	39	③	
	6	(5)	40	①	
小　計					
合　計					

第1問

〈出典〉　内藤廣（ないとう　ひろし）『形態デザイン講義』（二〇一三年王国社刊）〈3章　場所の翻訳〉の一節。出題に際しやむを得ない事情により、省略・改変を施した箇所がある。

　内藤廣は一九五〇年生まれの建築家。早稲田大学理工学部建築学科卒、同大学院理工学研究科建設工学専攻修了。スペインや日本国内の建築設計事務所に勤務した後、一九八一年に内藤廣建築設計事務所設立。二〇〇一年より東京大学大学院で助教授、教授を務め、二〇一〇～二〇一一年には同大学副学長、二〇一一年より同大学名誉教授となる。建築作品には〈鳥羽市立海の博物館〉〈牧野富太郎記念館〉〈島根県芸術文化センター〉〈高知駅〉他多数。また『建築的思考のゆくえ』『建築のちから』『構造デザイン講義』『環境デザイン講義』など多数の著書がある。

〈問題文の解説〉

　今回の問題文は、約四五〇〇字の近現代社会論で、〈前書き〉にあるように「大学の建築科の学生に対する講義を基にした」文章ではあるが（[2]の記述などはそうした学生たちに直接向けられたものである）、問題文として選んだ箇所は、近現代社会を生きるすべての人々に対する問題提起として意義をもつものだといえる。

　なお、[4]の「『どこにでもある場所』と、『どこにもいないわたし』」は、作家村上龍氏の短篇集の題名『どこにでもある場所とどこにもいないわたし』を踏まえた表現である（原著にもその旨の記述がある）が、ここでは筆者独自の意味で用いている（**問2**はその線に沿って考えるべきものである）。また、[10]の「女人禁制」などの表現は、日本の旧習についての言及であって、差別的な意図によるものでないことはいうまでもない。

　論旨の展開に沿って見ていこう。

　[1]～[4]は、「スーパーフラット」という概念について。（これはもともとは、美術家村上隆氏が日本の美術・漫画・アニメ等さらには日本文化全般の特質を示す語として用い、それが他の諸分野へと波及していったものだが）本文中で筆者が挙げている論点を、繰り返し述べられていることに着目して整理すると、次のようになる。

a　「スーパーフラット」は、「ゼロ年代（注1・西暦二〇〇〇年代）の評論家たち」が、「**ネット社会や情報化社会**」**の特質を示すもの**として用いた概念を、「**建築のフィールドに当てはめ**」たものだ（[1]・[3]・[4]）。

b　「ネット社会」の特質としては、「インターネットでつながっているとき」の「フラットな感覚」、例えば、**従来ならば「図書館の奥」に行かないと入手できなかったような情報に（ネットを通じて、誰でも同じように）「フラットにアクセスすることができる」**感覚を示すもの（[3]）。「建築」に即していえば「**モダニズム**（注2・近代主義）の発明品の一つである『**均質空間**』が無限に増殖していく」というイメージを喚起するものである（[1]）。

c　それは（〈特別なもの〉がなくなるという点で）「**平等**」というテーゼにつながり（[1]）、「魅力的な言葉でもある」（[3]）が、一方で「**近代社会の空恐ろしいような側面**」を思わせ（[1]）、建築に即していえば（**誰が住んでいる場所も「均質」なものにしてしまうことで**）「**『どこにでもある場所』と、『どこにもいないわたし』**」を加速度的に増殖させている」（[4]）ように思える。

[1]末「『1984年』のような社会」とは、注3にあるように「権力が個々人の内部に浸透し意識自体を支配する」ような社会。つまり、**空間の〈均質化〉が、人々の〈思考の均質化〉にもつながる**のではないか、という指摘だとみることができる。実際、建築家や学生たちは「自分ではオリジナリティがあると思っていても、それは自分が思い込んでいるだけで」（[2]）、実際には「流行を追うだけ」（[4]）になっている、と筆者は指摘する。[4]の「**『どこにでもある場所』**（**c1**）と、**『どこにもいないわたし』**（**c2**）」という表現は、そのような**〈均質化した空間〉**（**c1**）と**〈均質化した人間〉**（**c2**）に重なるものであり、筆者は「これに**抗う**には、どうしたって**土地の問題を論じないといけない**」（[4]）と述べる。

　さて、〈空間の均質化〉に「抗う」ために「土地」が問題になるのはわかる。が、〈人間の均質化〉と「土地」がどう関連するというのか？――5以降の論を、こうした問題意識をもって見ていこう。

5〜11は、「日本の空間」のあり方について。繰り返し述べられていることに着目すると、筆者の主張は次のように整理できる。

a　「地鎮祭」においては、**ある領域を「四本」の竹と「しめ縄で囲い」**（6）、そこで「神主さん」が「**一連の儀式」を行うと**、そこに「神さま」が呼ばれ、「**ただの場所**」だった領域が「**ものすごく強力な意味を持」ち、「場が変容する」**（7・8）。

b　「相撲」では、「**四本の柱」で囲まれた場所が**、土俵入りを境に「特別な場所」「神聖な場」となり（9）、「能」では「**四隅の柱」で「囲まれた場所」**が、「主役…が登場する」とともに「**神聖な場所に変わ」る**（10）。「相撲」「能」だけでなく、「数寄屋」「茶室」（11）なども含め、「地鎮祭」のもつ「**シンボリックな意味を与えることによって、場の意味を根底からひっくり返す**」という特質は、**日本の他の文化においても共通に見られるもの**であり（11）、したがって、「**地鎮祭」は「日本の空間の原点」だとみることができる**（9）。

こうした空間の捉え方は「（日本以外の）世界にありそうで、実はない」（8）とある。筆者はここで〈**空間の捉え方は、本来、地域固有のものである（＝「均質」なものではない）**〉と述べているのだ。つまり筆者は、1〜4で述べられた**現代社会の〈均質化〉に「抗う」**問題意識として〈（伝統的な）**日本独特の空間の捉え方**〉への認識を促したのである。

12〜16は、「ヨーロッパ」と「アジア」それぞれにおける、「空間構造」と「言語構造」の「重なり」について。対比と繰り返しに着目すると、論旨は次のように整理できる。

a　**ヨーロッパの都市**は、中心に「カテドラル（注9・大聖堂）」があり、そこが「街のヒエラルキー〈＝階層的な序列・秩序〉として一番高い場所になっている」というように、「**ポジティブな価値**が真ん中にあって、それで領域をつくっている」（13）（a1）。これに対して「アジア（日本）的な空間領域」は、人間の住む領域の「周辺領域」に〈「鬼が住んでいる」といった〉「**ネガティブなもの**」を想定することで「自分の領域、生活領域をつくり上げる」形になっている（14）（a2）。

b　**ヨーロッパの人**は、子育ての際の「こういうことを**したらいい**」といった言い方（15）、ディスカッションや交渉の際の「こう**したら**どうか」といった言い方（16）など、肯定形の〈**ポジティブな**〉言い方で自分の言いたいことを伝えようとする傾向がある（b1）。これに対し**日本人**は、子育ての際の「あれをやっては**いけません**」といった言い方（15）、ディスカッションや交渉の際の「それは**できません**」といった言い方（16）など、主として「**ネガティブ**に言うことによって」自分の言いたいことを伝えようとするような傾向がある（b2）。

c　ヨーロッパの**空間構造**（a1）と**言語構造**（b1）は「**ポジティブ**」志向という点で**重なって**おり、日本の**空間構造**（a2）と**言語構造**（b2）は「**ネガティブ**」なものを先行させる点で**重なっている**。つまり、「**言語構造と空間構造」は「重なりあって」いる**のであり、それらは**各々の地域・社会・文化ごとに違うもの**なのである（16）。

ここでの〈言語構造〉とは（挙げられている例からわかる通り）〈思考のあり方〉でもある。つまり筆者はここで〈ヨーロッパとアジア（日本）には**それぞれ独自の空間の捉え方**があり、それは**各々の思考のあり方と重なっている**〉と述べているのである。ここに至って筆者が、現代の〈**空間の均質化＝人間の（思考の）均質化**〉に「**抗う**」ために「**土地**の問題を論じないといけない」と述べていた（4末）ことの意味が明確になる。それぞれの地域・社会・文化がもつ**独自の**〈**土地＝空間の捉え方**〉は、**各文化独自の**〈**思考のあり方＝人間のあり方**〉と〈重なる〉のだから、それを再認識することが、世界中の空間＝思考（人間）の〈**均質化**〉への**抵抗**となり得るはずだ、ということである。

全文の論理構造を図示しておこう。

現代社会・建築
「スーパーフラット」
空間の均質化
＝
人間（思考）の均質化
（[1]～[4]）

地鎮祭など　ある場所にシンボリックな意味
を与え、場の意味を変容させる
世界の他の地域にはない、
日本独自の空間の捉え方（[5]～[11]）

ヨーロッパ的な空間＝言語　ポジティブ
アジア（日本）的な空間＝言語　ネガティブ
地域・文化ごとに独自の｛**空間**構造 ＝ **言語**構造｝（[12]～[16]）

〈**設問解説**〉

問1　漢字設問。読解の基本となる語彙力を問うもの。

(ア)「イメージがカンキされる」とあるので、〈よびおこす〉意の「喚起」。うっかり〈歓喜〉〈換気〉などと混同しないように注意。〈①交換②感知③歓迎④喚問（＝〈証人などとして〉呼び出し問いただすこと〉）で、正解は④。

(イ)〈味方になる・力を添えて助ける〉意の「荷（加）担」。〈①綻ぶ②鍛える③担う④端〉で、正解は③。

(ウ)〈しきたり・ならわし・習慣〉の意の「風習」。〈①周到②習熟③修復④収拾〉で、正解は②。

(エ)「建てる前にセイチした段階で、その土地の…」なので、〈建築や耕作などに適するように土地をならす〉意の「整地」。カタカナだけ見て〈精緻〉〈聖地〉などと勘違いしないよう注意。〈①整然②形勢③精密④聖書〉で、正解は①。

(オ)〈意見や方針などを表明する〉意の「宣言」。〈①洗練（煉）②沈潜③宣伝④推薦〉で、正解は③。

　(イ)のような**訓と音との書き換え**、および(ア)(エ)のような**同音異義語の使い分け**は、漢字設問の頻出パターン。漢字練習の際に意識しておこう。

問2　傍線部の趣旨説明。[1]～[4]の論旨を（[5]以降とのつながりも踏まえて）理解できているかどうかを問うねらい。

　〈**問題文の解説**〉の項の[1]～[4]の箇所を参照。そこに示したように、傍線部Aに至る論の趣旨は、次のようなものであった。

a　「スーパーフラット」は、「ゼロ年代」の「評論家たち」が、「**ネット社会や情報化社会**」**の特質を示すものとして用いた概念を、**「**建築のフィールドに当てはめ**」**たものだ**（[1]・[3]・[4]）。

b　それは例えば、**従来ならば**「**図書館の奥**」**に行かないと入手できなかったような情報に**（**ネットを通じて**）「**フラットにアクセスすることができる**」感覚（[3]）であり、「建築」に即していえば「モダニズム（注2・近代主義）の発明品の一つである『**均質空間**』が無限に増殖していく」イメージを喚起するものである（[1]）。

c　それは「**近代社会の空恐ろしいような側面**」を思わせ（[1]）、「『**どこにでもある場所**』と、『**どこにもいないわたし**』を加速度的に増殖させている」（[4]）ように思える。

　傍線部A直前「流行を追う」とは、[4]前半にあるように、建築家たちがそろって「フラットな空間」（右の**a**）を追求していること。続く「現実の問題」とは、傍線部A「『どこにでもある場所』と、『どこにもいないわたし』」のこと（直前「むしろ」が〈むしろ（逆に）〉という用法の語であることから、〈流行を追うだけでは、**現実の問題**を解決することはできない。むしろ（逆に）、**現実の問題**を加速度的に増殖させている〉というつながりだとわかる。「近代」においてすでに生じていた問題（右の**b**「モダニズム」**c**「近代社会の…」）が、現代においてさらに「増殖」している、ということである）。

　その「問題」のうち、「『**どこにでもある場所**』…を…増殖」は[1]「『**均質空間**』が…増殖」に対応している（**c1**）。では「『**どこにもいないわたし**』を…増殖」とはどういうことか。〈空間の均質化〉と重ねて考えれば、〈「**わたし**」**の均質化**〉ということになるが、実際、[2]や[4]で建築家たちの「流行を追う」ばかりの「**オリジナリティの無さ**」が指摘されている。つまり大きな方向性としては〈**人間の独自性・固有性が失われる**〉という趣旨だとみることができそうである。さらに、傍線部A直後で、そうした傾向に「抗うには…**土地**の問題を論じないといけない」とある以上、右で〈失われる〉のは**〈「土地」に即した人間の独自性・固有性〉**なのであろう、と解さねばならないことになる（c2）。――以上のように、[4]末の記述を裏返す形でとりあえず推論が可能だが、さらに読み進めれば、**〈問題文の解説〉**の項の[5]~[11]・[12]~[16]の項（特にそれぞれの末尾の部分）に示したように、筆者が〈本来は各地域（社会・文化）ごとに異なる独自の〝空間の捉え方〟があり、それに対応する形で各地域ごとに異なる独自の〝思考のあり方〟が存在していたのだが、それが（現代においては）失われようとしている〉と考えていることがつかめる。**〈自分の思考の根拠となる固有の場所をもたない「わたし」〉**＝「**どこにもいないわたし**」なのである。――以上a~cに合致する③が正解。対応を確認すれば、

建築界で流行しているフラットな空間への指向は、あらゆるものがインターネット上の情報としていつどこでも手軽にアクセス可能なものとなった現代社会のあり方に通ずるものだ（a・b）が、それは近代社会の特質である空間の均質化をいっそう推し進め（b・c1）、土地の固有性に根ざして生きる人間存在のあり方を解体していく（c2）ことにつながる、ということ。

誤答について。①はまず「ゼロ年代の評論家たちの主張」が直接「スーパーフラットと呼ばれる横に伸びていく建築を生み出した」わけではないので×だし、①「地上を離れ天へ向かおうとする垂直的指向を放棄し」も本文の論旨と無関係で、×。

②は「**当初は建築用語**だったスーパーフラットという言葉は、人々がインターネットで世界中とつながっている…**イメージとして広く用いられるようになった**」が、先のa（情報化社会のイメージとしての言葉が↓建築に取り入れられた）と**順序が逆**で、×。また②「他のどこにもいない独自の自己という観念にとらわれた人々を増殖」も、（傍線部A「どこにもいないわたし」の解釈が）先のc2と逆方向（むしろ〈独自性を失った人々を増殖〉である）だし、これでは傍線部A直後「どうしたって土地の問題を論じないといけない」に内容上つながらない（つまり、もし傍線部Aの「どこにもいないわたし」を②のように解釈すると、筆者が直後で論理上無関係なことを言っていることになってしまう）ので、×。

④は「建築が…物理的な空間をフラットにしていくことは、**現実世界を生きる生身の肉体を軽視する風潮**を…」が本文の論旨と無関係で、×。

⑤は「移動や往来の効率性を高めようと…経済合理性を追うあまり都市空間からゆとりや豊かさを失わせ、テクノロジーの都合ばかりが優先される人間不在の空間を…」が本文の論旨と無関係で、×。

正解③のc2は右に見たように（少なくとも[1]~[4]の範囲では）、傍線部Aの表現と、[1]~[4]の論旨および[4]末の記述とを重ねることによって、〈推論〉的に解釈することが必要なものである。共通テストでは**この種の〈推論〉を必要とする**設問が出題される。単に選択肢の文言が〈本文に出てくるかどうか〉照合して○×する、というアプローチでは限界がある。右のような〈推論〉に慣れるとともに、他の選択肢も慎重に吟味して、**〈本文の論旨に即し、かつ設問要求にこたえるもの〉として最も妥当性の高いものを選ぶ**、という練習を繰り返したい。

④・⑤は**〈〈よく聞く話〉だが、本文の論旨とは異なる〉**というタイプの誤答。**〈自分の頭の中の常識で勝手に判断せず、本文の論旨に即して解答する〉**ことを心がけよう。

問3 傍線部の理由説明。[5]~[11]の論旨の理解を問うねらい。**〈問題文の解説〉**の項の[5]~[11]の箇所を参照。そこに示したように[5]~[11]には、左のようなことが述べられている。

a 「地鎮祭」では、「**四本**」の竹と「**しめ縄で囲**」った領域で（a1）（[6]）、「**一連の儀式**」を行うと（a2）、「**ただの場所**」であった領域が（a3）「**ものすごく強力な意味を持**」ち、「**場が変容する**」（a4）（[7]・[8]）。

b 同様のことが「**相撲**」（[9]）や「**能**」（「**四隅の柱**」で「**囲まれた場所**」が、「主役…が登場する」ことで「**異界**」「**神聖な場所**」に変わる）（[10]）でも生じる（b1）。つまり「地鎮祭」のもつ特質は、**日本の他の文化にも共通に見られる**ものであり（[11]）、したがって、「**地鎮祭**」は「**日本の空間の原点**」**だとみることができる**（b2）（[9]）。

「地鎮祭」は「日本の空間の原点」**だから**、傍線部B「地鎮祭をよく理

解してから能を見ると、（空間の変容の原理が同じなので）ものすごくよく理解できる」ということである。以上に合致する④が正解。

能における異界の出現は（b1）、物理的には何の変哲もない空間において（a3）、境界を作る仕掛け（a1）と特定の人間の行為（a2）により場の意味を大きく変容させる（a4）地鎮祭のあり方を、その原点とする（b2）ものだから。

誤答について。①「能の舞台…は、地鎮祭によって**鎮められた…霊を呼び戻し、その力を借りて社会を活性化…**」は本文と無関係で、×。

②は「能の舞台は…**地鎮祭を行うことで**、場の意味を大きく変容させ」が先のb1と異なり、×。「地鎮祭」が**直接**「能の舞台」の「**意味を…変容させ**」るのではない。「能の舞台」の「意味」の「変容」は「主役…が登場する」ことにより生じるのであり、それが「地鎮祭」で「儀式」により場の意味が変容することと、〈構造的に共通する〉というだけである。

③は、「能」が「日常から非日常へ」、「地鎮祭」が「非日常…を…去らせ、日常…を回復」と、両者を**反対方向のもの**（③「対をなすもの」）ととらえているのが、先のabに反する。先のa4で見たように、「地鎮祭」も「ただの竹で囲まれた場所」を「強力な意味を持つ」場へと「変容」させる（≠日常→非日常）ものなのであり（本文[7]）、その点で「**能**」と**〈重なる〉もの**だととらえられている。[8]「神さまに去ってもらう…とただの場所に戻る」ところ（のみ）に筆者の論の焦点があるのではない。

⑤「能舞台…**は**…地鎮祭を原点とする日本的な空間のあり方を根底か**らひっくり返す**」では、〈「能」は「地鎮祭を原点とする日本的な空間のあり方」と「根底」的に**違う**〉という趣旨になってしまい、先のbに反する。[11]にあるように、「地鎮祭」も「能」も（数寄屋も茶室も）、「場の意味を根底からひっくり返す」ものである点で〈**同じ**〉なのである。

②・③・⑤は**〈本文に出て来る表現を用いつつ本文とは異なる内容にした誤答〉**。本文読解をおろそかにしたまま、選択肢の表現が本文に出て来るかどうか照合して…というやり方で解こうとすると、この種のひっかけ選択肢で誤答してしまいかねない。**まず対比関係や同内容の繰り返しに注意して本文の論旨を的確につかみ、次にその論旨と傍線部の表現がどのように関連しているかを考える**、という手順で解いてゆくことが必要である。

問4　傍線部に関する論旨把握。[12]〜[16]の論旨の理解を問うねらい。

〈問題文の解説〉の項の[12]〜[16]の箇所を参照。そこに示したように[12]〜[16]には、左のようなことが述べられている。

a　**ヨーロッパの都市**は、「**ポジティブな価値**が真ん中にあって、それで領域をつくっている」形になっている⑬（a1）。これに対して「アジア的な空間領域」は、人間の住む領域の「周辺領域」に「**ネガティブなもの**」を想定することで「自分の領域、生活領域をつくり上げる」形になっている⑭（a2）。

b　**ヨーロッパの人**は、「こういうことを**したらいい**」⑮、「こう**したらどうか**」⑯など、肯定形の（**ポジティブな**）言い方で自分の言いたいことを伝えようとする傾向がある（b1）。これに対し**日本人**は、「あれをやっては**いけません**」⑮、「それは**できません**」⑯など、主として「**ネガティブに言う**ことによって」自分の言いたいことを伝えようとする傾向がある（b2）。

c　ヨーロッパは「**ポジティブ**」志向（a1・b1）、日本（アジア）は「**ネガティブ**」なもの先行（a2・b2）という形で、それぞれの「**言語構造と空間構造**」は「**重なりあって**」いる⑯。

傍線部**C**は「これは言語の差ですよね」という表現であるが、設問要求は「このこと（＝言語の差）について筆者はどのように考えているか」である。本文全体においても[12]〜[16]においても、筆者が中心的に論じているのは「空間」なのであるから、〈言語の差について筆者が考えていること〉は、〈それは空間の構造の差と重なっている〉ということ（先のc）だと判断したい。以上a〜cに合致する①が正解である。

言語的コミュニケーションにおいて、西欧人は肯定形を中心とし（b1）、日本人は否定形を中心とする傾向がある（b2）が、このことは、西欧の空間が中心に価値の高いものを置くことで自己の領域を構成していき（a1）、日本の空間が外部にネガティブなものを置くことで自己の領域を構成していく（a2）ことと対応している（c）。

誤答について。②は前半も先のａｂからズレているが、②「このことは、西欧の言語が常に主語を明確にする構造をもち、日本の言語が必ずしも主語を必要とせず主体と客体とが明確に分離しない構造をもっていることと対応」が〈よく聞く話だがこの文章では述べられていないこと〉で、×。

③はまず、「言語」の話に終始していて「空間」についての言及がない点で×。これでは（先に見たように）「このことについて筆者はどのように考えているか」という問い方に対応していない。さらに、③前半は「子どもを育てる際」という一具体例だけに限定されている（16の「ディスカッション」「政治的な交渉」の例まで含めてまとめ直した言い方になっていないので、そちらが無視されていることになる）点で×であり、また、「ポジティブな表現」を「**自己主張**」とし、「ネガティブな表現」を「**自己否定**」としたのも本文の論旨からズレている（例えば15前半の例は「自己否定」ではなく〈相手に対する〝禁止〟〉であるし、16前半の例は「自己否定」というよりは〈否定形によって「自己の言いたいことを…分かってよ」という〝要求〟〉である）。

④は前半も先のｂからズレているが、④「西欧人が…自他の領域の区別を明確にする志向をもち、日本人が両者の境界を曖昧にし共存していこうとする志向をもつ」が、〈よく聞く話だがこの文章では述べられていないこと〉で、×。この文章では空間構成について〈「ポジティブ」志向か「ネガティブ」先行か〉という点で対比がなされている。

⑤は前半が「ディスカッションや交渉」の例のみに限定されているのが（③同様に）×であり、また⑤「実現の可能性を度外視して…実現可能性を考慮して」や「言語による思考と現実の空間における行為とを分けて考え…両者を常に重ねて考え」が本文と無関係で、×。

問5　共通テスト型の応用的思考を問う設問。過去に出題歴のある、〈生徒のノート・メモ〉の形で本文の整理と解釈を行う設問形式を踏まえつつ、今後出題され得る形を想定した設問とした。(i)で本文の構成に沿って部分の要点をとらえ、(ii)で全体の構成や各部分のつながりについて確認し、(iii)でそれらを基に本文の要約を行う、という形で、〈生徒の学習の過程〉を追って解く設問としてある。

(i)　本文の構成に沿って部分の要点をとらえる設問。**〈問題文の解説〉**および問2・問3の解説を参照。

空欄**Ⅰ**は、1～4の要点に当たるもの。1～4で「一　最近の建築の流行」として繰り返し述べられているのは、「**スーパーフラット**」「**均質空間**（の無限の増殖）」（1）、「**フラットな感覚**」（3）に基づく「**フラットな空間**」「**どこにでもある場所**」（4）といった内容である。これに当たる③「フラットな空間」が正解。①「空間の仕組み」は11に見られる語句だが、最近の空間にも伝統的な空間にも、どちらにも「空間の仕組み」はあるのだから、「最近の建築の流行」に限定して述べた内容として適合するとはいえない。②「場の意味の変容」④「能舞台の構造」は5～11の方に出てくる語句。⑤「建築のオリジナリティ」は2「オリジナリティの無さ」というふうに「最近の建築」の特徴としては否定されているものだし、1～4全体をまとめたものとはいいがたい。

空欄**Ⅱ**は、5～11の要点に当たるもの。5～11で「二　日本的な空間の特質」として挙げられているのは、「地鎮祭」についての「神さまを呼んだ瞬間に……**場が変容**するわけです」（7）「そこに意味を持たせ、**場が変容**する」（8）、相撲の土俵を囲む場所についての「土俵入りを境にきわめて特別な場所に**なる**わけです」（9）、能舞台についての「**場の意味**が日常から非日常へと**変容**します」（10）、これらをまとめた「大事なことは、『場が変容する』ということです」（11）といった内容。これらに当たる②「場の意味の変容」が正解。①は**Ⅰ**で解説した通りで、「日本的な空間の特質」に限定して述べた内容として答えることはできない。③「フラットな空間」は「最近の建築」側で、日本の伝統的な空間について述べた5～11の内容ではない。④は「地鎮祭」「土俵」「能舞台」と挙げられている具体例の一つでしかなく、5～11全体をカバーするものとはいえない。⑤は、5～11はそもそも⑤「建築」のみでなく、地鎮祭や土俵といったものを含む「空間」全般についての論だから、適切でないし、「オリジナリティ」が問題になっている箇所でもない。

右に見たように、①「空間の仕組み」は、一・二両方を含んでしまうから、逆に一・二それぞれを示すものとしては〈抽象的すぎて〉適切でない。④「能舞台の構造」は複数挙げられている具体例のうちの一つにすぎないから、二全体を示すものとしては〈具体的すぎて〉適切でない。――こういった**〈抽象／具体〉の〈レベル〉の違い**に敏感になってほしい。

(ii) 本文の構成に関する説明の適否を判断する設問。**〈問題文の解説〉**を参照。「適当でないもの」を選ぶ設問であることに注意。

①について。一（1～4）では「フラットな空間」（**a**）と「ネット社会や情報化社会」の「フラットな感覚」（**b**）が重なるものとされ（3）、二（5～11）では「空間」（**a**）は同じでも「意味」（**b**）が「変容」する、という日本的空間の特質が述べられる。三では、ヨーロッパとアジアの空間構成（**a**）が「ポジティブな価値」「ネガティブなもの」（**b**）との関わりで成立していることが述べられる。つまり、一～三のいずれでも、筆者は①「『空間』（**a**）を単なる物理的なものを超えた意味を持つもの（**b**）として取り上げている」といえる。①は「適当」。

②について。一の「フラットな空間」は、4「**安直**」「『どこにでもある場所』と、『どこにもいないわたし』を……増殖させている**だけ**」と、②「否定的に」評されており、一方二・三の空間はそのように評されてはいない（三で「アジア」「日本」が「ネガティブなものを周りに置く」とある「ネガティブ」は、「否定を積み重ねることによって自らの領域……を明らかにしていく」（16）などとあるように、それらの空間の特徴を述べたことばであり、筆者がそれらを否定している、というものではない）。②は「適当」。

③について。③「一で取り上げられた空間（フラットな空間）と二で取り上げられた空間（日本的な空間）は対比され」ているとはいえるが、三に「フラットな空間」は出てこないのだから、③「三でその二つがまとめられている」とはいえない。③は「適当でないもの」つまり正解。

④について。④「二で取り上げられるさまざまな事例」とは「地鎮祭」「相撲（の土俵）」「能舞台」のことで、(i)のⅡの解説で見たように、いずれも「場の意味の変容」という④「同一の論旨を述べるために挙げられている」といえる。④は「適当」。

⑤について。③で見たように三が全体のまとめということではないし、また、本文末尾が〈結論〉というわけでもない（本文全体は「空間」「建築」についての論であり、一方、末尾の部分（15・16）は「言語構造」が主たる話題（16で「言語構造と空間構造」が〈重なる〉と述べているように、全体の論点である「空間」について説明するための材料として「言語」を持ち出している、という箇所）だから、末尾の部分は本文全体の結論とはいえない）。他に「どこか一箇所」全体をまとめたり結論づけたりしている箇所があるわけでもない。また、②で見たように〈現代のフラットな空間〉を否定的に評価し、それと対比するかたちで〈日本的な空間〉〈ヨーロッパ的な空間とアジア的な空間〉すなわち〈各地の伝統的な空間〉の特徴を述べているが、それらすべてを端的にまとめた表現がどこかにあるわけでもない。つまり、⑤「どこか一箇所に主張の中心があるというより、本文全体を通じて筆者の主張が見えてくるという文章」だといえる。⑤は「適当」。

(iii) 本文全体を要約的に説明する設問。

〈問題文の解説〉の項、特にその最後の部分と解説末の図を参照。問5(ii)⑤で見た通り「本文全体を通じて筆者の主張が見えてくるという文章」だから、全体を見渡してみよう。――本文は1～4で現代の**〈空間の均質化〉とそれに伴う〈人間の均質化〉**（**a**）について述べ（問2や問5(i)Ⅰの解説も参照）、4末でそれに「**抗う**」（**b**）ために「土地の問題を論じないといけない」（**c**）と述べた上で、5～11で**〈（世界の他の地域にはない）日本的な空間のあり方〉**（**d**）について述べ（問3や問5(i)Ⅱの解説も参照）、12～16で〈ヨーロッパとアジア（日本）の**空間のあり方の違い**〉がそれぞれの地域の〈**言語**（**思考・文化**）**の違い**〉と〈**重なっている**〉こと（**e**）を述べていた（問4や問5(ii)①の解説も参照）。〈均質化に**抗う**〉というのだから、**〈均質化〉の逆**、すなわち〈**違い**〉を〈**大切にすべきだ**〉というのが筆者の考えだ（問5(ii)②の解説も参照）ということになる（**f**）。以上**a**～**f**に合致する③が正解。

空間をどのように捉え意味づけるかは、そこで生きる人々の生の様相や社会の特質と密接に関わる（**a**・**e**）ことなのだから、空間の均質化が進む現代の傾向に抗い（b）、各地域や個々の場所の固有性に根ざした空間のあり方（c・d・e）を大切にすべきだ（f）。

誤答について。①は「『スーパーフラット』…それはあくまでネット上の仮想空間でしかない」が[1]～[4]の論旨に反する（「建築」における「スーパーフラット」は〈現実の空間〉である）。これに伴い①後半も本文の論旨からズレていることになる。また①は[5]以降の論旨を踏まえておらず、問5(ii)②や⑤で見た本文の構成にも反する。

②は「空間的に自らの領域を明らかにする」が本文の論旨からズレている。「明らかにする」か否かが問題になっているのではない（問4④の解説も参照）。また②「日本人が**主体的な言語使用を身につけるためには**、まず日本的な空間のあり方を**考え直さねばならない**」も〈よく聞く話だがこの本文では述べられていないこと〉で、×。これでは筆者が〈日本的な言語＝空間のあり方〉を否定的に評価していることになってしまう。筆者は〈それぞれ違っているのがよい〉といっているのであって（先のf）、日本的なものを否定しているわけではない（問5(ii)②の解説も参照）。

④は「現代の空間のあり方が『スーパーフラット』という流行の言葉に影響されるのも**やむを得ない**」が先のbに反し（問5(ii)②の解説も参照）、×。

⑤は「人間の精神が生み出す**観念的**なものだと考えられがちだが…**即物的**なものだと言える」という対比が本文とは無関係で、×。またそもそも、⑤「建築や都市といった物理的実体が生み出す」も本文の論旨に反し、×である。本文は「物理的実体」としての「建築や都市」自体ではなく、〈空間をどのように捉えるか〉という〈意識のあり方〉を問題にしている（問5(ii)①の解説も参照）。

第2問

〈出典〉 志水辰夫（しみず　たつお）「五十回忌」（集英社文庫『生きいそぎ』所収）の一節。

志水辰夫は、高知県出身で一九三六年生まれ。高校卒業後、公務員などを経て、出版社に勤務。一九八一年「飢えて狼《おおかみ》」で作家としてデビュー。冒険小説、恋愛小説、時代小説など幅広いジャンルで活躍している。「行きずりの街」（第九回日本冒険小説協会大賞）、「いまひとたびの」（第十三回日本冒険小説協会大賞短編部門大賞）、「きのうの空」（第十四回柴田錬三郎賞）などの作品がある。淡々とした語り口のなかに叙情があり味わい深い文体である。一読を勧めたい。

「五十回忌」は、亡き姉の五十回忌の日の出来事が、「わたし」の視点から、回想を交えて描かれた小説である。姉は、十二歳の時、雷雨の中、逃げた鯉《こい》を夢中で追いかける「わたし」と妹の鈴《すず》を迎えに来て連れ帰る途中、落雷によって亡くなった。鈴の発案で姉の五十回忌が長兄一家の住む実家で営まれた。仕事の都合で鈴が一足先に帰ろうとしたあたりから雨が降り始め、鈴が「わたし」に別れの挨拶を言いに来た頃には、五十年前を彷彿《ほうふつ》とさせる豪雨となり、雷も鳴り始めた。その中で、「わたし」は当時を回想する。鯉を釣りあげたときの喜び、雷雨も気にかけず逃げた鯉を夢中で追い回したこと、姉の叱責、帰り道の落雷。「あのとき」は、五十歳半ばの今の「わたし」の視点から描かれる。怖《こわ》かった姉の叱咤が愛情であったことも、姉の死はある意味でどうしようもないことだったということも、今の「わたし」はわきまえている。

そして、落雷と同時に見えた「少女の立像のような白い影」。鈴も「わたし」も、「姉が帰ってきた」と思う。「十二歳」のままの姉は、「向こうへ歩いて行った」。

百回忌、百五十回忌を営む場合もあるが、一般的には三十三回忌、もしくは五十回忌を年忌の最後とし、「弔《と》い上げ」などと呼ぶ。

「現在」の場面と「回想」の場面があるので、「時間」に注意して読むことが大切。また、「雷雨」が非常に効果的に用いられているので、しっかり味わって欲しい。

なお、本文には出題にあたり省略した箇所がある。

〈問題文の解説〉

リード文 姉の五十回忌（現在）→姉の死は五十年前（過去）⇩本文は「現在」の視点から「過去」を回想する文章であることを意識する。

場面の動き

【1　現在　「わたし」と鈴】の場面（2行目まで）

雷雨によって「あのとき」がよみがえる

「気がついたときは驟《しゅう》雨のただなかにきょうだい三人が放りこまれていた」と「あのとき」のことを思いだす

【2　回想　ゲンゴロウ鮒《ぶな》釣りから姉に叱咤されるまで】の場面（65行目まで）

①ゲンゴロウ鮒釣り（24行目まで）

友だちの「冷笑」がきっかけ

「例の溜《た》め池にいる、という話を聞きつけてきてくれたのは姉だ」

兄…「山から伐《き》りだしてきた矢竹で釣り竿《ざお》をつくって」くれた

「浮き」を「桐《きり》の木を切りだしてつくってくれた」

父…「テグスと針」を買ってくれた

「わたし」…餌《えさ》の「みみず」を掘った

鈴…「お供」に「バケツを持ってついてきた」

⇦ 三日目に釣りあげる

②鯉を釣りあげるまで（35行目まで）

「鮒《ふな》を釣っているとき、遠くの水面で魚が跳ねる」のを目撃

周囲の反対を予測して、自分で用意、工夫

⇦ 二週間後、鯉を釣りあげる

③逃げた鯉を追い回し、姉に叱られるまで（65行目まで）

・夕立の気配に帰りを急ぐ

・バケツから飛びだした鯉が、捕まえようとする鈴を振りきって水路に落ちる

心情

⇩「わたし」…回想に入る

「わたし」

⇩「鬼退治に行く桃太郎のような気分になって勇躍でかけた」

⇩「わたし」と鈴…「大喜びで凱旋《がいせん》した」

「わたし」…「つぎの新しい目標（＝鯉を釣りあげること）が芽生え」る

⇩「わたし」…「生まれてこの方、あのときくらいうれしかったことはなかった」

ポイント

・「驟雨」が回想の契機となり、「あのとき」が想起される

・「きょうだい三人」＝姉・「わたし」・鈴

・家族全員の応援

・高揚《こうよう》した気持ち

・自力で鯉を釣りあげたときの感触が、喜びと充実感を伴って残っている

・捕まえかけたものの再び逃げられ、激しい雨も気にかけず、追い回す
・水は濁り、水嵩《みずかさ》は「膝《ひざ》を越す高さ」に。流れも速さを増し、雷が轟きはじめる
・鈴も「水の勢いに押されて流されそうに」なり「ひーひーいいながら」も、懸命に耐えて鯉を捕まえようとしている
・迎えに来た姉のはげしく叱りつける声

【3　現在　弥一・兄とのやりとり】の場面（78行目まで）
・五十年前と同じ、「きょうほど強い雨に出遭ったことはなかった」
・弥一…「ぎょっとした顔になった」
・兄…部屋の戸を開け放していると「水しぶきが入ってくる」と非難
→　鈴の剣幕に黙って、「わたしたちを交互に見おろした」
・「雷が近づいてくる」

【4　回想　帰り道から姉の死】の場面（95行目まで）
・「向こうが見えなくなるほど雨が強まり、稲光が間断なく光って、落雷の音がまぢかで聞こえていた」……危険
・姉の叱咤、力ずくで引きずりあげられる
・「わたし」は泣きながら事情を訴えるが、姉は聞きいれず、連れ帰る
・姉は、傘《かさ》をふたりにさしだし、釣り道具を持って先に立ち、ときどき振りかえっては遅れるふたりを叱り、また先に立つ
・姉の竿《さお》に落雷→姉の死。ふたりは、「地べたに叩《たた》きつけられ」気を失う

【5　現在　落雷】の場面（最後まで）
・落雷。水煙が「白い影のように」揺れ、「木立のなかへ」消えた
・鈴が興奮した様子で「おねえちゃんが帰ってきた」とさけぶ
・「少女の立像のような白い影。こちらを向いた。そして向こうへ歩いて行った」

「わたし」
・「あれほど苦労して釣りあげた鯉」を「絶対に逃がすものか、という一心でわれを忘れていた」
・鯉を逃がすまいとしてせっかくつくった障害物も雨で流されてしまい「追い詰められて」いた
鈴…鯉を捕まえようと必死になっている
姉…「ふたり」を心配している

「わたし」と鈴…五十年前をまざまざと思いだす
「わたし」…姉に対する「ふたり」の思いと、兄の思いとの食い違いを感じている
弥一…「ふたり」の「異様な雰囲気」に驚いた
兄…「ふたり」の、姉に対する思いを理解していない

「わたし」
・鈴ともども初めて雷に気づく
・力つきて泣きだし、怖い姉に必死で事情を訴える
・泣いているために遅れがちな鈴を叱りつつ気遣う
鈴…嫌いな雷に初めて気づき、泣きじゃくる
姉…危険な状況なので、とにかく早く連れて帰ろうと思っている

鈴…姉が帰ってきたと信じ、興奮している
「わたし」…鈴より落ち着いているが、やはり姉が帰ってきたと思っている

・雨によって水嵩が増し、流れも速くなる中、しだいに追い詰められて、周りが見えなくなっていく「ふたり」の心理
・雷雨が「わたし」と鈴の心理に及ぼす影響

・姉の死に直接かかわった「わたし」と鈴の強いつながり
・兄と「ふたり」との、姉への思いの違い
・最後の場面に向けて高まる緊迫感

・姉の叱咤の背後にある心配と愛情
・当時の「わたし」にとって、姉は怖い存在である
・幼い「わたし」なりの鈴への気遣い

・白い水煙に姉の姿を見て、姉が帰ってきたと思う「わたし」の心情。十二歳のままの姉の姿に、あのころの思い出や姉の示してくれた愛情が思い起こされている

〈設問解説〉

問1　鯉を釣りあげたときの気持ちを読み取る設問。

　傍線部**A**は「いまでも」とあり、現在から当時を回想した表現だとわかる。（ちなみに、16～17行目に「いまでいえば小学校へ入ったばかりの年」とあるので、姉の五十回忌を迎えた今の「わたし」は六十歳前。）また、直前に「生まれてこの方、あのときくらいうれしかったことはなかった」とある。その心情と一体化した「手応え」が「躰のなかにしっかりとしみこんでいる」のである。

　なぜそんなにうれしかったのか、「ゲンゴロウ鮒釣り」と比較して考えてみよう。鯉としては「小ぶりだった」にしても、「ゲンゴロウ鮒とは比較にならない」大きさであり、しかも「ゲンゴロウ鮒釣り」は家族全員で応援してくれたが、鯉釣りはすべて一人で工夫した。これが大きな喜びにつながったと考えられる。よって正解は④。

　なお、この鯉を釣りあげたときの喜びが、鯉を「逃がすまい」という気持ちを呼び起こし、姉の命を奪った事故につながっていく、というのが本文の内容である。本文全体を読んだ後なら、「わたし」の気持ちの底には〈姉の死にかかわった負い目〉がぬぐいきれずにあることが理解できるだろう。物語全体の流れの中では、傍線部**A**の箇所で「喜び」の確かな感触が今も残っていることを提示することによって、それゆえに引き起こされてしまった出来事の経緯と「わたし」の痛切な思いを描く中盤以降の展開をより印象深いものにしている、ということができるだろう。

　①傍線部**A**はあくまで「鯉釣り」の話であって、「ゲンゴロウ鮒釣り」のときの「得意さ」は入らない。「当時の余韻に浸りながら幼かった頃の自分をいとおしんでいる」もずれている。

　②は「反対を押しきって」が間違い。26行目「溜め池の鯉を釣るというと周囲にとめられるだろうから、人にはうっかり相談できなかった」とあり、「わたし」がそう推測したということであって、実際に反対されたわけではない。「純粋だった当時の自分を懐かしく」もずれている。

　③は、選択肢前半の対比も、ここでは中心点からずれているが、最後の部分が明らかに誤り。傍線部**A**のように「躰のなかにしっかりとしみこんでいる」のなら、「そのときの感覚をひとつずつ思い起こ」す必要はない。表現にも注意してほしい。

　⑤「見張りを妹の鈴にまかせきりにしたせいで鯉を逃がしてしまったことへの後悔の念」は本文から読み取れない。

問2　「時間」に注目して読み、姉の言動についての「わたし」の理解を読み取る設問。

　傍線部**B**直後は、現在の場面である。傍線部**B**の続きは79行目から、ということに気づき、そことつなげて読むことが必要である。さらに、設問要求が「今の『わたし』はどう考えているか」であることにも注意する。

　傍線部**B**の言葉はかなり厳しい語調だが、直前を読むと、その背後にはふたりを心配する姉の愛情があることがわかる。しかし、80行目以降を読むと、姉は、当時の「わたし」や鈴には「怖い」存在であり、その怖さゆえにふたりは現実に引き戻され、鯉を捕まえることを諦めた、ということがわかる。ただ、姉が一本しかない傘を「わたしにさしだし」て自分は「釣り竿やバケツを持ち、先に立つと、ついてきなさいと走りだした」こと、「ときどき振りかえり、足の遅いわたしたちを叱りつけ」たこと、などの記述は、姉がふたりを案じてとにかく早く連れて帰ろうとしている様子を浮かびあがらせている。さりげなく描かれた事実から、「わたし」の姉への今の思いを読み取りたい。

　また、選択肢の前半は傍線部**B**の前の、雷雨の中、逃げた鯉を捕まえようと夢中になっている場面についての説明である。雷雨によって水嵩も流れの速さも増しているのに、危険と思わず、ただ、このままだと鯉を逃がしてしまうということしか考えられないでいる、追い詰められたふたりの心理を読み取る。正解は②。

　①は「『わたし』が悔しく思っていることを、姉は気にもとめずにいたようだった」で終わっているのが不適切。これは当時の「わたし」の認識であって、雷によって自分たちは「病院」行きとなり、姉は命を落とした、という出来事を経て大人になってからそれを思い出している今の「わたし」はどう考えているかという説明まで届いていない。

③は「まだ幼かった姉の堪忍袋の緒が切れて」が間違い。「堪忍袋の緒が切れる」とは〈我慢ができなくなって怒りを爆発させる〉という意味。〈怒りを我慢できない〉姉の〈幼さ〉が描かれているのではなく、心配のあまり、厳しい口調になっているということである。

④は、姉は、鈴の危険に気がつかない「わたし」を「叱責した」のではないし、「辛抱しきれず…」が、②の「守ろうとしてくれた」に比べ、今の「わたし」の思いの説明として的確さに欠ける。

⑤は、「激しい雷雨におびえながらも」が間違い。ふたりとも危険に気づいていなかったのである。また「幼いわたしたちに厳しい態度をとることによって愛情を示そうとしてくれた」のでもない。連れて帰ることが「愛情」であり、そのために「厳しい態度」をとったということである。「不器用な姉」ととらえる根拠もない。

問3 「時間」に注意して場面を区切り、表現から「わたし」と鈴との強い絆を読み取る設問。

傍線部**C**に続く場面は回想に戻る直前の78行目まで。この区切りは問2とも関係する。この部分に「わたし」、鈴、弥一、兄のやりとりが描かれている。弥一は「わたしたち」を見ると、「ぎょっとした顔」をする。「わたし」は「ふたりが異様な雰囲気でも漂わせていたのかもしれない」と推測する。ふたりで五十年前と同じ豪雨を、姉を思いながら見ていたからだろう。姉の死にかかわる体験を共有するふたりのつながりは特別であろう。一方、「兄」は水しぶきが入ってくることを気にするだけで、鈴に非難されてもこの雷雨の意味がうまく伝わらない。同じ兄妹でありながら、大きく差があるのである。正解は①。

②弥一は「鈴の心情を察し」ているわけではない。また、「弥一と兄との間にある根深い確執」もそう断定できるほどの根拠は本文中には乏しく、そもそも物語全体からみて、弥一と兄の「対比」に焦点を置くことには意味がない。

③は根拠のない解釈。「『わたし』の気弱さ」が描かれているのではない。

④「兄」は「あえて」「今日の雷雨を五十年前と」結び付けないのではない。「雷雨」の意味がわかっていないのである。したがって、後半の解釈も成り立たない。

⑤は「鈴の二面的な性格」が間違い。「雷雨」の意味がわからない兄に苛立っているのである。したがって、兄の様子を「人情」を「理解しない」「無神経さ」と解するのもおかしい。

問4 傍線部の表現に注目して、「わたし」の心情を読み取る設問。

96行目「光った」から始まる場面は、直前の回想の場面の落雷と重なるように描かれている。庭に落雷したあと「水煙」が「白い影のようにふわっと揺れ、人の歩むほどの早さで木立のなかへ消えていった」(98〜99行目)。これを見た鈴は「おねえちゃんが帰ってきたのよ」とさけぶが、「わたしは首でゆっくりうなずいてみせた」(103行目)あと、もう一度確認する。「少女の立像のような白い影。こちらを向いた。そして向こうへ歩いて行った。姉が帰ってきた」(104〜105行目)。そして傍線部**D**。「わたし」の目に「水煙」はそのようにとらえられた。五十回忌に「まるで姉が引き合わせてくれたみたいに」(66行目)遭遇した五十年前と同じような雷雨と落雷が、その前提にある。そして、「姉はいまでも十二歳だった」と述べるところに、姉と過ごした幼い日々を懐かしく思う気持ちや、あのときは怖かった姉だが、年を取った今の自分には怖かった姉の優しさや愛情が見えていとしさがこみあげる様子がうかがえる。一方で、この記述は、姉の一生が「十二歳」で終わってしまったことをも意味しているのだから、姉の死への良心の呵責がすべて消えさっているわけではないだろうが、五十年という年月が苦しみを多少は浄化させたとも言えよう。問2からもわかるように、本文には姉への思いがちりばめられているが、それは自責の念にとらわれた切羽詰まったものではない。すこし距離を置いて過去を振り返るといった書きぶりである。また⑤の「きょうだい」は本文冒頭にある、姉・「わたし」・鈴の「きょうだい三人」を指す表現。正解は⑤。

①「当時の姉の幼さに思い到り」が間違い。姉は自分たちを助けてくれた存在なのだから、「幼さ」がポイントではない。また、単に「ほほえ

ましく」ということでもない。

②「自分たちが年を取ったとあらためて実感し、寂しく思っている」が間違い。単に自分の年と比較しているわけではない。

③「わたし」たちの方には姉への罪悪感はあるだろうが、といって、姉の側が〈恨んでいる〉〈許さないと思っている〉だろうといった思いが「わたし」たちにあった、という書き方ではない（姉はそういう人物として描かれてはいない）。「今、やっと自分たちを許してくれたような気がして」、「これからも姉が守ってくれた命を大切に生きていこうと決意をあらたにしている」の根拠は見いだせない。

④は今まで「姉を恨めしく思」ってきたわけでもなく、したがって「十二歳のままの清浄な姉の姿を見てわだかまり」が「とけ」たわけでもない。

問5 本文の「時間」に関わる表現について問う設問。

二〇二二年度本試などを踏まえ、〈テーマを定めた表現設問〉として設定した。本文と照らして妥当と言えるか否かで判断する。順に見ていく。「適当でないもの」が答えであることに注意。

① 16行目「いまでいえば……」、34～35行目「いまでも……しっかりとしみこんでいる」、66～78行目などのように、「過去の出来事を回想して語る叙述の中に現在の場面がしばしば挿入される重層的な時間構成」をとっている。そのことで現在の情景を「あのときの状況と同じ」というふうに時間をまたいでとらえるような書き方がなされているのだから、「出来事や心理が立体的に」なっていると言っても妥当であろう。適当と言えるので正解とはならない。

② 1行目の「あのときと同じだ」の「あのとき」の指示内容は本文をずっと読み進めていかないとわからないので、「指示内容のわからない指示語をあえて用い」ていると言ってよいであろう。また、読み手は「あのとき」とはどの時のことだろうと興味をよびおこされるであろうから、「読者の注意を引き、この後の展開への興味をよびおこそうとする書き方になっている」も妥当な説明だと言える。

③「大人になった現在から過去を振り返るという設定」、現在からの回想形式の叙述になっているので、回想に注釈を加える形で、16行目「『国民学校～いまでいえば小学校』といった読者に対する説明をさりげなく加えることも可能に」なるわけで、説明として適当。

④ 78行目『雷が近づいてくる』によって『わたし』の意識が雷の音に向けられているのを示し、それとは対照的だった自分を思い出すところから過去の回想に戻って、その後に訪れた衝撃的な出来事の記述へとつなぐ構成になっている」は、66行目からの現在の場面が、78行目の叙述を踏まえて79行目で回想に転じる契機となっており、雷に対する意識も現在と過去とでは異なっていることを述べたものである。説明として適当。

⑤ 後半の説明は妥当と言えるが、96～99行目までの記述は「五十年前に見たものの記憶と現在目にしている情景とを交互に」描いているわけではない。「交互に」というのではなく、いずれも「現在目にしている情景」であり、それが同時に過去とも重なって、かつてのことがよみがえってくるという描き方である。「**適当でないもの**」として⑤が正解。

問6 複数テキストの形で内容理解を問う設問。

【プリント】および**【話し合いの様子】**を関係づけ、本文では直接的には叙述されていない事柄をも含めて本文内容の理解を問う発展的問題。

本文と**【プリント】**の内容を念頭に、**【話し合いの様子】**の展開を押さえていく。

Aさんがまず、本文の中心的な出来事と**【プリント】**との対照を促すと、Bさんは、両者を総合する形で、子どもにありがちな様子、状態について「子どもの頃って何かに熱中して周りが見えなくなるってことがありますよね」と確認し、「それにしても、雨がひどくなり雷が鳴っても気づかないほどの熱中ぶりなんですね」と、「わたし」と妹の様子に言及している。

対してCさんは、姉の側に視点を移して、「わたし」と妹が帰って来ないので、姉が連れ戻しに来たときの、姉の振る舞いに「［ I ］こと」を見てとっている。

(ⅰ) 本文62〜65行目、79〜84行目の叙述に着目する。弟と妹が心配で、姉が怖い声で怒鳴りつけていることがわかる。姉も心の余裕がなく必死になっているということである。正解は③「何よりもまず、幼い弟と妹を無事に連れ帰りたいと必死になっている」。

①は「弟たちを思う強い気持ちが空回りし」ているとは言えない。感情的になっているとはいえ、弟たちが助かる方向へと事態を動かしていっている。また、弟たちは「泣きだし」たりはしているが、姉によって「傷つけ」られているとは言えない。②「これを機会に、弟たちに現実の厳しさを教え戒めにしたいと考えている」といった、余裕のある態度とは言えない。④「鯉を捕まえたい気持ちもある」が、不適。このときの姉にそんな思いはない。したがって、「使命感がそれに勝っている」という説明も成り立たない。

Dさんは、「釣り竿を担いでいたのが不運だった」と雷に打たれて亡くなった姉のことに触れ、「自然現象は容赦ないですね」と話を進めている。それを受けてAさんは、「でも、最後の場面ではその雷がある種の恩寵を与えてくれているようにも感じられます。『わたし』と妹はずっと罪の意識を抱いていたでしょうから、五十回忌で姉に会えたことで、[Ⅱ]のではないでしょうか」と、本文の最後の場面へと話をつないでいる。

(ⅱ) 本文66〜67行目「きょうの雨が、まさにあのときの状況と同じだった。まるで姉が引き合わせてくれたみたいに、あのときと同じ土砂降りになっている」、および96行目以降の描写に着目。**【プリント】**では、

・五十回忌は、一般に死後四十九年目に最後の法要として行われることが多い。
・子どもの頃と同じ、激しい雷雨
・庭に落雷
・落雷による水煙の白い影に姉を見る、わたしと妹〔鈴〕

とまとめられている。落雷の水煙による白い影に、妹の鈴は「おねえちゃんが帰ってきたのよ」と姉の姿を見て、「わたし」も「姉が帰ってきた」と同意している。「わたし」と妹の鈴は、自分たちを迎えに来た帰り道に姉が落雷によって亡くなったことを承知しているはずだから、ずっと罪の意識を抱えていたと読んでも無理な読みとは言えないであろう。その事件からほぼ五十年、五十回忌の時に「わたし」と鈴が「姉が引き合わせてくれたみたいに」「あのときと同じ」大雨を目にし、落雷が姉に会わせてくれたという設定なのだから、罪の意識は解消されることはないであろうが、姉が来てくれたことで少しは気持ちが楽になったのではないかとは推定できる。よって、正解は②「少しは救われたような思いになった」。

①のように「長年抱えていた罪悪感から解放された」とまでは断言できないであろう。問4で見たように、負い目もありつつ、救われて姉をなつかしむ思いもある、といったところである。③は、「救われた」思いはあったであろうが、それは「姉が昔ながらの姿でいること」それ自体からもたらされた思いだとは考えにくい。④「忘れかけていた罪の意識をあらたにした」と、罪の意識がこの出来事によって再認識されたとも考えにくい。

Aさんは次いで、『万葉集』の短歌のことに話を進めて、「雷雨が大切な人とのつながりに関係するのかなと思った」と述べている。Cさんはそれを、「雷」や「雨」は「科学的に説明できる自然現象なんでしょうけど、それとは別次元で大昔から人間に情緒や物語を与えるものなんですね」と受けて、Dさんが、『万葉集』の「短歌では、雷や雨は想定されているだけで実際の現象としては生じていないですよね」と確認しつつ、「それでも、本文と同じように[Ⅲ]として捉えられている」と意見を述べている。そして、Bさんが最後に、「そう考えると、人間そのものは大昔からそれほど変わっていないのかもしれませんね」とまとめの言葉を述べる、という流れである。

(ⅲ) 右の会話の流れを踏まえて、本文と照らして妥当なものを空欄に入れる。Aさんの**【プリント】**に掲げられている『万葉集』の二首、および「雷雨が大切な人とのつながりに関係するのかなと思った」という発言、さらにCさんの、「雷」や「雨」は「大昔から人間に情緒や物語を与えるもの」という発言、Bさんの「人間そのものは大昔からそれほど変わっていないのかもしれません」という発言を、会話の流れ、展開に即して押さえれば、空欄Ⅲには②「思い人〔恋人のこと、『万葉集』の二首を踏まえ

たもの）や大切に思う人とのつながりをもたらすもの」を入れるのが適当だと判断できる。正解は②。

①「人間を恐怖におとしいれる自然界の不可思議な現象」や③「いつ生じるかもしれない人知では予兆しがたい現象」は、雷雨をそのように捉えること自体は間違いではないとしても、空欄Ⅲの部分の会話の流れにはそぐわない異質な内容となっている。④「人びとの信仰が集約された象徴的で犯しがたいもの」も、会話の内容とは無関係なものになっているし、これではBさんの「大昔から（現在まで）それほど変わっていない」につながらない。

第3問

〈出典〉

【資料Ⅰ】【資料Ⅱ】

「水道法の一部を改正する法律（平成30年法律第92号）の背景・概要」（国土交通省）の〈概要〉（**【資料Ⅰ】**）と、〈改正の背景・趣旨〉の〈水道の現状〉の〈管路の経年化の現状と課題〉中の図（**【資料Ⅱ】**）。出題に際しやむを得ない事情により、省略・改変した箇所がある。

【資料Ⅲ】

橋本淳司（はしもと　じゅんじ）『岩波ブックレット 水道民営化で水はどうなるのか』（二〇一九年岩波書店刊）の〈第二章〉の一節による。出題に際しやむをえない事情により、省略やルビの追加等を施した箇所がある。

橋本淳司は一九六七年、群馬県生まれ。学習院大学卒業。出版社勤務を経て、水ジャーナリスト。アクアスフィア・水教育研究所代表。NPO法人WaterAid Japan 理事、NPO法人 地域水道支援センター理事。武蔵野大学非常勤講師、愛知県立大学非常勤講師。主な著書に『67億人の水　争奪から持続可能へ』（日本経済新聞出版社）『世界と日本の水問題』（文研出版）などがある。

なお、**【下書き】**は出題者が作成したものである。

〈問題文、資料の解説〉

【下書き】

「Jさん」が「水道などのインフラストラクチャーの老朽化という問題について調べ、後の**【資料Ⅰ】【資料Ⅱ】**をもとに、レポートに書くことの概略を記した」ものという設定である。第一段落では**【資料Ⅰ】**で「水道法の一部を改正する理由の一つとして『水道施設の老朽化』が挙げられている」ことに言及し、**【資料Ⅱ】**がその裏付けになるとしている。第二段落では、**【資料Ⅰ】**の「改正の概要」の「官民連携」という項目を取り上げ、**【資料Ⅲ】**の内容と関連づけている。第三段落では、（第一段落をうけて）「水道事業に何らかの改革が求められていることは間違いのないこと」とし、（第二段落をうけて）「そのための策として『官民連携』という方向性がある」としつつ、「慎重な検討が必要」だ、と述べている。

【資料Ⅰ】【資料Ⅱ】

【資料Ⅰ】は「水道法の一部を改正する法律」の「改正の趣旨」「改正の概要」「施行期日」を示したものであり、**【資料Ⅱ】**は同法の「背景」となる事実を示したグラフである。が、これらについては、**【下書き】**を参考に、**【資料Ⅰ】**でいう「水道施設の老朽化」のデータが**【資料Ⅱ】**であること、**【資料Ⅰ】**の「官民連携」が**【資料Ⅲ】**と関連しているらしいということをおさえておき、**【資料Ⅲ】**の読解や設問解答に際し必要があれば参照する、というくらいでよいだろう。

【資料Ⅲ】

【資料Ⅲ】は〈一行アキ〉のところで分かれる三つの節（一六の形式段落を1～16で示す）から成る。一つ目の節では、水道法改正の中心的な焦点であった「コンセッション方式」および「ＰＦＩ」について説明される。二つ目の節ではＰＦＩのメリットとデメリットが述べられる。三つ目の節では、改正された法によって可能になった水道事業のコンセッション方式について、業務委託方式と比較され、問3**図**にまとめられる。その上で主に自治体との関係の観点から問題点が指摘される。

第一節

1 「コンセッション方式」は民間の力を借りて公共施設を維持する「ＰＦＩ」の一種である。

2 水道法改正に先立ち、ＰＦＩ法が改正され、コンセッション方式が導入しやすくなった。

3 ＰＦＩは公共施設の建設、維持管理、運営に関し、民間の資金やノウハウによって効率化しサービスの向上を図るやり方である。

4 官民連携のなかでも、ＰＦＩは民間事業者にすべてをまかせて性能発注する。「性能発注」とは、発注者（主に自治体）が規定した水準や性能をクリアすれば、手順や方法については受注者（この場合は民間事業者）が決定できる形式である（注より）。また現在では民間事業者に施設の建設が求められない。そこで二〇一一年の法改正でコンセッション方式が導入された。

5 コンセッション方式の導入によって、施設は公共（主に市町村など地方自治体）が保持しながらも、（譲渡したりそれを担保にしてお金を借りたりすることが可能な）「運営権」を民間に委譲することが可能になった。

6 ＰＦＩ事業は一般的には複数企業が共同して行い、そのグループを「コンソーシアム」と呼ぶ。

第二節

7 （一般的には、）ＰＦＩでは民間の活用で効率性の向上やコストやリスクの削減ができると言われているが、必ずしもそうとは言えないので客観的に見る必要がある。

8 事業を担う民間事業者は（企業であるため）、利益を最大にしようとする。

9 通常の公共事業における民間事業者の参加では、（短期的な契約であるため、）契約のたびに入札を行い、公共と民間事業者のあいだに生じる利益の食いちがいが調整される。しかし、ＰＦＩは契約が長期にわたるため、そのような調整が機能しない。「総括原価方式」では、事業者がその事業にかけたコストや、事業拡大のための資金などのすべてを利用者に料金として請求できるため（注より）、特に注意が必要である。

10 長期の契約では、予期されなかったリスクが明らかになった場合、通常は負担しきれないリスクを公共が負担するので、ＰＦＩのメリットは減殺されてしまう。

第三節

11 二〇一八年の法改正で、水道事業のコンセッションでは、自治体が法的な責任を負い、民間事業が水道料金の直接収受と水道サービスを実施するということが可能になった。

12 民間企業にとっては、法改正以前の、義務と責任をともなった水道事業は経営的にリスクが大きかったが、水道法改正で企業は事業に参入しやすくなった。

13 コンセッション方式と、（同じく官民連携の）業務委託を比べてみると、業務委託の場合は運営責任は自治体にあり、料金も自治体に入り、自治体から企業に委託料が払われるが、コンセッション方式の場合は運営責任（法的責任ではないことに注意）は企業が持ち、料金も直接的に企業に入る。

14 自治体には（企業の事業運営に対する）管理監督責任があるが、人材の問題からその遂行は難しい。

15 コンセッション方式の導入がされてしばらく経った後、自治体には水道に精通した人材がいなくなり、監督はできなくなる。

16 そのようなモニタリング（監督）体制自体が外部（の民間企業）に委託されることもあり得る。

〈設問解説〉

問1 **【資料Ⅱ】**の内容を読み取って**【下書き】**中の空欄を補う設問。

空欄**X**は、前文に「水道法の一部を改正する理由の一つとして『水道施設の老朽化』が挙げられている」とあり、これを「たしかに」とうけて「**【資料Ⅱ】**からは、［ X ］がうかがえる」と述べている箇所である。したがって空欄**X**には、**【資料Ⅱ】**に基づく内容で、かつ「水道施設の老朽化」が「うかがえる」ような内容が入ることになる。

【資料Ⅱ】の下部には「※延長―ひとまとめにした場合の全体の長さ」とある。**図1**は「管路総延長」（≒全国で使用されている水道管全体）に占める「法定耐用年数を超えた管路延長」（≒老朽化した水道管全体）の割合を示すもので、年を追うごとに増加しているので、〈老朽化した水道管の割合は年々増加している〉という内容だとみることができる。**図2**は「管路総延長」に占める「更新された管路延長」（≒新しいものに交換された水道管）の割合で、全体としては減少傾向、近年はほぼ横ばいである。例えば図中の最新年度に至る四年間でいえば、**図2**の数値はずっと1％以下であり、**図1**の数値は10・5％から14・8％に増加している。つまり、〈「更新」される水道管が少ない→「法定耐用年数を超え」ながらも「更新」されていない水道管が年々増加している〉ということになる。合致するのは①で、〈「水道施設の老朽化」を示すもの〉という条件にも合うので、これが正解である。

②は、厳密にいえば「法定耐用年数に達して更新された」が不正確（**図1・2**から推測すれば〈法定耐用年数をはるかに超えてようやく更新された〉ものも少なくないはず）。また、②の「横ばい」というだけでは〈「水道施設の老朽化」を示すもの〉という意味が明確でない（〈法定耐用年数に達したものが順次更新され、その割合が十分に高い状態で「横ばい」ならば、「老朽化」が進んでいるとはいえない〉）。つまり、かりに②を〈**【資料Ⅱ】**の読み取りとしては誤りではない〉とみたとしても、**【下書き】**で「水道施設の老朽化」という内容に続けて②を書く意義が弱いため、①に比べ「最も適当なもの」とは言えない。

③は〈法定耐用年数に達して更新された水道管の割合が年々増え続けている〉という内容で、先の理解とは逆方向。④は「水道施設の老朽化」を示すものにはなりうるが、④後半の「水道管全体の中での更新される水道管の割合は減り続けている」が**図2**に合わない（近年は〈横ばい〉である）。

問2 **【資料Ⅲ】**の重要概念の理解に基づき**【下書き】**に補足する内容を考える設問。

【資料Ⅲ】は、「官民連携」にもじつはさまざまなやり方があり、その選択を誤ると自治体や利用者にとって大きなリスクになるということを論じている。そのため、官民連携に関する用語の整理は重要である。その際は、用語の説明をたださがし求めるだけでなく、文章全体から総合的に理解していないと正確に解答できない。

「ＰＦＩ」

「ＰＦＩ」については、**【資料Ⅲ】**3冒頭に「そもそもＰＦＩとは」とあることから、3だけを解答の根拠にしてしまうかもしれない。そのように考えてしまうと、❷が[3]にでてくる語の並びにもっとも似ているので❷を答えてしまうかもしれない。しかし、❷では公共施設の「運営」をするのは公共機関とされているが、ＰＦＩで「運営」他を行うのは民間事業者である（[4]）。公共機関が民間事業者に「性能発注」して、運営を任せるのである。この[4]の趣旨に合致する❸が答えである。

❶　公共施設は施設の保持は続ける（[5]）ので本文に合致しない。

❷　運営するのは公共機関ではない（右記を参照）。本文に合致しない。

❹　「施設の一部」の「貸し出し」だけではＰＦＩの説明として不十分であるし、「利益」がそのまま「公共機関の収益」になるわけでもない。

「コンセッション」

　コンセッション方式は「ＰＦＩの一手法」（[1]）であるから、[11]、[13]、（問3図）だけではなく、[4]、[5]でも、仕組みが説明されていることに注意しよう。「コンセッション方式」について立体的に理解していることが重要だ。そのうち、**【資料Ⅲ】**の筆者がコンセッション方式のもっとも重要なポイントと考えているのは、譲渡や担保権の設定も可能な運営権を民間がもち（[5]）料金収受をするのに（[11]）、最終的な「水道法上の法的な責任」は自治体が負うというところ（[11]）だ。これらに合致するのは❷。

❶　[11]より、コンセッション方式の場合、水道料金は民間企業が「直接収受」するので、本文に合致しない。

❸　[5]に民間業者が「譲渡したり、担保権を設定することも可能」とあるのは「運営権」の譲渡等についての話であり、❸「施設」自体の譲渡等については言及されていない。まして、「民間事業者が新たに建てた施設」か否かで「譲渡等の権利」のあり方が変わるというのは、そもそも論として本文に合致しない。

❹　運営を民間企業にまかせるのは❹「利用者」ではなく自治体である。またコンセッション方式の場合は、運営する民間企業が料金の収受をするのであり、❹「委託料」は「業務委託」の方の話である（[13]）ため、本文に合致しない。

問3　**【資料Ⅲ】**の内容を図に反映させて理解できているかを問う設問。

　大きなヒントになるのは、問3図の「水道料金」と「サービス提供」である。まず、サービスが提供され、料金を徴収されるのは利用者であるから、**甲**は利用者である。次に、水道料金を徴収するのは「業務委託」と「コンセッション」では異なる。[11]、[13]から、コンセッション方式の場合に水道料金を収受するのは民間企業（**乙**）、業務委託の場合に水道料金を収受するのは自治体であるため（**丙**）、正解は❷。なお、[13]より、「コンセッション」と「業務委託」の「責任」に関する説明の違いに注目して解くこともできる。

問4　**【資料Ⅲ】**および**【下書き】**の内容を総合し、そこから**【下書き】**の結論に当たる考えを導き出す設問。

　設問要求は「**【下書き】**の最後の文の後に」「書き加え」る「**【資料Ⅲ】**を踏まえたより詳しい説明」としてふさわしい内容を考える、というものである。まず「**【下書き】**の最後の文」の内容とは「官民連携」の際には「慎重な検討が必要」というものなので、求められている内容は**【資料Ⅲ】**で取り上げられている「コンセッション方式」の〈問題点〉の「詳しい説明」であろうと見当がつく。これについて、**【資料Ⅲ】**では（「ＰＦＩ」の問題点という形で）[7]～[10]、および[11]～[16]に説明がある。これらを中心に**【資料Ⅲ】**を参照しつつ、選択肢を見ていこう。

　❶「コンセッション方式は、企業の責任のリスクが緩和され水道事業に参入しやすくなる」は**【資料Ⅲ】**[12]に合致するが、それを❶「評価できる」という方向性は**【資料Ⅲ】**には見てとれない（[10]後半などからすると、**【資料Ⅲ】**はむしろ〈企業の責任のリスクの緩和〉には否定的である）。また、❶「企業の利益追求優先の姿勢に歯止めをかける仕組みが存在しない」も、「自治体は管理監督責任をもつ」（[14]）とあることに合致しない。さらに、❶「長期に及ぶ契約の間に民間企業の経営方針や事業リスクなどが変化し、自治体や利用者にとってのメリットが減殺されるおそれがある」は、[9]・[10]の内容しかおさえておらず、「コンセッション方式」の〈問題点〉の「詳しい説明」としては不十分である。

②はまず「コンセッション方式は……水道事業の利益を最大化できると期待されている」がおかしい。[8]「特別目的会社とコンソーシアム参加企業は利益を最大化しようとします」以下で述べられているのは〈民間企業が複数の会社の間のやりとりによって自分たちの利益を最大化しようとする〉ということであって、つまり（自治体や利用者の側からすれば）〈問題点〉に当たることであって、②「期待されている」という評価につながるものではない。さらに、②後半は[14]〜[16]の内容を踏まえてはいるが、ここでの〈問題点〉の中心は〈利用者に不利益をもたらす〉という点なのだから）「管理監督責任が果たせ」ない（[15]）というところにあるのであって、②「人材面において自治体を弱体化させる」ことそのものではない。さらに、②では[7]〜[10]の内容がおさえられておらず、「コンセッション方式」の〈問題点〉の「詳しい説明」としては不十分である。

③は「コンセッション方式は、一定の人口規模を持ち潤沢な税収のある自治体においては有効に機能しうると考えられるが、小規模な自治体では利用することが難しく……」という方向性自体が【資料Ⅲ】の論旨と無関係であり、③「長期の契約」の問題点についての説明も[9]・[10]の内容からズレている。

④「コンセッション方式は、効率性が向上しコスト・リスクが削減できる」は[7]初めに合致し、④「事業契約が長期にわたるため競争原理が働かずサービスが低下し」は、[9]に「通常の公共調達では、調達のたびに行われる入札（複数の契約希望者が条件を提示して競い合う仕組み）などによって……公共と民間企業との利益相反関係を調整します。しかし、PFIではいったん事業主体が選定されると、長期の契約期間中に、このような調整が機能しません」とあり、それは「サービス対価や使用料金」に関わるとあることに合致する。さらに④「予想外の事業リスクが顕在化し自治体に負担が生じたりする」は[10]に、「自治体の管理監督責任が十分に果たされるかどうかにも不安がある」は[14]〜[16]に合致する。以上のように④は、【資料Ⅲ】中に示されている（PFIおよび）「コンセッション方式」の〈問題点〉を総括的に説明しており、これが正解となる。

第4問

〈出典〉『手枕《たまくら》』

江戸時代の物語。作者は、国学者の本居宣長《もとおりのりなが》（一七三〇〜一八〇一）。『源氏物語』では語られていない、六条御息所と光源氏の馴れ初めを、宣長が語彙と文体を真似て書いたものである。『源氏物語』の中で、六条御息所が初めて登場する場面では、すでに夫であった東宮は亡くなっているとされているが、源氏の父である桐壺帝が、六条御息所を案じて、見舞いに行くよう源氏に命じる場面がある。『手枕』では、その場面を起点として、源氏が六条御息所を訪問し、惹かれ、逢瀬に至る経緯を描き、また、源氏に口説き落とされ、心乱れる御息所の様子などを描いている。

出題の箇所は、六条御息所のもとを訪問した源氏が、御息所と初めて契りを交わす場面である。

〈現代語訳〉

女君（＝六条御息所）は、（部屋の）外に近い場所で、（侍女が）まだ格子も下ろして差し上げないで、雨雲の晴れ間の月がしみじみと趣深く霞んで優美な空を、物思いに耽りながら外を眺めていらっしゃる時であった。（源氏は）あれこれと手探りで（室内に）入り込んでは、障子のもとに忍び寄りなさって、「ほんとうにこんなにもしんみりとした夜の様子で、（自分の）思うことも打ち明けたならば、六条御息所もきっと心に沁みてお思いになるにちがいない折だなあ」とお思いになると、引き返すような気もなさらない。

「今宵だに…（＝せめて今夜だけでも愛情を寄せあわれみをかけてほしい。明日まではまさか生き長らえていられそうにない命ですので。）
恋死にしたら末永くあなたを（恨むことになるでしょうね）」と（源氏が）独り言のようにおっしゃる気配がすぐ身近に感じられるので、女君は、気味悪く（不安に）なったけれども、そうはいうものの、疎遠ながらも長年（源氏が）言い寄って馴れ親しみなさっていたので、まったく知らない人が入り込んで来たようにうとましく不快だなどとは感じないのであろうか、

「我にしも…（＝ことさら私に理由もなく責任を押し付けなさらないで

くださいｏ死んでしまいそうな心の乱れとは、私とは無関係な不実な方の命のことなのだから。」

（あなたの言い分は）愚痴のようですね」と小さな声で、こっそりと言うともなくおっしゃるのも、「なんということを言ってしまったのだ」と（御息所は）気がひけて、そろりそろりと奥へ引っ込みなさる気配であるので、（源氏は）障子をそっと押し開けて、膝行して近寄りながら、（御息所の）お召し物の裾を引っ張って、「恐れ多いことですが、（私の声を）お聞き馴れになった年月も積もってしまっているでしょうに、どうしてこのようによそよそしく他人行儀に（私を）遠ざけなさるのでしょうか。自然にお耳に入ったこともきっとあるでしょう。（ですが、私は）世間一般のその場限りで軽薄な好色めいたこと（をしようなどと）は、まったく考えておりません。（あなたの）お許しがないようなうちは、こちらから身の程をわきまえないことをする気持ちは、けっしてけっしておこすつもりはありません。ただ、このまま無為に生涯を終えてしまうような嘆きの深さを、ほんの少しお話し申し上げようというだけでございます」とおっしゃって、実にゆっくりと、上品に気持ちを静めて、（御息所を）深く思う気持ちが抑えきれなくなってしまった様子を、実に巧みに訴え申し上げなさる（源氏の）ご様子が、言いようもなく親しみ深く、上品で優美なので、御息所も、しみじみとお分かりになるところがないわけでも一方ではないので、このような（御息所にとって）ありがた迷惑な（源氏の振る舞いの）ご様子に対して、（御息所は）気を強くもってふるまうこともおできにならない。

風が冷ややかに吹いて、夜がたいそう更けていくうちに、御格子も開けたままで、雲の晴れ間から出る月の光もきまりが悪い様子なので、（御息所の）傍にある短い几帳を（二人の間に）置いて、仮寝のように（源氏は）添い臥しなさる。人々は、「こういう成り行きだったのだ」と様子を察して、皆引き下がって、（源氏と御息所から）遠く（退いたところで）寝た。

まったくこのように逃れることができない（源氏との）前世からの因縁の深さのほどを、御息所はひどくつらく心の底から無念にお思いになって、「挙句のはてに今さらこのように軽はずみで年甲斐もないことを、女房たちが思っているようなことも、死ぬほどひどく恥ずかしく、一方では、人の噂もすぐに広まる世の中なので、無分別で軽薄だという（自分の）噂が立つことだろうか」と、あれこれと思い乱れなさりながら、もっぱらできることは、涙に溺れて途方に暮れるばかりで、（御息所が）心を許さないご様子を（源氏は）心苦しくご覧になって、並々でなく今後のことを約束し慰めなさる言葉が多いにちがいない。

問4『源氏物語』「明石」

「見捨てることができない事情もあるようですので。あなたは私を恨んでいらっしゃるかもしれませんが、じきに（私の気持ちを）きっとわかってくださるでしょう。ただ、この住まいが見捨てがたいのです。どうすればよいか」とおっしゃって、

都出でし……（＝都を去ったあの春の嘆きに劣るだろうか、いや、劣るはずがない。年月を過ごしたこの浦を離れてしまうこの秋の嘆きは。）

とお詠みになって、涙を拭いなさると、（入道は）ますます分別を失い、さらに涙を流す。立ち居もあきれるほど（思うに任せず）転びそうになる。

明石の上自身の気持ちは、たとえようもなく、このように（深く悲嘆しているのを）誰にも見せまいと気持ちを静めるけれども、我が身のつらさをもととしているので、どうしようもないことであるが、（源氏が）お見捨てになった恨みの晴らしようのなさで、その上、（源氏の）面影がちらついて忘れられないので、もっぱらできることは涙に溺れるばかりである。

〈設問解説〉

問1　語句を解釈する問題

(ア)　謙譲語の「参る」には、①「参上する」「参詣する」、②「差し上げる」などの他に、高貴な人に奉仕する行為を表す「して差し上げる」の意味がある。よく用いられる例としては、「御格子参る」の形で、「御格子を上げて差し上げる」「御格子を下ろして差し上げる」と訳す例がある。なお、「格子」とは、細い角材を縦横に組んだ建具で、窓や出入り口に取り付けたもので、上下二枚の格子の上部を上げて開けたり、下ろして閉めたりするが、「御格子参る」は上げる時にも下げる時にも用いることができる表

現である。本文では、六条御息所が、月が出ている時に、まだ「御格子もまゐらで」空を眺めているという内容であることから、御息所に仕える女房たちが、まだ御格子も下ろして差し上げていない状態だと解釈しなくてはならない（「で」は「打消の接続」を表す接続助詞）。したがって、正解は④の「格子も下ろして差し上げないで」となる。

(イ)　「なつかしう」は形容詞「なつかし」の連用形「なつかしく」のウ音便形である。「なつかし」は、相手の魅力にひかれ、寄り添っていたいという気持ちを表す言葉で、「心ひかれる」「親しみやすい」などの意味を持つ。したがって、正解は⑤の「親しみ深く」となる。

問2　語句や表現に関する説明の問題

①　**a**の「のたまふ」は尊敬語の本動詞であり、尊敬語は動作の主体への敬意を表す。動作の主体については、直前の和歌に「今宵だにあはれはかけよ」とあることに注目すればよい。「せめて今夜だけでも愛情を寄せあわれみをかけてほしい」という内容であるが、「あはれはかけよ」という言葉から愛を訴えている内容だということさえわかれば、源氏が詠み手であるとわかるだろう。この和歌の詠み手が波線部の主体と同じ人物であるから、源氏への敬意だと判断する。よって、①は誤りである。

②　**b**の「にや」や「にか」は古文によく出てくる表現で、後に「あらむ」などが省略されており、「――であろうか」などと訳出することはしっかりとおさえておきたい。「むげに知らぬ人の入り来たらんやうに、けうとくすずろはしくなどはあらねばにや」で、「まったく知らない人が入り込んで来たようにうとましく不快だなどとは感じないのであろうか」と解釈し、六条御息所が源氏に返歌した行為についての作者の想像を挟み込んだ表現になっている。これが正解。

③　**c**の「ざり」は、打消の助動詞「ず」だと意味が通らない。「膝行する（＝膝を地につけた状態で移動する）」意の「ゐざる」という動詞があることを思い出してほしい。ここでは「ゐざりよる」という「膝行して進み寄る」意の動詞の一部であるから、誤りである。

④　**d**の「なむ」は「侍り」というラ変動詞の連用形に接続していることに注目する。連用形に接続する「なむ」は、助動詞「ぬ」の未然形に助動詞「む」が接続したものである。文脈上、「ぬ」は強意で、「む」は推量で訳すのが適切で、「侍りなむ」で「きっとあるでしょう」などと訳す。他者への願望を表す終助詞ではないので、誤りである。

⑤　**e**の「らむ」は助動詞の「らむ」ではなく、形容詞「なし」の未然形「なから」と婉曲の助動詞「む」の連体形が接続した「なからむ」の一部である。したがって誤りである。

問3　部分を読んで正誤を確認する問題

①は、「しんみりとした雰囲気の夜なので…御息所の心を動かすのは難しい」の部分が誤りである。光源氏の心情は、1で「人もよもあはれと思《おぼ》しぬべき折かな」と書かれているのだから、「六条御息所もきっと心に沁みてお思いになるにちがいない折だなあ」と思っているのである。

②の「恋い慕う気持ちのあまり明日まで自分の命があるとは思えない」は、1の和歌の「明日はよも長らふべくもあらぬ玉の緒」と一致している（「玉の緒」は命のこと）。また、「今夜だけでも愛情を寄せあわれみをかけてほしい」はこの和歌の「今宵だにあはれはかけよ」の部分と一致している。これが正解。

③は、「六条御息所は…愛を受け入れてもよいと応じた」が誤りである。六条御息所は、「やをらづつ引き入り給ふ」とあるように、返歌の直後に奥へ引っ込もうとしているのである。六条御息所は源氏の愛を受け入れるつもりはなかったが、愛をたくみに訴える源氏に対して「え心強うもてなし給はず」とあるように、気を強くもって拒絶することができなかったのである。

④は、「六条御息所は…身の程をわきまえない振る舞いは控えてほしいと言って」が誤りである。1の後半に、「これよりおほけなき心は、さらにさらにつかひ侍らじ」とあるが、これは、「こちらから身の程をわきまえないことをする気持ちは、けっしてけっしておこすつもりはありません」という意味で、源氏の発言である。

⑤は、「六条御息所に仕える女房たちは…夜も六条御息所から離れない

ようにして寝ることにした」が誤りである。②で、源氏が六条御息所に添い臥した際に、「人々は、かうなりけりと気色とりて、みなさし退きて、遠う臥しぬ」とあることから、女房たちは、源氏と御息所の成り行きを察して、皆引き下がって、遠く退いたところで就寝したのである。

問４　複数のテキストを比較・評価する問題

　二〇二二年度・二〇二三年度の共通テスト本試験では、問４が三つの枝問に分かれた問題が出題された。出題された内容は、教師と生徒との対話を読みながら、提示された複数の本文を比較・評価し、対話文内の空欄を補充するものであった。今後、共通テストの古文がどのような形式で出題されるのかを完全に予想するのは難しいが、古典文学の背景知識にも踏み込みながら複数の本文を見比べて相違点などを検討する問題には特に注意が必要である。

(i)　教師の説明から、源氏の詠んだ和歌の「都出でし春の嘆き」とは、源氏が政敵の圧迫を受け、都を出た時のことを表している（「し」は過去の助動詞「き」の連体形）ことがわかる。その嘆きに「劣らめや」とあるので、「劣るだろうか、いや劣るはずがない」という意味である（「めや」は反語を表す表現）。では、何がかつての嘆きに劣るはずがないのかというと、和歌に「年ふる浦をわかれぬる秋」とあることから、源氏が都に戻ることになったために、長い月日を過ごした明石の地を去ることの嘆きであるとわかる。また、秋は物寂しさを感じさせる季節として和歌に詠まれることが多く、この和歌でも都を離れた春と対比させることによって、明石を離れる嘆きがいっそう引き立てられている。したがって、正解は③である。

(ii)　明石の上が涙を流している理由は「たけきこととはただ涙に沈めり」の直前にある、「うち捨て給へる恨みのやるかたなきに、面影《おもかげ》そひて忘れがたきに」を正確に解釈すればよい。この部分は、「（源氏が）お見捨てになった恨みの晴らしようのなさで、その上、（源氏の）面影がちらついて忘れられないので」という意味である。したがって、正解は③である。

(iii)　六条御息所が涙を流している理由は「ただたけきこととは御涙にくれ惑ひて」の直前にある、「『今さらに若々しくにげなきことを…あはつけく軽々しき名や漏り出でむ』と、とかく思し乱れつつ」を正確に解釈すればよい。この部分を解釈すると、「『今さらこのように軽はずみで年甲斐もないことを、女房たちが思っているようなことも、ひどく恥ずかしく、一方では、人の噂もすぐに広まる世の中なので、無分別で軽薄だという自分の噂が立つことだろう』と、あれこれと思い乱れなさって」となる。「あはつけく軽々しき名」とは「無分別で軽薄だという（自分の）噂」を意味している。以上から正解は②となる。

第5問

〈出典〉

【文章Ⅰ】・【文章Ⅱ】 司馬遷《しばせん》『史記』「越世家」

『史記』は前漢の司馬遷の著。黄帝から漢の武帝までを紀伝体で記した最初の通史。歴代の皇帝の事跡を記した「本紀《ほんぎ》」、年表の「表」、文物の制度史の「書」、諸侯の列国志の「世家《せいか》」、個人の伝記と周辺民族に関する記述の「列伝《れつでん》」からなる。

司馬遷は前漢の歴史家。字《あざな》は子長《しちょう》。父司馬談の遺志を継いで史書の編纂《へんさん》に着手。匈奴《きょうど》に下った友人李陵《りりょう》を弁護して武帝の逆鱗《げきりん》に触れ宮刑に処せられたが、その屈辱に耐え『史記』を完成させた。

【詩】 李白「越中覧古」

李白は盛唐の詩人。字は太白。青年期には諸国を歴遊。玄宗に認められて仕えたが、讒言《ざんげん》にあい三年後追われて再び諸国を放浪した。酒を好み自由奔放に生涯を過ごした。同時代の杜甫が「詩聖」と称されたのに対して「詩仙」と称された。

〈読み方〉（漢字の振り仮名は、音はカタカナ・現代仮名遣いで、訓は平仮名・歴史的仮名遣いで示してある。）

【文章Ⅰ】

句践《コウセン》忍《しの》びずして、之《これ》を許《ゆる》さんと欲《ほっ》す。范蠡《ハンレイ》曰《い》はく、「会稽《カイケイ》の事《こと》は、天《テン》越《エツ》を以《もっ》て呉《ゴ》に賜《たま》ふに、呉《ゴ》取《と》らず。今《いま》は天呉《テンゴ》を以《もっ》て越《エツ》に賜《たま》ふに、越《エツ》其《そ》れ天《テン》に逆《さから》ふべけんや。且《か》つ夫《そ》れ君王《クンオウ》蚤《つと》に朝《チョウ》し晏《おそ》く罷《や》むるは、呉《ゴ》の為《ため》に非《あら》ずや。之《これ》を謀《はか》ること二十二年《ニジュウニネン》、一旦《イッタン》にして之《これ》を弃《す》つるは、可《カ》ならんや。且《か》つ夫《そ》れ天《テン》与《あた》へて取《と》らざれば、反《かへ》つて其《そ》の咎《とが》を受《う》く。君《きみ》会稽《カイケイ》の厄《ヤク》を忘《わす》れたるか」と。句践《コウセン》曰《い》はく、「吾《われ》子《シ》の言《ゲン》を聴《き》かんと欲《ほっ》するも、吾《われ》其《そ》の使者《シシャ》に忍《しの》びず」と。范蠡《ハンレイ》乃《すなは》ち鼓《コ》して兵《ヘイ》を進《すす》めて曰《い》はく、「王《オウ》已《すで》に政《セイ》を執事《シツジ》に属《ショク》せり。使者《シシャ》去《さ》れ。不《しか》らずんば且《まさ》に罪《つみ》を得《え》んとす」と。呉《ゴ》の使者《シシャ》泣《な》きて去《さ》る。句践《コウセン》之《これ》を憐《あは》れみ、乃《すなは》ち人《ひと》をして呉王《ゴオウ》に謂《い》はしめて曰《い》はく、「吾《われ》王《オウ》を甬東《ヨウトウ》に置《お》き、百家《ヒャッカ》に君《きみ》とせん」と。呉王《ゴオウ》謝《シャ》して曰《い》はく、「吾《われ》老《お》いたり。君王《クンオウ》に事《つか》ふる能《あた》はず」と。遂《つひ》に自殺《ジサツ》す。

【文章Ⅱ】

太史公《タイシコウ》曰《い》はく、「禹《ウ》の功《コウ》は大《ダイ》なり。九川《キュウセン》を漸《みちび》き、九州《キュウシュウ》を定《さだ》む。今《いま》に至《いた》るまで諸夏艾安《ショカガイアン》たり。苗裔句践《ビョウエイコウセン》に及《およ》び、身《み》を苦《くる》しめ思《おも》ひを焦《こが》し、終《つひ》に彊《つよ》き呉《ゴ》を滅《ほろ》ぼし、北《きた》して兵《ヘイ》を中国《チュウゴク》に観《しめ》し、以《もつ》て周室《シュウシツ》を尊《たふと》び、号《ゴウ》して覇王《ハオウ》と称《ショウ》す。句《コウ》践賢《センケン》と謂《い》はざるべけんや。蓋《けだ》し禹《ウ》の遺烈《イレツ》有《あ》らん」と。

【詩】

越中覧古《エッチュウランコ》

越王《エツオウ》句践《コウセン》呉《ゴ》を破《やぶ》りて帰《かへ》る
義士《ギシ》郷《キョウ》に還《かへ》つて尽《ことごと》く錦衣《キンイ》
宮女《キュウジョ》花《はな》のごとく春殿《シュンデン》に満《み》つ
只今《ただいま》惟《た》だ鷓鴣《シャコ》の飛《と》ぶ有《あ》るのみ

〈現代語訳〉

【文章Ⅰ】

句践は忍びないものがあって、これ（呉王の降伏）を許そうとした。范蠡が言った、「会稽のときの事は、天が越を呉に賜うたのに、呉が取らなかったのです。今、天が呉を越に賜うているのです、越はどうして天に逆らってよろしいでしょうか、いえ、いけません。そもそも君王が早くから朝廷に出仕し、夜遅く退出するのは、呉を滅ぼすためではなかったでしょうか。二十二間年呉を滅ぼすことを計画して、一朝でこれを棄てるのは、よろしいでしょうか。またそもそも、天の与えてくれるものを受け取らなかったならば、かえってその咎を受けるでしょう。君王は会稽の厄を忘れたのですか」と。句践は言った、「私は、そなたの言葉を聴き入れたいと思う。（しかし）私はあの使者に言うに忍びないのだ」と。范蠡はそこで攻め太鼓を打ち、兵を進めて言った、「王は、すでに政を執事である私に委ねている。使者よ去れ、そうしないならば、罰を受けるであろう」と。呉の使者は泣いて立ち去った。句践はこれを憐れみ、そこで人をやって呉王に告げさせた、「私は、王を甬東に置いて、百戸の領地の君主にしよう」と。呉王は辞退して言った、「私は年老いました。君王に仕えることはできません」と。（そして）結局自殺した。

【文章Ⅱ】

太史公が言う、禹の功績は偉大である。九つの大河を治水して、中国全土を平定した。（そのため）今に至るまで、中国全土は平安に治まっている。遠い子孫の句践に至って、身を苦しめ思いを凝らして、結局強い呉を滅ぼし、そして北上して兵力を中国に示し、そして周室を尊び、覇王を称した。句践は賢人と言わなければならない。思うに、禹の残した功績を受けついだからであろう。

【詩】

越の都・会稽で昔を思う

越王の句践が呉を破って凱旋してきた
忠義な勇士たちは、それぞれ（恩賞として賜った）錦の衣服を着て故郷へ帰ってきた
宮中の女性たちは（美しい）花のように春の宮殿に満ちあふれていた
（しかし）今はただ（栄華のあとの廃墟に）鷓鴣がわびしく飛びまわっているばかりである

〈設問解説〉

問1 単語―意味の問題。

(ア) 「属」には、①「しょくス」と読み「委託する。頼む」、また、②「ぞくス」と読み「従属する。帰属する」などの用法がある。ここは句践の功臣范蠡が「王（句践）が政治を執事（である私）に委ねている」と言っている場面であるから①の用法。したがって正解は❹。

(イ) 「謝」には、①「謝る」、②「礼を言う」、③「断る」、④「去る」などの用法がある。ここは句践が呉王に甬東に百戸の領地を与えようと伝えたところ、呉王が「私は君王（句践）に仕えることはできない」と断る場面であるから③の用法。したがって正解は❷。

(ウ) 「烈」は各選択肢から「功績」の意であることがわかる。「遺」には、①「残す」、②「忘れる」、③「贈る。送る」、④「捨てる」などの用法がある。ここは、司馬遷が禹王の子孫である句践が賢者と言えるのは禹王の「遺烈」があったからであろうとしているから①の用法。したがって正解は❺。

問2 返り点・書き下し文の問題。

傍線部**A**の「天以呉賜越」は、直前の「天以レ越賜レ呉」と対になっているから「天呉を以て越に賜ふに」と読む。したがって❶か❸。❶は後半を疑問に読んでおり、❸は反語に読んでいるが、呉王の和睦の願い出を受け入れようとする句践に対して范蠡が「天が呉を越に与えているのに、越は天に逆らってよいであろうか、よろしくない。」と言っているわけであるから反語に読んでいる❸が正解。

問3 内容把握の問題。

「可―哉」は、ここは答えを求めている文脈ではないから反語と考えられる。したがって傍線部**B**は「句践賢と謂はざるべけんや」と読み、「句践は賢人と言わなければならない」という意味である。各選択肢の内容を検討すると、

❶「治水に優れた功績があり中国全土を平定した」のは「句践」ではない。

❷「可―哉」は反語であるから「賢者であったとは言えない」という意味にはならない。

❸「句践」が「覇王となることに思い焦がれていた」という記述は本文にはなく、「可―哉」は反語であるから「賢者であったからこそ可能であった」という意味にはならない。

❹「句践」に「周王室の後ろ盾があった」という記述は本文にはなく、「可―哉」は反語であるから「賢者であったとは言い難い」という意味にはならない。

❺【文章Ⅰ】の内容から二十二年間「苦労して呉を打ち破」ったことは読み取れ、「周室を尊び」から「周王室を保護して」と言える。「賢者と言わざるをえない」も反語の解釈として妥当である。

以上から正解は❺である。

問4　漢詩の規則の問題。

漢詩の規則については、次のことを覚えておけばよい。

【形式】

出題された漢詩が

四句………絶句

八句………律詩

それ以外…古詩

【韻字】

韻字＝句末の母音が共通する文字

いずれの詩も偶数句末に韻字を置く。

七言詩は第一句末にも韻字を置くのが原則。

【対句】

律詩の第三句と第四句、第五句と第六句は必ず対句になる。

以上から**【詩】**の形式は七言絶句。よって選択肢①③④が正解の候補となる。さらに確認すると、韻字は「帰」「衣」「X」で、「帰 ki」「衣 i」だから「X」には i を母音とする文字が入ることがわかる。選択肢を確認すると①「舞 bu」③「歌 ka」④「飛 hi」で、選択肢④が正解だと判断できる。念のために確認すると、「詩聖」は盛唐の詩人・杜甫の別称、「詩仙」は同じく盛唐の詩人・李白の別称で、やはり④が正解。センター試験以来、漢詩の設問では規則が主に問われ、文学史的な事項を問うことは稀であるが、最低限の知識は確認しておくとよいだろう。

問5　全体要旨に関わる詩の解釈の設問。

まず**【文章Ⅰ】**の内容を確認すると、冒頭に「勾践不レ忍、欲許レ之」と、勾践が呉に勝利した後に呉王を許そうとしたことが語られ、最後に「呉王謝曰～。遂自殺」と呉王が自殺したことが述べられている。**【文章Ⅱ】**では、勾践が古の聖王である禹の末裔であることが述べられ、問3で確認したように、苦労して呉を打ち破ったことを称えている。**【詩】**の詩では、第一句で勾践が勝利を収めたことが述べられ、第二句と第三句では勝利を収めた後の、越の兵士や女性の華やかな様が描写され、第四句では今は鳥が飛ぶだけ、つまり古の栄華は何も残っていないと結ばれている。以上から、「身心を苦しめて呉に勝利を収めた勾践はまことに古の聖王の末裔にふさわしい人物」「凱旋した後の華やかな有様を思いやる」「現在はそれを偲ばせるものが何一つ残っていない」とある選択肢③が正解だと判断できる。他の選択肢を確認すると、①は「呉に勝利を収めたものの、呉王への同情からみずから命を絶った勾践」が誤り。自殺したのは呉王である。同様に④も誤り。②は「戦勝後に臣下たちと贅沢に耽った」が誤り。問題文にはそのようなことは見えない。「近年越の都が衰えつつある」も誤り。⑤は「勝利に沸く臣下たちを冷静になだめた勾践」が誤り。問題文にはそのようなことは見えない。「越の都が現在も古都として繁栄」も誤り。

問6　内容把握・故事成語の問題。

①「臥薪嘗胆」は、仇を討とうとして、あらゆる苦心を重ねること。呉王夫差が、父のかたきである越王句践に対して復讐の誓いを忘れないよう薪の上に寝て身を苦しめ、夫差に敗れた句践が苦い胆をなめて屈辱を忘れないよう自らを励ました故事から生まれた成語。なお、「臥薪」「嘗胆」いずれも句践の行為などとする異説もある。

②「四面楚歌」は、助けがなく、まわりが敵ばかりであること。

③「鶏口牛後」は、小さな集団のリーダーと大組織の下働きのたとえで、小さい集団であってもその中で長となる方が、大きな集団の中でしりに付き従う者となるより良い、ということ。

④「背水之陣」は、川を背にして陣を敷き、決死の覚悟で敵に挑むこと。

⑤「水魚之交」は、水と魚の関係のように互いに離れることのできない親しい交際。

正解は①である。

※共通テストにおいては、プレテスト・二〇二三年度追試験・二〇二四年度本試験で漢文に由来する慣用句が問われている。意識して故事成語や四字熟語をおぼえるようにしよう。

2022年度大学入試センター公表
令和7年度(2025年度)大学入学共通テスト
試作問題

解答・解説

試作問題Ａ・Ｂ　解答・配点

（20点満点）

問題番号（配点）	設問	（配点）	解答番号	正　解	自己採点欄
第Ａ問（20）	1	(3)	1	①	
		(3)	2	②	
	2	(5)	3	③	
	3	(4)	4	③	
		(5)	5	②	
合　計					

問題番号（配点）	設問	（配点）	解答番号	正　解	自己採点欄
第Ｂ問（20）	1	(4)	1	②	
	2	(3)	2	③	
	3	(3)	3	③	
	4	(各5)	4 － 5	② － ④	
合　計					

（注）－（ハイフン）でつながれた正解は，順序を問わない。

第Ａ問

〈出典〉

【資料Ⅰ】 **文章** は、「気候変動影響評価報告書　詳細」（環境省　二〇二〇年）の〈3　日本における気候変動による影響及び評価結果〉の〈3．5　健康〉をもとに、冒頭の概説的部分に後続の各項目詳説部分の中の記述を適宜補うなど、出題者が再構成する形で作成したもの。**図** は同報告書の該当部分からの引用。**グラフ1** は「気候変動監視レポート２０１９」（気象庁　二〇二〇年）の〈トピックス〉のⅠ〈２０１９年の日本の年平均気温が統計開始以降第1位〉の〈Ⅰ．1　日本の平均気温〉中のもの、**グラフ2** は同レポートの〈第2章　気候変動〉の〈2．2．2　日本の降水量〉中のもの、**グラフ3** は同じく〈第2章〉の〈2．4　台風の変動〉中の二つの図より作成したもの。

【資料Ⅱ】　橋爪真弘（はしづめ　まさひろ）「公衆衛生分野における気候変動の影響と適応策」（国立保健医療科学院『保険医療科学』第六九巻第五号（二〇二〇年一二月）掲載）〈Ⅲ　適応策〉の前半部分。

〈問題文・資料等の解説〉

「高校生」（問3設問文）の「ひかるさん」が「**気候変動が健康に与える影響**について調べて」いる中で「見つけた資料の一部」という設定の、「地球温暖化」（**【資料Ⅱ】**）などの「気候変動」の健康への影響について述べた文章と関連する図やグラフなどである。

【資料Ⅰ】

文章 はその末尾にあるように「**気候変動による健康面への影響**」について述べたもの。第一段落は、「気候変動による気温上昇」による「熱中症」をはじめとする「死亡リスク」「疾患リスク」について述べ、第二段落は「蚊」などの「節足動物」による「感染症」の広がりなどの可能性について、第三段落は「水系・食品媒介性感染症やインフルエンザのような感染症類」の「発症リスク・流行パターンの変化」について述べる。第四段落は「猛暑や強い台風、大雨等の極端な気象現象の増加に伴」う「自然災害」の発生による「被災者」の健康リスクについて述べ、第五段落は「（地球）温暖化」に伴う「光化学オキシダント・オゾン等の汚染物質の増加」による「超過死亡者数」（注3「過去のデータから統計的に推定される死者数をどれだけ上回ったかを示す指標」）が「2030年代までの短期的には……増加するが、それ以降は減少することが予測されている」ことを述べている。

図は、文章で述べられたことを含む**気候変動の健康へのさまざまな影響**について、**どのような要因からどのような影響が生じるかをフローチャート**の形でまとめたもの。全体としてはおおむね、上部に「気候・自然的要素」を示し、最下部には具体的な健康被害を示して、その間の箇所に前者から生じて後者の要因となる事象を示す、という構成になっている。

グラフ1～グラフ3は、「気候変動」の実態をみるための**データ**をグラフにしたもの。グラフ1は「日本の年平均気温」に関する「1981―2010年平均からの差」の「経年変化」で、その（比較的近年の）「平均」を基準（0・0）にすると、1990年くらいまではそれを下回っている年が多く、それ以降は上回っている年が多いことから、年平均気温が長期的に見れば上昇傾向にあることを示している。グラフ2は「日本の年降水量」の「1981―2010年平均からの差」の「経年変化」で、1920年代までと1950年代、および2010年以降にそれを上回る年が多く、1970年代から2000年代は年ごとのばらつきが大きい、といった特徴が見られる。グラフ3は「台風の発生数及び日本への接近数」の経年変化で、長期的な変化という点で目立った傾向は見られない。

【資料Ⅱ】

「地球温暖化の対策」について、「**これまで**」は「**原因となる温室効果ガス**（二酸化炭素など）**の排出を削減する**『**緩和策**』を中心に進められてきた」が、その効果には限界があるとして、「**被害を回避、軽減するための**『**適応策**』」の必要性を説いたもの。「生活・行動様式の変容や防災への投資」、「健康影響が生じた場合」のための「保健医療体制」の見直し、「緩和策と健康増進を同時に進めるコベネフィット（注2・一つの活動が複数の利益につながること）」の追求などについて、具体例を挙げながら説明している。

〈設問解説〉

問1　文章と図の対応や図の内容・表現の読み取りを問う設問。

(i)　文章中で言及されている事柄のうち「図では**省略されているもの**」を「**二つ**」答える設問。下線部ⓐは図の左側「気温上昇」から「熱ストレスの増加」への流れに、下線部ⓒは同じく「気温上昇」から図の真ん中あたりの「分布・個体数の変化」の項およびその下の「節足動物媒介感染症リスク」への流れに、下線部ⓓは図の右側「自然災害発生に伴うライフラインの停止」から「避難生活の長期化に伴う熱中症・感染症・精神疾患リスクの増加」への流れに、それぞれ対応している。

下線部ⓑ「暑熱による超過死亡」は図の左下に当たるが、下線部ⓑ「暑熱に対して脆弱性が高い高齢者を中心に」は図の中には示されていない。また、下線部ⓔ「オゾン等の汚染物質の増加……死亡者数が増加」は図の左側の中段の「大気汚染物質（オゾン等）の生成促進」から「死亡……リスクの増加」に当たるが、下線部ⓔ「（短期的には増加）……それ以降は減少することが予測されている」は図の中には示されていない。正解は「ⓑとⓔ」の①である。

(ii)　「図の内容や表現の説明として**適当でないもの**」を答える設問。

図では②「因果関係」は矢印によって示されていると考えられるが、②「気温上昇」と「降水量・降水パターンの変化」「海水温の上昇」との間には矢印は示されていないので、②のように図が両者の「因果関係を図示」とするのは「**適当でない**」。正解は②。

①は、図が「**気候変動による影響**」について、「大気汚染物質（オゾン等）の生成促進」や「分布・個体数の変化」などの①「環境……への影響」と、「暑熱による死亡リスク・熱中症リスクの増加」や「節足動物媒介感染症リスク」などの①「健康面への影響」を**フローチャート**という形で示していることから、①「整理して図示し」「理解しやす」くしているといえる。③も同様に、フローチャート化によって③「どの要素がどのような影響を与えたかがわかるように提示している」といえる。④

は、図の最上部から下への**矢印の分岐**によって④「特定の現象が**複数の影響**を生み出し得ることを示唆している」といえる。

⑤はまず「複雑な影響……因果関係を図示」については①・③・④で見た通り妥当だといえる。⑤「いくつかの事象に限定して」は文意が明確でないが、文章の末尾に「健康分野における、気候変動による健康面への影響の**概略**」とあることも勘案して〈すべてを網羅しているわけではない〉という趣旨だと考えれば（少なくとも②に比べれば）〈適当〉だと判断できる。

問2　資料を基にした考えの適否を判断する設問。

【資料Ⅰ】【資料Ⅱ】を「根拠としてまとめた」内容について、「正しい」「誤っている」「正誤について、**【資料Ⅰ】**、**【資料Ⅱ】**からは判断できない」のいずれであるかを判定する設問。

判断が最も容易なのはエで、**【資料Ⅱ】**の「地球温暖化の対策は、これまで……『緩和策』を中心に進められてきた。しかし……被害を回避、軽減するための『適応策』が求められる」「緩和策と健康増進を同時に進めるコベネフィットを追求していくことも推奨される」に合致し、「正しい」と判断できる。エが「正しい」となっている組合せは③・④。次にアを見てみると、アの「冬における死亡者数の減少」および「熱中症や呼吸器疾患など……」は図の左側に示されており、ア「高齢者を中心に……」は文章の第一段落に示されているので、「正しい」と判断できる。④はアを「誤っている」としているので、この時点で③に決まるともいえる（かりに〈「高齢者」と「呼吸器疾患」の関係が明確でない〉と考えたとしても、アは「誤っている」ではなく「判断できない」であろう）。

残るイ・ウを見ておくと、いずれも〈文章や図に直接書かれて（示されて）はいない〉もので、これを「**【資料Ⅰ】**、**【資料Ⅱ】**からは判断できない」「誤っている」のどちらとみるのかがやや迷うところではあろう。――イは、**【資料Ⅰ】**のグラフ2の下に「基準値は1981～2010年の30年間の平均値」とあり、かつ、グラフの1900～1930年はこの「基準値」よりは多い年が大半なので、**1900～1930年の平均値が1981～2010年の平均値よりは多いとみる根拠があるといえる**。したがって、イ「**平均は一九〇一年から一九三〇年……より一九八一年から二〇一〇年の……方が多く**」は「誤っている」。

一方で、ウ「台風の発生数」はグラフ3にあるが、グラフ1に「年平均気温」のデータがあるだけでウ「真夏日」（最高気温が三〇度以上の日）や「猛暑日」（最高気温が三五度以上の日）のデータはない。年平均気温が高いからといって「真夏日・猛暑日」が多いとは限らない（例えば、「真夏日・猛暑日」が多い一方で冬期の気温が極端に低ければ、年平均気温はそれほど上がらない）ので、ウは「**【資料Ⅰ】**、**【資料Ⅱ】**からは判断できない」ものだと考えることができる。以上から、正解は③となる。

イとウは、どちらも〈直接書かれてはいないこと〉ではあるが、イは〈正誤を確定できるような判断材料があるもの〉であり、ウは〈正誤を確定できるような判断材料自体がないもの〉である。〈正しい〉〈誤っている〉〈この資料からは判断できない〉の三つで判定する場合は、右のように考えることになる。

問3　生徒の学習場面を想定し、その内容や構成について考える設問。従来の共通テストでも、第1問・第2問の最終設問で（特に追・再試の問題で）この種の設問が出題されてきたが、〈試作問題〉を見る限り、今後の共通テスト第3問・資料型総合問題ではより本格的な形で出題されていくものと思われる。

問3で提示されているのは「ひかるさん」が書こうとしている「**【資料Ⅰ】**と**【資料Ⅱ】**を踏まえたレポート」の「内容と構成を考えるために作成した」「**【目次】**」である。ざっと見たところでは、「第1章　気候変動が私たちの健康に与える影響」と「第2章　データによる気候変動の実態」はおおむね**【資料Ⅰ】**の内容に当たり、「第3章　気候変動に対して健康のために取り組むべきこと」は**【資料Ⅱ】**の内容に当たるものと考えられる。これを踏まえて設問を見ていこう。

(i)　「**【資料Ⅱ】**を踏まえて、レポートの第3章の構成を考えたとき、**【目次】**

の空欄 X に入る内容」を選ぶ設問。

「第3章」の「a　生活や行動様式を変えること」「b　防災に対して投資すること」は**【資料Ⅱ】**の第三文「……私たちの生活・行動様式の変容や防災への投資といった……『適応策』が求められる」に当たる（続く「例えば……これも……適応策である」はその具体例である）。また、「d　コベネフィットを追求すること」は**【資料Ⅱ】**の第八文「また緩和策と健康増進を同時に進めるコベネフィットを追求していくことも推奨される」に当たる（続く「例えば……健康増進につながる」の具体例をはさんで最終文「こうしたコベネフィット……期待されるまで」がその話題である）。以上から、**【目次】**の「c　X」には、右で見た**【資料Ⅱ】**の〈a・b対応箇所〉と〈d対応箇所〉の間の箇所の内容が入るとみるのが自然である。それは**【資料Ⅱ】**の第六文「また、健康影響が生じた場合、現状の保健医療体制で**住民の医療ニーズに応え**、健康水準を保持できるのか、そのために不足しているリソースがあるとすれば何で、**必要な施策は何かを特定する**ことが望まれる」に当たる内容である（これに続く第七文「例えば……求められる」はその具体例である）。これに当たる③が正解である。

①・②は〈a・b対応箇所〉中の内容、⑤は〈d対応箇所〉の内容で、いずれも不適当。④は**【資料Ⅱ】**第七文中の内容で〈c対応箇所〉ではあるが、具体例の一つでしかないので、それらをまとめて包括的に述べた③の方が適当（a・b・dも具体例ではなく包括的内容の方なので、それと並べるものとしては③でなければおかしい）ということになる。**〈具体と抽象の関係〉は共通テストにおいてさまざまな形で問われることなので、ふだんから意識しておきたい。**

(ii)　**【目次】**と**【資料Ⅰ】【資料Ⅱ】**から「レポートの内容や構成」について級友に「助言」してもらうという設定で、「**助言の内容に誤りがあるもの**」を選ぶ設問。

②の「感染症」は（そもそも病原体によるものであって、「大気汚染物質による感染症」という表現自体に違和感があるが）、**図**の下段真ん中から右側にかけて「**節足動物媒介感染症**」「水系感染症」とあり、**文章**でも第二段落で「感染症を媒介する節足動物」、第三段落で「水系・食品媒介性感染症（注5「**水、食品を介して発症する感染症**」）やインフルエンザのような感染症類」などと述べられている。②「大気汚染物質」は**図**の左側で「心血管疾患死亡・呼吸疾患死亡」の要因とされており、②「**大気汚染物質による感染症**」という内容は**【資料Ⅰ】【資料Ⅱ】**のいずれにも見当たらない。②が「**誤りがあるもの**」つまりここでの正解である。

②に比べれば、①・③は確かに〈そうした方がいいだろう〉というものではある。また、④がいうように「第1章と第2章」を「入れ替え」て、〈気候変動の実態（原因）→それが健康に与える影響（結果）→（その影響への対策として）健康のために取り組むべきこと〉とした方が確かに「流れがよくなる」といえるだろう。⑤がいう、「資料の内容の紹介だけ」ではなく「それらに基づいたひかるさんなりの考察も書いてみたらどうだろう」も、〈そうしなければならない〉というものではないようにも思えるが、少なくとも②のように明らかな誤りを含むものではないし、問3設問文「高校生として何ができるか考えた」上での「レポート」であるならば、そうであることが望ましいといえるものではあるだろう。以上から、「**誤りがあるものを**」「一つ選べ」ということならば、②を答えることになる。

通常の読解設問と異なり、この種の〈思考力〉を問う設問では、本文や資料等に〈直接書かれているかどうか〉のみでは判断できない選択肢も少なくない。右のように、**設問要求との対応なども考えつつ〈より妥当性の高いもの（低いもの）はどれか〉といった視点で考えていく**ことになる。

第B問

〈出典〉

【資料Ⅰ】「第6回ことばに関するアンケート」（旺文社生涯学習検定センター　二〇〇八年実施）の〈質問1〉および〈質問2〉〈質問3〉（【資料Ⅰ】では「質問1」および「質問2」の①②となっている）のB（「このバスに乗ればいいのよね?」）・C（「このカレーライスうまいね!」）による。

【資料Ⅱ】【資料Ⅲ】　金水敏（きんすい　さとし）「役割語と日本語教育」（『日本語教育』第一五〇号（日本語教育学会　二〇一一年）掲載）の〈1．はじめに〉の冒頭部分（【資料Ⅱ】）および〈2．役割語と現実性〉の一節（図1もその一節中のもの）（【資料Ⅲ】）。

〈問題文・資料等の解説〉

「ヒロミさん」が「日本語の独特な言葉遣いについて調べ、『言葉遣いへの自覚』という題で自分の考えを【レポート】にまとめた」という設定で、「【レポート】に引用するため」の資料として「見出しを付けて整理した」とされているのが【資料Ⅰ】～【資料Ⅲ】である。

【資料Ⅰ】

見出しとなっている「**性別による言葉遣いの違い**」について、「**小学生～高校生**」**にたずねた調査結果**である。「質問1」は〈男女の言葉遣いは同じだと思うか〉という問いで、**〈男女の言葉遣いには違いがある〉と認識している人が多い**という結果である。「質問2」の①は、ある言葉遣いが〈男女どちらの話し方だと**思うか**〉という問いで、女の子らしいとされる言葉遣い、男の子らしいとされる言葉遣いのそれぞれについて、**通念通りに認識している人が多い**という結果である。「質問2」の②は、それらの言葉遣いを〈**自分自身は使うか**〉という問いで、**女の子らしいとされる言葉遣いを実際にする女子は多くなく、また、男の子らしいとされる言葉遣いをする女子も少なくない**という結果である。つまり、**〈男女の言葉遣いには違いがある〉と認識している人は多いが、だからといって必ずしも実際にそうした言葉遣いをしているわけではない**、ということになる。

【資料Ⅱ】

見出しにある通り「**役割語の定義**」について述べた文章である（以下、各形式段落を[1]～[3]で示す。[1]の後の引用（「ある特定の……」）は[1]に、[2]の後の例（a～f）は[2]に、それぞれ含める）。[1]・[2]で「役割語」の「定義」を「**ある特定の言葉遣い**（語彙・語法・言い回し・イントネーション等）を聞くと**特定の人物像**（**年齢、性別、職業、階層、時代、容姿・風貌、性格等**）**を思い浮かべる**ことができるとき、……その言葉遣いを『**役割語**』と呼ぶ」「**特定の話し方あるいは言葉遣いと特定の人物像**（キャラクタ）との心理的な**連合**であり、ステレオタイプ（注・**型にはまった画一的なイメージ**）の言語版」と述べた上で、[2]で具体的な事例を挙げ、[3]でそれらの言葉遣いは、「内容」は「同じ」だが「**想起させる話し手が異なる**」として、[1]・[2]の定義の裏付けとしている。

【資料Ⅲ】

見出しにある通り「**役割語の習得時期**」について述べた文章である（以下、各形式段落を[1]～[5]で示す。[3]の後の文a～eは[3]に含める）。[1]・[2]初めは、「**現実の日常生活**の中で……**いかにも女性的**……**男性的というような表現は**……**まれになっている**」[1]「**日常的**な音声言語に……**性差**に関する積極的な証拠が**乏しい**」（日常の話し言葉の中では男女の言葉遣いの区別はそれほどないので、〈（現代でも）言葉遣いに男らしさ・女らしさの区別がある〉という考えの「証拠」は現実には乏しい）[2]にもかかわらず、「多くの日本語話者は……**女性や男性の話し方**を想起させるという**知識**を共有している」[1]「多くのネイティブの日本語話者は、〈**男ことば**〉と〈**女ことば**〉を正しく**認識する**」[2]と述べた上で、**男女の言葉遣いに違いがあるという認識は、〈現実の生活からではなく〉「絵本やテレビなどの作品の受容を通して」形成されている**と主張する。[2]後半から[4]はそれを示す「実験」の報告で、数種の「役割語」的言葉遣いを聞かせ、それに対応する「人物」のイラストを示させる実験（[2]・[3]）の結果、「性差を含む**役割語の認識**」は

「**五歳児ではほぼ完璧にできる**ことが分かった」とし（[4]）、「幼児が、これらの人物像すべてに**現実に出会うということはほとんど考えにくい**」一方で、「**絵本やアニメ作品等**には、役割語の例があふれている」（[5]）と述べて、[2]の主張の裏づけとしている。

〈設問解説〉

問1　グラフを含む資料を踏まえて、（生徒作成という設定の）文章の空欄を補う設問。

　設問文に「空欄 X には、【レポート】の展開を踏まえた【資料Ⅰ】の説明が入る」とある。「【レポート】の展開」を見てみると、まず第一段落で「男女の言葉遣いは同じでないと思っている人の割合は、七割以上」と【資料Ⅰ】の「質問1」に基づく記述がなされ、次に【資料Ⅰ】の「質問2」を踏まえて、「『**このバスに乗ればいいのよね？**』**は女の子の話し方**として、『**このカレーライスうまいね！**』**は男の子の話し方**として認識されている」ことは「性差によって言葉遣いがはっきり分かれているという、日本語の特徴の反映」だと述べた上で、第二段落で「一方」と続けて、「 X にも着目すると、男女の言葉遣いの違いを認識しているものの、**女性らしいとされていた言葉遣い**があまり用いられず（a）、逆に**男性らしいとされる言葉遣い**をしている女性も少なからず存在する（b）」とある。これを踏まえて選択肢を見ていこう。

　選択肢の前半は①〜⑤とも、「『このバスに乗ればいいのよね？』」という「**女性らしいとされていた言葉遣い**」を「使わない女子は六割近く」ないし「使う女子は三割程度」で、先のaに合致する。後半は「『このカレーライスうまいね！』」という「**男性らしいとされる言葉遣い**」についてで、①が〈使わない男子は二割を超えている〉、②が〈使う女子は三割を超えている〉、③が〈使わない男女は四割近くにのぼる〉、④が〈使うか分からない女子は一割程度にとどまる〉、⑤が〈男女どちらが使ってもいいと考える人は三割近くにのぼる〉である。先のbに合致するのは②。それぞれの割合を【資料Ⅰ】で確認すると、「このバスに乗ればいいのよね？」という「ことばづかい」を「する」女子は「質問2②」で31・6％、「このカレーライスうまいね！」という「ことばづかい」を「する」女子は同じく「質問2②」で33・5％だから、この点でも②は問題ない。正解は②である。

　この設問は、グラフの数値の読み取り自体に誤りのある選択肢はなく、選択肢が【レポート】の文脈に沿ったものかどうかが判断の決め手になるものである。**〈生徒の学習場面〉**設問では、**文章・資料等の読み取りに加えて、（生徒の）文章や会話などで設定された文脈も踏まえて考える**必要がある。

問2　二つの文章を統合した内容を空欄に補う設問。

「空欄 Y に……入る」ものとしてふさわしい「**【資料Ⅱ】**及び**【資料Ⅲ】の要約**」を考える設問である。**【資料Ⅱ】**は「役割語の**定義**」と見出しが付されており、「ある**特定の言葉遣い**（語彙・語法・言い回し・イントネーション等）を聞くと**特定の人物像（年齢、性別、職業、階層、時代、容姿・風貌、性格等）を思い浮かべることができる**とき、あるいは**ある特定の人物像を提示されると、その人物がいかにも使用しそうな言葉遣いを思い浮べることができる**とき、その言葉遣いを『役割語』と呼ぶ」という「定義」を示したうえで、それを「**特定の話し方あるいは言葉遣いと特定の人物像**（キャラクタ）との心理的な**連合**であり、ステレオタイプ（注・型にはまった画一的なイメージ）の言語版」と述べ（a）、その具体例を挙げて説明している。**【資料Ⅲ】**は「役割語の**習得時期**」と見出しが付され、役割語的な言葉遣いは「**現実の日常生活**の中で……**まれになっている**」（[1]）「**日常的な音声言語**に……**乏しい**」（[2]）「**幼児が**……**現実に出会うということはほとんど考えにくい**」（[5]）のであって、「**絵本やテレビ**などの作品の受容を通して知識を受け入れている」（[2]）「**幼児が日常的に触れる絵本やアニメ作品等**には、役割語の例があふれている」（[5]）と述べ（b）、「**イラスト**」と「**音声刺激**」を用いた「**実験調査**」によって、「三歳児では……役割語の認識が十分でなかったのに対し、**五歳児ではほぼ完璧にできる**ことが分かった」（c）と述べている（[3]・[4]）。これが見出し「役割語の**習得時期**」の具体的説明である。

空欄［Y］の箇所は、前段落の「女性らしい」「男性らしい」とされる「言葉遣い」の話題をうけて、「**【資料Ⅱ】【資料Ⅲ】**の『役割語』を参照したい。これらの資料によれば、**言葉遣いの違いは性別によるとはかぎらない**、そして、［Y］ということである」とある。これは先のa（「**特定の人物像（年齢**、性別、**職業**、**階層**、**時代**、**容姿・風貌**、**性格等**）……」につながるものである。また、次段落でこれを「たしかに」とうけて、「**マンガやアニメ、小説などのフィクションにおいて**、このような役割語は、非常に発達している。役割語がなければ、『キャラクタ』を描けないようにすら感じる」と続けており、これは先のb→cとつながる。以上から、先のa・b・cをおさえている③が正解となる。

①は先のb・cの（**【資料Ⅲ】**の）内容のみ、②は先のaの（**【資料Ⅱ】**の）内容のみで、「**【資料Ⅱ】**及び**【資料Ⅲ】**の要約」という設問条件に合わないし、②「日本語の特徴を端的に示した概念である」とは**【資料Ⅱ】【資料Ⅲ】**には特に述べられていない（**【レポート】**の第一段落で（**【資料Ⅰ】**をうけて）ヒロミさんが考えた内容として書かれているのみである）。④も**【資料Ⅲ】**の**中心点**である「役割語の習得時期」に関わる内容（先のb・c）がないため、「**【資料Ⅱ】**及び**【資料Ⅲ】**の**要約**」とはいいがたいし、空欄［Y］の次段落に「たしかに……」とうけられる形で続くものともいいにくい。⑤は「成長の過程で理性的な判断によってそのイメージは変えられる」が**【資料Ⅱ】【資料Ⅲ】**いずれにも述べられていない内容だし、空欄［Y］の次段落に「たしかに……」とうけられる形で続くものともいえない。

問3　文章の趣旨に即した具体例を考えて空欄を補う設問。

「空欄［Z］に……入る」「役割語の例」として「**適当でないもの**」を選ぶ設問。**〈本文や資料の内容に基づいて、本文や資料には直接出てこない具体例の適否を判別する〉設問では、設問で指定された事物**（ここでは「役割語」）**についての本文や資料中の説明を〈正解の条件（前提）〉としておさえ、それらを満たす具体例を選ぶ**ことになる。

ここでは、**【資料Ⅱ】**の「**役割語の定義**」（問2解説のa）**に反するものでない**こと、空欄［Z］の前の「現実の世界」での「身近にある例」、「以上のように」とうけられる次段落の「私たちの周りに……あふれている」「役割語」であることが前提である。またこれを「したがって」とうけて「役割語の性質を理解したうえで、フィクションとして楽しんだり、時と場所によって用いるかどうかを判断したりするなど、自らの言葉遣いについても自覚的でありたい（d）」とする結論を導く根拠となるものであることもヒントになるだろう。

②は「一般的に男性が用いる」とされる「一人称」を取り上げている点で先のaに合致し（②「アニメやマンガ……」は問2解説のbにも合致する）、それを「女性」が用いるというのは（**【資料Ⅰ】**や**【レポート】**の前半の記述にも合致するし）先のdに沿うものだといえる。④「類型的な人物像」も先のaの「ステレオタイプ」に合致し、④「場面に応じてそれらを使い分ける」も先のdに沿う。⑤の「男性言葉をことさら強調」も先のaに合致する。

①の「敬語」と③の「方言」は、先のaの箇所で直接的に挙げられているものではないが、①「親密な人にも敬語を用いて話」す人というのは〈丁寧な人〉といった「性格」（**【資料Ⅱ】**［1］）を示すものだとはいえようし、③「方言」も〈地方の人〉という「特定の人物像」が「いかにも使用しそうな言葉遣い」（**【資料Ⅱ】**［1］）に当たるということはできよう（**【資料Ⅱ】**［2］の例文でいえば、bは「敬語」（丁寧語）に、d・eは「方言」に当たるともいえよう）。そこで、視点を変えてさらに考えてみる。

①は〈本来は「くだけた言葉遣い」で話す人が、他人の目を意識して敬語を使う〉つまり**〈本来とは違う姿を演じる〉**という話であるのに対し、③は「ふだん共通語を話す人が話す不自然な方言」〈演じられたもの〉よりも「周りが方言を話す環境で育てられた人が話す**自然な方言の方が好まれる**」という話。つまり、**〈演じられたもの〉を肯定するのが①、否定するのが③**である。こう考えると、①は先のdに合致するが、③は合致しない（**【レポート】**最終段落の「フィクションとして……時と場所によって……など、自らの言葉遣いについても自覚的でありたい」につながらない）ことがわかる。「**適当でないもの**」つまり正解は③である。

問4　〈生徒の書いた文章〉に補足する論拠を考える設問。

「**【レポート】**の主張をより理解してもらうために……補足」する「論拠」として「適当なものを……**二つ**」選ぶ設問。

①の内容は**【レポート】【資料】**の論旨と無関係。**【資料Ⅲ】**の[2]「**日常的な音声言語**に、語彙・語法的な特徴と性差に関する積極的な証拠が乏しい」とあるのは、[1]の「**現実の日常生活**の中で……いかにも女性的、いかにも男性的というような表現は今日の日本では……まれになっている」という趣旨であって（〈**日常の話し言葉**の中ではあまり使わないのにそれが認識できるのは、（現実の日常生活というより）絵本やテレビなどの影響だということだ〉というふうに続いていくのである）、①「日本語における役割語では語彙や語法より音声的な要素が重要である……イントネーションによって……」といった趣旨ではない。むしろ**【資料Ⅲ】**の[4]には「語彙・語法的な指標と音声的な指標のどちらが効いていたかは**これからの検討課題**である」とある。

②の「わたくし」や「おれ」は**【資料Ⅲ】**で「役割語」の例として挙げられているものであり、「一人称代名詞の使い分けだけでも具体的な人物像を想起させることができる」は「ある特定の言葉遣い……を聞くと特定の人物像……を思い浮かべることができる」という**【資料Ⅱ】**の「役割語の定義」に沿ったものである。また、例えば**【レポート】**の最終段落の「私たちの周りには多くの役割語があふれている」の「論拠」となりうるものでもある。②が一つめの正解。

③「役割語の多くが江戸時代の言葉を反映している」は、**【資料】**の内容と無関係（役割語を特定の時代と結びつける見方は特に述べられていない）だし、**【レポート】**の論旨とも無関係なのでその「論拠」になるものとはいえない。

④前半は**【資料Ⅱ】**で「役割語の定義」や「役割語の分かりやすい例」として述べられている趣旨に沿うものであり、④後半は**【レポート】**の「マンガやアニメ、小説など」の中で「**キャラクタ**のイメージが**ワンパターン**に陥ってしまうこともある」をうけて、④の〈**現実の生活**の中でも役割語によって**個性が固定化**されてしまうおそれがある（ので注意する必要がある）〉という趣旨を「補足」することで、**【レポート】**末尾の「自らの言葉遣いについても**自覚的でありたい**」という主張の「論拠」となりうる。④が二つめの正解である。

⑤は、前半は**【資料Ⅲ】**の内容に合致するが、⑤「この時期の幼児教育には子どもの語彙を豊かにする可能性がある」は〈役割語を習得すること＝語彙が豊かになること〉と述べていることになり、**【資料】**の内容と無関係（役割語を肯定的に評価する論旨は特にない）だし、**【レポート】**の論旨ともズレる。**【レポート】**の第四段落で「効率的にキャラクタを描き分け……イメージを……伝える」とあるのは「マンガやアニメ、小説などの**フィクション**」についてであり、それですら「キャラクタのイメージがワンパターンに陥ってしまうこともある」というマイナス面と表裏一体だという評価であって、役割語の習得が**現実の**「**子ども**」にとって「**語彙**」が「**豊かに**」**なることだ**という方向性ではない。

⑥前半は**【資料】【レポート】**の内容に合致するが、⑥「役割語の数が将来減少**してしまう**可能性がある」は「減少」をマイナス評価する表現であり、⑤同様に**【資料】【レポート】**の論旨の方向性と一致しない。

共通テストの〈生徒の学習場面〉設問では、**本文を基にした応用的思考について適否を判断する**設問が出題される。**何らかの形で本文そのままではない発展的な内容**について判断することになるが、右のように、

- **話題や事例**などの〈表面的な違い〉ではなく、**〈論の方向性〉や中心的な要素において本文に合うもの（○）か、反するもの・無関係なもの（×）か**
- **本文（や資料など）の内容から論理的に導き出せる妥当性の高いもの（○）か、そうではない妥当性の低いもの（×）か**
- **設問要求**（ここでは〈「論拠」になるもの〉）**に沿ったもの（○）か、設問要求に沿っていないもの（×）か**

といった観点で適否を考えていくことになる。

2024年度

大学入学共通テスト
本試験

解答・解説

■2024年度大学入学共通テスト本試験「国語」得点別偏差値表
下記の表は大学入試センター公表の平均点と標準偏差をもとに作成したものです。

平均点　116.50　標準偏差　35.33　　　受験者数　433,173

得　点	偏差値	得　点	偏差値	得　点	偏差値	得　点	偏差値
200	73.6	150	59.5	100	45.3	50	31.2
199	73.4	149	59.2	99	45.0	49	30.9
198	73.1	148	58.9	98	44.8	48	30.6
197	72.8	147	58.6	97	44.5	47	30.3
196	72.5	146	58.3	96	44.2	46	30.0
195	72.2	145	58.1	95	43.9	45	29.8
194	71.9	144	57.8	94	43.6	44	29.5
193	71.7	143	57.5	93	43.3	43	29.2
192	71.4	142	57.2	92	43.1	42	28.9
191	71.1	141	56.9	91	42.8	41	28.6
190	70.8	140	56.7	90	42.5	40	28.3
189	70.5	139	56.4	89	42.2	39	28.1
188	70.2	138	56.1	88	41.9	38	27.8
187	70.0	137	55.8	87	41.7	37	27.5
186	69.7	136	55.5	86	41.4	36	27.2
185	69.4	135	55.2	85	41.1	35	26.9
184	69.1	134	55.0	84	40.8	34	26.6
183	68.8	133	54.7	83	40.5	33	26.4
182	68.5	132	54.4	82	40.2	32	26.1
181	68.3	131	54.1	81	40.0	31	25.8
180	68.0	130	53.8	80	39.7	30	25.5
179	67.7	129	53.5	79	39.4	29	25.2
178	67.4	128	53.3	78	39.1	28	25.0
177	67.1	127	53.0	77	38.8	27	24.7
176	66.8	126	52.7	76	38.5	26	24.4
175	66.6	125	52.4	75	38.3	25	24.1
174	66.3	124	52.1	74	38.0	24	23.8
173	66.0	123	51.8	73	37.7	23	23.5
172	65.7	122	51.6	72	37.4	22	23.3
171	65.4	121	51.3	71	37.1	21	23.0
170	65.1	120	51.0	70	36.8	20	22.7
169	64.9	119	50.7	69	36.6	19	22.4
168	64.6	118	50.4	68	36.3	18	22.1
167	64.3	117	50.1	67	36.0	17	21.8
166	64.0	116	49.9	66	35.7	16	21.6
165	63.7	115	49.6	65	35.4	15	21.3
164	63.4	114	49.3	64	35.1	14	21.0
163	63.2	113	49.0	63	34.9	13	20.7
162	62.9	112	48.7	62	34.6	12	20.4
161	62.6	111	48.4	61	34.3	11	20.1
160	62.3	110	48.2	60	34.0	10	19.9
159	62.0	109	47.9	59	33.7	9	19.6
158	61.7	108	47.6	58	33.4	8	19.3
157	61.5	107	47.3	57	33.2	7	19.0
156	61.2	106	47.0	56	32.9	6	18.7
155	60.9	105	46.7	55	32.6	5	18.4
154	60.6	104	46.5	54	32.3	4	18.2
153	60.3	103	46.2	53	32.0	3	17.9
152	60.0	102	45.9	52	31.7	2	17.6
151	59.8	101	45.6	51	31.5	1	17.3
						0	17.0

2024年度 本試験　解答・配点

(200点満点)

問題番号(配点)	設問	(配点)	解答番号	正解	自己採点欄
第1問(50)	1	(2)	1	②	
		(2)	2	③	
		(2)	3	②	
		(2)	4	②	
		(2)	5	③	
	2	(7)	6	⑤	
	3	(7)	7	①	
	4	(7)	8	⑤	
	5	(7)	9	③	
	6	(3)	10	①	
		(3)	11	③	
		(6)	12	②	
小　　計					
第2問(50)	1	(3)	13	④	
		(3)	14	④	
		(3)	15	②	
	2	(5)	16	①	
	3	(6)	17	④	
	4	(7)	18	②	
	5	(7)	19	②	
	6	(6)	20	②	
	7	(5)	21	④	
		(5)	22	③	
小　　計					

問題番号(配点)	設問	(配点)	解答番号	正解	自己採点欄
第3問(50)	1	(5)	23	③	
		(5)	24	②	
		(5)	25	⑤	
	2	(7)	26	②	
	3	(7)	27	④	
	4	(7)	28	②	
		(7)	29	②	
		(7)	30	③	
小　　計					
第4問(50)	1	(5)	31	⑤	
	2	(5)	32	①	
		(5)	33	④	
		(5)	34	①	
	3	(7)	35	④	
	4	(7)	36	④	
	5	(8)	37	⑤	
	6	(8)	38	②	
小　　計					
合　　計					

第1問

〈出典〉

渡辺裕（わたなべ　ひろし）『サウンドとメディアの文化資源学――境界線上の音楽』（春秋社、二〇一三年）の「総論　『文化』としての音を考えるために――文化資源、聴覚文化、メディア」の1「『ある』音楽から『なる』音楽へ」の2「典礼の『作品化』?――『博物館化』のなかのモーツァルトの《レクイエム》」の一部。出題に際して表記を変更した箇所がある。

渡辺裕は一九五三年千葉県生まれの音楽学者。東京大学名誉教授。東京音楽大学特任教授。専門は、聴覚文化論・音楽社会史。おもな著書に、『聴衆の誕生――ポスト・モダン時代の音楽文化』、『マーラーと世紀末ウィーン』、『歌う国民』などがある。なお、二〇〇四年のセンター試験（本試）国語I・IIの第1問で同筆者の「聴衆の『ポストモダン』?」が出題されている。

〈問題文の解説〉

問題文は、「音楽」や「芸術」に向けるまなざしや聴き方が、コンサートホールや美術館・博物館からあふれだし、現実世界を浸食しつつあるという今日の状況について論じた文章。全体は10の形式段落（[1]~[10]）からなり、大きく三つのまとまり（意味段落）にわけて考えることができる。

第I意味段落（[1]~[6]）

本文はまず、モーツァルトの没後二〇〇年の年にウィーンのシュテファン大聖堂で行われた、モーツァルトの《レクイエム》の演奏を題材として議論がなされる。その部分をひとつめのまとまり（第I意味段落）と考えることができる。

第1段落では、この催しがどのようなものであったのかという基本的な説明がなされる。それはウィーンの音楽界の総力を挙げた演奏でもあるのだが、追悼ミサという「宗教行事」でもあった。「音楽」でもあり「宗教行事」でもあるという典型的な例だと言う。（[1]）

第2段落と第3段落では、第1段落の説明を踏まえたうえで、この催しに対する対照的な反応が取り上げられる。まず、第2段落では、これを《レクイエム》という音楽作品として聴こうとする人の反応が紹介される。そのような人は、たとえば、「延々と続く典礼の割り込みには正直辟易」するといった感想をもらす。この催しを「音楽」として捉えようとする聴き手が、音楽部分だけをつなぎ合わせて聴くさまが彷彿としてくると言う。それに対して、第3段落では、この催し物は「音楽」である以前に「典礼」だという考え方が紹介される。こういうものは、典礼の全体を体験してこそその意味を正しく認識できるのであり、音楽部分だけつまみだして云々するなどという聴き方は、あらゆる音楽を、コンテクスト（文脈、背景、状況）を無視してコンサートのモデルで捉える一九世紀的悪弊にすぎず、体験の本来の姿を取り戻さなければならないという主張である。（[2]~[3]）

第4段落では、[2]・[3]で紹介した考えを踏まえたうえで、ここにおいて何が問題なのかということについて筆者自身の考えを述べる。[2]と[3]で、さきの催しを、「音楽」として捉える人（[2]）と「典礼」と捉える人（[3]）の対立が紹介されたわけだが、ここでの問題は、音楽（[2]）か典礼（[3]）かというオールオアナッシングのような議論で話が片付くものではない。音楽vs.典礼といった図式的な二項関係の説明にはおさまりきれない複合的な性格をもった、しかもきわめてアクチュアルな現代的問題を孕んでいるのだと筆者は問題を提起する（そして以降の部分で、さらに具体的にこの問題がどのようなものであるかを説明していく）。（[4]）

第5段落では、前段落の問題提起を受け、「これが典礼なのか、音楽なのかという問題は、実はかなり微妙である」と述べ、以下（[5]と[6]）でそのことを説明していく。追悼ミサであるというかぎりでは宗教行事（典礼）であるには違いないが、通常の典礼にはない大規模なオーケストラや合唱団が配置され、音楽は典礼の一部をなすというレベルをはるかにこえて、「鑑賞」の対象になっているように見える。そして何といっても極めつきなのが、この典礼の映像がLDやDVDなどの形で販売され、大多数の人びとはその様子を、これらのメディアを通して体験しているという事実である。これはほとんど音楽的なメディア・イヴェントと言っても過言ではないものになっているのだが、典礼を巻き込む形で全体が「作品化」され、「鑑賞」の対象に

なるような状況が生じていると筆者は述べる。（5〜6）

第Ⅰ意味段落では、モーツァルトの没後二〇〇年の年にウィーンのシュテファン大聖堂で行われたモーツァルトの《レクイエム》の演奏を題材として議論がなされる。それは「音楽」か「典礼」かという二分法で理解できるような単純なものではない。たしかにそれは宗教行事ではあるが、通常の典礼のレベルをこえた音楽的なイヴェントになっており、さらに典礼をも巻き込む形で全体が「作品化」され、「鑑賞」の対象になるような状況が生じている。つまり、「これが典礼なのか、音楽なのかという問題は、実はかなり微妙」なのであり、複合的な性格をもった、しかもきわめてアクチュアルな現代的問題を孕んでいるのである（「きわめてアクチュアルな現代的問題」ということがどういうことなのかは、このさきで明らかにされる）。

第Ⅱ意味段落（7〜8）

第7段落は、前段落までの議論（とくに前段落（6）の、典礼をも巻き込む形で全体が「作品化」され、「鑑賞」の対象になるような状況が生じていること）を「このこと」と受け、これが「今『芸術』全般にわたって進行しつつある状況」と対応していると述べる。それは「博物館化」、「博物館学的欲望」などの語で呼ばれる、きわめて現代的な現象なのだという。（「きわめてアクチュアルな現代的問題」（4）との対応に注意）。そして、以下（7と8）でこのことを説明していく。モーツァルトの《レクイエム》演奏の事例に即して議論をしていた1〜6に対して、ここからは「芸術」全般の話になるので、ここからをふたつめのまとまり（第Ⅱ意味段落）と考えるといいだろう。

コンサートホール同様、一九世紀にそのあり方を確立した美術館や博物館においては、様々な物品を現実のコンテクストから切り取って展示する、そのあり方が不自然だという批判が出てきた。たしかに、たとえば、寺で信仰の対象として長いこと使われ、皆が頭をなでてすり減っているような仏像を、ガラスケースの中に展示し、遠くから鑑賞するような体験は不思議なものではある。最近ではその種の展示でも、単に「もの自体」をみせるのでなく、それが使われたコンテクスト全体をみせ、そのものが生活の中で使われている状況を可能なかぎりイメージさせるような工夫がなされるといった動きが進んできた。ところが、そのことが、単に元のコンテクストに戻す、ということにとどまらない結果を生み出している。美術館や博物館の展示が、物そのものにとどまらず、それをとりまくコンテクストをも取り込むようになってきているということは、別の見方をすれば、「作品そのもの」の外に位置していたはずの現実の時空もろとも、美術館や博物館という「聖域」の中にひきずり込まれた状況であるとみることもできる。それどころか、一九世紀以来、こうした場で育まれてきた「鑑賞」のまなざしが今や、美術館や博物館の垣根をのりこえて、町全体に流れ込むようになってきている（筆者はこのことを説明・根拠づける具体例として、ウィーンや京都といった現実の町全体がテーマパークのような状況になっている事例をあげる）。そういう場所で人々が周囲の景物に向けるまなざしは、たぶん美術館や博物館の内部で「物そのもの」に向けられていたものに近いものだろう。「博物館化」、「博物館学的欲望」という語はまさに、そのような心性や状況を言い表そうとしたものである。これまで問題にしてきた（1〜6）シュテファン大聖堂での《レクイエム》のケースも、単に音楽をコンサートから典礼のコンテクストに戻したのではなく、むしろ典礼そのものをもコンサート的なまなざしのうちに置こうとする人々の「コンサートホール的欲望」によって、コンサートの外なる場所であったはずの現実の都市のさまざまな空間が、どんどん「コンサートホール化」されている状況の反映と言い換えることができるように思われる。（7〜8）

第Ⅱ意味段落では、第Ⅰ意味段落の議論を受け、シュテファン大聖堂での《レクイエム》の事例において、典礼をも巻き込む形で全体が「作品化」され、「鑑賞」の対象になるような状況が生じていることが、「今『芸術』全般にわたって進行しつつある状況」と対応しているのだと述べ、そのことを具体的に説明している。それは、美術館や博物館で育まれ、その内部で「物そのもの」に向けられていた「鑑賞」のまなざしが、外部の現実世界へも向けられ、現実の空間をも美術館や博物館の中にひきずり込むような現象のことである。それは「博物館化」、「博物館学的欲望」などの語で呼ばれる、きわめて現代的な現象なのだという。この「博物館化」、「博物館学的欲望」と呼ばれる、「今『芸術』全般にわたって進行しつつある状況」＝きわめて現代的な現象の説明をしているのが第Ⅱ意味段落である。

第Ⅲ意味段落（9～10）

第9段落は、「『音楽』や『芸術』の概念の話に戻り、今のそういう状況に重ね合わせて考え直してみるならば」とはじまる。ここまで論じられてきた状況の話を踏まえたうえで、その状況と関連づけながら概念の話をしていく部分なので、ここからを第Ⅲ意味段落と考えるといいだろう。（なお、「『音楽』や『芸術』の概念の話に戻り」と言われているのは、出題された部分より前の部分でこれらの概念について触れられているからである）

「音楽」や「芸術」の概念の話に戻り、今のそういう状況（＝「コンサートホール化」、「博物館化」。第Ⅱ意味段落（7～8））に重ね合わせて考え直してみるならば、この状況は、近代的なコンサートホールの展開と相関的に形成されてきた「音楽」や「芸術」に向けるまなざしや聴き方（クラシック音楽にみられるような、コンサートホールで聴衆が「音楽」を「芸術」作品として「鑑賞」するといった聴き方は、近代におけるコンサートホールの成立・発展とともに形成されたものだということ）が今や、その外側にまであふれ出てきて、かつてそのような概念の適用範囲外にあった領域にまで浸食してきている状況であると言いうるだろう。コンサートホールや美術館から漏れ出したそれらの概念があらゆるものの「音楽化」や「芸術化」を促進しているように思われる。だがそうであるならば、「音楽」や「芸術」という概念が自明の前提であるかのように考えてスタートしてしまうような議論に対しては、「なおさら警戒心をもって周到に臨まなければならないのではないだろうか」と筆者は言う。なぜなら、このような状況自体、特定の歴史的・文化的コンテクストの中で一定の価値観やイデオロギーに媒介されることによって成り立っているのだとすれば、そこでの「音楽化」や「芸術化」の動きの周辺にはたらいている力学や、そういう中で「音楽」や「芸術」の概念が形作られたり変容したりする過程やメカニズムを明確にすることこそが決定的に重要になってくるからである、と言う。この部分はかなり読みにくいだろう。（9）

そのこともあって、第10段落で筆者は、「問題のポイントを簡単に言うなら」と、以上で指摘した問題点を簡潔に言い換える。それは、「音楽」や「芸術」は決して最初から「ある」わけではなく、「なる」ものであるということだという。それにもかかわらず、「音楽」や「芸術」という概念を繰り返し使っているうちに、それがいつの間にか本質化され、最初から「ある」かのような話にすりかわってしまい、その結果は、気づいてみたら、「音楽は国境を越える」、「音楽で世界は一つ」という怪しげなグローバリズムの論理に取り込まれていたということにもなりかねないと危惧を示している。（10）

本文の論理を踏まえつつ、9と10を結びつけて考えていこう。今あらゆるものの「音楽化」や「芸術化」（＝「コンサートホール化」、「博物館化」）が進んでいるが、「音楽」や「芸術」という概念は自明の前提（＝「ある」もの）なのではなく、近代的なコンサートホールの展開といった事柄と関係をもちながら形成されてきたもの（＝「なる」もの）なのである。今日の状況（＝あらゆるものの「音楽化」や「芸術化」）もそのような特定の歴史的・文化的コンテクストの中で成り立っているのであり、「音楽」や「芸術」の概念が形作られたり変容したりする過程やメカニズムを明確にすることが重要になる。それゆえ今日の状況を考える際に、「音楽」や「芸術」という概念を自明の前提であるかのように考えてしまう議論に対しては、「なおさら警戒心をもって周到に臨まなければならない」のだ。そうしないと、「音楽」や「芸術」が特定の歴史的・文化的コンテクストの中で形成されるもの（＝「なる」もの）であることが忘れられ、それ自体価値のあるもの（＝「ある」もの）、すなわち普遍的なもの（特定の歴史的・文化的コンテクストの中で形成されるものではないもの）と思い込まれ、「音楽は国境を越える」（＝音楽は普遍的なものだ）といった怪しげなグローバリズムの論理に取り込まれるということにもなりかねないのである（「なりかねない」と「警戒心」との対応に注意。なお、この第Ⅲ意味段落の部分で論じられているような問題が、「きわめてアクチュアルな現代的問題」（4）ということだろう）。

第Ⅲ意味段落では、第Ⅱ意味段落までで論じられてきた今日の状況、すなわち「博物館化」、「コンサートホール化」という現象を踏まえつつ、その状況と関連づけながら「音楽」や「芸術」の概念について論じている。あらゆるものが「音楽化」・「芸術化」していく今日の状況において、「音楽」や「芸術」という概念を自明の前提（＝「ある」もの）であるかのように考えるのではなく、特定の歴史的・文化的コンテクストの中で形成されるもの（＝「なる」もの）としてとらえて考えていかなければならないと主張されている。

最後に全体を確認しておこう。まず第Ⅰ意味段落では、シュテファン大聖堂で行われたモーツァルトの《レクイエム》の演奏を題材とし、典礼をも巻き込む形で全体が「作品化」され、「鑑賞」の対象になるような状況が生じていることを論じている。つぎに第Ⅱ意味段落では、第Ⅰ意味段落の議論を受け、そのような状況が「今『芸術』全般にわたって進行しつつある状況」であることを論じる。美術館や博物館で育まれ、その内部で「物そのもの」に向けられていた「鑑賞」のまなざしが、外部の現実世界へも向けられ、現実の空間をも美術館や博物館の中にひきずり込むような現象（＝「博物館化」）のことである。最後に第Ⅲ意味段落では、以上の議論を受けて、あらゆるものが「音楽化」・「芸術化」していく今日の状況において、「音楽」や「芸術」という概念を自明のものと考えるのではなく、特定の歴史的・文化的コンテクストの中で形成されるものとしてとらえて考えることの必要性を主張している。

〈設問解説〉

設問は読解（内容理解）を問うためにある。それゆえ、本文の重要な内容を過不足なく問うために、本文の議論のかたち（構造）に沿って設問が作られるのが基本である。今回はおおよそ次のような設問構成になっている。

問1　漢字・語彙力
問2　第Ⅰ意味段落の理解
問3　第Ⅱ意味段落の理解
問4　第Ⅲ意味段落ならびに本文全体における筆者の主張の理解
問5　構成・展開の理解
問6　発展

本文の構造に沿って読み、解答するというのが基本となる。

問1　漢字・語彙力

基礎的な語彙力を問う設問。

(ア)　「文章・写真などを載せること」という意味の「掲載」。①啓発②掲出③契機④系図で、答えは②。

(イ)　「めざましく活動すること」という意味の「活躍」。①利益②倹約③躍如④役職で、答えは③。

(ウ)　「人を集めて行う、いろいろの会や演芸など」という意味の「催し物」。①採択②催眠③喝采④負債で、答えは②。

(エ)　「悪い習わし」という意味の「悪弊」。①公平②疲（罷）弊③幽閉④横（押）柄で、答えは②。

(オ)　「他に入りまじって区別がつかなくなること」という意味の「紛れ」。①噴出②分別③紛糾④粉（扮）飾で、答えは③。

問2　第Ⅰ意味段落の理解

シュテファン大聖堂で行われたモーツァルトの《レクイエム》の演奏を題材にして論じた第Ⅰ意味段落の理解を問う設問。第Ⅰ意味段落では以下のような議論がなされている。その催しは、「音楽」[2]か「典礼」[3]かという二分法で理解できるような単純なものではない。「これが典礼なのか、音楽なのかという問題は、実はかなり微妙」（傍線部**A**）なのだ。というのは、たしかにそれは宗教行事ではあるが、通常の典礼のレベルをこえた音楽的なイヴェントになっており[5]、さらに典礼をも巻き込む形で全体が「作品化」され、「鑑賞」の対象になるような状況が生じている[6]からである。[1]〜[4]の議論を踏まえたうえで傍線部**A**が言われ、その具体的な理由が[5]と[6]で説明されている、という議論のかたちにも注意したい。

設問は「傍線部**A**『これが典礼なのか、音楽なのかという問題は、実はかなり微妙である。』とあるが、筆者がそのように述べる理由として最も適当なものを、次の①〜⑤のうちから一つ選べ」というものである。傍線部の「これ」とはシュテファン大聖堂で行われたモーツァルトの《レクイエム》のことである。以上を踏まえれば、答えとして⑤を選べる。たんに傍線部自体の理解を問われているというよりは、第Ⅰ意味段落という大きなまとまりの内容理解を問われているという意識をもちたい。

①は、「それ（＝音楽）以前に典礼の一部なのであり、典礼の全体を体験することによって楽曲本来のあり方を正しく認識できるようにもなっている」が×。これは第3段落で紹介された主張にすぎず、筆者の考えではない。この選択肢は、この催しを基本的には「典礼」と考えており、筆者の考えの説明としてはあやまりである。

②は、「聖書の朗読や祈りの言葉等の儀式的な部分を取り去れば、独立した音楽として鑑賞できると認識されてもいる」が筆者が傍線部**A**のように述べる理由としてはあやまり。これは第2段落で紹介されている認識の仕方（「音楽」）に近いもので、筆者の考えとはちがう。

③は、「参列者のために儀式と演奏の空間を分けた」が×。また、おおよそ第5段落で論じられていることにしか言及されておらず、答えになりえない（[6]で論じられている内容も必要）。

④は、「演奏を聴くことを目的に参列する人やCDを購入する人が増えたことで、典礼が音楽の一部と見なされるようにもなっていった」が×。そのような関係は言われていない。

問3　第Ⅱ意味段落の理解

「博物館化」という今日進行中の状況について論じた第Ⅱ意味段落についての理解を問う設問。第Ⅱ意味段落では、第Ⅰ意味段落の議論を受け、シュテファン大聖堂での《レクイエム》の事例において、典礼をも巻き込む形で全体が「作品化」され、「鑑賞」の対象になるような状況が生じていることが、「今『芸術』全般にわたって進行しつつある状況」と対応しているのだと述べ、そのことを具体的に説明している。それは、美術館や博物館で育まれ、その内部で「物そのもの」に向けられていた「鑑賞」のまなざしが、外部の現実世界へも向けられ、現実の空間をも美術館や博物館の中にひきずり込むような現象のことである。それは「博物館化」、「博物館学的欲望」などの語で呼ばれる、きわめて現代的な現象なのだという。

設問は、「傍線部**B**『今『芸術』全般にわたって進行しつつある状況』とあるが、それはどのような状況か」であるから、以上を踏まえて、答えとして①を選べる。

②は、「美術館や博物館内部の空間よりもその周辺に関心が移り」が×。

③は、「作品の展示空間」の話になっており×。

④は、「生活の中にあった事物が美術館や博物館の内部に展示物として取り込まれるようになったことで」が×。あるいは、説明としてふじゅうぶん。

⑤は、「美術館や博物館内部の展示空間からその外に位置していた現実の時空にも鑑賞の対象が拡大」の部分が説明ふじゅうぶん。「美術館や博物館の内部で作品に向けられていたまなざしが周囲の事物にも向けられるようになり」と説明している①のほうが、「博物館化」の説明としてよい。また、「町全体をテーマパーク化し人々の関心を呼び込もうとする都市が出現してきたという状況」の部分も話を限定しすぎていて不適当。

問4　第Ⅲ意味段落ならびに本文全体における筆者の主張の理解

今日の状況と関連づけながら「音楽」や「芸術」という概念について論じた第Ⅲ意味段落の理解を問う設問。本文全体における筆者の主張の理解を問う設問でもある。内容理解を問う最後の設問は、全体・主張の理解が問われる（かかわる）ことが多いので注意したい。

第Ⅲ意味段落では、ここまで論じられてきた今日の状況、すなわち「博物館化」、「コンサートホール化」という現象を踏まえつつ、その状況と関連づけながら「音楽」や「芸術」の概念について論じている。あらゆるものが「音楽化」・「芸術化」していく今日の状況において、「音楽」や「芸術」という概念を自明の前提（＝「ある」もの）であるかのように考えるのではなく、特定の歴史的・文化的コンテクストの中で形成されるもの（＝「なる」もの）としてとらえて考えていかなければならないと主張されている（この主張が本文全体における筆者の主張と言えるだろう）。

設問は、「傍線部**C**『なおさら警戒心をもって周到に臨まなければならないのではないだろうか』とあるが、筆者がそのように述べる理由として最も適当なものを、次の①〜⑤のうちから一つ選べ」である。何に対して警戒心をもたなければならないかというと、傍線部の直前「だがそうであるならば、『音楽』や『芸術』という概念が自明の前提であるかのように考えてスタートしてしまうような議論に対して」であり、そこに含まれる「そう」とは「それらの概念があらゆるものの『音楽化』や『芸術化』を促進している」こと、すなわち「コンサートホール化」や「博物館化」である。つまり、傍線部は、「音楽」や「芸術」という概念があらゆるものの「音楽化」や「芸術化」を推し進めている今日の状況において、「音楽」や「芸術」という概念を自明の前提とするような議論に対しては警戒心をもたなければならない、と言っているのであり、設問は、そのように筆者が考える理由を問うている。本文全体を踏まえたうえで第Ⅲ意味段落の理解を踏まえれば、答えとして⑤が選べるだろう。「『音楽』や『芸術』は、コンサートホールや美術館で育まれた『鑑賞』のまなざしと関わり合いながら成り立ってきた概念である」の部分は、「音楽」や「芸術」といった概念は、「ある」ものではなく「なる」ものであるといった主張や「近代的なコンサートホールの展開と相関的に形成されてきた『音楽』や『芸術』に向けるまなざしや聴き方」⑨といった記述などから言えると判断する。「普遍的な価値を持つものとして機能してしまいかねない」の部分は、それらの概念を、特定の歴史的・文化的コンテクストの中で形成されるもの（＝「なる」もの）としてとらえて考えていかなければならないという筆者の主張を読み取れれば、「『音楽は国境を越える』」、『音楽で世界は一つ』という怪しげなグローバリズムの論理に取り込まれていたということにもなりかねない」⑩という記述と対応すると判断できただろう（特定の歴史的・文化的コンテクストと、「音楽は国境を越える」＝「音楽で世界は一つ」＝グローバリズム＝普遍という対比）。なお、「普遍」という言葉自体は本文のどこにも出てこない。ここからは、たんに書いてある／書いてないとか表現レベルに留まる読みではなく、本文の叙述・論理を踏まえて自ら考え内容を理解するという読解ができているかどうかを問おうとする、出題者の姿勢を読み取ることができるだろう。

①は、「『音楽』や『芸術』は、コンサートホールや美術館の内部で形成された『博物館学的欲望』に基づいて更新され続けてきた概念である」が×。「概念化を促す原動力としての人々の心性を捉え損ねてしまう」も×。

②は、説明としてふじゅうぶん。この説明だと、なぜ「『音楽で世界は一つ』などというグローバリズムの論理に取り込まれてしまう」のかわからない。

③は、「『音楽』や『芸術』は、コンサートホールや美術館といった『聖域』が外部へと領域を広げていったことで発展してきた概念である」が×。また、それ以降も×。

④は、「それら（＝「音楽」や「芸術」という概念）の周辺にはたらいている力学の変容過程を明確にすることができなくなるから」が×。本文では「『音楽化』や『芸術化』の動きの周辺にはたらいている力学や、そういう中で『音楽』や『芸術』の概念が形作られたり変容したりする過程やメカニズムを明確にすることこそが決定的に重要になってくる」⑨と言われており（「音楽」や「芸術」の概念が変容する過程を明確にすることの重要性が言われているのであって）、「力学の変容過程を明確にすること」などとは言われていない。また、仮に、「それらの周辺にはたらいている力学の変容過程を明確にすること」が「『音楽化』や『芸術化』の動きの周辺にはたらいている力学や、そういう中で『音楽』や『芸術』の概念が形作られたり変容したりする過程やメカニズムを明確にすること」におおよそ対応しているとしたとしても、不適当な選択肢である。筆者が、「音楽」や「芸術」という概念を、特定の歴史的・文化的コンテクストの中で形成されるもの（＝「なる」もの）としてとらえなければならないと主張するのは、今日の状況（＝あらゆるものの「音楽化」や「芸術化」）を適切に考えるためである（傍線部Cの直後の部分もこのことを言っている）。そのためには「音楽」や「芸術」という概念の形成過程を考えることが「決定的に重要になってくる」⑨が、それ自体が目的というわけではない。それゆえ、傍線部Cの理由説明として（また本文理解として）ズレている。

問5　構成・展開の理解

議論の構成・展開の理解を問う設問。本文全体の大きな読みができているかを問う設問とも言える。**適当でないもの**を選ぶ点に注意。

①・②・④は〈**問題文の解説**〉で見たとおり適当。それに対して、③は「別の問題への転換」が×。1～6で論じたモーツァルトの《レクイエム》の話は、「今『芸術』全般にわたって進行しつつある状況」（7）と対応しており、この状況を論じたのが7～8である。それゆえ、「別の問題への転換」など図っていない。適当でないものを選ぶので、これが正解。

問6　発展

授業で本文を読んだ学生が書いた文章を推敲するという形の設問。共通テスト二〇二二年度と二〇二三年度の追試で見られた出題形式である。基本的には、どのような問題も本文の内容理解（読解）を踏まえて考えることがたいせつである。

「授業で本文を読んだSさんは、作品鑑賞のあり方について自身の経験を基に考える課題を与えられ、次の**【文章】**を書いた。その後、Sさんは提出前にこの**【文章】**を推敲することにした」という設定の設問になっている。

【文章】の内容を確認しておこう。Sさんは、作品を読んだり見たりしてから舞台となった現実の場所を訪れると、その場所について今までとは別の見方ができるし、一方で、小説の舞台を歩くことで作品が新しい姿を見せることもあると述べる（作品と現実世界の間で相互作用が起きていると言える）。このように「作品を現実世界とつなげて鑑賞することの有効性について自分自身の経験を基に」論じている。

設問を順に考えていこう。

(i)　「Sさんは、傍線部『今までと別の見方ができて』を前後の文脈に合わせてより具体的な表現に修正することにした。修正する表現として最も適当なものを」選べという設問。「前後の文脈に合わせて」という条件に注意したい。作品を読んでから舞台となった現実の場所を訪れると、その場所について今までとは別の見方ができる、と論じている部分なので、その内容に沿うような表現を選ぶ。答えは①。

②は、現実世界から作品への作用であり、ここの部分の表現としては不適当。

③「作者の創作意図」や④「時間の経過」は**【文章】**の文脈に沿わない。

(ii)　「Sさんは、自身が感じ取った印象に理由を加えて自らの主張につなげるため、**【文章】**に次の一文を加筆することにした。加筆する最も適当な箇所は」どこかという設問。加筆する文は次のものである。

> それは、単に作品の舞台に足を運んだということだけではなく、現実の空間に身を置くことによって得たイメージで作品を自分なりに捉え直すということをしたからだろう。

これは、現実世界から作品への作用という内容である。それゆえ、舞台となった現実の場所を訪れることで作品が今までと違って見えてきたといった内容の後にその理由として加筆されるべきである。この時点で候補になるのは（**c**）か（**d**）である。その部分を見てみよう。

> 一方で、小説の舞台をめぐり歩いてみたことによって小説のイメージが変わった気もした。（**c**）実際の町の印象を織り込んで読んでみることで、作品が新しい姿を見せることもあるのだ。（**d**）作品を読んで町を歩くことで、さまざまな発見があった。

このままの文章では、「小説の舞台をめぐり歩いてみたことによって小説のイメージが変わった気もした」という書き手の印象から「実際の町の印象を織り込んで読んでみることで、作品が新しい姿を見せることもあるのだ」という主張へとつながっており、議論が飛躍していると考えることができる。設問文にあるように、「自身が感じ取った印象に理由を加えて自らの主張につなげるため」に加筆する箇所としては（**c**）が最も適当と考えられる。そこで、この箇所に入れて問題ないか考えてみよう。加筆する一文には「それ」という指示語があるので、その対応も適当でなければならない。この箇所に入れると、「それ」は「小説の舞台をめぐり歩いてみたことによって小説のイメージが変わった」を指すことになり、直前の部分の理由説明にきちんとなっている。また、後ろの部分とのつながりもよい。それゆえ、答えは③「（c）」。（d）は、議論のつながり（飛躍）を考えたときに、「最も適当な箇所」とは言えない。

（a）と（b）は、まだ現実世界から作品への作用という話になっていない箇所なので不適当。

(iii) この【文章】の主張をより明確なものにするために全体の結論としてどのようなものが適当かを選ぶ設問。結論自体ではなく結論を書く方針を選ぶ。

Sさんは、作品を読んでから舞台となった現実の場所を訪れると、その場所について今までとは別の見方ができるし、一方で、小説の舞台を歩くことで作品が新しい姿を見せることもあると述べている。作品と現実世界の間で相互作用が起きるのであり、このように作品を現実世界とつなげて鑑賞することは有効なことだといったことがSさんの主張になると考えられる。それゆえ、答えは②。

①は、作品の理解が現実世界の理解を深めるという方向しかない。「作品世界と現実世界が不可分」も×。

③は、「現実世界を意識せずに作品世界だけを味わうことも有効である」が【文章】からは出てこない内容である。

④は、現実世界の理解が作品の理解を深めるという方向しかない。「現実世界も鑑賞の対象にすることが欠かせない」とはあるが、それは「作品世界を鑑賞するには」から続いており、作品の理解が現実世界の理解に影響を与えるという内容になっていないので×。

第2問

〈出典〉 牧田真有子（まきた まゆこ）「桟橋」（『文藝』二〇一七年秋季号掲載、『文学2018』二〇一八年講談社刊 所収）の一節。

牧田真有子は一九八〇年生まれの小説家。同志社大学文学部文化学科美学および芸術学専攻卒。同大学文学研究科美学および芸術学専攻博士課程（前期課程）修了。二〇〇七年、「椅子」で文學界新人賞辻原登奨励賞を受賞する。その他の作品に「夏草無言電話」「予言残像」「今どこ？」「合図」「泥棒とイーダ」などがある。

なお、問7の【資料】は、太田省吾（おおた しょうご）「自然と工作——現在的断章」（『裸形の劇場』一九八〇年 而立書房刊 所収）の一節。

太田省吾は一九三九年生まれの演出家、劇作家。一九七〇年より劇団「転形劇場」主宰となり、『小町風伝』『水の駅』『地の駅』『風の駅』『やじるし』などの作品を発表する。八八年に劇団を解散し、その後、藤沢市湘南台市民シアター芸術監督、近畿大学教授、京都造形芸術大学教授を歴任する。二〇〇七年、逝去。

〈問題文の解説〉

本文は空行を挟んで二つの場面に分かれている。それぞれをⅠ、Ⅱとし、展開に即して物語の内容を確認していく。

前書き（リード文）

前書きでは、視点人物である「イチナ」と「おば」の関係について説明がなされている。一六歳の高校生である「イチナ」の家に、八歳年上の「おば」が訪れ、同居するようになる。「イチナ」が幼少期に祖父母の家で親しく接していた「おば」は、中学生の頃から演劇の才能を発揮し、その後は劇団に所属しながら住居を転々としていた。

Ⅰ（イチナが幼い頃のおばの印象は～砂の上を黒く塗っていく。）
幼い頃のイチナにとっておばは「ままごと遊びになぜか本気で付き合ってくれるおねえさん」といった印象の存在であった。おばと遊ぶことはイチナにとって楽しかったようで、イチナはしばしば幼稚園や小学校からの帰りにおばを目当てに祖父母の家へ直行し、中学校からおばが帰ってくるのを待っていた。おばが帰宅するとイチナは彼女を児童公園へと連れ出す。そんなイチナを祖父は「少しはあの子にも羽を伸ばさせてあげなさい」とたしなめたが、当のおばは「いいよ。休みに行くようなもんだから」と嫌がることもなくイチナの求めに応じてくれた。

公園に着くとおばはまっすぐに砂場へと向かう。それから、他の遊具で遊んでいた子どもたちがおばの姿を認め、我先にと集まってきて、おばとのままごとが始まるのであった。

おばのままごとは設定が非常に凝ったものであり、せりふも子どもには耳慣れない難しいものが多かった。おばは一人で何役もこなしていたが、彼女から簡単な説明しか受けていない子どもたちは的外れなせりふを連発していた。それでもおばがいる限りその世界が崩れることはなかった。子どもたちはおばの演技が日常とは異なる世界を作り出すその動きに巻き込まれ魅了されていた。そこには普段の遊びからは感じられない危険な匂いがたしかにあったのである。

日が傾き遊具の影がどんどんと伸びていく夕暮れの公園で、同級生から苦笑まじりの声をかけられても、会社帰りらしい年配の男性に奇異の目で見られても、制服姿のおばはそれらを一切気にかけることなくままごとを続けていた。

Ⅱ（公園の砂場で三文役者を～一対の質感で耳に届く。）
公園でのままごとに一緒に参加していた幼馴染の一人とイチナは今でも親交があった。その友人と映画を見に行く日取りを決めるための電話をしていたある日の夕方、イチナは会話の切れ目におばが今自分の家に居候中であることを話した。その瞬間、電話口の向こうに沈黙が生じ、それから友人は一拍おいて「フーライボーとか、なまで見んのはじめてかも」とちぐはぐな言葉を返してきた。イチナが冗談半分でおばと電話を代わるかと聞くと、友人は笑って遠慮したが、イチナにはそこに何か拭いきれていない沈黙が交じっているように感じられた。おばと話すのは億劫かとイチナがたずねると、友人はためらいがちにおばが少しのあいだ自分の家に住んでいたことを話し始めた。彼女の話によれば、去年の春、寝袋をかついだおばが突然玄関先に現れたのだと言う。思いもかけない話にうろたえ、空いている方の手で絨毯の上の糸屑を拾っていたイチナの動きがとまる。友人は伏せておいた事実を話してしまったことで、心が軽くなったのか、もう気安い声を出して話を続けていた。

友人はおばについて全然ぼろを出さない人だと言う。イチナはそれに対してけっこうずぼらでそそっかしい人だと返すが、友人はそのような意味ではなく、おばは人間的な不透明感が一切あらわにならない自然そのもののような人だと言うのである。そして、おばとの共同生活はなぜかはっきり思い出せないが悪くなかったのだと話すのであった。友人の話を聞きながら、イチナは今度は絨毯の上の糸屑を拾う手をとめられなくなっていた。

電話を切ると、階下で母親と食事の支度をしていたおばが「終わったなら早く手伝いに来なさい」という母親からの伝言をイチナに伝えに上がってきた。イチナはおばに先の通話相手の名を挙げ、ほぼ見ず知らずの相手であるような自分の友達のところにまで勝手に押しかけるのはやめてくれと抗議するが、おばは完全に見ず知らずの人の家だと暮らしにくいのだと独特な理屈でイチナの言葉をかわす。イチナがそもそもなぜ居候などするのかと問うと、おばはたしかに居候をする理由はないが、しない理由もないのではないかとやはりよくわからない返答をする。そんなおばの様子を前に、イチナは先の友人の言うとおりなのかもしれないと思う。おばには内面の輪郭が露わになる瞬間がなく、どこからどこまでがおばなのかつかみきれないところがあった。おばに居候を許した人たちは皆、おばのそうした果てのなさにどこかで追いつけなくなってしまうのだとイチナは考える。だからおばが去った後、先の友人と同じように誰もがおばとの暮らしをはっきりとは思い出せなくなるのである。イチナは自分はごまかされたくないと思う。自分はおばの果てのなさについていき彼女をしっかりととらえるのだと思うのである。

階段を下りかけていたおばがイチナの部屋に向けて「私の肉体は家だから。だから、これより外側にもう一重の、自分の家をほしいと思えない」と自分が居候をする理由を言ってくる。イチナはおばの「私の肉体は家だから」という言葉を「演じるごとに役柄に自分をあけ払うから」という意味だと理解する。演じる者であるおばは役柄に対して自分を開く、いわば家のような存在と自分をとらえているのである。だからこそ、家である自身の外側にもう一つ家をもつ気にはなれず、居候という形で住居を転々としているのだ。すでにおばは台所に下り、母親と言葉を交わしていた。二人のよく似た声が空をよぎる鳥と路上を伝う鳥影のような一対の質感で耳に届くのをイチナは感じていた。

〈設問解説〉

問1　語彙力を問う設問。

語意設問は二〇二二・二〇二三年度本試験では出題されなかったが、二〇二三年度追・再試験では出題されていたものである。

(ア)　「うらぶれた」は〈落ちぶれて惨めなありさまの〉といった意味を表す。④が正解である。

(イ)　「もっともらしい」は〈いかにも道理にかなっているような〉といった意味を表す。④が正解である。

(ウ)　「やにわに」は〈その場で。即座に。たちどころに〉といった意味を表す。②が正解である。

語意設問の正解は、原則的に〈辞書的意味〉を踏まえたものとなる。辞書的意味からは外れるが、文脈上当てはめてみると通じるだけの選択肢を選ばないようにしたい。

問2　傍線部の表現の意味を問う設問。

傍線部**A**「おばがいる限り世界は崩れなかった」が表す意味をとらえる。

傍線部はおばが児童公園で子どもたちとままごとをする場面に置かれている。おばのままごとは「ありふれた家庭を模したものであったためしはな」く、「専業主婦の正体が窃盗団のカシラだとか、全面闘争よりも華やかな記憶とともに滅びていく方を選ぶ王家の一族だとか、うらぶれた男やもめと彼を陰に陽に支えるおせっかいな商店街の面々だとか」、その設定が非常に「凝っている」ものであり、また、せりふも「我が領土ではもはや革命分子らが徒党を組んでおるのだ」「後添えをもらうんなら早いに越したことあないぜ」など、「子どもには耳慣れない」ものが多かった。子どもたちはおばから簡単な説明を受けるだけであったため、当然のことながら「的外れなせりふを連発する」が、それでも「おばがいる限り世界は崩れなかった」。つまり、おばのままごとは一般的なものとは異なり、その設定もせりふも凝ったものであった（a）ため、子どもたちは的外れなせりふを口にすることも多かった（b）が、作り出されたままごとの状況はおばの存在によって壊れることなく保たれていた（c）のである。

傍線部の後で言われているように、「家にいるときには決してしない足の組み方。『三行半』という言葉を口にするときだけ異様に淡くなるまなざし。寂しげな舌打ち」といったおばの演技は「ここと、ここにあるはずのない場所とががらりと入れ替わっていく一つの大きな動き」を作り上げていた。その都度巧みに繰り出されるおばの演技が非日常の異世界を顕現させていた（d）のであり、演技をするおばがいる限り、その世界は決して崩れることがなかったのである。

したがって、以上の内容を的確にとらえた①「おばの『ままごと』は、ありきたりの内容とは異なるものだったが（a）、子どもたちが役柄に合わない言動をしても（b）、自在な演技をするおばに生み出された雰囲気によって（d）その場が保たれていた（c）ということ。」が正解である。

他の選択肢はいずれも末尾の部分で右のcの内容を適切にとらえられておらず、傍線部の「世界は崩れなかった」を正しく説明できていないため、間違っていると言えるが、それ以外の誤りを指摘すると以下の通りである。

②は「ままごと」について「もともと子ども相手のたわいのない遊戯だった」としている点が、設定もせりふも凝ったものであった「おばの『ままごと』」の特徴をとらえられておらず、誤りである。また、「ままごと」について「本格的な内容」であり、高い「完成度に達していた」とす

る方向性も正しくない。子どもたちは「的外れなせりふを連発」していたのだから、必ずしも高い「完成度に達していた」とは言えない。むしろ〈子どもたちの言動によって崩れそうなものだが、おばの存在のおかげで崩れない〉というところである。

③は「子どもたちの取るに足りない言動にもおばが相応の意味づけをした」が、本文中から読み取れる内容ではなく、誤りである。

④は「ままごと」について「奇抜なふるまいを子どもたちに求めるものだった」としている点が適切でない。おばの「ままごと」は子どもにとって馴染みのない設定やせりふのものではあったが、必ずしも「奇抜なふるまい」を求めたものであったわけではない。また、「人目を気にしないおばが恥じることなく演じたため」も正しくない。「ままごと」の「世界」が「崩れなかった」のは、「おばが恥じることなく演じた」からではない。

⑤は「おばが状況にあわせて話の筋をつくりかえる」が誤りである。そのようなことは本文中で言われていない。

問3 傍線部に表れた「友人」の心情の動きを問う設問。

傍線部**B**「もう気安い声を出した」について、友人がこのような対応をした理由をとらえる。

傍線部はイチナと友人が電話で会話する場面に置かれている。最初にイチナが今自分の家におばが居候しているのだと話したとき、友人は電話口で瞬間的に「沈黙」し、それから「一拍おいて」「ちぐはぐな」言葉を返している。イチナが冗談半分でおばと電話を代わろうかとたずねたときも、彼女は笑って遠慮するが、そこには「拭いきれていない沈黙が交じっている」ような気配があった。後に友人はイチナに対して一時期おばが自分の家に居候していたことを明かしているが、この段階ではまだその事実を隠そうとしていることがうかがえる。ここで友人は突然イチナからおばの話が出たことに驚き、おばの私的な事情についてイチナに話してよいものかと迷った結果、自分とおばとの同居についてはとりあえず明かさないことに決めた（a）のだが、イチナに対してその事実を隠すことにはいささかの気まずさを感じている（b）のだと言えよう。

その後イチナがおばと話すのは億劫（めんどうだ、煩わしい）なのかとたずねると、友人は「これ言っていいのかな」とためらいつつも、おばが自分の家に少しのあいだ暮らしていたことを明かす。そして、おばとの同居についてイチナに「言ってしまう」と、友人はすぐに「気安い声を出した」のである。話の展開から考えるに、友人は自分がおばを煩わしく感じ彼女との会話を拒んでいるとイチナに誤解されることを避けようと、おばとの同居について話すことにした（c）のだが、隠していたことを話してしまったことでそれまで感じていたイチナへの気まずさから解放されて心が軽くなり（d）、「気安い声を出した」のだと言える。

したがって、以上の内容を正しくとらえた④「おばとの同居を伏せていた友人（a）は、おばを煩わしく感じているとイチナに思われることを避けようとして事実を告げた（c）。そのうえで、話さずにいた後ろめたさ（b）から解放されてイチナと気楽に会話できると考えた（d）から。」が正解である。

①は「同居していたことをおばに口止めされていた」が、本文から読み取れる内容ではなく誤りである。友人は「口止めされていた」のではなく、おばの生活について簡単に人に話してよいものかとためらったため、イチナに対し同居の事実を隠したのである。また、「おばの生活についてイチナと語り合う良い機会だと思ってうれしくなった」も適切ではない。たしかにその後二人は「おば」について語り合ってはいるが、友人が「気安い声を出した」のは、前の「沈黙」からの変化であってあくまでもイチナに対する後ろめたさから解放されたからである。

②は「隠し事をしている罪悪感に耐えきれず打ち明けてしまった」が適切ではない。友人が事実を明かしたのは、「おばさんと話すのは億劫?」と問われたことがきっかけであり、自分がおばを煙たがっていると誤解されることを避けようとしたからだと考えられる。また、「会話を自然に続けようと考えてくつろいだ雰囲気をつくろうとした」も正しくない。友人は隠し事をしている気まずさから解放されたことでおのずと「気安い声を出した」のであって、このような意図が友人にあったとは言えない。

③は、「二人の仲を気にし始めたイチナに衝撃を与えないように」が誤りである。友人はそのように気づかっておばとの同居について明かしたわけではない（どちらかというと、友人が打ち明けた内容の方がむしろイチナに「衝撃を与え」るものである）。したがって、「現在は付き合いがないことを示してイチナを安心させようとした」も的外れな解釈となっている。

⑤は、「おばがイチナにうっかり話してしまうことを懸念して」が誤りである。友人がこのようなことを気にしていたと読める箇所が本文中に見られない。また、「友人関係が破綻しないようにイチナをなだめようとした」も間違っている。友人は隠し事の後ろめたさから解き放たれて「気安い声を出した」のであり、「イチナをなだめようとし」ているわけではない。

問4　描写に表されたイチナの心理を問う設問。

33行目から47行目までで描かれている「糸屑を拾うイチナの様子」としては、まず33行目の「空いている方の手で絨毯の上の糸屑を拾っていたイチナの動きがとまる」が挙げられる。ここでイチナは、友人からおばが一時期彼女の家に居候していたという事実を聞かされている。思いもかけない話を聞かされ、驚きうろたえているイチナの心理状態が、糸屑を拾う手の動きが「とまる」という描写によって表されている（a）と言える。

その後、37行目では「イチナは狼狽を引きずったまま（つまり、33行目＝「狼狽」ということ）再び手を動かし始める」といった形で、イチナが相変わらずうろたえたままでありながらも再度糸屑を拾い始め、友人と会話を続ける様子が描かれる。友人はここで思い出したように「しかしあのおばさんてのは、全っ然、ぼろ出さないね」とおばに対する印象を語る。友人の言う「ぼろ」を〈都合の悪い点、失敗〉という意味でとらえたイチナは「けっこうずぼらだしそそっかしいけど」と反論するが、友人はそのような意味ではないと述べ、おばについて「いっそ自然の側みたいに思える時ない？　他人なのに不透明感なさすぎて」と続ける。友人が言っているのは、どれだけ隠しても露わになってしまうその人の実態のようなものがおばにはまったく見えないということだろう。おばはどこまでも透明な存在でとらえどころがないということである。

47行目で「イチナは今度は、絨毯の上の糸屑を拾う手をとめない。上手くとめられなかったのだ」と言われているが、これはおばについて語る友人の言葉を聞いたイチナが自身の気持ちや考えに整理をつけられなくなっている様子を表していると考えられる。後にイチナは「友人の言うとおりなのかもしれない」と考えているが、ここでのイチナはこれまではっきりとは意識することのなかったおばという存在の特異な一面について友人から聞かされたことで、おばに対する自分の思いや考えにまとまりがつかず動揺しているのであり、その心理状態が「絨毯の上の糸屑を拾う手」を「上手くとめられなかった」という描写によって表されている（b）と言える。

以上のように「糸屑を拾うイチナの様子」の描写は、おばについての友人との会話のなかで動くイチナの心のありようを、特に手の動きを通して表現したものである（c）と考えられる。

したがって、正解は②「友人の家におばが居候していたことに驚かされ（a）、さらに友人が自分の意識していなかったおばの一面を伝えてきたことに揺さぶられる（b）イチナの心のありようが、糸屑を拾う手の動きを通して表現されている（c）。」となる。

①は、「自分とおばの関係に他人が割り込んでくることの衝撃をなんとか押さえようとするイチナの内面」が誤りである。この場面におけるイチナは自分とおばとの関係に友人が入り込んでくることを問題にしているわけではない。

③は、「おばとの共同生活を悪くなかったとする友人の意外な言葉」が誤りである。イチナはおばが友人の家に居候していたことに驚いたのであり、その共同生活を「悪くなかった」とする友人の言葉に驚いたわけではない（この言葉は45行目だから、③は少なくとも33行目の「イチナの動きが止まる」の箇所をおさえていないことになる）。したがって、「おばの居候の生活を厚かましく迷惑なものと捉えていた見方を覆された」も的外れな説明となっている。

④は、「現在とは違いおばに懐いていた頃を思い返すイチナの物寂しい思い」が誤りである。そのような思いは本文中に描き出されていない。糸

屑を拾う手の動きを止められなかったという描写で表されているのは、これまではっきりとは意識することのなかったおばの一面を聞かされたことによるイチナの心の動揺である。

⑤は、「おばとの共同生活を思い出せないと友人が言ったことを受けて、おばに対して同じ思いを抱いていたことにあらためて気づいたイチナの驚き」が誤りである。イチナはおばが友人と共同生活をしていたことに驚いたのである。また、「同じ思いを抱いていた」は、あるとしても60行目以降でイチナが考えたことで、問4の指定箇所での心理ではない。

問5　傍線部に表されたイチナの思いを問う設問。

傍線部**C**「私はごまかされたくない、とイチナは思う。」に見られるイチナの思いをとらえる。

傍線部の前でイチナは電話で話した友人の言葉を振り返りながら、おばという人について考えている。友人は「おばさんの場合いっそ自然の側みたいに思える時ない？　他人なのに不透明感なさすぎて」と言っていた。おばはどこまでも透明でとらえどころがない自然な存在で、どれだけ隠しても露わになってしまうその人の実態のようなものがまったく見えないということだろう。イチナは「友人の言うとおりなのかもしれない」と考える。普通、人には「内面の輪郭」、あるいは「肉体とは別に、その人がそこから先へ出ることのない領域の、縁」といったものがあり、それが他人の眼になまなましく露わになる瞬間がある。ところがおばにはそれがなかった。おばは「どこからどこまでがおばなのかよくわからない」存在なのである。内面のありようをまったく感じさせず、とらえどころのない自然で透明な存在、それがおばなのだとイチナは思うのである（a）。

そして、母をはじめとする、おばに居候を許した人たちは皆、その「果てのなさに途中で追いつけなくなってしまう」のだとイチナは考える。おばのつかみどころのなさを前に、彼女とともに暮らしてきた人たちは、いつか彼女のありようをとらえきれなくなってしまうのである（b）。

しかし、イチナは「私はごまかされたくない」と思う。誰もが、おばのありようをとらえられず、おばとの暮らしをはっきりと思い出すことすらできなくなっていたが、自分だけはなんとかしておばという存在のありようをとらえきりたいと思うのである（c）。

したがって、以上の内容を適切に説明している②「おばの自然なふるまいは同居人にも内面のありようを感じさせないため（a）、これまでともに生活してきた者たちはおばという人のあり方を捉えられなかったが（b）、自分だけはどうにかして見誤らずに捉えたい（c）という思い。」が正解となる。

①は「おばの居候生活」について「自分だけは迷惑なものとして追及し続けたい」としている点が誤りである。ここでの「ごまかされたくない」とは、おばという人のありようをしっかりととらえたいといった意味であり、厄介なおばの居候生活をうやむやにすることなく「迷惑なものとして追及し」たいといった意味ではない。

③は「明確な記憶を残させないようおばがふるまっている」が誤りである。皆がおばとの暮らしをはっきりと思い出せないという事態は、おばという人のとらえどころのなさから生じるものであって、おばがそうなるように「ふるまっている」わけではない。また③は、「記憶」のみに言及していて、肝心の「（おばの）果てのなさに途中で追いつけなくなってしまう」についての言及がない。

④は「どこまでが演技か見抜くことができなかった」が誤りである。おばと同居した人たちはおばという人間の輪郭がつかめなかったのであって、おばが演技をしているのか、そうでないのかがわからなかったということではない。また、「個々の言動からおばの本心を解き明かして理解したい」も適切ではない。おばの言動はどれも本心から出てきたような自然なものであり、だからこそおばはとらえどころがないのである。イチナが「個々の言動からおばの本心を解き明かして理解したい」と思っているとは考えられない。

⑤は「おばの居候生活の理由」を「明らかにしたい」としている点が誤りである。イチナが「ごまかされたくない」と思っているのは、「おばの居候生活の理由」についてではなく、おばという人のありようについてである。

問6　表現の特徴とその役割・機能を問う設問。

本文全体の表現や内容のあり方をとらえ、各選択肢の記述について適否をそれぞれ判断する。

①について。挙げられた表現はいずれも「おばの中学校時代の様子や行動」を「擬音語・擬態語」を用いて表したものである。「擬音語・擬態語」は音声や事物の状態・様子を文字で表したものであり、それらの具体的なイメージを伝える働きをもつ。したがって、これは適切であると言える。

②について。「さまざまな遊具の影は誰かが引っ張っているかのように伸びつづけて、砂の上を黒く塗っていく」という表現は、影が伸びていくさまをとらえることで、だんだんと夕日が傾いていく様子を表している。これにより時間の経過を、さらにはそれだけの時間おばがままごとに没頭していることを読者に感じさせるものとなっている。「子どもたちの意識が徐々に変化していく様子が表現されている」ものではないため、選択肢の説明は適当でない。したがって、これが正解である。

③について。22～47行目の電話の場面では、たしかに「友人の話すイチナの知らないおばの話と階下から聞こえてくる身近なおばの様子とが交互に示され」ており、「知らないおば」と「身近なおば」という「おばの異なる姿が並立的に表現されている」と言える。したがって、適切であると判断できる。

④について。50～57行目の「イチナとおばの会話場面」は、イチナとおばの「発言だけで構成され」ており、「情景描写」は一切見られない。また、二人の発言の中身から「居候をめぐってイチナとおばの意見が対立しイチナが言い募っていく様子」も見て取れる。さらに、二人の発言のみが並ぶことによって、二人のやりとりが目の前で行われているかのような「臨場感」も生まれていると言える。したがって、これも適切である。

⑤について。挙げられた表現の末尾にある「氷山の一角みたいに」は、おばの「よくわからない様子」を表した「比喩」であり、本来は「どこからどこまでが」の前に置かれるべきものが「倒置」されていると考えられる。したがって、これも適切である。

問7　〈生徒の学習の場面〉を想定し、【資料】に基づいて教師と生徒が会話をするという〈設定〉で、おばに対するイチナの理解を問う設問。

【資料】において筆者は、「われわれは〈私〉を枠づけることのできぬ存在」であるが、「〈私〉を枠づけたいという欲求は、われわれの基礎的な生の欲求である」と述べている。「われわれは、なに者かでありたい」のであり、「なに者かである者として〈私〉を枠づけ自己実現させたい」のである。また、筆者は、「演技の欲求を、自分でないなに者かになりたいという言い方で言うことがある」が、このとき目指されているのは「自分でない者」ではなく、「なに者か」の方であるとも述べている。人は演技によって「なに者か」になろうとするのである。そして、この「なに者」とは「実は自分のこと」であり、演技の欲求とは「自分になりたい欲求」のことなのであると論じている。

こうした【資料】の理解をもとに会話文を読み、設問に解答していく。

(i)　【資料】の内容に基づきイチナのおばに対する考えをとらえる空欄補充設問。

会話文では、まず教師が、「内面の輪郭」が明らかになるときがないおばの人物像をイチナがとらえかねていることを指摘し、この問題について【資料】に見られる「枠」という概念を使って考えるとわかりやすくなるのではないかと述べている。

空欄X・Yが含まれる生徒Mの発言はこの教師の発言を受けたものであるから、ここで生徒Mはイチナがおばの人物像をとらえかねていることについて、【資料】の「枠」という概念を用いて自分の考えを述べているはずである。

まず空欄Xを含む一文は「イチナはおばのことを『 X 』と思っていました」となっているが、右に見たようにここではイチナがおばの人物像をとらえかねているという内容が述べられていると推察できる。そのような内容にするために空欄Xに補えるのは、④の「どこからどこまでがおばなのかよくわからない」のみである。①の「ままごと遊びになぜか本気で付き合ってくれる」は、幼い頃のイチナがおばに対して抱いていた印象であり、高校生のイチナが感じているおばのとらえがたさとは異なる。②の「けっこうずぼらだしそそっかしい」では、そのようにおばをとらえることができているということになってしまい、イチナがおばの人物像をとらえかねているということにならない。③の「内面の輪郭が露わになる瞬間がある」は、そもそもイチナがおばについてもっている考えとは異なっている。イチナはおばには「内面の輪郭が露わになる瞬間」がないと思っているのである。

　また、空欄**Y**を含む一文は「それは**【資料】**の『 Y 』ようという様子がおばには見られないことを示しているのではないでしょうか」となっている。「それ」が指すのは前文の内容であり、要するにイチナがおばの人物像をとらえかねているということである。**【資料】**の「枠」という概念を使ってこの問題を考えた場合、それはおばが自らを枠づけようと考えていないことを示していると言える。自らを枠づけようとする様子がおばにないからこそ、おばの人物像はとらえがたいものとなるのである。したがって、空欄**Y**に補うものとして適切なものは①・④の「なに者かである者として〈私〉を枠づけ」になる。②・③の「日常、己れの枠をもたずに生活し」は、逆の内容になってしまうため不適切である。

　したがって、空欄**X**・**Y**ともに適切な表現となる正解は④ということになる。

(ii) **【資料】**の内容に基づき演じる者としてのおばに対するイチナの理解をとらえる空欄補充設問。

　空欄**Z**を含む生徒Nの発言は、直前の教師による「イチナの『演じるごとに役柄に自分をあけ払うから』という理解の仕方については、どう言えるでしょうか」という問いかけを受けたものである。ここで生徒Nは演じる者でもあるおばに対するイチナの理解について自身の考えを述べていると考えられる。

　空欄**Z**を含む一文は「イチナはおばのことを、日常生活で Z と考えています」となっている。直後の一文で「役者としてもおばは様々な役になりきることで自分であることから離れている、とイチナは捉えていると思います」と言われ、ここでは日常生活でのおばと役者としてのおばが並列されて語られていることがうかがえる。したがって、空欄**Z**には「様々な役になりきることで自分であることから離れている」と同内容の表現が入ると考えられる。会話文最後の教師の発言においても、「イチナの考えているおばのあり方」は「自分でないなに者かになりたい」という演技の欲求とは隔たりがあると言われているように、イチナは演じる者としてのおばについて、特定の「なに者か」という「枠」を求めるのではなく、「演じるごとに役柄に自分をあけ払」い、その都度様々な「なに者か」になりきることで固定された自己から逃れていると考えているのである。

　したがって、正解はこの点をとらえた③ということになる。

①は「『実現』させたい『自己』を人に見せないよう意識している」が誤りである。これではおばに「『実現』させたい『自己』」があるということになってしまう。おばは様々な「なに者か」になることで「自分であることから離れている」のである。

②は「〈私〉を枠づけたいという欲求」がおばにあるという方向になっている点で誤りである。そのような欲求はおばにはないというのがイチナの理解である。

④は「自分になりたい」という「欲求」がおばにあるという方向になっている点で②同様に誤りである。イチナは、おばはこのような欲求をもたず、様々な「なに者か」になりきることで「自分であることから離れている」と考えている。

第3問

〈出典〉　秋山光彪《みつたけ》「車中雪《しゃちゅうのゆき》」（『草縁集』巻十二、文部下、物語類所収）

『草縁集』は江戸時代後期の国学者である天野政徳《まさのり》編の歌文集。「車中雪」はそこに収められている短編物語で、同じく江戸時代後期の国学者である秋山光彪の作。問題文はそのほぼ全文である（冒頭の二行がカットされている）。

物語は、ある身分の高い男性が牛車で雪の日に出かける場面を描いている。問4の解説にあるように、「桂の院」に向かう主人公たちの様子が、移り変わる雪と月の情景と共に描かれており、その描写は『源氏物語』の世界を意識している。「車中雪」は江戸時代の文人に好まれた歌の題で、この題で作られた和歌は平安時代の物語の世界を再現しようとするものである。この短編物語は、「車中雪」の和歌の世界を物語に移しかえたかたちで作られている。

〈現代語訳〉

桂の院を建て増ししなさったけれども、少しの間もそちらにいらっしゃらなかったが、（殿は）後から降る雪を待っているように消え残る雪（「友待つ雪」）に誘われて、急に思い立ちなさるようだ。このようなお出かけには、源少将・藤式部をはじめとして、今の世間の風流人だと評判の若者全てを、必ず呼び寄せて側に居させなさっていたが、にわかに思いついたことであったので、このように出かけなさるということさえほのめかしなさらず、「ただ親しい家人を四人五人連れて」とお決めになる。

（家人たちが）すぐに牛車を引き出していると、（殿は）「空より花の」と（『古今和歌集』の和歌を口ずさんで）面白がっていたが、（降る雪が）愛でると同時に、早くもと散り失せてしまうのは、このようにして（雪が）やんだということであろうか。「そうはいってもひどく見劣りがする様子である」と、人々はとても強く悔しがるのを、（殿は）「本当にあっけなくて残念だ」とお思いになるけれども、「そうだからといって（屋敷に）引き返すとしたら、それは（引き返すようなことも（※問2参照））人目が悪いようだ。やはり法輪寺の八講の法会を口実にして（このまま出かけよう）」とお思いになって、ひたすら急がせなさるとき、（空は）またもまっ暗に空一面に曇って、以前よりもひどく（雪が）散り乱れたので、（殿は）道のほとりに牛車を立てさせながら（風景を）御覧になると、何がしの山や、これがしの河原も、あっという間に様子が変わった。

あの渋々同行していた人々も、顔がゆがむほどの笑顔になって、「これは小倉の峰であろうか」「それは梅津の渡りであろう」と、口々に定め合っているけれども、松と竹の区別でさえ、間違えてしまうにちがいないことであるようだ。（殿は）「ああ、世の中に風流だというのはこのようなことを言うのであろうよ。やはりここで見て賞美しよう」とおっしゃって、そのまま下簾をかかげなさりながら、

ここもまた……ここもまた月の中にある里であるらしい。雪の光がこの世のものとも思えないほど美しいことだなあ。

など面白がりなさるときに、見た目が好ましい童で水干を着ている童が、手を（温めようと）息を吹きかけながら（殿の）後を探して追いかけてきて、（牛車の）榻のところにうずくまって、「これを牛車に」と差し出したのは、源少将からのお手紙であった。大夫が受け渡して差しあげるのを（殿が）御覧になると、（源少将は）「いつもならば後に残していらっしゃらないのに、こうして（後に残していくのはひどい）、

白雪の……白雪が降るの「ふる」ではないが、振り捨てられた（私のいる）辺りでは、恨みばかりが千重に積もっているよ」

と（歌が）あるので、（殿は）微笑みなさって、畳紙に、

「尋め来や……（あなたが）探しに来るだろうかと思って、雪に（車の）跡をつけながらも進み（あなたの到着を）待っているとはあなたは知らなかったのだろうか」

すぐにそこにある松を雪がついたまま折らせなさって、その枝に結び付けて（童に）お与えになった。

次第に暮れてゆく間に、あんなにまで雲や霧がかかっていて空が一面に曇っていたのも、いつの間にか名残なくすっかり晴れ渡って、（桂という月ゆかりの）名を持っている里の月の光ははなやかに差し出ているので、雪の光もいっそう美しく輝きを増しつつ、天地の限り、銀が続いているように一

面にきらめいていて、言いようもなくまぶしい夜の様子である。
院の管理を任された人も出てきて、「このようにいらっしゃるとも知らなかったので、すぐにお迎え申し上げなかったこと（は申し訳ありません）」などと言いながら、頭も持ち上げないで、何もかもにこびへつらうあまりに、牛の額の雪をかき払うと言っては、（牛車の）軛に触れて烏帽子を落とし、御車を進ませるはずの道を清めるといっては、せっかくの雪をも踏み散らしては、足や手を海老のように赤くして、桂の木の間を吹き抜ける風によって風邪を引いて歩き回る。人々は、「今ははやく（中に）引き入れてしまおう。あちら（桂の院）の様子もとても見たいので」と言って、一斉にそわそわしているのを、（殿は）「確かに」とお思いになるけれども、この風景もなお見過ごしがたくて（留まりなさっている）。

＊この文の主人公の氏名・官職などが未詳なので、ここでは主人公を便宜的に「殿」と呼んでいる。

〈設問解説〉

問1　語句を解釈する問題。

(ア)　正解は③。「あからさまなり」は、動詞「離る（あかる）」から派生した形容動詞。「あからさまに」は連用形。「あかる」とは本来の場所からちょっと横にそれる様子を表す。「あからさま」は、軽い気持ちでちょっと横にそれ、後にすぐに元へと戻る様子を表し、「あからさまにも」で「少しの間も」と訳す。

(イ)　正解は②。「とみなり」は間をおかず急に行われる様子を表し、「すぐに」と訳す形容動詞。「とみ」はその語幹用法。選択肢を見ると、「すぐに」と意味の近いものは、②の「にわかに思いついたこと」である。

(ウ)　正解は⑤。「かたち」は、外形に現れた姿を表して、「見た目」「容貌」などと訳す名詞。「をかし」は、動詞「招く（をく）」（招き寄せる）からできた形容詞。思わず身近に招き寄せたい気持ちを表し、「趣がある」「すぐれている」「興味深い」「かわいらしい」などと訳す。「かたち」「をかし」の意味に合致している選択肢は、「見た目が好ましい」と訳している⑤である。

問2　語句や表現に関する説明の問題。

共通テストの文法問題は、単に文法の内容を問うのではなく、登場人物の人物関係・心情などと組み合わせるかたちで出題されるのが特徴である。以前は難度の高い問題が出題されたこともあったが、二〇二三年度・二〇二四年度は基礎的な文法事項（助動詞・助詞・敬語）と簡単な読解の組み合わせの正誤を問う標準的な問題が出題された。

正解は②。助動詞「む」は、「む＋助詞（「は」「も」「を」「に」「が」「ぞ」「なむ」「こそ」など）」「む＋体言」のかたちで用いられたときは、仮定（……としたら、それは）・婉曲（……ような）の意味となる。②は「引き返さむも」は、「む＋も」となっているので、仮定・婉曲という説明は正しい。**〈現代語訳〉**では、「引き返すとしたら、それは」とまず仮定の訳を示し、次に※を付けて「引き返すようなことも」という婉曲の訳を示した。仮定・婉曲の場合、訳としてはどちらも成立する。次に状況であるが、波線部**b**は、せっかく雪見に出かけたのに、雪が止んでしまったので、引き返そうかどうしようか、主人公が悩んでいる様子を表しているので、「引き返した場合の状況を主人公が考えている」という説明も正しい。

その他の選択肢を見ていく。①は「し」を強意の副助詞としている点が誤り。「連用形＋し」は過去の助動詞「き」の連体形である。③は「り」を完了の助動詞としているのは正しい（エ段音の下に来る「ら」「り」「る」「れ」は、完了・存続の助動詞「り」である）が、「人々の顔色が寒さで変化してしまった」という説明が誤り。「面変はり」したのは、「人々の顔色」ではなく、雪化粧した「何がしの山」「くれがしの河原」の風景である。④は、「させ」を「使役」としている点が誤り。「興ぜさせ給ふ」の「させ」が「尊敬」ならば楽しむのは主人公自身となり、「使役」ならば楽しむのは主人公の歌を聞いた同行の人々ということになる。主人公は美しい雪景色に感動して「ここもまた」と詠んだのであり、同行の人々を楽しませようと思って詠んだのではない。⑤は、「見給ふ」の敬意の対象が「大夫」となっている点が誤り。「給ふ」は、選択肢内にあるとおり「尊敬の補助動詞」である。尊敬語とはその動作の主体に対する敬意を表すもので、ここでは源少将の手紙を大夫から受け取って、その手紙を読んでいる主人公に対する敬意を表している。

問3　和歌の説明問題。

和歌の説明問題は、センター試験から共通テストに至るまでほぼ毎年出題されている。その内容は、和歌の意味・修辞法（掛詞・比喩）などの和歌の表現を問うものの他に、和歌と地の文との関係（その和歌がどういう場面・人物関係の中で詠まれたか）なども重要な視点として問われてきた。二〇二四年度も同様の傾向である。以下、この点に留意しつつ**X**・**Y**の贈答の内容について見ていきたい。

Xは源少将の和歌で、主人公の雪見に同行できなかった「恨み」をうたっている。問題文の2行目～3行目に、このような風流なお出かけには源少将・藤式部などの若者を必ず同行させていたが、今回はにわかに思いついたことだったので、あえて同行させなかったとある。源少将はこれを恨んで主人公のところに**X**の和歌を贈ってきた。**X**の和歌の内容は、「白雪が降るの『ふる』ではないが、振り捨てられた辺りでは、恨みばかりが千重に積もっているよ」というものである。「ふり」が、雪が「降る」の「降り」と、「振り捨てられし」の「振り」の掛詞となっている。「ふり捨てられしあたり」は、主人公に見捨てられた源少将のいる場所を指している。**Y**はこれに答えた主人公の和歌で、「（あなたが私を）探しに来るだろうかと思って、雪に（車の）跡をつけながらも進み（あなたの到着を）待っているとはあなたは知らなかったのだろうか」というように、源少将に対して弁明したものである。「ゆき」は「行き」と「雪」との掛詞になっている。また、「待つとは人の」の「人」とは、主人公の本心を知らずに恨み言を言ってきた源少将を指している。

以上の点を踏まえて選択肢を検討すると、正解は④であることが分かる。「『ゆき』に『雪』と『行き』の意を掛けて」という説明は正しいし、「雪に車の跡をつけながら進み、あなたを待っていたのですよ」という和歌の大意も正しい。**Y**の和歌の現代語訳は「（あなたの到着を）待っているとはあなたは知らなかったのだろうか」というように疑問文のかたちになっているが、主人公が源少将にこのようにうたいかけるのは、「あなたを待っていたのですよ」という気持ちの表明であると理解される。

次に誤答の選択肢を見ていく。①は、源少将が主人公の誘いを断ったという点が誤り。また、和歌の内容についても、「恨み」が源少将に対する主人公のものであるという点が誤っている。②は「主人公への恋情を訴えた」という点が大きな誤り。③は、「源少将が待つ桂の院」が誤り。「桂の院」は主人公の目的地であり、源少将は主人公の雪見にも同行していないし、待ち合わせもしていない。③は、「『待つ』の掛詞としてよく使われる『松』の枝とともに」源少将のところに届けさせた、という説明の部分に目が行って、この選択肢を選んでしまった受験生が多かったようだ。

問4　複数のテクストを比較・評価する問題。

二〇二三年度までの共通テストの複数のテクストを比較・評価する問題は、設問中でまず参考として古文の文章が提示されるかたちが一般的だったが、二〇二四年本試験は古文の文章が提示されていなかった。古文における「桂」のイメージについての解説文とその空欄補充というかたちで問題が作られており、「月」と「桂」の関係というやや高度な古文常識を平易なかたちで紹介しながら答えさせるという新傾向の問題である。複数のテクストを比較・評価する問題では、古文の文章を提示する問題がこれからも中心となるだろうが、今年度のような解説文を提示する問題も出題されると予想される。

(i)　正解は②。この設問は、本文12行目の「ここもまた月の中なる里ならし雪の光もよに似ざりけり」の和歌の解釈を問うている。解説に示された「まだ桂の里に着いていないはずだが、この場所もまた『月の中なる里』だと思われる」は上の句「ここもまた月の中なる里ならし」に対応しているので、空欄［Ⅰ］には下の句「雪の光もよに似ざりけり」と対応する選択肢を選ぶのがよい。「よに」は「世に」であるので、②「雪がこの世のものとは思えないほど光り輝いているから」が正解である。

(ii)　正解は②。空欄［Ⅱ］は、その直前に「20～22行目は」とあるとおり、本文の20～22行目の「やうやう暮れかかるほど、さばかり天霧らひたりしも、いつしかなごりなく晴れわたりて、名に負ふ里の月影はなやかに差し出でたるに、雪の光もいとどしく映えまさりつつ、天地のかぎり、白銀うちのべたらむがごとくきらめきわたりて、あやにまばゆき夜のさまなり」という情景の説明が入る。まず、「さばかり天霧らひたりしも、いつしかなごりなく晴れわたりて」の解釈であるが、「あんなにまで雲や霧がかかっていて空が一面に曇っていたのも、いつの間にか名残なくすっかり晴れ渡って」となるので、②「いつの間にかなくなり」、④「跡形もなく消え去り」は正しいが、①「わずかな隙間が生じ」、③「少しずつ薄らぎ」は誤り。次に、「雪の光もいとどしく映えまさりつつ、天地のかぎり、白銀うちのべたらむがごとくきらめきわたりて、あやにまばゆき夜のさまなり」の解釈と対応する選択肢を残りの②・④から探すと、②「雪明かりもますます引き立ち、あたり一面が銀色に輝いている」に対応している。④は「空にちりばめられた銀河の星」が誤り。「銀河の星」に関する記述は本文にはない。

(iii) 正解は③。解説の最後の段落に、「本文は『桂の院』に向かう主人公たちの様子を、移り変わる雪と月の情景とともに描き、最後は院の預かりや人々と対比的に主人公を描いて終わる」と本文の内容が簡潔にまとめられている。(iii)は本文の最後の段落（本文23～26行目）の内容を、この解説にあるように、院の預かり・人々と主人公とがどのように「対比的」に描かれているかを考える。

まず、院の預かりについては主人公の突然の来訪に驚き、慌てて応対する様が滑稽に描かれている。その様は、

（1）牛の額の雪をかき払うと言っては、牛車の軛に触れて烏帽子を落とす。

（2）御車を進ませるはずの道を清めるといっては、せっかくの雪をも踏み散らす。

（3）足や手を海老のように赤くして、桂の木の間を吹き抜ける風によって風邪を引く。

というものである。次に人々については、桂の院の様子が気になって一斉にそわそわしているとある。それに対して主人公の様子は、人々の気持ちに共感しつつも、その場の風景も見過ごしがたく思っている、というものである。選択肢を見ると、この内容に合致しているものは③。院の預かりの描写の中で（2）に焦点をあてている。「あたら雪をも踏みしだきつつ」というのは、雪景色が美しいのに足跡を付けるのはもったいないという気持ちを表している。また、人々が桂の院の様子を早く見たくてそわそわしているのに対して、主人公が今眺めている景色も見過ごしがたく思っているのは、本文に直接的に書いてはないが、「主人公の風雅な心」を表現するためだろう。

他の選択肢を見ていく。①は、院の預かりが「『足手の色』を気にして仕事が手につかない」、人々が「邸の中に入って休息をとろうと」した点が誤り。②は、人々が「風邪を引いた院の預かりを放っておい」た点、主人公が「院の預かりの体調を気遣」っている点が誤り。このような記述は本文中にない。④は、人々が「都に帰りたくて落ち着かない」とあるのが誤り。人々は桂の院の様子が気になってそわそわしているのである。

第４問

〈出典〉

【詩】 杜牧《とぼく》「華清宮」

杜牧（八〇三〜五二）は晩唐の詩人。平明で豪放かつ風流洒脱《しゃだつ》な詩風で知られ、女性の思いを詠じた詩や歴史を詠じた詩に優れた。出題された詩は、唐の玄宗が楊貴妃に溺れて安禄山の乱を招いたことを詠じた、「過華清宮（華清宮に過《よぎ》る）」と題された絶句三首の第一首である。

【資料】 蔡正孫《さいせいそん》『詩林広記』、程大昌《ていだいしょう》『考古編』

蔡正孫は南宋末の文人。『詩林広記』は東晋の陶淵明から北宋までの詩人とその代表作を選び、後世の評価や関わる逸話を集めた書で、【資料】Ⅰ〜Ⅲは「華清宮」の詩にまつわる他書の記事を集めている。

程大昌（一一二三〜九五）は南宋の政治家・学者。『考古編』は儒教の経典や史書について考証した学術的な随筆集で、【資料】Ⅳは華清宮に茘枝が届けられたのが史実かどうかを考証した文章の一節である。

※共通テストの本試験においては、いずれも、複数の素材の組合せによって問題文が構成されている。各素材の関連を意識して読解する練習をしよう。

〈問題文の解説〉

【詩】

唐の玄宗が楊貴妃を寵愛し、彼女の好物の茘枝を早馬を使って南方から長安の郊外にあった華清宮まで運ばせたという逸話に基づく詠史詩である。

【資料】

Ⅰ　茘枝を都に運ぶのに民衆が苦しんだことを述べる。

Ⅱ　玄宗が民衆の労苦を顧みなかったことを述べる。

Ⅲ　玄宗と楊貴妃は華清宮で冬を過ごしたのであり、盛夏に実る茘枝が届くのはおかしいという批判。

Ⅳ　玄宗と楊貴妃が盛夏である六月に華清宮に行幸したという記録があると、Ⅲの見解に反論した文章。

〈読み方〉（音読みはカタカナ・現代仮名遣いで、訓読みはひらがな・歴史的仮名遣いで示す）

【詩】

華清宮《カセイキュウ》

長安《チョウアン》より回望《カイボウ》すれば繡堆《シュウタイ》を成《な》す

山頂《サンチョウ》の千門《センモン》次第《シダイ》に開《ひら》く

一騎《イッキ》紅塵《コウジン》妃子《キシ》笑《わら》ふ

人《ひと》の是《こ》れ茘枝《レイシ》の来《き》たるを知《し》る無《な》し

【資料】

Ⅰ　『天宝遺事《テンポウイジ》』に云《い》ふ、「貴妃《キヒ》茘枝《レイシ》を嗜《たしな》む。当時《トウジ》涪州《フウシュウ》貢《コウ》を致《いた》すに馬逓《バテイ》を以《もっ》てし、馳載《チサイ》すること七日七夜《シチジツシチヤ》にして京《キョウ》に至《いた》る。人馬《ジンバ》多《おほ》く路《みち》に斃《たふ》れ、百姓之《セイこれ》に苦《くる》しむ」と。

Ⅱ　『畳山詩話《ジョウザンシワ》』に云《い》ふ、「明皇《メイコウ》遠物《エンブツ》を致《いた》して以《もっ》て婦人《フジン》を悦《よろこ》ばしむ。人力《ジンリョク》を窮《きは》め人命《ジンメイ》を絶《た》つも、顧《かへり》みざる所《ところ》有《あ》り」と。

Ⅲ　『遯斎閑覧《トンサイカンラン》』に云《い》ふ、「杜牧《トボク》の華清宮《カセイキュウ》詩《シ》尤《もっと》も人口《ジンコウ》に膾炙《カイシャ》す。唐紀《トウキ》に拠《よ》れば、明皇《メイコウ》十月《ジュウガツ》を以《もっ》て驪山《リザン》に幸《コウ》し、春《はる》に至《いた》りて即《すなは》ち宮《キュウ》に還《かへ》る。是《こ》れ未《いま》だ嘗《かつ》て六月《ロクガツ》には驪山《リザン》に在《あ》らざるなり。然《しか》るに茘枝《レイシ》は盛暑《セイショ》にして方《はじ》めて熟《ジュク》す」と。

Ⅳ　『甘沢謡《カンタクヨウ》』に曰《い》はく、「天宝《テンポウ》十四年《ジュウシネン》六月《ロクガツ》一日《ついたち》、貴妃《キヒ》誕辰《タンシン》、駕《ガ》驪山《リザン》に幸《コウ》す。小部《ショウブ》音声《オンジョウ》に命《メイ》じて楽《ガク》を長生殿《チョウセイデン》に奏《ソウ》し、新曲《シンキョク》を進《すす》めしむるも、未《いま》だ名《な》有《あ》らず。会《たまたま》南海《ナンカイ》茘枝《レイシ》を献《ケン》じ、因《よ》りて茘枝香《レイシコウ》と名《な》づく」と。

〈現代語訳〉

【詩】

華清宮

長安から振り返って眺めれば（華清宮のある驪山は）綾絹が積み重なったようだ

山頂への無数の門が次々に開いてゆく

一騎の早馬が砂煙を上げると楊貴妃は笑う

それが茘枝が届いたためとは誰も知らない

【資料】

Ⅰ『天宝遺事』にこうある。「楊貴妃は茘枝が好物だった。当時涪州が貢ぎ物として茘枝を送る際には早馬による中継を用い、七日七晩かかって都に届いた。人馬が大勢道中で死亡し、民衆はこれに苦しんだ」。

Ⅱ『畳山詩話』にこうある。「玄宗は遠くの物を取り寄せて女性を喜ばせた。人力を尽くし人命が失われても顧みることがなかった」。

Ⅲ『遯斎閑覧』にこうある。「杜牧の華清宮の詩はとりわけ広く知れ渡っている。唐代の歴史の記録によれば、玄宗は十月(旧暦では冬のはじめ)に驪山に行幸し、春になるとすぐに都に戻った。したがって(盛夏の)六月に驪山に滞在したことはないのである。ところが茘枝は盛夏になってやっと熟すのだ」。

Ⅳ『甘沢謡』にこうある。「天宝一四年の六月一日、楊貴妃の誕生日に、乗り物で驪山に行幸した。少年歌舞音楽隊に命じて長生殿で音楽を演奏させ、新曲を披露させたが、まだ名がなかった。たまたま南海郡が茘枝を献上したので、そこで茘枝香と名づけた」。

〈設問解説〉

問1 漢詩の規則の設問

漢詩の規則としては、以下のことをおぼえておけばよい。

形式

出題された詩が

四句　→ **絶句**

八句　→ **律詩**

それ以外　→ **古詩**

韻＝母音が共通する文字

いずれの詩も**偶数句末に韻字**を置く

七言詩は第一句末にも韻字を置くのが原則だが、省略されることもある。

対句

律詩の第三句と第四句、第五句と第六句は必ず対句

出題された詩は四句で構成され、一句あたり七文字だから七言絶句である。韻を踏んでいるのは第一句末「堆」と偶数句末の「開」「来」だと判断できる。第一句末の韻は省略することがあるので確認すると「堆 tai」「開 kai」「来 rai」で、母音「ai」で韻を踏んでいることがわかる。よって選択肢⑤が正解。

問2 語句と文字の意味の設問

(ア)「百姓」は「ひゃくせい」と読み、「民衆」の意を表す。農民ではないことに注意。正解は選択肢①である。

(イ)「膾炙」は、なます(生の肉や魚を刻んで調味料と和えた食品)と焼き肉のことで、人々が好む食品の意。「人口に膾炙する」とは広く人々に好まれ、知れ渡っていることを表す慣用表現である。よって④が正解。

※共通テストの試行調査(プレテスト)では「太公望」「朝三暮四」の故事成語が問われ、二〇二三年の追試験では「明鏡止水」に関わる設問が出題されている。漢詩や漢文に由来する故事成語や慣用表現を意識しておぼえよう。

(ウ)「因」は「よりて」と読み、前の理由を受けて「そこで」「だから」の意を表す。正解は①である。

問3 書き下しの設問

書き下しの設問ではまず決まった読み方がある文字を確認する。傍線部では「所」に注目。「所」は以下に述語を伴い、返読して「〜ところ」と読むのが原則。よって、「所不顧」は「顧みざる所」と読むことがわかる。この読みに従っているのは、選択肢②④である。さらに確認すると、傍線部の前半に「窮人力」「絶人命」と、同形が繰り返される対句的表現が作られていることがわかる。対句をなす部分は同じように読まれるのが原則なので、「人力を窮む」「人命を絶つ」と読むことがわかる。よって④が正解。

※センター試験以来、対句や対比をなす部分が好んで設問に使われている。常に傍線部やその前後の対比・対句に注意しよう。

問4　資料による詩の解釈の設問

　本文＋資料という組合せでは、資料の内容を利用して本文を読解する。そこで確認すると、**【資料】**Ⅰでは楊貴妃の好物の茘枝を南方から早馬で取り寄せ、多くの人馬が死んだため民衆が苦しんだことが述べられ、**【資料】**Ⅱでは玄宗が楊貴妃を喜ばせるため人命が損なわれても顧みなかったことが述べられている。よって、「玄宗の命令で楊貴妃の好物の茘枝を運ぶ早馬が砂煙を上げ疾走して来る」とある選択肢④が正解。

　他の選択肢を確認すると、①は「玄宗のために楊貴妃が手配した」が誤り。②は「早馬が砂煙のなか産地へと走りゆく」が誤り。③は「早馬が宮殿の門の直前で倒れて砂煙を上げる」が誤り。**【詩】**の第二句に「山頂千門次第開（山頂への無数の門が次々に開いてゆく）」とあるように騎馬が驪山に登ってきたのである。⑤は「玄宗に取り入りたい役人が茘枝を携えて」が誤り。そのような記述は**【詩】**にも**【資料】**にもない。

問5　資料間の関連性の設問

　【資料】Ⅲは「明皇以㆓十月㆒幸㆓驪山㆒、至㆑春即還㆑宮」と、玄宗らが驪山にいたのは冬の間であったことを述べ、「茘枝盛暑方熟」と、茘枝が熟すのは盛夏であることを述べる。玄宗と楊貴妃の元に茘枝が届けられたという**【詩】**の記述は史実ではないと主張していることがわかる。一方、**【資料】**Ⅳは六月一日の楊貴妃の誕生日に驪山に行幸したことと、そこに茘枝が献上されたため、披露された新曲に「茘枝香」と名づけたことを述べる。旧暦では盛夏に当たる六月に玄宗等が華清宮にいたこともあり、詩の記述は誤りではないと述べていることがわかる。以上から、「玄宗一行が驪山に滞在した時期と茘枝が熟す時期との不一致によって、**【詩】**の描写が事実に反することを指摘する」とあり、「「茘枝香」という楽曲名が夏の華清宮で玄宗一行に献上された茘枝に由来する」とある選択肢⑤が正解である。

　他の選択肢を確認すると、①・②は「驪山に滞在した時期と茘枝が熟す時期との一致」が誤り。③は「「茘枝香」が果物の名ではなく楽曲の名であることを述べ」が誤り。「**【資料】**Ⅲの見解を補足できる」も誤り。④は「茘枝を賞味した場所は夏の南海郡」が誤り。「**【資料】**Ⅲの見解を補足できる」も誤り。

問6　資料による詩の鑑賞の設問

　「鑑賞」とあるが、要は資料による詩の解釈を考えればよい。前述のように資料の内容に基づいて解釈する。すでに問4で確認したように**【資料】**Ⅰ、Ⅱでは玄宗が楊貴妃の機嫌を取るために民衆の苦労や人命を軽視して茘枝を運ばせたことを述べ、**【資料】**Ⅲ、Ⅳでは、これも問5で確認したように、詩の記述が史実であるかどうか、否定と肯定の双方の説が提示されていた。以上から、「事実かどうか不明な部分があるものの、玄宗と楊貴妃の逸話を巧みに用い、玄宗が為政者の道を踏み外して楊貴妃に対する情愛に溺れたことを慨嘆」とある選択肢②が正解の候補となる。選択肢前半の、詩の内容についての記述も正しいと判断できるので、②が正解。

　他の選択肢を確認すると、①は「事実無根の逸話をあえて描き」が誤り。**【資料】**では事実かどうか否定・肯定双方の説が挙げられている。③は「玄宗と楊貴妃に関する事実を巧みに詠み込んで」が誤り。資料では事実かどうか否定・肯定双方の説が挙げられている。④は「玄宗が天下の全てを手に入れて君臨していたことへの感嘆」が誤り。**【資料】**Ⅰ、Ⅱは明らかに玄宗の行為を批判している。⑤は「二人が永遠の愛を誓ったことを賛美」が誤り。前述のように**【資料】**Ⅰ、Ⅱは明らかに玄宗の行為を批判している。

2023年度

大学入学共通テスト 本試験

解答・解説

■ 2023 年度大学入学共通テスト本試験「国語」得点別偏差値表
下記の表は大学入試センター公表の平均点と標準偏差をもとに作成したものです。

平均点　105.74　標準偏差　34.10　　　　受験者数　445,358

得　点	偏差値	得　点	偏差値	得　点	偏差値	得　点	偏差値
200	77.6	150	63.0	100	48.3	50	33.7
199	77.3	149	62.7	99	48.0	49	33.4
198	77.1	148	62.4	98	47.7	48	33.1
197	76.8	147	62.1	97	47.4	47	32.8
196	76.5	146	61.8	96	47.1	46	32.5
195	76.2	145	61.5	95	46.9	45	32.2
194	75.9	144	61.2	94	46.6	44	31.9
193	75.6	143	60.9	93	46.3	43	31.6
192	75.3	142	60.6	92	46.0	42	31.3
191	75.0	141	60.3	91	45.7	41	31.0
190	74.7	140	60.0	90	45.4	40	30.7
189	74.4	139	59.8	89	45.1	39	30.4
188	74.1	138	59.5	88	44.8	38	30.1
187	73.8	137	59.2	87	44.5	37	29.8
186	73.5	136	58.9	86	44.2	36	29.5
185	73.2	135	58.6	85	43.9	35	29.3
184	73.0	134	58.3	84	43.6	34	29.0
183	72.7	133	58.0	83	43.3	33	28.7
182	72.4	132	57.7	82	43.0	32	28.4
181	72.1	131	57.4	81	42.7	31	28.1
180	71.8	130	57.1	80	42.5	30	27.8
179	71.5	129	56.8	79	42.2	29	27.5
178	71.2	128	56.5	78	41.9	28	27.2
177	70.9	127	56.2	77	41.6	27	26.9
176	70.6	126	55.9	76	41.3	26	26.6
175	70.3	125	55.6	75	41.0	25	26.3
174	70.0	124	55.4	74	40.7	24	26.0
173	69.7	123	55.1	73	40.4	23	25.7
172	69.4	122	54.8	72	40.1	22	25.4
171	69.1	121	54.5	71	39.8	21	25.1
170	68.8	120	54.2	70	39.5	20	24.9
169	68.6	119	53.9	69	39.2	19	24.6
168	68.3	118	53.6	68	38.9	18	24.3
167	68.0	117	53.3	67	38.6	17	24.0
166	67.7	116	53.0	66	38.3	16	23.7
165	67.4	115	52.7	65	38.1	15	23.4
164	67.1	114	52.4	64	37.8	14	23.1
163	66.8	113	52.1	63	37.5	13	22.8
162	66.5	112	51.8	62	37.2	12	22.5
161	66.2	111	51.5	61	36.9	11	22.2
160	65.9	110	51.2	60	36.6	10	21.9
159	65.6	109	51.0	59	36.3	9	21.6
158	65.3	108	50.7	58	36.0	8	21.3
157	65.0	107	50.4	57	35.7	7	21.0
156	64.7	106	50.1	56	35.4	6	20.8
155	64.4	105	49.8	55	35.1	5	20.5
154	64.2	104	49.5	54	34.8	4	20.2
153	63.9	103	49.2	53	34.5	3	19.9
152	63.6	102	48.9	52	34.2	2	19.6
151	63.3	101	48.6	51	33.9	1	19.3
						0	19.0

2023年度 本試験　解答・配点

(200点満点)

問題番号(配点)	設問	(配点)	解答番号	正解	自己採点欄
第1問 (50)	1	(2)	1	①	
		(2)	2	③	
		(2)	3	②	
		(2)	4	④	
		(2)	5	③	
	2	(7)	6	③	
	3	(7)	7	②	
	4	(7)	8	⑤	
	5	(7)	9	③	
	6	(4)	10	④	
		(4)	11	②	
		(4)	12	③	
小計					
第2問 (50)	1	(5)	13	①	
	2	(6)	14	⑤	
	3	(6)	15	⑤	
	4	(6)	16	①	
	5	(7)	17	①	
	6	(7)	18	④	
	7	(6)	19	③	
		(7)	20	②	
小計					

問題番号(配点)	設問	(配点)	解答番号	正解	自己採点欄
第3問 (50)	1	(5)	21	③	
		(5)	22	④	
		(5)	23	②	
	2	(7)	24	③	
	3	(7)	25	⑤	
	4	(7)	26	④	
		(7)	27	①	
		(7)	28	③	
小計					
第4問 (50)	1	(4)	29	①	
		(4)	30	①	
		(4)	31	⑤	
	2	(6)	32	③	
	3	(7)	33	⑤	
	4	(6)	34	①	
	5	(5)	35	③	
	6	(6)	36	④	
	7	(8)	37	④	
小計					
合計					

第1問

〈出典〉

【文章Ⅰ】 柏木博（かしわぎ　ひろし）『視覚の生命力──イメージの復権』（二〇一七年岩波書店刊）〈Ⅱ／見るための装置〉の〈視覚装置Ⅱ〉の〈窓あるいはフレーム〉の一節。

【文章Ⅱ】 呉谷充利（くれたに　みつとし）『ル・コルビュジエと近代絵画──二〇世紀モダニズムの道程』（二〇一九年中央公論美術出版刊）〈第三部　ヴィオレ＝ル＝デュクとピューリスムの展開〉の〈第一一章　ル・コルビュジエの世界〉の〈ル・コルビュジエの壁〉の全文。文中に挿入されている「サヴォア邸」の写真は同書の〈第二部　身体の表現〉の〈第三章　身体の表現の展開〉中のもの。

なお、**【文章Ⅰ】【文章Ⅱ】**ともに、ル・コルビュジエの『小さな家』の引用文中に柏木および呉谷の著作中での引用文と異なる表記の箇所がある（『小さな家』の原典（森田一敏訳　一九八〇年集文社刊）に沿ったものとなっている）など、若干の表記の改変がある。

柏木博は一九四六年生まれ。武蔵野美術大学デザイン学科卒。編集者などを経て、東京造形大学助教授、武蔵野美術大学教授、同大学名誉教授。二〇二一年没。専攻は近代デザイン史。著書に『デザインの20世紀』『日用品の文化誌』『モダンデザイン批判』『「しきり」の文化論』など。

呉谷充利は一九四九年生まれ。関西大学大学院修士課程建築学専攻修了。相愛大学教授を経て、同大学名誉教授。専攻は建築史。著書に『近代、あるいは建築のゆくえ』『町人都市の誕生』など。

〈問題文の解説〉

【文章Ⅰ】は約二三〇〇字の評論、**【文章Ⅱ】**は約一一〇〇字の評論で、合わせて約三四〇〇字。昨年度も二つの文章の組合せで合計三五〇〇字程度だったので分量的にはほぼ同じということになるが、**【文章Ⅰ】【文章Ⅱ】**ともに昨年度に比べれば硬質な評論文であり、問題文の難易度は昨年度よりは難ということになろう。とはいえ、二〇二一年度や追・再試験なども考慮すると、共通テストとしては標準的な分量・難易度であり、今年度よりも手ごわい文章が出題される可能性も念頭に置いておく必要がある。

形式的には、二〇二一年度が〈メインの文章＋設問部分にサブの文章〉という形式だったのに対し、昨年度および今年度は**【文章Ⅰ】【文章Ⅱ】**という形で二つの文章が最初に掲げられる形が続いた。いずれにせよ、**複数の文章を読ませ、その間の関連を問う、という形での出題は続く**ものと思われる。

内容的には昨年同様、〈共通のテーマ（ル・コルビュジエの建築の特質）について別の角度から論じた二つの文章〉を取り上げ、各文章の論旨について順に問うた上で、両文章の関連性を最後の設問で問う、という設問構成がとられている（設問に関しては後の〈設問〉の項で詳述する）。**対比関係や同内容関係をつかんで論旨を整理しながら読み進め、各文章の論の中心点を把握しつつ、両文章の内容的連関を考える**、という読解姿勢が求められている。

昨年度は**【文章Ⅰ】【文章Ⅱ】**それぞれにリード文（前書き）が付されていたが、今年度は最初に両文章を総括する形のリード文が付されている。そこには、

・**【文章Ⅰ】**は、正岡子規の書斎にあったガラス障子と建築家ル・コルビュジエの建築物における窓について考察したもの

・**【文章Ⅱ】**は、ル・コルビュジエの窓について**【文章Ⅰ】**とは別の観点から考察したもの

・どちらの文章にもル・コルビュジエ著『小さな家』からの引用が含まれている

・引用文中の（中略）は原文のまま（＝出題者が省略したのではなく、**【文章Ⅱ】**の筆者が『ル・コルビュジエと近代絵画』の中で引用する際に省略したものである）

ということが書かれている。これらはしっかりと頭に入れておくことが望ましい（今年度は特に、設問（特に**問6**）に大きく関わる情報となっている）。

なお、正岡子規（一八六七──一九〇二）は明治期の俳句・短歌の革新運動の主導者として知られる俳人・歌人。ル・コルビュジエ（一八八七──

一九六五）はスイスに生まれフランスで活躍した、機能主義的なモダニズム建築の代表者として知られる建築家である。

【文章Ⅰ】

展開に沿ってみていこう。各形式段落を1～10で示す（4および9の後の引用文はそれぞれ4・9に含める）。

1～3は「**正岡子規**」について、「ほとんど寝たきりで身体を動かすことができなくなり」（3）「寝返りさえ自らままならなかった」（1）彼が、「障子の紙をガラスに入れ替えることで」「**ガラス障子**のむこうに**見える**庭の植物や空」を通じて「季節や日々の移り変わりを楽しむことができ」るようになった（1）ことを述べ、「彼の書斎（病室）は、**ガラス障子**によって……『**見るための装置（室内）**』へと変容した」（3）とまとめる。

4・5はこれをうけて、「アン・フリードバーグ」の「『窓』は『**フレーム**』であり『**スクリーン**』でもある」（4）という見解につなげる。4の引用文は、「窓の縁（エッジ）が、**風景を切り取る**」「**視界を制限する**フレーム」となる、および「窓は外界を**二次元の平面**へと変える。つまり、窓は**スクリーン**となる」と述べており、5ではその見解が再び子規の話題に接続されて、「子規の書斎」の「ガラス障子」は「外界を二次元に変える**スクリーン**であり**フレーム**となった」「ガラス障子は『**視覚装置**』だといえる」とまとめられる。

6～10はこれらをうけて「**ル・コルビュジエ**」の建築についての論が展開される。6で前段落までの子規の話題を「建築・住宅」一般において「『窓』は、視覚装置として……もっとも重要な要素としてある」と敷衍《ふえん》した上で、7で、ル・コルビュジエは「**視覚装置**としての『窓』をきわめて重視し」、その点においては「子規の……ガラス障子と……かわることはない」が、「子規のガラス障子は……**操作されたフレーム**ではない。他方、ル・コルビュジエの窓は、**確信を持ってつくられたフレーム**であった」（7）と述べる。つまり、**ル・コルビュジエは、窓によってどのように視界を制限するかを、「確信を持って」「操作」するような建築デザインを行った**というのである。8～10ではこのことが、ル・コルビュジエ自身の発言・文章やアン・フリードバーグの指摘を引きつつ詳述される。ル・コルビュジエは、「建築の歴史を窓の各時代の推移で示」しうると考えるほど窓のあり方を重視しており、「窓は採光のためにあり、換気のためではない」と、「**窓に換気ではなく『視界と採光』を優先した**」。彼は「窓を、**外界を切り取るフレーム**だと捉えており」「その結果」として「窓の形（や）……長辺と短辺の比」が「変化した」のだという。つまり、**窓の形や大きさなどによって、どのように「視界を制限」して風景を「切り取」るかを意識的にコントロールした**、というのである。

9・10はこのことについて、ル・コルビュジエが「両親のためにレマン湖のほとりに建てた家」（注5）について書いた文章を引いてさらに説明する。彼は「**四方八方に蔓延する景色**……は……**焦点をかき**……〝私たち〟は風景を〝眺める〟ことができない」ので、「塀（壁）」「囲い壁」によって家からの「**視界**」を「**限定**」し、**見える景色を**「**選別**」しなければならないと考え、「まず壁を建てることによって視界を遮ぎり、つぎに連らなる壁面を要所要所取り払い、そこに水平線の広がりを求める」ようにした（9）というのである。これは家の「塀（壁）」の話であるが、筆者はこれについて「**風景を見る『視覚装置』としての窓（開口部）**と壁をいかに構成するかが、ル・コルビュジエにとって課題であったことがわかる」と述べ、建物の「窓」にも通じる論であることを示している（実際に「レマン湖のほとりに建てた家」には塀に設けられた窓状の開口部から景色を眺める仕掛けが作られている）。

以上のように【文章Ⅰ】は、1～3で〈**正岡子規のガラス障子は彼の部屋を「見るための装置」とした**〉と述べ、これを4・5でアン・フリードバーグの〈**窓は外界を二次元に変え視界を制限して風景を切り取るスクリーン／フレームである**〉という論につなげて、6～10で〈**そうした視覚装置としての窓の機能を意識的に建築デザインに組み込んでいったのがル・コルビュジエであった**〉と論じる、という展開・構成になっている。

【文章Ⅱ】

こちらも展開に沿って見ていこう。各形式段落を1～6で示す。

1はル・コルビュジエの設計した「サヴォア邸」について、その「横長の**窓**」は「内側から見ると……四周を遮る**壁体となる**」「『**横長の窓**』は、『**横長の壁**』となって現われる」と述べる。続いて、その後の彼の建築に「全面ガラスの壁面」が見られることを述べた上で「しかしながらスイス館の屋上庭園の四周は、強固な壁で囲われている。大気は壁で仕切られているのである」と述べる。**【文章Ⅰ】**と比べると**【文章Ⅱ】**は、ル・コルビュジエの建築について**「窓」よりも「壁」に重点を置いて捉えていることがつかめる**。

[2]・[3]はル・コルビュジエが、**「自らを消耗する〈仕事の時間〉」**（[2]）「**外的な世界**に関わっている」「**光の溢れる**世界」（[3]）と「自らをひき上げて、**心の琴線に耳を傾ける〈瞑想の時間〉**」（[2]）「**内面的な世界**に……関わっている」「**光の疎んじられる**世界」（[3]）とを対比し、「**住宅**」は後者に関わる「**沈思黙考の場**」（[2]）だと考えていたことが述べられる。やはり、「内面」に沈潜し「沈思黙考」するために、**「光」を避ける（壁で遮る）**という方向性に重点を置いた論となっている。[4]はこれに関するル・コルビュジエ自身の文章の引用である。「**囲い壁**の存在理由は……**視界を閉ざす**ためである。四方八方に蔓延する景色というものは……焦点をかき、長い間にはかえって退屈なものになってしまう……景色を望むには、むしろそれを**限定**しなければならない。（中略）北側の**壁**と、そして東側と南側の**壁**とが〝**囲われた庭**〟を形成すること、これがここでの方針である」。

[5]・[6]はこれを「ここに語られる『風景』は」とうけて「**動かぬ視点**をもっている」と述べ、以下これについて論じる。「『**動かぬ視点**』は風景を切り取る……風景は**一点から**見られ、眺められる」「壁がもつ意味は、風景の**観照**の空間的構造化である」「この**動かぬ視点**《テオリア》 theōria の存在は……」（[5]）。「観照」とは〈主観を交えず、**冷静な観察と思索を通じて物事の本質をとらえようとすること**〉の意であり、これが[6]で「かれは、住宅は、**沈思黙考**……に関わると述べている」と[2]・[3]の論旨に接続され、彼の「初期」の「この思想は……**動かぬ視点**をもっている」と[5]の論旨が繰り返される。[6]後半は、彼の思想においていったん「影をひそめた」この住宅論が、「**沈思黙考、瞑想の場**」としての「宗教建築」を手がけた後期の彼において「再度主題化され、深く追求され」たことを述べて、「**動かぬ視点**」を設定することで住宅を「沈思黙考の場」とするル・コルビュジエの建築思想が、「かれにおいて即興的なものではない（＝その場だけのことではなく、持続的な思考に基づくものである）」（[5]）ことを述べている。

以上のように**【文章Ⅱ】**は、ル・コルビュジエが、「**動かぬ視点**」により住宅を「**沈思黙考、瞑想の場**」とすることを重視する住宅論をもっていたことを繰り返し指摘しており、それに関連して、彼の建築における〈**外界を壁で遮る**〉ことへの志向に焦点を置いた論となっている。――やや乱暴にまとめると、〈**窓の枠（壁）によって視界を制限する**〉ことについて、**【文章Ⅰ】**では〈それを**視覚装置**として**風景を味わう**〉ことに焦点を当てているのに対し、**【文章Ⅱ】**では〈それによって自らを「**動かぬ視点**」とし、また**光や外的な世界との関わりを制限して**（内的な）**沈思黙考にふける**〉ことに焦点を当てて論じている、ということになる。このように、**【文章Ⅰ】**と**【文章Ⅱ】**の論旨がどのような関係になっているのかを大づかみに把握しておいて、設問に入るとよい。

> **二つの文章を組みあわせた出題**の場合、**同内容の繰返しや対比の軸などに注意しつつ論旨を整理し、一方の論旨を頭に置きつつもう一方の文章を読み進め、どの点が重なりどの点が異なるのか、といったことを考える**ようにする。

〈設問解説〉

設問構成は、**問1**が漢字・語彙、**問2**～**問5**は傍線部設問で**【文章Ⅰ】【文章Ⅱ】**の趣旨を順に問うもの、**問6**は会話形式の〈生徒の学習場面〉設問で、**【文章Ⅰ】【文章Ⅱ】**の表現・構成や両文章の内容を重ね合わせることで発展的な考えを導き出すもの、という形。〈漢字・語彙設問→本文の各部分の読解設問→何らかの設定（生徒の学習場面など）のもとに複数の文章の関連を問う共通テスト特有の設問〉という流れは二〇二一年度以降の三年間に共通しており、また、昨年度出題された表現設問は今年度は出題されなかったように見えるが、**問6**の(i)・(ii)は実質的には表現および構成を問う設問である。来年度も〈**漢字・語彙**／**部分の読解**／**全体の読解**／**表現・構成**／**複数の文章の統合**／**応用的・発展的思考**〉といった〈**問う内容**〉**は一貫させつつ、形式面においては様々な出題がなされる**、という設問構成になるのではないかと思われる。

問1　漢字に関する設問。

昨年度本試に続き、〈カタカナを漢字に置き換える〉もの3問、〈文中の漢字の意味を問う〉もの2問という形の出題（ちなみに、今年度は追・再試験も同様の形式）であった。

(i)　カタカナを漢字に置き換え、同じ漢字を用いる語を選ぶ設問。

(ア)「冒頭」。①感冒②寝坊③忘却④膨張（膨脹）で、正解は①。

(エ)「琴線」（心の奥の、物事に触れて感動し共鳴する心情）。①卑近②布巾③木琴④緊縮で、正解は③。

(オ)「疎（んじられる）」。①提訴②過疎③粗品④素養で、正解は②。

(ii)　文中の語（字）について、「同じ意味」で用いられているものを選ぶ設問。昨年度は「異なる意味」のものを選ぶ形であったが、字義を問う設問である点では変わりない。

(イ)　傍線部の「行」は〈おこなう〉意。正解は④「履行」（約束や契約などを実際に行うこと）。①「行進」の「行」は〈行く・歩く・進む〉意。②「行列」の「行」は〈ならび・列〉の意。③「旅行」の「行」は〈旅〉の意。

(ウ)　傍線部の「望」は「景色を望む」とあるので〈ながめる・遠くを見る・見わたす〉意。正解は③「展望」。①「本望」（本来の望み・望みを達成して満足している状態）および②「嘱望」（人の将来に望みをかけること）の「望」は〈ねがう・待ち望む〉意。④「人望」の「望」は〈ほまれ・名声・人気〉の意の「望」。

問2　傍線部の具体的内容を説明する設問。

〈問題文の解説〉の**【文章Ⅰ】**の1～3の箇所を参照。「障子の紙をガラスに入れ替えることで、A子規は季節や日々の移り変わりを楽しむことができた」とある。それ以前の子規がなぜそれらを楽しめなかったのかといえば、病気で外出できなかった（3「**ほとんど寝たきりで身体を動かすことができなくなり**」1「**寝返りさえ自らままならなかった**」）からであり**（a）**、「障子の紙をガラスに」することで「季節や日々の移り変わりを楽しむことができ」るようになったのは、室内にいたままでも「**ガラス障子のむこうに見える庭の植物や空を見る**」ことができるようになった（1）からである**（b）**。それは子規にとって心の「慰め」であり、「**自身の存在を確認する感覚**」を得ることだった（1）**（c）**。以上**a～c**に合致する③が正解である。

病気で寝返りも満足に打てなかった子規にとって**（a）**、ガラス障子を通して多様な景色を見ることが**（b）**生を実感する契機となっていた**（c）**ということ。

②で迷うかもしれないが、③と見比べてみると、②「外界の出来事」と③「多様な景色」ならば③の方が傍線部A「日々の移り変わり」のニュアンスを反映しており、また②「自己の救済」と③「生を実感する」ならば③の方が「自身の存在を確認する」により近い。さらに、②は「見る」という表現が明確に示されておらず、（「子規は、視覚の人だったともいえる」（1）とあるような）「視覚」というこの文章の中心的話題が踏まえられていない。

①は、「現状を忘れる」が③「生を実感する」に比べれば本文の内容からズレている（単に〈つらい現状から逃れる〉というだけでなく「自身の存在を確認する」という、より積極的な意義があったと述べられている）。

④は「外の世界への**想像**をかき立て」が、外の世界を「**見る**」ことを楽しんだとする本文の内容からズレている。

⑤は「内と外が視覚的につながったことが作風に転機をもたらした」が、本文において述べられていない内容である。

問3　傍線部の理由を説明する設問。

〈問題文の解説〉の**【文章Ⅰ】**の4・5の箇所を参照。傍線部B「**ガラス障子**は『**視覚装置**』だといえる」に関する記述は、まず3末尾に「彼の書斎（病室）は、**ガラス障子**によって『**見ることのできる装置**（室内）』あるいは『**見るための装置**（室内）』へと変容した」とあり、これをうけた4で「アン・フリードバーグは……『窓』は『フレーム』**（a）**であり『スクリーン』**（b）**でもあるといっている」に続けて「窓は**外界を二次元の平面へと変える**。つまり、窓はスクリーンとなる**（b）**。窓と同様に、スクリーンは平面であると同時にフレーム――映像〔イメージ〕が投影される反射面であり、**視界を制限するフレーム**――でもある（a）」とするフリードバーグの文章が引用される。以上の（a）（b）をうけたのが「子規の書斎」の「ガラス障子」は「外界を二次元に変えるスクリーン（b）でありフレーム（a）となった」⑤という文であり、これをうけて傍線部Bは「ガラス障子は『視覚装置』だといえる」と述べているのである。右のa・bをおさえた②が正解である。

ガラス障子は、室外に広がる風景の範囲を定める（a）ことで、外の世界を平面化されたイメージとして映し出す（b）仕掛けだと考えられるから。

①にはbはあるがaの「視界を制限する」の要素がない。また、①「ガラスに映」るものは「季節の移ろい」だけではない（「空」の様子をはじめとする「日々の移り変わり」①なども ある）。

③は「制御」をaと見たとしてもbの〈二次元・平面にする〉の要素がない。また、本文における「視界」の〈制御〉は〈見える範囲を制限することで〉行われるものであって、③「外の世界と室内とを切り離したり接続したりすることで」ではない（これでは〈障子を閉めたり開けたりすることによる制御〉になってしまう）。

④にはaはあるがbがなく、また④「新たな風景の解釈」がここでは述べられていないことである。

⑤は「区切って」をaとみたとしても、⑤「絵画に見立てる」が本文の内容からズレている。〈平面〉へと変える、「二次元に変える」とはあるが、「絵画に見立てる」とは述べられていない。かりに「絵画」を「二次元に変える」ことの比喩とみたとしても、「額縁」「絵画」という比喩的な表現でしか説明していない⑤よりはそれらの意味を説明し直している②の方が「最も適当な」解答だということになる。

問4 傍線部に関する本文の論旨を把握する設問。

〈**問題文の解説**〉の**【文章Ⅰ】**の6～10の箇所を参照。設問文「『ル・コルビュジエの窓』の特徴と効果」については、まず7に「ル・コルビュジエは、住まいを徹底した視覚装置、まるでカメラのように考えていた」「子規のガラス障子は、フレームではあっても、操作されたフレームではない。他方、cル・コルビュジエの窓は、確信を持ってつくられたフレームであった」とあり、8には彼自身の「『窓は**採光**のためにあり、換気のためではない』」という言葉（a）、およびアン・フリードバーグの指摘を引く形で、「ル・コルビュジエは、窓に換気ではなく『**視界と採光**』を優先した」（a）、「窓を、**外界を切り取るフレーム**だと捉えており（b）、その結果、窓の形、そして『アスペクト比』（ディスプレイの長辺と短辺の比）が変化した」などと述べられている。9では、ル・コルビュジエの「囲い壁の存在理由は……視界を閉ざすためである。**四方八方に蔓延する景色**というものは……**焦点をかき**（c）、長い間にはかえって退屈なものになってしまう。……景色を望むには、むしろそれを**限定**しなければならない。思い切った判断によって**選別**しなければならないのだ（b）。すなわち、まず壁を建てることによって**視界を遮ぎり**（b）、つぎに連らなる壁面を要所要所取り払い、そこに水平線の**広がりを求める**（d）」という文章が引用される。これは「家」の周りの「塀（壁）」とそこに開けられた開口部についての記述だが、10でそれは「風景を見る『視覚装置』としての窓（開口部）と壁をいかに構成するかが、ル・コルビュジエにとって課題であったことがわかる」と、建築物の「窓」についての考えに通ずるものであることが指摘されている。以上（a）～（d）に合致する⑤が正解である。

ル・コルビュジエの窓は、換気よりも視覚を優先したものであり（a）、視点が定まりにくい風景に（c）限定を施すことで（b）かえって広がりが認識される（d）ようになる。

風景の「広がり」が窓の「効果」（設問文）だとするのは、〈**問題文の解説**〉で見たように**【文章Ⅱ】**が〈壁で視界を遮り沈思黙考する〉ことに焦点を置いていることとの対比を意識すれば、**【文章Ⅰ】**の論点としてより自信を持って選べるものではある。ただし、「限定を施すことでかえって広がりが認識される」という関係が本文で明示されているかはやや曖昧なので、他の選択肢との比較を慎重に行う必要があるだろう。

①は、①「風景がより美しく」と⑤の「広がり」との比較になる。**【文章Ⅰ】**では①「より美しく見える」とは述べられておらず、先のdから⑤「広がり」を採ることになる。

②「採光を重視」は本文の内容と異なるものではないが、そのポイントは「風景」「視覚」にあるのであって、②「居住性を向上」「生活環境が快適なものになる」という点に焦点を置くのは本文の論旨から明らかにズレている。

③は「アスペクト比の変更を目的としたもの」が×。先に見たように、本文には、「窓を、外界を切り取るフレームだと捉え」〈風景を眺める〉ための窓を設計することが目的であり「その結果……『アスペクト比』……が変化した」とある。**〈最初からそれを目的としていた〉ことと〈結果としてそうなった〉こととを取り違える引っかけ選択肢**はしばしば見られるものなので、注意しよう。

④は「囲い壁」（塀）という表現のままであるのが、建築物の「窓」の話題である傍線部Cの説明としては不適切であるし、④には先のb（フレーム）による「限定」「選別」）が出ていない。また、④「効率よく配置」「風景への没入」も本文の内容からズレている。

問5　傍線部に関する本文の論旨を把握する設問。

〈問題文の解説〉の**【文章Ⅱ】**の箇所を参照。設問文は「傍線部D『壁がもつ意味は、風景の観照の空間的構造化である。』とあるが、これによって住宅はどのような空間になるのか」である。――傍線部Dは直後で「この**動かぬ視点** théōria《テオリア》」とうけられている。これは、**【文章Ⅱ】**[4]のル・コルビュジエの文章の引用（「四方八方に蔓延する景色というものは……焦点をかき」「景色を望むには、むしろそれを」「壁」で「囲われた」ものにする（a）ことで「限定しなければならない」（b））を[5]で「ここに語られる『風景』は**動かぬ視点**をもっている」とうけた箇所で、「この『動かぬ視点』は**風景を切り取る**」（b）「風景は**一点から**見られ、眺められる」（c）と説明されているように〈風景を（あちこち動かずに）一点から眺める視点〉である。これにより、住宅はどのような「風景の**観照**（＝主観を交えず、冷静な観察と思索を通じて物事の本質をとらえようとすること）」（傍線部D）の場となるのかといえば、[6]に「**沈思黙考の場**」となる（d）とあり、そうしたル・コルビュジエの考えは、「礼拝堂」「修道院」などにおける「**沈思黙考、瞑想の場**」の追求につながっている、とある。これは[2]・[3]の「外的な世界」（[3]）において「自らを消耗する〈仕事の時間〉」（[2]）に対し、「内面的な世界」（[3]）に「自らをひき上げて、心の琴線に耳を傾ける〈瞑想の時間〉」を持つための「**沈思黙考の場**」としての「住宅」（[2]）というル・コルビュジエの考えを述べたものである。以上（a）〜（d）に合致する③が正解である。

> 四周の大部分を壁で囲いながら開口部を設けることによって（a）、固定された視点から（c）風景を眺めることが可能になる。このように視界を制限する（b）構造により、住宅は内部の人間が静かに思索をめぐらす（d）空間になる。

傍線部Dに即していえば、住宅を「風景の観照（d）」の場とするために、それにふさわしいa・b・cのような「空間」「構造」にする、といったことである。

①「外光」を「制限」する「外部の光を調整する構造」ではなく、「風景」に対し「動かぬ視点」で向き合うための空間構造、という話である。

②・④は単に②「人間が風景と向き合う空間になる」④「風景を鑑賞するための空間になる」とあるだけで、dの「沈思黙考」に当たる内容がないので、傍線部D「風景の観照」につながる説明になっていない。また、②は「自由が失われる」とマイナス方向にとらえている点も本文とは異なる。

⑤は「省察」を「観照」に当たる内容とみたとしても、「**自己**」に対する「省察」としたのみでは「**風景の観照**」という傍線部Dの説明として適切なものとはいえない。また⑤には「動かぬ視点」に当たる説明も足りない。

②・③・④・⑤で迷った人は、傍線部Dの「風景の観照」の意味につながるかどうか（**設問要求に対応する答えになっているかどうか**）という視点で吟味するとよかっただろう。②・④には「観照」の意味が足りず、⑤には「風景の」の意味が足りない。「風景の」「観照」という両要素の十分な説明になっているのは③のみだ、ということである。

> 単に〈本文に書かれているかどうか〉だけでなく、〈**本文に書かれていて、かつ設問で問われていることの十分な答えになっているかどうか**〉という視点で選択肢を吟味するよう心がけよう。

問6 〈生徒の会話〉という設定で、**【文章Ⅰ】【文章Ⅱ】**の比較、**【文章Ⅰ】**の構成、**【文章Ⅰ】【文章Ⅱ】**から導きうる発展的な考えを答える設問。①**〈生徒の学習場面〉を想定し**、②**複数の文章を比較・統合し**、③**応用的・発展的思考を行う** という**共通テストの特徴が表れた設問**である。

(i) 二つの文章の〈引用文の扱い方〉を比較する設問。

空欄Xは、生徒Aの「**【文章Ⅰ】**と**【文章Ⅱ】**は、両方とも**ル・コルビュジエの建築における窓について**論じられていたね」、生徒Bの「**【文章Ⅰ】**にも**【文章Ⅱ】**にも**同じル・コルビュジエからの引用文があった**けど、少し違っていたよ」という発言に続く、生徒Cの発言中にあるものである。右の会話の内容は、本文の〈前書き〉に、

> **【文章Ⅱ】**は、**ル・コルビュジエの窓**について**【文章Ⅰ】**とは別の観点から考察したものである。**どちらの文章にもル・コルビュジエ著『小さな家』からの引用が含まれている**（引用文中の（中略）は原文のままである）。

とあることと対応している。生徒Cは「よく読み比べると、[X]」と述べており、これをうけて生徒Bは「そうか、同じ文献でもどのように引用するかによって随分印象が変わるんだね」と発言している。以上から、空欄Xには、**【文章Ⅰ】【文章Ⅱ】**を「読み比べ」たときにわかる〈少しの違い〉についての発言が入り、それは**【文章Ⅰ】【文章Ⅱ】**がル・コルビュジエについて「別の観点から考察」していることと関連する「どのように引用するか」の違いであることがつかめる。このことを念頭において選択肢を見てみよう。

②は「**【文章Ⅱ】**の引用文では……壁によってどの方角を遮るかが重要視されている」とある。これは「引用文」では「北から東にかけて、さらに部分的に南から西にかけて視界を閉ざす」に当たるが、この部分は**【文章Ⅰ】【文章Ⅱ】**のどちらの引用文にも含まれており、両者の「違ってい」る部分ではない。また、論旨上は、続く文にあるように〈四方八方すべてが開けているのではなく、視界を限定しなければいけない〉という点に重点のある論であって、②「どの方角を遮るかが重要視されている」ということではない（どんな建築でもこの方角を「遮る」べきだというような主張なのではない）。

③「壁の外に広がる圧倒的な景色とそれを限定する窓」は同じ引用文中の「四方八方に蔓延する景色というものは圧倒的で……それを限定しなければならない」に当たり、やはり**【文章Ⅰ】【文章Ⅱ】**のどちらの引用文にも含まれているものであって、両者の「違ってい」る部分ではない。

①と④はいずれも**【文章Ⅱ】**における「省略」について言及している。**【文章Ⅱ】**の引用文中の「（中略）」の箇所は、**【文章Ⅰ】**では「思い切った判断によって選別しなければならないのだ。すなわち、まず壁を建てることによって視界を遮ぎり、つぎに連らなる壁面を要所要所取り払い、そこに水平線の広がりを求めるのである。」（**a**）となっている。**【文章Ⅱ】**では**a**を「（中略）」とした後に、**【文章Ⅰ】**にはない「北側の壁と、そして東側と南側の壁とが〝囲われた庭〟を形成する」という文（**b**）が付されている。以上について適切に説明しているのは①と④のどちらだろうか。

aの「壁を建てることによって視界を遮り」は前の「視界を閉ざす」とほぼ同じ内容であり、この「視界を閉ざす」は**【文章Ⅱ】**に残っているから、**【文章Ⅱ】**の筆者が「省略」したかった内容の中核はここではないと考えることができる。**a**の「連らなる**壁面**を**要所要所取り払い**、そこに水平線の広がりを**求める**」が、**【文章Ⅰ】**にはあり**【文章Ⅱ】**にはないものなので、ここが**【文章Ⅱ】**において「省略」された内容の中核である。この点をおさえているのは、**【文章Ⅱ】**の説明を「壁の圧迫感について記された部分が省略されて」とした①ではなく、「**壁に窓を設けることの意図**が省略されて」とした④であり、こちらが正解となる。

また、**【文章Ⅱ】**は、そもそも[1]から「**窓**」**についてよりも**〈**壁で囲う**〉**ことに着目する論**となっており（〈**問題文の解説**〉の**【文章Ⅱ】**の項の最初の部分を参照）、引用文も、ル・コルビュジエが「住宅は**沈思黙考**の場

である」とし、「**心の琴線に耳を傾ける〈瞑想の時間〉**」「**内面的な世界に**……関わっている」場だとするような「空間論」を唱えたこと（2・3）を述べるための引用である。**〈問題文の解説〉**の項の最後の部分に示したように、全体として、**【文章Ⅰ】**はル・コルビュジエの建築思想を〈住宅を**窓**を通して風景を味わうための**視覚**装置とした〉という方向で捉えた論であり、**【文章Ⅱ】**は彼の建築思想を〈**光や外的な世界との関わりを制限**して、住宅を〈内的な〉**沈思黙考**にふける場とした〉という方向でとらえた論である。**〈引用文〉はそれぞれの筆者が自らの論と関連性を持つものとして引用する文章**だから、右のように各文章の筆者自身の論との関連を考えても、**【文章Ⅰ】**を「**窓の効果**」に重点を置いた引用、**【文章Ⅱ】**を「**壁で囲う効果**」に重点を置いた引用（その論点から外れる箇所を**【文章Ⅱ】**の筆者は「（中略）」とした、ということである）とした④が最も適当だと判断できる。

この設問は、〈二つの文章を比較して違いをとらえる〉ものであり、二〇二二年度本試第1問の**問6**(i)と似た設問だということができるが、さらにいえば、右に見た通り、

> 引用文は、〈筆者の論と同方向の論を自論の根拠として引用する〉〈筆者の論と対立する論を批判することで自論の正しさの根拠とする〉など、**〈本文の筆者が何らかの意図をもって引用したもの〉**なのだから、引用文単独で捉えるのではなく、**〈筆者の論とどのように関連しているか〉という観点で理解する**

という、引用文の働きに関する基本的な姿勢が身についているかどうかを問うものでもある。こうした設問自体はセンター試験時代にも多く出題されており、ここではそれが〈二つの文章の組合せ〉の形で出題されているということなのである。このように、**共通テストでも、問われている力の多くは現代文の基本的な読解・解答の姿勢であるから、まずそうした力をしっかりと養い、その上でそれを共通テスト型の出題形式に応用できるように練習する**、という学習法が望ましいといえる。

(ii)　論旨を踏まえて本文の構成を問う設問。

空欄Yは、生徒Cの「**【文章Ⅰ】**は正岡子規の部屋にあったガラス障子をふまえて、ル・コルビュジエの話題に移っていた」という発言、生徒Bの「なぜわざわざ子規のことを取り上げたのかな」という発言に続く生徒Aの発言の中にある。つまり、**【文章Ⅰ】**の中心的な話題は〈前書き〉にもあるように「ル・コルビュジエ」であるが、それに先立って子規の話題を取り上げたことにはどのような意図があるか、という問いへの答えに当たるのが空欄Yである。

①「ル・コルビュジエの建築論が現代の窓の設計に大きな影響を与えた」は、該当箇所があるとすれば**【文章Ⅰ】**の8末『窓のフレームと窓の形……の変更を引き起こした』であろうが、それはル・コルビュジエの〈窓を、視界を「限定」し見える範囲を「選別」するためのフレームとする〉という目的のために「結果」として生じたことであって（**問4**の解説参照）、**【文章Ⅰ】**の論の焦点は〈窓の設計への影響〉そのものではなく、**住居を「視覚装置」と考えた**というル・コルビュジエの思想の方にある。同様に、③「採光によって美しい空間を演出」④「換気と採光についての考察が住み心地の追求であった」も本文の論旨から焦点がズレている（これも**問4**の解説参照）。また③「子規の**芸術**に対してガラス障子が及ぼした効果」も、〈子規の「ガラス障子」は子規がそれを通して「**季節や日々の移り変わりを楽しむことができた**」もの（1）、すなわち〝子規の日常生活において心を慰めるもの〟であった〉という**【文章Ⅰ】**の論旨から焦点がズレている（**問2**解説参照）。

②「ル・コルビュジエの設計が**居住者と風景の関係**を考慮したものであった」は〈窓によって視界を限定することで住居を（そこから風景を見る人にとっての）視覚装置とした〉という**【文章Ⅰ】**後半の論の中心点に沿ったものであり、②「子規の**日常**においてガラス障子が果たした役割」も、ガラス障子によって子規が「季節や日々の移り変わりを楽し」んだという**【文章Ⅰ】**前半の趣旨に合致する。正解は②である。

(iii)　二つの文章を重ね合わせて発展的な考えを導き出す設問。

空欄Zは、空欄Yの発言を「なるほど」とうけた生徒Bが「でも、子規

の話題は**【文章Ⅱ】**の内容ともつながるような気がした」と述べ、これに続けて生徒Cが「そうだね。**【文章Ⅱ】**と関連づけて**【文章Ⅰ】**を読むと、[Z]と解釈できるね」と述べたところ。つまり空欄Zには、**【文章Ⅰ】**の「子規の話題」を**【文章Ⅱ】**と「関連づけて」読んだ「解釈」が入る、ということになる。

問5で見た通り、**【文章Ⅱ】**の論の焦点は、ル・コルビュジエの〈「外的な世界」[3]において「自らを消耗する〈仕事の時間〉」[2]に対し、「内面的な世界」[3]に「自らをひき上げて、心の琴線に耳を傾ける〈瞑想の時間〉」を持つための「**沈思黙考の場**」としての「住宅」[2]〉という考え方であり、また、そのために彼が「動かぬ視点」で「風景を切り取る」ことを重視した[5]ことである。これと**【文章Ⅰ】**の「子規の話題」を「関連づけて」読んだ「解釈」として妥当性のあるものは、「ほとんど寝たきりで体を動かすことができなくな」っていた子規のあり方[3]を「病で自由に動くことができずにいた子規は、書斎にガラス障子を取り入れることで動かぬ視点を獲得したと言える」と説明し、そこから「そう考えると、子規の書斎もル・コルビュジエの言う**沈思黙考の場**として機能していた」という考えを導いている③だといえる。しかし、本文に直接述べられていないことを答える設問ではあるので、他の選択肢を慎重に検討し消去する必要がある。

①「宗教建築」は**【文章Ⅱ】**[6]に出てくるが、これは、ル・コルビュジエがその活動の「初期」に主張した「住宅論」を、後期において『礼拝堂』や『修道院』において再度主題化」し「深く追求」したとあるもの。つまり、「宗教建築」は彼の初期の「住宅論」と共通の「主題」を持つものであるというだけで、「住宅」がそのまま「宗教建築」であるわけではないので、子規の書斎を「宗教建築」だとしている①は×。

②「光の溢れる世界」「仕事の空間」は、先に見た通り**【文章Ⅱ】**の[2]・[3]において述べられている**【文章Ⅱ】**の論の焦点「〈瞑想の時間〉」「沈思黙考の場」「光の疎んじられる世界」とは反対側に位置づけられているもの。また、本文では「仕事の空間」は（象徴的な意味で）「光の溢れる世界」の側だ、と述べられているのであって、②のように「光の溢れる世界」だから「仕事の空間」だと言えるものではない。

④は「見るための機械」が**【文章Ⅰ】**の[8]、「視覚装置として機能」が**【文章Ⅰ】**の[5]～[7]の内容だから、④は最初から最後まで**【文章Ⅰ】**の内容にしか触れていない。これでは「**【文章Ⅱ】**と関連づけて**【文章Ⅰ】**を読むと」という条件を満たさないので、×。

正解③の内容は、**【文章Ⅰ】**には**直接には書かれていない**ことであり、**【文章Ⅱ】**の内容を**【文章Ⅰ】**に重ねて読むことで得た**【文章Ⅰ】**に関する**〈新たな解釈〉**とでもいうべきものである。二〇二二年度本試第1問の**問6**でも同様の**〈本文の内容から導き出せる新たな考え〉を答えさせる設問**が出題されており、共通テストではこの種の設問を出題する方針がとられていると考えることができる。こうした設問では、

> **本文と設問要求**を的確におさえ、**それらから導き出せる考えとして妥当性の高い〈正解〉**と、**本文と合致しない・方向性として本文からズレている・設問要求を満たさないといった〈誤答〉**とを見分ける判断力をつちかう

ことが必要になる。そうした意識をもって練習を重ねてほしい。

また、(i)の解答は〈リード文〉の記述および**問6**の〈会話〉の文脈が、(iii)の④の消去のためにはやはり〈会話〉における「**【文章Ⅱ】**と関連づけて**【文章Ⅰ】**を読むと」という条件が、大きなヒントになっていた。この種の〈応用的・発展的思考〉の設問では、

> 本文それ自体の内容に加え、〈リード文〉〈注〉〈設問文〉をはじめとする**〈出題者の作成した文〉**が**〈どのように答えさせようとしているか〉を示す重要なヒントになる**

場合が少なくない。この点にも注意を払っておきたい。

第2問

〈出典〉 梅崎春生（うめざき　はるお）「飢えの季節」（『文壇』一九四八年一月号掲載）の一節。

梅崎春生は一九一五年生まれの小説家。東京帝国大学国文科卒。一九四四年、海軍に召集され暗号特技兵などを務める。四六年、海軍体験を踏まえた「桜島」を発表し、この作品の成功で一躍戦後派文学の代表的作家となった。五四年には「ボロ家の春秋」で直木賞を、五五年には「砂時計」で新潮社文学賞を、六四年には「狂ひ凧」で芸術選奨文部大臣賞をそれぞれ受賞する。六五年逝去。他の主な著作に『日の果て』『つむじ風』などがある

〈問題文の解説〉

物語の展開から本文は三つの場面に分けてとらえられる。それぞれをⅠ、Ⅱ、Ⅲとし、展開に即して物語の内容を確認していく。

前書き（リード文）

前書きでは、物語の舞台および「私」の状況について説明がなされている。物語の舞台は「第二次世界大戦の終結直後、食糧難の東京」である。主人公の「私」は「いつも空腹の状態」にあったが、広告会社に採用され「大東京の将来」をテーマに看板広告の構想を練るよう命じられた。「私」は自身の構想をまとめ上げ会議に提出する。

以上が前書きから確認できる情報であるが、終戦直後の東京という舞台も極端な貧困という主人公の状況も、大多数の受験生にとって身近なものではないはずである。こうした自らの日常とは隔たった物語世界を想像的に体験するために、本文の叙述を丁寧に追って場面状況や人物の心理を的確に把握する必要がある。

Ⅰ（私が無理矢理に拵え上げた～腹を立てていたのであった。）

「私」は都民のひとりひとりが楽しく胸をはって生きてゆけるような都市を構想したつもりでいた。自らが念願する理想の食物都市とまではいかなくとも、その精神は少なからず加味できているように思えた。そこには「私」自身のさまざまな夢がこめられており、その夢は飢えたる都市の人々の共感を得て好意的に受けとめられるはずであった。「私」はこれを提出するにあたって、いくぶん晴れがましい気持ちでさえあったのである。

ところが、会長も臨席した編輯会議の場において「私」の構想の下書きはまったくと言っていいほど問題にされなかった。下書きを見た会長は「私」にこれが何のためになるのだとその趣意について説明を求めた。「私」は現在の厳しい食糧事情のなかで意気が衰え夢を失っている人々にせめてたのしい夢を見せたいと考えたことをあわてて説明するが、それを聞いた会長は不機嫌な顔で「私」の下書きを卓の上にほうりだし、自らの考えを語り始める。会長の考えとは、要は「大東京の将来」を構想することで広告会社としていかに利益を上げていくかということだった。見当違いの下書きを提出して会長に叱責される自分に対する他の編輯員たちの冷ややかな視線を感じながら、「私」は恥ずかしさで顔を赤くしてうつむいていた。「私」は自分の誤解をだんだんと理解し始めていた。考えてみれば、戦時中から情報局と手を組んで儲け仕事をしていた会社が、戦争が終わったからといって、掌をかえしたように文化国家建設の啓蒙を慈善事業として行うはずなどなかったのだ。会長の声を受けとめながら、私はただただ自分の間抜けさ加減に腹を立てていた。この会社の本質に気づかず、無邪気に自分の夢をこめた都市を構想し、会議に下書きを提出した自分の愚鈍さに憤りを感じていたのである。

Ⅱ（その夕方、私は憂鬱な顔をして～経っているわけであった。）

夕方、憂欝な顔で勤め先の焼けビルを出た「私」は、うすぐらい街を行きつけの食堂がある昌平橋の方にあるいて行った。あの後「私」は構想のたてなおしを命ぜられたのだが、給料さえもらえれば何でもやるつもりでいたため、それ自体は一向に気にならなかった。憂欝な顔をしていたのは、ただ腹がへっていたからであった。そして、空腹に膝を震わせながら昌平橋のたもとまで来たとき、「私」は変わった老人に呼びとめられたのだった。

声をぜいぜいふるわせながら「旦那」と話しかけてきたその老人は、昨日から何も食べていない、一食でいいからめぐんでください、と「私」に手を

差し出してきたのである。老人は外套も着ず、顔はくろくよごれ、上衣の袖から出た手はぎょっとするほど細かった。身体は小刻みに動いていて、立っていることも精いっぱいであるようだった。老人は骨ばったその指を「私」の外套にかけて懇願するが、「私」はある苦痛をしのびながらそれを振りはらった。老人の状況には胸が痛んだが、援助をしてあげられるほどの余裕は「私」にもなかったのである。「私」は自分も日に一食ずつしか食べておらず、お金を分けてあげられるような状況ではないことを老人に伝える。それでも老人は上衣を抵当に入れてもいいから一食分だけめぐんでくださいと食い下がる。「私」はいたたまれない思いを抱え、むしろ老人に対してこれ以上自分を苦しめないでくれと許しを請いたいような気持ちにさえなっていた。しかし、「私」はそのような自分の思いとは裏腹に、その直後、自分でもおどろくほど邪険な口調で、「駄目だよ。無いといったら無いよ。誰か他の人にでも頼みな」と老人の願いを拒否し彼を追い払う言葉を口にしていた。

「私」は食堂で粗末な食事をとりながら、しきりに自分の胸を熱くして来るものを感じていた。飢えた人々が楽しく胸をはって生きてゆけるようにと自らの夢をこめた都市を構想した「私」は、間違いなく自分と同じように（あるいは自分よりも）飢えたあの老人を救いたいと願ったはずである。ところが「私」には彼を助けてあげるだけの余裕がなかった。このどうにもならない状況へのやるせない思いが、今「私」の胸に迫ってくるものであろう。それから「私」は自身をとりまく社会の構図へと思いを巡らす。戦後の厳しい社会状況のなかでも、それなりに裕福な暮らしを送る者たちがいて、またその一方で一食の物乞いに上衣を脱ごうとする老人のような貧しい者たちがいる。朝起きたときから食物のことばかり妄想し、こそ泥のように芋や柿をかすめている「私」自身の姿もそこにある。「私」はこんな日常が続いていくことで、自分に一体どんなおそろしい結末が待っているのか、それを考え身ぶるいをするのであった。

Ⅲ（私の給料が月給でなく〜そそり立っていたのである。）

月末の給料日に、「私」は鼠のような風貌の庶務課長から自分の給料が月給ではなく一日三円の日給であることを言いわたされ、大きな衝撃を受ける。課長は、しばらくの間は見習社員であるが、実力次第で昇給が望めるから落胆せずしっかりやるようにと「私」に話し、それから「私」の仕事ぶりを評価しており期待していると声をひそめて付け加えた。

「私」は課長の声を聞きながら、自身の一日の給料が一枚の外食券の闇価と同じであることをぼんやり考えていた。一日分の給料でかろうじて一食分がまかなえるということであり、当然のことながらそれはとても食べていけるような額ではなかった。給料について聞かされたときの衝撃はすぐに消え、今「私」の体にゆるやかに広がっていく感情は、水のように静かな怒りであった。「私」はその日の飢えをしのぐことすらできない薄給で働かされていることを受け入れることなど到底できなかったのである。すでに「私」は会社を辞める決心をかためていた。課長の言葉がとぎれるのを待ち「私」は低い声で「私はここを辞めさせて頂きたいとおもいます」と課長に告げる。ずるい視線を向け理由を問う課長に「私」は「一日三円では食えないのです。食えないことは、やはり良くないことだと思うんです」と話した。会社を辞めたらどうなるかという危惧はあったが、それはもはやどうにもならないことであり、自分で自分の道を切りひらいていくほかないことを「私」は意識した。ふつうのつとめをしていて満足に食べて行けないなら、他に新しい生き方を求めるしかないのであった。「私」はあの食堂でみる人々のことを思い浮かべた。彼らは鞄の中にいろんな物を詰めこんで、それを売買しながら生きている。それも一つの生きる途であった。あの老爺にならって外套を抵当にして食を乞う方法も残っている。「私」は何としてでも生きていくつもりであったのである。

君には期待していたと言う庶務課長の言葉を聞きながら、「私」は本当に期待していたのはむしろ自分の方だと思う。「私」は人並みの暮らしができる給料を心から期待していたのであり、盗みをする必要もない静かな生活を強く求めていたのである。しかし、それが叶わぬことだとわかったこの瞬間、「私」はむしろある勇気がほのぼのと胸にのぼってくるのを感じていた。自分の手で何とか生き抜いてやろうという気力が湧いてきていたのである。

その日働いた分の給料を受け取った「私」は、職場の焼けビルに永久の別れをつげた。少し離れたところから振り返った灰色の焼けビルは、曇り空の下で自らの飢えの季節の象徴のようにかなしくそそり立って見えた。

〈設問解説〉

問1　傍線部における「私」の様子を説明する設問。

傍線部Aは、会長から自身の構想についてその趣意の説明を求められた際の「私」の反応を表している。

「私」は会議に提出した自分の構想に自信をもっていた。そこには自身のさまざまな夢がこめられており、その夢は飢えたる都市の人々の共感を得るに違いないと考えていたのである（a）。

ところが会議の場において「私」の構想は受け入れてもらえないどころか、まったく問題にもされなかった。「私」の構想の下書きを見た会長は、いらだたしげな様子で「これは一体どういうつもりなのかね」「こんなものを街頭展に出して、一体何のためになると思うんだね」と、「私」に構想の趣意を問いただしてきたのであった（b）。

「私」はこの会長の詰問にうろたえながら、それでも理解を得るために必死で自らの構想について説明しようとしている（c）。

したがって、傍線部に見られる「私」の「様子」としては、〈自信をもって提出した自らの構想（a）がまったく評価されず、会長から厳しく構想の趣意を問われた（b）ことで「私」はうろたえてしまうが、なんとか理解を得ようと必死に自らの構想について説明しようとしている（c）〉といったものになる。以上より正解は①「都民が夢をもてるような都市構想なら広く受け入れられると自信をもって提出した（a）だけに、構想の主旨を会長から問いただされた（b）ことに戸惑い、理解を得ようとしている（c）。」である。

②は、「成果をあげて認められよう」が誤りである。「私」は自らの「理想」や「夢」をこめた都市構想が「飢えたる都市の人々の共感」を得ることを願っていたのであり、必ずしも仕事の場で「成果をあげて認められよう」としていたわけではない。したがって、この線での説明となっている「名誉を回復しようと」もずれている。

③は、「街頭展に出す目的を明確にイメージできていなかったことを悟り」が誤りである。「私」は看板広告の構想についてその「目的を明確にイメージできていなかった」わけではない。「私」のイメージが会長のイメージと食い違ってしまったのである。また、その食い違いに気づくのも、会長が看板広告の目的を語り出してからであり、傍線部の段階で自らのイメージの誤りを悟ったと言うことはできない。したがって、「自分の未熟さにあきれ」以下もずれている。

④は、「都民の現実を見誤っていた」が誤りである。「私」が「見誤っていた」のは「都民の現実」ではなく、会長が看板広告の構想に求めていた目的である。また、「気まずさを解消」ということでもない。

⑤は、「会長からテーマとの関連不足を指摘されて」が誤りである。「私」の構想は「テーマ」には関連したものとなっている。問題は会長が求める会社の利益に関わらないものとなっていたことである。また、会長から構想の問題点を「指摘され」るのは、傍線部より後の話であり、傍線部の時点では単に構想の趣意を問われただけである。

問2　傍線部の理由となる「私」の心情を説明する設問。

傍線部B「私はだんだん腹が立ってきたのである」は、その先で「ただただ私は自分の間抜けさ加減に腹を立てていた」とやや具体化されたかたちで繰り返されている。

傍線部の前に「私」が会社について「飛んでもない誤解」をしていたことが説明されている。「私」がつとめる広告会社は戦争中情報局と手を組んで仕事をしていたわけだが、それが「憂国の至情にあふれてからの所業」などではなく「たんなる儲け仕事」であったことは少し考えればわかるはずであった。そして、そのような会社が戦後情報局と手が切れて、掌をかえしたように文化国家の建設の啓蒙をやろうというのも、私費を投じた慈善事業であるわけがなかった。すべては「儲け仕事」だったのである。ところが「私」は容易に気づけるはずのそのような会社の本質を見抜くことができなかった（a）。そして、自らの夢をこめた看板広告の構想を練り、自信をもってそれを会議に提出したのであった（b）。「飛んでもない誤解」とは以上のような「私」の勘違いを表しているのであり、このような勘違いを犯す自らのうかつさや愚かしさ（＝「自分の間抜けさ」）を自覚した（c）ことで、「私」は「腹が立ってきた」のである。

以上より傍線部の理由は〈戦争中に情報局と手を組んで儲け仕事をしていた会社が戦後慈善事業で文化国家建設の啓蒙をやろうなどと考えるはずもないのに、そのような会社の本質に気付かず（a）、無邪気に自らの夢をこめた看板広告の構想を練り、自信をもってそれを会議に提出した（b）自分自身のうかつさや愚かしさを自覚した（c）から〉といったものになる。

したがって、以上の内容をとらえた⑤「戦時中に情報局と提携していた会社が純粋な慈善事業を行うはずもないことに思い至らず（a）、自分の理想や夢だけを詰め込んだ構想を誇りをもって提案した（b）自分の愚かさにようやく気づき始めた（c）から。」が正解である。

①は「給料をもらって飢えをしのぎたいという自らの欲望を優先させた」が誤りである。「私」は「飢えたる都市の人々」が「楽しく胸をはって生きてゆけるよう」にとの思いから構想を練ったのであって、「自らの欲望を優先させた」わけではない。したがって、「浅ましさが……嘆かわしく思えてきた」という後半の記述も適切ではない。

②は「会社が戦後に方針転換した」が誤りである。「私」がつとめる会社は戦中も戦後も一貫して「儲け仕事」を行っており、「方針転換」などしていない。また、「私」は「暴利をむさぼるような経営に……加担させられている」ことに腹を立てているのではなく、利益ばかりを追求する会社の本質に気づかなかった自分自身の愚かさに腹を立てているのである。

③は「会社が社員相互の啓発による競争を重視している」が誤りである。そのような内容を本文から読み取ることはできない。また、「戦後に営利を追求するようになった会社」という把握も正しくない。先にも確認したが、「私」がつとめる会社は戦中も「営利を追求」していた。さらに、「会長が……」以下もここでの「私」の心理からずれている。

④は「自分の安直な姿勢」が適切ではない。「安直」は〈深く考えずいい加減であるさま〉を意味するが、看板広告の構想を練った「私」はいい加減であったわけではない。少し考えればわかるような会社の本質に気づけないほどうかつだったのである。

問3　傍線部に至るまでの「私」の心情の動きを説明する設問。

傍線部C「自分でもおどろくほど邪険な口調で、老爺にこたえていた」に至るまでの「私」の心情の推移をとらえる。

編輯会議の日の夕方、職場の焼けビルを出た「私」は、腹を空かせ膝をふるわせながら行きつけの食堂に向かう途中で一人の老人から声をかけられる。老人は手を差し出し、声をぜいぜいふるわせながら、一食でいいからめぐんでくれと「私」に懇願してきたのであった。外套も着ておらず、顔はくろくよごれ、上衣の袖から出た手はぎょっとするほど細いその老人は、立っているのも精いっぱいといった様子であったが、彼の骨ばった指が「私」の外套の袖に絡んだとき、「私」は「ある苦痛」をしのびながらそれを振りはらった。明らかに飢えている老人を助けてあげられないことは心苦しいが、自らもまた満足に食べられているわけではなく、老人に食事をめぐんであげられる余裕など「私」にはなかったのである（a）。

ところが老人はなおも「私」にすがりつき上衣を抵当に入れてもかまわないから一食だけめぐんでくれと懇願し続ける（b）。頭を下げ続けるこの老人を前にするのは、「あたりに人眼がなければ……これ以上自分を苦しめて呉れるなと、老爺にむかって頭をさげ」たかもしれないと思うほどの〈良心にかかわる〉〈苦しみ〉であった。この苦しみに耐えかね、そこから逃れることを願った「私」はとうとう「駄目だよ。無いといったら無いよ。誰か他の人にでも頼みな」と厳しい口調で老人の願いを拒否し彼を追い払ってしまったのである（c）。

以上より傍線部に至るまでの「私」の「心の動き」をまとめると、〈明らかに飢えている老爺を助けてあげられない心苦しさを感じながらも、自らの余裕のなさから老爺の懇願を断った（a）が、なおも「私」にすがりつき執拗に懇願しつづける老爺を前にして（b）、この状況に向き合う苦しみに耐えられなくなり、思わず老爺につらく当たってしまっている（c）〉といったものになる。

したがって⑤「かろうじて立っている様子の老爺の懇願に応じること

のできない「私」は、苦痛を感じながら耐えていた（a）が、なおもすがりつく老爺の必死の態度に接し（b）、彼に向き合うことから逃れたい衝動に駆られた（c）。」が正解である。

①は、「老爺にいら立った」が誤りである。「私」は老人に対して「いら立った」から「邪険な口調」になったのではなく、（「苦痛をしのびながら」「頭を下げて願いたかった」などとあるように）老人と向き合う苦しみに耐えかね、この状況から逃れたいという思いから図らずも強い口調になってしまったのである。

②は、「自分へのいらだちを募らせた」が誤りである。後の「しきりに胸を熱くして来るものがあって……」以下で述べられているように、ここで「私」の胸に去来しているものは社会的なものまで含めた状況全体に対するやりきれなさであり、そうした思いから老人と向き合う苦しみに耐えられなくなり思わず「邪険な口調」で彼を追い払ったのであって、単に、「周りの視線を気にして」老人に「頭を下げ許しを乞」えない「自分へのいら立ちを募らせた」わけではない。

③は、「老爺に自分にはない厚かましさも感じた」が誤りである。これも「邪険な口調」の理由を老人へのいらだちや嫌悪感といったものに求めている点が本文と食い違っている。

④は、「老爺のしつこさに嫌悪感を覚えた」が誤りである。老人はたしかに執拗に懇願をつづけているが、「私」がそのことに「嫌悪感」を覚えている様子は読み取れない。繰り返しになるが、冷淡な口調で老人を追い払ったのは、「私」自身が助けてあげられない老人と向き合いつづけることの心苦しさに耐えられなくなったからである。

問4　傍線部における「私」の状況と心理を説明する設問。

傍線部**D**に「それを考えるだけで」とあるが、このとき「私」が考えていたのは「私をとりまくさまざまの構図」についてである。戦後の厳しい社会状況のなかでも、それなりに満たされた暮らしを送る者たちがいて、その一方で一食の物乞いに上衣を脱ごうとする老人のような貧しい者たちがいる。「私」はそのような社会の構図について考えていたのである（a）。

それから「私」は、その構図のなかで、朝から食物のことばかり妄想し、芋や柿をかすめている自分自身の姿について思う。紛れもなく貧しい者たちの側にあり、食物を得ることに汲々としている自らの惨めな姿を、「私」は意識するのである（b）。

さらに、「私」はそのような日常がこのまま続いていくことで訪れるであろうおそろしい結末について考える。それは現在の生活の先に待ち受けている自身の将来であり、貧困と飢えが極まるなかで「私」が最終的に陥るであろう暗い未来である（c）。

以上より「私」が「身ぶるいした」ときの「状況と心理」としては〈満たされた者がいる一方で極めて貧しい者が生み出されている社会の状況のなかで（a）、日々食物のことばかりにとらわれている貧しく惨めな自分の姿が意識され（b）、現在の日常の先に待ち受けている自身の暗い未来を思い浮かべている（c）〉といったものになる。

したがって、正解は①「貧富の差が如実に現れる周囲の人々の姿（a）から自らの貧しく惨めな姿も浮かび、食物への思いにとらわれていることを自覚した「私」（b）は、農作物を盗むような生活の先にある自身の将来に思い至った（c）。」となる。

②は、「自分は厳しい現実を直視できていないと認識した」が誤りである。むしろ「私」は自身の「厳しい現実を直視」したからこそ「身ぶるいした」のである。

③は、「老爺のように、その場しのぎの不器用な生き方しかできない我が身」が誤りである。ここでの「私」は食物のことばかり考えて盗みまではたらく自らの貧しさと惨めさを思い、将来に絶望しているのであって、自分自身を「老爺」に重ね「その場しのぎの不器用な生き方しかできない」と考えているわけではない。

④は、「会社に勤め始めて二十日以上経ってもその構造から抜け出せない自分」が誤りである。会社に勤め始めてからの日数を考えるのは傍線部の後であり、傍線部の時点でこのような思いがあったとは言えない。また、（やや細かい言い回しの問題になるが）「その構造」は富める者と貧しい者がいる社会の構造を指しており、「私」はここから抜け出すことを考えて

いるのではなく、その構造における貧しい人のなかから抜け出すことを考えているのである。

⑤は、「社会の動向を広く認識できていなかった自分」が誤りである。「私」がここで問題にしているのは「社会の動向を広く認識できていなかった」ことではなく、貧しさと飢えのなかで自分が迎える将来のおそろしさである。

問5　傍線部の「私」の発言について説明する設問。

傍線部E「食えないことは、やはり良くないことだと思うんです」という発言は、自身の給料が一日三円の日給であることを課長から告げられた「私」が、会社を辞める意思を伝える言葉に続けて口にしたものである。

自身の給料が月給ではなく日給であり、しかも一日三円の割りであるという事実を伝えられたとき「私」は大きな衝撃を受けた。課長は実力次第で昇給が望めること、「私」自身の働きは評価しており期待もしていることなどをささやいてきたが、「私」自身はこの三円が一枚の外食券の闇価と同じ、つまりたった一食分の金額であり、とても食っていくことのできない承服しがたい薄給であることなどをぼんやりと考えていた（a）。

そして、次第に身体中へと広がっていく「水のように静かな怒り」を感じながら「私」は会社を辞める決心をかため、「低い声で」、辞職の意思と傍線部に見られる食えないことへの思いを課長に向けて口にしたのである（b）。

「私」は給料さえもらえれば何でもやるつもりでいた。だからこそ自らの夢をこめた都市の構想を会長から批判され、その書き直しを命ぜられても、「私」はそれを引き受けたのである（傍線部Bの次段落）（c）。しかし、その給料が現在の飢えをしのぐことのできないほどの薄給であるならば、もはや会社にとどまり働く意味はないということになる。食べていくことが何よりも大切なことであり、会社での仕事はそれを可能にするための手段なのだから。

以上より傍線部の発言の説明は〈「私」は食べていくための給料がもらえれば何でも引き受けて働いていくつもりでいた（c）が、自身の給料がそれさえ不可能な薄給であることを知らされて、自分が評価されており昇給を望めると言われても受け入れることができず（a）、静かな怒りを感じながら会社を辞めることと食べていくことへの思いを伝えている（b）〉といったものになる。

したがって①「満足に食べていくため不本意な業務も受け入れていた（c）が、あまりにも薄給であることに承服できず、将来的な待遇改善や今までの評価が問題ではなく（a）、現在の飢えを解消できないことが決め手となって退職することを淡々と伝えた（b）」が正解となる。

②は、「つい感情的に反論した」が誤りである。傍線部の言葉は「水のように静かな怒り」から「低い声で」発せられたものであり、「感情的に」述べられたものとは言えない。

③は、「ぞんざいな言い方しかできなかった」が誤りである。「ぞんざい」とは〈言動が乱暴であるさま、不躾なさま〉を意味するが、「低い声で」述べられた傍線部の発言はその言葉のあり方から見ても「ぞんざい」とは言えない。

④は、「課長に何を言っても正当な評価は得られないと感じて」が正しくない。傍線部の言葉はこのような思いからではなく、「食えない」ことへの思いから発せられている。また「ぶっきらぼうに述べた」も傍線部の言葉が発せられている様子に合わない。

⑤は、「有効な議論を展開するだけの余裕もないので」が正しくない。これも傍線部の言葉が「食えない」ことへの思いから発せられていることをとらえられていない。また「負け惜しみのような主張を絞り出す」も適切ではない。「食えないこと」は「良くないことだ」という傍線部の主張は「私」の素直な思いから発せられたものである。

問6　傍線部における「私」の心情を説明する設問。

傍線部Fは、人並みの暮らしができる給料を得て、盗みをする必要もない静かな生活を送るという自らの望みが決して叶わぬ夢であることを悟ったことにより（a）、「私」の内部にほんのりとたちあがってきた感覚を表現している。

自身の薄給に絶望し、会社を辞めることを課長に告げた「私」は、辞職することで自分の将来がどうなるかとの危惧を抱いてはいる（b）。しかし、それはもはやどうにもならないことであり、自分の道は自分で切り開いてゆくほかなかった。会社勤めとは別の形で新しい生き方を作り出していかなければならないと考えた「私」は、食堂でみるきわめて貧しい人々の姿を思い起こす。彼らの生き方もまたこの貧困を生き抜くための一つの途であり、「私」自身も彼らのように何をしてでも生き抜いていかねばならなかった。傍線部において「私」の胸に「ほのぼのと」「のぼって」きた「ある勇気」とは、この新しい生き方を求めていくことへの強い意志といったものであろう（c）。

したがって④「人並みの暮らしができる給料を期待していたが、その願いが断たれたことで（a）現在の会社勤めを辞める決意をし、将来の生活に対する懸念はあるものの（b）新たな生き方を模索しようとする気力が湧き起こってきている（c）。」が正解である。

①は、「自由に生きよう」が誤りである。「私」は自分の道は自分で切りひらき、会社勤めとは異なる新しい生き方を作り出そうと考えている。このとき「私」が食堂でみる人々を思い浮かべていることを考えれば、その生き方とは必ずしも「自由」なものではない。

②は、「課長に言われた言葉を思い出すことにより、自分がすべきことをイメージできるようになり」が誤りである。「新しい生き方」のイメージは、「課長に言われた言葉」ではなく、食堂でみる人々を思い浮かべたことから得られたものである。また、「ある勇気」とは新しい生き方へと向かう強い気持ちといったものであり、これは「自信」とは異なる。

③は、「昇給の可能性もあるとの上司の言葉はありがたかった」が誤りである。課長からそのように言われたときの「私」は、自身の日給が一枚の外食券の闇価と同じであることをぼんやりと考えており、その言葉を「ありがた」いと感じている様子はうかがえない。

⑤は、「課長が自分に期待していた事実があることに自信を得て」が誤りである。傍線部の前に「私」が課長の「君にはほんとに期待していたのだがなあ」という言葉をまったく問題にしていない様子が描かれている。課長からの「期待」に「自信を得て」いたということはない。

問7　〈生徒の学習の場面〉を想定し、「私」の「飢え」について考察し、【構想メモ】を作り、【文章】を書くという〈設定〉で、本文から導きうる発展的な考えを答える設問。

(i)　【資料】の「マッダランプの広告」と本文の「焼けビル」に見られる共通点をとらえる設問。

直前の記述から空欄Ⅰには【資料】の「マッダランプの広告」と「飢えの季節」本文の最後にある「焼けビル」との共通点が入ると判断できる。また、空欄Ⅰの直後で言われているように、この共通点は「本文の会長の仕事のやり方」にも重なるものである。

【資料】の「マッダランプの広告」は「電球を大切に！」と訴えており、【文章】でも言われているように「戦後も物資が不足している社会状況を表している」。【資料】の「補足」の箇所でも、これが戦時中の広告を、「戦後も物が不足していたため」、若干の改変を加えたうえで使用し続けたものであることが言われている。また、「飢えの季節」本文の最後にある「焼けビル」は、注3で言われているように「戦災で焼け残ったビル」である。両者の共通点としては、戦時中に存在したものが戦後になってもなお残っていることが挙げられる。これは表向きの態度とは裏腹に戦中も戦後もたんなる儲け仕事を行なっている「会長の仕事のやり方」にも重なるものである。

したがって、正解はこの点をとらえた③ということになる。

①は、「軍事的圧力の影響が……残っている」と述べている点が誤りである。少なくとも「焼けビル」や戦後の「会長の仕事のやり方」に「軍事的圧力の影響」を見ることはできない。

②は、「倹約の精神が……保たれている」が誤りである。これも「マッダランプの広告」にはあっても「焼けビル」には見いだすことはできない性質である。また、儲け仕事をし続けていた「会長の仕事のやり方」として「倹約の精神」を持ち出すこともおかしい。

④は、「国家貢献を重視する方針が……支持されている」が誤りである。

「焼けビル」の存在にそのようなものを見いだすことはできないし、何よりも「会長の仕事のやり方」はこれとは正反対のものである。戦時下において会長は「国家貢献」を装いながら、儲け仕事をしていたのである。

(ii) **【資料】**を参考に本文の「焼けビル」が象徴するものをとらえる設問。

空欄**Ⅱ**には、「かなしくそそり立っていた」「焼けビル」が、「私」の「飢え」についてどのような象徴となっているかを示す表現が入る。(i)でも確認したように「焼けビル」は戦中から戦後にかけて変わらず存在し続けるものとして描かれている。「焼けビル」の中にある「私」が勤めていた会社は「私」の「飢え」を解消することのできないものであったのだから、このビルが「かなしくそそり立っていた」ことは「私」の「飢え」が解消されず続いていることの象徴であると言える。したがって、正解はこの点をとらえた②ということになる。

①は、「会社の象徴」が適切ではない。この**【文章】**は**【資料】**を参考にまとめられたものであるが、「焼けビル」をたんに「会社の象徴」と見てしまうと、戦中から戦後まで継続して存在しているものという(i)でとらえた**【資料】**との共通点を無視することになり、**【資料】**を参考にして考えたことにならない。

③は、「飢えた生活や不本意な仕事との決別の象徴」が誤りである。「焼けビル」を「決別の象徴」と見てしまっては、(i)でとらえた戦中から戦後までの継続という内容と矛盾することになる。

④は、「飢えから脱却する」が誤りである。これも③と同様、戦中から戦後までの継続という内容に矛盾することになる。

第3問

〈出典〉

【本文】『俊頼髄脳』歌と故事

『俊頼髄脳』『散木奇歌集』の作者は、共に源俊頼《としより》(一〇五五～一一二九)である。俊頼は、平安時代後期の活躍した歌人の一人で、当時の革新派の中心人物として名を馳せた。五番目の勅撰和歌集である『金葉和歌集』の撰者である。

『俊頼髄脳』は、関白藤原忠実(当時、中納言)の依頼で、その娘の勲子(後に鳥羽上皇の皇后宮として入内するに際して泰子と改名した)の和歌の教育のために書かれた歌論。天永二年(一一一一)～永久三年(一一一五)の頃に成立。作歌のための実用的な手引き書として、和歌の効用・秀歌の例・和歌の技法・歌語とその表現についての記述・和歌にまつわる説話・伝承からなる。本文の皇后寛子の船遊びの話は、最後の和歌にまつわる説話・伝承に載せられている。

【引用文】『散木奇歌集』巻十

『散木奇歌集』は、源俊頼の私家集。十巻。俊頼晩年の一一二八年に成立した。『金葉和歌集』撰進の後に、自身の歌のうち一六二二首を集大成した。

〈現代語訳〉

【本文】

宮司(皇后に仕える役人)たちが集まって、船はどうするのがよいか(と相談し)、紅葉をたくさん取りに行かせて、船の屋根に飾って、船を操作する人は(警護の)侍の若い人を指名したので、(指名された侍は)狩袴を染めたりして急いで華やかに(準備)した。その日になって、人々は、みな参上し集まった。「御船は準備はしているか」とお尋ねになったところ、(宮司は)「みな用意ができております」と申し上げて、その時間になって、庭の池の築島の陰から船が漕ぎ出してきたのを見ると、全てにわたって、照り輝く(ように磨きに磨いた)船を二艘、飾り立てて出てきた様子は、非常にすばらしかった。

人々（宴に参加する公卿・殿上人）は、みな船に分乗して、管絃の楽器などを、皇后宮からお借りして、楽器の演奏をする人々を、（船の）前の方に座らせて、徐々に船を動かすうちに、南の普賢堂で、宇治の僧正が、僧都の君と申しあげていた時に、御修法をしていらっしゃったけれども、このようなことがあると言って、たくさんの僧たち、長老格の僧も、若い僧も集まって、庭に並んで座っていた。童やお供の法師に至るまで、花模様の刺繡をした装束を着て、後ろに控えつつ、群がって座っていた。

その中に、良暹といった歌詠みがいたのを、殿上人たちが、顔見知りなので、「良暹はいますか」とお尋ねになると、良暹は、目を細めて笑って、平伏して控えていたので、その側に若い僧がいましたが、（その僧が良暹がいるのを）知り、「その通りでございます」と申し上げたので、（殿上人たちは）「あの者を、船に呼んで乗せて連歌などをさせるようなことがあれば、（それは）どうだろうか」と、もう一艘の船の人々に相談したところ、（もう一艘の殿上人たちは）「どうだろうか。あってはならない。後世の人が、『そのようなことをしなくても（＝良暹のような身分の低い者をこの船に乗せなくても）きっと十分なはずであったことだなあ』と申すだろうか」などと言うので、それもそうだと、乗せないで、ただその場で連歌などをさせたらよいなどと決めて、（良暹の）近くに（船を）漕ぎ寄せて、「良暹よ、（この場にふさわしいような連歌などを作って献上せよ」と、人々が申されたところ、（良暹は）気の利いた者で、もしかするとそういう事もあるかと思って準備していたのだろうか、（良暹は）聞くやいなや側にいた僧に何か言ったので、その僧は、もったいぶって船の方に近づいていって、

「もみぢ葉の……紅葉が燃えるように色づく中を、（人々に）漕ぎ進められているのが、見える（美しい）御船だなあ

と申しております」と申しあげて（もとの場所に）戻った。

人々は、これを聞いて、船の人々に聞かせて、句を付けようとしたが（付句ができず）遅かったので、船を漕ぐともなくて、ゆっくりと築島をまわって、一回りする間に、句を付けて言おうとしたけれども、付けることができなかったので、むなしく時が過ぎてしまった。「どうした」「遅い」と、互いに船同士で争って、（築島を）二回りになってしまった。やはり、付けることができなかったので、（殿上人たちは）、船を漕がないで、築島の陰で、「どう考えてもよくないことだ、この付句を今まで付けないのは。日はすっかり暮れてしまった。どうしたらよいだろうか」と、今は、句を付けようという気持ちはなくて、句を付けないままで終わってしまうようなことを嘆く間に、何も分からなくなってしまった。

大げさに管絃の楽器をお借りして降ろして船に乗せたのも、少しも、かき鳴らす人もなくそのままになってしまった。あれこれ言っている間に、普賢堂の前にたくさん集まっていた人々も、みな立ち去ってしまった。人々は、船からおりて、皇后宮の御前で管絃の遊びをしようなどと思っていたけれど、このことが（予定と）違ってしまったので、みな逃げてそれぞれ立ち去ってしまった。宮司は、準備を整えていたけれども、無駄になって終わってしまった。

【引用文】

人々がたくさん石清水八幡宮の御神楽に参上していた時に、行事が終わった次の日、石清水八幡宮の長官の法印光清の御堂の池の釣殿に人々が並んで座って演奏していたところ、「私光清は、連歌を作ることを習得したと思われる。ただ今連歌を付けてみたい」などと申して座っていたときに、型どおりにと言って申し上げた（俊重の歌は）、

釣殿の……釣殿の下には魚は住まないだろうか　俊重

光清はしきりに考えたけれど、句を付けることができずそのまま終わってしまったことなどを、（俊重が）帰ってきて（私に）語ったので、試みにと言って（私が作った歌は）、

うつばりの……釣殿の屋根の重みを支えるための梁ではないが、釣針の姿が水底には見えているよ　俊頼

〈設問解説〉

問1　語句を解釈する問題。

(ア)　正解は③。「やうやう」は、物事が少しずつ移り変わる様子を表し、「しだいに」「だんだん」などと訳す。「やうやう」の意味と合致する選択肢は、③「徐々に」、④「次第に」、⑤「段々と」の三つである。「さしまはす」は、小型の辞書には載っていない単語だが、似ている言葉である

「棹《さお》さす」（船を進めるために、棹で水底を突く）という言葉が浮かべば、正解は③「徐々に船を動かすうちに」であることが分かる。「棹さす」が浮かばなくても、（注）２の「船さし」に「船を操作する人」とあるのがヒントになる。誤答としては⑤が多かったようだが、「さしまはす」に「演奏」するという意味はない。

(イ) 正解は④。「ことごとし」は基本単語。「ことごとし」は、他と比較して特に強く印象付けられる様子を表し、「大げさだ」「ものものしい」などと訳す。選択肢の中で「ことごとし」の意味と合致するのは、④の「もったいぶって」のみである。

(ウ) 正解は②。現代語の知識を利用しつつ広げる問題。二〇二一年度第一日程・二〇二二年度本試験でもこのタイプの問題は一問ずつ出題されている。「かへすがへす」には、同じ行動を何度も行う様子を表して「繰り返し繰り返し」と訳す時と、何度考えても同じ結果になる様子を表して「どう考えても」と訳す時がある。この「かへすがへす」の意味と合致する選択肢は①「繰り返すのも」と②「どう考えても」であるが、「わろきことなり、これを今まで付けぬは（＝よくないことだ。この付句を、今まで付けないのは）」につなげて文意が通るのは②である。つまり、即座に連歌の付句を返せなかったのは、「何度考えてもよくないことだ」と言っているのである。ちなみに①を当てはめると、「繰り返すのもよくないことだ」となり、これでは何を繰り返すのかが不明瞭であるから、不適切である。誤答としては①が多かった。

問２ 語句や表現に関する説明の問題

二〇二三年度の語句・表現に関する問題と二〇二一年度第一日程・二〇二二年度本試験の語句・表現に関する問題とを比較すると、二〇二二年度までは、単に文法の内容を問うのではなく、登場人物の人物関係・心情などに踏み込んだ難度の高い問題であったのに対して、二〇二三年度の問題は、問題の趣旨としては同じであるが、選択肢の内容は文法中心となっており、難度は易化した。

正解は③。波線部ｃは「……にや」というかたちになっている。「……にや」「……にか」「…や…けむ」「…か…けむ」というかたちで疑問の係助詞「や」「か」が用いられた句が文中に挿入された場合（これを「挿入句」や「はさみこみ」と言う）、「……だろうか」「……ただろうか」と訳して、この句の下の部分の原因・理由についての、作者の疑問・推測が示される。波線部ｃの場合、「まうけたりけるにや」は、良暹が「聞きけるままに程もなくかたはらの僧にものを言ひければ（聞くやいなや隣にいた僧に連歌の前の句を言ったので）」とあることに対して、その原因・理由についての作者の推測を「準備していたのだろうか」というかたちで示しているのである。③の選択肢を見ると、「や」が疑問の係助詞であるという説明は正しいし、「文中に作者の想像を挟み込んだ表現になっている」という説明も正しい。

その他の選択肢を見ていく。①「若からむ」は、これを品詞に分けると、「若から・む」となり、「若か・らむ」ではない。「若から」は形容詞の未然形であり、「む」は未然形接続の助動詞である。「現在推量」は「らむ」の用法であり、「む」には「現在推量」の用法はない。ここの「む」の用法は婉曲である。

②「侍り」が丁寧語であることは合っているが、敬意の方向が間違っている。会話文の中の丁寧語は、話し手から聞き手に対する敬意を表すので、ここの「侍り」の敬意の方向は、若き僧から返事をした相手である殿上人となる。

④「ぬ」が強意の助動詞であるとしているのが誤り。「これを今まで付けぬは」は、前の「かへすがへすもわろきことなり」と倒置になっており、「これを今まで付けぬは」は「かへすがへすもわろきことなり」の主語（主部）となっている。つまり、「この付句を今まで付けないのは、どう考えてもよくないことだ」という続き方が本来の語順であり、それが強調のために倒置になっている。倒置であることを考慮すると、「今まで付けぬは」の「ぬ」と「は」との間に「こと」「の」などの語を補って、体言と同じ役割を持つものとして解釈しなければならないことが分かる。このような活用語の連体形は体言と同じ役割を持つ場合があり、それは準体法と呼ばれる。助動詞で「ぬ」という活用形を持つ語は、打消の助動詞

「ず」の連体形と完了・強意の助動詞「ぬ」の終止形の二つである。ここの「ぬ」は連体形であるので、打消であると理解される。

⑤「なり」が推定の助動詞であるとしているのが誤り。伝聞推定の助動詞「なり」は終止形接続であるが、打消の助動詞「ず」の終止形と接続して「ずなり」というかたちでは現れない。伝聞推定「なり」は、形容詞ならば「白かるなり」、「ず」ならば「ざるなり」というように、補助活用に接続する。補助活用は「く＋あり」「ず＋あり」から成立したラ変型の活用で、形容詞の「から／かり／○／かる／○／かれ」、打消の助動詞「ず」の「ざら／ざり／○／ざる／ざれ／ざれ」がある。補助活用は助動詞と直接つなぐために発達した活用なので、形容詞や打消の助動詞「ず」が伝聞推定の助動詞「なり」のような終止形接続の助動詞と接続する場合（終止形接続の助動詞は、ラ変型の語の場合、連体形に接続する）、ラ変型の補助活用の連体形と接続することになる。では、「ずなり」の「なり」は何かというと、「ず」は終止形ではなく連用形であり、「なり」は連用形につながるので用言ということになる。つまり、「なり」はラ行四段活用の動詞「成る」の連用形であり、波線部ｅ「覚えずなりぬ」の現代語訳は「分からなくなってしまった」となる。

問3　部分を読んで正誤を確認する問題

段落に番号を付けて範囲を限定し、その範囲の内容の正誤を判断させる型式の問題は、二〇二二年度の追試験でも出題されている。いままでの古文の正誤問題は全体を通して読ませるものが多かったが、範囲を限定することによって解きやすくなった。

正解は⑤。以下、選択肢の順番に従って、正誤を確認する。

①は「当日になってようやく」が誤り。本文の第1段落一行目の「その日になりて」は「船遊びの当日になって」の意味であるから、一行目〜二行目の船の準備の記述は当日より前の出来事ということになる。

②は「船遊びの時間が迫ってきたので、祈禱を中止し、供の法師たちを庭に呼び集めた」が誤り。本文の第2段落二行目〜三行目の「南の普賢堂に、宇治の僧正、僧都の君と申しける時、御修法しておはしけるに、かかること（船遊び）ありとて、もろもろの僧たち、大人、若き、集まりて、庭にゐなみたり」が対応箇所となるが、「船遊びの時間が迫ってきたので、祈禱を中止し」た訳でもないし、「供の法師たちを庭に呼び集め」た訳でもない。宇治の僧正が祈禱を中止したとは本文の記述に見えないし、「もろもろの僧たち、大人、若き」は「集まりて」とあるのみで、僧正に呼び集められたわけではない。

③は、「良暹は、身分が低いため船に乗ることを辞退したが」が誤り。本文の第3段落の二行目〜四行目の「『あれ、船に召して乗せて連歌などせさせむは、いかがあるべき』と、いま一つの船の人々に申しあはせければ、『いかが。あるべからず。…（略）…』などありければ、さもあることとて、乗せずして」が対応箇所となるが、この内容をまとめると、殿上人たちが良暹を船に乗せるか協議して、そこまでする必要はないとして、良暹を船に乗せなかったというものである。良暹は自ら辞退したのではなく、殿上人たちに船に乗るのを拒否されたのである。

④は、「管弦や和歌の催しだけでは後で批判されるだろう」が誤り。対応箇所は③の解説で（略）とした「後の人や、さらでもありぬべかりけることかなとや申さむ」である。この部分を理解するには、「さらでも」の指示内容を正確に把握する必要がある。「さらでもありぬべかりけることかな」の直訳は、「そのようなことをしなくてもきっと十分なはずであったことだなあ」となる。「さらでも」の指示内容は、「あれ、船に召して連歌などせさせむは、いかがあるべき（あの者を、船に呼んで乗せて連歌などをさせるようなことがあれば、どうだろうか）」という質問に対する答えであることを考えると、「良暹のような身分の低い者をこの船に乗せなくても」という内容となることが分かる。殿上人たちが後で批判されるだろうと考えた理由は「管弦や和歌の催しだけでは」ではない。

⑤の対応箇所は、本文の第3段落の一行目〜二行目の「殿上人、見知りてあれば、『良暹がさぶらふか』と問ひければ、良暹、目もなく笑みて、平がりてさぶらひければ、かたはらに若き僧の侍りけるが知り、『さに侍り』と申しければ」である。「良暹のそばにいた若い僧」は「かたはらに若き僧の侍りける」に対応する。「殿上人たちが声をかけてきた際」は

「殿上人、見知りてあれば、『良暹がさぶらふか』と問ひければ」に対応する。「かしこまる良暹」は「良暹、目もなく笑みて、平がりてさぶらひければ」に対応する。「かたはらに若き僧の侍りけるが知り、『さに侍り』と申しければ、」とあるように、「代わって答えた」のは若い僧である。以上のことから、⑤が本文と合致する選択肢であると判断できる。

問4　複数のテクストを比較・評価する問題

　二〇二二年度の本試験の問4と同じく、三つの枝問に分かれている。枝問を出題するに当たり、教師と生徒との対話をヒントとして提示しているのも、二〇二二年度と同じ。さらに、問4の選択肢がいずれも四択となっているのも、二〇二二年度と同じである。複数のテクストを提示しつつさらに教師と生徒との対話を提示することにより、読まなければならない字数が増えて、受験生の負担が大きくなることを考慮して、選択肢は四択となったのだろう。

(i)　正解は④。引用文中の連歌の解釈について考えさせる問題。俊重の「釣殿の下には魚やすまざらむ」の句についての各選択肢の訳を見てみると、①「皆が釣りすぎたせいで釣殿から魚の姿が消えてしまった」、②「釣殿の下にいる魚は心を休めることもできないだろうか」、③「『すむ』に『澄む』を掛けて、水は澄みきっているのに魚の姿は見えない」、④「釣殿の下には魚が住んでいないのだろうか」というように、①・③が平叙文、②・④が疑問文となっていることに気付く。「魚やすまざらむ」の「や」は疑問・反語の係助詞なので、文末は「……か」とあるのがふさわしい。よって、まず選択肢は②・④のいずれかに絞られる。ここで俊重の句に戻ると、その直訳は「釣殿の下には魚は住まないだろうか」となり、正解は④であることが分かる。俊重は、「釣殿」という言葉に注目して、釣殿で魚は皆釣られてしまうのだから、その下には魚は住めないだろうと光清に向かっておどけた調子で歌いかけたのである。

　光清が俊重の句に付けられなかったので、俊頼が試みに付けたのが「うつばりの影そこに見えつつ」である。すでに正解は④であることは明らかであるが、正解であることを確認するために俊頼の句の内容を見ていく。「うつばり」は注に「屋根の重みを支えるための梁」とあるように、釣殿の建物の一部であるが、俊重の句が「釣」「魚」に言及していることに答えるため、「釣針」と掛詞になっている。「そこ」は底で、水底の意で用いられている。つまり、ここでは「釣殿の屋根の重みを支えるための梁ではないが、釣針の姿が水底には見えているよ」というように、釣針が映っているから魚は怖がって住めないだろうと答えている。この内容は、④の「釣殿の『うつばり』に『針』の意味を掛けて、池の水底には釣殿の梁ならぬ釣針が映って見えるからね」と合致している。

(ii)　正解は①。(i)を踏まえて、今度は本文の良暹の句の解釈について考えさせる問題。ここでは、教師と生徒との対話の空欄 X の二行前の教師の発言「前に授業で取り上げた『掛詞』に注目してみると良いですよ」がヒントになる。設問(i)の『散木奇歌集』の連歌も掛詞が解釈のポイントになっていた。(ii)で問われている「もみぢ葉のこがれて見ゆる御船かな」の句の解釈もポイントは掛詞となる。(ii)で掛詞に言及している選択肢は、①の「『こがれて』には、葉が色づくという意味の『焦がれて』と船が漕がれるという意味の『漕がれて』が掛けられていて」以外にない。「焦がれて」「漕がれて」の掛詞の説明も正しい。「焦がれて」に葉が色づくという意味が掛けられているというのを難しく感じた受験生もいたかも知れないが、教師の発言をヒントとして、掛詞が解釈のポイントであることに気付けば難しくないだろう。

(iii)　第4・第5段落の内容を考えさせる問題。部分を読んで正誤を確認する問題という点では問3と同じ主旨の問題であるが、問4(iii)は本文全体のまとめとなっている。正解は③。以下、選択肢の順番に従って、正誤を確認する。

　①は、「良暹を指名した責任について殿上人たちの間で言い争いが始まり」が誤り。第4段落の二行目～三行目の「『いかに』『遅し』と、たがひに船々あらそひて、二めぐりになりにけり」が対応箇所である。殿上人たちが言い争っていた理由は、「いかに」「遅し」とあることから、誰もよい句を付けられなかったからであって、良暹を指名した責任について言い争っていたわけではない。

②は、「自身の無能さを自覚させられ、これでは寛子のための催しを取り仕切ることも不可能だと悟り」が誤り。第4段落の四行目～五行目の「付けでやみなむことを嘆く程に、何事も覚えずなりぬ」が対応箇所である。殿上人たちはよい句が思いつかないことを嘆く間に、「何事も覚えずなりぬ」という状態となったのであるが、これは呆然としてどうしたらよいか分からなくなったことを言っている。「自身の無能さを自覚させられ」ではない。また、「これでは寛子のための催しを取り仕切ることも不可能だと悟り」については、本文に記述はない。

③の対応箇所は、「良暹の句にその場ですぐに句を付けることができず、時間が経っても池の周りを廻るばかりで」は、第4段落の一行目～三行目の「付けむとしけるが遅かりければ」「一めぐりの程に、付けて言はむとしけるに、え付けざりければ、むなしく過ぎにけり」「二めぐりになりにけり。なほ、え付けざりければ」である。連歌の付句や贈答歌の返事は即座に返すのが礼儀であり、例えどんなにいい句・歌であっても、返事が遅れれば台無しなのである。「ついにはこの催しの雰囲気をしらけさせたまま帰り、宴を台無しにしてしまった」は、第5段落の二行目～三行目の「人々、船よりおりて、御前にて遊ばむなど思ひけれど、このことにたがひて、皆逃げておのおの失せにけり」と合致している。以上のことから、③が本文と合致する選択肢であると判断できる。

④は、「殿上人たちは念入りに船遊びの準備をしていた」「連歌を始めたせいで予定の時間を大幅に超過し」「せっかくの宴も殿上人たちの反省の場となった」がいずれも誤り。第1段落の冒頭にあるように、船遊びの準備をしたのは「宮司」たちである。また、③の選択肢の解説で述べたように、時間が超過したのは殿上人たちが良暹の句に対してうまく句を付けられなかったからであり、連歌を始めたからではない。最後に、宴が殿上人たちの反省の場となったという点については、そもそも本文にはそのような内容の記述はない。

第4問

〈出典〉 白居易『白氏文集』

白居易（七七二～八四六）は中唐の詩人。字《あざな》の楽天でも知られる。平易でのびのびとした詩風で広く愛唱され、日本の平安朝文学にも影響を与えた。『白氏文集』はその詩文集で、問題文は科挙（高級官僚の登用試験）において想定される皇帝の下問とそれに対する回答を七十五条にわたって自作した、「策林」と題される文章の一条である。

※二〇一七年・二〇一八年の共通テスト試行調査（プレテスト）以来、二〇二一年度・二〇二二年度、いずれも、複数の素材の組合せによって問題文が構成されており、今後も共通テストの漢文においてはこの形での出題が頻出することが予想できる。二つの素材の関連を意識して読解する練習をしよう。

〈問題文の解説〉

科挙（高級官僚の登用試験）受験のために白居易が自作した【予想問題】とその【模擬答案】の組合せ。君主と賢者が巡り会えないのはなぜで、その対策はどうすればよいかという問いに対して、朝廷と賢者の間が隔たっているのが原因であり、賢者同士の繋がりを利用して登用すればよいと答えている。

〈読み方〉（音読みはカタカナ・現代仮名遣いで、訓読みはひらがな・歴史的仮名遣いで示す）

【予想問題】

問《と》ふ、古《いにしへ》より以来《イライ》、君《きみ》たる者《もの》其《そ》の賢《ケン》を求《もと》むるを思《おも》はざるは無《な》く、賢《ケン》なる者《もの》其《そ》の用《ヨウ》を效《いた》すを思《おも》はざるは罔《な》し。然《しか》れども両《ふた》つながら相遇《あひあ》はざるは、其《そ》の故《ゆゑ》は何《なん》ぞや。今之《いまこれ》を求《もと》めんと欲《ほっ》するに、其《そ》の術《ジュツ》は安《いづ》くに在《あ》りや。

【模擬答案】

臣《シン》聞《き》く、人君《ジンクン》たる者《もの》其《そ》の賢《ケン》を求《もと》むるを思《おも》はざるは無《な》く、人臣《ジンシン》たる者《もの》其《そ》の用《ヨウ》を效《いた》すを思《おも》はざるは無《な》しと。然《しか》り而《しか》して君《きみ》は賢《ケン》を求《もと》めんとして得《え》ず、臣《シン》は用《ヨウ》を效《いた》さんとして由無《よしな》きは、豈《あ》に貴賤《キセン》相懸《あひへだ》たり、朝野《チョウヤ》相隔《あひへだ》たり、堂《ドウ》は千里《センリ》よりも遠《とほ》く、門《モン》は九重《キュウチョウ》よりも深《ふか》きを以《もっ》てならずや。
　臣《シン》以為《おも》へらく、賢《ケン》を求《もと》むるに術《ジュツ》有《あ》り、賢《ケン》を弁《ベン》ずるに方《ホウ》有《あ》り。方術《ホウジュツ》は、各《おのおの》其《そ》の族類《ゾクルイ》を審《つまび》らかにし、之《これ》をして推薦《スイセン》せしむるのみ。近《ちか》く諸《これ》を喩《たと》へに取《と》れば、其《そ》れ猶《な》ほ線《いと》と矢《や》とのごときなり。線《いと》は針《はり》に因《よ》りて入《い》り、矢《や》は弦《ゲン》を待《ま》ちて発《ハッ》す。線矢《センシ》有《あ》りと雖《いへど》も、苟《いやし》くも針弦《シンゲン》無《な》くんば、自《みづか》ら致《いた》すを求《もと》むるも、得《う》べからざるなり。夫《そ》れ必《かなら》ず族類《ゾクルイ》を以《もっ》てするは、蓋《けだ》し賢愚《ケング》貫《つらぬ》くこと有《あ》り、善悪《ゼンアク》倫《ともがら》有《あ》り、若《も》し類《ルイ》を以《もっ》て求《もと》むれば、必《かなら》ず類《ルイ》を以《もっ》て至《いた》ればなり。此《こ》れ亦《ま》た猶《な》ほ水《みづ》の湿《シツ》に流《なが》れ、火《ひ》の燥《ソウ》に就《つ》くがごとく、自然《シゼン》の理《リ》なり。

〈現代語訳〉

【予想問題】

　問う、いにしえ以来、君主にその（助けとなる）賢者を求めることを考えない者はおらず、賢者にその力を尽くすことを考えない者はいない。ところが両者が巡り会えないのは、その理由は何か。今賢者を求めようとするなら、その方法はどこにあるのか。

【模擬答案】

　わたくしは、君主にその賢者を求めることを考えない者はおらず、臣下にその力を尽くすことを考えない者はいないと聞いております。しかしながら君主は賢者を求めても得られず、臣下は力を尽くそうとしてもすべがないというのは、（君主と賢者の）貴賤が隔たり、朝廷と民間とが隔たり、朝廷は千里の彼方より遠く、王城の門は九重の奥より深いからではありますまいか。
　わたくしが考えますに、賢者を求めるのには手段があり、賢者を弁別するのには方法があります。その方法と手段はそれぞれその同類を明らかにして、彼らに推薦させることです。卑近なものにたとえれば、糸と矢のようなものです。糸は針によって布に入り、矢は弓弦があって発射されます。たとえ糸と矢があっても、もし針と弓弦がなかったならば、みずから力を尽くしたいと思っても、できはしないのです。そもそも必ず同類によって（求めたり弁別したり）するというのは、思うに賢者と愚者とに（それぞれ）繋がりがあり、善人と悪人とに（それぞれ）同類があり、同類によって求めたならば必ず同類によってやってくるからです。これまた水は湿ったところに流れ、火は乾燥したところにつくようなもので、自然の道理なのです。

〈設問解説〉

問1　語句と文字の意味の設問

(ア)「**無レ由**」は以下から返読して「～によしなし」と読み、「～するすべがない」の意を表す。

(イ)「**以為**」は以下から返読して「もって～となす」と読むことが多く、「～にする」「～だと思う」の意を表す。「～だと思う」の意である場合には返読せず「おもへらく～と」と読む場合がある。波線部はこの働きで、「考えるに」とある選択肢①が正解。

(ウ)「弁」は動詞として「区別する（弁別）」「述べる（弁論）」などの意を表す。波線部では「賢者を弁別する」の意だと判断できる。設問に「ここでの意味」とあるように文字の文脈における意味が問われている。波線部の前後に目を配ろう。
　なお、常用漢字の「弁」は、第二次大戦後の文字改革において、いずれも「ベン」と音読みする「弁（かんむり）」「辨（区別する）」「辯（述べる）」「瓣（花びら）」がまとめられたものである。

問2　解釈の設問

　傍線部の「君者無レ不レ思レ求二其賢一」と「賢者罔レ不レ思レ効二其用一」は同形が繰り返される対句的表現。「無（莫・罔）不～」は「～ざるはなし」と読み、「～しないものはいない」「みんな～する」の意を表す慣用表現で、「君主はみな賢者を求めることを思う」「賢者はみな自分の用途を尽くすことを思う」の意であることがわかる。よって、「君主は賢者を登用しようと思っており、賢者は君主の役に立ちたいと思っている」とある選択肢③が正解。

※近年のセンター試験以来、対句や対比をなす部分が好んで設問に使われている。傍線部やその前後の対句・対比に注意しよう。

問3 書き下しの設問

「**豈不～**」は「**あに～ざらんや**」と読み、「～でないことなどない」の意を表し、「**あに～ずや**」と読み、「なんと～ではないか」「～ではなかろうか」の意を表す。「あに～ざらんや」と読んでいる選択肢はないので、「あに～ずや」と読んでいる選択肢④・⑤が正解の候補となる。さらに傍線部を確認すると、ここにも「貴賤相懸」と「朝野相隔」、「堂遠於千里」と「門深於九重」という二つの対句的表現が含まれていることに気付く。対句は一つの塊をなし、上から文字が掛かる場合にはその双方に掛かる。よって「堂は千里よりも遠きを以て」と対句の途中で「以」に返読している、つまりここまでしか「以」が掛かっていない④は誤り。「門は九重よりも深きを以て」と最後まで「以」が掛かっている⑤が正解だと判断できる。念のために選択肢を解釈すると、「(君主と賢者の)貴賤が隔たり、朝廷と民間とが隔たり、朝廷は千里の彼方より遠く、王城の門は九重の奥より深いからではありますまいか」となって、文脈上意味が通ることを確認しておこう。

問4 比喩の設問

傍線部の後を確認すると、「線因レ針而入、矢待レ弦而発。雖レ有二線矢一、苟無二針弦一求二自致一焉、不レ可レ得也」と、糸と矢の働きには針と弓弦が不可欠であることを述べている。よって、「単独では力を発揮しようとしても発揮できない」とある選択肢①が正解。

問5 空欄充塡の設問

傍線部の前を確認すると、「賢愚有レ貫、善悪有レ倫」と、ここでも対句的な表現によって、賢者と愚者・善人と悪人、それぞれ仲間がいることが述べられ、傍線部の直前には「若以レ類求（もしも同類によって求めたならば）」とある。傍線部「X以類至」は同形がくり返されており、「同類によってやってくる」という大意であると判断できるので、「必」とある選択肢③が正解だと判断できる。

問6 解釈の設問

傍線部の直前に「猶二水流レ湿、火就レ燥」とあって、ここでも比喩が使われている。「まるで水が湿気に流れ、火が乾燥に近づくようだ」ということだから、傍線部は「同類が引きつけ合うのが自然の道理だ」という意味であることがわかる。選択肢④が正解である。

問7 二つの問題文の内容に関する設問

【予想問題】で問われているのは、「両不二相遇一、其故何哉。今欲レ求レ之、其術安在」とあって、君主と賢者が出会えない理由と賢者を求める方法であることがわかる。これに対する**【模擬答案】**の答えは、君主と賢者が出会えないことについて、**問3**の解説で確認したように、両者が遠く隔てられているからであると述べ、賢者を求めるには、**問5・6**の解説で確認したように、同類は引きつけ合うものなので、賢者の同類同士の繋がりを利用すればよいと述べている。これらを正しく表現しているのは選択肢④である。

他の選択肢を確認すると、①は「君主が賢者を採用する機会が少ない」が誤り。「採用試験をより多く実施」も誤り。②は「君主と賢者の心が離れている」が誤り。「君主の考えを広く伝え」も誤り。③は「君主が人材を見分けられない」が誤り。「賢者が党派に加わらず、自分の信念を貫いて」も誤り。⑤は「君主が賢者を受け入れない」が誤り。「王城の門を開放」云々も誤り。

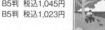

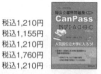

① 20240711